Pensando as Músicas
no Século XXI

COLEÇÃO SIGNOS/MÚSICA

DIRIGIDA POR

livio tragtenberg
gilberto mendes (1922-2016)
augusto de campos
lauro machado coelho

EDIÇÃO DE TEXTO
marcio honorio de godoy

REVISÃO DE PROVAS
lia n. marques

PRODUÇÃO DE TEXTO
luiz henrique soares e elen durando

PROJETO GRÁFICO
lúcio gomes machado

PRODUÇÃO
ricardo w. neves, sergio kon
e lia n. marques

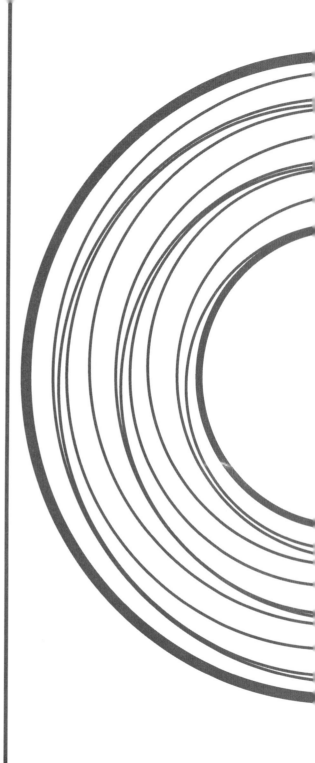

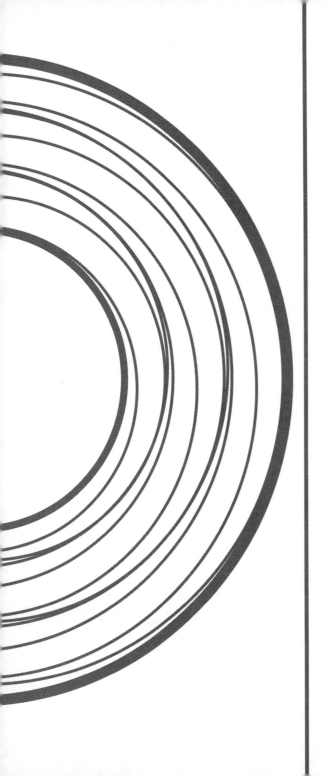

PENSANDO AS MÚSICAS NO SÉCULO XXI

INVENÇÃO E UTOPIA NOS TRÓPICOS

JOÃO MARCOS COELHO

PERSPECTIVA

CIP-Brasil. Catalogação na Publicação
Sindicato Nacional dos Editores de Livros, RJ

C617p

Coelho, João Marcos
Pensando as músicas no século XXI : invenção e utopia nos trópicos / João Marcos Coelho. - 1. ed. - São Paulo : Perspectiva, 2017.

488 p. ; 21 cm. (Signos música ; 17)

ISBN 978852731114-4

1. Composição (Música). I. Título. II. Série.

17-44965

CDD: 781.3
CDU: 781.5

26/09/2017   27/09/2017

1ª edição

Direitos reservados à

EDITORA PERSPECTIVA LTDA.

Av. Brig. Luís Antônio, 3025
01401-000 – São Paulo – SP – Brasil
Telefax: (011) 3885-8388
www.editoraperspectiva.com.br

2017

Para Lorena e Breno,
novas e lindas paixões
que se somam a Mamá e Tutu,
meus primeiros amores de avô.

Sumário

Prefácio:
A Interdisciplinaridade Bem Temperada –
Carlos Guilherme Mota 15

Apresentação 21

PRIMEIRA PARTE

MÚSICA & POLÍTICA

Quem Acredita em Ouvidos Inocentes É Ingênuo
ou Mal Intencionado 27

Um Retrato de Shostakóvitch Livre de Maniqueísmos 29

Uma História das Músicas nos Estados Unidos Sob a Óptica
da Invenção 33

Os Escritos Irônicos e Mordazes de Mauricio Kagel 38

Morton Feldman, a Alma Gêmea de John Cage 43

Música e Política: Um Festival na Guerra Fria Europeia 48

O Triunfo da Música. Será? 51

Música Clássica Reeducou a Alemanha Pós-Nazista 55

Bernstein: Ativista Político Ou Inocente Útil? 58

Sons de Uma Guerra 60

Ecos do Katrina.. 62

Ry Cooder Estreia Como Escritor. 64

Rebelde Erudita Com Causa. 67

Henze, a Voz da Vanguarda "Friendly" 69

Celibidache: Espinha Flexível no Comando da Filarmônica
de Berlim 72

A Música Política Visceral de Paulo Chagas. 75

Ursula Oppens: O Povo Unido Sempre Vence
(Cinquenta Anos do Golpe de 1964) 77

O Futuro da Música Está na Venezuela. Será?.................. 79

Sigam o Exemplo de Mário: Sejamos Todos Musicais 84

Democracia Líquida. 88

Dinossauros na UTI 93

FILOSOFIA DA MÚSICA

Duas Reflexões Sobre Theodor Adorno 95

Ao Som da Utopia Populista de Alex Ross..................... 101

Os Objetos Sonoros em Sua Natureza. 113

O Som das Ruas na América Latina Colonial.................. 116

Música e Religião: Uma Nasceu Para a Outra (e Vice versa)........... 120

John Cage: O "Inventor" do Século XX 125

"Arte É Reclamação; Ou Faça Outra Coisa" 130

SEGUNDA PARTE

OS COMPOSITORES

Dois Beethovens: O de Wagner e o de Mahler.................. 135

Dois Novos Livros Sobre Mahler.............................. 139

Por uma Outra História da Música. 142

Duas Reflexões em Torno do Gênio.................................... 146

Schoenberg Não Foi Tão Infeliz nos Estados Unidos........................ 154

Luzes Eruditas em Alto e Bom Som Pop........................... 157

Notas Tocadas Para um Mestre........................... 162

Stravínski e "Sagração da Primavera": O Parto da Modernidade..... 167

"Sagração" Cem Anos 171

Stravínski e Coco Chanel: Costura e Cultura 176

Os Duzentos Anos de Giuseppe Verdi.................. 181

Os Duzentos Anos de Richard Wagner 186

Richard Wagner e o Cinema 191

Elliott Carter em Dois Tempos 194

Ópera, Um Sonho Impossível........................ 201

Na Cama Com Beethoven e Brahms................... 205

Nos Cem Anos de Witold Lutoslawski 209

O Músico da Fé, das Cores e dos Pássaros 213

Pierre Boulez Entre a Composição e a Regência............ 218

Golijov, Reciclador de Lixo 223

Jonathan Harvey, Fundindo Oriente e Ocidente............ 226

OS INTÉRPRETES

Retrato Sem Retoque, e em Dois Tempos, de uma Virtuose 229

Dois Tributos à Inteligência e Sabedoria de Charles Rosen............. 237

Gramática da Interpretação........................ 244

Toscanini, Batuta de Todas as Mídias 248

Uma História do Piano, Com Todas as Teclas 251

Ensaios de uma Obsessiva Maestria.................. 255

Sob o Primado do Intérprete..................... 260

Fórmulas Para Atingir o Sublime 265

"Spira Mirabilis"........................ 274

Magda & Guiomar: Duas Divas do Piano do Século xx............ 277

A Jerusalém de Jordí Savall....................... 281

Um Desrespeito Que Dá Gosto 286

A Obsessão de Karajan 290

A Morte de Claudio Abbado. 293

TERCEIRA PARTE

MÚSICA(O)S DO BRASIL

Viajando Com Willy... 299

A Música no Brasil-Colônia: Notas Sobre uma Trilha Religiosa 305

Um Buquê de Textos em Torno de Villa-Lobos 308

Violão e Identidade Nacional 321

Nota Dissonante na Pauta dos Moços............................. 324

Afinando (e Afiando) os Instrumentos........................... 329

Gilberto Mendes Romancista.................................... 334

Redescobrindo Nazareth 338

O Gênio Espontâneo.. 342

O Real Lugar de Nepomuceno na Música Brasileira 347

MÚSICA E AS OUTRA ARTES

A Arte Musical de Milan Kundera 351

A Arte de Ennio Morricone 355

Huxley Crítico Musical 358

A Música Escrita de Carpentier.................................. 362

Nick Hornby: Discotecário, Escritor, Fã do Arsenal
e Agora Compositor 368

A Música Faz Bem... 372

García Márquez: Do Bordel à Sala de Concertos (e Vice Versa)...... 374

Virginia Woolf: O Valor do Riso Ou uma Vida ao Som
da Música... 377

JAZZ & CIA

Dá Para Conciliar Entretenimento e Criação de Qualidade
na Música Popular? 379

Satchmo: Quando a Época e o Gênio se Cruzam............................. 383

Fred Astaire, no Ritmo do Jazz 386

Norman Granz em Dois Tempos... 390

Galáxia Keith Jarrett ou a Reinvenção do Jazz............................. 396

Um Novo Thelonious Monk... 410

Viva a Impulse!... 413

O Perfume da Canção Barata... 417

Um Raio-x Sobre a Obra-Prima de John Coltrane............................. 421

Mancini, Gênio na Corda Bamba.. 425

Quincy Jones 430

RESENHAS

Nelson, Sublime em Debussy e Liszt... 433

Gismonti e o Mito Contra o Discurso 437

Pedra na Vidraça... 440

Aos Mestres, Sem Frescura.. 442

A Excelência de András Schiff em Dois Tempos............................... 444

As Canções Inéditas de Almeida Prado...................................... 449

Como se Reinventa a Música do Passado..................................... 451

A Saga da Camerata Aberta (2010-2012 e 2015) 454

Contra a Perfeição Robótica.. 473

Bibliografia 475

Discografia e Filmografia 483

Prefácio:
A Interdisciplinaridade Bem Temperada

O leitor tem em mãos um livro excepcional. Trata-se de obra que reúne um conjunto de belos textos que impressionam pela sensibilidade e densidade, agudeza e humor delicado do autor, o conhecido crítico, jornalista e talvez menos conhecido ensaísta João Marcos Coelho. Por meio desses estudos e ensaios, somos convidados a adentrar e passear em suas páginas de corpo e alma, mas especialmente de ouvido, a flanar nos meandros do complexo, variado e fascinante universo musical. Como se não bastasse, a obra torna-se utilíssima desde logo, de referência mesmo, dada a sua qualidade.

Articulados por uma lógica sutil, garimpamos no livro ensaios, resenhas, artigos, passeios e digressões com surpreendente variedade, tudo vazado em escrita rara, densa, forte, sonora e bonita. A dispersão não lhe tira a unidade, nem a inquietude a constância, talvez dissesse Machado de Assis desta obra. Nela, por vezes João Marcos aparece como erudito escritor, outras vezes ressurge como gentil *flâneur* que caminha com a audição, porém também olhar de despreocupado fruidor de sons, sempre bem escolhidos e associados a valores e contextos histórico-culturais, revelando-nos aqui e ali incidentes saborosos, alguns quase anedóticos. De ensaio em ensaio, propicia-nos um raro prazer, sempre reiterado, que se renova em outra (a) tonalidade no texto seguinte, por vezes nos obrigando a *ritornello* amigável a algum texto analítico já apresentado, que então relemos quase sempre em outra clave, porém com outra surpresa e deleite.

Ah! a música, fio condutor, sempre está lá, e ressurge animadamente, ainda quando refratada e desvendada (digamos) em estudos ideológicos-culturais esmerados, como o leitor poderá constatar em inúmeras passagens deste livro. João Marcos sabe de tudo, com a mente ativa, mão leve e escrita densa, agora beneficiado por uma formação amadurecida, decantada, multi e transdisciplinar, formação que possui como poucos. A pianística talvez tenha perdido um excelente intérprete-compositor, que se desviou dessa vocação natural em face de desafios da vida, mas ganharam a crítica musical e o ensaísmo um notável escritor. Ou melhor, *trans-critor*, pois ele passa para texto o que lê nas pautas, e tudo o que vê e ouve nos concertos.

A transversalidade de suas abordagens sobre temas, personagens, contextos histórico-sociais e níveis de expressão propriamente musical nos encanta e desafia. Um desafio e tanto para o leitor, até porque em cada página escondem-se pautas que nos encaminham para graves questões de teoria e agudas perspectivas – por vezes enrustidas, quase imperceptíveis – de *ideologias histórico-culturais*. Sim, porque em cada som ou silêncio, *andamento* fusa ou semifusa, reside, quase sempre difusa, uma *ideologia* seja na forma, no conteúdo ou nos dois. E João Marcos, sabendo disso, enfrenta e percorre com rara competência todos os níveis em que se produzem *formas de pensamento* e expressão, que o situam na linha de frente da crítica musical e da musicografia brasileira e internacional contemporânea.

Suas análises sobre Villa-Lobos (glosando comentários à obra de Rémi Jacobs) ou observações a propósito da visão de Brasil que Darius Milhaud levou de nossas expressões culturais para a Europa e para os Estados Unidos, após sua estada no Rio de Janeiro em 1918 e 1919, tanto quanto as reflexões que oferece sobre as interpretações de compositores clássicos por brasileiros como Guiomar Novais, Magdalena Tagliaferro ou Nelson Freire, permitem-nos compreender melhor as questões e sutilezas que se abrigam no discutível conceito (que talvez seja apenas uma noção, quem sabe?) de "identidade nacional". São dignas de destaque suas observações sobre Magda e Guiomar (em certa ocasião, esta levou Ernesto Nazareth quase ao desespero, lembra João Marcos, sorridente), no delicado e breve ensaio "Redescobrindo Nazareth", escrito para o jornal *O Estado de S. Paulo* em janeiro de 2010. Ou, ainda, nos permite compreender melhor a questão de nossa identidade musical, para ficarmos apenas no plano das expressões musicais, naquele dolorido ponto teórico-filosófico que tanto atormentava o grande Mário de Andrade até o fim de sua vida, quando se aprofundava na complexa e inesgotável temática da formação e existência ou não de uma "consciência estética nacional".

Sim, formas de pensamento e expressão demarcam o campo em que sua análise se desenvolve como apontamos acima. Aí parecem guardadas as chaves de sua abordagem. Formas de pensamento ideológicas ou utópicas, ainda que escondidas e repousadas em silêncios e longas pausas, eis o que inquieta e também "agonia" e move João Marcos. Pois é de *formas de pensamento* que trata, e o estudioso e ensaísta sabe disso, como o ourives *sabe de pedras preciosas* e como lapidá-las. Trabalha (como trabalha! "É dura, duríssima a vida do crítico", diz-nos na abertura do livro) com *maestria* (vale o conceito forte) nesses textos, no sentido preciso que os críticos e historiadores da cultura mais categorizados de nossa época conferem à expressão, como Eric J. Hobsbawm, historiador e crítico de jazz, e Florestan Fernandes, ao abrir novas perspectivas ao analisar a difícil integração dos musicalíssimos negros à sociedade de classes em São Paulo nos século XIX e XX. Nesses passos e compassos, João Marcos se beneficia de sua formação musical, combinada com seus estudos de Filosofia na Universidade de São Paulo, onde teve mestres como Oswaldo Porchat, Marilena Chauí, José Arthur Gianotti e Bento Prado Júnior, bem como do artesanato que cultiva há tempos no jornalismo crítico. (Quem não se recorda de suas impactantes entrevistas para a revista *Veja* dos bons tempos do jornalismo, com Michel Debrun, Antônio Cândido, Edgar Carone e outros naqueles difíceis anos 1970?)

Da ópera ao jazz, das composições e arranjos de Mancini e Morricone, e das diabruras de Erik Satie a Stravínski e ao "desafio Schoenberg" e ao *blues* (brilhantes seus comentários sobre Mose Allison, raros, muito raros), esses ensaios densos e breves estudos nos auxiliam no sentido de percebermos melhor, ao longo da História Moderna, Contemporânea e nestas brumas da Pós-Modernidade, algumas estruturas, processos existentes e personagens atuantes no amplíssimo universo dos complexos sistemas musicais e socioculturais. Além disso, a obra nos oferece "constelações intelectuais", na expressão criada por Theodor Adorno, aliás uma das fortes predileções ("influências", digamos) iniciais na trajetória intelectual de João Marcos.

Ao fim do caminho, a vontade e o *impulse!* é de retomar e refazer com mais atenção (e saboreando) a leitura do livro tão luminoso, *da capo* e com atenção redobrada. Em busca de outras musicalidades e tremendas dissonâncias, enfim…

*   *

Feita a primeira leitura, dentre as certezas, reforça-se a de que não têm cabimento as ainda frequentes distinções entre "música erudita", "popular", "grande música", ópera ou, como se ouvia nos programas noturnos da rádio Gazeta nos anos 1950, "música fina", expressão utilizada por gentis senhorinhas de classe média do Cambuci. "Música fina", como a propaganda do cigarro "Mistura Fina", era expressão dita em tom solene e estamental, muito inspiradamente, pelos locutores esnobes e pseudoestamentais ("Rádio Gazeta, uma emissora de Elite", era o mote da vinheta). Ah! os anos 1950, década em que conheci (de ouvido, sem tocá-la, diga-se) a grande Maria Callas, que ora reencontro nestas páginas de João Marcos Coelho, diva tão profunda e brilhante como sempre.

Nada obstante, o mundo mudou, e em muitos sentidos para melhor, paradigmas e tabus foram quebrados. Como provocou o crítico e ensaísta Eduardo Portella, em debate na Academia Brasileira de Letras: "um grande clássico da música no Brasil tem por nome Paulinho da Viola". De fato, um popular clássico nosso, dizemos nós, que sabe que "não se pode contar a vida num samba curto"... Afinal, quem sabe onde termina o "clássico" e começa o "popular"? O também notável maestro e crítico Diogo Pacheco não apresentava programas na Rádio Eldorado nesse diapasão: "Vamos ouvir hoje um compositor muito popular: Frédéric Chopin"?

Ao lermos e "ouvirmos" esses estudos e ensaios, outras certezas e provocações brotam na mente. O tempo todo! A primeira é a de que Furtwangler foi um regente muito superior a Herbert von Karajan; segundo, a de que a ideologia, assim como o jazz, tornou o maestro norte-americano Leonard Bernstein não apenas um artista mais acurado e aberto, mas uma *pessoa* melhor. Mestres revolucionários pouquíssimos conhecidos, como Mauricio Kagel e Morton Feldman... A certeza de que o Modern Jazz Quartet era e permanece imbatível, inigualável, como os pianistas Thelonious Monk e Keith Jarrett, ou, insuperável como o memorabilíssimo Pixinguinha ("Pizindin"). E também a constatação não muito surpreendente de que compositores que se tornaram célebres esforçaram-se em produzir contrapontos que por vezes "soaram datados", segundo nosso crítico, raramente impertinente ou ácido.

João Marcos Coelho reforça-nos a certeza de que ao crítico não fica bem se fechar em sua torre e escrever para o público em códigos cifrados, e sim que pode ser amigo do leitor não especializado, como é o autor destas linhas, ao oferecer, por exemplo, um "guia de entrada para a música de Elliott Carter"[1].

Enfim, a obra de João Marcos, além de altamente informada, é também informativa, generosa e inspiradora, revelando detalhes, episódios, deslizes e glórias de personagens do mundo da música que passam despercebidas para o leitor menos enfronhado, digamos, no mundo das divas, da ópera, do jazz,

---

1 Ver Elliott Carter em Dois Tempos, infra p. 194

dos dodecafonistas. Sem dizer dos "clássicos", em suas múltiplas e brilhantes interpretações, que ele tão bem conhece.

Atento às épocas e contextos em que todas as obras citadas foram produzidas, apresentadas, gravadas, criticadas, negadas, reavaliadas, o autor convida-nos ainda a passear ao lado de escritores como Milan Kundera, Aldous Huxley, Otto Maria Carpeaux e outros. Ele homenageia discretamente, em devidas e elegantes visitas às produções e trajetórias de nossos mestres brasileiros, personalidades tão importantes como Gilberto Mendes, Willy Corrêa de Oliveira e Hans-Joachim Koelreutter, suas (e nossas) referências.

CARLOS GUILHERME MOTA

Historiador, professor emérito da Universidade de São Paulo
e professor titular de História da Cultura na Faculdade de Arquitetura
e Urbanismo da Universidade Presbiteriana Mackenzie.

Apresentação

É dura, duríssima a vida do crítico musical. Ele tem de atuar simultaneamente em duas frentes: como catalisador, deve examinar e descartar o lixo sonoro que nos cerca, filtrando e incentivando a música de qualidade; e, como provocador, tem de surpreender os padrões de gosto, tirar os leitores da zona de conforto, levá-los a experimentar, descobrir o novo. Em ambas as frentes, deve ter consciência de que a própria escolha do concerto, livro ou gravação em suporte físico ou digital sobre o qual vai escrever já implica atitude política. E ser o menos previsível possível, isto é, não ter agenda fixa de dogmas, fugir da resenha, crítica de livro, concerto ou gravação rotineira, feita com o piloto automático – em respeito ao leitor.

Como conseguir isso? Reinventando-se a cada instante, conhecendo novas reflexões sobre a música, correndo atrás de todo tipo de novidades – mesmo que elas se revelem depois descartáveis. Músicos e compositores esquecem que é tarefa do jornalista musical chafurdar nesse lixão sonoro em busca de centelhas que valham a pena, que apontem caminhos, que pratiquem transgressões.

Esse é meu credo. Parte dele aprendi porque estudei simultaneamente música e filosofia. De um lado, com David Machado, o mestre/maestro que mais me marcou musicalmente; de outro, Oswaldo Porchat, Marilena Chauí e Arthur Gianotti, três pontos de referência sobre o que significa pensar de modo crítico a realidade, toda ela, da economia à política e à cultura. Por isso, jamais perdi – ou pelo menos, tentei não perder – de vista que a música não se faz no vácuo. Ao contrário, sempre está encharcada de realidade. Se é medíocre, é porque se deixa seduzir pela perversa engrenagem da indústria cultural; se tem a chama da invenção, cria sobre essa realidade, porém dialeticamente a ultrapassando.

Se pratico algum radicalismo desde que escrevi meu primeiro artigo de jornal, esse é o da luta pela música viva, que rompe padrões, estabelece novos paradigmas, entreolha o futuro. Há pouco o filósofo Vladimir Safatle escreveu que "a arte nunca é o reflexo da vida social. É, antes, a figura avançada daquilo que a vida social ainda não é capaz de pensar, daquilo que ainda não tem forma no interior de nossas formas hegemônicas de vida".

Concordo e acrescento que o crítico precisa praticar o princípio esperança tal como o formulou Ernest Bloch. Para ele, a música permite a antecipação de uma vida desalienada: "Não somos ainda nós mesmos, mas na música antecipamos esta realização futura." A música não é parte do futuro já presente, mas uma força que garante a possibilidade real do futuro esperado. Não por acaso, para Bloch, a música é a única linguagem da utopia. Essa pode escapar do conceito, mas nunca da música.

Só vale a pena o dogma de dar mais visibilidade às músicas contemporâneas, já que a vida musical tradicional se alimenta obsessivamente de seus grandes nomes num grau de repetição muito além do desejável. Isso retira das obras-primas do passado o poder de perturbação que um dia tiveram."O que uma vez foi lava incandescente transforma-se em burocrático conforto espiritual", diz o musicólogo Christopher Small num livro precioso, *Musicking*.

Ano após ano, desfilam, um após outro, o mesmo Bach, o mesmo Brahms e o mesmo Beethoven. O público repete também os aplausos e os "Bravo!" – "como se fossem crianças", arremata Small, "que gostam de ouvir e/ou assistir na TV a mesma história/filme centenas de vezes". Se de um lado isso se justifica pela inegável qualidade dessas obras, por outro acarreta grave engessamento, criando o círculo vicioso de mais-do-mesmo.

O compositor argentino Mauricio Kagel (1931-2008), um dos mais agudos criadores/pensadores musicais do século XX, morou e atuou em Colônia por mais de meio século, desde 1957. No artigo "Duvidar de Deus, Crer em Bach", escrito em 1985 a propósito dos trezentos anos de nascimento de Johann Sebastian Bach, propõe a criação de um imposto na Alemanha, país onde viveu a maior parte de sua vida. Kagel diz que "todos nós, que continuamos esta existência anormal de *componere*, somos seus autênticos descendentes. Bach sempre viveu acossado por dificuldades econômicas [...] Suportou e sofreu tudo isso para que nós possamos gozar eternamente de sua música. Essa é a razão pela qual quero propor a criação de uma Fundação Bachiana, sustentada não pelo Estado, mas pelos intérpretes, emissoras de rádio e TV, editoras e sociedades de concertos, igrejas, teatros e gravadoras das duas Alemanhas." Todos deverão contribuir com "uns poucos centavos" cada vez que se execute uma obra de Bach. "Não para manter os herdeiros de Bach, mas para garantir que os jovens compositores alemães possam, no início de suas carreiras, trabalhar com a tranquilidade necessária."

Um imposto a mais não faria tanto mal, num país como o nosso, em que os impostos se multiplicam vertiginosamente, para alimentar uma máquina burocrática estatal insaciável. Por esse imposto devemos lutar aqui no Brasil. Cada vez que repetirem os *Quadros de Uma Exposição*, a *Quinta* e a *Nona* de Beethoven, as *Quatro Estações* ou *Carmina Burana*, entre tantos outros cavalos-de-batalha do grande repertório, imposto neles! É simples: música com mais de cem anos recolheria imposto a ser destinado a projetos de música contemporânea. Iniciativas como a da Camerata Aberta, Selo Sesc, os concertos do Cachuera!, o Festival de Música Nova, entre outros, só existem – acreditem – porque houve muita luta e determinação dos próprios músicos e compositores, além de instituições não estatais abnegadas.

Sei que extrapolo ao propor um novo imposto. Sei também que só me cabe, como crítico jornalístico, a tarefa de desmontar no dia a dia a narcótica engrenagem da vida musical convencional, cuja matriz magna são as instituições maiores, as orquestras sinfônicas, que embalam o público como se fosse composto de crianças sempre a fim de ouvir 1 milhão de vezes a mesma obra. Daí o caráter político que permeia, mesmo que às vezes oculto, o sentido de cada artigo.

Nesta seleta, os artigos originalmente escritos para os jornais *O Estado de S. Paulo* (Sabático, Caderno de Música e Caderno 2) e *Valor Econômico*, revistas *Bravo* e *Concerto* aparecem na forma como foram publicados ou em versões revistas. Ao organizar estes 101 artigos, escritos de 2009 para cá, percebi que, como em meu primeiro livro, *No Calor da Hora: Música e Cultura nos Anos de Chumbo* (Algol, 2009), o eixo central que os permeia é sempre político. Isso me deu o sentimento bom de constatar que não me anestesiei ao longo desses anos todos.

PRIMEIRA PARTE

Música & Política

Quem Acredita em Ouvidos Inocentes
É Ingênuo ou Mal Intencionado

A história da música costuma ser construída com a sucessão dos chamados grandes gênios. Pulamos de Bach a Haydn, Mozart e Beethoven; e de Chopin e Schumann a Brahms, Mahler e Bruckner. Parece que eles viveram sem contato com o mundo, num Olimpo apartado da realidade. Aos frequentadores de concertos, resta a esquisita sensação de ser um privilegiado por contemplar, em silêncio, as obras dos grandes gênios. A Osesp fez do *Salmo 47* do francês Florent Schmitt (1870-1958) a apoteose de seus concertos de abertura da temporada 2010, no início do mês e programou para maio *A Tragédia de Salomé*, a outra obra pela qual Schmitt ainda é lembrado. É, de certo modo, uma proposta de resgate de Schmitt, compositor pouco tocado, possivelmente por motivos mais políticos do que musicais. Ele sucedeu Vincent d'Indy, morto em 1931, como o antissemita preferencial do país; e foi o dirigente máximo da vida musical francesa nos quatro anos negros da ocupação nazista, entre maio de 1940 e agosto de 1944. Adorava o Terceiro Reich; liderou uma trupe de vinte e cinco músicos que participou das festividades em Viena, no ano de 1941, em torno do sesquicentenário da morte de Mozart – Goebbels era o dono da festa. Tudo isso está descrito com riqueza de detalhes no mais completo livro sobre o tema, lançado na França, *Composer Sous Vichy*, do crítico Yannick Simon. Vichy transformou-se na capital da França ocupada, daí o título. Saber esses detalhes sobre Schmitt muda o modo como ouvimos sua música? Tais informações são irrelevantes hoje, dirão alguns. Até porque ouvimos as sinfonias do russo Dmitri Shostakóvitch (1906-1975), que viveu pressionado no regime soviético, por sua qualidade musical e não porque seriam objetos cifrados de resistência política. Irão mais

Publicado em *O Estado de S. Paulo*, Sabático, 20 mar. 2010.

longe: ouvimos *Carmina Burana*, do alemão Carl Orff (1895-1982), sem dar bola para o fato de que ele foi garoto-propaganda do Reich. A música não vive no vácuo. Fatores políticos determinam mudança de rumos em projetos artísticos – mesmo os bem-sucedidos. E as preferências políticas dos compositores influenciam, sim, a sua criação. Por consequência, influenciam também o modo como ouvimos suas obras. Dois exemplos gritantes: a *Quarta* de Shostakóvitch, composta em 1936 e guardada na gaveta por vinte e cinco anos depois da paulada pública que ele tomou de Stálin pela ópera *Lady Macbeth de Mtsensk*; e sua *Sétima Sinfonia*, composta em 1942, numa Leningrado sitiada pelas tropas nazistas. O caso mais cristalino de uso político da música é o do austríaco Anton Bruckner (1824-1896). O Finale da *Quinta Sinfonia*, por exemplo, era prefixo dos discursos de Hitler nos congressos do Partido Nazista; e o Adagio da *Sétima* foi transmitido pelas rádios alemãs em abril de 1945, após o anúncio de sua morte. Raciocínios tortuosos garantem que sujeitos como Schmitt ou o grande pianista francês Alfred Cortot devem ser respeitados porque foram coerentes – sempre tiveram as mesmas convicções e as sustentaram publicamente. Mas não dá para incluir nessa cesta Carl Orff, que, após a guerra, falsificou documentos para apagar sua ligação com os nazistas. Situações-limite exigem definições e os compositores e músicos são obrigados a se definirem rapidamente. Assistimos a comportamentos de todo tipo durante os anos de chumbo aqui mesmo no Brasil. Certamente, convicções políticas não contribuem para melhorar ou piorar a qualidade da criação musical. Contudo é fundamental que quem ouve saiba em que condições e quem era o cidadão que compôs a música que se ouve. Pena que um tema tão espinhoso, mas importante, seja evidenciado por meio da execução das obras de um compositor francês de relativo significado artístico. Mais adequado seria propor a discussão do tema a partir de autores brasileiros, como Villa-Lobos e as obras que compôs durante seu envolvimento com o Estado Novo de Vargas ou mesmo de um Alberto Nepomuceno, injustamente mal conhecido, que travou grandes batalhas políticas no Rio das primeiras décadas do século XX. Afinal, Paris não é aqui.

Um Retrato de Shostakóvitch
Livre de Maniqueísmos

As biografias musicais matam a curiosidade do leitor. Dão sentido, emolduram, enquadram e levam-no a "entender" melhor a relação do artista com sua obra. Nas últimas décadas, elas têm feito ainda mais sucesso por causa da erosão, ou colapso, na expressão de Richard Sennett, da tradicional separação entre vida pública e vida privada. Hoje a "esfera pública" é invadida pelo exibicionismo gratuito. Nem é preciso fazer algo meritório para ter biografia. Qualquer um tem auditório planetário para se despir física, mental e emocionalmente na web. E os loucos-pela-vida-privada de seus ídolos e/ou semelhantes anônimos contam-se aos milhões.

Mas será que elas contam tudo mesmo? Desnudam de fato o biografado? Mesmo nos domínios mais especializados, a "ilusão biográfica" engana o incauto leitor, levando-o a pensar que, de fato, o biógrafo revela os menores detalhes da vida do seu ídolo real e o traz para perto de si. Proporciona a tão desejada (e enganosa) sensação de intimidade com o objeto de sua paixão. O terreiro da biografia musical clássica é ainda mais movediço. O próprio caráter semanticamente vago da música, sobretudo a instrumental, leva o biógrafo a tentar estabelecer vínculos mais claros com a história de vida do compositor para "construir o significado musical", segundo Jolanta Pekacz, em ótimo artigo no livro *Musical Biographies: Towards New Paradigms* (Biografias Musicais: Rumo a Novos Paradigmas): "O interesse na biografia potencializa-se por causa da busca pela 'autenticidade' e pela pessoa 'real' que caracteriza a sociedade ocidental hoje."

Uma das mais interessantes e recentes "biografias musicais", *Music for Silenced Voices: Shostakovich and His Fifteen Quartets* (Música Para as Vozes Silenciadas: Shostakóvitch e Seus Quinze Quartetos), de Wendy Lesser, mostra como quebrar essa perversa síndrome. Ou seja, o texto presta atenção à vida, mas não se perde em paralelos rasteiros que fizeram a má reputação das biografias musicais. Lesser tem nove livros publicados e é editora da revista literária *The Threepenny Review*. Não é musicóloga, faz questão de declarar de saída. "Quando nós, não músicos, ouvimos música, respondemos segundo nosso

Publicado em *O Estado de S. Paulo*, Sabático, 31 mar. 2012.

padrão lógico e histórico, mas também com nossas emoções e imaginações. Colocar isso em palavras não é tarefa fácil." Lesser não tem receio de confessar que, ao falar sobre os quartetos de cordas, gênero dos mais descarnados no reino da música instrumental, recorreu algumas vezes "às linguagens da literatura e da crítica de arte, porque ambas têm tradição mais consistente de respostas impressionistas do que a da crítica musical acadêmica".

Para os especialistas, o livro pode parecer pouco rigoroso. Pode ser, quando comparado a teses acadêmicas. Em compensação, a autora imprime um ritmo vertiginoso a cada capítulo, tem muita qualidade de escrita e conta a história de cada quarteto como se fosse um conto. Dá ares de ficção bem-feita às circunstâncias de composição, sem esquecer análises musicais bastante razoáveis de cada um deles. Mas, nesse livro, o que menos importa é a análise puramente técnica. Wendy Lesser quer – e consegue, com louvor – construir a imagem mais próxima possível da realidade do compositor russo que nasceu em 1906 e viveu praticamente toda a sua vida adulta sob o regime soviético até a morte em 1975.

Não é, decididamente, tarefa fácil. Shostakóvitch é o músico que mais sofreu da síndrome dos extremos: os livros que examinam sua vida e obra são maniqueístas. Os de direita o consideram um sagaz "dissidente" enrustido, que contrabandeou na sua música tudo o que não podia dizer abertamente sobre os horrores do stalinismo. Os de esquerda o apresentam como garoto-propaganda convicto do regime. Arrisco dizer que Wendy Lesser consegue o prodígio de escrever sobre ele sem maniqueísmos.

A primeira frase do livro é antológica: "É difícil dizer se ele teve sorte ou foi profundamente azarado." Seguem-se pistas de como ela conduz sua investigação. "Provavelmente nem ele mesmo conseguiria se decidir entre uma e outra condição. Agia dubiamente e sempre ficou dividido tanto em sua atuação pública como na definição de seu próprio caráter." Bate pesado, apesar do seu imenso carinho pelo compositor: "Era um covarde assumido que às vezes demonstrava grande coragem." As contradições contam-se às dezenas. Leal com os amigos, desonesto com seus próprios princípios. Tinha enorme respeito pelas palavras, mas assinou várias vezes documentos que jamais leu. Em suma, "um modernista que desprezava oficialmente o modernismo". Com relação à União Soviética, amava-a e ao mesmo tempo a odiava. Ora se beneficiava do regime, ora era sua vítima preferencial. "Shostakóvitch era uma pessoa recatada que viveu sua existência numa plataforma pública. Escreveu música que agradava ao grande público, e também música para pouquíssimos: possivelmente, quem sabe, para si mesmo."

A vida, diz Lesser, é uma cortina de fumaça entre você e a arte: "Você é atraído pela vida porque gosta da arte, e imagina que saber mais sobre a vida vai te levar para mais perto da arte – mas, na maior parte das vezes, a vida é uma cortina de fumaça entre você e a arte. Você pinça pistas e detalhes, procurando um padrão que explique o todo, esquecendo que em grande parte a vida (e a arte) dependem de lances do acaso." Jamais reencontraremos os impulsos originais que levaram à criação da obra de arte; só se pode tentar compreender os resultados na medida em que eles afloram. Mas com a música, que é quase tão mutável e incorpórea quanto a água, poetiza Lesser, é particularmente tênue a compreensão possível desses resultados.

A chave de sua empreitada é respeitar nosso compreensível desejo de ligar o ser humano que viveu no passado à música que ainda vive hoje. "Parece que há uma voz humana por trás dela – existe uma voz humana por trás dela; precisamos é ouvi-la de modo adequado. Para mim, e acredito que para muitos outros ouvintes, a própria voz de Shostakóvitch é mais claramente audível em seus quinze quartetos de cordas."

O argumento central é que "ninguém, na cúpula da hierarquia cultural da URSS, prestou muita atenção ao que ele estava fazendo na música de escala menor, aquela que trafega abaixo da linha do radar, que é a música de câmara".

Nessa altura, Wendy Lesser endossa as palavras da viúva do compositor, que qualifica os quartetos como uma espécie de "diário" registrando "a história de sua alma", e completa que eles "oferecem um acesso único à vida interior do compositor".

É verdade. Eles são admiravelmente puros e consistentemente atraentes. Avaliados individualmente, cada um deles representa contribuição importante ao universo da literatura de quartetos de cordas; avaliados em conjunto, os quinze constituem um dos monumentos da música do século XX.

Shostakóvitch compôs o primeiro em 1938, após dois anos de hibernação fazendo música para cinema, também longe dos ouvidos da censura. Dos quinze, o mais famoso é o n. 8, de 1960. É o único tradicionalmente explicado como aspecto de sua autobiografia musical. Ele colocou a dedicatória "In Memoriam - Às Vítimas do Fascismo e da Guerra". O quarteto, alerta Lesser, foi vítima de "reducionismo mal praticado da obra à vida". Shostakóvitch contribuiu para isso ao escrever em carta ao amigo Isaak Glikman que era "um memorial para mim mesmo".

"Parte do problema", diz Lesser, "envolve uma combinação de fatores que não pode ser diretamente atribuída a ele." Lembra o que chama de "circunstâncias românticas" da composição: ele o escreveu em três dias, após ser pressionado, contra sua vontade, a assinar a ficha de filiado do Partido Comunista. Na mesma carta, enfatiza: "Fiquei pensando, se algum dia eu morrer, ninguém precisará compor uma obra em minha memória, então a escrevi eu mesmo. Na página de rosto, deveria haver a seguinte dedicatória: 'À memória do compositor deste quarteto.'" Há brincadeira, ironia, amargor, mas ainda assim basicamente brincadeira. Só que a posteridade entendeu essas palavras apenas no registro trágico. "É fácil", raciocina Lesser, "confundir a autobiografia da recepção com a autobiografia da criação, imaginar que o compositor (ou escritor, ou pintor) simplesmente compôs com o mesmo sentimento que temos hoje quando ouvimos. A obra de arte não funciona assim, mas parte de sua beleza e poder de sedução é nos fazer acreditar que é desse jeito que as coisas andam no mundo da arte."

Vários comentadores negaram a validade da dedicatória e, num raciocínio ideologicamente tortuoso, disseram que Shostakóvitch se punha entre as vítimas do fascismo, e incluía Stálin e o partido como algozes. "Ora", diz Lesser, "ele só repetiu um estratagema que usou desde sua *Sinfonia n. 5*: o de colocar algo que passasse pela censura. Portanto, a dedicatória não deveria ser levada a sério." Lesser perguntou ao maestro alemão Kurt Sanderling, amigo de Shostakóvitch, se a dedicatória era para valer. "Ridículo", riu. "Então, o que as citações e alusões a suas obras de juventude e às iniciais de seu nome (ele usa as notas DSCH que na notação alemã correspondem a ré, mi bemol, dó e si bequadro) fazem em um quarteto dedicado às vítimas do fascismo?"

A tese de Lesser é que no quarteto n. 8 Shostakóvitch fez coincidir o significado público com as mensagens privadas, o pessoal e o político. Philip Setzer, violinista do Emerson Quartet consultado por ela, sugere que "o fato de usar suas próprias iniciais não era apenas um comentário pessoal, mas um jeito de dizer 'somos nós, é a Rússia – é a tragédia da Rússia também'".

O xeque-mate vem na página 155, quando Lesser conclui acertadamente que "se você não conhece as citações e alusões, o quarteto n. 8 ainda assim funciona, pode funcionar possivelmente até melhor, porque você não vai estar limitado pelo excesso de conhecimento ou expectativa, simplesmente responderá à música pelo que ela é". Ela termina de modo magistral, provando que Shostakóvitch está vivo não por causa das milhares de controvérsias político-ideológicas e explicações criptográficas, mas pela qualidade de sua música. "Para os veteranos dessa peça, gente como os músicos e musicólogos, seria saudável tentar ouvi-la de vez em quando com ouvidos que aspiram à ignorância.

Uma História das Músicas nos Estados Unidos Sob a Óptica da Invenção

É uma encrenca danada contar a história da música nos Estados Unidos durante o século XX. Quando se adota a perspectiva clássica europeia, a narrativa varre para debaixo do tapete a cultura popular e limita-se a dois discursos paralelos: o dos compositores que tentaram emular modelos do Velho Continente e do passado romântico tonal; e a linhagem experimental nascida com Charles Ives, que hoje ainda tem como representante vivo Elliott Carter, aos 103 anos. Na perspectiva norte-americana, investe-se no jazz como a verdadeira música clássica norte-americana e privilegia-se a cultura popular. Ocorre que tudo isso aconteceu ao mesmo tempo, durante o século XX. E no mesmo país. O pesquisador francês Laurent Denave, que assina *Un Siècle de création musicale aux Etats-Unis* (Um Século de Criação Musical nos Estados Unidos), recém-lançado pela respeitada Contrechamps, de Genebra, faz, em sua história social da música nos Estados Unidos entre 1890 e 1990, uma admirável tentativa de compreender a multifacetada realidade musical norte-americana.

Sua história insere as diferentes correntes e gêneros musicais em seu contexto econômico e social. Não se limita aos compositores, de Charles Ives a John Adams, mas inclui as músicas populares, do blues ao jazz, dos musicais da Broadway ao rock/pop e ao dourado *songbook* dos anos 1920-1950. Comenta em detalhe as tensões entre a música de concerto/invenção (que ele chama de "savant"), desde 1890 dividida entre criadores originais e compositores conservadores, e o universo popular dominado por critérios comerciais, e feito para e não pelo povo. Mostra como tais critérios invadem a música de invenção, culminando com a música repetitiva, por ele qualificada como revolução conservadora paralela ao neoliberalismo político. "O minimalismo, mais particularmente a 'música repetitiva' (de Terry Riley, Steve Reich, Philip Glass etc.) é o sintoma de uma possível transformação em profundidade do mundo musical norte-americano. Introduz a lógica comercial na esfera da música nova, ameaça a autonomia do espaço da criação musical em relação ao mundo econômico."

Publicado em *O Estado de S. Paulo*, Sabático, 22 set. 2012.

Costuma-se confundir, umas vezes perversamente, outras ingenuamente, a compreensão correta e abrangente de uma criação musical, seja em que gênero for, com a ausência de qualquer espírito crítico em relação à obra. A conclusão lógica é: o sujeito que emplaca um megassucesso comercial é um gênio, porque; 1. queria mesmo fazer sucesso e ganhar dinheiro da maneira mais rápida possível; 2. com apenas um sucesso musicalmente paupérrimo, conseguiu isso; 3. portanto, merece ser chamado de gênio da música, porque alcançou sua meta. Sofisma que vende alho como bugalho, Jesus como Genésio. Esse tipo de música continua sendo lixo; afinal, ele queria mesmo produzir lixo para as massas. O que não se pode é suspender o juízo crítico quando se examina uma obra musical (mesmo quando se erra; assumir o risco é parte da empreitada crítica). E esse é o maior mérito dessa história da criação musical nos Estados Unidos. Denave escreve uma história abrangente, mas jamais se omite de um juízo sobre sua qualidade e originalidade.

O subtítulo do livro já diz tudo: "História Social das Produções Mais Originais do Mundo Musical Americano, de Charles Ives ao Minimalismo (1890-1990)". Ou seja, Denave defende seu direito de discutir a música e tomar posição sobre a sua originalidade. "Um juízo estético nem sempre é arbitrário. Basta apontar, na partitura, o que é novo e o que é conforme a tradição." E imediatamente mostra sua moldura ideológica, ao abrir o livro com uma epígrafe de Celestin Deliège, autor do monumental livro *Cinquenta Anos de Modernidade Musical: De Darmstadt ao Ircam*, de 2003: "Tornou-se muito difícil narrar a história de um movimento moderno face a uma sociedade globalmente indiferente à imagem dialética da história. Para essa sociedade, a história resume-se a uma série de incidentes, de truques imprevisíveis em que a ação criadora confunde-se com uma criatividade padronizada, em que o evento substitui o advento, em que a performance da estrela supera o objeto que está no centro da exposição. Como, nesse contexto social, abordar o fenômeno de modernidade sem provocar imediatamente a controvérsia?"

Denave desmonta criticamente vacas sagradas da música norte-americana como Gershwin e Bernstein, num saudável e correto exercício crítico que anda raríssimo hoje em dia. Apontar os limites e deficiências desses dois grandes músicos não significa apequená-los, achincalhá-los, mas mostrá-los de corpo inteiro. Acostumamo-nos a anestesiar nosso espírito crítico e qualquer exercício nessa direção é considerado ataque pessoal. Dizer, por exemplo, que Beethoven escreveu porcarias como *A Vitória de Wellington* horroriza. Mas é verdade. *A Vitória de Wellington* é mesmo música ruim. E isso não apequena seu gênio inconteste. "As competências de Gershwin permanecem muito limitadas. Todas as suas obras são produzidas a partir de improvisos pianísticos e não a partir de um trabalho de escrita. Falta-lhes coerência: ele passa de uma ideia a outra sem vínculo estrutural entre elas e precisa de ajuda na orquestração." Apesar disso, ironiza, "ele escreve música que será levada a sério no mundo sábio". Conclui com uma frase contundente: "Que historiador hoje poderia comparar seriamente Gershwin a Brahms ou Debussy?".

Ele também é duríssimo com outro queridinho preferencial nos Estados Unidos, Leonard Bernstein. Cita a seguinte frase de Renaud Machart, em biografia francesa de Bernstein de 2007: "Recorrer à música popular é um modo de estar antenado com seu tempo, o dos jovens, e contra seu tempo, o das grandes turbulências estéticas da 'modernidade em música'." Revolta-se: "Tenta-se fazer passar por moderna uma posição dominante (portanto, conservadora); e, ao contrário, as produções da indústria musical como forma de resistência à ordem estabelecida: que admirável inversão! Os neoconservadores do mundo da música impõem uma certa produção (música repetitiva ou música pop) e uma nova representação do mundo musical em que as posições estão totalmente invertidas: 'o mercado é a liberdade', parecem pensar os agentes da contrarrevolução."

A Revolução Reacionária. Após reconhecer que o acontecimento mais marcante das décadas de 1970 e 1980 foi "o reconhecimento progressivo do minimalismo", Denave esclarece que essa etiqueta é colada em músicas diferentes: "De um lado, na que se inscreve na continuidade das pesquisas experimentais dos anos 1950-1960 (La Monte Young); e, de outro, na música repetitiva (Terry Riley, Steve Reich, Philip Glass), que se pode qualificar de reacionária. Defendemos a hipótese de que este último ramo do minimalismo é um dos componentes da revolução conservadora que tomou conta do mundo desde o final dos anos 1960 e cuja lógica está muito próxima da corrente político-econômica que se chama neoliberalismo [...] Assiste-se a um retorno à ordem cultural que implica a música comercial, a acadêmica e até a moderna."

Denave acusa o musicólogo Richard Taruskin, autor de uma monumental *História da Música* em seis volumes editada pela Oxford em 2005, de propor uma história "neoconservadora" da música do século xx: "Para ele, o pós-modernismo se define pela posição central da música pop, a emergência do minimalismo, da música de 'colagem' (como a de George Rochberg) e da música propriamente 'pós-moderna' (John Adams, Laurie Anderson etc.)."; "Taruskin contribui para a marginalização da música verdadeiramente original, e participa da revolução musical conservadora."

De modo agudo, identifica Alex Ross, crítico da *New Yorker* e defensor ferrenho do relativismo e da inclusão musical, como um dos responsáveis pela difusão de equívocos sérios: "A confusão dos gêneros (popular e de invenção) é celebrada por alguns críticos como Alex Ross." E cita um texto deste último ("os artistas pop e os compositores mais abertos acabarão por falar a mesma língua") para alfinetar: "Confusão que se concretizará se os compositores do século XXI se conformarem com as regras da ordem musical dominante (a tonalidade): uma resignação apresentada como 'abertura.'"

Quem, de fato, está fazendo música minimalista autônoma, ou seja, compositores que não dependem do mercado? São pouquíssimo conhecidos: Alvin Lucier, Gordon Mumma, Robert Ashley, Philip Corner e Phill Niblock, entre raros outros. E John Adams, entronizado como "o maior compositor da América", seria minimalista ou neorromântico? Sua música caracteriza-se pelos seguintes pontos: "independência dos compositores em relação à universidade (daí sua oposição aberta ao mundo 'acadêmico'), mas inversamente uma forte dependência do 'mercado' (eles vivem de sua música), e uma reaproximação estética com a ortodoxia musical acadêmica ou comercial (linguagem tonal, sobretudo)".

Celestin Deliège considera a música de Adams como "um gênero intermediário entre os estilos sábios e os produtos industriais". E acrescenta que "o minimalismo norte-americano consagrou o reino do capitalismo selvagem [...] ele apareceu numa época em que a noção de música ligeira, ainda atestada por Adorno, tornou-se difusa [...] o inimalismo é um gênero intermediário entre os estilos de invenção e os produtos industriais".

É fundamental para nossa vida musical seu alerta final com relação aos jovens compositores, que têm cada vez mais dificuldade para serem conhecidos. "É ingênuo acreditar que 'naturalmente' acabarão sendo reconhecidos. O processo de reconhecimento não acontece sozinho: ele é resultado do trabalho dos organizadores de concertos e de festivais, dos críticos, dos musicólogos etc. Se esse trabalho não for feito, é muito possível que se ignore ainda durante muito tempo algumas obras importantes." Por isso, optar pela abertura de espaço a músicos populares encomendando-lhes obras sinfônicas não é gesto ingênuo: bloqueia de fato o acesso aos compositores contemporâneos, já suficientemente marginalizados sem esse tipo de hostilidade.

Igualmente inteligente é sua associação da revolução musical conservadora com o neoliberalismo, em termos de efeitos. Ambos tendem a suprimir as divisões internas desse espaço social. O neoliberalismo é um projeto de imposição de um consenso no mundo político que tem como resultado a confusão crescente entre direita e esquerda. "Igualmente, no mundo musical, a revolução conservadora combate toda forma de resistência à ordem cultural dominante." Daí a confusão crescente das posições no mundo musical e a marginalização de toda forma de postura crítica.

Quando diz que "o próprio modelo norte-americano, um espaço social dominado de forma esmagadora pelo polo comercial", está sendo exportado para a Europa, precisamos reconhecer que, como temos visto, essa invasão também vem ocorrendo nas Américas Central e do Sul, com destaque para o Brasil.

Os Escritos Irônicos e Mordazes de Mauricio Kagel

Publicado em *O Estado de S. Paulo*, Sabático, 26 maio 2012.

Uma tribo do Amazonas descobre e "liberta" o Mediterrâneo para, em seguida, convertê-lo impiedosamente a outros credos. Realiza o seu trabalho com o mesmo ímpeto, convicção e falta de respeito pelos aborígines demonstrados pelos conquistadores do passado, que fizeram a rota inversa, da Europa para as Américas. Um judeu de avós alemães e russos nascido em Buenos Aires descobre a Europa, mais precisamente a Alemanha – e de lá conquista um espaço original na criação musical do século XX, a do teatro instrumental. Transforma-se num dos criadores chaves da música contemporânea, num processo que se pode qualificar como antropofágico.

A bem sacada inversão de papéis históricos e geográficos é operada por Mauricio Kagel (1931-2008) em uma de suas obras-primas, *Mare Nostrum*, de 1978. "Com certeza um europeu nunca ouviu falar de 'descobrimento' com tanta ênfase como nós, sul-americanos [...] O 12 de outubro – pomposamente celebrado na América do Sul como o 'Dia da Raça' (a interpretação exata seria: 'Dia da raça branca') – desperta a recordação de atos execráveis. O triunfo dos brancos sobre os não brancos, detalhadamente documentado no informe verídico de Frei Bartolomé de las Casas, foi um perfeito genocídio. História é amiúde a arte de interpretar subjetivamente os fatos sob o manto da objetividade." Modesto, Kagel chama a obra de "amável vingança".

O mesmo processo ocorreu também em sua trajetória pessoal e artística. A ponto de o compositor norte-americano John Cage, que nos anos 1950 bagunçou o coreto até então uniforme dos frequentadores dos Seminários Internacionais de Darmstadt, fortaleza da vanguarda do pós-guerra, ter dito que "o melhor músico europeu é argentino e se chama Mauricio Kagel". Kagel jamais teve livro publicado em espanhol, sua língua original. Adotou o alemão como sua língua preferencial, na qual lançou livros de ensaios/ entrevistas. *Palimpsestos*, o primeiro livro em espanhol que leva seu nome como autor, acaba de ser lançado na Argentina. Segundo Pablo Gianera, que assina o prólogo, "a circulação de suas palavras cumpre assim em sua língua materna o mesmo destino de sua música: primeiro nos grandes centros musicais europeus, depois na periferia sul-americana". Europeu ou argentino? Alemão ou portenho? Ele foi para Colônia com bolsa do governo alemão em 1957 e só retornou a seu país praticamente meio século depois, em 2006, dois anos antes de sua morte. Na década de 1980, passou a ser cidadão alemão. "Adquiri é a palavra certa", respondeu sarcástico em entrevista de 1990, "porque para obtê-la tive de devolver o dinheiro da bolsa que havia recebido do Serviço Alemão de Intercâmbio Acadêmico 33 anos atrás." Reservou igual sarcasmo em sua derradeira visita à Argentina, em 2006: "Em Buenos Aires a música é essencial. É um substituto para tudo aquilo que não funciona aqui: a política, a sociedade...".

Na verdade, Kagel é uma hidra de várias cabeças. Em vários momentos do livro, em ensaios ou entrevistas, ele ora pende para a Europa, ora para a Argentina natal. À pergunta "você um compositor alemão?", ele responde: "Sou um compositor que, segundo o estado de alma, conhecimento, simpatia ou simplesmente o poder de imputação de quem escreve, é rotulado de sul-americano, argentino, argentino alemão, alemão, oriundo de Colônia, oriundo de Colônia por escolha, ou pura e simplesmente judeu."

Comemora ter nascido na Argentina, porque o "liberou dos pensamentos hegemônicos". "Quando cheguei à Europa, um dos choques mais terríveis foi me dar conta até que ponto os europeus são provincianos. Estavam fechados em sua tradição: o alemão que não conhece Debussy, o francês que não conhece Schoenberg." Na vida musical convencional, alfineta, "a meta é sempre a mesma: chegar à maior quantidade de ouvintes com a menor quantidade de peças".

Perverso e Frequente Axioma. Exilado voluntário. O *Palimpsestos* do título refere-se à sua primeira composição, de 1950, uma peça coral a capela sobre versos do poema *Poeta en Nueva York*, de Federico García Lorca. "A ideia surgiu quando li as nove variantes do poema em apêndice no final do livro. Até aquele momento, não sabia que os poetas também publicavam versões divergentes. O que fiz foi superpor as versões, para depois deixá-las a descoberto, como um arqueólogo, camada por camada, mas de modo incompleto."

O ex-aluno de Borges no Colégio de Estudos Superiores de Buenos Aires, filho de tipógrafo, adorava literatura. Conheceu bem Julio Cortázar, jogava xadrez e era amigo do escritor polonês Witold Gombrowicz. Participou da Agrupación Nueva Musica de Juan Carlos Paz, ajudou a fundar a Cinemateca Argentina, foi dublê de crítico de cinema e música. Porém jamais frequentou escola regular de música.

Nos anos 1950, encantou-se com a música concreta de Pierre Schaeffer. E compôs *Música Para a Torre*, em 1954, o primeiro exemplo de música concreta na América Latina. Em seguida, mostrou suas composições para Pierre Boulez em Buenos Aires. Este lhe sugeriu mudar-se para a Europa, o que fez em 1957. Kagel soube enxergar no compositor John Cage o arauto de uma nova era na música contemporânea em 1958, quando o norte-americano visitou os cursos de Darmstadt. Compreendeu a ideia de que a música devia retornar ao teatro, do qual a vanguarda afastou-se por muito tempo.

"Não existe músico quimicamente puro", escreveu. E mergulhou no reino das "contaminações". Introduziu o teatro na música contemporânea, fez cinema – como o antológico *Ludwig Van*, de 1970, que pode ser assistido no site www.ubu.com. Levou para a criação musical as lições do cinema: "Os segredos da montagem são muito similares às fórmulas musicais." Deixou claro que seus filmes eram suas "óperas". Nos anos 1960, Adorno reconheceu o fato quando escreveu que "a vanguarda atual aceitou novamente, provavelmente da maneira mais convincente e radical na figura de Kagel".

Criou dezenas de peças radiofônicas, gênero eminentemente alemão. Numa delas, *O Tribuno*, de 1978, ele bebe no país natal, como explica neste texto: "Como todo mundo nascido na Argentina e crescido na América do Sul, não me faltou oportunidade para aprender que as forças motrizes da prática política são de natureza mais erótica do que heroica. A voz e o aspecto dos responsáveis pelo bem-estar do povo […] são tão decisivos quanto os argumentos."

Combativo, em 1989, quando caiu o Muro de Berlim, compôs *O da Interrogadora*, em que se repetiam as seguintes palavras com acento de perguntas: "Liberdade? Igualdade? Fraternidade? Quando?" Quatro anos antes, no artigo "Duvidar de Deus, Crer em Bach", a propósito do tricentenário de nascimento de Bach, pôs a nu a perversa engrenagem da indústria das efemérides: "É cada vez mais frequente o calendário determinar os programas de concertos, como se o nascimento e a morte, dois fenômenos no fundo irrelevantes, fossem imprescindíveis para nos enfrentarmos com o passado; a vingança da indústria cultural é implacável… e cíclica."

Kagel dinamitou a pretendida pureza e abstração nos cursos de Darmstadt no período em que os dirigiu, entre o fim da década de 1960 e início da seguinte. Seu credo fica explícito nesta declaração: "A música e arte não se bastam a si mesmas quando rompem o sistema de coordenadas fundado no conhecimento e experiência do receptor, algo habitual quando se enfrenta o novo. Neste caso, surge a necessidade de se valer também das palavras. O erro do passado foi acreditar que a música, enquanto arte autônoma, não necessitava de um comentário a título de exemplo; uma ilusão que não correspondia aos fatos. Ambas, arte e música, não podem prescindir das palavras."

Portanto, era natural que sua criação se encaminhasse para uma fusão com pressupostos teatrais. Numa obra de 1988, ele recorre aos fatos noticiados em vários lugares remotos no mundo no dia de seu nascimento. E intitulou-a... *Em 24 de Dezembro de 1931: Notícias Truncadas Para Barítono e Instrumentos.* Noutra, detecta em Debussy uma atitude criativa semelhante à sua: em *Interview Avec D. – Para el Señor Croche y Orquestra*, peça de 1993-1994, ele usa textos das críticas musicais de Debussy, assinadas com o pseudônimo Monsieur Croche: "As investidas contra muitos dos compositores nem sempre eram justas, mas tinham topete e despertavam minha curiosidade por outros modos de ver e outras formas de estabelecer relações."

Assim, afastou-se da ortodoxia da vanguarda. Foi acusado de pós--moderno, decadente etc. Nada disso. Ninguém foi mais atual do que ele, sobretudo em suas últimas décadas de vida. Em 1996, compôs *Eine Brise: Ação Fugitiva para 111 Ciclistas.* A peça dura entre sessenta e noventa segundos, o tempo que levam 111 músicos ciclistas para passar diante do público assobiando, cantando e apertando as buzinas de suas bikes. Ela abriu o Festival Kagel, que marcou seu retorno a Buenos Aires em 2006. Na versão portenha, os 111 ciclistas passaram em frente do Teatro Colón. Vale reproduzir o texto de Kagel, direto como um "hook" no fígado: "Uma vez que a música é uma arte capaz de mobilizar todos os que a amam profundamente, os participantes deste acontecimento fugaz pisam com força nos pedais para chegarem rapidamente a uma nova sala de concertos que lhes foi prometida tempos atrás. Mas as melhores poltronas para o concerto de abertura acabam de ser destinadas aos políticos da cidade, precisamente aqueles que souberam travar o projeto do novo teatro tantas vezes." Como Kagel gostava de repetir, todo sul-americano já viu esse filme muitas vezes. Acertadamente, preferia o termo teatro instrumental a teatro musical, "por causa da necessária diferenciação entre a ação cantada da ópera, de um lado, e a atuação dos instrumentistas de uma obra de música de câmera, de outro". A aguda obra para piano solo, que o brasileiro Paulo Guimarães Alvares gravou com excelência anos atrás, é ótimo exemplo dessa atitude. Em um de seus derradeiros depoimentos, Kagel diz que o compositor hoje deve surfar nos estilos. "Prefiro essa situação permissiva porque é mais rica." Como então ser original hoje?, pergunta Werner Klüppelholz.

"O que continua surpreendendo os compositores jovens é descobrir que um número limitado de notas não é obstáculo à possibilidade de dar forma a um número ilimitado de combinações e linguagens musicais. Tudo o que se compõe está sempre em situação de tensão tanto com o passado como com o presente. Por precaução, deixo o futuro na sala de espera do horizonte, pois toda previsão sobre as obras do futuro – que na sequência se consagrarão ou não mais adiante – soa para mim como escapismo."

Morton Feldman,
a Alma Gêmea de John Cage

Eram duas almas gêmeas. Foram os mais atrevidos, ousados, libertários e radicais criadores da música de invenção do século xx. Uma espécie de Batman & Robin da música nova. Um nascido em Los Angeles, outro em Nova York, bateram-se contra tudo e contra todos. Arrebataram das vetustas e ilustres cabeças europeias coroadas da música as bandeiras mais radicais; primeiro as enfrentaram; depois as venceram, instaurando uma agenda diferente para a criação contemporânea. Uma agenda contra a qual ainda hoje guerreiam os criadores do lado de lá do Atlântico. Jamais baixaram a guarda. Que guarda, companheiro? Que dogmas, certezas? Aqueles dois jamais cultivaram certezas. Fizeram as perguntas certas que funcionaram como lanças múltiplas apontando para a construção de um futuro diversificado, plural, aberto, inclusivo – e para as artes em geral, não apenas para a música.

São eles John Cage (1912-1992) e Morton Feldman (1926-1987). O primeiro inventou a não música com sua peça "4'33"" preenchida de silêncio que nos obriga a prestar atenção nos ruídos e sons ao nosso redor; introduziu o acaso na música a partir do I Ching oriental; e criou o piano preparado, introduzindo entre as cordas pedaços de metal como parafusos, borracha e outros materiais para alterar sua sonoridade. Cage teve seu centenário de nascimento/vinte anos de morte lembrado no ano passado. Nem assim fomos presenteados com a reedição do seu sensacional e concretista livro-mosaico *De Segunda a um Ano*, finamente traduzido por Rogério Duprat e revisto por Augusto de Campos, originalmente lançado em 1985 pela Editora Hucitec.

Feldman, pouquíssimo conhecido abaixo do equador e sem nenhuma efeméride como pretexto, teve melhor sorte em 2013. Não no Brasil, mas em Buenos Aires, onde, no início deste ano, a editora Caja Negra lançou *Pensamientos Verticales* (Pensamentos Verticais), uma súmula de tudo que escreveu, sob forma de textos diversos, como comentários de suas obras e ensaios.

O título original desse livro que se lê como um manifesto de libertação da música – *Give my Regards to Eight Street* (2004) – remete à rua onde os dois moraram por vários anos no mesmo prédio, na década de 1950,

Publicado em *O Estado de S. Paulo*, Sabático, mar. 2013 (inédito).

no Greenwich Village. Conheceram-se no Carnegie Hall, quando o maestro grego Dimitri Mitropoulos, então titular da Filarmônica de Nova York, regeu a *Sinfonia Opus 21*, de Anton Webern. "Eu tinha 24 anos", diz Morty (assim todos os conhecidos e amigos o chamavam). "A reação do público foi antagônica e perturbadora. No intervalo, John apareceu. Eu me aproximei e disse, como se nos conhecêssemos, 'não foi bonito?'" Empatia imediata. "O maravilhoso dos anos 1950", evoca relembrando aquele momento mágico da vanguarda artística nova-iorquina, foi que "por um breve instante – digamos, talvez seis semanas –, ninguém entendeu a arte. É por isso que tudo aconteceu."

Pré-Hippies Caretas. Durante o período em que moraram no mesmo prédio, jamais falaram de música. O que os interessava, segundo Morty, eram os novos pintores que seriam depois rotulados de "escola de Nova York": William de Kooning, Rauschenberg, Rothko e Philip Guston, este último um nome menos conhecido, porém sua alma gêmea pictórica. Toda noite, reuniam-se na Cedar Tavern, entre as ruas 8 e 9. "Era realmente divertido, algo assim como uma comunidade pré-hippie. Só que, em vez de drogas, consumíamos arte", escreve no artigo que dá título ao livro composto por 45 artigos, comentários de obras e ensaios esparsos.

A melhor definição da relação de Morty com Cage, no entanto, está numa longa entrevista a Françoise Esselier, no livro *Ecrits et paroles* (Escritos e Palavras): "Cage e eu extraímos a música do domínio conceitual para colocá-la na sensação puramente fisiológica do som, separada desta causa e deste efeito conceituais [...] A música sempre foi conceitual. Nós a mudamos. Inteiramente."

Pinimba Com os Europeus. Cético, sempre praticou a dúvida. Afirma jamais ter encontrado um compositor europeu que não saiba o que é a arte. E dá um exemplo: "Como você sabe que Boulez é um grande músico? Eu te digo. Porque isso foi demonstrado. Você escuta e diz para si mesmo: 'É claro, é um grande músico.' Você diria que Cage é um grande músico? Você diria: 'Oh! Cage é outra coisa, é diferente. É formidável. É com certeza interessante, até fascinante.' Mas podemos dizer dele, como de Boulez, que é um grande músico? É claro que não. E por quê? Porque os grandes músicos não inovam. É a definição de um grande músico."

Ele conversou algumas vezes com Boulez quando este era titular da Filarmônica de Nova York, entre 1971 e 1977. Num passeio pelas ruas de Manhattan, o francês chamou Charles Ives de amador. Morty enfureceu-se:

"Por que era um amador? Porque não era um europeu? Um homem realiza todas estas inovações e é um amador; eu, depois de todos estes anos, continuo sendo considerado um *amateur*. Sou uma das poucas pessoas originais que escrevem música, e sou um *amateur*! Simplesmente é assim, nunca entendi como Cage pode ser considerado um *amateur*, eu um *amateur*, Ives um *amateur*!" E arremata contundente: "Mas um idiota, um idiota em Budapeste que copia Bartók é considerado um profissional! Nunca entendi isso."

A Estética Radical de Morty. Faça uma experiência. Vá ao YouTube e ouça uma obra de Feldman. A magnífica *Rothko Chapel*, composta para a capela construída em Houston que abriga quatorze criações do pintor. Ou então peças que têm duração superior a uma hora, como *Piano and String Quartet*, de 1987, *Crippled Symmetry*, para flauta, piano e percussão ou trio para violino, cello e piano. Todas têm em comum andamentos lentos, sugerem imobilidade, na verdade anseiam pela imobilidade, mas uma imobilidade tensa, gerada pelo próprio som. Morty ultrapassa o estágio de escrever para instrumentos. Quer que o som gere as tensões e relaxamentos. Em suma, "fazer algo a partir do nada". Sua proposta é fazer tábua rasa de tudo que houve antes na arte musical. "Meu problema é fazer algo a partir do nada. Cada vez que escrevo uma nova composição, tenho o sentimento de fazer algo a partir do nada."

O ensaio mais longo e interessante, "O Futuro da Música Local", distribui por 35 páginas trinta blocos que pensam a criação musical. São notas de aulas. Ali, ele ridiculariza seus desafetos preferenciais, como Boulez e Stockhausen, e se desnuda totalmente. "Não estou criando música, ela já está aí, eu só mantenho uma conversa com meu material."

Aliás, veja como é reveladora esta piada com Stockhausen: "Ele me perguntou 'qual é o teu segredo?' Eu respondi: 'Não tenho nenhum segredo, mas preciso te dizer qual é meu ponto de vista, eu te diria que os sons são bastante parecidos com as pessoas. E se são pressionados, eles te pressionarão. Por isso, se tenho de te revelar um segredo, é este: não pressione os sons.' Karlheinz chegou bem pertinho e sussurrou: 'Nem um pouquinho?'".

A Não Ideia. Seu conceito mais radical é o da não ideia. "Vejo as ideias como um bando de crianças pedindo que prestem atenção nelas." Rejeita todo tipo de automatismos do passado. E declara que até 1950, data-chave em que a tribo do Village revirou as artes de cabeça pra baixo, era obrigatório ter uma excelente ideia e saber como compor, saber como utilizá-la: "Esta ideia devia, além disso, ser parte do *zeitgeist* [espírito do tempo] [...] Agora, precisamos de uma excelente não ideia; tem que ser igualmente uma excelente, mas uma não ideia." E o que é uma não ideia, nos perguntamos. Morty responde pegando Stockhausen de novo pra Cristo: "Certa ocasião, conversando com Stockhausen sobre o tempo, ele se enfureceu comigo. Disse: 'Você não está compondo tua música no céu, está compondo aqui, na terra, e um som está aqui ou aqui ou aqui!' Disse-lhe: 'Sim, a diferença é que para mim o som está [*com voz muito suave*] aqui ou aqui.' Sua ideia era esta [*soca a mesa com violência*] e minha não ideia era esta [*risos*]: uma conversa muito divertida sobre o *zeit* [tempo]." Em suma, Stockhausen queria um tempo medido, e Morty um tempo sentido, "uma sensação mais subjetiva".

Trabalha de maneira modular, depois junta as coisas como fizeram com Frankenstein, relembra. Diz que se inspirou em um livro da filha de Tolstói (não informa qual), em que ela conta como recortavam frases de *Guerra e Paz*. Espalhadas em cima da mesa, eles as reorganizavam, "como na montagem de um filme", diz Morty. "Trabalho assim hoje."

O outro vértice da sua música, ele aprendeu com a pintura. Coisa simples: "É algo que todo estudante de arte conhece. Chama-se 'plano pictórico'. Apliquei-o a meus ouvidos, ao plano auditivo [...] trabalho como um pintor, na medida em que observo o fenômeno e o torno mais espesso ou diluído [...] sou a única pessoa que trabalha desse modo, é algo similar ao que Rothko faz, é simplesmente uma questão de sustentar essa tensão ou imobilidade. Encontramos isso em Matisse, a ideia completa de imobilidade. É como algo congelado e ao mesmo tempo vibrante." Pede à música que ganhe o seu Matisse – no caso, ele mesmo.

Sua lua de mel com a pintura durou a vida inteira. "Na pintura, o modo como se utiliza a luz faz com que a obra seja distinta de outra, independentemente de quando foram pintadas; ao passo que, na música, o modo como se organizam as alturas desde a era pré-tonal mais empírica até o serialismo, caracteriza *cronologicamente* a história da música ocidental." É a tal mania quase inconsciente, de tão introjetada em nosso modo de ver a música, de qualificá--la a partir de critérios históricos. Morty recorre a Cage para pensar a questão. Depois de Cage, vimo-nos obrigados a fazer perguntas que até então eram evitadas, "nas quais nunca se pensava na hora de compor". E conclui: "Não sugiro que a musica deva imitar os recursos da pintura, mas que o aspecto cronológico do desenvolvimento musical talvez tenha terminado, e que uma nova 'corrente principal' de diversidade, invenção e imaginação está de fato despertando. Por isso devemos agradecer a John Cage."

As Vísceras da Música. No artigo "Um Problema de Composição", diz que tudo começou com os gregos, quando afirmaram que para que algo seja belo também deve ser sensato. "Nada demonstrou este conceito de modo mais perfeito do que a música." A música não muda a vida das pessoas, mas "nos transporta a alturas sublimes; quando termina, vemos que estamos no mesmo lugar". O que fica, para Morty, é "a dualidade de meios precisos criando emoções indeterminadas".

Entretanto isso refere-se à música do passado. Hoje a música expõe a sua própria construção aos nossos ouvidos. "Não lamento a morte da poesia e da emoção", diz Morty. Como Boulez e Cage, Morty também prega a música como objeto autônomo. "Quanto mais me aproximava de uma situação verdadeiramente autônoma, mais sentia um alerta de que uma nova dicotomia estava prestes a acontecer." Sentia que havia uma "estranha resistência" dos sons em assumir uma "identidade instrumental". Era um grito de liberdade dos sons em relação aos instrumentos. Em música, diz Morty, os instrumentos produzem a cor. "E para mim, a cor instrumental rouba sua imediatez do som." O instrumento tornou-se para ele um "retrato enganoso do som".

Radicalizando, Morty pensa numa espécie de último umbral da música, sem instrumentos. "Ao produzir esta situação de indeterminação, comecei a sentir que os sons não se preocupavam com meus conceitos de simetria e desenho, que queriam cantar sobre outras coisas. Queriam viver, e eu os sufocava. Minha vida criativa pode ser interpretada como a tentativa de me ajustar a este dilema. Tenho a sensação de que, apesar dos esforços que fizemos para limitá-la, a música já voou para fora da jaula, já escapou. Um antigo provérbio diz 'o homem faz planos. Deus ri'. O compositor faz planos, a música ri."

Música e Política:
Um Festival na Guerra Fria Europeia

Publicado em *O Estado de S. Paulo*, Caderno 2, 11 mar. 2013.

Os músicos e compositores europeus estrelados saíram esfacelados, com a moral lá embaixo, no término da Segunda Guerra Mundial, em 1945. Seu prestígio era tão ruim quanto o dos políticos brasileiros atuais. Todos acabaram levando as culpas do envolvimento escuso de alguns com política – um imbróglio onde sobressaíram nomes ilustres como os dos maestros Wilhelm Furtwängler e Herbert von Karajan (o primeiro menos que o segundo, que chegou a exibir orgulhoso uma carteirinha de membro da ss) e dos compositores Carl Orff e Richard Strauss, entre outros.

Era preciso, portanto, romper definitivamente com tudo que cheirasse a passado. Daí a busca do serialismo radical pela vanguarda dos anos 1940-1950, basicamente sediada em Paris. Meta justa a do jovem Pierre Boulez e seus companheiros, mas o entorno era de fato infernal. O mundo mergulhava de cabeça no surdo e perverso embate Estados Unidos-União Soviética. A cidade transformou-se no "epicentro da Guerra Fria", acentua o musicólogo Mark Carroll no ótimo livro *Music and Ideology in Cold War Europe* (Música e Ideologia na Europa da Guerra Fria).

"Fachadas" e Cutelos. Carroll esmiúça o mais reluzente evento de música erudita contemporânea dos anos 1950 realizado em Paris, "L'Oeuvre du Xxe Siècle", um festival idealizado por uma entidade ou associação autointitulada Congresso Para a Liberdade Cultural (Congress for Cultural Freedom), totalmente financiada pelo governo norte-americano em maio de 1952. É bom não esquecer que a Otan, a Organização do Tratado do Atlântico Norte, havia sido recém-criada para se contrapor à muralha soviética composta pela urss e seus aliados. Dali em diante, até a derrocada do muro de Berlim e da União Soviética na virada dos anos 1980-1990, o terror da ameaça da destruição do mundo numa possível guerra nuclear pairou como um cutelo sobre a cabeça de cada habitante do planeta.

O confronto, que nasceu militar, espraiou-se por todos os setores. Por isso, o evento de maio de 1952 em Paris foi uma fachada para contrapor, no campo da música erudita, o chamado "mundo livre" (Estados Unidos) ao "poder totalitário" (URSS) num caldeirão onde ficaram claras as opções ideológicas de todos os lados. O organizador, evidentemente na folha de pagamento da CIA, foi o compositor russo emigrado Nicolas Nabokov (1903-1978), primo de Vladímir Nabokov, o festejado autor de *Lolita*, e ele não deixou margem para dúvidas: construiu o festival, distribuído em duas séries de concertos – sinfônicos no Théâtre des Champs-Elysées, de câmara na Comédie des Champs-Elysées. No primeiro, incluiu obras de um compositor que idolatrava, Igor Stravínski (1882-1971), o símbolo do russo emigrado contrário ao regime soviético, em dez concertos. Stravínski regeu vários concertos (ele voltava à capital francesa pela primeira vez desde 1938), e mostrou basicamente sua música neoclássica, tonal, conservadora. Na série de música de câmara, Nabokov foi mais sutil: incluiu a estreia da peça *Structures* para dois pianos, de Pierre Boulez (1925). Por quê? Para ganhar a simpatia da crítica e sempre azedamente antiamericana imprensa francesa. Lance de marketing, apenas.

Alta-Costura. Musicalmente, as opções eram estreitas. Ambas as plataformas estéticas – dos norte-americanos e também dos soviéticos, com seu realismo socialista – louvavam a tonalidade, eram conservadoras. O negócio era provocar. Assim, foram incluídas, por exemplo, obras de compositores radicados na URSS como Serge Prokofiev (1891-1953) e Dmitri Shostakóvitch (1906-1975). Todavia, sintomaticamente, só as que foram duramente criticadas por saírem dos trilhos do realismo socialista. E tome música neotonal, conservadora. Boulez, na flor de seus 27 anos, bateu duro. Sobre os conservadores que elogiam os falsos Gounod, os pseudo-Chabrier, campeões da claridade, elegância, requinte, qualidades eminentemente francesas, ele cutuca: "Adoram misturar Descartes com alta-costura."

A saída de Boulez e da vanguarda foi refugiar-se na música pura. Carroll explica: "O que acho interessante sobre *Structures* é que a peça não tem nenhum significado extramusical além de seu método de composição. Isso num tempo em que significados extramusicais na arte eram tudo. Em outras palavras, não havia meio-termo: era preciso escolher um lado, ou glorificava-se Stálin ou o capitalismo."

Entretanto o Partido Comunista Francês, o PCF, era muito forte naquele momento e tratou logo de organizar os seus "concertos progressistas", com Serge Nigg (1924), companheiro de classe de Boulez, à frente. "Eles eram organizados pela Associação dos Músicos Franceses Progressistas, inteiramente alinhados com o realismo socialista", esclarece Carroll.

O pesquisador vai ao detalhe de um tiroteio verbal intenso em que sobram farpas até para o símbolo da filosofia existencialista e do "engagement" Jean-Paul Sartre, de um lado; e para o filósofo da teoria crítica, Theodor Adorno, radical demais para aqueles tempos tão imersos na política.

A mais deliciosa ironia do Festival é que sua estrela maior, Igor Stravínski, mudou de lado logo depois do evento: abandonou a postura conservadora tonal neoclássica e simplesmente abraçou a técnica serial de composição. Tirou a escada e Nabokov ficou com a brocha na mão, sem saber o que fazer. É mais ou menos como um palmeirense de repente cair de amores pelo Corinthians. Mas cabeça de compositor, sabe-se, é como futebol. Uma caixinha de surpresas, imprevisível. A de Stravínski, então, era genial justamente por isso. Ele foi um camaleão sem igual na música do século XX, adotou todos os estilos, flertou com todas as ideologias e saiu ileso.

O Triunfo da Música. Será?

A tese é atraente, embora óbvia se não se coloca nenhuma qualificação após o substantivo: em quatro séculos, a música, genericamente falando, ultrapassou as demais artes e hoje curte uma incontestável *pole-position*. Está maciçamente presente em nosso dia a dia, do computador ao carro, do supermercado às salas de concerto, nas baladas, nos estádios de futebol em megashows pop. Ela é hoje a mais invasiva das artes, sem dúvida. Algo a comemorar se suspendermos totalmente qualquer juízo crítico. Ou a se deplorar, se arriscarmos uma olhadela para seus conteúdos. Mas essa é uma areia movediça na qual Tim Blanning recusa-se a pôr os pés.

The Triumph of Music (O Triunfo da Música) não esconde um tom triunfalista, de Monteverdi ao hip-hop. Estrutura-se em cinco capítulos ou eixos básicos. Cada um retoma o percurso de um ponto de vista diferente. "Prestígio" fala do lugar dos músicos na sociedade, desde sua condição de servos, como Haydn no século XVIII, a *superstars* como Mick Jaegger e Paul McCartney hoje. "Propósito" examina historicamente a função da música na vida das pessoas. Na Itália lírica do século XX, diz Blanning, um soldado teve o braço amputado e usou como "anestésico auditivo" uma ária de Verdi que berrou durante a cirurgia. "Lugares e Espaços" retraçam a ampliação dos locais onde se faz música, desde o nascimento da ópera e a fixação da sala de concertos na passagem dos séculos XVIII para o XIX até os megashows em estádios das celebridades pop atuais. "Tecnologia" esquadrinha os avanços e aperfeiçoamentos técnicos nos instrumentos e a revolução da música gravada, dos cilindros de Thomas Edison ao iPod e ao download de hoje. Em "Libertação", apoiado no conceito de "esfera pública" do filósofo alemão frankfurtiano Jürgen Habermas, Blanning alcança seu melhor momento ao narrar a criação e fortalecimento de um espaço público que impulsionou o nacionalismo na Europa do século XIX – um crescendo em que a contribuição da música foi decisiva, desde os coros de ópera transformados em hinos de luta como "Va, pensiero" de Verdi até a luta pelos direitos civis dos negros e as batalhas feministas e gays nos Estados Unidos.

Publicado em *Valor Econômico*, 28 jan. 2011.

Irresistível Senso de Humor. Apaixonado por música, Blanning, historiador inglês de Cambridge especializado no século XVIII europeu, sempre deu um jeito de contrabandear em seus vários livros muitas informações sobre sua arte preferida. Em *The Culture of Power and the Power of Culture* (A Cultura do Poder e o Poder da Cultura), de 2002, cobrindo o período 1660-1789, e em *The Romantic Revolution* (A Revolução Romântica), lançado em janeiro na Inglaterra, a música ocupa lugar de destaque. Nos últimos anos fez das conversas pré-concerto com o público – hoje uma verdadeira mania no mundo da música de concerto anglófona – uma fonte extra de prazer pessoal. Foi de uma afirmação recorrente dessas plateias de sala de concerto que surgiu esse livro saboroso, de leitura indicada ao engessado público de música de concerto, habituado a enxergar a história da música em saltos ao longo do tempo, numa sucessão de gênios que pipocaram aqui e ali, em todo o planeta. Todos filhos de chocadeira. Parece que nasceram, viveram e criaram no vazio absoluto. Autêntica geração espontânea. Blanning prova o contrário com leveza, uma montanha de informações interessantíssimas e um irresistível senso de humor. Ao falar da evolução arquitetônica dos espaços onde se fazia música no século XVIII, por exemplo, conta que no Scala de Milão os nobres comiam, bebiam, jogavam cartas e faziam amor enquanto rolavam as árias no palco. Anota que, no reinado de Luís XIV, o rei-sol da França no século XVII, os homens iam aos camarotes depois dos espetáculos de dança para fazer *negotiations de volupté*. Com uma anedota, verídica, dá a verdadeira medida de como Liszt, o protótipo do virtuose diabólico, era safo: enganou certa vez o público parisiense tocando, no lugar da anunciada peça de Beethoven, a de um tal de Johann Peter Pixis. Ninguém percebeu a troca; adoraram o "Beethoven" desconhecido; só Berlioz chiou e percebeu a enrolação. Deixa escapar que Louis Jullien, o *superstar* da batuta *avant la lettre*, dono da bola em Londres na década de 1840, costumava subir ao palco por um elevador; uma mocinha apetitosa lhe trazia uma batuta toda cravejada de brilhantes para reger Beethoven. Beethoven, aliás, também foi mote para uma frase hilária de Carl Maria Von Weber – um dos construtores do nacionalismo alemão em música – pescada por Blanning: "Ele imaginou os instrumentos da orquestra batendo papo e reclamando da perspectiva de tocarem outra sinfonia de Beethoven, o que os deixava exaustos, implorando uma ópera italiana em seu lugar, durante a qual podiam dar um cochilo ocasional." Além dessas, há centenas de outras sacadas divertidíssimas e reveladoras.

Os séculos XVIII e XIX são sua especialidade – e o livro felizmente se ocupa majoritariamente da música nesse período. O ponto alto é o capítulo suculento "Libertação", que mostra de modo fascinante e inovador como a música foi um dos grandes motores a impulsionar os sentimentos nacionalistas na fragmentada Europa do século XIX. Um crítico alemão escreveu em 1839 que "os alemães inventam a música, os italianos a vulgarizam, os franceses a plagiam e os ingleses pagam por ela".

Decadência? Blanning, quem sabe ofendido com a audácia germânica, dá o troco mudando o registro conceitual quando lida com a música a partir da segunda metade do século XIX – justamente o período em que se iniciou a massificação do consumo musical e se bifurcou a criação musical (e onde brilham seus compatriotas Beatles e uma fieira de notáveis roqueiros britânicos). Compositores como Schumann e Brahms, por exemplo, compunham música de enorme complexidade, de modo autônomo; entretanto também não se esqueciam de faturar algum escrevendo pecinhas fáceis para os amadores de classe média. A partir da invenção da reprodução fonográfica, o consumo explodiu até a saturação atual, inimaginável há menos de trinta anos.

Para ficar do lado da música popular, a grande vencedora e detentora do triunfo do título de seu livro, ele se permite uma licença teórica mais que discutível. O livro, que vinha no registro da música clássica, de repente enxerga apenas nas músicas populares razão de ser no mundo de hoje. "Muitas pessoas acreditam que a história da música nos últimos cem anos esteve longe de um progresso triunfal", escreve. "Pelo contrário, elas afirmam que a música da tradição clássica desapareceu num mundo sônico estratosférico de 'plins' e 'plons' acessível somente aos demais músicos, enquanto a música popular mergulhou cada vez mais nos subterrâneos da vulgaridade ofensiva."

De repente, qualidade parece não contar mais. Blanning evoca só a durabilidade como critério. "Enquanto os critérios estéticos são passageiros, a capacidade de agradar uma geração após outra se confirma pela objetividade." Ele argumenta assim para justificar a longevidade do sucesso dos Beatles – mas com certeza o raciocínio aplica-se melhor a nomes como Bach, Vivaldi, Mozart e Beethoven, que há bons séculos mantêm-se em cartaz. Na conclusão, cita uma pesquisa feita com seiscentas mil pessoas em 2000, que elegeu John Lennon como "o músico mais influente de todos os tempos", à frente de Johann Sebastian Bach (sétimo lugar) e Mozart (décimo). E antes que gritem, diz em outro momento que "este é um livro sobre o triunfo da música, não sobre o triunfo dos músicos (e certamente não músicos com atuação na tradição clássica)". A afirmação vale apenas para as partes finais de cada capítulo.

Valores Relativos. Ora, o conceito de música muda para Blanning ao longo do livro. Primeiro são os ditos clássicos os gênios triunfantes. Ao final, vale a lei de Darwin: "em um mundo que se transforma rápido, só os adaptáveis sobrevivem". Ok. Todavia, visivelmente, ele se sente um peixe n'água quando fala dos clássicos; e desconfortável ao lidar com o universo popular. Enfatiza a participação do pianista Wynton Kelly na célebre suíte *A Love Supreme*, gravada pelo quarteto do saxofonista John Coltrane nos anos 1960 – porém foi McCoy Tyner o parceiro-chave nessa obra-prima do jazz moderno. Kelly era pianista de Miles Davis e sua maior glória foi revezar com Bill Evans ao piano em outra obra-prima, *Kind of Blue*.

E, cá entre nós, apelar para o critério quantitativo para determinar o triunfo no reino da música é jogar na lata do lixo a maior parte da produção dos grandes do passado e tacar fogo na música contemporânea, sem nenhum cabimento. "Em termos quantitativos, porém, o futuro residia na música popular", escreve a propósito da explosão da música gravada nos anos 1930-1950 e clama, depois de citar uma frase do pesquisador inglês Michael Chanan, um dos mais inteligentes historiadores sociais da música: "Quando é que os valores musicais não foram relativos?, pode-se perguntar. Grande parte da música de vanguarda sobre a qual Chanan escreve com tanto entusiasmo pode também ser classificada como 'poluição sonora', embora não a obra *4'33"*, de John Cage, que consiste em 4 minutos e 33 segundos de silêncio." É um dos raros momentos em que ele parte para a gozação explícita gratuita e de mau gosto e prega a etiqueta cômoda do elitismo para se safar da real aporia da questão: "Para certo tipo de intelectual que acha que sabe do que o povo deveria gostar, esse processo de expansão é uma experiência deprimente", diz sobre a mais recente explosão de consumo musical via YouTube, nos iPads e iPhones.

A discussão seria longa e não cabe aqui. Tais destemperos não invalidam esse livro formidável pelo volume de informações e a inteligência e leveza com que trata da música como fenômeno antes de tudo social. Nesse oceano de frases bem sacadas por Blanning, fico com a brilhante frase de Felix McGlennon, irlandês que viveu entre 1856 e 1943 e fez sucesso como autor de cançonetas do music hall britânico da passagem dos séculos XIX para o XX. McGlennon é alma gêmea do Pestana, autor de polcas do conto "Um Homem Célebre", de Machado de Assis. Ambos não parecem contentes com suas bem-sucedidas canções do ponto de vista popular: as de McGlennon levavam títulos como "Papai Não Quis Me Comprar um Au-Au", "Adoro uma Mocinha" ou "Meu Coroa"; e o Pestana assinava gemas do calibre de "Candongas Não Fazem Festa" e "Senhora Dona, Guarde o Seu Balaio". McGlennon faz um elegante contorcionismo verbal: "Existe, vou lhe contar, uma grande arte em tornar o lixo aceitável." Até agora, juro, não descobri que arte é essa.

Música Clássica Reeducou
a Alemanha Pós-Nazista

Originalmente publicado em 1999 nos Estados Unidos, *Quem Pagou a Conta?* provocou o surgimento de reveladores estudos musicais que jogam luzes sobre períodos obscuros, sobre os quais não se tinha quase informação. A década 1945-1955 na Alemanha, por exemplo, só agora se torna bem conhecida, graças a três preciosos livros. Dois foram escritos por historiadores. São eles *Music After Hitler, 1945-1955* (A Música Depois de Hitler, 1945-1955), do inglês Toby Tacker, e *Settling Scores* (Definindo o Placar), do canadense David Monod; e o terceiro, *New Music, New Allies* (Nova Música, Novos Aliados), é da musicóloga norte-americana Amy Beal.

> Publicado em *O Estado de S. Paulo*, Caderno 2, 10 fev. 2008.

A leitura deles dá o que pensar. Pela primeira vez, pensou-se em reeducar um país por meio da música clássica. Tacker, Monod e Beal constroem um painel minucioso que revela como os aliados realizaram esse projeto ambicioso e inédito, que buscou suas razões na própria Alemanha. O país dos três "Bs" (Bach, Beethoven e Brahms), hegemônico na música clássica, fez dessa arte o motor de sua nacionalidade. Ou seja: os chefes dos comandos militares dos quatro países que ocuparam a Alemanha no pós-guerra estavam certos no diagnóstico e puseram em prática quatro projetos de reeducação a partir de 8 de maio de 1945, data da rendição.

"Há outros casos na história em que países que venceram uma guerra desejaram mudar a cultura das nações derrotadas", diz Toby Tacker em entrevista ao *Estado*. "Mas nenhum deles, até onde sei, chegou a propor algo parecido com a 'reeducação' da Alemanha depois de 1945. Isso faz desse episódio um experimento histórico único. Não conheço nenhuma outra situação de pós-guerra em que a música, especialmente a música clássica, tenha sido encarada como importante." Os quatro comandos militares – Estados Unidos, Inglaterra, França e URSS – agiram de modo diverso frente à formidável tradição musical alemã. Norte-americanos e ingleses abordaram o problema com um sentimento de inferioridade: preocuparam-se com a possibilidade de que fossem vistos pelos alemães como países sem música. Enquanto os franceses e os soviéticos misturavam sentimentos de devoção e rivalidade com relação à música alemã. Afinal, os quatro aliados tinham propósitos conflitantes a respeito do que aconteceu com a música na Alemanha de Hitler. Para os ingleses e os norte-americanos, a música foi destruída por Hitler. Os franceses, apesar de reconhecerem a perseguição, sabiam que a vida musical alemã manteve alto nível durante o Terceiro Reich. Já os soviéticos compartilharam com os nazistas a veneração alemã pelos grandes músicos.

O país foi fatiado pelos vencedores. Os americanos instalaram seu centro de controle musical em Munique em maio de 1945, com ramificações em Leipzig, Wiesbaden e Frankfurt; os ingleses fixaram-se em Hamburgo; os franceses em Karlsruhe; e os soviéticos em Dresden. Os americanos foram os mais eficientes. Os números são impressionantes. Havia, na Alemanha, onze orquestras em atividade entre 1943 e 1945. Dois anos depois, já eram 110. Em Berlim, 110 obras foram estreadas entre junho e dezembro de 1945. No ano seguinte, a música clássica era mostrada em mais de duzentos teatros e salas. A própria Filarmônica de Berlim ressurgiu milagrosamente. Trinta de seus músicos foram mortos na guerra e muitos instrumentos foram confiscados pelo exército soviético. Mesmo assim, ela fez seu primeiro concerto apenas treze dias após a rendição. Há, aliás, detalhes curiosíssimos. O comando americano concedia ração de seiscentos gramas diários para os músicos da filarmônica, mas, compreensivo, autorizou uma ração reforçada de novecentos gramas para os músicos de metais (trombones, trompetes, trompas, tubas).

Compositores como Cowell, Barber, Copland, Harris, Menotti e Piston foram contratados para difundir a música americana na Alemanha. Os Estados Unidos montaram bibliotecas de partituras e as colocaram à disposição dos músicos alemães.

Entre junho de 1946 e junho de 1947, houve 374 concertos sinfônicos e camerísticos em toda a Alemanha. Em 1948, o maestro Leonard Bernstein fez uma turnê pelo país. No primeiro ensaio com a Orquestra da Baváría, os músicos fizeram greve de fome em sinal de protesto pela pretensa incapacidade e amadorismo de um americano que teve a petulância de liderá-los. Três horas depois, suspenderam o movimento, encantados com a competência e o charme de Lenny. O rádio era o instrumento mais poderoso de difusão naquele momento; em 1949, os Estados Unidos controlavam cinco rádios e os parceiros aliados somente uma cada. Na programação, forte ênfase na música clássica, incluindo até esquetes sobre como se devia ouvir a música contemporânea. Aliás, o festejado Curso Internacional de Férias de Darmstadt, instituído em 1946 e símbolo da "neue musik" de Stockhausen, Boulez e Nono, foi parcialmente financiado pelos americanos, revela Amy Beal ao *Estado*. Nos anos 1950, nomes importantes da vanguarda, como John Cage, estiveram em Darmstadt financiados pelos Estados Unidos. Exilados europeus nos Estados Unidos, como Ernst Krenek, reclamaram dizendo que "é preciso ir a Berlim para ver o governo dos Estados Unidos apoiar a arte moderna séria".

"Darmstadt representava", diz o historiador David Monod ao *Estado*, "um novo fôlego para a cultura alemã. Os Estados Unidos os ajudaram também porque os nazistas tinham sido hostis à 'neue musik'. Era bacana promover a música experimental."

Na verdade, como conta Saunders em *Quem Pagou a Conta?*, americanos tomaram gosto em promover a vanguarda nos anos 1950 como forma de se contrapor ao realismo socialista da URSS já em plena Guerra Fria. "A música clássica permaneceu como arma política importante na Guerra Fria", conclui Monod. "É, no entanto, uma pena que tenhamos todas estas informações sobre a guerra musical do lado ocidental, mas não exista nenhum estudo aprofundado baseado nos arquivos soviéticos. Seria esclarecedor ver como as coisas andaram no lado de lá."

Bernstein:
Ativista Político Ou Inocente Útil?

Publicado em *O Estado de S. Paulo*, Caderno 2, 12 jul. 2009.

"Ingênuo", "inocente útil". Estes são apenas dois dos adjetivos com os quais Leonard Bernstein foi obrigado a conviver. Tudo porque, tanto no pódio como no dia a dia, esse músico genial não se limitou à sua arte. Desobedeceu à máxima do "cada macaco no seu galho" e interveio em todos os grandes acontecimentos políticos e sociais de sua época.

Os conservadores jamais perdoaram as inclinações esquerdistas de Bernstein e transformaram sua figura pública numa espécie de "idiot savant", um ser humano imbecil que só era fantástico numa coisa: a música. O direto mais potente foi desferido pelo jornalista e escritor Tom Wolfe, em junho de 1966, quando escreveu um artigo chamando Bernstein de "radical chic". Nele, contava a recepção oferecida aos Panteras Negras em seu apartamento na Park Avenue. O objetivo era arrecadar fundos para pagar advogados a fim de tirar da prisão integrantes do mais agressivo representante dos movimentos negros dos anos 1960. A pejorativa expressão colou de vez em Bernstein.

Recém-lançado nos Estados Unidos, *Leonard Bernstein: The Political Life of an American Musician* (A Vida Política de um Músico Americano), de Barry Seldes, da Universidade da Califórnia, mostra que Lenny foi politicamente articulado; e que os governantes viram nele um "perigoso esquerdista". Isso antes até da caça às bruxas, promovida pelo senador McCarthy nos anos 1940-1950. Tudo isso vem à tona pela primeira vez graças à excelente garimpagem feita por Seldes, que teve acesso ao Dossiê Bernstein do FBI e escreveu um livro que nos mostra um novo Bernstein, enfatizando a ação sistemática do governo para desqualificá-lo. A tática era ridicularizar tudo que ele fizesse fora do pódio. A suculenta pasta do FBI foi aberta por J. Edgar Hoover, que se tornaria o mais célebre comandante do órgão, em 1939, quando, ainda estudante em Harvard, Bernstein promoveu uma execução, no *campus* da universidade, da ópera *Craddle Will Rock*, do compositor de esquerda Marc Blitzstein.

Depois de defender com unhas e dentes Hanns Eisler, o parceiro de Brecht nos tribunais macarthistas, Lenny ganhou a hostilidade eterna da gestão

Eisenhower. Nos anos 1950, quando regia a Filarmônica de Nova York, teve até o passaporte confiscado pelo governo por declarações contra a Guerra Fria.

Teve que assinar uma "humilhante declaração juramentada de que não pertencia aos quadros do Partido Comunista" para tê-lo de volta em 1953. Hoover botou arapongas na cola de Bernstein porque tinha certeza de apanhá-lo em falso testemunho.

Em maio de 1959, o presidente Eisenhower foi obrigado a apertar a mão de Bernstein na inauguração do Lincoln Center. De igual modo, teve que engolir o maestro como maior garoto-propaganda do país na Guerra Fria cultural: ele e sua Filarmônica de Nova York fizeram em agosto daquele ano uma turnê pela Europa e pela União Soviética. Lenny queria levar *West Side Story*, mas o Departamento de Estado não permitiu.

Seldes escreveu uma obra essencial, que deve ser lida por todos os músicos profissionais. Eles precisam entender que não se pode pautar uma carreira profissional digna lambendo as botas do poderoso da cultura de plantão. Escreve Seldes: "Ele não encontrou um meio de expressar em suas composições de teatro musical sua profunda reflexão sobre as crises de seu tempo. Expressou isso no pódio, revivendo e batalhando incansavelmente pela música de Mahler. Para Bernstein, a música de Mahler refletia as águas profundas da crise e da tragédia. Bernstein encontrou em Mahler um homem na encruzilhada da política e da cultura. Bernstein viu em Mahler um profeta da catástrofe; seus ensaios e livros indicam que ele também se sentia assim."

Sons de Uma Guerra

Publicado em *O Estado de S. Paulo*, Caderno 2, 22 maio 2010.

Um dos maiores ícones da música norte-americana do último meio século rompe silêncio de doze anos com novo CD. Sim, aos 82 anos, Mose Allison está de volta com o maravilhoso *The Way of the World*. Nascido e criado na fazenda dos avós na cidadezinha de Tippo, no delta do Mississippi, berço essencial do blues, e aos doze anos já compunha blues com os amigos negros.

Por isso é um blueseiro branco de voz com entonação negra, pianista originalíssimo, letrista mordaz e bem-humorado. A voz, que cinquenta anos atrás era límpida e sem vibrato algum, agora está "suja" – mas ele parece uísque, quanto mais velho, melhor.

Tamanhas qualidades fizeram dele uma lenda já a partir de 1957, quando lançou "Young Man Blues". Pete Townshend, guitarrista fundador do The Who em 1964, transformou-o no hino de uma geração inteira. Nessa esteira, Mose virou figura decisiva, sobretudo para o mundo do rock. Entre seus fanáticos adoradores ingleses estão Van Morrison (que em 1996 gravou um CD-tributo), Clash, Yardbirds, John Mayall, Brian Auger & The Trinity, Elvis Costello, George Fame. Nos Estados Unidos, outra lista ilustre: Johnny Winter, Bonnie Raitt, John Hammond e Blues Image.

Como toda lenda, provocava espanto nos jornalistas que o ouviram antes de vê-lo no final dos anos 1950 e achavam que o emergente blueseiro era negro. "Eu também pensei", relembra Allison rindo. Townshend diz que quando ouviu o disco *Back Country Suite*, onde está "Young Man Blues", correu, pegou a capa e soltou um palavrão: "Mas este fdp é branco!" Outro jornalista, europeu, espantado por ele ter feito filosofia na Universidade de Louisiana, sapecou: "Então você foi o primeiro negro a formar-se nesta universidade?".

O espanto o acompanha até hoje. Ainda lhe perguntam como um branco cantando blues se virava para sobreviver no chamado "deep south" dos racistas anos 1940-1950. A sua resposta: "Não tive problemas até chegar a Nova York. Foi quando me advertiram de que não deveria ter feito isso. O fato é que jamais pensei que estava fazendo música negra. Só fazia aquilo que gostava."

Allison só topou voltar a um estúdio de gravação se fosse acompanhado dos seus músicos preferidos. Assim, participam de "The Way of the World" Jay Bellerose na bateria e David Piltch no contrabaixo, o sax-tenor Walter Smith III (do grupo do trompetista Terence Blanchard) e o guitarrista Anthony Wilson. A filha Amy Allison faz dueto com Mose em "The New Situation".

As doze faixas distribuem-se por apenas 36 minutos. Suas canções raramente passam os três minutos. As linhas melódicas são simples e a estrutura é a do blues do delta. Mas não é só blues; tem uma forte pitada de jazz (ele tocou e gravou com Stan Getz e outros jazzistas nos anos 1950).

O piano de acentos bebop é supereconômico, tem afinidades com o de Jobim; brinca com dissonâncias como Thelonious Monk e flerta com o swing diferente de Horace Silver. Costuma grunhir e gemer enquanto toca ou ouve os parceiros. É o elo perdido entre o blues e o jazz, já disseram dele. Allison é ainda mais do que isso. Está na confluência sutil do blues, jazz e pop. Por isso agrada a tribos antigas, modernas e pós-modernas. Depois que Townshend gravou "Young Man Blues", gravadoras como Prestige e Atlantic o contrataram. Não deu muito certo. Mudaram-lhe o contexto sonoro. Allison gosta só de contrabaixo, bateria, guitarra de blues com cordas de aço e no máximo um sax.

Mantém o hábito de fazer covers de obras-primas do blues. Como a primeira faixa, "My Brain", que retoma a melodia de um "spiritual", "My Train", e usa a mesma sequência harmônica da célebre "My Babe", de Willie Dixon, para anunciar verdades da velhice: "Meu cérebro está perdendo poder... 1.200 neurônios por hora." Em "Modest Proposal", sugere férias para Deus. Mostra também seu piano único numa faixa instrumental, "Crush".

As letras são diretas como em "Some Right, Some Wrong", que brinca com conceitos opostos, como Cole Porter adorava fazer nos anos 1920-1930. E, por último, além da novíssima safra de canções, Allison revisita "Ask me Nice", um de seus maiores clássicos, gravado em 1961: "Viva e deixe viver, este é meu mote." A certa altura, pede: "Não me fale dos problemas da vida/ ou como você gostaria que as coisas fossem./ Não tenho problema em viver/ Morrer é que me preocupa."

A faixa-título é acachapante. Os versos dizem mais ou menos o seguinte: ouço que cada batalha é a que terminará com a guerra, vi milhares morrerem e jamais soube para que, e ainda assim nosso maior medo é que batam na porta; "it's just the way of the world". Pois é, aos 82, Mose Allison continua antenado. E o que é melhor: cozinhando uma receita inimitável de blues-jazz-pop.

Ecos do Katrina

Publicado em *O Estado de S. Paulo*, Caderno 2, 3 set. 2011.

O furacão Irene acabou de varrer os Estados Unidos – felizmente com poucas vítimas, todavia nem sempre os furacões foram tão bonzinhos no país. Em 2005, o Katrina arrasou New Orleans. A tragédia atingiu proporções gigantescas e o governo de George W. Bush demorou demais para tomar alguma atitude.

O que isso tem a ver com música contemporânea? Tudo, segundo o maestro e compositor norte-americano Ted Hearne. Ele compôs as *Katrina Ballads*, uma espécie de oratório moderno que denuncia o descaso das autoridades e expressa a dor da população. Ao todo, oito canções para voz solista e grupo de onze músicos e quatro peças instrumentais. Hearne musicou exclusivamente textos primários, ou seja, produzidos no calor da hora do desastre, em 2005. Frases pinçadas de reportagens, artigos e falas no rádio e TV, incluindo manifestações dos políticos e de Bush. O CD, do selo americano New Music Collective, foi lançado há pouco no mercado internacional.

É uma música de forte conteúdo político, que mostra como o engajamento nos grandes acontecimentos políticos, econômicos e sociais no mundo pode ser um meio para a música contemporânea se aproximar do homem comum do século XXI. Hearne é um ativista engajado nas grandes questões do planeta, porém está longe de ser um idealista ingênuo. Toda música é política, diz em entrevista ao *Estado*: "É política no sentido de que é criada a partir de um determinado conjunto de circunstâncias, em determinado tempo e lugar. Essas condições jamais podem ser extirpadas da própria arte."

Hearne, que também é maestro do grupo Red Ligh New Music, toca a ONG Yes Is a World, fundada em 2002 com o objetivo de "promover a paz e a transformação social por meio da diversidade musical". A entidade começou realizando concertos com obras combinando texto e música com vocação pacifista ou de protesto. Com o tempo, o foco ampliou-se. "Graças à doação da Fundação Kaiser pesquisamos em 2006 o impacto da música na mudança da paisagem política da África do Sul. O resultado foi *Body Soldiers*, que compus com Mollie Stone, maestro e etnomusicólogo de Chicago, que mostra como os negros sul-africanos adaptaram sua tradição coral de forte cunho político para enfrentar a aids."

Hearne, nascido em Chicago há 29 anos, é bastante ligado ao movimento nova-iorquino Bang on a Can; estudou com David Lang e Julia Wolfe, dois dos compositores que fundaram com Michael Gordon o grupo de mesmo nome 25 anos atrás. Não pretende reviver posturas marxistas datadas, baseadas nas matrizes de Eisler-Brecht ou coisa que o valha. Sua concepção de música política é mais ampla. "Uso a palavra política com um significado amplo. Faço isso principalmente como reação à ideia de que a música clássica deve de algum modo transcender o tempo e o lugar onde foi ou é produzida. É uma expectativa tola em qualquer tipo de música. Nenhuma arte é 'eterna'. Só adquire significado através da óptica da nossa experiência. E até mesmo as grandes obras do passado, as mais amadas, têm um significado específico para nós em nosso próprio tempo."

Em suma, mesmo quando nega qualquer ativismo ou envolvimento político, a música assume uma postura que reflete uma atitude política, conclui Ted Hearne.

Ry Cooder Estreia Como Escritor

Publicado em *O Estado de S. Paulo*, Caderno 2, 5 nov. 2011.

Ry Cooder estreia como escritor lançando o livro de contos *Los Angeles Stories* (Histórias de Los Angeles). Apaixonado pela LA *noir* dos anos 1940-1950, mergulha no caldeirão racial da cidade, misturando crioulos, hispânicos e brancos, escrevendo em *spaninglish*. A música se intromete o tempo todo. Seja na figura do vendedor da lista telefônica da cidade, amigo de um cantor lírico aposentado que se suicida e lhe deixa de herança seus bolachões 78 rotações (em "All in a Day's Work") ou em "Who do You Know That I Don't?", no qual o cenário é a sede da Jazz Man Records. Aqui é assassinada a personagem Johnny Mumford, fã de "Clarinet Marmalade", gravação de 1927 de Johnny Dodds. Se não chega a ser uma Agatha Christie, Cooder espalha saborosas pistas criptografadas de jazz e blues. Indicado para os amantes desses gêneros.

As Letras de um Guitarrista Que Podem Corroer a Alma dos Magnatas de Wall Street. No auge da crise econômica de 2008, o governo norte-americano armou uma mega ajuda de centenas de bilhões de dólares aos grandes bancos à beira da falência. "Recuperados", seus executivos continuaram se atribuindo ganhos estratosféricos, como se nada tivesse acontecido. O jornalista Robert Scheer escreveu, no início de 2010, no site www.truthdig. com, o artigo "No Banker Left Behind (Nenhum Banqueiro Será Deixado Para Trás), e abriu fogo já na primeira frase: "Eles têm licença para roubar", referindo-se aos 20,3 bilhões de bônus distribuídos em 2009 aos executivos de Wall Street.

Naquela manhã de 24 de fevereiro do ano passado, o guitarrista Ry Cooder acordou, tomou seu café da manhã e leu no computador o artigo de Scheer. Baixou nele o espírito de Woody Guthrie, o notável folk singer famoso pelas canções políticas de protesto (deu a sua guitarra o apelido de "máquina de matar fascistas"). O título da primeira canção Ry já tinha: "No Banker Left Behind". Depois de um ano de trabalho intenso, Ry Cooder lançou, em setembro passado, pelo seu selo Perro Verde, distribuído pela Nonesuch, o CD *Pull Up Some Dust and Sit Down*, algo na linha do "sacuda a poeira e sente-se para ouvir": quatorze canções de protesto que falam da imigração, dos banqueiros, da crise financeira e do preconceito racial.

Hoje com 64 anos, Cooder ficou famoso nos anos 1990 pelo *Buena Vista Social Club*, que transformou em *superstars* planetários os geniais e esquecidos cubanos da velha guarda como Compay Segundo, Ibrahim Ferrer, Ruben González e a cantora Omara Portuondo, com direito até a documentário dirigido por Wim Wenders.

Afiadíssimo, Cutuca os Grandes Problemas de Seu País. "No Banker Left Behind" tem tudo para ser um legítimo hino do movimento "Ocupem Wall Street", iniciado há mês e meio atrás no coração do centro financeiro de Manhattan. Também, com uma letra como esta: "Meu telefone tocou uma noite, meu camarada me ligou / Disse que os banqueiros estão partindo, é melhor você vir ver / Isso começou a revelação, eles roubaram livremente a nação / Eles estão lá na estação, nenhum banqueiro ficou para trás [...] / Bem, os banqueiros convocaram uma reunião, à Casa Branca eles foram um dia / Eles iam visitar o presidente, de uma maneira calma e sociável / A tarde estava ensolarada e o tempo muito bom / Eles contaram todo nosso dinheiro e nenhum banqueiro ficou para trás [...] / Ouço bem soar o apito, ele toca uma alegre canção / O condutor está chamando todos a bordo, partiremos em breve / Com champanhe e coquetéis de camarão e isso não é tudo que você encontrará / Há um bônus de 1 bilhão de dólares e nenhum banqueiro foi deixado para trás."

John Lee Hooker. Em sua cruzada, Ry Cooder, com sua guitarra *slide* e um vocal sujo como deve soar o canto do blues, convoca mitos como o lendário pistoleiro Jesse James e o genial bluesman John Lee Hooker. James ingenuamente pede de volta sua arma, "para que eu possa ir até Wall Street e resolver a parada". Lança a candidatura de Hooker, morto há dez anos, em "JLH For President". A letra, quase falada, mastigada no estilo de Hooker, começa assim: "Sou John Lee Hooker, I sing the blues. Eles disseram que o presidente não tem tempo para o blues. Eu disse, saca, cara, todo mundo tem direito ao blues. Decidi concorrer à presidência. [...] Tenho um novo programa para a nação. Será o tempo do groove. Cada homem e cada mulher terá direito a um scotch, um Bourbon e uma cerveja três vezes por dia, desde que permaneçam 'cool'. [...] Quero nove belas mulheres na Corte Suprema. Elas me ligarão dizendo 'Johnny, não chegamos a uma conclusão sobre qual de nós você mais gosta.' E eu vou dizer: 'Doçuras, vocês são igualmente gostosas perante a Lei.' [...] Jimmy Reed será vice-presidente e Little Johnny Taylor o secretário de Estado. […] Não se deixem enganar pelos republicanos, não tenham pena dos democratas, votem John Lee Hooker."

Metralhadora giratória, em "Humpty Dumpty World" Ry encarna Deus para fuzilar os deprimentes políticos na TV.

Em "Christmas Time This Year", evoca a guerra: "Nossos filhos voltarão para casa em sacos plásticos." E transforma num réquiem a reação do pai quando o filho lhe diz que foi recrutado pelo exército em "Baby Joined the Army". Alerta, em "If There's a God, que "os 'republiklans' (mistura de republicanos com Ku Klux Klan) estão ficando cada vez mais fortes". Uma delícia de consciência política. Estamos mesmo precisados de alguns Ry Cooder.

Rebelde Erudita Com Causa.

Ela improvisa sobre as obras dos mestres e aponta o dedo no rosto dos poderosos. Roqueira? Não, erudita! Quando improvisou em recitais públicos, a plateia não acreditou que a pianista Gabriela Montero de fato estava criando música no calor da hora. Por isso, a bela venezuelana de 41 anos, mãe de duas filhas, radicada em Boston, nos Estados Unidos, e de sólido prestígio internacional, recorreu ao truque do inventor do recital de piano, Franz Liszt, 170 anos atrás: improvisou a partir de melodias cantaroladas por alguém da plateia. "Aí o público acreditou que eu improvisava mesmo", diz. Gabriela apresenta-se hoje no Teatro Municipal do Rio de Janeiro e amanhã, na Sala São Paulo. Promete pedir ao público que cantarole uma melodia para improvisar. Esse, porém, é apenas um dos diferenciais dessa pianista que adora os grandes mestres do passado, "os que assumiam riscos", diz ao *Estado*. O que lamenta é a homogeneização e o foco egocêntrico na carreira, características de dez entre dez pianistas da cena atual.

Gabriela incorpora o improviso e estabelece contato imediato com o público, "tornando-o partícipe do concerto". Em geral, os músicos clássicos possuem espinhas dorsais flexíveis demais, que se movimentam ao sabor do mandachuva da ocasião, seja ele o maestro, o diretor ou mesmo o político de plantão. Não Gabriela. Já no ano passado, a ex-protegida de Martha Argerich fez um duro discurso em seu CD *Solatino*. Obrigou sua gravadora, a EMI, a colocar seu logo em preto e branco, em vez do vermelho habitual. "O vermelho foi aplicado só no O de Solatino", escreveu no folheto do CD, "porque na Venezuela esta cor foi despojada de sua beleza apaixonada e de sua força e é agora associada à repressão, violência e opressão."

Há quinze dias, estreou na Alemanha sua primeira obra para piano e orquestra, *ExPatria*, na qual aprofunda as críticas ao regime chavista. Não se declara um animal político. Refugia-se num vago humanismo. Joga suas intervenções políticas para o escaninho da moral e assegura levar a luta adiante. Seu próximo CD terá *ExPatria* e um grande concerto para piano, "Rachmaninov ou Prokofiev", diz. No final da conversa, lembra entre os preferidos o

Publicado em *O Estado de S. Paulo*, Caderno 2, 5 nov. 2011.

pianista de jazz Bill Evans. E promete: "Se alguém cantarolar um tema dele, podem estar certos de que vou improvisar."

Os músicos clássicos aprendem a recalcar o improviso como algo espúrio em sua busca obsessiva pela fidelidade à partitura. Como o improviso entra em sua vida?

Improvisar é a parte mais instintiva e natural de minha linguagem. Minha professora nos Estados Unidos me proibia de improvisar. Só me dei conta de que o que eu fazia era de fato algo especial quando, em 2001, encontrei Martha Argerich e ela me disse 'tens um talento único, e precisas mostrá-lo ao mundo'.

Você pede ao público que cantarole melodias para improvisar sobre elas. Recentemente, o maestro Claudio Abbado rompeu uma parceria de quinze anos com a pianista francesa Hélène Grimaud porque ela tocou uma cadência de Busoni para o concerto n. 23 de Mozart. Você improvisa nas cadências dos concertos com orquestra?

Depende do momento. Às vezes faço a cadência tradicional, às vezes escolho outra, como Grimaud fez com o concerto 23; e mesmo improviso. Agora, considero injustificada a atitude de Abbado ao se intrometer num domínio que é de responsabilidade do solista. Cabe ao pianista decidir o que fazer naqueles poucos compassos em que pode exercer sua liberdade.

Em seu último CD, você escreveu um texto virulento contra o regime de Hugo Chávez na Venezuela; e acaba de estrear como compositora a obra ExPatria, na qual afirma reproduzir o caos, a corrupção e a violência reinantes em seu país. Você se considera um animal político?

Não entendo de política, algo obscuro e misterioso para mim. Minha postura é humanista. Vejo na Venezuela muita injustiça, violência, corrupção e, como artista, só posso me manifestar em palavras ou através de minha arte. Sinto que preciso usar minha voz de todas as maneiras para pedir que cessem a violência e a corrupção na Venezuela.

Henze,
a Voz da Vanguarda "Friendly"

Compositor, Morto na Semana Passada,
Defendia a Comunicação Com o Público

Publicado em *O Estado de S. Paulo*, Caderno 2, 4 nov. 2012 (artigo "Henze Contra a Vanguarda de Voz Única").

São cada vez mais raros os compositores com inteligência e coragem para trilhar caminhos próprios, independentes. O século xx pode ser musicalmente caracterizado como o tempo em que os compositores não podiam se omitir politicamente. Não bastava apenas fazer música. A omissão era tão vergonhosa quanto a adesão aos regimes totalitários. O alemão Hans Werner Henze, que morreu no último dia 27 de outubro, aos 86 anos, era basicamente um ser político. Sua trajetória não é tão conhecida como a de um Shostakóvitch, mas é tão permeada pela política quanto a do russo; e sua obra magnífica talvez não seja tão conhecida porque praticou a independência pessoal e artística, jamais ligou-se a grupelhos ou tribos. Compôs dez sinfonias e duas dezenas de obras concertantes e/ou sinfônicas variadas, música para seis balés, vinte óperas e muita música de câmara.

Fez música a vida inteira, assumiu sua postura comunista escancaradamente, fez música política, lutou por seus ideais. "Eu me interessei pela música aos treze anos", diz em seu livro *Music and Politics* (Música e Política). "Fazer música, para mim, era como penetrar nos segredos do mundo. As cadências suspensas nos adágios das sonatas da chiesa de Corelli eram promessas cerimoniosas de amor; os allegros em Bach e Vivaldi representavam a excitação sexual." Música, para Henze, sempre foi coisa táctil, de pele. Como tudo em sua vida, sempre sob o signo da radicalidade. A realidade nazista que viveu menino ainda de calças curtas foi duríssima: seu pai o obrigava a usar o uniforme nazista.

Em 1946, vivia na área britânica, uma das quatro em que o Comando Aliado dividiu a Alemanha no pós-guerra. Aos vinte anos, usou passaporte falso para se bandear ao lado norte-americano porque queria estudar música em Heidelberg. Frequentou o primeiro dos cursos de verão de Darmstadt em 1946, antes de aparecerem por lá Stockhausen, Luigi Nono e Pierre Boulez. O curso foi iniciativa do comando norte-americano, decidido a "recuperar" a Alemanha revitalizando-a por sua arte nacional, a música, entretanto purificando-a dos desvios nazistas do período 1933-1945.

"Ali ouvi pela primeira vez muita música feita no mundo enquanto na Alemanha vivíamos sob o nazismo, como Berg e Schoenberg." Henze dirigiu aqueles cursos, porém nunca concordou com o núcleo duro da Neue Musik de Darmstadt – é assim, Neue Musik, que ela ficou conhecida. Recusou com veemência a tendência dos expoentes da instituição, como Boulez e Stockhausen.

Um dos maiores estudiosos da música dos últimos oitenta anos, Celestin Deliège alerta que "suas posições contra seus contemporâneos, na medida em que ele não está entre os adversários cuja crítica advém de falta de métier, ou amadorismo, requerem uma atenção vigilante." Ou seja, é necessário levá-lo a sério. "Henze se destaca pela solidez da escrita, o sentido da composição e a eficácia de suas orquestrações. Quando se nota certo relaxamento, é preciso atribuí-lo ao engajamento ideológico às vezes transparente demais", completa.

Ficou célebre o concerto, em 1958, no Festival de Donaueschingen, espaço proeminente da vanguarda europeia, em que Hans Rosbaud regeu *Nachtstücke und Arien* (Noturnos e Árias), nos quais há citações de músicas populares napolitanas e espanholas: Boulez, Stockhausen e Nono levantaram-se indignados e deixaram a sala logo aos primeiros compassos. O que os revoltou foi o gordo e consonante acorde menor, com a trompa fazendo um lírico solo logo na abertura. Horror, era bonito demais para os ouvidos de Stockhausen, Boulez e Nono. Argh! Henze era bom mesmo para chocar... inclusive a vanguarda.

Não foi o único incidente. Henze conta que, em 1956, o maestro Hermann Scherchen, depois de reger sua ópera *König Hirsch*, encontrou os quatro pneus de seu carro esvaziados no estacionamento. Represália de quem? Dos conservadores ou de algum preposto dos capos de Darmstadt, descontentes com seu abandono da música serial e a adoção de um ecletismo que virou sua marca nas décadas seguintes?

Enojado com tudo aquilo, Henze tomou duas providências: mudou-se para a idílica ilha de Ischia, na baía de Nápoles; e denunciou publicamente o *establishment* da Neue Musik. Para Henze, um certo tipo de música à la Webern era puramente fabricado, e o que não obedecia a essa cartilha era imediatamente rejeitado. Henze chama isso de "revival do fascismo", que passava a se reproduzir no microuniverso da música contemporânea.

A reação foi virulenta: o respeitado crítico francês Claude Rostand chamou a música que fez para o balé *Maratona di Danza*, em colaboração com

Luchino Visconti, de "valsa num salão dodecafônico", e o musicólogo francês de origem russa, Boris de Schloezer, escreveu que "seu modernismo é de araque". Boulez ridicularizou: disse preferir uma música dos Rolling Stones a uma ópera inteira de Henze.

Em 1961, ele compôs *Elegia Para Jovens Amantes*, sobre libreto de W.H. Auden. Trata-se de uma paródia do artista burguês enfocado como herói, porém isolado da sociedade e da vida, refugiado no exercício de sua arte. Em duas palestras, em 1959 e 1963, Henze deixa claro: quer privilegiar a comunicação e oferecer uma estética oposta ao serialismo. E, homem de esquerda, coloca assim sua profissão de fé: "Devemos nos convencer de que, mesmo praticada com o mais sofisticado horizonte de conhecimentos técnicos e talento, e salpicada com sonoridades de palavras progressistas e refinadas, a música respira o mesmo ar que nos séculos precedentes e não pode decidir-se sem a ajuda dessas velhas ideias essenciais, sem imaginação e excitação. A esse respeito, não é diferente da música anterior, cujo objetivo era descrever, representar e comunicar."

No Brasil, quem gosta dele são os violonistas, que tocam bastante sua obra, com destaque para *Cimarron*, sobre um escravo cubano fugido. Suas dez sinfonias também merecem uma primeira execução brasileira: é um caso em que vale a pena alterar as temporadas das orquestras já estabelecidas para 2013 ou então acrescentar um ciclo Henze (coincidência: a Osesp programou a orquestração de Henze para os *Wesendonck-lieder* de Wagner para 2013, mas deveria pensar numa sinfonia). O foco maior de sua contribuição à música do século XX foi sem dúvida a ópera, completamente ignorada no Brasil. Se o Teatro Municipal de São Paulo continuar em 2013 no mesmo ritmo frenético e inovador deste ano, é possível que se tenha a chance de ver encenadas óperas como *Boulevard Solitude*, *Venus und Adonis* ou as derradeiras *Upupa* e *Phaedra*.

Celibidache:
Espinha Flexível no Comando da Filarmônica de Berlim

Publicado em *O Estado de S. Paulo*, Caderno 2, 1 jun. 2014.

As orquestras sinfônicas estiveram historicamente atreladas ao jogo político vigente. Os altos investimentos que exigem; o grande contingente de mão de obra especializada necessária, o chamado *staff* administrativo, além dos músicos; e os vínculos mais ou menos espúrios com o Estado, velados ou não. Até hoje essa carruagem anda nesses moldes. Por dependerem visceralmente do Estado, elas são entidades que se curvam aos interesses dos poderosos de plantão, sejam eles quem forem.

Os exemplos históricos mais flagrantes, sabe-se, estão em Viena e Berlim. Na primeira cidade, a filarmônica local ainda não exorcizou até hoje o fantasma de seu passado nazista e reluta em permitir pesquisas em seus arquivos do período. Na segunda, sua joia suprema, a Filarmônica, também viveu um jogo duplo entre os anos 1930 e 1950: foi a menina dos olhos e uma das grandes ferramentas de propaganda do Terceiro Reich, quando Wilhelm Furtwängler a comandou. Isso já se sabia há muito tempo, porém uma primorosa caixa com treze CDs, *Sergiu Celibidache: The Berlin Recordings 1945-1957*, recém-lançada pelo selo alemão Audite, joga luzes surpreendentes sobre o período imediatamente posterior ao término da Segunda Guerra Mundial: depois de ter sido garota-propaganda do nazismo, a Filarmônica de Berlim transformou-se em garota-propaganda do Comando Aliado, no calor da hora do processo de desnazificação entre 1945 e 1950.

A caixa da Audite, finamente restaurada, oferece digna qualidade de som e é um desfile dos compositores que haviam sido banidos pelo Reich: a primeira obra do CD n. 1 é a *Quarta Sinfonia* de Felix Mendelssohn. Estão presentes ingleses como Britten (*Sinfonia da Réquiem*); franceses como Darius Milhaud (uma excelente performance da *Suite Fançaise*), Berlioz, Bizet, Albert Roussel e sobretudo dois precisos Debussy (*Jeux*, de 1948, e "Fête", o segundo dos *Noturnos*, de 1946). Estão lá os inimigos russos do Reich: a *Nona Sinfonia* de Shostakóvitch, uma ótima leitura de *Jeu de Cartes*, de Stravínski, de 1950; Tchaikóvski (duas execuções de primeira, de *Romeu e Julieta*, de 1946, e a pouco tocada *Segunda Sinfonia*, de 1950); dois Prokofiev muito dignos: a

Sinfonia Clássica e a suíte *Romeu e Julieta*, ambas de 1946; até os menos votados como Glazunov, Rimski-Korsakov, Cesar Cui e Glière marcam presença.

Até aí, uma virada compreensível. A coisa pega quando se notam vários compositores norte-americanos presentes, como Samuel Barber (*Capricorn Concerto*) e Aaron Copland (com o indefectível *Appalachian Spring*), junto com outros nomes menores como Walter Piston (*Sinfonia n. 2*), Edward MaDowell (*Romance Para Violoncelo e Orquestra*) e David Diamond (*7 Rounds Para Cordas*). Beneficiou-se até o mexicano Carlos Chávez com sua *Sinfonia n. 1*. Poderia ter sobrado uma beira até para Villa-Lobos, por que não?

O comandante dessa empreitada ideologicamente comprometida foi ninguém menos do que Sergiu Celibidache (1912-1996), o hoje lendário regente romeno que se notabilizou por proclamar uma independência total e absoluta. Ele levou uma cama de gato do ex-nazista Herbert Karajan quando Furtwängler morreu em 1954 (ele retornara à orquestra depois de devidamente "desnazificado" pelo tribunal Aliado), e reagiu olimpicamente, renunciando às gravações. Daí em diante, privilegiou as execuções ao vivo, sob o manto de uma filosofia meio zen, meio metafísica. Suprema ironia, o maravilhoso maestro era mesmo formidável basta ouvir as suas gravações – sim, seu filho organizou uma fundação só para desobedecer ao pai, lançando comercialmente todos os concertos que gravou, não se sabe se escondido ou com o consentimento paterno. Qualidade artística à parte, o fato é que o jovem Celibidache comandou a Filarmônica de Berlim no "day after" da Segunda Guerra (Furtwängler foi afastado por suas notórias ligações com o nazismo). Reinou quase absoluto em Berlim, gravando música para concertos radiofônicos. Quase porque só obedeceu de verdade ao Comando Aliado. O rádio, naquele momento, era uma das maiores armas dos Aliados para "reeducar" musicalmente a Alemanha. Daí colocar a joia clássica alemã para gravar extensivamente esse repertório, digamos, alternativo.

Celibidache curvou-se à vontade dos vencedores da guerra. Os norte-americanos foram rápidos no gatilho para reeducar musicalmente a Alemanha. Compositores como Cowell, Barber, Copland, Harris, Menotti e Piston foram contratados pelo Departamento de Estado para difundir a música norte-americana na Alemanha. Em setembro de 1946, os Estados Unidos montaram uma biblioteca de partituras e as colocaram à disposição das orquestras, grupos e solistas alemães. Eis o acervo: seiscentas obras inglesas, duzentas soviéticas, cem francesas; e cem norte-americanas. Entre junho de 1946 e junho de 1947, houve 374 concertos sinfônicos e camerísticos em toda a Alemanha. Em 1948, a grande estrela norte-americana do momento, o maestro

Leonard Bernstein, fez uma turnê por 27 cidades alemãs. Como o rádio era o instrumento mais poderoso de difusão naquele momento, em 1949 os Estados Unidos controlavam cinco rádios. Na programação, forte ênfase na música clássica, sobretudo a norte-americana, claro.

A caixa da Audite é duplamente formidável. Em primeiro lugar, evidentemente, pela qualidade artística do jovem regente romeno que reinou justificadamente em Berlim. Muito mais do que Karajan, ele deveria ter seguido com a Filarmônica. Quem sabe com resultados mercadológicos menos reluzentes; mas com certeza num nível tão bom ou superior ao do Kaiser. O repertório diferente também é uma atração à parte, se não olharmos para as implicações ideológicas. Ele jamais voltou a reger boa parte daquelas obras.

Politicamente, é a prova provada de que maestros e orquestras são, por essência, sujeitos aos tsunamis provocados pelo Estado. Todos posam de garotos-propaganda, servindo ao que o mestre mandar. Aliás, manda quem pode; obedece quem tem juízo – esta é a regra, da qual nem meu ídolo particular Sergiu Celibidache escapou.

A Música Política Visceral
de Paulo Chagas

O compositor alemão Bernd Alois Zimmermann dedicou seus últimos quatro anos de vida (morreu em 1970) a uma obra grandiosa, o *Réquiem Para um Jovem Poeta*. Narrador, solistas vocais, três corais, orquestra, uma *big band* e órgão cantam, recitam e recriam sobre textos representativos do período 1938-1968 eletronicamente trabalhados, de Chamberlain e Churchill a Hitler e Stálin, Mao a Papandreou e ao desafortunado Dubcek da primavera de Praga. Quis fazer música política mostrando todas as posições e ao mesmo tempo não tomando nenhuma.

Publicado em O Estado de S. Paulo, Caderno 2, 9 abr. 2014.

Isso não é música politicamente engajada. É atitude de historiador – e ficaria melhor num produto multimídia ou tese acadêmica. Música política visceral, decisiva, é o que o bom público presente anteontem no Teatro Jardel Filho, no Centro Cultural São Paulo, testemunhou em primeira mão. Assistimos todos, chocados com o conteúdo e impactados pela qualidade musical, o oratório digital *A Geladeira*, do compositor brasileiro Paulo Chagas, baiano de sessenta anos nascido em Salvador, crescido no Rio e hoje professor na Universidade da Califórnia.

Aos dezessete anos, em 1971, ele foi torturado num dos centros identificados pela Comissão da Verdade no Rio de Janeiro. Durante três dias e noites, ficou numa cela de 2 por 2 metros, equivalente a uma geladeira, de pé, sem poder se mexer. Revestida de eucatex, ar-condicionado no frio máximo. Nas paredes e no teto, alto-falantes embutidos. Chagas sofreu tortura acústica, como a personagem Alex de *Laranja Mecânica* no Tratamento Ludovico do filme de Kubrick, curiosamente produzido naquele mesmo ano de 1971: o brasileiro ouvia sons de estática e ruídos como de motos em altíssimo volume, combinados com gargalhadas e palavrões dos torturadores (no filme, Alex quase estoura os tímpanos ouvindo a *Nona* de Beethoven).

O oratório divide-se em oito partes: Introdução (a escuridão da inconsciência); A eletricidade (máquina de meter medo); Os ruídos (imersão nas vibrações caóticas); O frio (sopro da morte); A culpa (testemunhando a tortura de um ser amado); A dor (sentimento de finitude); As formas de tortura (a tortura invisível); e A paz (música que vive não cantada). Ao todo, quarenta minutos eletrizantes, de arrepiar, porque ali, no palco, está uma história que está mais viva do que nunca no noticiário de 2014. Semana passada, diante de sessenta milhões de pessoas no *Jornal Nacional* da Globo, um torturador negou seus atos, mas foi emocionadamente desmentido por Darci Miyaki. O conteúdo de verdade de Miyaki é o mesmo de Paulo Chagas. O compositor, no entanto, conseguiu transcender seu sofrimento pessoal; transformou-o em mais do que música panfletária. O futuro verá *A Geladeira* como obra de arte, e não apenas um documento político.

Os integrantes do Núcleo Hespérides construíram uma performance de ótimo nível de uma partitura que requer mais do que empenho: exibe qualidade artística e exige bastante dos intérpretes. Participaram, com ótimo desempenho, dessa estreia mundial histórica: a mezzo-soprano Maria Lúcia Waldow e o barítono Ademir Costa; os músicos Eliane Tokeshi (violino), Ji Yom Shim (violoncelo), Ricardo Kubala (viola), Rosana Civile (piano) e Joaquim Abreu (percussão). Na regência, Ricardo Bologna. E o próprio compositor na eletrônica.

A primeira parte, um bom levantamento histórico de peças do período 1944-1966, em que pipocaram vários manifestos de músicos brasileiros, soou envelhecida e burocrática. Empalideceu totalmente diante do impacto de *A Geladeira*. Melhor teria sido preencher o concerto inteiro com a estreia do oratório digital de Chagas e em seguida promover um diálogo entre músicos, compositor e plateia.

Cotação: excelente.

Ursula Oppens: O Povo Unido Sempre Vence
(Cinquenta Anos do Golpe de 1964)

Breves e luminosos cometas passaram pela cidade. Alguns dias apenas, nos quais pipocaram eventos significativos para a consciência política do país. Mesmo em silêncio, Geraldo Vandré assistiu do palco Joan Baez cantando "Pra Não Dizer Que Não Falei de Flores". O excelente musical *Elis* traz à tona o fundamental componente político na carreira da maior cantora que o Brasil já teve. Além da exigência, do representante do Instituto Vladimir Herzog, anteontem à noite na Sala São Paulo, de que "a absurda anistia que só contempla os torturadores" seja revista com urgência pelo Supremo Tribunal Federal. Sua fala precedeu, anteontem, um recital emocionante como há muito não se via.

Os anos 1970 – de resistentes como Vandré e Elis, e vítimas como Herzog – pulsavam no ar. No palco, a pianista norte-americana Ursula Oppens, setenta anos. E um repertório especialíssimo. Do lado brasileiro, peças para piano do amazonense Claudio Santoro, punido por ser comunista e veladamente perseguido até o fim de sua vida em Brasília; do lado norte-americano, as emblemáticas *36 Variações Sobre 'Um Povo Unido Jamais Será Vencido*, de Frederic Rzewski, de 75 anos.

Foi de Fábio Magalhaes a ótima ideia de trazer Ursula para "anticomemorar" com justeza os cinquenta anos do golpe de 1964. Afinal, é dela uma das maiores proezas do século xx. Em 1975, o governo norte-americano selecionou artistas para criar e/ou encomendar obras comemorativas dos duzentos anos da revolução americana de 1776. Ao pedir algo para Rzewski, Ursula detonou um processo virtuosamente agudo: ele acabara de assistir a um show do grupo folclórico chileno Quilapayún. Lá ouviu a canção de Sérgio Ortega.

Assim nasceram essas geniais *36 Variações*, qualificadas como "aberração" pela pesquisadora Carol Hess, autora do recente livro *Representing the Good Neighbor* (Representando o Bom Vizinho): "Musicalmente, elas descartam os irritantes ritmos dançantes de 'El Salón México' de Copland ou a suavidade hollywoodiana da 'Abertura Cubana' de Gershwin. Programaticamente, retratam um dos mais negros capítulos da história latino-americana,

Publicado em *O Estado de S. Paulo*, Caderno 2, 31 mar. 2014.

a derrubada do governo legitimamente eleito de Allende pelo governo dos Estados Unidos e, por extensão, também as vítimas dos golpes engendrados pela CIA em outros países."

Ursula tocou com partitura na estante e virou as páginas, o que às vezes atrapalhou o fluxo musical. Mas isso não quer dizer nada. O fato é que, mesmo tendo afirmado ao *Estado* sua surpresa pela alta qualidade da música de Santoro, faltou amadurecimento, convivência com as peças, lidas com alguma superficialidade. As *Variações* se impõem, além de sua mensagem política, como obra pianisticamente soberba e que exige muito tecnicamente. Ursula nem sempre conseguiu a clareza e a articulação essenciais. Ficou, no entanto, uma pergunta no ar ao final do aplaudidíssimo recital. "O povo unido" foi e continua sendo hino de luta e mote de manifestações no mundo inteiro, todavia não teria sido mais adequado reviver hoje as obras de luta e hinos de resistência escritos por Gilberto Mendes e Willy Corrêa de Oliveira, entre outros compositores engajados? Afinal – e pouquíssimos sabem disso –, não foi só a música popular que deu voz à resistência, mas também a música contemporânea dos anos 1970.

O Futuro da Música Está na Venezuela. Será?

"O futuro da música está na Venezuela." A frase pronunciada pelo maestro Simon Rattle, titular da Filarmônica de Berlim, em sua primeira visita a Caracas para conhecer El Sistema, nos anos 1990, virou *slogan*. Seu antecessor na Filarmônica de Berlim, o italiano Claudio Abbado, foi igualmente enfático. Visitou várias vezes Caracas, regeu a Orquestra Jovem Simón Bolivar. "Uma experiência que mudou minha compreensão da música. Ela salva vidas", declarou no livro-DVD *L'altra voce della musica*.

Hoje exportado para sessenta países, inclusive o Brasil (o Neojibá, na Bahia, é ligado ao projeto-mãe venezuelano), El Sistema nasceu numa garagem na periferia de Caracas em 1975. O embrião do projeto contava com onze alunos, que tocavam sob comando de José Antonio Abreu. Por extenso, Sistema quer dizer Fundação do Estado para o Sistema de Orquestra Juvenil e Infantil da Venezuela.

Um projeto de inclusão social pela música simples e direto. Desde os dois anos de idade as crianças convivem com um instrumento musical. Além das aulas, também se dá o suporte social para a família e a criança a fim de que ela tenha condições de tocar numa das centenas de orquestras sinfônicas infantis e juvenis. Mais de três dezenas delas já são profissionais, presentes nos noventa centros do "Sistema" distribuídos por toda a Venezuela. Embora não haja números e estatísticas confiáveis, estima-se em mais de um milhão as crianças que já passaram pelo "Sistema" nessas quatro décadas. Elas estudam seis horas por dia, seis dias por semana. Outro um milhão de crianças participam de El Sistema em outros países. Estimativas também apontam para quatrocentas orquestras infantojuvenis em 24 estados da Venezuela e um orçamento de US$ 110 milhões (os números conhecidos mais recentes são de 2010).

O conceito central é que o futuro da música e o resgate social passam pela instituição da orquestra sinfônica. Por isso, seus produtos mais reluzentes, hoje com imensa projeção mundial, são um maestro e uma orquestra: Gustavo Dudamel, hoje com 33 anos, e a Orquestra Sinfônica Jovem Simón Bolivar (recentemente, retirou do nome o 'jovem"). Aos dezoito anos, ele assumiu a

Publicado em *O Estado de S. Paulo, Aliás*, 6 dez. 2014.

direção da Orquestra. Ambos estrearam em CD já pela mais ilustre gravadora clássica, a Deutsche Grammophon, e na primeira temporada se exibiram nos mais seletos palcos europeus. Hoje, Dudamel é o sexto regente em faturamento no ranking dos titulares das orquestras norte-americanas, com um salário anual de 1,43 milhão de dólares como titular da Filarmônica de Los Angeles (o primeiro é o italiano Riccardo Muti, titular da Sinfônica de Chicago).

Centenas de visitantes do universo musical – de jornalistas especializados a músicos de muitos países, passando por dirigentes e gestores – vocalizaram o mesmo fascínio. Todos saúdam seu duplo êxito: social, pelo resgate da população mais pobre por meio da arte; e a qualidade musical. Numa retribuição até certo ponto lógica, que se repete em todo concerto, os jovens músicos da Simón Bolivar adotam o gesto patriótico de se enrolarem na bandeira de seu país enquanto tocam temas populares venezuelanos nos extras. Aparentemente, o maestro Abreu, que fundou o Sistema antes de Hugo Chávez implantar o socialismo bolivariano na Venezuela, soube negociar com não só a sobrevivência como a transformação do Sistema em ferramenta de propaganda do regime.

Por isso, é improvável, mas possível, que o maestro Abreu supere Hugo Chávez e seja daqui a alguns anos tema de tributo semelhante ao anunciado esta semana: o governo patrocina a estreia de um balé em Caracas em homenagem a Chávez, contando sua vida desde sua condição de menino pobre vendendo na rua doces em forma de aranha até a ascensão ao poder no país. Ao contrário de Chávez, que conviveu com uma oposição expressiva em seus treze anos na presidência, espanta o nível de unanimidade em torno do maestro Abreu e El Sistema. Não parece haver descontentes nesse imenso coro.

Este mês surgiu o primeiro descontente. E sua motivação não é primariamente social ou política, embora também a englobe, mas musical. Haverá muita gritaria contra, por isso, antes de conhecer suas radicais críticas ao Sistema, é fundamental saber que Geoffrey Baker não é nenhum arrivista. Professor de musicologia e etnomusicologia na Royal Holloway University of London, é emérito especialista na música da América Latina. Publicou extensivamente sobre a música no continente: estudou a música colonial no Peru em *Imposing Harmony: Music and Society in Colonial Cuzco* (Impondo Harmonia: Música e Sociedade na Cuzco Colonial); editou o importante volume coletivo *Music and Urban Society in Colonial Latin America* (Música e Sociedade Urbana na América Latina Colonial); analisou o rap e o reggaetón em Havana em *Buena Vista in the Club: Rap, Reggaetón, and Revolution in Havana* (Buena Vista in the Club: Rap, Reggaetón e Revolução em Havana). Concebeu e dirigiu a série de seis documentários *Growing into Music* sobre métodos de aprendizado musical no Mali, Guiné, Cuba e Índia. Ao contrário das milhares de curtas visitas de dias ou uma semana de ilustres estrangeiros guiadas pelos dirigentes do Sistema ao longo das últimas décadas, Baker viveu por um ano, entre 2010 e 2011, na Venezuela. Ou seja, percorreu o circuito "oficial" das visitas; mas em seguida mergulhou nas entranhas do projeto, entrevistando centenas de estudantes, músicos, monitores e integrantes das sete orquestras. Detalhe: todos falaram sob a condição de permanecerem anônimas, com medo de retaliações.

"Cheguei à Venezuela", diz Baker ao *Estado*, "com uma glamorosa visão positiva do Sistema. Estava fascinado pela ideia da transformação social pela educação musical e quis saber mais sobre este milagre." O que descobriu, entretanto, parece mais com aquele velho ditado: "Por fora bela viola, por dentro pão bolorento." Ou, como dizia o educador Rubem Alves, "em Minas, onde nasci, se diz que para se conhecer uma pessoa é preciso comer um saco de sal com ela". O sal, no caso, foi o caldo de cultura do denso e muito bem documentado livro *El Sistema: Orchestrating Venezuela's Youth* (El Sistema: Orquestrando a Juventude da Venezuela), de 368 páginas, que acaba de ser lançado pela Editora da Universidade de Oxford.

Suas conclusões são contundentes e desconstroem o mito do Sistema. Primeiro, as questões musicais. Num momento em que a educação musical começa a recusar o mero treinamento baseado na música europeia de concerto, El Sistema significa um passo atrás, ao pregar a salvação das crianças pobres e marginalizadas por meio da música sinfônica tradicional. Assim, funciona como gigantesca usina de fornecimento de músicos treinados, mas não artistas com visão mais aberta e criativa de sua arte. "Vejo El Sistema como um programa de treinamento, não educacional. Ele prefere a disciplina em vez da criatividade e do pensamento crítico. O maestro Abreu pronunciou uma frase sintomática a respeito: 'Como educador, pensei mais em disciplina do que em música.'".

A ascensão meteórica de Dudamel e da Orquestra Simón Bolivar – propiciadas pelas declarações entusiásticas de Abbado e Rattle que você leu na abertura deste artigo – deve-se, segundo Baker, a uma bem azeitada máquina de propaganda e relações públicas. Mais do que isso: a um negócio, uma corporação. Abbado e Rattle, as orquestras do Sistema e Dudamel eram todos contratados da mesma agência artística, a poderosa britânica Askonas Holt. Uma olhada no seu portfólio de artistas mostra que até hoje ela representa todos os grupos do Sistema e Rattle.

Sua análise de Dudamel é dura, mas faz sentido: "Sem dúvida, ele tem talento", diz ao *Estado*, "embora alguns conhecedores profundos de música não estejam convencidos de sua qualidade. Entretanto sua ascensão meteórica está relacionada à narrativa histórica básica do Sistema sobre a salvação dos pobres pela música, pela estratégia efetiva de relações públicas do Sistema, pelo poder de Abreu para atrair padrinhos como Rattle e Abbado, à percepção da indústria de que ela enfim encontrou um salvador. E isso quer dizer, alguém que aumenta as vendas de ingressos e CDs para novos públicos. Há ainda um fator, o exotismo, que sempre esteve presente na Europa desde o século XVI: 'Uau, vejam estes nativos, eles podem tocar nossa música tão bem como nós.'" (Se estivesse na rede social, eu postaria agora um hehehehehe!!).

Música contemporânea no Sistema inexiste. "Suspeito que o maestro Abreu não gosta da música do nosso tempo. Porém o mais importante é que os políticos e financiadores das plateias internacionais não gostariam de ouvi-la. Afinal, 'Mambo' e 'Ode à Alegria' fazem todo mundo chorar e abrir seu talão de cheques. O Sistema é um programa populista, por isso não dá espaço para a vanguarda ou para o pensamento musical revolucionário. O negócio é confirmar o *status quo*, social e culturalmente. Abreu é um arquiconservador."

Sem jamais dar refresco, Baker conta ter ouvido de músicos que a Orquestra Simón Bolívar é conhecida na Venezuela como "Orquestra Venezuela dos Escravos": "As orquestras que se preparam para as turnês internacionais ensaiam de 10 a 12 horas por dia, seis dias por semana." É coisa para escravos de galés.

Bem, então El Sistema é um projeto eurocêntrico ao focar-se na orquestra sinfônica e no cânone europeu das obras-primas. Um colonialismo impossível de ser defendido hoje. "Seu eurocentrismo", escreve Baker em seu livro, "é mais do que homenagear o passado europeu: a Europa ainda é vista como centro do universo da música clássica atual. A estética e as normas profissionais do Sistema são determinadas pela Europa, com a Filarmônica de Berlim como Olimpo ou Valhala a ser alcançada."

Talvez, entretanto, o motor mais profundo do Sistema não seja nem a inclusão social nem a qualidade musical. O *business* fala mais alto, sugere e disseca Baker.

"Não concordo com a ideia de que El Sistema nasceu com a meta de 'salvar as crianças'. Acredito que essa ideia se tornou central nos anos 1990, com a ascensão de Chávez. Abreu e Chávez fizeram um acordo: Chávez queria um programa educacional; Abreu conseguiu assim maiores volumes de financiamento. Note que o Sistema não só sobreviveu, como se expandiu dramaticamente sob Chávez e agora, com Maduro. Abreu faria qualquer coisa para aumentar seu poder e consolidar seu projeto. Não podemos esquecer que Abreu e Chávez vêm de posições opostas no espectro político. Portanto, este acordo era – e permanece – um fato extraordinário."

O Sistema age como corporação, uma espécie de Sistema Inc. A máquina de relações públicas estende o *red carpet* para os visitantes. Quanto mais importantes, maiores esforços e mais crianças são convocadas para tocar. É preciso arrancar lágrimas de todos os visitantes. Um músico venezuelano de primeira linha qualifica essas visitas como Disney Tours. É uma grande corporação piramidal, que depende da palavra de Abreu. "Portanto", aponta Baker, "vai contra ideias contemporâneas progressistas sobre dinâmica de organização, desenvolvimento social, educação e formação para a cidadania democrática. Hiperdisciplina é uma boa maneira de produzir uma boa orquestra, mas ruim para educar as crianças a fim de torná-las flexíveis, músicos capazes de exercer o pensamento crítico e com consciência social. Além disso, ele se diz um programa de inclusão social, mas a instituição orquestra sinfônica não é inclusiva. Se você não consegue tocar Beethoven, é sacado. Há modos muito mais inclusivos, como os grupos de câmara, por exemplo. Mas o Sistema não está realmente interessado na inclusão social."

Baker dedica as últimas páginas de seu suculento livro para apontar alternativas ao Sistema. E encontra nos Pontos de Cultura do MinC brasileiro uma alternativa que elogia entusiasticamente. "Um novo paradigma está emergindo no Brasil: as pessoas comuns não têm mais de esperar o *mestre* para lhes dizer o que e como fazer. O centro lógico do programa é acreditar no povo brasileiro e em sua cultura como são hoje. Nos Pontos de Cultura, o governo não fornece cultura, serviço ou programa: seu foco está no potencial de ação dos próprios indivíduos e grupos."

Entre 2004 e 2013, o MinC, estados e municípios parceiros destinaram investimentos de quinhentos milhões de reais para 3663 pontos de cultura. Cada projeto envolve um custo de R$ 180 mil distribuídos por três anos, tempo considerado suficiente para uma ação cultural nascida da própria comunidade florescer e se consolidar. O pesquisador inglês festeja o projeto brasileiro, em detrimento do Sistema: "Hoje, o momento cultural progressista na América Latina afina-se com iniciativas como os Pontos de Cultura. Estes abraçam a horizontalidade, a descentralização e a diversidade cultural, levam os cidadãos comuns a pensar, decidir e participar. Demonstram o radicalismo que o Sistema promete mas não consegue entregar." Só falta avisar o bem-intencionado Baker que o país não desfruta de boa colocação no ranking da corrupção – e isso, em tese, põe em perigo toda e qualquer iniciativa medida por milhões ou bilhões de reais.

Sigam o Exemplo de Mário:
Sejamos Todos Musicais

Publicado em *O Estado de S. Paulo*, Caderno 2, 25 de Fevereiro de 2014.

A praticamente setenta anos de distância de sua morte em fevereiro de 1945, ainda temos de admitir que não conhecemos ou temos acesso à íntegra da obra do intelectual mais múltiplo que o Brasil já teve. Poeta, escritor, musicólogo, gestor cultural, o autodenominado "lobo sem alcateia" Mário de Andrade fez questão de espraiar seu talento caleidoscópico por todos os setores da vida cultural brasileira. O mais recente acréscimo é o lançamento, nesta quarta-feira, dia 27, a partir das 18 horas, na Livraria Martins Fontes da avenida Paulista, do pequeno e precioso volume *Sejamos Todos Musicais*, reunindo, pela primeira vez em livro, as 22 crônicas escritas entre agosto de 1938 e junho de 1940 para a *Revista do Brasil*, período em que morou no Rio de Janeiro.

Com introdução, estabelecimento do texto e notas de Francini Venâncio de Oliveira e introdução de Flávia Camargo Toni, do Instituto de Estudos Brasileiros (IEB) da USP, ele preenche um vazio entre a intensa atuação pública de Mário como diretor do Departamento de Cultura de São Paulo e seu período final já de volta a São Paulo, quando praticou um engajamento político mais escancarado, enxergando praticamente um modelo no realismo socialista soviético e em Shostakóvitch, seu ídolo preferencial. Ele continua em sua cruzada permanente contra os virtuoses (seus lemas eram "o princípio mesmo da grande virtuosidade é um vício, uma imoralidade" e "a alta virtuosidade se desencaminha e principia a ter a sua finalidade em si mesma"). Mas esses quase três anos no Rio lhe dão novas certezas. Contrapõe ao doentio culto ao solista e ao virtuose a opção pelo coletivo. Em vez de produzir solistas, a arte precisa aspirar ao coletivo. Daí a comovente crônica, por exemplo, sobre um coral de crianças na Escola Nacional de Música: "O simples fato de acostumar essas crianças, ainda facilmente moldáveis ao exercício coletivo da música, é um grande golpe na falsa virtuosidade que ainda domina entre nós." (p. 121).

Nascidas logo depois de sua abrupta demissão do Departamento de Cultura paulistano, as crônicas exprimem uma dor de cotovelo danada do exílio a que se impôs. Em várias o tom é de paixão ainda acariciando suas crias à distância. Na quarta, de novembro de 1938, lambe as feridas ainda abertas, sangrando. "O correio, suculento de invejas, me traz semanalmente os programas dos concertos fonográficos que realiza, em São Paulo, a Discoteca Pública do Departamento de Cultura… Não há um dó-de-peito. São sempre obras importantes, na sua maioria difíceis de serem executadas entre nós."

Queixa-se, como Gilberto Mendes há poucos anos, de que a música não está na moldura da formação cultural (na expressão de outro agudo intelectual, Edward Said). Em "Outro dia era um compositor", observa: "O que assusta, o que é sintomático da nossa cultura literária, mesmo da mais elevada, é o desconhecimento completo da música em que vivem os nossos escritores […] lhe desconhecem a existência […] falta-lhes a polidez que só a música dá."

Dá e provoca muitas risadas no hilário "O Mundo da Musicologia e da Ciência", no qual, após comentar pesquisas médicas sobre a surdez de Beethoven, confessa que "uma bela manhã, senti nos ouvidos um ruído singular, um ronquido longínquo, e não sei que anjo danado da vaidade me segredou que eu estava destinado a sofrer a mesma doença de Beethoven". O doutor foi enfático: era cera no ouvido. "Saí do consultório com ouvidos ótimos e, palavra de honra, bastante desligado de Beethoven, julgando-o já com menos adoração e maior clarividência. Não durou um mês e eu já comentava em voz alta e mesmo com certa maldade, defeitos e cacoetes do sublime surdo." (p. 95).

Entretanto também se sentia, de certo modo, gratificado por ver a consistência de seu pioneiríssimo – e até hoje fundamental – trabalho de organização da vida musical paulistana (com a instituição dos corpos estáveis do Teatro Municipal, por exemplo, hoje sob discutível fogo cruzado). Dedica uma crônica deliciosa à comparação entre a vida musical carioca e paulistana, em que a primeira é uma ópera e a segunda uma sinfonia: "O Rio de Janeiro é uma ópera, basta de ópera. Ninguém quer ópera? Guarde-se a ópera. Talvez então a orquestra do Rio nos possa dar mais concertos. E não teremos então quatro ou cinco concertos sinfônicos por ano, quando em São Paulo só o Departamento de Cultura terá quatorze em 1938, a Cultura Artística terá os dela, e agora a Sociedade Filarmônica, recentemente fundada, pretende dar (e já está realizando o seu programa) sete ou oito em cada temporada de ano." Conclui orgulhoso, ciente do dever cumprido: "O individualismo arrasa a nossa castidade racial. O individualismo deseduca o nosso povo, no entanto, bem mais nacional que o paulista. Mas em São Paulo a música caminha no sentido de formar uma consciência coletiva." Detalhe: não deixe de ler a primeira crônica, que dá título ao livro, onde Mário conta da descoberta de Confúcio e dos pensadores chineses e distingue o "músico" treinado para ser virtuose dos "musicais", protótipos dessa consciência coletiva do fazer musical pela qual tanto batalhou.

O Palácio Monroe e a Copa 2014. Muita coisa nestas crônicas é atual. Mas uma delas é palpitante, sobretudo em tempos de Copa do Mundo 2014. Em "Entra um Turco, Irlandês ou Peruano", de março de 1939, ele xinga de "compoteira" o Palácio Monroe, no centro do Rio, réplica do pavilhão na Exposição Universal de 1904 em Saint-Louis, nos Estados Unidos, construído para ser a sede da Conferência Internacional Pan-Americana. Também um sueco comparece ao evento e é entupido com alusões ao café. "O sueco agradece o café. Mas quer saber alguma coisa de menos natureza e mais homem do Brasil." Resumindo: falam-lhe de Carlos Gomes. Ele quer escutar suas obras, mas não há gravações. Tudo pretexto para Mário elogiar a representação brasileira na Feira de Nova York de 1939. Francisco Mignone foi encarregado de gravar 23 discos com músicas de "autores brasileiros de todas as épocas". Num artigo para o *Estado*, intitulado "Música Nacional" (Mário colaborou com o jornal durante seu período carioca), ele elogiou a iniciativa.

Em 1939, houve a preocupação de se fazer uma amostragem real da mísica de concerto brasileira do passado e daquele momento. Isso encantou Mário: "Carlos Gomes, Oswald, Braga, Levi, Nepomuceno, representando a história; e mais Vila-Lobos, Guarnieri, Lorenzo Fernandez, Gnattali, Mignone, não sei se esqueço alguém, mostrando que é música viva. E bem vivinha que ela é." Impossível não pensar nas iniciativas músico-futebolísticas atuais a propósito da Copa do Mundo. O Teatro Municipal, por exemplo, terá uma ópera futebolística assinada por Francis Hime (que diria Mário disso?). O sueco da crônica de Mário "está se rindo outra vez, mas não é mais de desdém, é de gozo. Há um Brasil, senhores, um Brasil da inteligência e do valor humano, que não é apenas tubinho de café ou rolo de borracha". Ainda bem que os suecos não se classificaram para a Copa de junho próximo. Ririam sim, mas de desdém mesmo. No entanto, sempre há o desconto que o próprio Mário dá aos músicos em outra crônica: eles "vivem no mundo da lua, lidando com sons, ritmos e pautas, jamais tiveram sentido intelectual. Em geral os músicos pensam um pouco mais tarde que os outros homens…"

O QUE VEM POR AÍ: MAIS TEXTOS INÉDITOS EM LIVRO E TESES

Sempre tivemos muitos alunos de literatura trabalhando nos manuscritos do escritor; os musicólogos nunca foram abundantes.

Alguns "desbravadores" do Instituto de Estudos Brasileiros (IEB) identificaram os acervos e os deixaram em estado de consulta pelo público. Nesse sentido, Telê Ancona Lopez é a grande "curadora" do acervo do Mário porque, ao lado de

Antonio Candido, em projeto que ele orientou na década de 1960, estudou uma a uma as peças do arquivo do Mário.

No caso do Mário de Andrade e no campo da música, ainda temos muito por estudar e publicar. Um conjunto formidável de artigos publicados no *Diário Nacional* e em jornais e revistas esparsos, por exemplo. Outro, mas de pequeno porte, é a revista *Ariel*, da década de 1920.

No meu universo mais próximo, tenho vários alunos estudando Mário de Andrade sob algum aspecto: o doutorando Enrique Menezes estuda a pesquisa que ele fazia sobre a *Síncopa*, e digo "fazia" porque esse era um manuscrito "aberto"; o mestrando Sérgio Lisboa estuda a gênese do *Ensaio Sobre Música Brasileira* de maneira inédita: as matrizes de seu pensamento, que obras ele analisou, com quem conversou a respeito, enfim, uma análise rigorosa e minuciosa; o mestrando Eduardo Sato estuda os escritos do Mário em jornais e revistas na década de 1910; o doutorando Marcel de Oliveira estuda o projeto de Rádio que Mário queria para o Departamento de Cultura; a doutoranda Luciana Barongeno acaba de depositar tese na qual estuda as leituras de Mário sobre a estética experimental. E eu trabalho em três correspondências: com Luciano Gallet, Villa-Lobos (com Manoel Aranha) e Luiz Heitor Correa de Azevedo (com Pedro Aragão).

FLÁVIA CAMARGO TONI

Professora titular do IEB, orientadora
dos programas de pós-graduação

Democracia Líquida

Publicado em *O Estado de S. Paulo, Aliás*, 16 fev. 2014.

Dois peixes jovens encontram-se casualmente com um peixe mais velho que nada na direção contrária. Este cumprimenta-os com a cabeça e lhes diz: "Bom dia, rapazes, como está a água?" Os dois peixes jovens nadam mais um pouco; depois um olha para o outro e pergunta: "Que diabos é água?"

Nuccio Ordine Diamante, 55 anos, professor de literatura italiana da Universidade da Calábria e colaborador do jornal *Corriere della Sera*, costuma abrir suas aulas a cada ano contando essa historinha do escritor norte-americano David Foster Wallace. A intenção é ilustrar o papel e a função da cultura. Com os alunos meio "boiando", Ordine explica a parábola: "Como acontece com os dois peixes jovens, não nos damos conta de que é na água que vivemos cada minuto de nossa existência. Não temos consciência de que a literatura e os saberes humanísticos, a cultura e o ensino constituem o líquido amniótico ideal no qual as ideias de democracia, liberdade, justiça, laicidade, igualdade, direito à crítica, tolerância e solidariedade podem experimentar um vigoroso desenvolvimento."

Mas e se a água está irremediavelmente suja? Uma água contaminada pela corrupção, por uma sociedade em busca incessante do lucro? Uma água que transforma estudantes em "clientes", induzidos por pais a carreiras que só contemplam maior chance de enriquecer? Uma água virulenta, que espalha violência gratuita? Uma água que sepulta a arte e a cultura de invenção, em troca da "beleza fácil" e dos critérios comerciais na vida artística e cultural, na expressão de Ordine?

Contra essa água emporcalhada, o professor oferece um livrinho bomba – um manifesto virulento e cheio de indignação intelectual a favor da arte e da cultura desinteressada a cargo de Platão, Aristóteles, Ovídio, Dante, Montaigne, Borges, Shakespeare, Boccaccio, Leopardi e Calvino. Um timaço convocado por Ordine em sua frente de combate. Título? *A Utilidade do Inútil.* Menos de duzentas páginas em formato de livro de bolso editadas pela Bompiani de Milão. No final de 2013, a Acantilado de Barcelona lançou a edição espanhola. O professor Luiz Carlos Bombassaro, da UFRGS, universidade que recebeu Ordine em 2012, já traduziu o livro, a ser lançado no Brasil ainda em 2014. Na Itália, foram nove edições e 46 mil exemplares vendidos em quatro meses; na Espanha, cinco edições e 17 mil exemplares em três meses; e na França, dez mil em quatro edições. Além do Brasil, o livro deve sair este ano na Grécia, Alemanha, Romênia e Coreia do Sul; em 2015, na Bulgária e na China. A melhor frase na imprensa europeia sobre o livro já está eleita: é de Jordí Llovet em *El Pais*: "Uma porrada em toda a classe política." A mensagem de Ordine é bastante direta: não é verdade, nem em tempos de crise como se vive na Europa, que é útil apenas o que produz cifras. Num jogo de palavras, ele brinca com a utilidade do inútil (conhecimento) e a inutilidade do útil (lucro).

Especialista em Giordano Bruno e no Renascimento e com um conhecimento enciclopédico fluindo numa escrita saborosa e clara, Ordine constrói um caleidoscópio de defesa da arte e da cultura – segmentos massacrados e hostilizados especialmente quando praticam a criação e a pesquisa baseadas tão somente no saudável gosto de perseguir o conhecimento. "No universo do utilitarismo, um martelo vale mais que uma sinfonia, uma faca mais que uma poesia, uma chave-inglesa mais que um quadro, porque é fácil entender a eficiência de uma ferramenta, mas vem se tornando cada vez mais difícil entender para que servem a música, a literatura ou a arte", denuncia Ordine. Existem saberes que são fins em si mesmos e que – por sua natureza gratuita e desinteressada, alheia de qualquer vínculo prático e comercial – podem exercer papel fundamental no cultivo do espírito e desenvolvimento civil e cultural. Mesmo se em alguns momentos da história o saber não soube ou não pôde eliminar de vez a barbárie, ele diz não haver nenhuma outra escolha.

"Devemos continuar a crer que a cultura e uma educação livre são os únicos meios para tornar a humanidade mais humana." Pequenas revoluções individuais, essa é a receita de Nuccio Ordine para mudar o estado das coisas. Abaixo, sua entrevista concedida ao Aliás.

No Brasil temos muitos "berlusconis" e a classe política sofre o mesmo descrédito que na Itália. As verbas do governo chegam ralas à sua destinação porque são saqueadas no trajeto pela burocracia e pelos políticos. Que atitudes podem ser tomadas para começarmos a mudar esse estado de coisas? Que nos ensinam os clássicos em termos de resistência contra tudo isso?

O problema da corrupção acompanha todas as épocas, mas hoje parece que ganhou mais capilaridade. A ditadura do lucro e do utilitarismo infectou todos os aspectos da nossa vida, chegando a contaminar esferas nas quais o dinheiro não deveria ter peso, como a educação. Transformar escolas e universidades em empresas que devem produzir unicamente diplomados para o mundo do trabalho é destruir o valor universal do ensino. Os estudantes adquirem créditos e pagam débitos com a esperança de conquistar uma profissão que possa dar a eles o máximo de riqueza. A escola e a universidade, ao contrário, devem formar os heréticos capazes de rejeitar o lugar-comum, de repelir a ideologia dominante de que a dignidade pode ser medida com base no dinheiro que possuímos ou com base no poder que possamos gerenciar. A felicidade, como nos recorda Montaigne, não consiste em possuir, mas em saber viver. No meu livro, quis chamar a atenção sobre os saberes que hoje são considerados inúteis porque não produzem lucro. Sem a literatura, a filosofia, a música e a arte, nós construiremos uma humanidade desumana, violenta, formada por indivíduos capazes de pensar exclusivamente em interesses egoístas.

Como devolver aos professores o sentido de missão que deveria ser a razão de seu trabalho?

Os professores viraram burocratas em busca de recursos para sobreviver. Perseguidos pela necessidade de encontrar recursos econômicos e governados por uma métrica burocrática que determina a pauta das reuniões de departamento, dos cursos de graduação e dos mais diversos conselhos (de administração, de pós-graduação, de cursos de especialização), vivem correndo de uma instituição a outra esquecendo que a tarefa mais importante de um docente consiste em estudar, preparar as aulas e acompanhar os alunos. Ensinar não é uma profissão, mas uma vocação que não prescinde de compromisso civil. Também na área da ciência financia-se cada vez menos a pesquisa de base e cada vez mais se pede que universidades e laboratórios encontrem financiamentos privados. Somente a liberdade da pesquisa (da pesquisa considerada "inútil") deu vida às grandes revoluções da humanidade. Sem os estudos teóricos de Maxwell e Hertz, Marconi nunca teria inventado o rádio.

As artes e a cultura são sempre as primeiras a sofrer cortes nas políticas públicas em situação de crise. Todavia hoje a situação é pior: até os profissionais da arte e da cultura estão contaminados com a busca obsessiva pelo lucro. Mede-se e atribui-se valor à arte pelo volume de público que consegue atrair, mas quantidade nunca quis dizer qualidade. Isso sempre aconteceu historicamente?

Com o agravamento da crise econômica, os cortes dos governos atingem inexoravelmente mais os saberes considerados inúteis e as instituições que não produzem lucro: escolas e universidades, museus e arquivos históricos, escavações arqueológicas e bibliotecas, teatro e música. Muitas vezes, a sobre-vivência desses saberes está subordinada à lógica da "quantidade", como se o sucesso imediato e o dinheiro derivado desse sucesso fossem os únicos parâmetros de avaliação. Mas, frequentemente, como lembra Tocqueville, o sucesso é determinado pela "beleza fácil", que não exige muito esforço nem excessiva perda de tempo. E dedicar tempo e realizar atividades que não produzem dinheiro parece ser um luxo que não podemos nos permitir. Se Tocqueville lembra que descuidar da instrução, da beleza e da cultura signi-fica jogar a humanidade no abismo da ignorância e da barbárie, Víctor Hugo, num atualíssimo discurso proferido na Assembleia Constituinte francesa em 1848, demonstra que mesmo em tempos de crise é preciso dobrar os inves-timentos para a educação das novas gerações e para a promoção da cultura em geral. Hugo sabia bem que abrir uma escola significava fechar uma prisão.

Como transformar a indignação em uma luta coerente contra a ditadura do consumo?

Meu livro é uma reflexão sobre a utilidade do inútil, mas é também uma análise crítica da inutilidade do útil. Quantas vezes são vendidos pro-dutos e objetos como sendo realmente indispensáveis? As invenções mais revolucionárias da técnica (basta pensar no iPhone ou na internet) também podem se transformar numa forma de escravidão. Os estudantes que não conseguem desligar o celular nas aulas (ou as pessoas que não o desligam num concerto, no cinema, no teatro, numa conferência) comportam-se como drogados. O dispositivo tecnológico é como um fármaco: pode curar e pode matar. Tudo depende da dose. Mas há mais. Numa sociedade em que o apa-recer é mais importante que o ser, parece normal que o automóvel de luxo ou o relógio de grife se tornem expressão do nosso modo de ser. Basta ler O Mercador de Veneza, de Shakespeare, para compreender como a exteriori-dade induz ao erro. No reino de Belmonte, a bela Porzia se entregará como esposa ao que abre o cofre de chumbo, e não ao que abre o de ouro ou prata. Trata-se de um topos que, desde O Banquete, de Platão, atravessará todo o Renascimento: as aparências enganam.

A palavra utopia tem sido malvista nos últimos tempos. Mas não é justamente o anseio pelas utopias que nos faz viver de modo mais intenso e impulsionou o senhor a escrever esse livro?

Reduzir o valor da vida ao dinheiro mata toda possibilidade de idea-lizar um mundo melhor. Somente o saber pode fazer frente ao domínio do dinheiro, pelo menos por três razões. A primeira: com o dinheiro pode-se comprar tudo (dos juízes aos parlamentares, do poder ao sucesso), menos o conhecimento. Sócrates lembra a Agatão que o saber não pode ser transferido mecanicamente de uma pessoa a outra. O conhecimento não se adquire, mas se conquista com grande empenho interior. A segunda razão diz respeito à total reversão da lógica do mercado. Em qualquer troca econômica há sempre uma perda e um ganho. Se compro um relógio, por exemplo, "perco" o dinheiro e fico com o relógio; e quem me vende o relógio "perde" o relógio e recebe o dinheiro. Mas, no âmbito do conhecimento, um professor pode ensinar um teorema sem perdê-lo. No círculo virtuoso do ensinar, enriquece quem recebe (o estudante), enriquece quem dá (quantas vezes o professor aprende com seus estudantes?). Trata-se de um pequeno milagre. Um milagre – e essa é a terceira razão – que o dramaturgo irlandês George Bernard Shaw sintetiza num exemplo: se dois indivíduos têm uma maçã cada um e fazem uma troca, ao voltar para casa cada um deles terá uma maçã. Mas, se esses indivíduos possuem cada um uma ideia e a trocam, ao voltarem para casa cada um deles terá duas ideias. Mesmo se em alguns momentos da história o saber não soube ou não pôde eliminar por completo a barbárie, não temos outra escolha. Devemos continuar a crer que a cultura e uma educação livre são os únicos meios para tornar a humanidade mais humana.

Dinossauros na UTI

Adolf Hitler conhecia bem o poder simbólico da Filarmônica de Berlim, instituição cooperada, gerida pelos músicos. Durante o Terceiro Reich, ela foi instrumento preferencial de propaganda do regime. Sob o reinado de Herbert von Karajan, o "kaiser" que rasgou sua carteirinha da ss para assumir o cargo em 1954 e por lá ficou durante 25 anos, os salários eram mero pretexto: os músicos ganhavam muito mais pelas gravações. Até hoje são campeões de vendas da era dos discos. Karajan gravou cinco vezes as nove sinfonias de Beethoven – uma máquina de fazer dinheiro. Um passado dourado que não volta mais.

A Filarmônica voltou a ser notícia no último dia 11, quando terminou em impasse a reunião secreta em Berlim de seus 123 músicos para eleger o sucessor do atual maestro titular, Simon Rattle, a partir de 2018. O racha entre dois candidatos adiou por um ano a escolha. De um lado, Christian Thielemann, 56 anos. Parece um clone de Karajan na postura política antissemita, mas sem o talento do guru. Do outro, o letão Andris Nelsons, objeto de desejo dos músicos mais jovens, não parece ter o menor interesse no cargo (algo impensável décadas atrás, quando Berlim era o Olimpo da batuta). Aos 36 anos, recém-assumiu como titular da Orquestra de Boston e já declarou não querer largar o osso.

É triste. A Filarmônica de Berlim ainda age como se fosse, mas não é mais o centro da música clássica no planeta. Eles bem que tentaram fazer charminho, "vendendo" à mídia que essa eleição seria como a dos papas no Vaticano. Quem diria, acabaram no Irajá. As recusas se multiplicam: de jovens como Gustavo Dudamel, 34 anos, titular da Filarmônica de Los Angeles, e o canadense Yannick Nezet-Seguin, 40 anos, titular da Orquestra da Filadélfia, e de veteranos como Daniel Barenboim e Mariss Jansons.

Se até os batuteiros viram as costas para Berlim, isso quer dizer que esse modelo de orquestra já era. A pergunta fundamental agora é: o que fazer com as orquestras sinfônicas no século xxi? Elas são de manutenção caríssima. A Osesp e o Teatro Municipal de São Paulo têm orçamentos anuais raspando os r$ 100 milhões, tudo dinheiro público direto ou indireto (incentivo); a primeira teve de cortar r$ 10 milhões semana passada. Historicamente, as orquestras remontam a uma época de privilégios, mecenato e riquezas

Publicado em *O Estado de S. Paulo, Aliás*, 30 maio 2015.

desigualmente distribuídas, diz Robin Maconie no livro *The Concept of Music* (A Música Como Conceito). Difícil discordar dele ao diagnosticá-la como dinossauro cultural entubado numa UTI. Sem previsão de alta.

Relatos dão conta de que a Conferência MultiOrquestra, realizada entre 28 e 30 de abril passado no Rio de Janeiro, iniciativa do British Council, mostrou caminhos para tirar a orquestra da redoma em que está metida e devolvê-la às realidades sociais e culturais nas quais deveria estar inserida. Quarenta profissionais daqui e do exterior participaram dos painéis e exposições sobre o tema "A Orquestra e a Cidade".

O modelo da Filarmônica de Berlim está morto, foi paradigma das orquestras da primeira metade do século XX: um museu monumental destinado à preservação da música do passado, que Rattle, o atual titular, tentou trazer para o século XXI e enfrentou forte resistência. Se até por lá a discussão perde sentido, a coisa fica ainda mais absurda em países como o Brasil. Não dá para continuar formando músicos para tocar o repertório do passado; e ter como meta pegar uma beiradinha na soleira da Casa Grande da vida musical europeia.

Queiramos ou não, estamos na senzala das Américas. Tá certo, na última década demos um banho de loja, alcançamos uma qualidade boa de execução, temos hoje orquestras mais consistentes. Mas erramos ao insistir em competir com os modelos europeus, batê-los no campo deles, e com as regras deles.

É fundamental que as orquestras olhem para nossa realidade. Saiam da sala de concertos, deixem de ser templos para onde são levados milhares de estudantes para se deslumbrar com o luxo e o requinte de uma sinfônica – e depois engrossar estatísticas de relatórios anuais. Elas é que devem ir aonde o povo está. Não dá mais para agir como se o Olimpo da música clássica tivesse o direito de existir independente da realidade que a rodeia. É como se não existissem os viciados em crack que circundam a Sala São Paulo, por exemplo. Nas fotos, retoques os eliminam da paisagem. A realidade os repõe no caminho dos reluzentes automóveis a caminho do Walhala da música clássica. Quem tem poltrona assegurada não arrisca pôr os pés no chão.

Entrementes, economias são feitas aos tostões, e nos lugares errados. Há semanas foi extinta a Camerata Aberta, único grupo permanente dedicado à música contemporânea no país. Duas dezenas de músicos foram demitidos, não do cargo de integrantes da Camerata, mas como professores da Escola Municipal de Música. Duzentas vagas de alunos que já passaram nos exames foram cortadas. Essa é a realidade da música no país. Enquanto isso, as estruturas caríssimas das orquestras olham para seus umbigos e dão de ombros para a realidade: deveriam é se reinventar com urgência. Tentar sair de seus paraísos artificiais.

Filosofia da Música

Duas Reflexões
Sobre Theodor Adorno

1.

O compositor austríaco Alban Berg (1885-1935) gostava de repetir esta frase: "Ao compor, parece-me sempre que sou um Beethoven. Só depois percebo que sou no máximo um Bizet." O humor corrosivo o acompanhou quando, já internado num hospital de Viena em estado desesperador, recebeu transfusão de sangue de um simplório vienense. Não resistiu ao humor negro: "Contanto que não me transforme num compositor de operetas."

As duas anedotas são exemplos de dezenas de outras informações pessoais que o filósofo alemão e teórico da música Theodor Adorno (1903-1969) faz em seu livro *Berg: O Mestre da Transição Mínima*. Por um capítulo inteiro, "Recordação", Adorno abandona a habitual escrita hermética para construir com paixão a figura humana de seu professor e compositor preferido. O livro, de 1968, reúne artigos que ele dedicou a Berg durante quarenta anos, desde 1925, quando o conheceu. E deve seu subtítulo a uma característica de sua música, construída cromaticamente em semitons, que permitem um desenvolvimento sem rupturas e a continuidade paira sob formas movediças. O outro eixo da música de Berg é a habilidade nas grandes formas; seus parceiros da Segunda Escola de Viena, Webern e Schoenberg, limitavam-se a miniaturas. Esse trio foi responsável pela maior revolução na música do início do século XX, rompendo com a tonalidade, instaurando o atonalismo e instituindo a música dodecafônica, construída à base de séries de doze notas não repetidas.

Publicado em *O Estado de S. Paulo*, Sabático, 29 mai. 2010 e Sabático 14 maio 2011.

Missão Teórica. Adorno pode ser chamado de "o quarto mosqueteiro" do trio de quixotes geniais. A ele coube a dura tarefa de defendê-los em artigos, aulas e livros. Ele queria ser compositor. Mas sua sólida formação filosófica e as obras medíocres que compôs o convenceram de que sua missão era teórica: estabelecer um padrão até então inédito de abordagem da obra musical. De modo magistral, revelou a imbecilidade da musicologia tradicional. "Em vez do esqueleto, quero mostrar a carne", dizia. Concentrado na obra, e não no anedotário biográfico a partir do qual costumeiramente se tenta explicá-la, Adorno descobre os seus vários níveis, até atingir a sua estrutura, para recriar o processo de origem dela. Isto é, o leitor de seus textos tem diante de si a tensão dos materiais que produziu a combustão da obra. Uma vez concluída, essa exibe as contradições da sociedade que a aliena e, ao mesmo tempo, aponta para o mundo humanizado hoje inexistente. Daí, ser difícil, senão impossível, sua aceitação numa "sociedade administrada", como demonstrou na *Dialética do Esclarecimento*, com Horkheimer, companheiro de teoria crítica. Em seu horizonte, foi importante a figura hoje quase esquecida de um pensador-chave da teoria crítica. Ernst Bloch, em *O Espírito da Utopia* (1915-1917), diz que a música é um ato da imaginação concreta em direção ao utópico. Quem aponta a ligação de Bloch com Adorno é Jean-Paul Olive na abertura de *Un Son désenchanté* (Um Som Desencantado): "É uma ideia semelhante da música [...] que constitui a pedra de toque de todas as reflexões elaboradas posteriormente por Adorno. Essa concepção forma o critério segundo o qual toda música será avaliada; dá a medida da exigência da crítica; e determina o método que satisfaz a tal ideia: a imersão sensível nas constelações sonoras que apresentam as obras enquanto escritura, o trabalho analítico e interpretativo que visa seu conteúdo de verdade."

Reminiscências. Olive escreveu também a apresentação à edição brasileira de *Berg: O Mestre da Transição Mínima*, na qual diz que esse é o livro mais "cativante" de Adorno. Adornianos de primeira viagem devem começar a viagem por "Recordação" e só depois retomar a leitura dos primeiros capítulos, que fornecem a moldura teórica para a encorpada segunda parte, dedicada à análise de várias obras de Berg. Adorno usa as reminiscências pessoais do compositor como elementos condicionantes de sua obra. Olive reafirma: para Adorno, "a música de Berg é inseparável do homem, das qualidades singulares de sua estrutura psíquica". Ora, isso soa estranho. Afinal, Adorno batalhou para demonstrar que a obra é que importa. "Em arte só conta o produto do qual o artista é o órgão; o que tinha em seu espírito não pode ser reconstruído de maneira cabal, e é igualmente sem importância." Pelo visto,

Berg foi exceção para Adorno. Trocando em miúdos, ele tinha de acomodar a contradição de que o preço do progresso na música nova é a destruição progressiva do poder expressivo da música, como anota Robert W. Witkin, em *Adorno on Music*. Ele acrescenta que "Adorno gostava mais da música de Berg porque ela combinava duas características essenciais: a música precisa ser moderna e manter seu poder expressivo." Berg olhava mesmo para trás. E por isso obras como *Wozzeck, Suíte Lírica, Concerto Para Violino* foram rapidamente aceitas pelo público. Essa última obra, por exemplo, cita um coral da *Cantata bwv 60*, de Bach.

Schoenberg e Mahler. Os radicais viam nessa característica uma fraqueza. E Berg sofria com isso. Adorno conta que, após a bem-sucedida estreia berlinense de *Wozzeck*, foi obrigado a "literalmente consolá-lo pelo sucesso até tarde da noite". E fala ainda que "Schoenberg invejava os sucessos de Berg, e este invejava os fracassos de Schoenberg". O incômodo fantasma do sucesso não desejado, "que lhe parecia repugnante", segundo Adorno, ronda o livro inteiro. Repugnante, mas verdadeiro. Berg foi assimilado devido ao que Adorno chama de "as pontes para o passado em sua música". Ele acrescenta, para suavizar o passadismo de Berg: "São passarelas estreitas e frágeis: debaixo delas há um murmúrio selvagem." Ora, as ligações de Stravínski com o passado podem não ser estreitas (ele experimentou todos os estilos), mas como há murmúrios selvagens embaixo delas. O que Adorno não perdoa é o cinismo pós-moderno "avant la lettre" do russo. Mas isso é assunto para outro livro famoso, *Filosofia da Nova Música*, de 1947. Por que havia tantos elementos tonais na maioria de suas obras?, perguntou-lhe Adorno. Berg respondeu, sem nenhuma irritação ou comoção, que esse era o seu jeito e não pretendia fazer nada a respeito. Resignado, passou as décadas seguintes estruturando argumentações refinadas para justificar esse "suspeito" gosto pelo passado. Não precisava. Acertara na mosca ainda naquele semestre de 1925: "Quando me mostrou a partitura (da marcha das 'Três Peças Orquestrais'), observei a respeito da minha impressão gráfica: 'Isso deve soar como se as peças orquestrais de Schoenberg e a *Nona Sinfonia* de Mahler fossem tocadas ao mesmo tempo.' Jamais esquecerei a imagem de alegria que se acendeu em sua face com esse cumprimento, que teria parecido suspeito a qualquer ouvido culto." Em nenhum outro escrito seu, Adorno foi tão genial na alquimia entre paixão e rigor, entre a defesa de uma tese e o afeto pelo criador da música que aparentemente teima em contradizer sua tese. O segundo capítulo, "Som", termina de modo grandiloquente: "Alban Berg se ofereceu ao passado como vítima sacrificial para o futuro. Nasce daí a eternidade de seu instante." Ou seja, Berg imolou-se para que nascesse enfim a música do futuro.

2.

Linguagem densa, discurso difícil, fragmentado, estilhaçado. São muitos os adjetivos que costumam afastar potenciais leitores da obra de Adorno. Sobretudo os do meio musical. Perversa ironia, já que mais da metade de seus escritos enfoca a música. A publicação em português de sua obra – chave privilegiada para a compreensão da música no século XX – deve contribuir para que sua injusta fama de chato e incompreensível caia por terra. Ele transitou pela filosofia, sociologia, crítica literária, além da composição e crítica musical. Jamais conseguiu definir-se por uma delas, como escreveu em carta a Thomas Mann de 1948, logo após ajudá-lo, de modo decisivo, na elaboração de *Doutor Fausto*: "Estudei filosofia e música na universidade. Em vez de me decidir por uma, sempre tive a impressão de que perseguia a mesma coisa nesses campos divergentes." Seu primeiro artigo, ainda nos anos 1920, versava sobre música, e seu derradeiro texto, inacabado, *Teoria Estética*, tem a música como eixo central, assim como outra obra tardia, *Dialética Negativa*. Entre um e outro, títulos fundamentais como *Filosofia da Nova Música* (1947); *Prismas: Crítica Cultural e Sociedade* (1955); *Dissonâncias: Música do Mundo Administrado* (1956); *Mahler: Uma Fisionomia Musical* (1960); *Introdução à Sociologia da Música* (1962); *Intervenções: Novos Modelos Críticos* (1963); *O Jargão da Autenticidade*, (1964); *Palavras e Sinais: Modelos Críticos 2* (1969). Na verdade, Adorno construiu uma prosa única, que funde música e filosofia num só discurso. Tudo indicava que a musicologia o elegeria como autor fundamental. Robert Witkin, em *Adorno on Music*, anota que "não foi o que aconteceu. O refinamento sociológico que Adorno traz à análise musical e a imensa dificuldade de se entender corretamente sua linguagem necessariamente complexa e seu manejo dos conceitos filosóficos sofisticados – tudo isso afastou os musicólogos de sua obra". Edward Said, em *Elaborações Musicais*, se insurge contra o preconceito: "Suspeito que sua teorização intransigente, linguagem filosófica complicada e vasto pessimismo especulativo não o credenciam perante profissionais ocupados. […] Há uma tendência entre os musicólogos de levantar as fraquezas de Adorno, mais do que confrontar seus postulados ou modelar-se pela extensão teórica e alcance magistral do melhor de sua obra. […] Adorno nos oferece muito em que pensar, particularmente quando apresenta uma trajetória dramática para a música que começa nas últimas composições de Beethoven e avança através de Wagner para a segunda escola vienense, e finalmente se acomoda (nas palavras de um de seus mais atordoantes ensaios) durante o período em que "a música nova está ficando velha". [...] Me senti estimulado pelas suas ideias sobre a regressão na audição e também, é claro, por sua melodramática associação entre a música e a catástrofe germânica sob o fascismo."

O problema é que Adorno escreve como quem compõe. Seus textos funcionam como variações sobre o tema essencial de seu pensamento e se sobrepõem em camadas. Mais do que uma reflexão sobre a música, escreve Philippe Albéra, "é uma tentativa de fazer falar a música por si mesma. O comentário tem como função primordial salvar o conteúdo de verdade das obras. A filosofia não as integra em seu discurso, mas constrói-se a partir delas. De certa maneira, Adorno "compõe" com as palavras e os conceitos como se estes fossem notas ou estruturas formais: o fluxo denso da escritura provoca ressonâncias, associações e afinidades entre as figuras de pensamento, definindo uma filosofia em movimento, em oposição a um princípio de dedução lógica que teria jeito de coisa fixa."

Em suma, os textos de Adorno buscam sempre conseguir iluminar de dentro a obra musical, "tentando restituir o poder poético da experiência criadora". Agora, um pouco de teoria. Adorno postula o primado do objeto em relação ao sujeito. A subjetividade do criador é secundária, e a estética da recepção é igualmente rejeitada. Ao fazer isso, Adorno atribui à arte o papel de uma "escritura sem consciência – inconsciente – da História, anamnese do subterrâneo, do recalcado, do 'quem sabe seja possível'. Paradoxalmente, a arte é ao mesmo tempo responsável pela História e portadora de uma utopia – que em virtude de seu caráter enigmático jamais pode se expressar positivamente". É desse modo que Stefan Müller-Doohm, em *Adorno* (2003), expõe o núcleo do pensamento do filósofo de Frankfurt. Como compositor atonal, teórico da música nova e sutil intérprete da literatura moderna, Adorno jamais deixou de travar um combate teórico com a estética. Numa época politizada que pretendia submeter a arte a uma liquidação dita revolucionária, ele precisava salvá-la. Mas essa salvação está fadada ao fracasso se a arte cede à manipulação, conformando-se ao gosto do seu destinatário e concordando em comunicar-se. O próprio Adorno diz isso com todas as letras: "A arte só se mantém viva por sua força de resistência social, sua participação na sociedade não reside na comunicação com essa, mas em uma resistência." Portanto, a arte é conhecimento sim, mas não só isso. Ela possui um elemento expressivo, que só pode "expressar a dor – a alegria mostrou-se rebelde a qualquer expressividade, quem sabe porque ela não existe ainda". É justamente por isso que "hoje arte radical significa arte sombria, negra como sua cor fundamental". A arte, diz Adorno em outro trecho da *Teoria Estética*, é a "lembrança do possível contra o real que a oprime, alguma coisa como a compensação imaginária da catástrofe da história do mundo". A arte denuncia e antecipa: denuncia o curso catastrófico do mundo e é ao mesmo tempo a instância que representa uma práxis melhor. Arte que não resiste não merece esse nome; é só entretenimento. Enquanto por aqui Adorno só faz sucesso nos departamentos de filosofia e ciências humanas e é praticamente ignorado nos tecnicistas departamentos de música universitários, nos Estados Unidos e na Europa ele é constante objeto de reflexão e atualização. Tia DeNora, da Universidade de Exeter, autora de *After Adorno* (2003), alerta que os meios acadêmicos ainda pensam separadamente em música e sociedade e detecta que a maior lição que Adorno nos deu foi tirar o "e" que separa música e sociedade. "Ele rejeitou esse dualismo" e vê a música como manifestação do social, e o social como manifestação da música. "A diferença entre eles", escreve Nora, "torna-se meramente analítica, dependendo da prioridade, se espacial ou temporal. A música não é causada pelo social; ela é parte constitutiva da vida social." Daí por que sua análise é técnica, objetiva, aplicada sobre o material, matéria-prima a partir da qual o artista elabora sua obra. "A aceitação ou recusa do material, tal como esse se encontra no estado atual das forças de produção, já permite situar o autor em relação ao progresso ou à reação." Mas ele foi um militante em tempo integral. Schoenberg, afinal, não foi revolucionário porque quis, mas porque a evolução do material musical necessariamente levou-o – logo ele, um sujeito conservador – a assumir a figura do revolucionário. Mas é impiedoso com outros compositores por considerar que eles manipularam o material musical, olharam para o passado, conformaram-se com o mundo administrado em que vivemos. Wagner, por exemplo: "Sua música fala a linguagem do fascismo." Richard Strauss: "Sua música se reduz a um estímulo para os nervos do exausto homem de negócios." Reclamou até do homem da rua que assobiasse um tema de uma sinfonia de Brahms. Dizia que isso era desfigurar o sentido da obra de arte. E usou o pseudônimo de Hektor Rottweiler quando baixou o cacete no jazz, em famoso artigo de 1936. E, enquanto seu genial primo Walter Benjamin proclamava que a estética brechtiana era a resposta para a perda da aura da obra de arte, Adorno enxergava a saída na música atonal de Schoenberg. Bem, saída não. Beco sem saída.

Ao Som da Utopia Populista de Alex Ross

Tese de Alex Ross Esbarra na Retomada da Tradição, Marca do Trabalho de Compositores Atuais

Publicado em *O Estado de S. Paulo*, Caderno 2, 29 mar. 2009; Sabático, 30 out. 2010.

"Eu tenho um sonho." Alex Ross poderia parafrasear Martin Luther King. O sonho de um denominador comum na música do século XX. Música não, músicas que unam, numa só comunhão, compositores e público. Afinal, desde o divórcio entre esses dois atores da cena musical, no início do século XX, a sensação de abismo entre uns e outros só cresceu. Hoje parece intransponível. De Schoenberg a Stockhausen e Pierre Boulez, uma linha reta de criadores deu as costas ao público. E ditou o modo como a música evoluiu no século. Mais: recalcou dezenas de grandes compositores que ousavam praticar as cartilhas ultrapassadas da tonalidade. Para promover essa reconciliação, só mesmo colocando um plural na palavra música. Foi o que fizeram, quarenta anos atrás, os norte-americanos Morton Feldman, Steve Reich e Philip Glass. O minimalismo, chamado com ironia, mas justeza na Europa de "música repetitiva", resgatou o pulso regular e a tonalidade na criação contemporânea. Sobretudo, ampliou o olhar para assimilar e deglutir as outras músicas: populares, folclóricas, orientais etc. É o que também faz Alex Ross nas fascinantes páginas de texto corrido de *O Resto É Ruído*, traduzido por Claudio Carina e Ivan Weiz Kuck. Texto legível, que traz para o leitor comum o que ele chama de "obscuro pandemônio na periferia da cultura". É a maior virtude desse livro admirável: trocar em miúdos uma história que até agora vinha sendo contada esotericamente, de modo complicadíssimo. Mas, para entendermos o que está por trás desse discurso, o que alimenta suas concepções, precisamos dar uma boa olhada na cena norte-americana atual. Porque, mais do que pós-modernismo, creio que se pode chamar de estética da inclusão sua carta de princípios.

A primeira geração minimalista, a de Reich e Glass, já é fenômeno velho. Incorporou sim o pulso regular, mas o fez de modo hipnótico. As peças minimalistas dos anos 1960 são de fato instigantes e desafiadoras. O problema é que virou receitinha de composição, como, aliás, a música serial nas décadas anteriores do século XX. A grande maioria das peças minimalistas de segunda geração pode levar o ouvinte ao desespero em alguns minutos, pela repetição obsessiva. Os pilares de sua argumentação são, pela ordem: o compositor John Adams, segunda geração minimalista, hoje com 61 anos; e o movimento Bang on a Can, erupção mais vistosa da música de "New York downtown", que se opõe à oficialista "New York uptown", que faz música para as elites de Manhattan.

Adams, depois de várias obras importantes, como *Harmoniehlere*, para orquestra, e as óperas *Nixon in China* (1987), *A Morte de Klinghofer* (1990) e *El Nino* (2000), acaba de lançar em DVD a ópera *Doctor Atomic*, focada no dilema de Oppenheimer e a bomba atômica. Se a música das três primeiras óperas já não era estritamente minimalista, porém exibia vitalidade intensa, o mesmo já não se sente nesse Doutor Atômico. Hoje, ele é apenas mais um compositor neoclássico lambuzando-se de século XIX.

De igual modo, Bang on a Can, que nasceu como um festival de música experimental em 1987, hoje já tem sólido *status* na New York uptown: um de seus fundadores, David Lang, ganhou o Pulitzer de 2008, e o grupo é objeto de um excelente documentário dirigido por Frank Scheffer (os outros fundadores do grupo são Julia Wolfe e Michael Gordon). Mas a audição do mais recente CD com obras de Lang é frustrante. É música simplesmente chata, que retorna a um minimalismo meio caricato. "Pierced", a faixa-título, trabalha com uma pequena célula melódica fincada num bate-estaca imutável. São quatorze minutos difíceis. Das cinco faixas, a mais interessante não é composição, mas um arranjo de Lang para "Heroin", o clássico de Lou Reed divinamente cantado por Theo Bleckmann (os onze minutos valem o CD, mas a faixa pode ser baixada na internet a módico preço).

Vampirizando o Pop. Um olhar, aliás, sobre a cena norte-americana mostra que o arranjo de Lang não é atitude isolada. John Corigliano, em seu mais recente CD, *Mr. Tambourine Man*, musicou sete letras de Bob Dylan. Sim, você leu direito. Ele musicou clássicos como "Blowin' the Wind" e "Forever Young", para soprano amplificada e orquestra. E jura que jamais ouviu as canções do bardo. É mais ou menos como alguém musicar Caetano Veloso e dizer que jamais ouviu suas músicas. Seria mera curiosidade ou idiotice – mas o Grammy 2009 premiou-o como CD de música contemporânea!

A fragilidade da música sobre a qual se apoia Ross enfraquece sua tese inclusiva. Mas não pense que a situação é animadora na Europa. O último CD de Penderecki, celebrado compositor polonês da vanguarda dos anos 1960, contém duas obras neoclássicas quase-século XIX (ou seria barroco?): "Concerto Grosso n. 1 Para 3 Cellos e Orquestra", de 2000, e "Largo Para Cello e Orquestra", de 2003. O choque é que um desavisado completou o CD com uma obra de 1964 que soa amalucadamente vanguardista em relação às anteriores: "Sonata Para Cello e Orquestra". Nem sempre se caminha para a frente, não é mesmo?

O caso do britânico Michael Nyman é parecido. Ele assinou, nos anos 1970, um livro excepcional sobre a música contemporânea – *Experimental Music: Cage and Beyond* –, mas dos anos 1980 em diante notabilizou-se pelas trilhas sonoras, principalmente para Peter Greenway. Pois ele virou abóbora. Seus dois últimos CDs não poderiam ser mais passadistas. Um traz gravações realizadas dez anos atrás, com o "Concerto Para Piano", com a ótima pianista Kathryn Stott; o outro intitula-se *Nyman: Mozart 252*, com pastiches popularizantes de música de Mozart (para quem se lembra, é pior, muito pior do que Waldo de los Rios, que arranjou Beethoven e a *Sinfonia n. 40* de Mozart; este, pelo menos, tinha swing; Nyman parece um jumento tentando um *pas--de-deux* sonoro).

Em suma, a tese de Alex Ross é muito interessante. E merece nossa solidariedade, porque tenta oferecer alternativas à perspectiva europeia. Mas não precisava ter tanto rancor de excepcionais compositores como Stockhausen ou Boulez. O último, especialmente, é tratado como um psicopata no livro. Não pega bem chamar Boulez de ilusionista: "Boulez sempre conseguiu habilmente manter a ilusão de estar muito à frente – a marca de um mestre da política." Também soa forçado fazer de Thelonious Monk um influenciado por Schoenberg.

O DVD *Music for Airports/In the Ocean*, lançado em janeiro passado, é emblemático desta ambiguidade entre qualidade do discurso verbal e ausência dela na música. São cinquenta minutos: os líderes de Bang on a Can arranjam *Music For Airports*, composta por Brian Eno em 1978. Eno é guru de Michael Gordon, David Lang, Julia Wolfe e Evan Ziporyn. Se o original já era propositalmente papel de parede sonoro, segundo a feliz expressão de Erik Satie nos anos 1920, esses arranjos provocam ainda mais letargia. Contribuem decisivamente as imagens sempre desfocadas de Sheffer, aparentemente de um aeroporto, claro. O documentário *In the Ocean* é mais sintomático do tratamento dado aos europeus. Pretende, segundo o texto do folheto do DVD, contar a história das relações musicais entre Estados Unidos e Europa nos últimos trinta anos. Mas o que se vê é a história de como a América triunfou sobre o velho continente. Philip Glass, por exemplo, reverencia o fato de que "hoje a música pode ser tonal, o que é novo". "Nos anos 1960, sabíamos bem o que era a música moderna. Hoje não sabemos mais." David Lang acrescenta: "Existem centenas de domínios válidos na música. Espero que no futuro haja milhares." E Glass completa com esta historinha: "Quando estudei com Nadia Boulanger em Paris, ela me dizia às vezes: tenho pena de vocês americanos, pois não têm o sentido da história. Eu não respondia nada, mas pensava: sim, exatamente, é isso que faz nossa força." Sinceramente, não sei se mergulhar de cabeça na música popular ou costurar arremedos de pulsos regulares é a solução. Pode ser um atalho e dar até bons e inesperados frutos, mas não a chamada avenida principal.

O Século XX em Cinco Autores, Por Ross

ARNOLD SCHOENBERG: Outros compositores da virada do século também concebiam sua situação como a luta solitária contra um mundo estúpido e cruel. Claude Debussy, em Paris, adotou uma postura antipopulista nos anos anteriores a 1900 e, não por acaso, rompeu com a tonalidade convencional. Mas Schoenberg foi responsável pelos avanços mais drásticos e introduziu uma elaborada teleologia da história musical, uma teoria do progresso irreversível, para justificar seus atos. A metáfora do Fausto faz justiça ao terror que a força destrutiva de Schoenberg inspirava nos primeiros ouvintes.

IGOR STRAVÍNSKI: O acorde (em *A Sagração da Primavera*) se repete cerca de duzentas vezes. Ao mesmo tempo, a coreografia de Nijínski trocou o gestual clássico por uma quase anarquia. [...] Dos camarotes, onde sentavam os espectadores mais abastados, vinham urros de desaprovação. Os estetas dos balcões e dos lugares de pé urraram de volta. Os eventos exibiam matizes de luta de classes. O compositor Florence Schmidt teria dito: "Calem a boca, vagabundas do seixième!" – provocação às damas da alta sociedade do sexto arrondissement. "Não se podia ouvir o som da música", recordou Gertrude Stein.

JOHN CAGE: No espírito turbulento dos anos 1960, uma onda de vanguarda fez com que o acaso, a indeterminação e a notação gráfica formassem uma tendência na Europa. Alguns gravitaram em direção ao passado musical, com citações e colagens. Outros procuraram espaços interestelares [...]. Havia os dadaístas brincalhões, referências do pop, adeptos de um novo modismo envolvendo cantigas comunistas (agora em nome de Castro e Mao). [...] John Cage estava entrando em seu período de maior prestígio.

KARLHEINZ STOCKHAUSEN: Em 1960, Stockhausen completou *Kontakte*, em que sons eletrônicos e ao vivo se afastam ou se misturam num borrão. [...] Em 1962, o mundo teve o primeiro vislumbre do que se tornaria o *Momente*, de duas horas de duração, envolvendo quatro corais, uma solista soprano, uma falange de trompetes e trombones, um par de órgãos eletrônicos e uma bateria de percussão centrada num tantã japonês muito grande. Foi a bacanal da vanguarda, uma liberação dos sentidos com gritos, bater de palmas e batidas de pé.

JOHN ADAMS: *Nixon in China*, a primeira ópera de John Adams, apresenta transmutação ainda mais drástica do estilo europeu. Nada parece mais improvável que a ideia de uma ópera norte-americana baseada nos eventos que cercaram a visita de Nixon à China em 1972. Quando o diretor Peter Sellars propôs o tema pela primeira vez, Adams pensou que estivesse brincando. Sellars sabia o que fazia. Ao transportar a ópera para um cenário contemporâneo conhecido em todo o mundo, ele quase obrigava Adams a se livrar de todas as teias de aranha do passado europeu.

2.

Alex Ross, o crítico musical da revista *The New Yorker*, começa a ser canonizado nos Estados Unidos e Europa como algo mais do que um refinado e excepcional jornalista. Seu livro *O Resto É Ruído*, de 2007, deu o pontapé na ascensão internacional de um escritor que une objetividade e faro jornalístico com rigor de pesquisa em doses precisas para tornar seu texto delicioso de se ler e informativo (sem jamais descambar na chatice acadêmica). Estes meses finais de 2010 dão outros sinais claros de uma mudança definitiva de seu *status*. "Marian Anderson, Voice of the Century", um de seus artigos para *The New Yorker*, de 2009, acaba de ser incluído na tradicional e prestigiosa coletânea anual *Best Music Writing*, da Da Capo Press. Outro artigo, "Strauss's Place in the Twentieth Century", integra o volume coletivo *The Cambridge Companion to Richard Strauss*, editado por Charles Youmans, com lançamento previsto para 30 de novembro na Inglaterra e 31 de dezembro nos Estados Unidos.

O maior acontecimento, no entanto, foi o lançamento de seu segundo livro um mês atrás. *Listen to This* reúne dezoito artigos escritos entre 1996 e 2009 para a *New Yorker*, na conhecida seção "A Critic at Large" (a Companhia das Letras promete edição brasileira para o segundo semestre de 2011). Constitui-se de perfis de uma dúzia de músicos, vivos ou mortos; compositores, regentes, pianistas, quartetos de cordas, bandas de rock, cantores-compositores e até professores de música (a questão da decadência da educação musical o preocupa demais). "Este livro", escreve no prefácio, "é mais íntimo, revisita várias vezes a permanente questão sobre o que a música significa para seus criadores e seus ouvintes no nível mais elementar." São artigos longos, nos quais o jornalista investe dois ou até mais meses de intenso trabalho. Para chegar às vinte páginas de texto de "Emotional Landscapes: Björk's Saga", por exemplo, Ross a entrevistou quatro vezes em 2004: em Reikjavik, em janeiro; em Salvador, na Bahia, em fevereiro; em Londres, em abril; e em Nova York, no verão. Para "Infernal Machines: How Recordings Changed Music", de 2005, Ross leu, além de cerca de vinte livros e/ou artigos, outros sete, de circulação basicamente acadêmica.

O décimo nono e mais longo artigo, "Chacona, Lamento, Walking Blues: Bass Lines of Music History", não chega a 35 páginas, mas contém o credo estético de Ross em sua plenitude: começa com o famoso ostinato com as notas descendentes lá-sol-fá-mi, a famosa progressão de acordes sobre a qual se apoia esta "delirante e sexy dança que hipnotizava todos que a ouviam" na Espanha do início do século XVII. Ross demonstra que ele vem permeando a música nos últimos três séculos pelos músicos e compositores franceses, italianos, ingleses e alemães, até chegar, no século XX, tanto ao contemporâneo erudito György Ligeti quanto ao ostinato altissonante de "Hit the Road Jack", o sucesso mundial de Ray Charles de 1961. (Você pode assistir ao próprio Ross expondo a tese, apoiado por um quarteto de músicos e uma cantora, em seu blog http://www.therestisnoise.com/).

Resumindo, a tese é: "Se uma máquina do tempo colocasse juntos músicos espanhóis; uma seção de contínuo liderada por Bach; músicos da *big band* de Duke Ellington de 1940, e se John Paul Jones atacasse a linha de baixo de 'Dazed and Confused', eles poderiam, após um ou dois minutos de confusão, encontrar um terreno comum. A dança da chacona é maior do que o mar." Bach, Ellington, Led Zepellin juntos? Não, não é mixórdia nem sacada gratuita. Como os compositores contemporâneos Steve Reich e John Adams, Ross também cresceu estudando música clássica sentindo-se numa ilha cercada de música pop. Tudo que escreve direciona-se para responder a essa questão que ele confessa receber quase diariamente em e-mails de seus leitores. Em torno dela também gira a cabecinha de músicos, compositores e público dos países não europeus – é o caso de todos nós, latino, centro e norte-americanos. Ross estabeleceu a seguinte agenda, que permeia todo o seu trabalho admirável ao longo dos últimos quinze anos: 1. Os compositores modernos merecem o mesmo tratamento dado aos mestres canônicos europeus; 2. É preciso mergulhar periodicamente no pop e no rock, apesar de confessar que "como cresci na música clássica, sinto-me inseguro em meus passeios fora de seus limites"; e 3. "Encarar a música não como um domínio autossuficiente, mas como um modo de conhecer o mundo".

Saindo da Tumba. Em primeiro lugar, Ross batalha duro contra o elitismo que se incrustou no universo da música clássica. "Desde meados do século XIX o público adotou rotineiramente a música como uma espécie de religião secular ou política espiritual, envolvendo-a com mensagens urgentes e ao mesmo tempo vagas. [...] quando escrevo sobre música, tento desmistificar a arte em alguma medida, dissipar o embuste, respeitando ainda a infinita complexidade humana."

O primeiro artigo, "Listen to This", é uma espécie de manifesto: "A música clássica original foi deixada em um interessante limbo. Tem chance de se liberar dos clichês aos quais ficou presa. Não é a única forma que carrega o peso do passado. Além disso, desfruta da vantagem de sustentar constantes reinterpretações para se renovar. O melhor tipo de apresentação clássica não é nunca um retorno ao passado, mas uma intensificação do presente. Quando ouvimos uma grande orquestra tocar a Eroica de Beethoven, não é o mesmo que uma banda de rock mimetizando os Beatles tentando ser a reencarnação deles. O engano que os apóstolos da música clássica sempre cometeram foi o de unir o gosto do passado ao descontentamento com o presente. A música tem outras ideias: ela odeia o passado e quer fugir."

Ou seja, como nas antigas lojas de discos, onde "portas sepulcrais" separavam a seção de música clássica do resto do mundo musical, hoje não há mais tal separação. A música clássica caiu na vida, ou melhor, no mundo. E precisa aprender a conviver com essa nova situação. É essa a razão que faz da cantora e compositora pop islandesa Björk um exemplo raro, quem sabe único, da plenitude da prática musical tal como Ross a entende. Ela estudou música a sério em Reikjavik. Discute prós e contras sobre nomes que são desconhecidos do grande público, como Morton Feldman, Sofia Gubaidulina ou o citado Steve Reich; é capaz de enfiar na canção "The Cover" a dança dos pastores de "La Nativité du Seigneur", de Olivier Messiaen; cantou trechos do *Pierrot Lunaire*, de Schoenberg, no Festival de Verbier, na Suíça; e curte/deglute com igual intensidade o hip-hop, a dance music, o jazz. Como escreve Ross, "ela é omnívora por natureza [...] deglute quase tudo sob o sol de inverno". Como se não bastasse, Björk entrevistou seu guru Stockhausen, o papa da vanguarda radical de Darmstadt, em 1996, e o definiu agudamente: "Um homem obcecado com o casamento entre mistério e ciência." Ela é membro de uma nova espécie, afirma convicto Ross. E mostra como é postiço e equivocado pregar etiquetas em arte: "O esforço para encontrar um lugar para Björk na geografia da música popular, clássica, arte, popular, islandesa ou não islandesa, não tem muito sentido. […] A música resgatada em sua alegria original, livre tanto do medo da pretensão que limita a música popular quanto do medo da vulgaridade que limita a música clássica. Até agora, porém, esta utopia só tem um habitante."

Ross tem garimpado outros criadores afins de Björk nos últimos anos. Mas seu teodolito parece falhar em alguns casos. Talvez por causa de uma característica indelével do DNA dos norte-americanos: a busca do sucesso a qualquer preço. A ânsia de encontrar criadores eruditos que também conquistem sucesso de público o faz, por exemplo, louvar os arremedos de música popular praticados por Osvaldo Golijov. É óbvio que Ross está longe de banalizações ou simplificações ingênuas. Mas, se erra em Golijov, acerta em cheio com John Adams, ótimo exemplo dessas fertilizações à la Björk. Há momentos em que até a mãe da gente duvida do que fazemos, como o próprio Ross divertidamente anota num notável perfil sobre John Cage. Logo depois da estreia de *4'33*, a peça silenciosa de Cage, em 1952, "sua mãe perguntou ao compositor Earle Brown: e agora, Brown, você não acha que o John foi longe demais desta vez?".

The Rest Is Noise, de Alex Ross, crítico da revista *New Yorker*, parafraseia no título a célebre frase do Hamlet de Shakespeare, trocando o silêncio pelo ruído. O subtítulo é revelador e abrangente: "Escutando o Século XX". É o primeiro livro a contar de modo rigoroso, porém agradável a história da música no século XX; pretende informar e entreter, na melhor linhagem norte-americana. Ross jamais deixa a peteca cair. Mantém o ritmo de humor das melhores *sitcoms* tipo *Seinfeld* ou *Friends*. Salpica cada uma das páginas do livro com ao menos uma expressão jocosa, uma citação engraçadinha ou uma revelação inesperada. A enxurrada constante de citações não incomoda graças a uma editoração inteligente que descarta as sempre aborrecidas notas de pé de página (no final do livro, pelo número da página e as primeiras palavras, encontra-se facilmente as fontes). Isso permite uma leitura fluente, que prende a atenção como um misto de bom policial e coluna de fofocas preciosas, que servem como sintomas que ajudam a entender melhor a música. E, além disso, é sempre fonte de raros ensinamentos sobre o repertório do século XX. Imagine Woody Allen escrevendo uma história do cinema. Quem não leria com imenso prazer? "A música clássica", escreve Ross logo no prefácio, "é estereotipada como uma arte dos mortos, um repertório que começa com Bach e termina com Mahler e Puccini. As pessoas às vezes se surpreendem ao saber que ainda existem compositores escrevendo música". E complementa que seu livro foi escrito especialmente "para os que sentem curiosidade em saber mais sobre este obscuro pandemônio nos arredores da cultura".

O enfoque normal, quando se fala na música do século xx, é de lamúrias, nostalgias, desencanto. Ross até reconhece que "a tentação é grande de ver a trajetória geral como de declínio". Ele usa uma expressão sintomática para falar da situação dos compositores no começo do século: eles eram "cynosures on the world stage", ou seja, o centro de atração, ou estrela-guia, no palco do mundo. Quando Mahler agonizava, em 1911, diz ele, "a imprensa vienense publicava na primeira página que sua temperatura oscilava entre 37,2 e 38 graus. Hoje, os compositores contemporâneos saíram do radar na tela da cultura". Mas quando foi mesmo que o público e a opinião pública se afastaram da música contemporânea? No início do século xx, onde pela primeira vez um compositor entendeu, em toda a sua plenitude, a expressão de Wittgenstein de que "ética e estética são a mesma coisa". Foi Arnold Schoenberg, o homem que rompeu o universo tonal, mergulhou na atonalidade e desembocou na música serial, e repetiu muitas vezes este duplo imperativo, ético e estético, de sua criação. Ele introduziu o conceito de "moralidade musical": "o fácil charme do familiar, de um lado; e, de outro, a difícil verdade do novo". É curioso, anota Ross, como esse tipo de argumento leva o conceito de degeneração à música, que Schoenberg adotou ao criticar ex-alunos por gostarem de música "impuras" como o jazz e outras músicas populares.

Contudo Ross detesta lamúrias. Divertido e polêmico, diz que não havia "necessidade" de se chegar à atonalidade; nenhuma corrente irreversível da História indicaria isso. "Foi apenas o salto de um homem no escuro. Virou um movimento porque outros dois compositores igualmente talentosos saltaram com ele em seguida."

Trezentas das 550 páginas de texto são dedicadas ao período 1900-1945, e as restantes aos 55 anos posteriores. É a primeira vez que se conta de forma mais ou menos equilibrada a história da música no século xx. Em geral gastam-se dois terços com as primeiras décadas e algumas parcas dezenas de páginas para a segunda metade. Para nós, latino-americanos e brasileiros, é interessante ver como Ross, também um não europeu, conta essa história. Parafraseando a famosa afirmação de Charles Péguy segundo a qual tudo termina em política, podemos substituí-la por economia – e teremos a chave para entender a postura de Ross. Ele contrapõe o cânone econômico norte-americano ao multissecular cânone europeu na música clássica. Ou seja, para ele, o século xx, também na música, foi o século americano. E por americano entenda-se Estados Unidos, já que o Brasil só é citado duas vezes: primeiro, com dom Pedro II na plateia da estreia do *Anel* de Wagner em Bayreuth, em 1876; e duas ou três frases sobre Villa-Lobos, chamando suas partituras de "neoprimitivistas". Para justificar historicamente esse ponto de vista norte-americano, Ross escreve que, na essência, duas vanguardas formavam-se nas primeiras décadas: "De um lado, os parisienses movimentavam-se em direção ao mundo brilhante da vida diária; os vienenses foram na direção oposta, iluminando as terríveis profundezas com suas sagradas tochas."

Até pelas piadas sempre bem mais ferinas para os radicais da vanguarda percebe-se o lado de Ross. Por exemplo, as relações entre Mahler e Schoenberg, habitualmente vistas como de continuidade criativa. Gustav foi o paizão todo-poderoso que ajudou Arnold como pôde. Chegou a quase se atracar de socos e pontapés com um cretino que insistia em vaiar a estreia do primeiro quarteto de cordas de Schoenberg, em 1907. Mas, anota Ross, dois anos depois Mahler também defendeu, mas não entendeu, as *Cinco Peças Para Orquestra*. Mahler defendia Schoenberg mais por um imperativo moral do que por qualquer motivo estético.

Ross não esconde de ninguém. É parisiense até a medula, adora o neoclassicismo francês do entreguerras. E, para encaixar Copland e os demais compatriotas, exalta os nacionalistas como De Falla, Sibelius, Bartók ... mas esquece do Villa, tão bom quanto os citados e também figura fácil na Paris dos anos 1920.

No capítulo sobre o inglês Benjamin Britten, fez sair do armário uma longa lista de compositores; mas força a barra demais na homossexualidade de Britten, como se ele só pudesse ter sido o formidável compositor que foi graças à sua orientação sexual.

A coisa muda de figura com a Segunda Guerra Mundial, quando os Estados Unidos viraram paraíso dos exilados. Dez entre dez compositores de vanguarda europeus escolheram a ensolarada Califórnia para morar.

O resto, conhece-se bem. A invasão dos dodecafonistas nas universidades americanas nos anos 1950 e 1960; o aríete formidável que foi John Cage na Europa, balançando o coreto da vanguarda politicamente correta. Ross, aliás, exorciza o peso europeu graças a Cage, que lhe sopra o providencial diagnóstico de que "o século XX foi um tempo de 'muitas correntes', um 'delta', nas sábias palavras do autor de *4'33*".

No final, propõe um "blinfold test", a fórmula consagrada pela revista de jazz *DownBeat* de colocar o músico para ouvir gravações no escuro, sem informação. O joguinho visa provar que, neste início de século XXI, palavras como "popular" e "erudito" não têm mais sentido, racional ou emocionalmente (ao menos quando se fala em música com um nível mínimo de invenção). "Você ouve no escuro Björk em 'An Echo, a Stain', em que ela declama fragmentos de melodias contra um suave cluster de vozes. Em seguida, também no escuro, ouça o ciclo de canções 'Ayre' de Osvaldo Golijov, onde a pulsação de dança emoldura canções mouriscas espanholas multiétnicas. Você pode concluir que a de Björk é uma composição clássica e a de Golijov não. Um possível destino para a música do século XXI é uma 'grande fusão' final: artistas pop inteligentes e compositores extrovertidos falando mais ou menos a mesma linguagem."

Ross compara a situação da música hoje, em 2008, à catedral submersa que Debussy retrata em seu prelúdio famoso. "A música contemporânea é uma cidade que canta sob as ondas e a atual confusão pode ser um prenúncio de uma nova era dourada." Deus te ouça, Ross. Visto a certa distância, ainda que curta, a música do século recém-terminado parece menos subjugada pela lógica dialética da reação e da revolução. Pode ser que a própria natureza do ato de compor seja fraturada em si. Como, aliás, sempre aconteceu. Os compositores, na verdade, criam longe dos "ismos" e das polêmicas; preferem a solidão de sua imaginação. Por isso, conclui Ross, citando de novo Debussy, "estarão sempre mostrando o caminho para se chegar ao país imaginário, um país que não se encontra no mapa". Quanto ao Brasil e à América Latina, quanto tempo ainda vamos esperar por uma história da música no século XX que conte ao menos um pouco da nossa contribuição?

Nos Bastidores. Fruto de cuidadosa pesquisa, o livro de Alex Ross traz uma série de curiosidades e sacadas, às vezes hilárias, às vezes maldosas.

ALBAN BERG: O compositor sai mal disfarçando a gargalhada ao ver o colega Anton Webern pedir a um saxofonista para tocar uma sétima maior descendente com "sex appeal"; era tão tiete do maestro e compositor Gustav Mahler que roubou uma batuta do camarim do mestre; também preparava a mala de Arnold Schoenberg quando o professor viajava, pagava suas contas, resolvia problemas legais, corrigia provas.

EM DARMSTADT: "Não gosto de gurus", disse certa vez o compositor húngaro Gyorgi Ligeti a propósito do colega alemão Karlheinz Stockhausen. Anos depois, comparou as brigas intestinas de Darmstadt, onde realizava-se o importante Festival Música Nova, às disputas de poder dentro dos regimes nazista e stalinista. "Reconheço que ninguém foi fisicamente exterminado, mas houve muito assassinato de caráter", disse.

FARPAS: Do compositor Richard Strauss, sobre A. Schoenberg: "Ele devia limpar a neve em frente à casa dele, em vez de sujar o papel com aquelas garatujas"; "Enfim encontrei um país onde sou tão famoso quanto Gershwin!" (do norte-americano Aaron Copland, em visita ao México, na década de 1930); do compositor Edgar Varèse: "Jazz não é a América. É um produto negro, explorado pelos judeus."

NO CINEMA: A popularidade do finlandês Jean Sibelius nos Estados Unidos: em *Laura*, filme de Otto Preminger, Dana Andrews dialoga com Vincent Price: DA – "Você conhece bem música?"; VP – "Não conheço nada a fundo, mas conheço um pouco sobre praticamente tudo."; DA – "Então por que você diz que eles tocaram Brahms e a *Nona* de Beethoven? Mudaram o programa na última hora e tocaram só Sibelius!"

Os Objetos Sonoros em Sua Natureza

DJs do mundo inteiro deveriam reservar todo dia 2 de junho a uma balada especialíssima, em tributo ao pai de todos eles, o primeiro DJ de fato da história da música: o compositor francês Pierre Schaeffer (1910-1995). Pois foi numa quarta-feira, 2 de junho de 1948, que ele compôs uma obra-chave, bíblia dos DJs contemporâneos, mesmo que eles não a (re)conheçam. Em seu premonitório *Estudo de Ruídos n. 5*, para os íntimos *Estudo das Caçarolas*, Schaeffer trouxe para um primitivo estúdio de gravação, em Paris, objetos sonoros tão diversos quanto caçarolas, um bolachão 78 rotações de Sacha Guitry, os sons de uma chata, um disco americano de acordeon e outro balinês. "A seguir", descreveu depois, "exercício de virtuosidade nos quatro potenciômetros e nas oito chaves de contato." Ineditismo que atraiu os jovens compositores Stockhausen, Boulez e até o quarentão Messiaen ao seu estúdio.

Nascia ali o que o mundo conheceu em seguida como a "música concreta", a primeira grande revolução musical do segundo pós-guerra no século XX. Um estrondo tão grandioso que até hoje está presente, com todo vigor, tanto nas baladas funk dos morros cariocas quanto nos mais seletos ambientes jovens internacionais. E foi decisiva na caminhada para a afirmação da música eletroacústica contemporânea, cujos papas ironicamente o desprezam. Isto é, Schaeffer foi decisivo para a vanguarda e depois para as músicas populares – feito que nenhum outro criador do século XX pode exibir.

Do lado pop, a atualidade se vê, por exemplo, na listagem de últimos lançamentos de obras de Schaeffer na Amazon: o primeiro é o reluzente vinil *Pierre Schaeffer: Cinq Études de Bruits - Étude Aux Objects*, lançado em 8 de fevereiro passado. Público-alvo preferencial: DJs de todo o mundo. No domínio erudito, apesar da paulada que levou de Boulez e do seu isolamento nas décadas seguintes, ele reverberou até mesmo por aqui. O uruguaio Conrado Silva, radicado no Brasil há muitos anos, constatou isso em um artigo de 1985:

"A procura de uma linguagem própria para a música da América Latina [...] passa indefectivelmente por uma fase de questionamento didático: de reformulação de todos e cada um dos conceitos que formam a música. [...]

Publicado em *O Estado de S. Paulo*, Sabático, 5 mar. 2011.

A característica concreta da música eletroacústica, trabalhando diretamente com o som, e não com notas, a torna extremamente flexível para uso pedagógico: alunos sem conhecimentos prévios da teoria musical poderão, atuando diretamente sobre a massa sonora, aprender a organizar textura e estrutura [...] Essa experiência didática será de vital importância, seja qual for o caminho criativo que o compositor escolha mais tarde, pois coloca simultaneamente em jogo o artesanato prático, o pensamento criativo e a autocrítica."

É por isso que o projeto de pesquisa de Carlos Palombini, professor na Escola de Música da Universidade Federal de Minas Gerais, tem atualidade e é significativo para a realidade musical brasileira. Ele publica, pela primeira vez e em edição crítica dupla – traduziu para o português em livro da Editora da UFMG e publica em francês pelas Editions Allia – o *Ensaio Sobre o Rádio e o Cinema: Estética e Técnica das Artes-Relé, 1941-1942*, de Pierre Schaeffer. No texto de abertura, Palombini une a música concreta aos bailes *funk* cariocas ao fazer uma aposta otimista: "É possível, embora improvável, que um dia os habitantes das áreas nobres do Rio de Janeiro prestem ouvidos menos condicionados aos gritos de seus concidadãos das favelas. Nesse dia, a 'limpeza da situação aural', essa 'revolução pessoal' que resulta do trabalho iniciado no Ensaio, terá se transformado numa revolução coletiva e, conforme a um velho mito brasileiro, pacífica". O pesquisador brasileiro estabeleceu o texto trabalhando um ano em Paris, entre 2008 e 2009, nos arquivos Schaeffer, ao lado de Sophie Brunet e com a colaboração de Jacqueline Schaeffer. Só agora restaurado em sua íntegra, nele Schaeffer estabelece – a partir de um estudo sobre a natureza, técnica e estética da rádio e do cinema – as bases de seu pensamento musical concreto, que culminariam no *Tratado dos Objetos Musicais: Ensaio Interdisciplinar*, de 1966. Maltratado pelas tropas do Ircam de Boulez e pela musicologia das últimas décadas, Schaeffer vem sendo incompreensivelmente mal avaliado. Palombini lhe devolve sua justíssima importância.

Fascínio e Limites. O *Ensaio*, um dos textos fundadores das reflexões sobre o rádio e o cinema, foi escrito em 1940-1941, em Marselha. Schaeffer tinha trinta anos; estudara violoncelo no conservatório de sua cidade natal, Nancy, e depois eletricidade e telecomunicações na Escola Politécnica. Em 1934, dirigiu o serviço de telecomunicações em Estrasburgo; em 1936, transferiu-se para o serviço de rádio em Paris. "Em 1941", escreve Palombini num dos primeiros artigos, de 1999, que deram a largada à pesquisa ora concluída, "ele reuniu o cinema e o rádio sob a designação de 'artes-relé', comparando o meio a um instrumento cujo duplo papel era 'retransmitir, de uma certa maneira, o que costumávamos ver e ouvir diretamente e expressar, de uma certa maneira, o que não costumávamos ver e ouvir'; movendo-se com desenvoltura no domínio abstrato, mas não no concreto, a escrita aspirava à concretude; movendo-se com desenvoltura no domínio concreto, mas não no abstrato, as artes-relé aspiravam à abstração". Nos dicionários, relé é qualquer dispositivo elétrico por meio do qual uma corrente ou sinal em um circuito pode abrir ou fechar outro circuito. Relé é hoje mero botão que liga ou desliga o aparelho de rádio. Apesar disso, anota Palombini, pode ser visto como uma espécie de "amplificador elétrico". O *Ensaio* de Schaeffer é riquíssimo em implicações. O rádio e o cinema dissimulam uma renúncia essencial: a "impossibilidade de restituir o original com todas as suas qualidades. [...] Eles não transmitem o objeto mas sua imagem, nem os sons mas uma modulação". E, ao distinguir as artes clássicas das artes-relé (rádio e cinema), ele diz que "o rádio e o cinema estão para as artes clássicas como o telégrafo está para o correio postal". No correio a transmissão é direta, não há intermediário. Já o telegrama "transmite apenas sinais e, da carta, apenas os signos em sinais". E conclui: "É bom lembrar que na origem o rádio e o cinema são essencialmente sinais." A vantagem é a difusão ampla, mas ao "preço da transformação do objeto em imagem, do som em modulação". Para que as ditas artes-relé "possam aspirar à condição de arte, poderemos estar certos de encontrar a origem dessa arte nos embates que os homens do rádio e do cinema terão travado com suas restrições essenciais".

Signos. Por que o rádio e o cinema atraíram tanto as atenções de Schaeffer? Porque, ele mesmo explica na página 74, ambos "reencontram o pensamento a partir das coisas [...], a linguagem é propriamente simbolista e idealista, produz signos; o rádio e o cinema são realistas e naturalistas, não são signos do homem, mas sinais que lhe ensinam os objetos". Rádio e cinema dão forma a objetos que lhes são exteriores. Ora, esse foi justamente o seu norte o tempo todo: construir uma música que dispensasse intermediários como a notação escrita e tomasse como ponto de partida os próprios objetos sonoros. É o que chamou de "escuta reduzida", ou seja, ouvir os objetos sonoros em si. Abrir os ouvidos para o mundo, sem intermediário algum. É, a um só tempo, o pré-parto da música concreta que ele inventaria em 1948 e também aguda análise do rádio e do cinema nos anos 1940. Daí a imensa atualidade, e outro tanto de lições, desse magnífico *Ensaio*.

O Som das Ruas na América Latina Colonial

Publicado em *O Estado de S. Paulo*, Sabático, 12 nov. 2011.

Em junho de 2010, *sir* Simon Rattle e a Filarmônica de Berlim encabeçaram um projeto comunitário surpreendente no Harlem, em Nova York: 120 estudantes afrodescendentes, depois de ensaiar por seis semanas, dançaram ao som da *Sagração da Primavera*, de Stravínski. Lágrimas nos olhos dos brancos presentes, a imprensa documentou o que foi batizado de "trabalho missionário". Eventos similares acontecem quase todo fim de semana no Brasil inteiro.

Destoando em relação ao coro dos contentes, só desafinou o compositor Greg Sandow, ex-crítico do Village Voice e blogueiro militante. Ele desmontou os dogmas que estão por trás desse tipo de iniciativas "civilizatórias" (disponível em: <http://www.artsjournal.com/sandow/:>). O primeiro preconceito é o de que a música clássica branca europeia é por natureza superior às demais. O segundo é de que se trata de mão única, movimento de cima para baixo. Por que insistir numa postura arrogante e colonialista em pleno século XXI? Não seria igualmente interessante e fundamental, diz Sandow, conhecer melhor e dar espaço às músicas das comunidades?

"E se nossa resposta é que a música clássica é uma arte universal, herança e propriedade da humanidade, bem, isso é verdade. Todos deveriam ter acesso a ela. Mas será que ela é a única (ou crucialmente importante) arte musical? Será que, em uma era na qual finalmente estamos anulando a herança do colonialismo branco, a única arte musical universal é a dos brancos? É vergonhoso pensar assim", provoca ele. Essa mitologização da superioridade da música clássica europeia não é recente. Nasceu, em relação às Américas, nos movimentos colonialistas do século XVI para cá. Os musicólogos brasileiros passaram décadas procurando um gênio barroco em nossa música colonial. Sem sucesso. A valorização dos nossos compositores do período colonial se dá às custas de uma perspectiva europeia, a de pré-clássicos, como o padre José Maurício Nunes Garcia.

Por isso, é preciso saudar o livro *Music and Urban Society in Colonial Latin America*, que em seus treze ensaios a cargo de pesquisadores europeus e latino-americanos, concentra-se nas práticas musicais nas cidades coloniais e desmonta – com muito atraso em relação à historiografia em geral – o enfoque colonialista. Tess Knighton escreve no prefácio que "tem aumentado bastante o interesse dos musicólogos pela história da música colonial na América Latina". Um movimento que começou a crescer nos anos 1950 e 1960, com Robert Stevenson, que pesquisou a música colonial no México, Peru e nos territórios astecas e incas. A ênfase era no restauro de partituras e documentação histórica. No Brasil, o pioneiro foi Francisco Curt Lange. Essa antologia sintetiza uma nova tendência. Agora, "enfoca-se a música por meio de um único, embora multifacetado, prisma: o da história musical urbana", diz Tess. "O ensaio de Geoffrey Baker demonstra a importância da cidade no Novo Mundo, com as implicações subsequentes em termos de ordenação da sociedade no contexto colonial e suas inevitáveis ramificações culturais."

De fato, os pesquisadores concentram seus trabalhos recentes não mais nas catedrais coloniais, que propiciavam visões unilaterais do desenvolvimento musical no Novo Mundo, mas nos arquivos municipais, das igrejas e dos cartórios, apoiando-se também em documentação cultural mais ampla, para "revelar uma visão mais holística da posição das diversas músicas – indígenas, africanas e europeias – na cultura urbana".

O livro é resultado do painel Música e Cidade na América Latina, realizado em 2007 em Newcastle, Inglaterra. Os brasileiros Paulo Castagna, Jaelson Trindade e Rogério Budasz assinam dois artigos. Castagna, pesquisador da música colonial brasileira e professor da Unesp, escreve com o historiador Trindade, do Iphan em São Paulo, o artigo "A Prática Musical dos Mestres de Capela nas Cidades Brasileiras do Século XVIII". Rogério Budasz, professor na Universidade da Califórnia em Riverside, nos Estados Unidos, assina "Música, Autoridade e Civilização no Rio de Janeiro: 1763-1790".

Criatividade Subversiva. Na verdade, aponta Geoffrey Baker, a abordagem da música colonial do ponto de vista urbano refinou-se nos últimos dez anos. "Desde a virada do século XXI, os pesquisadores da música europeia começaram a argumentar que deveríamos fazer mais do que olhar para a música nas cidades; deveríamos examinar de modo mais analítico os contextos urbanos e tentar compreender sua relação com a música neles criada."

Baker resume a nova postura com uma pergunta: "Como as cidades deixaram sua marca na produção musical e como a música deu forma a esta experiência urbana? Em outras palavras, há uma necessidade aceita de não fazer apenas musicologia na cidade, mas uma musicologia da cidade." No caso da América Latina, a "musicologia urbana" é uma exigência ainda mais forte do que na Europa, "dada a importância sem precedentes da urbanização em sua história". Em feliz expressão, Baker diz que a extensa literatura histórica sobre a cidade colonial era até agora "silenciosa", porque músicos e música estão quase inteiramente ausentes dessa narrativa.

Estimula-se o enriquecedor diálogo entre historiadores urbanos e musicólogos. Os ensaios do livro mostram, seja em Lima, México, Rio ou São Paulo, como a música tem um papel privilegiado, graças à sua participação destacada nos espaços públicos da cidade e nas cerimônias religiosas e cívicas, na definição dos espaços urbanos. Raça, classe, estratificações sociais, mobilidade e profissões urbanas são temas historiográficos que se iluminam de modo inovador quando vistos sob a óptica da música. Assim, por exemplo, se em Minas Gerais, Rio e São Paulo, os mulatos ascendiam socialmente graças à música, o mesmo aconteceu em Cuzco, com a profissão de músico majoritariamente ocupada por andinos, os chamados índios ladinos. "'A cidade colonial' conclui Baker 'era o centro do poder oficial, onde as realidades locais eram com frequência sufocadas na produção cultural da elite, mas também um espaço de criatividade não oficial, até subversiva. Ela representou a continuidade repressiva reinante na Europa, mas também a inexorável mudança local; a coação e conservadorismo do poder colonial, mas também a liberdade e oportunidades que se podiam encontrar nas brechas da dominação europeia."

"A musicologia do século XX", revela Castagna ao *Estado*, "insistiu nos músicos que serviam as irmandades religiosas e não procurou entender a atuação desse tipo de profissional – os mestres da capela –, cujos exemplos máximos, no caso brasileiro, foram André da Silva Gomes em São Paulo, José Maurício Nunes Garcia no Rio de Janeiro e João de Deus de Castro Lobo em Mariana." Em 1780, havia mais músicos em Minas Gerais do que em Portugal inteiro. Os mestres da capela não conseguiam fornecer música em território tão grande. No final do século XVIII, surgiram os mestres mulatos, como José Maurício e Castro Lobo, fenômeno decorrente de uma expansão tão grande da atividade musical que passou a não haver suficiente número de músicos brancos para ocupar esses cargos e exercer a profissão de músico liberal. "A presença mesmo desses músicos mulatos no mestrado da capela", escreve Castagna, "foi um dos indícios da falência desse sistema de controle branco da música sacra, que levou a uma interessante situação a partir do final do século XIX: a quase totalidade da música sacra brasileira foi composta, dirigida e executada por músicos mulatos, situação tolerada face às circunstâncias, porém não prevista pela Igreja."

Perspectiva Pan-Americana. Sem papas na língua, Castagna vai direto ao ponto: "As concepções nacionalistas e grandiosas, assim como as ações oportunistas e utilitaristas a respeito da música antiga latino-americana, estão ficando superadas e persistem apenas nos musicólogos mais antigos ou nos músicos. A atividade musical na América Latina é estudada pelos seus musicólogos a partir de uma perspectiva pan-americana e não nacional. Menos aqui, onde os musicólogos quase só pesquisam a música no Brasil."

O artigo de Rogério Budasz é ainda mais sintomático dessa nova postura. "Música, Autoridade e Civilização no Rio de Janeiro, 1763-1790" cita uma cerimônia pública ao ar livre onde, ao lado de um *Te Deum* e de uma ópera, houve "danças a cargo de pardos, ou mulatos, como a dança do Soba, danças de meninas negras e meninos angolanos, uma dança chamada catupé e um bailado do Congo. Um panfleto anônimo da época fala que 'a beleza é outra coisa aqui'; também fala 'desses bárbaros, antípodas da Europa'". É uma visão inclusiva de todas as músicas.

Tim Carter, no excepcional artigo "O Som do Silêncio" (em outro importante livro coletivo *Música y Cultura Urbana en la Edad Moderna*), lista as próximas tarefas da musicologia urbana: 1. Concentrar-se na história de vida e profissional dos músicos e não mais nas instituições; 2. Mapear os espaços urbanos e sua ocupação pelas músicas; 3. Fazer micro-história musical, aprofundando acontecimentos específicos; e 4. Estudos de recepção: quem ouvia essas músicas, que juízos se faziam sobre elas e que mobilidade tinham no entorno urbano. Desse jeito, a América Latina corre o risco de conhecer de fato suas músicas coloniais a médio prazo.

Música e Religião:
Uma Nasceu Para a Outra (e Vice versa).

Publicado em *Revista de História*, jan. 2006.

A música nasceu umbilicalmente ligada ao sentimento religioso, devido à sua abstração, característica essencial que a diferencia das demais artes. Ela diz tudo e nada, ao mesmo tempo. Os sons, em si, nada significam além do fenômeno físico que provocam em nossos ouvidos; mas, por outro lado, são particularmente apropriados – e porque justamente nada significam em si – para todo tipo de interpretação extramusical. Nenhuma arte expressa de modo mais misterioso e adequado o fenômeno da divindade – que não se prova racionalmente, mas sente-se. O que seria um defeito – não se referir diretamente a nenhum conteúdo – transformou-se em seu principal atributo: que outra arte seria capaz de expressar o indizível, o indefinível, Deus, em suma?

A música nos toca profundamente porque seu conteúdo não é formalizável, é impossível de ser traduzido em palavras, assim como o sentimento religioso. Ateu, o filósofo e teórico da música do século XX, Theodor Adorno reconhece isso em seu livro seminal *Filosofia da Nova Música*, de 1947: "A linguagem musical não tem nada a ver com a linguagem significante. É nisso que reside seu aspecto religioso. O que é dito no fenômeno musical é ao mesmo tempo preciso e oculto. Toda música tem por Ideia a forma do Nome divino [...] ela representa a tentativa humana, mesmo vã, de enunciar o próprio Nome, em vez de comunicar seus significados." O pensador da Escola de Frankfurt criadora da chamada teoria crítica, não hesita em atribuir à música nova o *status* e o destino de Jesus Cristo. "A música nova chamou para si todas as trevas e toda a culpa do mundo. Ela encontra toda a sua felicidade em reconhecer a desgraça, toda a sua beleza em proibir-se a aparência do belo." É um verdadeiro calvário sonoro, em tudo semelhante à via-crúcis de quase dois mil anos atrás.

O Planeta Bíblia. O livro sagrado da cristandade está ligado a todos os momentos-chaves da história da música. Desde o *Antigo Testamento*, no qual *Salmo* 150 a exalta como ponte para Deus em onze versos:

> Louvai o Senhor em seu santuário.
> Louvai-o em seu majestoso firmamento.

Louvai-o por suas obras maravilhosas,
Louvai-o por sua majestade infinita.
Louvai-o ao som da trombeta,
Louvai-o com a lira e a cítara,
Louvai-o com tímpanos e danças,
Louvai-o com a harpa e a flauta.
Louvai-o com os címbalos sonoros,
Louvai-o com címbalos retumbantes.
Tudo o que respira louve o Senhor!

A *Bíblia* ainda permanece fundamental também na criação musical contemporânea, quando um compositor como o italiano Luciano Berio (1925-2003), confessadamente ateu, compõe *Agnus*, em 1971, com a seguinte justificativa: "A gente não se aproxima necessariamente da *Bíblia* porque vai colocar música em alguns trechos. O que me atrai, a partir de meu pequeno observatório leigo, neste gigantesco 'Planeta *Bíblia*', é antes de tudo seu caráter impenetrável, esta impossibilidade de compreender o seu sentido universal e retraçar o seu objetivo geral, como temos o hábito de fazer com as obras intelectuais, produtos da inteligência humana."

Surpreendentemente, o século XX assiste a um verdadeiro *boom* de música sacra – ou seja, escrita para o ritual da Igreja – ou de inspiração religiosa, porém mais livre em relação aos ritos de culto. Compositores tão díspares quanto o austríaco Arnold Schoenberg (1874-1952), o russo Igor Stravínski (1882-1971), o francês Olivier Messiaen (1908-1992), o inglês Benjamin Britten (1913-1976) e os poloneses Henrik Gorecki e Krzysztof Penderecki (ambos nascidos em 1933) construíram obras imponentes e altamente significativas de caráter religioso.

Schoenberg, autor do oratório *A Escada de Jacó* e da ópera *Moisés e Aarão*, baseados em textos bíblicos, identifica-se com a figura dos profetas mensageiros da verdade: "Meu sentimento pessoal é que a música dispensa uma mensagem profética e revela a forma de vida mais nobre à qual a humanidade aspira."

Calma Dinâmica. Stravínski, o celebrado autor da *Sagração da Primavera*, colocou na dedicatória de sua *Sinfonia dos Salmos* a frase "Composta para a glória de Deus", e explica que a música de inspiração religiosa tem por função fazer nascer o sentimento de "calma dinâmica" que prepara o ouvinte para a prece e a ação de graças. É curioso que no final da vida o russo tenha adotado o método de seu principal adversário, Schoenberg, em suas composições religiosas como *Canticum sacrum, Threni id est lamentationes Jeremiae Prophetae, A Sermon, a Narrative and a Prayer, Réquiem Canticles.* Stravínski, camaleão genial e pós-moderno "avant la lettre", escreve segundo o método da composição com doze sons, dita música serial, estabelecido por Schoenberg no início do século xx, e justifica o gesto dizendo assim conseguir conquistar a "tendência à unidade" que define como a aspiração última de uma arte musical "capaz de renunciar às seduções da variedade".

Enquanto Messiaen fez da *Bíblia* a inspiração máxima de uma obra decisiva no século xx, da qual desponta uma imponente produção de música para órgão (ele foi organista da Igreja da Santa Trindade em Paris desde 1931 por meio século), do outro lado da Mancha Britten compôs em célebre *War Réquiem* nos anos 1960.

Mais perto de nós, dois compositores poloneses encabeçam o que já se chamou de "Renascença Polonesa", um movimento que reúne compositores que utilizam técnicas distintas de escrita musical mas compartilham um profundo sentimento religioso. A fama e popularidade de Gorecki coincidiu com a chegada do cardeal polonês Karol Woytila ao trono de São Pedro. Sua *Sinfonia n. 3: Dos Cantos Dolorosos*, um réquiem mal disfarçado, vendeu mais de um milhão de CDs em dois anos, na década de 1990; e Penderecki, egresso das vanguardas radicais dos anos 1960, livre das patrulhas ideológicas vanguardistas de 1980 para cá, assume uma religiosidade impressionante, de que testemunham obras gigantescas como o recentíssimo *Réquiem Polonês* para solistas, coro infantil, coro adulto e grande orquestra sinfônica que o próprio compositor regeu em concerto ano passado na Sala São Paulo.

Uma Só Música Litúrgica. É curioso que Messiaen só tenha composto uma música litúrgica específica – *O Sacrum Convivium*, de 1937 –, embora tenha criado diversas obras de inspiração religiosa para órgão (*Ascension, Messe de la Pentecôte*), piano (*Vingt Regards sur l'Enfant Jésus*), vocal (*Transfiguration de Notre Seigneur Jésus-Christ*) e até uma ópera (*Saint François d'Assise*). Sua explicação é simples e objetiva: "Só há uma música litúrgica: o canto gregoriano."

De fato, tudo começou, em termos musicais, com o canto gregoriano (ou cantochão). Surgido no século IX e derivado dos cantos hebreus (encontraram-se traços na Palestina e na Síria), ele compõe-se de uma linha melódica a uma só voz (monodia) flexível, sem acompanhamento instrumental, cantado por várias vozes masculinas. As letras são os textos bíblicos. Flutuante, as melodias passeiam pelas sílabas e às vezes fazem círculos em torno da nota básica, criando assim cachos ou cascatas de notas entoadas em cima de uma sílaba. "É um verdadeiro mantra", diz o historiador da música Richard Taruskin. "É o som da alegria sem palavras", complementa Santo Agostinho. Mais de três mil cânticos se distribuem entre salmos, hinos e preces.

Pela primeira vez, a música deixou de ser exclusivamente oral e ganhou seu primeiro sistema de notação gráfica, os "neumas" – iniciava-se ali a caminhada da música ocidental escrita.

Soli Deo Gloria. Johann Sebastian Bach (1685-1750) repetiu centenas de vezes essa inscrição latina no frontispício de seus manuscritos de música sacra. Merecidamente, o autor do *Cravo Bem Temperado* é considerado o maior compositor que já existiu. Suas duzentas cantatas cobrem quatro vezes o ano litúrgico cristão, além da monumental *Missa em Si Menor*, dos oratórios (como o de Natal), das Paixões (de São João e São Mateus) e dos motetos. Homem religioso por excelência, casou-se duas vezes, teve vinte filhos e manteve uma impressionante disciplina criativa, compondo uma cantata por semana durante boa parte de sua vida criativa.

O outro grande compositor do século XVIII, talvez o único a se ombrear com Bach, tinha pouca afeição pela religião. Georg Friedrich Haendel (1685-1759) nasceu em Halle, mas, depois de uma viagem pela Itália, fixou-se em Londres. Teve companhia própria de ópera e só chegou à música religiosa como tentativa de sair da bancarrota: compôs *Deborah* e *Athalia* atendendo a encomendas em 1733. A receptividade do público ao oratório à la Haendel – um gênero híbrido em que ele deu tratamento lírico a temas sacros – foi tamanha que nos últimos 26 anos de vida, o compositor se dedicou basicamente a ele (não há quem não conheça o mais famoso deles, *O Messias*).

A sombra da excepcional música de Joseph Haydn (1732-1809) – incluindo oratórios como *A Criação* e *As Estações*, além das inúmeras missas – pairou soberana sobre a criação musical do início do século XIX. Ludwig van Beethoven (1770-1827) arriscou-se com o apenas razoável oratório *Cristo no Monte das Oliveiras* em 1802, porém construiu uma das grandes obras-primas sacras de todos os tempos, a *Missa Solemnis*, cerca de vinte anos depois. Foi um presente especial do compositor ao arquiduque Rodolfo, seu mecenas (ele lhe pagava uma mesada mensal desde os seus primeiros anos em Viena), no momento em que o irmão do imperador José II do Império Austro-Húngaro alcançava o arcebispado. A obra só foi ouvida pela primeira vez em 1827, logo após a morte de Beethoven. "Creio ter tratado o texto [bíblico] como raramente se fez antes." De fato, ele estudou as obras sacras de Bach e Haendel e concebeu essa missa gigantesca de 1 hora e 20 minutos como uma sequência de cenas em que se percebe claramente, por exemplo, a influência de Haendel, no destaque dos grandes coros. O dublê de escritor fantástico e crítico musical E.T.A. Hoffmann escreveu sobre ela que "nenhuma arte, mais do que a música, traz à tona com tanta pureza as profundezas espirituais do homem, nenhuma solicita meios mais intelectuais e etéreos. Os sons traduzem distintamente a presciência das forças sublimes e santificadas, do Espírito que faz brotar a centelha da vida na natureza inteira; a música, o canto, exprimem assim a plenitude suprema da existência: é hino ao Criador".

Réquiem Ateu. Não só a música é um hino ao Criador como os artistas participam misteriosamente da alma do mundo. "Eles encarnam o lugar privilegiado onde se dá uma perpétua comunhão entre Deus e a natureza", complementaria Johannes Brahms (1833-1897), autor do célebre *Um Réquiem Alemão.* Um cristão mais fervoroso já xingou a magnífica obra de "réquiem ateu" porque não utiliza os textos bíblicos. Na verdade, Brahms, homem profundamente religioso, que lia a *Bíblia* todos os dias, escreveu textos que sintetizam muitos dos ensinamentos do livro sagrado, mas não o reproduzem, daí o insulto. O compositor, aliás, pensou em intitulá-lo *Um Réquiem Humano*, já que é o ser humano que está no centro da obra: sofredor, confia na clemência divina.

O réquiem (música para missa de mortos) estreou em 1869 em Leipzig. Quatro anos depois, na Itália, outro gênio, célebre por sua veia lírica, invadiria o reino da música sacra para compor, em tributo ao poeta Alessandro Manzoni, morto em 22 de maio de 1873, uma *Messa da Réquiem.* A grandiosidade da obra criada por Giuseppe Verdi (1813-1901) sob o impacto da morte de seu íntimo amigo centraliza-se no quarteto de solistas vocais, coro e orquestra sinfônica. Melodista insuperável, o autor da *Traviata, Falstaff, Il Trovatore* e tantas outras obras-primas líricas, faz desse réquiem uma "ópera estática", em que vozes e instrumentos erguem um dos mais comoventes – e teatrais – panegíricos à divindade.

Ambos, Verdi e Brahms, de certo modo deram o tom para o modo como a música religiosa floresceu durante todo o século XX: descompromissada com os estreitos limites do rito cristão, livre até do texto bíblico. Não à-toa Brahms recupera, em seu réquiem, muitos traços do canto gregoriano que deu a partida à música sacra no século IX. Fecha-se um círculo virtuoso que constitui uma das aventuras mais fascinantes do gênio humano no domínio dos sons.

John Cage:
O "Inventor" do Século xx

Por que o público da música clássica tradicional que frequenta as salas de concerto e assina as temporadas da Osesp, Sociedade de Cultura Artística ou Mozarteum, tem tanta resistência à música de vanguarda? A explicação mais simples é a do crítico norte-americano Alex Ross, da revista *The New Yorker* e autor de *O Resto é Ruído*, fascinante história da música no século xix. "Os ouvidos humanos são por natureza vulneráveis aos sons estranhos, não familiares, e quando os ouvem na sala de concertos sentem-se aprisionados, entram em pânico."

Publicado em *O Estado de S. Paulo*, Caderno 2, 10 abr. 2010; republicado em *Valor Econômico*, 10 ago. 2012.

* * *

Tamanho pânico, acrescenta o pesquisador neozelandês Christopher Small, deve-se ao fato de que a música clássica é hoje encarada como "spa para almas cansadas". Mais do que isso: os rituais artificiais dos concertos convencionais, cristalizados por mais de dois séculos de engessamento ritual, "transformam o que uma vez foi lava incandescente em burocrático conforto espiritual" e estabelecem uma barreira contra tudo que for externo a isso. Em seu provocativo livro *Musicking* (Musicando), Small diz que músicos, maestro, administradores, pessoal da produção das salas de concerto e o público agem, de fato, como crianças pequenas que, à noite, deitadinhas em suas camas, ouvem sempre a mesma história contada por seus pais. "No concerto, o 'Era uma vez…' nos tira do dia a dia e nos joga no tempo do mito, que é onde os eventos da narrativa sinfônica acontecem e o 'viveram felizes para sempre' nos lembra da característica básica da metanarrativa: ela é fechada em si mesma, tem começo e fim, ambos claros e inequívocos. A cena de triunfo e celebração que tipicamente encerram as obras sinfônicas nos contam que a nova ordem é permanente e nada a perturba. Como as crianças na cama, nós nos preocupamos basicamente com a perfeita reprodução das histórias que estão sendo contadas – e exigimos que nossos pais as repitam sem mudar uma vírgula noite após noite. Estórias da carochinha são boas para crianças", conclui Small, "mas não sei se também para os adultos."

O compositor norte-americano John Cage quebrou todos esses paradigmas. Tirou definitivamente músicos e plateia da chamada zona de conforto. Escandalizou o público convencional e até as mentes culturalmente mais abertas. Objeto de dupla comemoração em 2012, nasceu cem anos atrás, num 5 de setembro, e morreu vinte anos atrás, num 12 de agosto. É daqueles músicos que é impossível enquadrar neste ou naquele rótulo. Em seu caso, fica difícil até pregar-lhe o rótulo fácil de compositor. Os compositores europeus da vanguarda ortodoxa do pós-guerra, acastelados nos seminários de Darmstadt, na Alemanha, e capitaneados por Karlheinz Stockhausen e Pierre Boulez, seguiram a palavra de ordem de Arnold Schoenberg. O famoso austríaco que revolucionara a música clássica no início do século xx com a atonalidade e depois a música serial, deu poucas aulas a um John Cage recém-saído da adolescência, nos anos 1930. Interrompeu-as insatisfeito e o qualificou como inventor, e não compositor.

O que era quase um xingamento transformou-se, nas décadas seguintes, em sua marca registrada. Rechaçado nas salas convencionais de concerto, Cage buscou novos e alternativos espaços, como museus; encontrou parceiros memoráveis nas demais artes, como o coreógrafo Merce Cunningham; foi amigo, influenciou e foi decisivamente influenciado pelos pintores Robert Rauschenberg e Jasper Johns. Incorporou todos os sons em sua música; reinventou instrumentos como o piano, modificando radicalmente sua sonoridade. Bom gourmet, era especialista em cogumelos. Interessou-se ainda pela cultura oriental, utilizando o I Ching em suas criações musicais. Era uma autêntica metralhadora giratória, atirando para todos os lados. Incorporou o acaso em suas composições, escreveu para doze aparelhos de rádios simultaneamente sintonizados, fazendo dos músicos meros pilotos mudando as estações.

Rompeu a barreira mais extrema da música. De fato, inventou até a não música com seus *4'33"* de silêncio que nos obrigam a prestar atenção nos ruídos e sons ao nosso redor, peça que o pesquisador norte-americano Kyle Gannem, em seu livro *No Such Thing as Silence* (Nada Como o Silêncio), qualifica como a mais influente do século xx, ao lado da *Sagração da Primavera*, de Igor Stravínski. Se a *Sagração*, de 1913, determinou os rumos da criação musical na primeira metade do século xx, *4'33"* abriu as comportas da criação musical para mundos até então inexplorados.

A incorporação do ruído e do acaso, a abertura constante ao novo e o incrível banho de loja que ele deu no que seria um mero cumprimento de fim de ano – *Happy New Ears* – fazem dele, sem dúvida, o maior parteiro das músicas contemporâneas.

*
*   *

Hoje a obra e a figura de John Cage começam a tomar os contornos definitivos por meio dos quais se consegue esmiuçar não só sua impressionante trajetória, mas o modo como assume papel emblemático na criação musical deste início de século XXI.

Cage está mais vivo do que nunca e constitui fonte aparentemente inesgotável de caminhos, alternativas e rotas para a criação artística. Por artística entenda-se não só música, mas também poesia, literatura, arquitetura, artes gráficas, teatro, dança e espetáculos multimídia.

Vivo, imaginem, ele foi em grande parte ignorado ou ridicularizado, mesmo por alguns de seus pares mais ilustres, como o italiano Luigi Nono, que o considerava um imbecil e idiota. Depois de morto, passou a ser adorado e enxergado como o mais influente criador da música na segunda metade do século XX. A frase é de David Revill, seu primeiro biógrafo em *The Roaring Silence* (O Silêncio Rugindo). Mas que frase europeia, renascentista, não eletrônica, diria Cage rindo.

Filho de inventor – o pai criou um submarino a gás que chegou a ser testado pela Marinha norte-americana na Primeira Guerra Mundial –, John preferia assumir esse papel ao de compositor, repetindo "n" vezes a definição que lhe dera seu professor Arnold Schoenberg. Nasceu em Los Angeles e, menino ainda na Los Angeles High School, era ótimo em latim e oratória, e fascinado pela tecnologia. Seus estudos musicais o levaram a Paris, Berlim e Madri. Em 1933, teve aulas com Henry Cowell, que lhe sugeriu estudar com Schoenberg. De volta a Nova York, já nos anos 1940, agradou muito a Virgil Thomson, compositor e crítico mais importante da cidade. Foi por interferência de Thomson que Aaron Copland concordou em incluir o grupo de percussão de Cage em um concerto no MoMa. Esperto, Thomson não fez crítica do concerto, porém deixou escapar seu preconceito ao comentar com Cage a estreia, em 1951, de sua *Imaginary Landscape n. 4*, para doze rádios: "Você não pode fazer esse tipo de coisa e esperar que as pessoas paguem para ouvi-lo."

De fato, em aproximadamente uma década e meia Cage subverteu muito mais do que o mais radical dos experimentalistas imaginaria: criou o piano preparado, introduzindo entre as cordas pedaços de metal como parafusos, borracha e outros materiais para alterar sua sonoridade; criou a música do acaso ou indeterminada a partir do clássico livro de oráculos chinês *I Ching*; e rompeu a barreira do silêncio com a sua peça mais famosa, *4'33"*, em que os sons não são emitidos pelo pianista sentado em frente ao instrumento, mas aqueles produzidos pelo ambiente. Mais do que isso: antecipou a música concreta do francês Pierre Schaeffer e a música eletrônica germânica, Stockhausen à frente.

Era novidade demais, e, ultrajante, partindo de um norte-americano. Dos europeus, apenas o francês Pierre Boulez e o argentino-alemão Mauricio Kagel pareciam compreendê-lo, apesar de transitarem em vias divergentes. Afinal, os serialistas pós-webernianos pretendiam controlar todos os parâmetros na música, enquanto Cage soltava as amarras da criação musical.

Dentro de casa, nos Estados Unidos, o autor de "Musicircus" transformou-se no maior dos compositores "Downtown", ou seja, os experimentadores mais radicais, que sempre foram marginalizados, ridicularizados e escorraçados pelos bem-comportados e elegantes compositores "Uptown". Kyle Gann, dublê de jornalista e compositor, usa as metáforas de *downtown* e *uptown* Manhattan para separar o joio do trigo em *Music Downtown: Writings From The Village Voice* (Música Downtown: Escritos do Village Voice). Joio, no caso, é a bem-comportada música norte-americana feita segundo os padrões europeus ditados pelos famosos imigrantes recebidos pelo país nos anos 1930, e que normalmente distribui os prêmios e benesses prestigiados, ocupa o Lincoln Center e outros espaços ilustres. Trigo é a dinastia iconoclasta iniciada com Charles Ives e Henry Cowwell, na qual Cage é a maior figura. O próprio Cage, vencedor do Prêmio Guggenheim, e consequentemente sempre convidado a indicar outros candidatos no segmento de música, escreveu aos responsáveis pelo prêmio perguntando se sua indicação ajudava ou atrapalhava de vez, já que nunca alguém que tenha recomendado saiu vencedor.

É provável que nenhum outro compositor na história tenha provocado reações tão extremas. David Bernstein, outro especialista em Cage, esclarece que o tempo do escárnio acabou. "Hoje sua obra – e são mais de trezentas peças, além dos livros *Silêncio*, *De Segunda a Um Ano* e *M* – é curtida por plateias e públicos muito mais amplos."

Para Cage, "a arte obscureceu a diferença entre arte e vida. Deixemos agora a vida obscurecer a diferença entre vida e arte". Ou melhor: "A arte está em processo de retornar ao que lhe é próprio: a vida." Sentar-se numa cadeira e escutar os sons que nos rodeiam e ouvi-los como música – esta é a nossa própria sinfonia. "Este é, em última análise, o objetivo da música."

4'33". "A pausa, o silêncio, é, como se sabe, é a suprema realização da música", escreveu Otto Maria Carpeaux. Ela não foi escrita a propósito de *4'33"*, mas a caracteriza com perfeição. Tacet é a palavra latina que se usa para indicar que o cantor ou músico deve ficar "em silêncio", ou seja, não tocar. Pois Tacet é a única palavra presente nos três movimentos na partitura de *4'33"*. Ela estreou em 29 de agosto de 1952 em recital de David Tudor, no Maverick Concert Hall, na floresta das montanhas Catskill, ao sul de Woodstock, onde reinaram, dezessete anos depois, Janis Joplin e Jimi Hendrix num lendário festival de rock. Entretanto, em 1952, ela apenas sediava um pacato festival de música de câmara.

Tudor sentou-se ao piano, fechou a tampa do teclado e olhou para o cronômetro. Por duas vezes, nos 4 minutos e 33 segundos seguintes, levantou e abaixou a tampa indicando mudança de movimento. Não fez nenhum barulho. O silêncio do primeiro minuto deu lugar a ruídos de todo tipo: gente reclamando, saindo, mexendo-se na cadeira, tossindo. No final, num grande tumulto, um cidadão gritou: "Aí, gente boa de Woodstock, vamos botar essa turma pra correr da cidade."

Cage trabalhou nela como conceito de silêncio como "sons não intencionais". A ideia surgiu-lhe em 1951, quando viu telas em branco de Rauschenberg e entrou numa câmara anecoica (à prova de som). "Não existe essa coisa de espaço vazio ou tempo vazio. Sempre há algo para ver, algo para ouvir. Não importa o quanto tentemos fazer silêncio, não podemos […] Entrei numa e ouvi dois sons, um grave e um agudo. Quando os descrevi ao engenheiro, ele me informou que o agudo era meu sistema nervoso em operação, e o grave, meu sangue em circulação. Até eu morrer haverá sons, e eles continuarão depois da minha morte. Não é necessário temer pelo futuro da música."

No reino das músicas contemporâneas, pense em música acusmática, eletroacústica, minimalismo, pós-minimalismo. Na música pop, pense em Zappa, Beatles, Björk, música eletrônica, DJs; na pop-art e no "Fluxus"; na memorável parceria, profissional e afetiva, de Cage com o coreógrafo Merce Cunningham, que redesenhou a dança contemporânea. Em tudo que ouvimos hoje, há o dedo de Cage. Seu *Happy New Ears* é um convite permanente ao novo. Existe lição mais bela e essencial na arte do que esta?

"Arte É Reclamação; Ou Faça Outra Coisa"

Publicado em *Valor Econômico*, 2015 (inédito).

A poeta e ensaísta norte-americana Joan Retallack tinha 49 anos quando gravou a primeira de cinco conversas com John Cage (1912-1992), em 1990, em seu loft em Manhattan. A derradeira aconteceu em 30 de julho de 1992, doze dias antes de o compositor mais radical, decisivo e extremo do século XX morrer dormindo, vítima de um AVC, às vésperas dos oitenta anos que completaria em 5 de setembro seguinte. Eis a matéria-prima de *Musicage*, originalmente lançado em 1996 e ora lançado no Brasil, um livro precioso, porque captura Cage na plena maturidade.

Esqueça discursos coerentes, Cage era inesperado, surpreendente e contraditório em cada frase, cada palavra. Dizia, por exemplo, que "já que não posso ser apenas um ouvinte do silêncio, sou um compositor. Como posso escrever um som que está em silêncio? Quando escrevo música, estou em uma posição de não saber o que estou fazendo. Eu sei como fazer isso". Declarações desse tipo contribuíram para distorcer bastante sua imagem pública.

A diferença em *Musicage Palavras* é a competência de Retallack em trazer à tona os paradoxos que permeiam sua vida e sua arte, concretizando seu mais nuclear dogma, o da harmonia anárquica. Cage sonhava com a humanidade vivendo com prazer num mundo não hierarquizado, mutuamente consensual. Daí sua férrea disciplina de atenção ao tempo expandido pelo acaso. Ele abdicou do ego, buscou só perguntar e atribuir ao acaso uma das respostas possíveis. Desde 1950 usou o I Ching como inspiração para instituir o acaso como princípio básico de sua vida, música e ensaios.

Uma utopia que realizou ao menos em sua obra. Fez música com os sons ambientes na célebre *4'33"* em 1952 (peça para piano solo em três movimentos nos quais o músico nada toca, apenas abre e fecha a tampa do instrumento para sinalizar o final de um movimento e o início do seguinte). "Embora não estejamos agora vivendo em uma sociedade que consideramos boa, poderíamos fazer uma peça musical em que estaríamos dispostos a viver [...] Você pode pensar na peça como uma representação de uma sociedade na qual você estaria disposto a viver." Por outro lado, acolheu, em sua música, o caos da realidade planetária do século xx, sua ordem, mas também sua desordem – "na vida da sua arte, na arte da sua vida".

A edição norte-americana tem mais de quatrocentas páginas. A excelente edição brasileira optou corretamente pela divisão em três volumes, cada um correspondendo a um grupo temático de ideias: *Musicage Palavras*, agora lançado, contém um ótimo ensaio-perfil do compositor por Joan Retallack; o monumental poema "Arte é Uma Reclamação ou Faça Outra Coisa", em tradução de Daniel Camparo Avila espelhada com o original inglês; e a primeira conversa em seu loft em 6 e 7 de setembro de 1990. "A ideia de dividir o livro em três volumes", revela o tradutor, "visa torná-lo mais acessível ao leitor, não só em termos de preço, mas no sentido de ser mais confortável de se ler". O segundo volume, *Musicage Artes Visuais*, gravado em 21 e 23 de outubro de 1991, deve ser lançado em julho deste ano. O terceiro, *Música*, registra os bate-papos de 15 a 17, 18 e 30 de junho de 1992.

Você deve começar a leitura de *Musicage Palavras* pela conversa entre Retallack e Cage, o capítulo final do livro. Em seguida, já seduzido pelo encanto e agudeza de seu raciocínio, retorne ao início e saboreie o belo e agudo ensaio-perfil. Só depois se aventure na "conferência-poema" "Arte é Uma Reclamação ou Faça Outra Coisa". Oitenta páginas não só, aparentemente, mas, de fato caóticas, contraditórias, paradoxais. O mundo é assim, por que a música teria de ser organizada, coerente, racional? Essa foi a maior lição de Cage. Estamos diante de um texto mesóstico – ou seja, estruturado ao longo de uma sequência de letras maiúsculas que ocupam o centro exato dos versos/palavras de cada linha. A leitura é múltipla, pode ser horizontal ou vertical. Com ajuda de programas de computador, Cage usou operações de acaso para localizar "mesossequências" em frases sobre arte de Jasper Johns (1930), pintor pioneiro da pop art.

Se já é difícil traduzir poemas, neste caso a tarefa é ainda mais complicada. Foi preciso, diz Avila, "'refazer' o poema – ou transcriá-lo no sentido de adaptar uma peça musical a um novo instrumento – empregando os mesmos métodos que Cage usou na sua composição". Sua proposta privilegia a clareza e "cola" no original sempre que possível. Uma rara introdução ao mundo fascinante da arte e da vida no século xx segundo Cage.

SEGUNDA PARTE

Os Compositores

Dois Beethovens:
O de Wagner e o de Mahler

O pequeno ensaio intitulado *Beethoven*, publicado em 1870 por Richard Wagner e ora lançado pela primeira vez no Brasil, engana quem dele se aproxima pensando se tratar de obra de divulgação. Mais do que nunca, tamanho não é mesmo documento. As cem econômicas páginas por ele qualificadas de "discurso solene para uma festa ideal dedicada ao grande músico", em tributo ao centenário de nascimento de Beethoven, constituem o mais importante escrito do Wagner da maturidade. Em vez de fazer um estudo convencional sobre a música de Beethoven, Wagner usa a ocasião como pretexto para revisar seus escritos de vinte anos antes. Se, em 1850, a arte, para ele, deveria mostrar o homem em primeiro lugar como de carne e osso, e não como um ser espiritual, agora Wagner atribui à música a missão de levar o homem a contemplar as ideias que se ocultam por trás das aparências do mundo sensível. Quem pensou em Platão, acertou. Mas quem pensou em Schopenhauer, acertou mais ainda. Wagner acabara de ler *O Mundo Como Vontade e Representação*, abraçou incondicionalmente sua concepção da música como arte privilegiada entre todas e assumiu uma concepção idealista da arte. O ensaio inteiro está salpicado de citações do livro do filósofo e apimentado com pitadas de Nietzsche, cujo *O Nascimento da Tragédia* foi publicado pouco mais de um ano depois deste *Beethoven*. Mas Schopenhauer pesa mais. Wagner, apoiado em suas teses, demonstra a superioridade da música em relação às demais artes, pois somente ela permite ultrapassarmos as categorias transcendentais kantianas de espaço e tempo que nos impedem de conhecer a coisa em si. O músico, segundo Wagner, está mergulhado num estado de sonho que faz dele um verdadeiro vidente. Portanto, passa por cima dos conceitos, não

Publicado em *O Estado de S. Paulo*, Sabático, 3 jul. 2010.

precisa deles para contemplar a ideia do mundo. "A música fala uma linguagem imediatamente compreendida por todos, sem necessidade de mediação de conceitos", escreve na página 15, enquanto as demais artes permanecem no nível da beleza, "que, em nossa língua", explica na página 22, "segundo a raiz da palavra, relaciona-se claramente com a aparência (como objeto) e com a contemplação (como sujeito)". Em alemão, a palavra "Schönheit", beleza, relaciona-se, em sua raiz, com "Schein", aparência, e "Schauen", contemplação, esclarece a ótima tradutora Anna Hartmann Cavalcanti.

Uma Década. Wagner não possuía formação acadêmica e seus escritos são mais caudalosos "mexidos" conceituais nos quais ideias às vezes contraditórias juntam-se em camadas, superpondo-se caoticamente de modo cumulativo. Mas ele não estava nem aí para a coerência. Queria mais provar-se como o novo Messias da música alemã. Os tortuosos raciocínios abstratos lhe servem como pretexto para se colocar como um segundo Beethoven na consolidação da nacionalidade alemã tão ansiada desde a década de 1820. Não por acaso, a ideia de que a música é a arte alemã por excelência começou a se firmar naquela década. Dez formidáveis anos esses, que assistiram a dois acontecimentos-chave para a afirmação da nacionalidade germânica. Primeiro, a estreia da *Nona Sinfonia* de Beethoven no concerto do dia 7 de maio de 1824 em Viena; e a ressurreição de Bach como o compositor-fundador da música alemã no célebre concerto no qual Mendelssohn regeu a *Paixão Segundo São Mateus*, em março de 1829, na cidade de Berlim. A *Nona* conclamava os homens a se abraçarem na "Ode à Alegria", no último movimento daquela que foi a primeira sinfonia coral da história da música. Representou um gesto de caráter utópico na plena maturidade de Beethoven, militante adepto da Revolução Francesa que se viu obrigado a se recolher devido à ação imperial de Napoleão. Concebida como gesto mais politicamente centrado, a execução da *Paixão Segundo São Mateus* marcou o nascimento do mito de Bach como "o pai da música" e "o mais alemão dos compositores". Mendelssohn foi ajudado pela imprensa germânica, que enxergou no evento um caráter político de busca da nacionalidade. A pesquisadora norte-americana Celia Applegate, autora do livro *Bach in Berlin*, afirma que "o vínculo entre a identidade nacional alemã e a música alemã tornou-se uma parte importante do que os alemães escreveram sobre si próprios desde o final do século XVIII". E prossegue: "Os escritores e os intelectuais em toda a Europa queriam saber como se constitui uma nacionalidade, o que define um grupo de pessoas como nação. Os alemães letrados no final do século XVIII estavam conscientes das diferenças entre os povos e demonstraram muito interesse em definir e detectar que fator definia a identidade do povo alemão." Ela conclui seu raciocínio apontando para a entronização dos primeiros dois "Bs" sagrados da santa trindade alemã, Bach e Beethoven (o terceiro foi Brahms, ferrenho opositor de Wagner, naquela que ficou conhecida, na segunda metade do século XIX, como a batalha da música pura de Brahms contra a música do futuro da dupla Liszt-Wagner): "A morte de Beethoven e o revival das obras corais de Bach aconteceram ao mesmo tempo, no final da década de 1820, e as pessoas começaram a descobrir que houvera gigantes entre elas – gênios cujo legado agora precisava ser preservado e continuado. Assim os alemães vincularam sua identidade nacional à música: como parte de um processo mais amplo de busca e definição de sua cultura, descobriram que a música era uma das artes que tinham conquistado real grandeza em sua cultura e continuava a florescer."

Zeitgeist. Ao mesmo tempo que a Zahar lança no Brasil o ensaio de Wagner sobre Beethoven, um novo livro, *The Ninth: Beethoven and the World in 1824*, de Harvey Sachs, sobre a *Nona Sinfonia* de Beethoven, vem somar-se a uma bibliografia amazônica sobre esta que é historicamente a mais manipulada das obras musicais. Harvey se autointitula "historiador cultural"; assinou biografias do pianista Arthur Rubinstein e do maestro Arturo Toscanini, de quem também publicou cartas eróticas há alguns anos, além de uma análise da música na Itália durante o fascismo. Sua ideia básica é mostrar Beethoven sintonizado com o chamado "zeitgeist", o espírito intelectual de seu tempo, e vinculá-lo a nomes ilustres como o poeta inglês Lord Byron, o escritor e dramaturgo russo Aleksander Púshkin, o pintor Eugene Delacroix e o escritor Stendhal, ambos franceses, e o poeta alemão Heinrich Heine. Como os citados "maîtres à penser", ou gurus, Beethoven, raciocina Sachs, internalizou os ideais revolucionários numa década, a de 1820, em que o conservadorismo promovia claros retrocessos políticos em toda a Europa. Ao contrário do Beethoven de Wagner, o livro de Sachs é de leitura fácil e deliciosa. Tropeçam-se quase a cada parágrafo com detalhes e minúcias que provocam sorrisos ou espanto. As broncas de Beethoven no dia da estreia da *Nona*, por exemplo. Ele foi obrigado a fornecer as partes para todos os músicos – e isso representava boa soma em dinheiro a um exército de copistas. "Sinto-me cozinhado, frito e assado. O que é que eu vou ganhar com este concerto tão discutido, se os custos não forem reduzidos? O que vai sobrar para mim depois de despesas tão grandes, como os copistas, que cobram tanto dinheiro?", reclamou por escrito a seu secretário faz-tudo Anton Schindler. Além e acima do anedotário, entretanto, Sachs curiosamente se aproxima do Beethoven de Wagner ao tentar demonstrar que a música está acima da filosofia e das demais artes. Mesmo levando em conta que ele se limita à década de 1820, Sachs não é páreo para o notável livro de Esteban Buch, *Música e Política: A Nona de Beethoven*, originalmente publicado pela Gallimard em 1999 e lançado aqui em tradução horrível pela Edusc em 2001. Buch refaz o calvário de manipulações que a *Nona* sofreu entre 1824 e 1989, desde os versos adulterados no Terceiro Reich ou no concerto comemorativo da queda do Muro de Berlim, em 1989, regido por Leonard Bernstein.

Malditos. Como a *Nona*, Wagner também foi terrivelmente manipulado, para o bem e para o mal, durante o século XX. Há alguns anos, em entrevista com Celia Applegate, perguntei quem seria o primeiro Leverkhun (o personagem compositor maldito do romance *Dr. Fausto*, de Thomas Mann) da música alemã. Mann calcou-o, com a ajuda de Adorno, no compositor austríaco Arnold Schoenberg, que derrubou a tonalidade como linguagem hegemônica da música, já no século XX. A resposta de Celia foi inteligente a ponto de situar com precisão não só Beethoven como também a controvertida figura de Wagner.

"É difícil não responder Beethoven, por seu esforço inaudito de explorar todas as possibilidades da expressão musical, assim como seu profundo sentido de isolamento do mundo. Mas não vejo Beethoven vestindo esta carapuça de demoníaco. Estou tentando resistir a responder simplesmente Richard Wagner. Seu sonho de transformar o mundo através de sua música era muito mais encorpado do que o de Beethoven. E ainda estou relutante em ver Hitler na condição de acólito de Wagner, como vários livros recentes sugerem. Acho que os acólitos de Bayreuth é que queriam que Hitler fosse visto dessa maneira. Mas a música, por sua natureza, resiste às interpretações totalitárias. Ela fala diretamente demais para cada ser humano, individualmente."

Dois Novos Livros Sobre Mahler

A vida de Gustav Mahler é tão interessante quanto sua música. Essa talvez seja a razão de uma avalanche extraordinária de estudos, biografias e livros que não param de ser publicados. Dezenas de caixas com sua obra completa foram relançadas este ano. Nas últimas duas décadas, vinte filmes utilizam sua música. E, se numa só efeméride editoras e gravadoras já costumam acelerar seus produtos-tributo, imagine-se então quando estão em jogo duas: em 2010, os 150 anos de nascimento; e, em 2011, o centenário de morte.

Dois livros recém-lançados, um por aqui, outro na Inglaterra, comprovam que "nunca se consegue falar do que se ama", frase de Roland Barthes que Arnoldo Liberman coloca como epígrafe de seu péssimo *Gustav Mahler: Um Coração Angustiado*. Que esse médico argentino de 76 anos escorregue na maionese das hipérboles de mau gosto, não surpreende. Frases como "expressava de colcheia em colcheia os sobressaltos de uma humanidade em crise" pululam pelas páginas encharcadas de rasa psicanálise. Além disso, há problemas de tradução, como "dirigentes de orquestra" – não seriam maestros, por acaso? Quem quiser uma introdução ao compositor, fique com *Mahler*, de Michael Kennedy.

A surpresa é que o experiente e polêmico jornalista inglês Norman Lebrecht também quase estraga seu ótimo *Why Mahler? How One Man and Ten Symphonies Changed the World* pelos mesmos motivos. No final da biografia, que consome 200 das 340 páginas do livro, Lebrecht junta-se a Liberman ao afirmar que "Mahler é uma rocha de verdade num mar de ilusões"; nas páginas 290/291, desfila praticamente um manual de autoajuda baseado no "punhado de verdades e ideais que Mahler me ensinou", pérolas que Paulo Coelho assinaria convicto. As pouco mais de cem páginas restantes são inteligentes e agudas – o Lebrecht costumeiro, polêmico e no limite da injúria em suas diatribes. É, afinal, o que se precisa saber sobre Mahler hoje, no século XXI.

Em tempo: a Record adquiriu os direitos para lançamento no Brasil do livro de Lebrecht, ainda sem data definida. O mito do homem que carregou nas costas a dor do mundo põe na sombra o que de fato importa: sua música

Publicado em *O Estado de S. Paulo*, Sabático, 31 jul. 2010.

genial. Arnold Schoenberg, ainda chorando a morte de Mahler, em julho de 1911, deu o pontapé inicial no "culto da vitimização de Mahler". Foi numa palestra, na qual canonizou o compositor como "este mártir, este santo", e arrematou: "Raramente alguém foi tão maltratado pelo mundo; ninguém, provavelmente, mais do que ele." Ainda bem que Lebrecht separa a biografia da parte mais suculenta de seu livro, intitulada "Uma Questão de Interpretação". É onde sintetiza 36 anos de pesquisa sobre o compositor. E faz um guia de entrada ao universo mahleriano. "As sinfonias são assustadoramente longas, as canções, em alemão. Para quem não tem paciência nem domínio do alemão, Mahler pode parecer proibido, uma fortaleza sem porta de entrada. Mahler não oferece menu. Ame ou odeie, não há meio-termo." Corajoso, aconselha, para quem nunca ouviu música clássica, a adentrar o universo mahleriano pelo CD *Primal Light*, do jazzista Uri Caine, com arranjos de guitarra elétrica, numa estética que chama de "pós-moderna". Concordo. Quem começar com Uri Caine terá bom guia para em seguida aventurar-se no monumento das nove sinfonias completas e no adágio da décima, assim como nos ciclos de canções.

Floresta. A parte essencial desse excelente livro são as 53 demolidoras páginas em que Lebrecht sente-se mais à vontade, com sua divertida metralhadora giratória. Afinal, ele é crítico de profissão. E analisa, sinfonia a sinfonia, ciclo a ciclo de *lieder*, a imensa quantidade de gravações disponíveis. De cada obra, tem qualificações para ao menos uma ou duas dezenas de registros. Começa lembrando Mahler numa carta a Bruno Walter: "Gostaria de publicar revisões de minhas partituras a cada cinco anos." E anota que "é enorme a discrepância entre o que Mahler escreveu, o que foi impresso e o que ele fez em performance". Por isso, o compositor também disse ao maestro Otto Klemperer: "Se depois de minha morte algo não soar correto, mude. Você não tem só o direito, mas o dever de fazer isso." E, depois de admitir que "a performance perfeita em Mahler é impossível, porque ele mesmo se dividia entre o compositor que exigia respeito e o maestro que sonhava com liberdade de expressão", desmonta o que chama de "floresta" de mitos envolvendo a interpretação de Mahler. Todo maestro tem que ser: 1. judeu: "Todo maestro que recorre ao fato de ser judeu para qualificar-se em Mahler, condena-se a ser uma fraude"; 2. da Europa central: "Como ficam Abbado, Giulini e Chailly, todos excelentes mahlerianos?"; 3. um sujeito com muita leitura: "Tennstedt só lia *Reader's Digest*"; 4. tem de ser muito velho: "Rattle tinha 25 anos quando gravou a décima, Dudamel está com 28 e já tem uma quinta excepcional no currículo"; 5. um *expert*: "O amador Gilbert Kaplan deu conta da segunda sinfonia"; 6. precisa reger a obra completa: "Klemperer jamais regeu a quinta e a sexta; Bruno Walter não gostava da oitava"; 7. mantê-la intacta: "Sherchen fez vários cortes em sua gravação da quinta, assim como Paul Kletzki na primeira; em Mahler não há regras absolutas."

Não tenho espaço para revelar aqui suas preferências nas sinfonias e ciclos de canções. Mas anote-se que, por exemplo, Lebrecht qualifica os registros de Pierre Boulez como coisa de "mesa de UTI", de tanta frieza; descarta Barenboim e Karajan, interessados numa beleza pura que simplesmente não existe em Mahler; elogia Klaus Tennstedt, assim como John Barbirolli e Klemperer. Numa penada, joga no mesmo saco Haitink, Solti, Bernstein, Levine e Nagano ao comentar as interpretações da terceira sinfonia: todos quebram a cara. Estranhou que até agora não citei Leonard Bernstein, o maestro que mais batalhou pelo "revival" mahleriano nos anos 1960? Simples. Lebrecht não gosta dele. Admite que sua sétima é "incomparável", "uma aventura paranormal", mas fecha com Tennstedt, que considerava "masturbação mental" os cursos/programas de TV de Lenny.

Ninguém é perfeito, claro. Mas Lebrecht confia muito no seu taco. Como Mahler, lembra no final do livro. "Ele trabalhava além das expectativas de seu tempo, tinha que confiar em seu taco. Em arte, não há outro jeito." Na crítica musical, também. Rodeado de livros, documentos, manuscritos e gravações de Mahler em seu escritório, dá provas da paixão pelo compositor ao qual dedica sua vida há 36 anos ao confessar: "Em caso de incêndio, salvaria primeiro as crianças e logo em seguida meus objetos mahlerianos."

Por uma Outra História da Música

Publicado em *O Estado de S. Paulo*, Sabático, 8 jan. 2011.

Sem alarde, Lauro Machado Coelho publicou vinte livros na primeira década do século XXI, metade dela dedicada à sua monumental história da ópera, editada entre 2000 e 2005, pela Perspectiva, num projeto editorial sem equivalente, mesmo quando se examina o mercado internacional. O lançamento, em 2006, ainda pela Perspectiva, do magnífico *Shostakóvitch: Vida, Música, Tempo*, deu a largada a uma série de biografias de compositores já por outra editora, a Algol. Nos últimos dois anos, foram lançados estudos sobre Anton Bruckner, Franz Liszt, Hector Berlioz e Jean Sibelius. E, agora, a Algol junta as quatro biografias à de Béla Bartók, lançando-as numa caixa. Ao todo, quase duas mil páginas. Ao repassar as primeiras quatro biografias e ler a de Bartók, me dei conta de que Machado Coelho pertence à nobre estirpe de escritores divulgadores da cultura, já que também traduziu um sensacional volume de poesia soviética (2007) e escreveu uma biografia de Anna Akhmatova (2008). Uma linhagem iniciada por dois nomes popularíssimos na primeira metade do século XX. De Paris, o francês Romain Rolland (1866-1944) era capaz de escrever biografias competentes de criadores díspares como Beethoven, Michelangelo e Tolstói; e, além disso, repicar, com uma monumental ficção beethoveniana, a obra-prima Jean-Christophe. E em Viena, seu contemporâneo austríaco Stefan Zweig (1881-1942) fez ficção de alta qualidade e era uma verdadeira usina de biografias. Escreveu, entre tantas outras, sobre as vidas de Maria Antonieta, Balzac, Dostoiévski, Dickens, Casanova e Tolstói. E, no domínio musical, chegou a ser libretista de Richard Strauss na ópera *A Mulher Silenciosa*.

No Brasil, seu antecessor imediato é Otto Maria Carpeaux (1900-1978), verdadeiro enciclopedista de escrita ágil e frases certeiras que dominou a imprensa cultural no país por quatro décadas, capaz de escrever uma história das literaturas em dez volumes e uma História da Música que por muitos anos constituiu a única e excelente panorâmica a quem desejasse se interessar pelo assunto. O exercício da crítica musical amadureceu-lhe a escrita informal, o gosto pelo detalhe que seduz o leitor; mas, principalmente, Machado Coelho une características jornalísticas a um conhecimento musical profundo, que jamais descamba para o tom professoral ou para os elogios desmedidos disparados por metralhadoras de adjetivos ocos. O grandioso projeto editorial de Machado Coelho não se esgota em meras biografias de compositores para consumo rápido ou que apenas repetem platitudes e frases feitas de terceiros. Tratei, então, de tentar encontrar os pressupostos teóricos de que ele partiu para construir essas biografias.

No final da biografia de Bartók, p. 238, chama a atenção o modo como ele comenta o *Concerto Para Orquestra*, uma das derradeiras obras do húngaro então já muito doente, que compôs essa obra em 1943, encomendada por Serge Koussevitzky, da Orquestra de Boston, para garantir alguns meses de subsistência. É obra polêmica, acusada pelos vanguardistas de ser um recuo em relação aos seus radicais anos 1920: "É uma grande obra, das maiores produzidas no século XX, e não apenas pela surpreendente originalidade de seu material ou novidade do tratamento que lhe é dado. Mas porque aos problemas amplos e vitais que ele coloca é dada solução lógica e absolutamente convincente. São estas as qualidades que fazem da *Sinfonia dos Salmos*, de Stravínski, ou da *Turangalila*, de Messiaen, obras-primas. E que estão presentes em obras tão díspares quanto a *Paixão de São Mateus* ou o *Wozzeck*, a *Sinfonia Júpiter* ou as *Quatro Canções Sérias*, os últimos quartetos de Beethoven ou *Tristão e Isolda*." Fazer ou não avançar a música não foi o ponto fundamental dessas obras, diz Machado Coelho. Sua "grandeza não está na experimentação ou na especulação acadêmica, mas na perfeita adequação da linguagem à ideia, que ela expressa da forma mais viva possível. E, ao fazê-lo, revelam-nos alguma coisa sobre nós mesmos. São obras inevitáveis [...], impossível imaginá-las escritas de outra maneira".

Na biografia do finlandês Jean Sibelius, Machado Coelho é preciso ao tratar de um caso ainda mais flagrante de compositor que não adotou as premissas da vanguarda e por isso foi reduzido a lixo por nomes como Theodor Adorno. Ele concentra-se na questão da adequação da linguagem à ideia, na resolução de um problema, não preocupado em saber se aquela obra faz ou não avançar a música. Machado Coelho cita frases sintomáticas de Sibelius - "Para cada uma de minhas sinfonias, desenvolvi uma técnica especial. Ela não deve ser superficial, mas enraizar-se na experiência" - e conclui: "Por isso, Sibelius não gostava de falar de sua música, pois achava que ela explicava a si mesma. Dizia ser um escravo de seus temas e se submetida às suas exigências."

No conjunto, as três biografias de compositores do século XX – Shostakóvitch, Bartók e Sibelius – contam uma outra história da música, a que foi recalcada pelas vanguardas, preocupadas em reescrever o passado o tempo todo, a fim de acomodá-lo como mero antecedente lógico do presente. Chama-se a isso de atitude historicizante, teleológica – é como olhar o passado pelo retrovisor e só enxergar o que te interessa.

Não sei se Machado Coelho leu o ensaio "Pour une autre histoire de la musique" (Para uma Outra História da Música), do musicólogo suíço Jean Molino. Se não as conhece, é inacreditável como essa atitude tão saudável mantém estreitas afinidades com a proposta de Molino, que cito de modo talvez mais extenso do que o necessário, mas fundamental para entendermos melhor o real significado e valor das obras de Machado Coelho. "Não existe um ponto de vista divino a partir do qual se poderia contar objetivamente a história da música", diz Molino. Uma saída é tentar reconstruir idealizadamente a situação na qual o compositor se encontrava. Isto é, que problema estritamente musical ele queria resolver, de quais recursos dispunha e em que contexto se encontrava. Molino recorre ao conhecido conceito de "análise de situação", de Karl Popper, para mostrar como é idiota julgar esta ou aquela obra ou compositor a partir de um olhar retrospectivo ancorado neste ou naquele ponto de vista. Um historiador com olhos de vanguarda como o inglês Paul Griffiths, citado por Molino, entende, por exemplo, que Strauss nos anos 1910 se recusou a progredir na criação musical, enquanto Schoenberg não temia dar o chamado passo à frente. Ora, como um compositor como Strauss pôde ser tão revolucionário em óperas como *Salomé* (1905) e *Elektra* (1908) e adotar uma posição tão conservadora, ou reacionária, poucos anos depois com *O Cavaleiro da Rosa* (1910), indaga Molino. Joga-se no lixo uma obra-prima como a última citada, porque seria "um confortável pastiche" (Griffiths), e louvam-se as audácias harmônicas das duas primeiras. É um julgamento historicista, diz curto e grosso Molino, que "condena antes de compreender". Claro que é mais complicado, raciocina esse fabuloso pensador da música suíço, perguntar-se quais eram as situações respectivas dos atores e quais soluções elaboraram para responder às questões que se colocavam e aos problemas que tinham de resolver.

Outra qualidade notável dos livros de Machado Coelho é o modo como ele insere o compositor na história, política, economia e moldura cultural de seu tempo. Na prática, ele concretiza os ideais de Molino, que critica justamente histórias da música rotineiras por fazerem relatos assépticos, corrigidos e, portanto, distantes das condições reais da vida musical. Vale citar a conclusão final de Molino: "O maior problema da chamada Grande Narrativa da modernidade é que ela precisa ser incessantemente reescrita [...] a questão é saber quem escreverá a última Grande Narrativa - a história revolucionária é necessariamente uma história trotskista, que só conhece a revolução permanente." Para superar tamanho empobrecimento e distorção, basta "avaliar as soluções dadas por determinado músico segundo seu próprio valor". Esse é o ideal que Machado Coelho realiza nessas preciosas biografias, de modo tão adequado, rigoroso e cheio de imaginação – tal como o fizeram, no século passado, Rolland, Zweig e Carpeaux. Foco de interesse é a lógica intrínseca da obra, em diálogo com o contexto pessoal e histórico em que surge.

Duas Reflexões em Torno do Gênio

Publicado em *O Estado de S. Paulo*, Sabático, 12 mar. 2011, e em *Concerto*, out. 2011.

1.

Qual Franz Liszt vamos comemorar em 2011, em tributo aos duzentos anos de seu nascimento? O pianista, virtuose diabólico, que fez mais de setecentas transcrições, arranjos e paráfrases, inventou a fórmula do recital, que, como uma atualíssima "balada", seduzia adolescentes e sobretudo o público feminino, a ponto de elas fazerem pulseiras com as cordas arrebentadas do seu piano? O maior dom-juan europeu de seu tempo que distribuía rosas vermelhas às mulheres das primeiras filas em seus recitais e roubou literalmente Marie D'Agoult de seu conde, amasiando-se com ela por uma década e mesmo assim conseguiu ser aceito pelo "grand monde"? O formidável maestro que, por uma década, transformou Weimar na Meca da música nova, apoiando os jovens compositores ainda sem espaço, como Richard Wagner? O dublê de escritor e crítico que escreveu tanto quanto Schumann e Berlioz, tinha aguda consciência social e ajudou financeiramente dezenas de novatos na música? Ou o abade de seus últimos vinte e um anos de vida, compondo música religiosa, que tentou de todas as maneiras casar-se com sua segunda paixão fulminante, a princesa russa Carolyne, e jamais recebeu consentimento do Vaticano? O mesmo Vaticano que recebeu com pompas o velho músico, porque o papa adorava ouvi-lo improvisar sobre prelúdios e fugas de Bach na Capela Sistina, ignorando que, ao chegar em casa, o abade entregava-se ao proibidíssimo absinto, o LSD do século XIX.

Modernamente, nesses anos festivos, as orquestras limitam-se a repetir os dois concertos para piano, a portentosa sonata em si menor, uma missa, um ou outro poema sinfônico de Liszt e muita música para piano, claro. É pouco, bem pouco diante da formidável diversidade das mais de 1.400 obras do mestre. Um retrato distante de sua real fisionomia, radical e complexa, protótipo do compositor-pianista romântico do século XIX.

Onde ficam duas obras-primas românticas incontestáveis como as sinfonias *Dante* e *Fausto*? Ou os ainda menos conhecidos setenta lieder (canções para voz e piano), nos quais há um punhado capaz de rivalizar com Schubert ou Schumann? E a música coral-sinfônica religiosa, os oratórios *Christus* ou *A Lenda de Santa Elisabeth*, as missas e salmos? Valeria um olhar mais atento sobre seus treze poemas sinfônicos, gênero "inventado" para romper os limites da sinfonia.

Mas, se a vida musical teima em repetir as mesmas obras, ao menos a pesquisa musical parece mais fértil e diversificada. Um punhado de livros publicados nos últimos meses no mercado internacional trata de devolver--lhe sua real importância. Quando se afirmou como o "Paganini do piano", na Paris dos anos 1830, Liszt operou um milagre: transferiu para a música instrumental o grande público então cativo da ópera italiana. Em *Liszt: Virtuose Subversif*, o pesquisador francês Bruno Moysan diz que Liszt negociou com seu público um tênue equilíbrio entre o virtuosismo e a qualidade musical, para conquistá-lo. Sua tese é de que Liszt usou as fantasias (paráfrases, arranjos e transcrições) das árias mais populares das óperas de seu tempo para transferir o magnetismo delas à música instrumental. Aos dezessete anos, recém-chegado, Liszt participou de uma vida musical que acontecia nos ricos salões parisienses; quando partiu para conquistar o mundo, em 1839, fazendo por quase uma década a inacreditável média anual de cem recitais, já transferira a música instrumental dos salões para as salas de concerto – com ingressos pagos e casa cheia. *Lisztomania*, seu retrato pop no filme de Ken Russell de 1975, mostra bem esse raro fenômeno de massa.

Outro pesquisador francês, Alain Galliari, abandona o que chama de "lado satânico de Liszt" para mergulhar em sua religiosidade. *Liszt et L'Espérance du Bon Larron* transforma o compositor numa espécie de filho pródigo, que na meninice foi católico e, depois de uma vida devassa, arrependeu-se. Como o bom ladrão que dá um voto de confiança a Jesus, gostaria de também receber em troca a promessa de Cristo ("hoje mesmo estarás comigo no Paraíso"). Galliari faz um espelho religioso do derradeiro poema sinfônico de Liszt, *Do Berço ao Túmulo*, sua autobiografia sonora, composta em 1882, quatro anos antes de sua morte.

Dois outros livros mergulham mais diretamente na música de Liszt, demonstrando ao mesmo tempo sua originalidade e seu "dardo" futurista: "Minha única ambição como músico era e será lançar meu dardo nos espaços indefinidos do futuro desde que ele não caia de novo na terra, o resto não importa", disse ele. Em *La Musique de Liszt et Les Arts Visuels* (42,75), Laurence le Diagon-Jacquin parte de uma frase do compositor para construir um livro rigoroso. "O sentimento e a reflexão me convenceram da relação oculta que une as obras de gênio. Rafael e Michelangelo me fizeram compreender melhor Mozart e Beethoven." De fato, sua ligação com as artes visuais é tão forte quanto com a literatura. Apoiada na teoria tripartite de Erwin Panofsky para a análise das artes visuais – primária, ou natural, que ele chama de "motivo"; secundária, ou convencional, em que o motivo se relaciona com um tema ou conceito; e o significado intrínseco ou iconologia –, Laurence analisa obras como *Sposalizio*, baseada na tela homônima de Rafael, *Il Penseroso* e *La Notte*, baseadas em Michelangelo, *A Batalha dos Hunos*, segundo tela de Kalbach, e o poema sinfônico *Orfeu*, inspirado por um vaso etrusco do Louvre. A lição de Laurence é que Liszt é muito melhor do que suspeitam os bem-pensantes de hoje, atentos apenas ao aspecto circense de seu pianismo. E, por falar em pianismo, Liszt não foi só o diabólico virtuose *superstar*, como quer o senso comum, mas o maior pedagogo do instrumento no século XIX. Basta ler *The Piano Master Classes of Franz Liszt, 1884-1886: Diary Notes of August Göllerich*, que resgata suas derradeiras aulas. Ao longo da vida, teve mais de quatrocentos alunos – e jamais cobrou um tostão deles.

Todo pianista, nos últimos 180 anos, deve a Liszt a essência de sua arte. Robert Schumann detectou isso ao escrever que "não basta ouvi-lo, é preciso também vê-lo: Liszt não poderia tocar nos bastidores, porque dessa forma se perderia grande parte de sua poesia". Ou seja, sem deixar de apontar seu "dardo" criativo para o futuro, Liszt transformou a música em espetáculo. Coisa de gênio.

2.

Mente quem disser que jamais ouviu *Sonho de Amor*; uma ou mais das quinze rapsódias húngaras, provavelmente a segunda ou a sexta, em situação de concerto ou abraçado aos filhos assistindo a um desenho do Pernalonga ou da dupla Tom & Jerry; um dos *Estudos-Paganini*, provavelmente o n. 3, apelidado "La Campanella", porque você ouve com nitidez os sinos; ou uma de suas paráfrases/arranjos sobre árias de óperas conhecidas, como a antológica *Fantasia* sobre temas do *Don Giovanni*, de Mozart. Afinal, o avassalador domínio do piano nos últimos 150 anos – mesmo hoje em dia, travestido de teclados eletrônicos e mil e uma características e recursos – foi alavancado basicamente por Franz Liszt, o Paganini do piano, o mais diabólico músico de teclado que o mundo conheceu. Ele "inventou" a fórmula ainda hoje consagrada do recital de piano. Foi "*superstar*" e dom-juan célebre na juventude; batalhador pela música nova, "do futuro", na maturidade; e abade no final da vida.

Sua vida pessoal teve ingredientes tão rocambolescos que espanta nenhum noveleiro de plantão ainda ter pensado numa adaptação para a TV. Ele literalmente "roubou" duas mulheres nobres com as quais rodou espalhafatosamente a Europa inteira, numa afronta aos usos e costumes morais do século XIX. Sua filha Cosima casou-se com o maestro Hans Von Bülow, seu amigo e parceiro musical preferencial; mas em seguida traiu Bülow com o compositor que Liszt mais apoiou em sua vida, Richard Wagner. Ele continuou bancando Wagner, apoiou a filha, mas perdeu o braço direito Von Bülow, que se bandeou para os lados de Brahms, o adversário esteticamente mais renhido de Wagner na Europa da segunda metade do século. E o dom-juan insaciável da juventude transformou-se – quem diria? – no sincero abade da maturidade e velhice, capaz de tocar variações sobre peças de Bach para o Papa na Capela Sistina e tomar um porre logo depois, ao voltar para casa (jamais conseguiu abandonar o alcoolismo, e nesse final de vida acrescentou-lhe o consumo desregrado de absinto).

Contradições Essenciais. A contradição foi sua mais constante companheira – na vida e na obra. Nenhum outro compositor legou à posteridade imagem tão controvertida e contraditória. Ele viveu 75 anos, praticamente o dobro da média de idade na Europa do século XIX. Tempo suficiente para encarnar várias *personas* públicas. A mais conhecida é a do "maior pianista de todos os tempos", o virtuose capaz de improvisar no palco sobre qualquer tema que o público sugerisse ou cantarolasse. Essa é a imagem mais popular do compositor nascido na Hungria que, já ungido como celebridade, nos anos 1850, foi constrangedoramente obrigado a agradecer em francês uma homenagem que lhe fizeram seus compatriotas em Pest (ele sequer falava a língua de seu país).

Nascido de família pobre em Raiding, cidadezinha mais próxima de Viena do que de Pest, foi menino-prodígio desde os primeiros anos de vida. Seu pai músico trabalhava para os mesmos Esterhazy que haviam sido patrões de Haydn por quarenta anos. Viena, então, foi seu destino natural (a mudança da família e seu sustento na nova cidade foi viabilizado por nobres húngaros). Estudou piano com Carl Czerny, aluno de Beethoven, por um ano; e composição com Antonio Salieri, o "inimigo íntimo n. 1" de Mozart e ainda ocupando alto posto na vida musical vienense.

Beijo Famoso. 1822 foi um ano magnífico para o menino: estreou em concerto público em Viena, aos onze anos e, aos doze, tocou diante do autor da *Nona Sinfonia*, que o beijou emocionado. Beethoven, a partir daquele momento, transformou-se em seu mestre por toda a vida. Liszt foi o primeiro a tocar em Paris as últimas sonatas de Beethoven; contribuiu generosamente depois para a construção de um monumento Beethoven. E fez das transcrições para piano solo das nove sinfonias um de seus cavalos de batalha na inédita fórmula do "recital de piano", outra de suas invenções, é verdade que por ausência inesperada de uma orquestra num concerto em 1839. Em vez de cancelar a apresentação, Liszt emitiu um sonoro "Le concert c'est moi" e ocupou sozinho o palco.

Fixou-se em Paris em 1830, quase ao mesmo tempo que Frédéric Chopin. Ficou amigo do polonês e três anos depois tornou-se amante da condessa Marie d'Agoult, com quem teve duas filhas, Blandine e Cosima. Ficaram juntos por onze anos. O caso terminou em 1839. Dali em diante, por uma década, manteve a espantosa média de cem apresentações anuais, quase uma a cada três dias, cobrindo a Europa inteira, com incursões à Rússia. Sua segunda mulher, também "roubada", foi a princesa polonesa Carolyne zu Sayn-Wittgenstein, com quem viveu a partir de 1845, por quatro décadas. Assumiram publicamente o caso em 1847, em Weimar; em 1861 tentaram, mas não conseguiram permissão papal para se casar oficialmente. Permaneceram juntos, mesmo depois de ele ter se transformado no Abade Liszt em 1866.

No ano de sua morte, 1886, queixou-se amargamente numa carta da incompreensão generalizada que o acompanhou por toda a vida. Um desabafo sincero, na linha do ninguém-me-entende, ninguém-me-quer: "Todos estão contra mim. Os católicos porque consideram profana minha música de igreja; os protestantes porque para eles minha música é católica; os maçons porque a consideram por demais clerical; para os conservadores, sou um revolucionário; para os 'futuristas', um velho jacobino. Quanto aos italianos […], quando apoiam Garibaldi, detestam-me como a um hipócrita; se estão no partido do Vaticano, sou acusado de introduzir a gruta de Vênus na Igreja. Para Bayreuth, não sou um compositor, mas um agente de propaganda. Os alemães torcem o nariz para minha música por considerá-la francesa; os franceses, por considerá-la alemã; para os austríacos, componho música cigana; para os húngaros, música estrangeira. E os judeus, estes abominam a mim e à minha música por motivo nenhum."

A Celebração do Músico. Qualificado ao mesmo tempo como idealista e oportunista por William Weber – historiador norte-americano que tem dedicado livros preciosos ao estudo da vida musical europeia entre os séculos XVIII e XX –, o pianista e compositor húngaro encarna como ninguém a figura do empreendedor: "Ele sabia servir a diferentes patrões e públicos com competência. Desenvolveu públicos cativos entre o povo em geral e a *intelligentsia*; adotava alternadamente os figurinos da aristocracia e os da burguesia." Outro pesquisador, David Gramit, da Universidade de Alberta, no Canadá, acrescenta que "nele combinam-se maravilhosamente duas de suas construções empresariais: a do intérprete diabólico e a do compositor de vanguarda que apoiou firmemente os projetos mirabolantes de Richard Wagner".

No ensaio "Música Para Transportar o Ouvinte", do livro *The Piano Roles*, o pesquisador James Parakilas observa que Liszt "foi o primeiro a entender que a performance é uma poderosa forma de comunicação; por isso não tinha escrúpulos em misturar obras originais suas e de outros compositores com 'covers' das árias de óperas mais populares em seu tempo". Por covers entenda-se: improvisos, variações e paráfrases sobre essas melodias populares. "Nessa altura", detecta Weber, "o limite entre a música como profissão e a música como negócio deixa de existir na carreira dos músicos mais bem-sucedidos."

É uma mistura muito peculiar de *entertainer*, músico genial e marqueteiro "avant la lettre". Por exemplo, de olho no público parisiense que amava Chopin, Liszt foi de um cinismo exemplar, como aponta a pesquisadora francesa Françoise Escal: "A música de celebração passa, com Liszt, a ser a celebração do músico." Oportunista, foi o primeiro a faturar em cima do cadáver ainda fresquinho de Chopin. "Este morreu em 17 de outubro de 1849 e já no mês seguinte Liszt enviou à irmã de Chopin uma carta acompanhada de um questionário com doze perguntas sobre aspectos da vida e do caráter do compositor recém-falecido." Em seguida publicou em capítulos, num jornal parisiense, a primeira biografia do autor das *Polonaises*, dos noturnos e das mazurcas – numa evidente tentativa mercadológica de transferir os geniais atributos do morto para si próprio.

Ambiguidades Irreversíveis. Na verdade, os compositores românticos em geral rejeitavam o oportunismo, e definiram seu credo artístico em oposição a ele; mas eram impotentes para ignorar as circunstâncias materiais que historicamente emergiram – sobretudo a competição profissional e a necessidade de se faturar para sobreviver. Compositores como Hector Berlioz, Robert Schumann e Franz Liszt começaram a aderir ao jornalismo e à composição de música para amadores a fim de ganhar um extra, enquanto os músicos atenderam à crescente demanda por aulas particulares.

Os músicos do século XIX gradualmente substituíram sua dependência dos patrões nobres pela dependência do público, em nome de sua arrogante independência artística. A contradição representada pela independência do músico em relação ao público e sua simultânea dependência dele está no coração do pensamento romântico. O caso de Liszt é emblemático. Em seu livro *A Situação dos Artistas*, ele prega uma radical independência artística, mas ao mesmo tempo sabe que é um ideal impossível, porque é preciso ceder aos imperativos materiais para sobreviver.

Vinho Novo Exige Nova Garrafa. Mas ele jamais deixou de sonhar. Escreveu um volume de artigos, cartas, livros e ensaios tão grande quanto Richard Wagner, Hector Berlioz ou Robert Schumann. Infelizmente, porém, são muito pouco lidos – é difícil até de encontrá-los disponíveis em livros, mesmo importados.

A um jovem compositor que o procurou, ele alertou que "vinho novo exige garrafa nova". Mas com conteúdo, por favor. A outro jovem que, logo depois de se sentarem à mesa de um restaurante, mostrou-lhe algumas composições ruinzinhas, saiu-se assim: "Se alguém te convida para a mesa, não sirva cinzas de charuto e serragem antes do repasto." Foi, aliás, esse o mote que ele mesmo usou para ultrapassar a forma sinfônica clássica tal como Beethoven a tinha deixado. A música do futuro, para Liszt, estava no poema sinfônico, que sempre "conta" uma história e busca sua motivação em obras literárias, na mitologia ou nas artes plásticas – em suma, na contaminação entre as artes. Ou seja, forma nova, conteúdos novos.

Seu credo começava afirmando que "a música não é nunca estacionária; as sucessivas formas e estilos são apenas pontos de repouso – como tendas [hoje diríamos *pit stops*] mais altas e mais baixas, mas todas na estrada rumo ao Ideal". Um Ideal com maiúsculas, nunca de fato alcançável, na verdade a utopia da perfeição.

Educação Musical. Pouca atenção se dá à década em que Liszt dirigiu a música na cidade de Weimar, a partir de 1848. Ele promoveu incessantemente a música nova, prestigiou jovens compositores como Hauptmann, Rietz e David, Raff, Cornelius, Reubke, Bronsart, Johann van Hoven, Lortzing, Heinrich Dorn, Draeseke, Sobelewski e Lassen. Não se envergonhe de não conhecer nenhum deles – eles são mesmo desconhecidos. Os mais curiosos podem ter ouvido uma ou outra referência a Raff, Cornelius ou Lortzing.

Apostar no novo implica riscos; nem sempre se acerta. Não faz mal. A música viva precisa dessa postura dos grandes músicos como do oxigênio para se manter viva. Se errou ao apostar naqueles nomes, Liszt acertou em cheio ao prestigiar Richard Wagner, também novo naquele momento e com uma agravante: havia sido escorraçado de todos os lugares por dívidas e posturas politicamente revolucionárias. Liszt pôs em risco seu próprio posto em Weimar montando *Tannhäuser, O Navio Fantasma* e *Lohengrin*. Da última, comandou espantosos 46 ensaios para a estreia mundial em 28 de agosto de 1850. Mesmo para os padrões atuais, é um número excessivo de ensaios; para o século XIX então, era loucura rematada, num tempo em que as obras recebiam praticamente suas primeiras – ou no máximo segundas – leituras já no concerto.

Essa obsessão em lutar pela vida musical de seu tempo é o mais escondido e um dos mais importantes atributos de um retrato completo de Franz Liszt. É um de seus mais sintéticos, agudos e surpreendentes textos. Trata-se do manifesto que publicou nos jornais em Paris nos anos 1830 em favor da educação musical. Ele sintetiza sua luta pela sistemática oxigenação da vida musical. Você com certeza vai se espantar com sua atualidade, 120 anos depois de escrito:

Em nome de todos os músicos, da arte e do progresso social, exigimos:

A realização de uma assembleia dedicada à música sinfônica, dramática e religiosa a cada cinco anos. As melhores obras em cada uma dessas três categorias serão executadas diariamente durante um mês no Louvre, e serão posteriormente compradas pelo governo e publicadas às custas deste. Em outras palavras, exigimos a fundação de um museu musical.

A adoção de ensino de música nas escolas primárias, sua extensão a outros tipos de escolas e um movimento para a implantação de uma nova música de igreja.

A reorganização do canto coral e a reforma do cantochão em todas as igrejas de Paris e das províncias.

Encontros gerais das sociedades filarmônicas inspirados nos grandes festivais de música da Inglaterra e da Alemanha [a Alemanha ainda não existia juridicamente; Liszt refere-se ao conjunto das pequenas cortes e principados espalhados pelo que hoje é o território alemão].

Montagens de óperas, concertos sinfônicos e de música de câmara, organizados segundo planejamento traçado segundo nosso artigo prévio sobre os conservatórios [Liszt refere-se a um artigo anterior enfocando apenas os conservatórios].

Uma escola de estudos musicais avançados, que atue separadamente dos conservatórios, dirigida pelos mais eminentes artistas – uma escola cujos tentáculos estendam-se a todas as cidades do interior do país por meio da disciplina História e Filosofia da Música.

Uma edição de baixo custo, para venda a preços acessíveis, das mais importantes obras dos novos e dos antigos compositores, desde a Renascença até a atualidade. Essas partituras abarcarão o desenvolvimento da arte em sua totalidade, da canção folclórica até a Sinfonia Coral *de Beethoven. Essa série de publicações como um todo será chamada* O Panteão da Música. *As biografias, os tratados, os comentários e os glossários que acompanharão essas partituras formarão uma verdadeira "Enciclopédia da Música".*

Você não assinaria um manifesto desses?

Schoenberg Não Foi Tão Infeliz
nos Estados Unidos

Publicado em *O Estado de S. Paulo,*
Sabático, 3 set. 2011.

As grandes efemérides musicais de 2011 são as de Liszt e Mahler, lembrados respectivamente pelos duzentos anos de nascimento e cem anos de morte. Que tal soprar velinhas também para Arnold Schoenberg, o mais discutido e menos ouvido compositor do século xx? Afinal, a música contemporânea lhe deve os fundamentos de sua postura de inovação ou – como escreve Esteban Buch em seu excelente livro *Le Cas Schönberg* (O Caso Schoenberg) – o próprio conceito de vanguarda em música.

Trata-se de uma dupla efeméride. Primeiro, pela passagem dos sessenta anos de sua morte, em 13 de julho de 1951, em Los Angeles. Celebremos também os cem anos da publicação de seu *Tratado de Harmonia*, o livro-texto mais importante do século xx, que Schoenberg dedicou a Mahler. Num gesto de impressionante lucidez, Alberto Nepomuceno começou a traduzi-lo para o português em 1916, apenas cinco anos depois de sua primeira edição em Viena. Mas precisamos esperar até 2002, quando a Editora da Unesp lançou a primeira edição brasileira, com o título de *Harmonia*, em ótima tradução de Marden Maluf.

Poucos livros cumprem o que prometem, escreve Flo Menezes na apresentação. Esse possui "o extraordinário mérito de uma vez lido dar conta com plenitude de seu objeto de estudo. Para compreender com profundidade o funcionamento do sistema tonal, suas leis e propriedades, assim como se dar conta de suas limitações e do porquê de sua superação histórica, basta lê-lo". Schoenberg quis – e conseguiu – "estabelecer a compreensão do passado e abrir perspectivas para o futuro". A edição brasileira é um best-seller: 12.500 exemplares vendidos em nove anos. Deveria ter vendido dez vezes mais, porque é livro de consulta diária de todo músico, que não tem o direito de ignorá-lo. "É pura ilusão", alerta Flo, "pensarmos que uma atitude substancialmente revolucionária ou ao menos autenticamente atual possa prescindir de um conhecimento histórico de um sistema de referência tão significativo quanto o foi a velha tonalidade [...] a música se exerce de modo eficaz pela aquisição e sobreposição cada vez maior de conhecimentos técnicos, históricos ou atuais."

Schoenberg esclarece, num livro posterior, que "o desenvolvimento da música é, mais do que qualquer outra arte, dependente do desenvolvimento de sua técnica". Cada capítulo combina notáveis miniensaios de abertura com o ensino da harmonia passo a passo. Dos fundamentos da tonalidade ao mundo pós-tonal, está tudo lá.

Na mesma apresentação, Flo Menezes repete um lugar-comum sobre a produção de Schoenberg dos anos 1930 em diante, que os livros dizem há décadas: ele "deixa, pouco a pouco, o papel de mestre e inventor para se tornar, em menores proporções, um diluidor de suas próprias invenções". Ainda bem que ressalva estarmos diante de um "diluidor, porém, responsável por obras de não menor relevância artística, e isso – vale ressaltar – sem nenhuma exceção!".

A ressalva justifica a empreitada de Sabine Feisst, professora da Universidade do Arizona, que "reabilita" o período norte-americano do compositor no recém-lançado *Schoenberg's New World: The American Years* (disponível na versão eletrônica para kindle; é possível ouvir as obras norte-americanas de Schoenberg em excelentes gravações no "web companion" do livro físico, que dá senha para acesso ao portal da Oxford). Ao contrário das centenas de livros que esmiúçam a fase vienense, é bem magra a bibliografia sobre os seus dezoito anos finais vividos nos Estados Unidos. Feisst mostra que Schoenberg atuou intensamente por doze anos e, mesmo nos últimos seis, já abatido pelas sequelas de um ataque cardíaco em 1946, manteve-se em atividade: "Ele produziu um importante conjunto de obras, destacou-se como professor influente e imprimiu sua marca inconfundível na vida musical norte-americana."

Venderam-nos erradamente que ele foi "um *outsider* desorientado, isolado e ignorado pelo mundo musical". Os comentários de Feisst sobre o *Quarteto n. 4*, a *Ode a Napoleão Bonaparte*, *Um Sobrevivente de Varsóvia*, obras corais, arranjos e a importante *Sinfonia de Câmara n. 2* mostram-no à vontade em seu país de adoção.

Profeta Incorruptível da Dissonância. O que Schoenberg compôs nos Estados Unidos é historicamente tachado de reacionário diante do brilho radical dos seus anos europeus nas primeiras décadas do século XX quando rompeu com a tonalidade, assumiu a atonalidade e formulou a técnica de composição com doze sons. Por causa do nazismo, o incorruptível profeta da dissonância teria sido "expulso do paraíso artístico da Europa e jogado no deserto cultural dos Estados Unidos".

A versão convencional dá conta de que ele conviveu com alunos despreparados, dificuldades financeiras e problemas de saúde. Compôs obras convencionais no berço do capitalismo – até tonais, escrachadas por Pierre Boulez, àquela altura o novo "enfant terrible" da vanguarda europeia. "Sua criatividade teria murchado e suas ideias jamais poderiam vingar nesse solo infértil." Aqui Feisst é enfática: "Tais mitos, embora persistentes, não se sustentam quando investigados mais de perto."

Repetidos desde as primeiras biografias europeias de Schoenberg escritas pouco depois de sua morte por Stuckenschmidt e Willi Reich, tais mitos se reforçaram com a distorcida edição de sua correspondência por seu aluno Erwin Stein (1958), que privilegia as queixas ao novo país.

Ora, diz Feisst, na verdade ele se adaptou muito melhor aos Estados Unidos do que Adorno, Brecht e Thomas Mann. Incorporou com prazer, afirma Feisst, o *american lifestyle*; adorava Chaplin, Harold Lloyd e os irmãos Marx.

Politicamente, amaciou, é verdade. Durante a caça às bruxas macarthista, declarou que jamais havia sido comunista e que os artistas deveriam ficar de fora da política. Ao contrário de Adorno, que detestava o jazz ou a música popular, ele julgava "infantil" a música clássica produzida pelos norte-americanos. Em certo sentido, foi herdeiro de Dvořák: queria mostrar-lhes como se fazia boa música. E, ao recorrer nostalgicamente ao passado (na orquestração do quarteto de Brahms, em 1937, por exemplo), exibia evidente preocupação pedagógica.

Também não se deve desprezar o fato de que pela primeira vez Schoenberg teve seu ego afagado, anteviu aceitação e até inédito sucesso relativo junto ao público. O levantamento de Feisst aponta que, ao contrário do que se pensa, suas obras foram executadas centenas de vezes. "Toda a sua produção do período documenta essa adaptação", reconhece. A hegemonia schoenberguiana nas universidades norte-americanas levou até seu ferrenho adversário Igor Stravínski a adotar a técnica serial em 1954, três anos depois da morte do autor de *Pierrot Lunaire*.

Em certo sentido, Sabine Feisst força um pouco a barra ao supervalorizar mesmo as obras claramente descartáveis. Mas abre nossos olhos e ouvidos: daqui para frente não será mais possível decretar em bloco que ele apenas diluiu o que inventara décadas antes em Viena.

Luzes Eruditas
em Alto e Bom Som Pop

Claude Debussy é visto em geral como um dos mais proeminentes artistas de sua geração e um dos maiores compositores de todos os tempos. É frequentemente lembrado como o arquimodernista que injetou vida nova na composição musical. Tanto que Pierre Boulez cansou de repetir que a música moderna foi despertada pelo *Prélude à l'après-midi d'un faune*. É com essas palavras, até certo ponto convencionais, que o inglês Matthew Brown abre o seu *Debussy Redux: The Impact of His Music on Popular Culture* (Debussy Redux: O Impacto de sua Música na Cultura Popular), livro provocante e atualíssimo, que nos ajuda a entender a música contemporânea deste início do século XXI, mesmo que trate de um compositor que nasceu há 150 anos, em 1862, e morreu há praticamente um século, em 1918.

Publicado em O Estado de S. Paulo, Sabático, 21 jul. 2012.

Antes de explicar as razões de tamanho entusiasmo, é interessante contar como aquele fauno "despertou" a música moderna. De fato, o *Prelúdio à Tarde de um Fauno* dura pouco mais de dez minutos e é pura magia sonora, desde o início hipnotizante da flauta solo. Debussy escreveu-o em 1892, a partir do poema de Mallarmé *L'Après-midi d'un faune*, e Nijínski estreou-a vinte anos depois, em 29 de maio de 1912, como coreógrafo e no papel do fauno. Eis a descrição do próprio compositor: "Ela não pretende ser, de modo algum, uma síntese do poema, mas uma ilustração muito livre. É antes a sucessão de cenários através dos quais se movem os desejos e os sonhos do Fauno no calor dessa tarde. Depois, cansado de perseguir as ninfas e náiades em fuga, deixa-se cair no sono inebriante, cheio de sonhos finalmente realizados, de posse total da universal natureza."

A coreografia sensual de Nijínski, o astro dos Balés Russos de Diaghilev, encarregou-se de explodir de vez padrões morais, além dos propriamente musicais que Debussy conscientemente arrebentava. O capítulo que Brown dedica ao *Prélude* é igualmente explosivo. Partindo da obra original, ele mapeia as diversificadas e radicais leituras que ela sofreu nestes cem anos, incluindo até o *Prelude to the Afternoon of a Sexually Aroused Gas Mask*, do incendiário Frank Zappa. Não esquece do dublê de escritor e músico Anthony

Burgess, que a arranjou para sexteto como *Uma Tarde ao Telefone*, nem do *Prelúdio* de 1972 arranjado pelo brasileiro Eumir Deodato, que fez muito sucesso, um tanto pela flauta solo de Hubert Laws, outro por seu enorme talento.

A maior surpresa está, porém, no núcleo central do capítulo, uma comparação minuciosa da versão de Nijínski com a animação de 1976, realizada pelo italiano Bruno Bozzetto (ambas disponíveis no YouTube). Assez lent ou Allegro non troppo?, pergunta-se Brown. "Bozzetto substitui o viril e jovem fauno de Nijínski por um sátiro geriátrico, impotente; as diáfanas ninfas por roliças pin-ups; e a paisagem bucólica por campos cheios de seios, mamilos e esperma", escreve.

Bozzetto constitui um flagrante exemplo da tese levantada por Brown em *Debussy Redux* a partir da massiva influência do compositor francês na cultura popular no último século. O que ele quer é discutir a migração de materiais de uma para outra obra musical, que coloca a questão da unidade orgânica da obra em questão. "Essa transferência mina o conceito de unidade orgânica porque sugere que não há mais uma única conexão entre o conteúdo e a forma de uma obra", escreve. "Afinal, como é possível existir tal conexão se o mesmo material pode aparecer em diferentes contextos em obras com estruturas formais tão diversas?"

O influente Theodor Adorno, por exemplo, duvidava ser a unidade orgânica o critério adequado para se entender a estrutura da música popular. "No caso das canções de Tin Pan Alley, ele diz que essas formas são 'tão estritamente padronizadas que nenhuma forma específica aparece em uma peça particular'. Assim, não há conexão entre forma e conteúdo." Mais recentemente, e sob influência de conceitos como o de desconstrução de Derrida, pesquisadores sugeriram que, em vez de projetar um sentido de unidade, muitas obras expressam ambiguidades, tensões e contradições não resolvidas. "Há musicólogos questionando até a ideia de uma única versão definitiva de uma composição musical", lembra Brown, que transporta para a música a célebre frase de Roland Barthes decretando a morte do autor e o nascimento do leitor (em nosso caso, "ouvinte"). "Essa linha de pesquisa muda o foco, da estrutura musical abstrata da obra para o seu significado cultural mais amplo e seu impacto estético no ouvinte individual." Brown diz que escolheu o tema da migração da obra de Debussy para a cultura popular porque isso joga novas luzes sobre esse contencioso que divide pesquisadores no mundo inteiro. E, claro, nos ajuda a entender melhor as relações entre alta e baixa cultura, entre música clássica, de invenção/experimentação ou de concerto, e as músicas populares. Brown dedica capítulos especiais a cada "departamento" da cultura popular. Porém, jamais fica, na superfície. Utiliza sofisticadas ferramentas teóricas, como a "análise musical schenkeriana", método que estabelece a estrutura harmônico-contrapontística básica de uma peça musical mediante reduções sucessivas, expondo as estruturas lineares ocultas nos encadeamentos harmônicos. Por meio dela, desossa a estrutura tanto das obras de Debussy clonadas quanto a dos arranjos/recriações/transplantes populares.

No cinema, por exemplo, os compositores de trilhas sonoras "não só emularam seu estilo como chegaram a reciclar peças de Debussy", desde os anos 1930 do século XX até *Crepúsculo*, o vampiresco *teen* de 2008. É brilhante sua análise, no terceiro capítulo, da trilha de Dimitri Tiomkin para *Retrato de Jennie*, de 1948: "Embora Tiomkin leve o crédito como compositor, ele reciclou materiais de um punhado de obras de Debussy. No caso, ele usou os temas como *leitmotiv*, do mesmo jeito que Debussy os usou na ópera *Pélleas et Mélisande*" – e que hoje são lugar-comum até nas telenovelas, ligando cada personagem a um tema musical específico.

Igualmente marcante é a influência de Debussy no "easy listening", o muzak que deu fama e fortuna a Ray Conniff, Roger Williams, André Kostelanetz, Lawrence Welk, Liberace, Jacques Loussier e Juan Esquivel. "Em geral, os arranjos destacam melodias simples e atraentes acolchoadas em camas harmônicas macias, melodias suaves e instrumentação exuberante." Tais músicos são mais atraídos pelas peças de salão de Debussy, como *Arabesques*, *Rêverie* e "Clair de Lune" (da *Suíte Bergamasque*).

"Dos salões parisienses para a Billboard" compara *Rêverie* com suas contrafações populares, como *My Rêverie*, sucesso do swing dos anos 1930 com a *big band* de Larry Clinton. E mostra, surpreendentemente, que "o arranjo/recriação de Clinton mantém muitos dos procedimentos originais de Debussy". Ou seja – e de novo nos espantamos com a sinceridade –, *Rêverie* é mesmo simples. E continua simples e charmosa como *My Rêverie*, só que com swing. Não por acaso, Roger Nichols, em biografia de 1998, afirma que "a insatisfação de Debussy com seu próprio trabalho foi um de seus problemas crônicos, embora compreensível se analisarmos a orientação aparentemente contraditória de suas aspirações, que tendiam ao mesmo tempo para a simplicidade e para o elitismo".

Essa "simplicidade", de fato, é uma paixão pela cultura popular, que Brown identifica na personalidade criativa de Debussy. Não só se interessou por músicas e instrumentos exóticos, como o gamelão javanês, ou as gravuras japonesas, que conheceu na Exposição de Paris de 1889. Gostava mesmo das músicas populares de seu tempo.

"Ele teve a vida inteira um fascínio pela música popular e um insaciável hábito de reciclar música de uma ampla variedade de fontes populares." Portanto, não deveria, como não o fez, reclamar dessas apropriações de sua música pela cultura popular. Quando atuou como crítico musical, deixou claro que adorava a música ao ar livre, de circo, de realejo, os cafés-concertos e o music hall. Ia sempre ao Bar Reynolds, onde assistia aos palhaços Footitt e Chocolat, e ao cabaré Le Chat Noir. "Além de citar música de salão, canções de ninar e folclóricas em suas criações, produzia outras obras baseado nos idiomas vernaculares de outras culturas", lembra Brown. Era fascinado pela música popular norte-americana, incluindo as marchas de Sousa, as "minstrel songs" e o ragtime. Entre 1908 e 1913, compôs quatro rags. Entre eles, "Golliwogg's Cake-Walk", a última das seis peças da deliciosa suíte *Children's Corner*, dedicada à filha Chou-Chou, então com quatro anos. Desenhou a capa da primeira edição e pediu à filha "ternas desculpas pelo que vai se seguir". "Golliwogg's Cake-Walk" celebrizou-se porque ele encaixou nela o já então célebre acorde de Tristão da ópera *Tristão e Isolda*, de Richard Wagner, seu desafeto maior. Elitismo contrabandeado na simplicidade, coisa de gênio. Outro contrabando desses é "Clair de Lune", o maior hit debussysta, de 1890. É só uma primorosa e melancólica vinheta que, no entanto, condensa suas melhores qualidades. Antecipa, furtivamente, o famoso motivo de cinco notas do *Prélude à l'après-midi d'un faune* e de "Nuages", o primeiro dos *Noturnos*.

Esse "ecletismo em que convivem peças tradicionais com partituras experimentais", segundo Brown, "destrói a imagem dele que se tornou comum: a de um arquimodernista cujo desenvolvimento estilístico seguiu uma trajetória linear da prática comum da tonalidade ao mundo da pós-tonalidade".

Isso leva Brown a debater a questão da "alta" (elitista) e da "baixa" (popular) culturas. Num livro de 2008, *Beautiful Monsters: Imagining the Classic in Musical Media* (Belos Monstros: Imaginando o Clássico na Mídia Musical), o pesquisador norte-americano Michael Long afirmou que *Rêverie*, aquela peça que nos anos 1930 inspirou o bandleader Larry Clinton, também serviu de modelo para a "Bohemian Rhapsody", mas só na parte em que Freddie Mercury toca piano (assista ao vídeo no YouTube). É um clássico do Queen de 1975 que ultrapassa os três minutos, padrão nesse tipo de música. Em seis minutos, ela tem uma estrutura de seis seções, incluindo uma ária, um intermezzo lírico na guitarra e um solo de piano de Mercury que tem mesmo tudo a ver com *Rêverie*. Mercury era fanático por ópera e chegou a cantar com Montserrat Caballé no álbum *Barcelona*, de 1988. Brown observa que há igualmente similaridades entre a estrutura harmônica do tema principal da peça de Debussy com a ária e o solo de guitarra da "Rapsódia Boêmia". Ou seja, Mercury e Debussy, nesses casos, nivelam-se claramente.

Depois de várias piruetas teóricas, Brown recorre à chamada estética pragmática de Richard Shusterman para explicar isso. Segundo este, "assim como a arte elevada não é uma imaculada coleção de obras-primas, a arte popular também não é um poço disforme de mau gosto em que não se apresenta nem se pratica nenhum critério estético".

A porosidade entre uma e outra é em si um fator enriquecedor para ambas, como Brown demonstra que Debussy praticou. Mas quando Debussy toma emprestado o rag, ele o insere em outra estrutura, altera sua função, encara-o como insumo para sua criação, ao lado de outros. E quando Mercury constrói uma minicena lírica espantosamente criativa e provocante, também joga no seu caldeirão sua paixão pela ópera italiana, põe uma pitada debussysta e interage com os parceiros do Queen – em suma, utiliza uma fonte erudita como um insumo para sua criação, ao lado de outros.

O que não tem sentido algum é a clonagem rala das músicas populares, como faz um Golijov, do lado erudito; ou músicos instrumentais de elevadíssimo talento, do calibre de Paulo Bellinati e Nelson Ayres, serem equivocadamente convocados a compor obras sinfônicas, que se limitam a arremedos de pastiches.

Melhor atentar para o que conclui Brown. "Tenho todos os motivos para supor que as pessoas avaliam a música popular pelas mesmas razões que a música clássica: suas respostas a uma determinada obra dependem do que elas conhecem de sua estrutura, sua forma de criação, seus efeitos emocionais e intelectuais e sua função social", escreve. Debussy deslocou com *finesse* o foco do debate em carta a Pierre Louÿs de 1898, numa frase que faz sentido hoje tanto quanto um século atrás: a diferença crucial é entre música boa e música ruim.

Notas Tocadas Para um Mestre

Publicado em *O Estado de S. Paulo*, Sabático, 23 fev. 2013.

A palavra latina "fuga" tem dois significados: fugir (de *fugere*) e caçar (de *fugare*). Entrou no universo da música no século XIV, mas somente com Johann Sebastian Bach (1685-1750), quatro séculos depois, alcançou seu zênite. Na fuga, as vozes enunciam, uma após outra, a mesma melodia, ou tema. A primeira parte, exposição, é mais rígida; na segunda, desenvolvimento, as vozes interagem de modo mais livre. Parecem mesmo "correr umas atrás das outras", na feliz expressão do pesquisador francês Louis Delpech. A história do contraponto converge para Bach, num exemplo único de "fusão perfeita entre um gênero e um compositor".

O italiano Alberto Savinio (1891-1952), pintor como o irmão famoso De Chirico, mas também compositor e crítico musical, explica o fascínio que a fuga exerce em nossos ouvidos: "O contraponto está para a música assim como a dialética para a filosofia. É a demonstração do princípio de que "de uma coisa nasce outra". É a analogia em música do desenvolvimento celular na vida orgânica. [...] Antes da descoberta do contraponto, a música, como a filosofia pré-socrática, limitava-se a algumas ideias isoladas que brilhavam a grande distância umas das outras. [...] Antes de Bach, a música parece não ter vida nem corpo; mais especificamente, faltam-lhe órgãos internos [...] O contraponto tem algo de miraculoso. O tema da fuga cai, e é como se uma semente mágica caísse na cabeça de um careca e a transformasse de repente em uma floresta de cabelos."

O autor da Arte da Fuga, no entanto, foi posteriormente carimbado como gênio maior da música também por suas criações sacras (cantatas, paixões), instrumentais (*Cravo Bem Temperado, Suítes Francesas e Inglesas*, entre outras), camerísticas e orquestrais (*Suítes de Orquestra, Concertos de Brandenburgo*). Já se contou a história da vida e obra de Bach de todas as maneiras imagináveis. Ainda assim, o escritor norte-americano Paul Elie, de 47 anos, editor da Farrar, Straus and Giroux, de Nova York, consegue jogar novas luzes sobre o compositor no século XX em seu recente livro *Reinventing Bach*. Excelente no manejo das palavras, compôs uma fuga a cinco vozes que nos deixa curiosos de ouvir as obras bachianas mencionadas, e nas versões de quatro grandes músicos do século xx.

Invenção, Gravação. Numa inteligente fuga com palavras, Elie combina e alterna lances da vida do compositor com outras quatro vozes que, a seu ver, reinventaram a obra de Bach no século xx: o alsaciano Albert Schweitzer (1875-1965), o catalão Pablo Casals (1876-1973), o britânico Leopold Stokowski (1882-1977) e o canadense Glenn Gould (1932-1982). Schweitzer foi o primeiro a retirar a produção bachiana para órgão da igreja e dar-lhe *status* de música de concerto; Casals fez o mesmo com as seis suítes para violoncelo, que descobriu num sebo de Barcelona em 1890 e, tendo amadurecido sua interpretação por doze anos, levou-a para as salas de concerto, transformando-as na bíblia do instrumento; Stokowski transcreveu muitas obras de Bach para orquestra, porém a mais notória foi a da *Toccata* e *Fuga em Ré Menor* original para órgão, com a qual abriu o longa de animação *Fantasia*, em 1940; e Gould fez da mais improvável estreia em disco, com as *Variações Goldberg*, em 1955, a porta de entrada para impor a interpretação da obra para teclado nos Steinway de concerto modernos.

Essa deliciosa "fuga" de palavras se apoia em dois conceitos-chave. O primeiro é invenção, que Elie assim descreve no capítulo "Man in the Room": "*Inventio* é uma palavra que encarnou para Bach o processo criativo. O pesquisador e gambista Lawrence Dreyfus foca a invenção como o segredo da música de Bach. A invenção é 'a ideia temática essencial subjacente numa composição'. Não é completa em si mesma: é a 'ideia por trás da peça, um tema musical cuja descoberta precede a composição inteira'. E é a disciplina que origina a ideia. Não é estática, mas dinâmica, um 'mecanismo que desencadeia um pensamento ainda mais elaborado a partir do qual a peça inteira toma forma'".

O próprio Bach referiu-se à invenção como ferramenta de ensino da música. Em 1712, seus dois filhos mais velhos tinham dois e cinco anos; Bach compôs uma série de exercícios que funcionavam como degustação para os meninos dominarem os mecanismos de composição. E as intitulou "invenções".

O outro conceito-chave é a gravação, nascida há pouco mais de um século, que instaurou um inédito modo de se ouvir música. Qualquer um agora podia trancar-se sozinho em seu quarto com a música como nunca tinha acontecido antes e ouvi-la quantas vezes quisesse. A gravação tirou o músico da sala de concertos e o levou para perto do ouvinte.

Ao combinar, como na fuga musical, a história de Bach com a dos músicos citados que se serviram dos avanços tecnológicos para "reinventá-lo" no século xx, Eli às vezes mistura esses dois conceitos, sem muito critério. Esquece que a invenção é um conceito retórico, e não estético. Se você ler com cuidado a introdução do livro *Bach and the Patterns of Invention* (Bach e os Padrões da Invenção), do musicólogo e gambista Lawrence Dreyfus citado por Elie, ficará sabendo que é preciso ter clara essa distinção. A invenção funciona como uma espécie de gramática que impõe limites e é aprendida pelos músicos até meados do século xviii como um artesanato.

Ambiguidades. A música, naqueles tempos, era funcional, e os músicos, meros artesãos. De vez em quando surgia um gênio como Bach, porém é errado ungi-lo, como faz Paul Elie, com o que Dreyfus chama de "divino reino da criatividade". Elie não discute a visão romântica de Bach dos primeiros músicos modernos com acesso à reprodução fonográfica, herdada do século xix. Para Schweitzer e Casals, Bach foi o gênio dos gênios. Claro. Entretanto capturar o conceito retórico de invenção e transformá-lo em sinônimo de criatividade estética é erro fundamental. O artesão Bach foi de fato um gênio, mas jamais se sentiu divinamente ungido, só queria se sair bem em seu ofício.

Invenção era apenas "um mecanismo para se descobrir boas ideias", segundo Dreyfus. Como na retórica, em que o orador tinha à sua disposição um amplo leque de ferramentas – chamadas "tópicos de invenção" – e por meio de seu uso sacava, ou "inventava", um tema fecundo para seu discurso. Na Alemanha do século xviii, mesmo os de educação mais precária conheciam a invenção tal como entendida por Cícero na Roma antiga. No finalzinho do século xviii, porém, o paradigma mudara. A retórica caíra em desuso, a estética tomava seu lugar, com outros critérios. Bach e seu contemporâneo italiano Antonio Vivaldi jamais pensaram em "originalidade".

Descontadas essas ambiguidades, o livro é extraordinário. O dr. Schweitzer, que escreveu em 1905 o primeiro livro sobre Bach do século xx, *Bach, o Músico Poeta*, foi para Labaréné, no Congo, em 1913, instalando um precário hospital onde atendia os nativos. O *jungle doctor* recebeu, da Sociedade Bach de Paris, um instrumento híbrido, meio piano, meio órgão, com dois manuais, cordas, marteletes e pedais, com estruturas construtivas adaptadas para resistir à inclemência dos trópicos. "Dedicou as horas livres a aprender de cor toda a obra para órgão de Bach", conta Elie. Mas não abandonou a casa-grande. Metade do ano trabalhava no Congo, no outro semestre dava recitais de órgão e palestras na Europa, para arrecadar fundos para o trabalho voluntário na África.

"Schweitzer beneficiou-se de um revival do órgão de tubos", anota Elie. "Milionários norte-americanos, como Andrew Carnegie e John D. Rockefeller, possuíam órgãos em suas casas. Bela Lugosi ou Boris Karloff pilotando um órgão de tubos na tocata e fuga em ré menor tornou-se marca registrada dos filmes de terror."

Seus livros sobre Bach o tornaram respeitado entre os músicos. Foi nesse clima que gravou em Londres, em dezembro de 1935, na igreja All Hallows by the Tower, a *Fantasia* e *Fuga em Sol Menor BWV 542* e outras obras para órgão. Recebeu honrarias por seus sessenta anos, mas para ele a Europa, naquela altura, era "um lugar de morte, não de vida", depois da Primeira Guerra e o continente se preparava para uma nova guerra. Goebbels convidou-o para ir ao país de Bach, assinou a carta assim: "Saudações nazistas, Joseph Goebbels." Ele escreveu de Lambaréné, declinando do convite, assinou "Saudações da África Central, Albert Schweitzer."

Ele foi "o último homem pré-moderno", segundo Elie. "É revelador comparar as gravações das suítes de cello de Casals, de 1935, com as peças para órgão de Schweitzer, de 1936. O Bach de Schweitzer é um som remoto, no fim de um comprido e escuro túnel; o de Casals é bem perto. Schweitzer nos leva de volta a um remoto lugar que é o passado; Casals parte do passado para vir nos encontrar onde estamos."

Em 1936, quando entrou no estúdio da EMI em Londres para gravar pela primeira vez as seis suítes, sabia que as reinventaria pela segunda vez. "Ele as inventou como música de concerto ainda adolescente", diz Elie. E agora as inventaria novamente, "como música para a era das gravações".

Casals era metódico. "Nos últimos oitenta anos, iniciei todos os meus dias da mesma maneira: vou ao piano e toco dois prelúdios e fugas de Bach. Não consigo pensar em fazer outra coisa. É como se estivesse benzendo a casa." As suítes foram seu passaporte para a celebridade. Lutou na Guerra Civil Espanhola contra Franco; e após a vitória do ditador, recusou-se a tocar não só em seu país, mas nos países que pactuassem com o regime de Franco, o que incluía uma dúzia de países europeus e os Estados Unidos. "Mas seus discos das suítes viajaram o mundo, tornaram-se o som da paz."

Um dos capítulos mais suculentos é o dedicado a Stokowski. Você termina a leitura e nota que está apaixonado pelo maestro que abre o filme *Fantasia*. Mas o Bach de Stokowski é datado. Elie diz que não, mas a verdade é que soa. Sua inclusão, ao lado de Schweitzer, Casals e Gould, parece forçada porque Elie discute demais *Fantasia* e de menos suas transcrições, decisivas para a popularização da obra de Bach na primeira metade do século XX. A primeira é de 1915 (um trecho da cantata 140, "Wachet auf", uma das melodias mais conhecidas de Bach no mundo inteiro). "Ninguém tocava Bach; só na igreja, e de vez em quando", disse uma senhora na Filadélfia a Paul Elie. "Ele reviveu Bach, queiram ou não."

Os capítulos finais enfocam a revolução de Glenn Gould em Bach – mas essa é uma história que já foi esmiuçada em vasta bibliografia recente. Ele acrescenta detalhes como o de que Gould gravou cada uma das *Variações Goldberg* em 1955 separadamente, como peças autônomas, e não na sequência. Repete a aposta de Gould na gravação como meio dominante de produção e difusão da música, acabando com o monopólio do "sangrento" concerto ao vivo. Conclui que Bach foi o maior beneficiário da era da gravação: "Na medida em que a música clássica se afastou centrifugamente do recital e do concerto sinfônico, Bach assumiu o centro, como se fosse a primeira vez."

Caos. Os capítulos finais "Both Sides Now", "Strange Loops" e "Postlude: Late Adopters" são caóticos, com muitas informações empilhadas. O primeiro começa com uma hilária resposta de Ringo Starr à pergunta "O que você pensa sobre Beethoven?"; "Adoro, principalmente seus poemas." Parece um samba do crioulo doido. A fuga tão bem construída nos capítulos anteriores desanda num improviso coletivo de palavras sem talento. Cabe tudo naquele junto-e-misturado. Do Bach sintetizado no moog de Walter (Wendy) Carlos a Yo-Yo Ma. Em "Strange Loops", Steve Jobs é saudado como fanático por Bach: curtiu LSD com a namorada em Cupertino, nos tempos pré-Apple, ao som de Bach ("minha experiência mais maravilhosa até aquele momento").

Ok, são preferências pessoais do autor. Todavia soam arbitrárias demais. Sem discutir gosto, ao menos Elie deveria adotar o critério de incluir músicos que tenham dedicado boa parte de suas carreiras a Bach. Colocar Daniel Barenboim como especialista em Bach e não dedicar um parágrafo a Wanda Landowska, a Sviatoslav Richter ou a Andras Schiff é esquisito. Louvar Joshua Rifkin e seu duvidosíssimo pastiche barroco de canções dos Beatles é meio over.

Mas o saldo é positivo, ao trazer para mais perto de nós personalidades musicais que andavam meio esquecidas, como Schweitzer, Casals e, principalmente, Stokowski. No mínimo, o livro contribui para relativizarmos a visão xiita da tribo historicamente informada que joga no lixo o Bach romântico do primeiro meio século de existência da reprodução fonográfica.

O saldo é positivo até por trazer para mais perto do público personalidades que andavam esquecidas.

Stravínski e "Sagração da Primavera":
O Parto da Modernidade

Não existe melhor porta de entrada para a música do século xx do que *O Pássaro de Fogo* e *A Sagração da Primavera* – essa é a principal mensagem do maravilhoso DVD *Stravinsky and the Ballets Russes* (Stravínski e os Balés Russos, BelAir Classiques, 2009), um fabuloso projeto capitaneado pelo maestro Valery Gergiev.

Aos sessenta anos, ele merecidamente desfruta de fama mundial conquistada primeiro como diretor dos corpos estáveis do Teatro Mariinsky de São Petersburgo, sendo responsável por um renascimento das montagens de óperas russas na Europa e Estados Unidos. Atualmente, ele também comanda a Orquestra Sinfônica de Londres e é o principal maestro convidado do Metropolitan Opera House de Nova York. Está, portanto, na plenitude de seus talentos excepcionais, seja como líder de projetos ambiciosos e de alta qualidade musical, seja como um dos mais celebrados regentes da atualidade.

As estrelas, o corpo de baile e a orquestra do Mariinsky atuam no DVD que comemora os cem anos da primeira temporada dos Balés Russos de Serge Diaghilev (1872-1929) em Paris. E que tributo! Recriam-se minuciosamente dois de seus maiores projetos, ambos com música de Igor Stravínski: o *Pássaro* estreou em 1910, na segunda temporada da trupe russa; e a *Sagração* em 1913, causando o maior escândalo musical do século.

Durante duas décadas, Diaghilev galvanizou as artes em Paris de um modo difícil de imaginar. Assistir a essas duas coreografias inteiramente recriadas segundo os espetáculos originais é um privilégio inesperado. Em vez do Théâtre du Châtelet, em Paris, o espetáculo foi inteiramente gravado no Teatro Mariinsky, em São Petersburgo, em 2008 – mas essa é a única diferença. Você literalmente "viaja" na coreografia de Michel Fokine, emociona-se com os belíssimos figurinos da Princesa e do Pássaro assinados por Leon Bakst (originalmente dançado por Tamara Karsavina, e agora recriado pela ótima Ekaterina Kondaurova), e os cenários e demais figurinos originais de Alexandre Golovine.

O maior presente, porém, é a recriação da *Sagração da Primavera*. A mais genial parceria entre Stravínski, Vaslav Nijínski e Nicolas Roerich, que

Publicado em *O Estado de S. Paulo*, Caderno 2, 29 maio 2013.

conta a história do sacrifício de uma virgem ao deus da primavera, parecia definitivamente perdida. Havia somente os testemunhos de críticos, público, músicos e outros envolvidos com aquela conturbada noite de 29 de maio de 1913 no Théâtre des Champs-Élysées. O mítico bailarino e coreógrafo Nijínski não deixou praticamente nada escrito em relação à coreografia; restavam fotos em preto e branco dos oito espetáculos iniciais (ele foi rapidamente retirado de cartaz por causa do escândalo). O casal de pesquisadores Millicent Hodson e Kenneth Archer investiu muitos anos em entrevistas com dezenas de pessoas ligadas à montagem original, estudo da documentação espalhada em centenas de fontes diferentes. Um verdadeiro trabalho de monges medievais, que resulta num espetáculo magnífico em todos os sentidos.

Na esclarecedora e consistente entrevista de meia hora, Hodson e Archer vão aos detalhes de como recompuseram, quase como num quebra-cabeças, a coreografia, as cores exuberantes dos figurinos e os cenários. "Nijínski fez uma revolução tão grande, na coreografia, quanto Stravínski na música", comenta Hodson a certa altura, "pois na verdade ele criou 47 papéis solistas na *Sagração*". Em muitas cenas, cada bailarino faz um movimento diferente. São mesmo, 47 solistas no palco. Em outro bônus do DVD, Millicent Hodson comanda com mão de ferro os ensaios, ajustando e corrigindo movimentos – um trabalho de fina ourivesaria, fundamental numa empreitada desse porte.

Por um lado, tudo isso dificultou muito a reconstrução. Mas, em compensação, assistir à *Sagração* hoje tal como subiu ao palco pouco menos de cem anos atrás nos ajuda bastante a compreender o espanto e a intolerância da crítica e do público parisiense em 1913. Tudo era novo demais e não se esgotava apenas na agenda exótica de Diaghilev de "vender" uma Rússia luxuriante e oriental para os europeus. Obras como a *Sagração* anunciavam uma revolução múltipla no mundo das artes dali para a frente e isso, sabe-se, costuma assustar o público e as engessadas mentes da crítica. A coreografia de Nijínski, ao individualizar os 47 bailarinos em cena, mostrava caminhos inexplorados para a dança dali em diante e Stravínski faz uma polirritmia esfuziante fornecer a base instável para verdadeiros empilhamentos de discursos sonoros. Não à toa, num ensaio célebre, Pierre Boulez escreveu que "A *Sagração* é ponto de referência para todos os que querem estabelecer a certidão de nascimento do que se chama a música 'contemporânea'". De fato, a *Sagração* é meio-parto da música contemporânea (a outra metade ficou por conta do *Pierrot Lunaire*, de Arnold Schoenberg, um ano antes, em 1912).

Made in Russia. Inteiramente seduzidos pela beleza plástica, a dança moderna e uma música "exótica", primitiva, em tudo diferente da ocidental, tendemos a pensar que Diaghilev e sua trupe desembarcaram em Paris como um OVNI – e tomaram de assalto a capital cultural do mundo nas duas primeiras décadas do século XX de modo avassalador.

Nada mais enganoso. Desde 1900, na Exposição Universal de Paris, engendrava-se a venda de uma imagem pagã, primitiva, exótica da Rússia tsarista – oposta, por exemplo, à música russa que se europeizou rapidamente via Tchaikóvski no final do século XIX. Embora a frase da pintora brasileira Tarsila do Amaral tenha sido escrita em 1923, quando acabara de se instalar na cidade, cabe bem para a Paris da época como um todo. "Sinto-me cada vez mais brasileira, quero ser a pintora da minha terra […] O que se quer aqui é que cada um traga contribuição de seu próprio país. Assim se explicam o sucesso dos bailados russos, das gravuras japonesas e da música negra [o jazz, que fez sucesso em Paris a partir de 1917]. Paris está farta de arte parisiense."

De fato, o mundo cabia em Paris. Sobretudo o exótico. Enquanto a erótica dançarina negra norte-americana Josephine Baker – que também atendia por "Pérola Negra" e "Vênus de Bronze" – arrebatava multidões ao som do jazz negro no Folies Bergère, quem ditava tendências na dita grande música era um russo, Igor Stravínski.

Mas Stravínski, é bom não esquecer, só chegou a essa posição de destaque por dois bons motivos: 1. era de fato um gênio; 2. entretanto obedeceu à agenda estética do empresário dos Balés Russos, Serge Diaghilev, preocupado em "vender" uma Rússia pagã e primitiva especialmente para as plateias europeias, não russas. Este até montou um *Boris Godunov* em 1908, porém optou pelo balé porque, segundo uma afirmação sua, "as palavras distraem o olhar e os ouvidos do que é realmente importante: os figurinos, os cenários, a dança e, claro, a música".

Intoxicada pelo wagnerismo galopante, Paris enxergou nessa síntese inteiramente oposta uma grande avenida para as artes modernas. De repente, os Balés Russos concentraram em suas produções, por duas décadas – a companhia desfigurou-se a partir de 1929, com a morte de Diaghilev –, o melhor de cada arte, devidamente integrado no palco. Pense num grande nome nas artes daquelas décadas, e ele terá passado pelos Balés Russos: Picasso, Matisse, Rouault, Braque, quatro gênios entre os pintores. Entre os coreógrafos e figurinistas, nomes tão célebres em seus domínios quanto os citados: Nijínski, Bakst, Benois, Coco Chanel, Balanchine, Fokine, Massine, Nijínska.

Stravínski foi a grande estrela da companhia: em vinte anos passou do mais explosivo primitivismo para um neoclassicismo concebido nos lençóis de Coco Chanel, segundo Mary Davis no divertidíssimo e rigoroso *Classic Chic: Music, Fashion and Modernism* (Chique Clássico: Música, Moda e Modernismo). Ele assina, além das três obras-primas iniciais de 1910-1913 (*O Pássaro de Fogo, Petruchka* e *Sagração da Primavera*), também *O Canto do Rouxinol* e *Pulcinella* (1920), *A Raposa* (1922), *Les Noces* (1923) e *Apollon Musagète* (1928). Outro russo de destaque foi Prokofiev (*The Steel Step* e *O Filho Pródigo*). Todo mundo foi cooptado: Debussy (*L'Après-midi d'un faune* e *Jeux*), Ravel (*Daphnis et Chloé*), Richard Strauss (*A Lenda de José*), Erik Satie (*Parade*), Manuel de Falla (*El Sombrero de Tres Picos*), Poulenc (*Les Biches*), Milhaud (*Le Train bleu*).

Diaghilev foi o homem certo no lugar certo – e no momento exato. Ao "vender" a arte e cultura russa pelo viés do exotismo, forneceu a plataforma estética do nacionalismo – única alternativa para criadores não europeus se firmarem na cena moderna. Villa também foi o homem certo no lugar certo. Paris queria um "índio branco de casaca" – e ele venceu com a mesma receitinha de Diaghilev e dos Balés Russos.

Richard Taruskin, inconteste especialista em música russa, escreve em *On Russian Music* (Sobre Música Russa) que "não havia antecedente algum na arte russa" no que foi apresentado pelos Balés Russos em Paris a partir do *Pássaro de Fogo*, em 1910. Os próprios bailarinos se revoltaram porque não estavam preparados para as coreografias revolucionárias de Nijínski, por exemplo, para a *Sagração*. Mas essa é outra história – a da instauração da dança contemporânea, outra conquista da incrível companhia de Diaghilev, um homem que sabia combinar o faro comercial com a arte. Ele não foi só patrão de Stravínski, foi também seu amigo querido. Juntos, tocavam as *Peças Fáceis* para piano a quatro mãos, que Igor compôs especialmente para Serge.

"Sagração" Cem Anos

Não temos na ponta da língua nem na memória imediata o ano e muito menos o dia preciso em que estrearam algumas das obras-primas mais incensadas da história da música. Quando foram executadas pela primeira vez *As Quatro Estações* de Vivaldi, a *Paixão Segundo São Mateus* de Bach, a *Nona Sinfonia* de Beethoven e a *Sinfonia Fantástica* de Berlioz? Para termos as respostas, uma rápida googada resolve. Pela ordem: 1723, 1727, 1824 e 1830. O mundo clássico, aliás, tão sedento de efemérides para explorá-las mercadologicamente, nunca utilizou a data da estreia de uma obra-prima como mote para megatributos. Costuma-se comemorar com pompa e circunstância somente as datas redondas de nascimento e morte de compositores.

A única obra-prima da história da música que vem sendo reverenciada a cada data redonda desde a estreia é *A Sagração da Primavera*, de Igor Stravínski. E o motivo é simples. Esse quinteto de obras-primas deixou rastros significativos, influências determinantes na criação musical posterior: a forma do concerto tripartite (rápido-lento-rápido) de Vivaldi foi assimilada por Bach; a *Eroica* e a *Nona* pairaram como gigantescas sombras sobre toda a música sinfônica do século XIX.

Mesmo assim, a *Sagração* é exceção: não teve "pais" alheios, não veio de nenhum lugar, nasceu sem antecedentes, porém todo compositor do século XX mergulhou em sua partitura e de lá saiu renovado, disso tenham certeza. O dublê de maestro e compositor finlandês Esa-Pekka Salonen atesta isso em entrevista recente: "Há poucas obras no cânone que têm tamanha vitalidade. A *Eroica* e a *Sinfonia Fantástica* de Berlioz, por exemplo. Elas não partem de modelos anteriores. O salto de Stravínski entre *Petruchka* (de 1912) e a *Sagração* é formidável." Foi um salto de outra natureza, não houve dedução lógica. Salonen conclui: "A *Sagração* veio do nada e mudou tudo. Não há desenvolvimento, ou forma sinfônica, como numa sinfonia de Mahler ou de Brahms [...] Muitas obras de destaque escritas nas décadas de 1910 e 1920 estão praticamente esquecidas, quando falamos sobre elas temos respeito e as reverenciamos, mas não são o tipo de música que sentimos falta quando não ouvimos."

Publicado em *Valor Econômico*, 10 maio 2013.

É um depoimento revelador. Explica por que, quase a cada década desde 1913, os tributos à *Sagração* se repetem. Ela entrou no radar da opinião pública após a estreia, com música de Igor Stravínski, então um russo de trinta anos, recrutado três anos antes pelo *capo* dos Balés Russos, Serge Diaghilev. Voaram tapas, folhetos de programas, luvas e objetos mais contundentes como bengalas entre a plateia, uns contra, outros a favor, com trilha sonora caótica de berros e vaias – no palco, os bailarinos tentavam ouvir sem sucesso a música que o maestro Pierre Monteux regia no fosso; na coxia, Nijínski contava os tempos aos berros, para orientar seus pupilos. Uma balbúrdia que ultrapassou os limites em geral bem comportados do universo musical clássico. Os primeiros vinte minutos de um filme recente, *Coco & Igor* (2009), recriam esse violento parto da modernidade na música e também na dança. Vale a pena assisti-los, apesar de algumas licenças poéticas históricas.

Numa data tão redonda quanto o centenário da estreia, as comemorações e tributos nas salas de concerto de todo o mundo – e no agonizante universo das gravadoras, claro – beiram ao tsunami, com direito a aberrações. Por aqui mesmo, em São Paulo, a obra é tema-matriz da temporada 2013 da Osesp, que promove até a versão para dois pianos, nos próximos dias 30 de maio e 1º de junho, com Olga Kopylova e Paulo Álvares (versão por sinal estreada em junho de 1912, com Stravínski e Debussy aos pianos). No mercado internacional, ressuscitou-se até o provocativo livro *Rites of Spring: the Great War and the Birth of the Modern Age* (Ritos da Primavera: A Grande Guerra e o Nascimento da Modernidade), do historiador Modris Eksteins, de 1989, recém-relançado em e-book pelo Kindle, que coloca a obra como antecipadora dos delírios da Primeira Guerra Mundial e a prefigura como símbolo ideológico da estetização da violência e portanto precursora do nazismo. Robert Craft, misto de secretário, assistente e afilhado de Stravínski em seu período norte-americano, nas décadas finais de vida, entre 1945 e 1971, lança aos noventa anos mais um livro sobre o compositor de seu aparentemente inesgotável baú de lembranças, intitulado *Stravinsky: Discoveries and Memories* (Stavínski: Descobertas e Memórias). Não faz nenhuma nova revelação bombástica, até porque ele já disse tudo que tinha a testemunhar em vários livros anteriores, desde a morte do russo, em 1971. Mas pega carona pela enésima vez no compositor.

É no reino das gravações que o tsunami assume contornos surrealistas. É lógico que é bem-vinda uma nova – e ótima – leitura da *Sagração* por Simon Rattle à frente da Filarmônica de Berlim (EMI). Mas a Decca com certeza exagerou. Acaba de lançar duas caixas comemorativas dos cem anos. A primeira é razoável. Em quatro CDs, refaz o itinerário da obra desde a estreia. Você pode comparar registros de Antal Dorati, Riccardo Chailly, Pierre Boulez, Valery Gergiev e Esa-Pekka Salonen. Há até uma versão com o regente de 1913, Pierre Monteux, só que gravada em 1956. O quarto CD compõe-se de um documentário em áudio com testemunhas da estreia e comentários de maestros, coreógrafos e bailarinos. O exagero mesmo é outra caixa luxuosa, com vinte CDs, contendo registros de 1946 a 2010 dos catálogos da Decca, Deutsche Grammophon e Philips. Ao todo, 38 versões da *Sagração*, de Monteux a Dudamel, passando por Leonard Bernstein, Bernard Haitink, Hernert von Karajan e Georg Solti, com direito à versão para dois pianos com Vladimir Ashkenazy e Andrei Gavrilov. Uma overdose que só servirá para enfeitar e/ou conferir prestígio e distinção a discotecas (se é que ainda existe quem possua discotecas físicas hoje em dia). Nem mesmo a *Sagração* resistiria a 38 versões enfiando-se uma a uma em nossos ouvidos.

Por que tanto barulho em torno da *Sagração*? Porque a obra de fato inaugurou a modernidade musical no século XX. Até hoje gera filhotes e subprodutos estilísticos. E ao mesmo tempo foi entronizada como obra-prima acima de modas e modos, capaz de atingir todo tipo de ouvidos. Isso aconteceu em 1940, quando foi uma das músicas selecionadas para participar do visionário longa-metragem de animação *Fantasia*, dos estúdios de Walt Disney. Quem não lembra da figura de Leopold Stokowski de costas dando a entrada para a aparentemente ingênua melodia do fagote que, solitário, dá início à *Sagração*?

Com um passaporte desses, a obra que nasceu praticamente para ser trilha sonora de um balé não só recebeu o carimbo de obra-prima como chancelou também seu autor como o compositor mais importante do século XX. Para entender, no entanto, as variáveis que se juntaram para construir tanta celebridade, é essencial o DVD *Stravinsky and the Ballets Russes*. É fundamental assisti-lo para ter uma opinião própria na batalha entre os especialistas que consideram a coreografia de Nijínski revolucionária, e não a música de Stravínski – ou *vice versa*. A genial parceria entre Stravínski, Vaslav Nijínski e Nicolas Roerich (todos revolucionando ao mesmo tempo a música, a dança e os figurinos) conta a história do sacrifício de uma virgem ao deus da primavera. Se a música foi preservada, a coreografia e os figurinos pareciam perdidos. Nijínski não deixou nada escrito em relação à coreografia; restavam fotos em preto e branco dos oito espetáculos iniciais (ele foi rapidamente retirado de cartaz por causa do escândalo). Os pesquisadores Millicent Hodson e Kenneth Archer entrevistaram dezenas de pessoas ligadas à montagem original e estudaram a documentação espalhada em centenas de fontes diferentes. Ali fica-se sabendo que a coreografia de Nijínski foi revolucionária porque criou 47 papéis solistas. Em várias cenas, como na "Dança da Terra", por exemplo, cada bailarino faz um movimento diferente. Tanto quanto a música de Stravínski, toda construída sobre o ritmo, com grandes blocos sonoros se fundindo e se sucedendo, numa lógica nova, que despreza o senso de desenvolvimento da música tonal europeia de Bach a Mahler. Stravínski usou a bitonalidade (duas tonalidades superpostas, algo como um cubismo sonoro), compassos assimétricos, polirritmia (vários ritmos "cubisticamente" superpostos). E, pasmem, mesmo assim recensearam-se pelo menos oito temas folclóricos russos perpassando essa música plasmada em fúria inaudita.

Num elenco estelar, Stravínski foi o *superstar* entre os compositores eventualmente ligados à companhia: em vinte anos, passou do mais explosivo primitivismo para um neoclassicismo domesticado e europeizado, mais ao gosto do "grand monde" parisiense. Das principais criações musicais encomendadas por Diaghilev, apenas três obras não assinadas por Stravínski e nascidas como trilhas de balés alçaram voo próprio nas salas de concerto: *L'Après-midi d'um faune*, *Daphnis et Chloé* e *El Sombrero de Tres Picos*.

Perversidade final: no dia 15 de maio de 1913, no mesmo Théâtre des Champs Elysées, portanto catorze dias antes da estreia da *Sagração*, os Balés Russos estrearam, com o mesmo Pierre Monteux na batuta, os mesmos músicos e a mesma trupe liderada por Nijínski, uma obra-prima de Claude Debussy, *Jeux*, com temática visual remetendo ao tênis.

O escândalo sem precedentes da *Sagração* fez submergir a obra, que só se impôs nas salas de concerto depois da Segunda Guerra Mundial. Debussy morreu em 1918, mas certamente entenderia o recalque de seu *Jeux*. Afinal, ele mesmo tocou a versão para dois pianos da *Sagração* ao lado de Stravínski, onze meses antes da estreia, em junho de 1912, na casa de Louis Laloy. O dono da casa descreve assim o final: "Quando eles terminaram, não houve abraços nem cumprimentos. Estávamos todos mudos, paralisados como depois de um furacão que, vindo de tempos imemoriais, levava de volta nossas vidas às raízes."

Na noite de 29 de maio de 1913, Debussy não pôde assistir à estreia, porém vira o ensaio geral na noite anterior. Cita-se muito sua frase sobre a obra: "É música selvagem com todo o conforto moderno." A um amigo, confessou em contido desespero: "Como ficará a música francesa depois da *Sagração*?" Três anos depois, Debussy já sentia uma inveja danada do sucesso de Stravínski ("parece uma criança mimada dizendo o meu *Pássaro de Fogo*, a minha *Sagração*; metendo o dedo no nariz da música"). O russo, que gostava de *Jeux* e só soube dessa hostilidade décadas depois, insinuou que talvez Debussy tenha se sentido "envergonhado por não entender a *Sagração*". Afinal, completou, "a geração jovem a aceita com entusiasmo". É assim até hoje. Um século depois da estreia, a *Sagração* tem tamanha vitalidade que ainda escandaliza os ouvidos conservadores (ou invejosos, como Debussy) e colhe calorosa recepção junto às "gerações jovens". Obras-primas que se prezem mantêm eternamente seu poder de sedução e escândalo. Um brinde à mais incendiária obra-prima da história da música.

Stravínski e Coco Chanel:
Costura e Cultura

Publicado em *Valor Econômico*, 7 dez. 2007.

Nos dias atuais, costura e cultura não se bicam. Entretanto já houve tempo em que as inovações artísticas da alta cultura passaram ou foram determinadas pela alta costura e *vice versa*. Isso vale para todas as artes na fervilhante Paris do período 1910-1925. Paris, naquele momento, era a capital mundial das artes e da cultura. Todo artista que pretendesse algo na vida estava por lá. A lista interminável começa com Picasso, inclui Jean Cocteau, Ravel, Debussy, Stravínski, Nijínski, Diaghilev e todos os nomes estrelados que estão passando pela sua cabeça agora.

Mary Davis, professora e musicóloga da Case Western Reserve University, nos Estados Unidos, escolheu as relações entre música e moda nesse trepidante período como tema de um dos mais interessantes e reveladores livros dos últimos tempos. *Classic Chic: Music, Fashion and Modernism.*

De um lado, o da moda, pontificavam estilistas como Paul Poiret […], Germaine Bongard […] e Coco Chanel, além de revistas especializadas como *La Gazette du Bon Ton, Vogue* e *Vanity Fair*. De outro, o da música, os exóticos Ballets Russes de Diaghilev traziam, desde 1909, a Paris, estrelas como o bailarino Nijínski e o compositor Igor Stravínski (1872-1971). As contaminações eram inevitáveis. Poiret, por exemplo, foi o primeiro a bancar concertos com instrumentos de época em sua luxuosa mansão; e o cenógrafo russo Leon Bakst, dos Ballets Russes, lançou uma coleção de moda em 1913. Pulavam-se as cercas de cada domínio sem a menor cerimônia. Picasso fazia cenários para Cocteau e Satie.

Pela primeira vez um estudo criterioso mergulha nessa incrível Paris entre 1910 e 1925, que vivia um maravilhoso momento de explosão de todas as artes combinado com ascensão do consumo e emergência das novas tecnologias. Mary Davis oferece, em *Classic Chic*, algumas revelações que podem mudar o que se pensava até agora sobre movimentos artísticos importantes, como o neoclassicismo nas artes, que foi mundialmente detonado nos anos 1920 por Paris. Você pode até duvidar, mas, ao que tudo indica, a guinada do compositor russo Igor Stravínski para o neoclassicismo foi parida na luxuriante cama da estilista Coco Chanel nos anos 1920. O vertiginoso caso amoroso entre a criadora do vestido tubinho e do perfume Chanel n. 5 com o compositor da *Sagração da Primavera* não gerou filhos, entretanto rendeu uma importante sequela artística. Stravínski saiu machucado da relação, num momento em que Coco Chanel "colecionava russos", segundo um cronista mundano parisiense e purgou a dor de corno (Chanel trocou-o pelo sobrinho do tsar Alexandre III) assimilando seus conceitos estilísticos: o retorno aos clássicos combinava com a agenda criativa de Chanel, que pregava simplicidade, clareza, precisão. Em sociedade tudo se sabe, já dizia o cronista carioca Ibrahim Sued.

Classic Chic, porém, não é um mero livro de fofocas. Longe disso, Mary Davis faz uma exaustiva análise não só da moda e dos seus principais nomes no período, como também mostra como foi naquela Paris que explodiu e se consolidou a "imprensa de moda". Em entrevista ao *Valor*, ela não concede primazia nem à moda nem às artes como motores iniciais da revolução modernista então em curso. "Penso que houve uma via de mão dupla, em parte porque os músicos e os estilistas de moda circulavam nas mesmas rodas sociais. Eles se conheciam bem."

Compositores Como Celebridades. Todavia uma olhada em cerca de uma centena de ilustrações presentes no livro – que vão de partituras a desenhos de moda, passando por reproduções de grandes artigos e reportagens nas principais revistas de moda sobre música e músicos contemporâneos – leva o leitor, num primeiro momento, a imaginar que foi a moda a mola propulsora da cena artística. Mary Davis diz: "De fato, as revistas de moda promoviam os músicos, sobretudo os compositores, tratando-os como celebridades. Mais do que isso, divulgavam suas obras como um aspecto importante do estilo elegante de viver. Faziam um paralelo artístico das obras musicais com a perfeição dos vestidos de alta-costura. A imprensa também oferecia um guia para um estilo de vida sofisticado. E por isso considerava essencial publicar artigos sobre compositores, intérpretes e noticiar concertos."

A riqueza de detalhes do livro é impressionante. A autora conta a história da imprensa de moda desde o seu nascimento, na França do século XVIII, passando pela invenção da máquina de costura em 1860, até o *boom* do início do século XX em Paris. Este teria sido mesmo, senão o único, ao menos o instante histórico culminante desta relação moda-música? Acredito que sim, já que compositores e costureiros interagiram intensamente entre si e com os artistas visuais. O resultado foi um tipo de modernismo marcado pela moda.

Porém isso não é inteiramente novo: o vínculo entre música e moda pode ser rastreado ao menos até a corte de Luís XIV, embora o ímpeto especial tenha acontecido no início do século XX.

Em que outro momento histórico uma revista de moda publicaria uma partitura de música recém-criada, nova, inédita, de um compositor erudito? Só na Paris de 1910-1925 mesmo. *La Gazette du Bon Ton* promoveu os Ballets Russes de Diaghilev e trouxe a música e os músicos de sua rarefeita esfera para a vida de glamour do mundo da moda. Chegou a encomendar música. No final dos anos 1910 e na década de 1920, *Vanity Fair*, que se pautou para cobrir a cultura como um elemento da vida moderna, promoveu a face do modernismo que transpirava juventude, era acessível e divertida – uma alternativa que afastou para muito longe os estilos mais herméticos e revolucionários do modernismo do vienense Arnold Schoenberg e seus discípulos Alban Berg e Anton Webern. A *Vogue* tornou a música um ícone de moda, conectando-a diretamente com a alta-costura.

A pesquisadora lamenta que, embora essa relação tenha se expandido ao longo do século XX, hoje ela se dê muito mais com as músicas populares. "Até os anos 1940", relembra Mary Davis, "a austeridade e o controle presentes na moda *new look* de Dior, por exemplo, refletiam-se no serialismo integral de Pierre Boulez. Mas, mais recentemente, o rock e a cultura hip hop substituíram a música clássica como parceiros de contaminação com a moda."

Exemplos disso seriam a moda hippie dos anos 1950 combinada com a música psicodélica do período; e a moda hip hop que emergiu paralela à música na década de 1970. "Esses estilos vieram todos das ruas e às vezes alcançaram a alta-costura. Deram um novo fôlego à famosa frase de Coco Chanel de que 'a moda tem que vir das ruas'. Em 2006, poucos meses atrás, Marc Jacobs apresentou uma coleção grunge que pressupõe um retorno aos anos 1990 e à música do Nirvana e de outras bandas de Seattle."

É praticamente impossível acontecer novamente essa formidável contaminação entre música clássica e moda hoje. De um lado, a alta-costura praticamente morreu, atropelada pelo "prêt-à-porter". O mesmo trator que transformou estilistas sobreviventes em deputados federais também passou em cima da música clássica, cujos sobreviventes também só respiram porque ensinam nas universidades. "Hoje", conclui Mary Davis com certo amargor, "isso acontece no mundo da música pop, na qual estrelas como Beyoncé e J. Lo, Justin Timberlake e P. Diddy, Gwen Stefani e Madonna, estão todas envolvidas na criação de coleções de moda e em alguns casos mantêm até ateliês próprios."

Moda & Música. Mary Davis adora duas coisas na vida: moda e música. Isso desde criança. "Jamais desisti de ler as revistas de moda", confessa, "mesmo depois de iniciar meus estudos de música."

O estalo que juntou profissionalmente as duas paixões aconteceu quando Mary fazia sua dissertação de mestrado na Universidade de Harvard sobre o compositor francês Erik Satie (1866-1925). Satie foi o "enfant terrible" da música francesa nos primeiros 25 anos do século XX. Trabalhou como pianista em cabarés, music-halls e cafés-concerto, estudou música a sério na Schola Cantorum quando já tinha quarenta anos de idade. Frasista de primeira – "quando era jovem me diziam: você vai ver quando tiver cinquenta anos; estou com cinquenta anos, e não vi nada" –, fez do chamado "sucesso de escândalo" seu mote. Conhecido pelas três "gymnopédies" para piano; duas foram orquestradas por Debussy e são ouvidas até hoje, em elevadores e trilhas de novelas. Fundou a Igreja Metropolitana de Arte de Jesus Condutor, que só tinha um fiel: ele mesmo, que também assumiu como mestre de capela. Foi um dos primeiros a perder amigos, mas não desperdiçar uma frase venenosa ou uma piada perversa. Foi assim com Debussy, a quem chamou de "Dieubussy" num hilário "Catecismo de conservatório".

Foi profético ao praticar o que chamou de "música de mobiliário", ou seja, música para não ser ouvida – justamente o muzak que tanto nos incomoda hoje em dia. John Cage, o norte-americano mais radical da vanguarda dos anos 1940-1960, adorava essa "música de mobiliário": "Suponho-a melodiosa, ela atenuaria o barulho das facas e dos garfos sem dominá-lo, sem se impor. Ela mobiliaria os silêncios que por vezes pesam entre os convivas. Poupar-lhes-ia as banalidades correntes. Neutralizaria ao mesmo tempo os barulhos da rua que entram no jogo sem discrição. Seria responder a uma necessidade." Em poucas palavras, exerceu por completo sua liberdade, até contra si próprio. Ele mesmo dizia que "tudo isso aconteceu comigo por culpa da música. Essa arte me fez mais mal do que bem: indispôs-me com uma porção de gente de qualidade, honrada, mais que distinta, muito 'como manda o figurino'[…]Tenho muitos inimigos – inimigos fiéis, naturalmente".

Uma personagem dessas apaixona quem dela se aproxima. Foi o caso de Mary Davis. "Descobri ao acaso que podia juntar essas duas obsessões num estudo de sua coletânea de peças para piano intitulada *Sports et Divertissements*. Vibrei quando descobri que ela estava diretamente ligada ao mundo da moda. Foi o que me impulsionou a pesquisar de modo mais amplo as relações entre composição musical e alta-costura durante esse período."

Das 250 páginas de texto de *Classic Chic*, ao menos em um quarto delas surge o nome de Erik Satie, um dos mais instigantes (e irritantes) compositores do século xx. Somente a *Sports et Divertissements* são dedicadas quarentas merecidas e surpreendentes páginas. Mary vai fundo e o resultado é rigoroso e ao mesmo tempo divertidíssimo.

Em 1914, Lucien Vogel, *publisher* da *Gazette du Bon Ton*, encomendou uma obra sobre temas envolvendo moda a Igor Stravínski, porém o russo ainda saboreava o sucesso escandaloso da *Sagração da Primavera*, ocorrida no ano anterior. Recusou porque achou baixo o dinheiro oferecido. Vogel convidou então Satie, que também recusou, mas pela razão contrária: considerou o dinheiro oferecido alto demais. Somente quando Vogel concordou em reduzir o cachê, Satie aceitou a empreitada. Eram, em todo caso, três mil francos – algo que ele jamais recebera no passado nem receberia no futuro por alguma obra em sua vida.

A ideia era publicar um álbum especial de qualidade gráfica sofisticada, semelhante à *Gazette*, uma publicação "one shot". O título evocava o slogan usado para atrair turistas para hotéis, e visava vender, mais do que música, um estilo de vida sofisticado – do banho de mar ao tênis, do golfe ao iatismo, dos piqueniques às corridas de cavalos, da pesca ao carnaval. Entendia-se também que estavam incluídos os chamados esportes sociais, como o flerte e a dança. Satie deveria prender-se à música, deixando para Charles Martin as ilustrações das vinte peças.

O álbum combina peças para piano, textos, desenhos e grafismos e ilustrações em cores. É uma adaptação da *Gazette*. O casamento perfeito entre artes visuais, o mundo "chic" da moda e a música contemporânea. Uma obra-prima desdenhada pela crítica oficialesca. Também pudera. Críticos detestam provocações e são de Satie estas frases: "Foi um crítico que posou para a estátua *O Pensador* de Rodin"; "há três espécies de críticos: os que são importantes; os que são menos importantes; e os que não são importantes. Os dois últimos tipos não existem: todos os críticos são importantes". Em *Sports et Divertissements* não deixa por menos. A primeira peça é um "Coral Inapetitoso (sic)" que dedica "a todos os que não gostam de mim".

Para sua lápide, Satie desenhou um busto com sua figura, com o seguinte pensamento: "Vim ao mundo muito jovem num tempo muito velho."

Os Duzentos Anos de Giuseppe Verdi

Wagner ou Verdi, qual foi o melhor no domínio da ópera no século XIX, o período histórico em que o gênero lírico imperou majestático na vida musical? A pergunta é, além de inevitável, pertinente, porque eles foram contemporâneos em tudo. Até no nascimento. Ambos vieram ao mundo em 1813, portanto seus bicentenários são comemorados no mundo inteiro com muita pompa e circunstância. Quando Wagner morreu, em 1883, o veredicto era claro: ele vencera aquela batalha artística. Verdi vivia recluso, depois de uma série de estrondosos sucessos líricos por várias décadas. Todos o supunham acabado ou em estado de aposentadoria compulsória por impossibilidade criativa, enquanto o culto a Wagner só crescia.

Será? Vamos aos fatos. Verdi foi o mais popular compositor italiano do século XIX. Mais do que isso: o mais popular compositor lírico de sua época, em termos absolutos. As árias mais famosas de suas 26 óperas, distribuídas ao longo de quase sessenta anos, entre 1839 e 1893, não foram cantaroladas nas ruas e assobiadas apenas quando estrearam. Operaram um duplo milagre: transformou-o em figura intensamente popular em vida, capaz de insuflar os sentimentos nacionalistas italianos com sua música e ser até nomeado senador no final da vida. O tempo só jogou a seu favor, de tal modo que hoje suas óperas constituem o eixo fundamental das programações dos teatros de ópera em todo o mundo. É verdade que Wagner também é cultuado e montado com a mesma intensidade no mundo inteiro, mas não desfruta, nem de longe, de níveis de popularidade sequer aproximados. "La donna è mobile" e tantas outras melodias continuam a ser assobiadas e cantaroladas com imenso prazer e facilidade em nosso dia a dia. O argumento final não tem contestação: as óperas de Verdi são curtidas na íntegra por públicos ávidos que cantarolam não uma ou duas, mas várias árias e melodias, enquanto as de Wagner só chegam ao grande público em forma de trechos sinfônicos como os prelúdios e aberturas e uma ou outra cena também instrumental. O ciclo de quatro óperas *O Anel do Nibelungo*, que dura mais de dezesseis horas, recebeu recentemente uma versão enxugada para oito horas para tentar

Publicado em *Valor Econômico*, 4 out. 2013.

ampliar público – e ainda assim é um mamute. Ou seja, Verdi é alimento diário, necessário para repor nossas energias musicais; Wagner é o banquete gastronômico refinadíssimo, que precisa ser marcado com muita antecedência e curtido segundo rituais muito próprios. Em suma, é quase impossível cantarolar Wagner no chuveiro; mas dá para se esbaldar soltando a garganta em "La donna é mobile" ou "Va, pensiero".

A fácil comunicação de Verdi com o público, porém, gerou um efeito colateral: a perversa ideologia alimentada pelas vanguardas passou de certo modo para a opinião pública o falso dogma de que tamanho sucesso só tem condições de conviver com certa falta de qualidade artística. Verdi ainda vivia quando tentaram jogá-lo contra a imponência e sofisticação de Wagner. Engano fatal. Alberto Savinio, irmão do pintor metafísico italiano Giorgio de Chirico, ele mesmo pintor e também músico, compositor e crítico, escreveu que Wagner nos remete a um passado mítico, enquanto Verdi nos puxa o tempo todo para a realidade presente. Por isso mesmo, ele fica tão íntimo de nós, como se fosse um parente próximo.

Numa recente biografia, o estudioso inglês John Rosselli alerta que "ele não queria alcançar algo perdido, infinito, inalcançável", missão impossível "que marcou tantos criadores mais complexos como Berlioz ou Wagner". Isaiah Berlin, um dos mais certeiros intelectuais públicos do século xx, acrescenta que Verdi foi "a última voz do humanismo que não estava em guerra consigo mesma, ao menos não na música [...] o último mestre que pintou com cores positivas, claras, primárias, dando expressão direta às emoções humanas primordiais, eternas". Em suma, é por isso que suas óperas nos emocionam hoje com a mesma intensidade com que levaram ao delírio seus contemporâneos.

Com a Política na Alma. Verdi nasceu em 9 ou 10 – não há certeza – de outubro de 1813 no vilarejo de Roncole, a cinco quilômetros de Busseto, a meio caminho entre Parma e Piacenza. Como a região estava sob controle político francês, foi batizado como Joseph François Fortunin Verdi. A Itália, naquele momento, designava só uma região geográfica, e não uma realidade política. Giuseppe era, portanto, cidadão francês, já que Napoleão Bonaparte anexara à França um terço do território italiano. O padre da aldeia alfabetizou-o e ensinou-lhe rudimentos de música. A pobreza era a marca de sua vida: a base da alimentação era a famosa polenta.

Depois de praticar no órgão da igreja em Roncole, conseguiu se mudar para Milão aos dezenove anos, a fim de estudar música, financiado pelo ricaço da terra, Antonio Barezzi. Em 1839, realizou o sonho de estrear uma ópera, *Oberto*, no Teatro alla Scala, com boa acolhida. Dois anos depois, conquistou o primeiro sucesso espetacular, a ópera *Nabucco*, que estreou em 9 de maio de 1842. Contribuiu para o êxito fulminante, o fato de o povo italiano associar o infortúnio de país dominado com o canto de lamentação do povo hebreu, oprimido pelo imperador babilônico Nabucodonosor.

O coro "Va, pensiero" comoveu Verdi de saída, quando pôs os olhos no libreto: ele é cantado pelos judeus cativos, que trabalham como escravos às margens do rio Eufrates. A partir daquele momento, Verdi tornou-se o compositor não oficial do Risorgimento, movimento que lutava por uma Itália livre e unida, contra o domínio austríaco. "Va, pensiero", é difícil de imaginar, já era cantado pelos próprios funcionários do Scala mesmo antes da primeira récita.

É improvável que Verdi o tenha escrito com objetivos políticos, todavia era simpático à causa liberal do Risorgimento. Mais importante era seu novo modo de escrever música: direta e simples, aplicada à engrenagem das emoções, característica que aperfeiçoaria nas três décadas seguintes.

Uma coincidência difícil de explicar é que as iniciais de Verdi correspondem às primeiras letras do slogan-de-passeata "Viva Vittorio Emanuele Re d'Italia", preso na garganta dos nacionalistas (Vittorio Emanuele era o rei do Piemonte, sob cuja regência fez-se a unidade italiana; foi o primeiro rei da Itália). Como não podiam saudar publicamente seu rei por causa do domínio austríaco, os militantes pichavam o slogan "Viva v.e.r.d.i." nos muros das cidades italianas – e, para reforçar, a cada nova ópera do compositor explodiam, entre os aplausos, os gritos de VIVA V.E.R.D.I com evidente conotação política.

Luchino Visconti abriu seu filme *Senso*, de 1954, com um flagrante desses no Teatro La Fenice de Veneza, onde tantas óperas de Verdi foram mundialmente estreadas. Vale a pena assistir em DVD ao filme, que conta a história da resistência italiana por meio da "love story" estilo Romeu e Julieta entre uma condessa italiana e um oficial austríaco.

Entre 1843 e 1853, ele trabalhou freneticamente. No total, treze óperas, entre as estreias de *I Lombardi alla prima crociata* até *La traviata*. Três são obras-primas absolutas e campeãs nos rankings das montagens até hoje: *Rigoletto* (1851), *Il trovatore* e *La traviata* (1853). Entre as demais, ainda montam-se *Ernani*, *Macbeth* e *Luisa Miller*.

O pesquisador francês Jean-François Labie escreve que "Verdi era um animal de teatro: preocupava-se com a maneira como eram montadas suas obras e mantinha cenógrafos e cantores sob estrita vigilância. Era também um homem que conhecia o valor do trabalho: áspero, discutia com editores e diretores de teatro os termos de seus contratos."

Investiu tudo que ganhou em terras ao redor de Busseto, sua região natal, até formar a famosa propriedade em Sant'Agata, onde construiu uma casa amarela. Daí em diante, no meio século seguinte, Verdi encontrava ali, no trato com a terra, na condição de fazendeiro, seu maior prazer. Sant'Agata era um refúgio para o qual se recolhia alguns meses a cada ano.

Entre 1848 e 1871, casou-se com a soprano Giuseppina Strepponi, o grande amor de sua vida, mudou-se em definitivo para Sant'Agata, foi eleito para o primeiro parlamento italiano em 1861 (depois seria nomeado senador emérito vitalício), e atingiu o clímax de sua glória e popularidade com outras duas notáveis óperas: *Un ballo in maschera*, de 1859, e *La forza del Destino*, de 1862. Três anos depois, fez uma versão francesa de *Macbeth* para Paris e, em 1867, compôs a primeira de diversas versões de *Don Carlo*, possivelmente a mais bem acabada e perfeita de suas óperas.

O sinal mais sintomático de seu imenso prestígio internacional foi o convite do governo egípcio, em 1870, para compor uma ópera a ser encenada na inauguração do Canal de Suez, que, com 163 quilômetros de extensão, liga Porto Said, no Mar Mediterrâneo, a Suez, no Mar Vermelho; permite que navios passem da Europa à Ásia sem precisar contornar a África pelo Cabo da Boa Esperança. Assim nasceu a famosa *Aida*, com libreto baseado em texto do egiptólogo Mariette. Estreou em dezembro de 1871 no Cairo. Os grandes temas verdianos estão todos presentes: o coro de invocações religiosas, a grande ária de exaltação à pátria ("O patria mia"), os príncipes e o clero retratados de modo negativo.

Dois anos depois, a propósito da morte do poeta Alessandro Manzoni, compôs uma *Messa da Réquiem* que, de fato, é uma majestosa ópera litúrgica. Nos catorze anos seguintes, calou-se musicalmente. E, quando muitos o julgavam acabado, criou as obras-primas finais: *Otello*, em 1887, e *Falstaff*, em 1893. Nelas, o ritmo da ópera não mais se impõe a partir de acontecimentos exteriores. O drama passa a ser função das relações emotivas entre personagens. O ritmo é mais lento, não há pressa, respira-se o ar lento, porém não solene, da tragédia. As personagens são vítimas de suas próprias deficiências. Quatro peças sacras concluíram uma longa vida inteiramente dedicada à música.

Certa vez perguntaram a Maria Callas, a maior das divas líricas de todos os tempos, o que é ópera. Ela devolveu: "Verdi." Com razão. Ao longo de suas 26 óperas, demonstrou a raríssima habilidade de escrever melodias que sintetizam as emoções da personagem e as comunicam a quem ouve de modo imediato; aperfeiçoou cada vez mais essa característica, e acrescentou-lhe outras, como, por exemplo, o domínio magistral da forma dramática e musical, além de sofisticar-se mais e mais na orquestração.

É por isso que inúmeras de suas óperas estabeleceram-se no repertório lírico desde a estreia – e não mais deixaram de ser representadas e de constituir o eixo central das programações líricas das casas de ópera espalhadas pelo mundo. Apenas Mozart e Wagner rivalizam com ele em número de óperas coladas na pele e ouvidos dos melômanos.

Mas ninguém é tão popular impunemente. Já em sua última década de vida, as novas gerações de compositores italianos iniciaram um movimento sorrateiro de desvalorização de sua obra, acentuado, após sua morte em 1901, por compositores como Alfredo Casella. Eles levavam adiante a bandeira da revalorização da música instrumental italiana, quase inexistente diante da avalanche representada pela força da ópera durante todo o século XIX. O renascimento da reputação de Verdi e a correta avaliação de sua obra em condições de igualdade com a de Wagner aconteceram vinte anos depois, e surgiram na Alemanha e na Inglaterra. Apesar das iniciativas de maestros como Thomas Beecham no Convent Garden em Londres nos anos 1930, o processo só se intensificou mesmo após a Segunda Guerra Mundial, quando todas as suas óperas foram montadas na Inglaterra e na Itália, assim como na Metropolitan Opera House de Nova York, então dirigida por Rudolf Bing. Nos últimos sessenta anos, suas óperas predominam largamente na programação dos teatros líricos de todo o mundo, na prova mais contundente de que, em Verdi, juntam-se de forma genial a qualidade de invenção musical com uma capacidade inédita de comunicação com todo tipo de público.

Os Duzentos Anos de Richard Wagner

Publicado em *Valor Econômico*, 15 fev. 2013.

Richard Wagner foi o arquiteto da indústria que hoje leva seu nome. À primeira vista, a frase parece corriqueira. Nós nos habituamos a esperar que qualquer um que atue na esfera pública faça autopromoção, ou contrate especialistas com esse objetivo. É assim que o professor da Universidade da Carolina do Sul, Nicholas Vazsonyi, começa *Richard Wagner: Self-Promotion and the Making of a Brand* (Richard Wagner: A Autopromoção e a Criação de uma Marca), um dos livros mais originais já escritos sobre o autor de *O Anel do Nibelungo*, *Parsifal*, *Tristão e Isolda* e os *Mestres Cantores*, óperas que significaram uma revolução no mundo da ópera, na segunda metade do século XIX.

Mais do que isso, Wagner tornou-se sinônimo de "obra de arte do futuro", imprimiu uma marca tão forte a suas criações, a ponto de impor um gênero próprio, o da "obra de arte total", em sua expressão, reunindo todas as demais artes, da palavra, da música e visuais – todas concebidas pelo próprio compositor. A construção de sua imagem pública como celebridade e de sua obra não foi fruto do acaso, mas de um projeto sistemático e racional, tão moderno como os atuais planejamentos de marketing que determinam cada detalhe do lançamento de novos produtos e/ou empresas.

O livro consegue a proeza de nos levar a conhecer mais de perto as motivações reais de Wagner no ano em que o mundo comemora seu 2000 aniversário de nascimento. Por isso, destaca-se num imenso oceano bibliográfico. Quando morreu em 1883, Wagner já era objeto de cerca de dez mil livros. Como se sabe, a indústria cultural só lança mão de criadores da chamada "alta cultura" quando tem certeza de que tais obras alcançaram de fato reconhecimento universal, em todas as classes sociais. Um exemplo revelador: num episódio do celebrado seriado norte-americano *Seinfeld*, Elaine diz para Jerry: "Você sabe, é tão triste. Todo o nosso conhecimento de alta cultura foi adquirido nos cartuns do Pernalonga."

A referência é a um dos mais bem-sucedidos casos de transfusão da alta cultura para a de massa, o popularíssimo desenho de animação *What's Opera, Doc?*, que em português virou *Que Ópera, Velhinho?*, satiriza uma das cenas mais conhecidas do *Anel do Nibelungo* de Wagner. Pernalonga, travestido como a valquíria Brünnhilde, na famosíssima cena da Cavalgada da ópera *A Valquíria*, contracena com Holtelino Tloca-Letla como Wotan. É de morrer de rir, mas o arranjo de Carl Stallingsegue tem certo rigor do original wagneriano (assista no YouTube).

Um Caso Especial. Ao prefigurar a prática de modernas técnicas de marketing, promoção e relações públicas em pleno século XIX, porém, o compositor tornou-se sinônimo de polêmica. Segundo Nicholas Vazsonyi, fazer autopromoção era encarado como "comportamento incorreto", servia mais para manchar do que lustrar a reputação. "As técnicas e estratégias que Wagner usou não eram novas nem originais." Apesar disso, seu caso é especial. Em primeiro lugar, ao contrário dos demais grandes compositores, como Franz Liszt, "que se transformaram em mercadorias", Wagner não só participou, mas foi pioneiro em fazer seu merchandising. Enquanto criava uma "persona pública diferenciada", qualificou suas composições como únicas, incomparáveis, sem parâmetro com tudo que se fizera antes ou no seu próprio tempo. Wagner usou uma das técnicas preferidas da propaganda: a massificação da mensagem, sua repetição "ad nauseam", transforma-a em verdade independente de sua real condição. A opinião pública passou a enxergar em suas obras "uma nova categoria" musical. Além de "inventar um vocabulário" para descrevê-las, ele construiu um teatro exclusivo concebido para elas.

A ideia de Bayreuth, o templo especificamente erigido para abrigar suas óperas, com a ajuda do rei Luís II da Baviera, começou com um delírio em grande estilo: Wagner imaginou um teatro que só existiria enquanto durassem as representações da tetralogia *O Anel do Nibelungo* (suas quatro óperas formam, em dezesseis horas de duração, a mais monumental e ambiciosa síntese da alma germânica a partir de lendas nórdicas medievais). O edifício seria demolido após uma semana de apresentações gratuitas. "Construir um teatro exclusivamente para suas obras foi o gesto mais visível em seu ambicioso projeto de transformá-las em grifes de marketing."

Ao mesmo tempo – e para resguardar-se –, Wagner resistiu e atacou os mecanismos de modernidade como a autopromoção, dos quais se beneficiou amplamente. "Esse é o paradoxo essencial da indústria wagneriana", afirma Nicholas.

Sem talento, ele teria naufragado. A permanência de sua obra e o enorme impacto que causou explica-se por suas óperas "colossais, sempre fascinantes e poderosamente emocionais que oferecem estímulos renovados e expressivos a cada nova geração". A novidade é que Wagner considerava que só a qualidade não bastava, a chamada "grande arte" não fala por si mesma. Desde os 27 anos, em 1840, começou a escrever textos de apoio para aumentar a visibilidade na esfera pública, "apresentando uma versão cuidadosamente concebida de si mesmo". Demoliu os competidores diretos e transformou o gosto musical por gerações. Ainda hoje, diz Nicholas, escrevemos sobre ele com a mesma linguagem e cacoetes formulados por Wagner.

Ele é o único compositor nascido em séculos anteriores cuja figura é presente, atual, provocando paixões desenfreadas e ódios viscerais. Isso também é fruto de seu antissemitismo feroz que alimentou Nietzsche e sua noção de super-homem, depois o nazismo e por fim todo um conceito de germanidade como nação superior. Em pleno século XXI, vira-e-mexe, há incidentes envolvendo execuções de suas obras em Israel ou grupelhos nazi-fascistas servindo-se dele como porta-bandeira.

"Vários de seus contemporâneos", anota Nicholas, "acentuaram sua insaciável necessidade de se comunicar." Sua teatralidade extravasava dos palcos líricos para a sua vida. Nietzsche, depois de glorificá-lo e agir como seu escravo estético, passou a renegá-lo. Chamou-o de "histriônico", um sujeito que encenava tudo, incluindo a si próprio, "neurótico".

As Primeiras Celebridades. Goethe e Byron foram os primeiros a assumir a condição de celebridades na virada dos anos 1800. A ideia de que o artista precisa criar o gosto pelo qual será apreciado espelha o que o filósofo Jürgen Habermas, da segunda geração da Escola de Frankfurt, chama de "transformação estrutural da esfera pública" no século XVIII, precipitada pela ascensão do jornalismo e o início do que se entende por cultura popular. "Ao escrever para um público que ainda não existia", diz Nicholas, "estes escritores assumiam a mentalidade de uma 'vanguarda' antes de a palavra ser de fato usada. Em outras palavras, resistiam à emergente cultura de consumo."

Não por acaso, o sociólogo francês Pierre Bourdieu qualifica como "estratégia de marketing" a pose antimercado de figuras como Baudelaire e Flaubert na Paris dos anos 1840. Para vocês verem como Wagner é figura-chave nesse processo, Theodor Adorno localiza justamente no compositor o início do conceito que ele cunhou de "indústria cultural". Resumindo: todos passam a focar na nova figura emergente do consumidor – e Wagner representa o clímax dessa estratégia. Ele usou todas as ferramentas ao mesmo tempo: celebridade, o manifesto estético, vanguarda, moda, a velocidade do jornalismo, a expansão dos mercados, o produto de marca, ou seja, a grife.

"Wagner estabeleceu para si próprio um nicho autossuficiente no mercado lírico que ele sozinho controlava."

Assumiu a contradição com gosto e consciência. Vendeu como feirante a "obra de arte total", a obra de arte do futuro; criou a aura de vanguarda e simultaneamente usou um arsenal mercadológico. Visava o lucro, mas vendia suas criações como arte superior – o que de fato são. Sem talento, teria sido só mais um charlatão. Seu gênio superlativo distribuía-se igualmente como compositor, libretista, escritor, regente e "self-promoter".

Em seu livro, Nicholas se propõe a deixar de lado os usuais comentários sobre a sua personalidade megalomaníaca e "levar a sério seus esforços para criar uma persona e para empacotar sua obras". Afinal, "modernamente muitos artistas tiveram de se vender para o mercado, Wagner só foi melhor do que todos. Possivelmente sua maior conquista foi a habilidade de se auto-promover e ao mesmo tempo ser levado a sério".

Paradoxos. O compositor conviveu bem com o paradoxo de, "por um lado, realizar o sonho romântico da arte unificada que poderia tornar o homem íntegro de novo; de outro, trabalhar mercadologicamente as obras uma a uma, como produtos que garantem seus efeitos: se você quer curar o mundo e sentir-se bem nessas questões, compre Wagner".

Nicholas dedica capítulos a cada um dos vetores de marketing da "obra de arte total": criação da persona; relações públicas; desenvolvimento de um nicho e de uma marca; marketing incorporado nas próprias obras; e estabelecimento de um eixo central e uma *network* global. Ao contrário dos pesquisadores especializados, que não dão valor ao amazônico volume de escritos do compositor, Nicholas analisa detidamente os dezesseis volumes de prosa jornalística, ensaio e ficção, fora dez volumes de uma correspondência farta ainda não totalmente publicada, e mostra até que ponto Wagner foi um executivo que modernamente seria muito bem-sucedido, um três-em-um: ele foi seu próprio assessor de imprensa, seu próprio empresário, seu próprio relações-públicas. E o que ele vendeu, com tanto sucesso? Sua imagem como figura cultural proeminente; gênio criativo; um alemão de verdade; inventor de uma nova marca de produto estético.

Marketing à Francesa. Wagner aprendeu tudo de marketing ao viver em Paris por dois anos e meio, entre setembro de 1839 e abril de 1842. Tinha só 27 anos. Ganhar dinheiro, muito dinheiro, era a sua principal motivação. Deu tudo errado. Não conseguiu apresentar nenhuma ópera, porém aprendeu a lição observando os grandes da música na então capital musical da Europa. Adorava a megalomania de Hector Berlioz, dez anos mais velho que ele. A ideia de Bayreuth pode ter nascido ali. Vejam o que Wagner escreveu para um jornal de Dresden: "Você ouve a música de Berlioz exclusivamente nos concertos que ele mesmo organiza uma ou duas vezes por ano; esses concertos são seu território exclusivo; suas obras são tocadas por uma orquestra arregimentada por ele, e para um público que conquistou depois de uma batalha de dez anos." É espantoso, diz Nicholas, como Wagner emulou Berlioz. "Ele não compõe por dinheiro", escreve Wagner. O francês, aliás, bem pode ter usado a falta de dinheiro como tática de *self-promotion*. O *miserê* tantas vezes repetido a respeito das dificuldades de grana de Berlioz para montar suas obras e mesmo sobreviver vem sendo desmentido por pesquisadores mais recentes, como Peter Bloom e Kern Holoman (este último conclui que "este *miserê* é comprovadamente falso"). O mesmo vale para Wagner, que saiu fugido de muitas cidades acossado pelos credores, mas não passou grandes *miserês*, para ficar na mesma palavra aplicada a Berlioz.

Ele também assistiu ao auge do superpianista Franz Liszt em Paris e tratou de emular aquela "máquina de propaganda". Constatou que "os virtuoses eram consumados *self-promoters*", na expressão de Nicholas. Afinal, Liszt substituiu a célebre expressão "noblesse oblige" por "génie oblige", querendo dizer com isso que o artista estava em pé de igualdade com a aristocracia. Uma das piadas que circularam sobre Liszt naqueles anos dá conta de que a princesa Metternich perguntou-lhe, quando voltou de uma turnê de recitais por várias cidades, se havia feito "bons negócios". Liszt respondeu-lhe: "Princesa, faço música, não negócios."

Rápido no gatilho, Wagner instrumentalizou seu fracasso apresentando-se como "o tipo de artista que deve esquecer que existe um lado de negócio na arte". Entretanto, diz Nicholas, "ele se lembrou muito bem do lado negócio da arte, consumiu-se com isso". Dali para a frente, posou publicamente como desinteressado nas questões financeiras, todavia privadamente lutou como leão pela obtenção de financiamento para seus ambiciosíssimos projetos. Tudo, mas tudo mesmo pela arte. A cereja no seu pudim mercadológico: mulherengo incorrigível, cedeu em nome de sua arte à paixão do rei Luís II da Baviera, que em troca quase arruinou seu reino para investir na construção do Teatro de Bayreuth, inaugurado em 1876 com dezenas de cabeças coroadas na plateia, inclusive o nosso Pedro II. "Génie oblige", diria rindo Liszt. "Succès oblige", corrigiria um homem de marketing do século XXI.

Richard Wagner e o Cinema

Se tivesse vivido um século mais tarde, o endereço de Richard Wagner não seria Bayreuth e sim Beverly Hills; ele não escreveria óperas, mas trilhas sonoras para filmes-catástrofe tipo *Inferno na Torre*. A frase do jornalista Martin van Amerongen, em *Wagner, a Case History* (Wagner: Um Caso Histórico), vai além da sacada. É perfeita para mostrar que, mesmo tendo vivido no século XIX, Wagner foi determinante para o próprio nascimento do cinema, há pouco mais de cem anos. Sua concepção da obra de arte total (também chamada por ele de obra de arte do futuro), englobando todas as demais na ópera, revolucionou não só o mundo lírico como criou filhotes inesperados, fornecendo os elementos para uma nova arte, a do cinema, afirmar-se no século XX.

Quem diz isso é ninguém mais do que Theodor Adorno (1903-1969), em seu *Versuch über Wagner* (Ensaio Sobre Wagner), escreve a certa altura que "o entusiasmo do jovem Nietzsche se equivocava sobre a obra de arte do futuro: nesta se produz o nascimento do cinema a partir do espírito da música". Adorno localiza aí, na obra de arte total de Wagner, o nascedouro da indústria cultural que tanto odiava. Para provar isso, cita uma carta de Chamberlain a Cosima, mulher de Wagner, em 1890, antes portanto da invenção do cinematógrafo, a respeito da *Sinfonia Dante*, de Liszt, amigo dileto e parceiro estético de Wagner: "Façam executar essa sinfonia com uma orquestra oculta em uma sala escura, e no fundo projetem-se imagens. Vocês verão entrarem em êxtase todos os meus gelados vizinhos de hoje, cuja insensibilidade atormentava meu pobre coração."

Por isso, Richard Wagner e suas monumentais óperas constituem o núcleo inicial a partir do qual se discutem as relações entre ópera e cinema – um tópico recente que entrou na agenda dos pesquisadores internacionais há pouco mais de duas décadas. Um livro recém-lançado nos Estados Unidos busca consolidar esse tema interdisciplinar de estudo, vasto o suficiente para abranger desde a ópera filmada até as tramas que encontram apoio musical decisivo em determinadas árias, óperas e/ou compositores clássicos.

Publicado em *Valor Econômico*, 19 ago. 2010.

Em *Wagner and Cinema* (Wagner e o Cinema), os editores Jeongwon Joe, professor da Universidade de Cincinatti, e Sander L. Gilman, da Universidade Emory, convocam um time seleto de pesquisadores para esquadrinhar cerca de 150 filmes em dezoito artigos.

Ereção Acústica. São tantas as premonições cinemáticas de Wagner em suas óperas, que Jeongwon Joe começa citando um artigo pioneiro sobre música de cinema, dos idos de 1991, por Stephen Bush: "Todo profissional responsável pela música de um filme é, consciente ou inconscientemente, discípulo de Wagner."

São muitas as premonições cinemáticas de Wagner em suas óperas. Além da tão repetidamente lembrada técnica do *leitmotif* – a atribuição de uma melodia, ou de um tema, a cada personagem e/ou situação sempre que ela retorna à cena, recurso atualmente banal a ponto de ser usado em telenovelas –, Wagner foi um dos primeiros a adotar o que se chama hoje de fazer música "Mickey-Mousing": como é tão comum hoje na animação, a música acompanha passo a passo – ou nota a nota – os movimentos das personagens.

Um dos exemplos mais impressionantes do talento cinematográfico wagneriano é o que Joe chama de cena de "ereção acústica", num momento em que Isolda chora tendo ao lado seu amado Tristão inerte, na impressionante cena final da ópera *Tristão e Isolda*. A célebre cena ficou famosa como "Liebestod", e alcança seu momento culminante quando Isolda canta a palavra "Weltaten", e o Tristão morto experimenta uma "ereção acústica" proporcionada por ondas sinfônicas que funcionam como amplificação estética do drama. São sucessivas ondas orquestrais ascendentes entre os quatro e os cinco minutos e meio numa música de sete minutos que vale a pena ouvir (assista, por exemplo, a soberba performance encenada de Wautraud Meier no Scala, em 2007, com orquestra regida por Daniel Barenboim, e também a da sensacional Nina Stemme em concerto, no YouTube). A partir dessa descrição, pode-se detectar o uso do mesmo recurso em centenas de trilhas sonoras dos quatro cantos do mundo neste último século.

Entre os artigos, quase todos muito interessantes e diversificados – cobrindo desde o uso da música de Wagner no cinema mudo até o *Excalibur* e as séries *Star Wars* e *O Senhor dos Anéis* –, há um particularmente instigante, intitulado "Lendo Wagner em *Bugs Bunny Nips the Nips*", um desenho tido e havido como ultrajante porque, feito em 1944, mostra um Pernalonga campeão lutando contra caricatos soldados japoneses (corria a Segunda Guerra Mundial, não esqueçamos, e a animação era mais uma peça de propaganda).

Carl Stalling, o genial responsável pela música, usa trechos de *As Valquírias* para reforçar a imagem nacionalista norte-americana de Pernalonga. Como a imagem de Wagner estava profundamente associada ao nazismo e ao Terceiro Reich, é absolutamente surpreendente o recurso. Ao mesmo tempo, Stalling usa temas escalas pentatônicas tipicamente orientais para caracterizar o infame soldado japonês. O desenho foi censurado e não aparece nas antologias modernas da personagem em DVD (de novo, assista ao desenho no YouTube). Neil Lerner indica que cerca de 120 desenhos da era de ouro da animação nos Estados Unidos utilizam música de dez óperas de Wagner.

Valquírias na Guerra do Iraque. Uma das utilizações mais famosas da música de Wagner no cinema é, sem dúvida, é a da "Cavalgada das Valquírias", por Francis Ford Coppola, em *Apocalypse Now*, filme de 1979 (assista a esses fantásticos quatro minutos no YouTube). "Pois aquelas cenas foram tão memoráveis", escreve Jeongwon Joe, "que serviram de inspiração para o real ataque aéreo norte-americano ao Iraque em 21 de junho de 2003." Ele cita inclusive o relato da agência de notícias Reuters: "As tropas dos Estados Unidos empolgaram-se numa bizarra retomada musical do filme *Apocalypse Now* sobre a guerra do Vietnã. Com a 'Cavalgada das Valquírias' ainda ressoando em seus ouvidos e o barulho dos helicópteros sobre suas cabeças, os soldados em veículos blindados caçaram os franco-atiradores muçulmanos que resistem à ocupação do Iraque e invadiram casas na parte oeste da cidade de Ramadi." Encantado com a força da música de Wagner, Jeongwon Joe esquece a morbidez desse perverso cruzamento entre ficção e realidade.

A aura de Wagner é tamanha que, na cerimônia do Oscar em 2004, Julia Roberts apresentou um vídeo-tributo a Katharine Hepburn por sua morte em 2003: "Os minutos finais do vídeo", diz Joe, "foram regados a música orquestral do final de *Crepúsculo dos Deuses*", e complementa o pesquisador, "mesmo quando sua música não é diretamente tocada, ele é a grande inspiração de trilhas como as de *Stars Wars* e do *Senhor dos Anéis*".

Afinal, sempre se soube da imensa força da música de Wagner. Sintomaticamente, suas óperas foram as primeiras a serem filmadas, um pioneirismo inaugurado por Edwin S. Porter nos 25 minutos de *Parsifal* levados à telona em 1904. Sete anos depois, o jornalista W. Stephen Bush, em artigo para a revista *The Moving Picture World*, já reconhecia precocemente, em plena era do cinema mudo, que "todo profissional responsável pela música de um filme é, consciente ou inconscientemente, discípulo de Wagner".

Elliott Carter em Dois Tempos

Publicado em O Estado de S. Paulo, Caderno 2, 29 nov. 2008; 7 nov. 2012.

No próximo dia 11 de dezembro de 2008, o maestro James Levine, o pianista Daniel Barenboim e a Orquestra Sinfônica de Boston irão comemorar, num concerto especial no Carnegie Hall, em Nova York, o centésimo aniversário do compositor norte-americano Elliott Carter. Promoverão a estreia mundial do seu terceiro concerto para piano e orquestra, *Interventions*, composto em 2007.

Na plateia, estará o compositor em carne e osso, um caso raro na história da música. Não se conhece outro exemplo de alguém que tenha composto tantas obras depois dos noventa anos. Giuseppe Verdi escreveu *Falstaff*, sua última ópera, aos oitenta anos; e Richard Strauss curtia 84 anos quando compôs seu adeus musical, as *Quatro Últimas Canções*. Somente nos últimos dez anos, Carter compôs pelo menos doze obras ambiciosas, que foram executadas no Festival de Verão de Tanglewood em julho/agosto passado. Foi sua década mais produtiva. Neste ano compôs um concerto para flauta que estreou em setembro, além do concerto para piano.

Mas quem é Elliott Carter? Praticamente ninguém o conhece fora dos círculos e guetos da vanguarda – sobretudo a vanguarda europeia. Nos Estados Unidos, ele vem sendo maltratado há quase tanto tempo quanto vive. Um crítico, Justin Davidson, escreveu recentemente: "O que significa ser um grande compositor se ninguém quer ouvir sua música? Esta pergunta, que pode referir a vários luminares da vanguarda do século xx, aplica-se com particular ênfase a Elliott Carter." Davidson lembra que quando Yo-Yo Ma tocou o concerto para violoncelo anos atrás, no Carnegie Hall, "o público ovacionou Carter como se ele fosse uma Oprah Winfrey". Na verdade, estavam aplaudindo o músico, não o compositor. "Pois o normal, quando Carter está no programa, é silêncio e uma desenfreada correria para o café do intervalo." Depois de lembrar que durante muito tempo os modernistas insistiam que as plateias um dia absorveriam suas inovações, anota que "este homem escreve música desde que Hoover morava na Casa Branca – e isso ainda não aconteceu".

Será que o critério fundamental para se aferir a qualidade da música de um compositor contemporâneo é avaliar em que medida o público a compreende e aceita? Isso seria nivelar por baixo, com certeza. Todavia, além dos críticos conservadores e ranzinzas e de um público ávido pela repetição do mesmo e hostil a tudo que cheire a novo, há os músicos. Estes, com honrosas exceções, só fazem acentuar o preconceito contra a música nova, mesmo quando pretendem defendê-la e a interpretam. O maestro David Robertson, partidário de Carter, compara a experiência de ouvir essa música à de assistir a uma peça numa língua desconhecida: "Você não entende o significado literal, mas vive a experiência emocional." Com amigos como este, Carter não precisa de inimigos, com certeza.

Ele é um autêntico compositor modernista, portanto um lutador que não vai jogar a toalha, ainda mais agora, às vésperas de completar os cem anos em grande forma. Carter está lépido. Anda sem a ajuda de ninguém, frequenta concertos regularmente e disse recentemente que, em vez de um tributo desses, preferia ganhar um bom pedaço de bolo.

Em todo caso, deve estar no mínimo estranhando essas festividades em torno do seu centenário, pois sempre se sentiu um exilado em seu próprio país. Na Europa é reputado como o maior compositor norte-americano vivo, porém, nos Estados Unidos, os mais prestigiados são os minimalistas de primeira e segunda geração. Nomes como Philip Glass, Steve Reich e John Adams. Está em alta a música acessível, tonal. Nada mais distante da obra desse músico radical que jamais transigiu. "Minha geração", diz Carter no DVD *A Labyrinth of Time* (Um Labirinto do Tempo), "foi a primeira a crescer no modernismo. O modernismo era o desejo de encontrar um modo mais enfático e mais forte de mostrar nas artes o presente em que vivíamos. Havia a influência da psicanálise, da mecanização, conseguir voar, dirigir automóveis. Tudo isso mudou nossa maneira de pensar a música." Por outro lado, continua Carter neste depoimento que o confronta diretamente com os minimalistas, "em toda a minha vida tive a preocupação de evitar a repetição mecânica, porque me parecia que estamos mergulhados na publicidade e na propaganda. Estas são coisas contra as quais lutei especificamente".

Ele conclui fazendo a profissão de fé que o guiou neste século de vida: "Quero um certo tipo de crescimento, desenvolvimento, vitalidade, e não uma espécie de prisão na qual tudo é mecânico e desumano. Minha música tenta refletir o lado humano das coisas."

Guia de Entrada Para a Música de Carter. Não ouça nada de Elliott Carter antes de assistir ao DVD *A Labyrinth of Time*, dirigido por Frank Scheffer. São noventa minutos de pura magia, que nos descortinam todo o universo do compositor. Sua biografia é incrível. Em 1921, aos treze anos, ele estava com o pai na Alemanha de Weimar, onde um dólar valia 1 milhão de marcos; ainda na década de 1920, assistiu à estreia da *Sagração da Primavera*, de Stravínski, em Nova York, e aquela obra o fez decidir dedicar sua vida à composição musical; nos anos 1930, transferiu-se para Paris, onde estudou com Nadia Boulanger, a quem adora.

Aí você vai dizer, já sei: Carter é só mais um entre centenas de compositores norte-americanos que estudaram com ela e depois dividiram-se entre a adoção de linguagens neoclássicas via o Stravínski de *Pulcinella* ou a música serial derivada de Schoenberg. Nada disso. Ele desenvolveu, como acertadamente diz o pianista e musicólogo Charles Rosen no DVD, uma linguagem absolutamente pessoal, que confronta as linguagens da vanguarda europeia radical com uma plataforma estética norte-americana.

Com isso, ganhou enorme respeito na Europa, onde é considerado o maior compositor norte-americano vivo. Pierre Boulez, por exemplo, testemunha, no DVD, sobre ele nestes termos, distribuindo elogios que na verdade são os pilares da vanguarda europeia por ele capitaneada: "Ele é um homem que exige muito de si mesmo em primeiro lugar. E exige muito de seu público também. Pede compromisso, participação, envolvimento, intensidade – atitudes que são muito importantes. Não quer agradar imediatamente, não busca o fácil. Respeito-o muito porque ele vive num ambiente que busca desesperadamente o fácil. E rechaça isso totalmente. Por isso temos que lhe ser agradecidos. É certamente um modelo para a música norte-americana."

Sobre o seu concerto para piano, Rosen derrama elogios. Ele escreveu um livro sobre a música para piano de Carter e gravou um CD excepcional, em 1997, pelo selo Bridge, difícil de encontrar. "As obras são um reflexo de nossa experiência moderna. Este reflexo é muito interessante em Carter", diz, "porque há uma grande reticência. É notável. Não me lembro de nenhuma obra de Carter que termine com um grande estrondo. Há sempre a sensação de que a voz individual permanece cantando sozinha, abandonada pelos outros." Você pode ouvir o concerto para piano, muito bem gravado por Ursula Oppens, em CD com a Orquestra de Baden Baden no *Arte Nova*, Sony, de 2005.

Em suma: dos europeus ele importou a concepção de uma música sem concessões, que necessita sim de ouvidos preparados para chegar a ela. E da América, aprendeu a olhar para o mundo de sons que o rodeia – o que não quer dizer que você vai encontrar citações de músicas populares ou coisa que o valha em sua música. Realidade norte-americana quer dizer, por exemplo, o tema de sua única ópera, intitulada *What Next?* (E Agora?), composta em 2000. Enredo: seis pessoas acabam de sofrer um acidente de carro. Estiradas no asfalto, recobram a consciência, mas não a memória. Alguém aí imagina tema mais contemporâneo e norte-americano do que um acidente de carro?

Depois que você curtir bem o DVD – aliás, excepcional –, adentre com segurança esse mundo musical difícil, complexo, porém pleno de música de alta qualidade. Comece com a ópera citada, que foi lançada pela ECM em 2003, em interpretação comandada por Peter Eötvös e libreto do crítico inglês Paul Griffiths. Como bônus o *Asko Concerto*, também de 2000.

Nesta altura, você pode aventurar-se pelas obras mais desafiadoras. O primeiro quarteto de cordas, por exemplo. Ele compôs cinco, mas este primeiro é especialíssimo. Uma obra imensa, de quase cinquenta minutos, escrita por Carter em 1951, depois de um longo retiro voluntário no deserto do Arizona. Pois é. Ele trocou o charme de Paris pelo sol a pino do Arizona. Você pode experimentar o álbum duplo excelente do Juilliard String Quartet (Sony), gravado em 1991, com os quatro primeiros quartetos. Os violinos, a viola e o violoncelo – cada um segue um discurso autônomo. Os entrecruzamentos e choques sonoros são inevitáveis. "Ande pela rua", diz Carter. "Nosso mundo sonoro está muito próximo de minha música." Esqueça a música serial, esqueça a tonalidade. Carter exige uma escuta ativa, a curiosidade e capacidade de deixar-se envolver, mergulhar, nesse intrincado universo musical.

"No final", encerra Carter o delicioso DVD, "o que vivemos no presente é uma estranha mistura, uma rara confusão, que desaparecerá, já que muita gente está mais consciente – e as pessoas terão que ser assim porque a sociedade é mais complicada, mais povoada e porque há mais coisas que acontecem. As pessoas deverão ser mais inteligentes e astutas. Aí então elas gostarão de minha música." Um meio sorriso maroto encerra uma declaração que se assemelha demais àquela feita por Arnold Schoenberg nos primeiros anos do século XX, quando formulou a música dodecafônica. "Com isso, a Alemanha garante mais cem anos de hegemonia", proclamou. E acrescentou que em um século sua música seria entendida por todos. Errou feio. Um século depois, Carter é obrigado a recorrer ao mesmo argumento gasto. Seria mais razoável admitir que músicas como a sua são para poucos – uma constante, aliás, ao longo da história da música. Mas quem tem cem anos e está vivinho da silva, produzindo muito e absolutamente lúcido, tem o direito de se manter coerente. Já está acima do bem e do mal.

Obituário Elliott Carter em 7 de Novembro de 2012

A morte do compositor nova-iorquino Elliott Carter, aos 103 anos, anteontem, em sua casa em Manhattan, priva o mundo de um dos criadores musicais que melhor personificaram as ambiguidades, conquistas e angústias do século xx. Não é exagero afirmar que ele viveu como estrangeiro em sua própria terra. Numa recentíssima história da música nos Estados Unidos, sua obra ficou de fora porque o autor o considerou esteticamente um europeu nascido nos Estados Unidos por acaso.

Faz sentido. A autocrítica rigorosa, a altivez e independência em relação às exigências do mercado – anátema em relação a um dos grandes dogmas da vida artística norte-americana – e a qualidade indiscutível de sua produção fizeram de Carter o compositor preferido dos europeus de vanguarda. Pessoalmente, ele era muito convicto de sua profissão de fé artística. Certamente não pensou nem em seu país nem nas convidativas atmosferas europeias.

Dando o Troco. Seguiu caminho próprio. Com exceção de seu início, na juventude, quando, conforme confessa, "namorei a ideia populista de escrever para o público". Foi nos idos de 1924, quando conheceu o pioneiro Charles Ives, o primeiro compositor norte-americano radical e experimental. Depois de tê-lo como padrinho por alguns anos, apresentou-lhe composições neoclássicas – o que estremeceu de vez as relações de amizade entre ambos. Não por isso, mas por convicção mesmo, Carter diz que "aprendi que o público não se incomoda com isso. A partir daí, decidi compor para mim mesmo".

Nas badaladas festas de seus cem anos, em 2008, chegou a se irritar com a realização de uma série de concertos só com sua obra em Tanglewood. "Não estou acostumado com isso", confessou após um concerto com a Sinfônica de Boston em que ele e sua música foram muito aplaudidos. "Quando isso acontece, fico pensando onde errei."

Algumas de suas atitudes na plena maturidade das últimas duas décadas de vida comprovam isso. Impunha condições aos músicos, grupos e orquestras que lhe pediam encomendas. A várias sinfônicas que não tocaram sua música no passado ele recusava encomendas na lata. Mesmo assim, escreveu prodigiosamente entre 1990 e 2012, peças mais curtas, é certo, mas mesmo assim o volume impressiona. "Começo a pensar numa música nova caminhando pelas ruas de Manhattan", disse aos cem anos no excelente documentário em DVD, *Labyrinth of Time*, dirigido por Frank Scheffer. Outro lançamento marcante de seus cem anos foi o CD-DVD da Naxos intitulado *100th Annyversary Release* (2008), com dez obras, várias surpreendentemente "assobiáveis" e entre elas duas extraordinárias: *Mosaic*, incrivelmente lírica, todavia não tonal, esclareça-se. A harpa dialoga em espelho ou contraste com os demais instrumentos (flauta, oboé, clarineta, violino, viola, violoncelo e contrabaixo). *Dialogues*, de 2004, já retorna ao universo de sua música mais arisca – talvez devido ao caráter percussivo do piano, que Carter enfatiza. Entre as restantes, há até uma *Remembering Mr. Ives*, de 2001 para violoncelo solo, reutilizando fragmentos da imensa sonata *Concord*, de Charles Ives. No DVD, Carter diz que "cada composição é uma nova aventura para mim. Não penso em estruturas, mas fragmentadamente". Outra frase pinçada da conversa com Robert Aitken, flautista e regente do New Music Concerts Ensemble de Toronto, que interpreta as dez obras do CD: "Escrevo música que propicie prazer aos músicos."

Lições do Deserto. Escrever para os músicos foi lição que aprendeu muito tempo atrás, em dois tempos. Primeiro ainda adolescente, assistiu à estreia norte-americana da *Sagração da Primavera*, no Carnegie Hall em Nova York. "Foi o que me inspirou a ser compositor." Meio século depois, Stravínski devolveu-lhe o elogio, qualificando de "primeira obra-prima norte-americana" o seu *Concerto Duplo Para Cravo, Piano e Duas Orquestras de Câmara*, de 1961, não por acaso uma de suas obras mais tocadas.

Estudou em Paris com Nadia Boulanger, a mestra de dez entre dez compositores norte-americanos do período. Voltou ainda neoclássico, mas com sérias dúvidas nas certezas convencionais que ela lhe passara. Tateou nos anos 1940 em busca de uma linguagem própria, até que em 1950 passou um ano isolado no deserto no Arizona. Foi o segundo e definitivo estalo. No retorno desse retiro, emergiu com um novo método de composição, que chamou "modulação métrica". Trocando em miúdos, cada instrumento segue rota própria, ritmos independentes se superpõem aleatoriamente, o que causa uma instabilidade tremenda na sequência da música. Carter aplicou o processo em seu primeiro quarteto de cordas e, nas décadas seguintes, ampliou o conceito, até a *Sinfonia de Três Orquestras*, de 1977, na qual cada uma delas tem um número diferente de movimentos, cuja sequência também depende de escolhas dos intérpretes. No *Quarteto n. 5*, de 1995, chegou ao limite dessa técnica incluindo até as conversas entre os integrantes do quarteto sobre questões de interpretação da partitura. Ao todo, são doze movimentos com cinco interlúdios de debates.

Durante muito tempo ele respondeu que não compunha óperas porque tinha certeza de que jamais encontraria um libreto inteligente. Encontrou em 1999, na ópera *What Next?*, libreto de Paul Griffiths.

Suas derradeiras composições foram *Doze Epigramas Curtos*, para o pianista francês Pierre-Laurent Aimard, completados em agosto passado; e

Instances, para a Sinfônica de Seattle, em abril. Em junho passado, a Filarmônica de Nova York estreou seu *Two Controversies and a Conversation*.

Um lembrete final. Ninguém entendeu melhor a personalidade e a produção musical de Elliott Carter do que seu amigo, pianista e musicólogo Charles Rosen. Rosen gravou, nos anos 1990, um CD para o selo Bridge com a até então integral de sua obra para piano (lá estão, em leituras irretocáveis, as excepcionais *Sonata n. 1 em Dois Movimentos* e *Night Fantasies*). Rosen também escreveu um livro definitivo, entretanto difícil de encontrar e por isso mesmo caríssimo: *The Musical Languages of Elliott Carter*. Outro livro suculento foi publicado pela University of Rochester Press: *Elliott Carter: The Collected Essays and Lectures 1937-1995*, editado por Jonathan W. Bernard em 1997.

Ópera, Um Sonho Impossível

Ando acalentando um plano audacioso, que exigiria uma soma não inferior a dez mil táleres para ser executado. Segundo esse meu plano, eu teria um teatro feito de pranchas de madeira [...]. Imediatamente convidaria os cantores mais adequados para que se reunissem a mim e providenciaria todo o necessário para essa ocasião especial, de forma que eu pudesse ter certeza de uma encenação memorável da ópera. Eu enviaria então convites a toda parte, a todos que estivessem interessados em minhas obras, garantiria que o auditório estivesse decentemente lotado e daria três récitas – gratuitas, é claro – uma após a outra, no espaço de uma semana, após o que o teatro seria demolido e a coisa toda estaria encerrada.

Publicado em *Valor Econômico*, 27 out. 2006.

Nesta carta de 1850, o compositor alemão Richard Wagner (1813-1883) pôs no papel o mais maravilhoso, utópico e visionário sonho lírico de todos os tempos. Desse modo, acreditava, sua ópera, o teatro e seu nome conquistariam a imortalidade de que gozam só os mitos.

A ópera representou para os compositores, desde seu nascimento quatrocentos anos atrás, a realização de devaneios impossíveis. Entretanto, além disso, ela é historicamente a mais ambiciosa e monumental das artes, porque para existir precisa congregar praticamente todas as demais artes. Projetos líricos envolvem sempre muito dinheiro – e onde há dinheiro, há interesses: financeiros, ideológicos, políticos, sociais. A maior prova disso aconteceu com o próprio Wagner. Ele só realizou o sonho do Teatro de Bayreuth graças à paixão desmedida que lhe dedicava o jovem rei Luís II da Baviera. As quatro óperas que integram o ciclo do *Anel do Nibelungo* lá estrearam em 1876 diante de coroadas cabeças na plateia, incluindo até o nosso imperador Pedro II – e quase levaram à falência o pequeno reinado. A realidade também era menos democrática: os ingressos já eram caríssimos no primeiro festival; e o teatro não só continuou de pé, mas transformou-se, ao longo do tempo, em verdadeiro santuário da arte wagneriana, local de peregrinação religiosamente fanática.

No recém-lançado livro *The Gilded Stage: a Social History of Opera* (O Palco Dourado: uma História Social da Ópera), o historiador cultural inglês

Daniel Snowman não se concentra no que acontece no palco quando começa a função lírica. De modo inovador, prefere clarear as condições políticas, econômicas, sociais da ópera durante sua longa história. Em entrevista ao *Valor Econômico*, Snowman, que atua há muito tempo na Rádio BBC 3, especializada em música clássica, e é pesquisador da Universidade de Londres, diz que "muitos livros sobre a história da ópera concentram-se nos tradicionais três temas: compositores, obras e intérpretes. Minhas estantes, como as de qualquer fanático por ópera, estão cheias deles. Acontece que, além de ser obra de arte, a ópera sempre foi um fenômeno social, econômico e político".

De modo muito acessível e numa escrita levíssima e saborosa, apesar de calcada em rigorosa pesquisa, Snowman explora o contexto mais amplo em que a ópera foi criada, financiada, produzida, recepcionada e percebida. "Aqui não me interessa o que acontece no palco propriamente dito. Meu foco não é apenas a produção lírica, mas o seu consumo: os muitos vínculos unindo teatros líricos e empresários, monarcas e investidores, arte, artistas e plateias."

Contra a Palavra "Ópera". No livro, ele se insurge contra a própria palavra ópera. "Já quis liderar uma campanha para abolir a palavra "ópera". Afinal de contas, ela significa simplesmente obra. Mas para muitos ganhou contornos de grandeza e "elitismo" (outra palavra que eu gostaria de banir). Em minha campanha, tenho a impressão de que teria a meu lado os fantasmas de alguns dos maiores compositores. Monteverdi chamou *Orfeo*, levada à cena pela primeira vez quatrocentos anos atrás, de uma *favola in musica*: uma fábula em forma musical. Até onde sei, ninguém, naquela época, usou a palavra ópera para descrever uma forma artística que, de fato, era uma tentativa de conjugar todas as artes, como o cinema ou os musicais aspiram fazer hoje em dia: uma obra de arte total, para usar a expressão normalmente associada a Wagner. Ele, aliás, também estaria do meu lado."

Bem-humorado, Snowman compara a montagem de uma ópera a "andar na corda bamba no circo" ou com uma corrida de Fórmula 1. "São tantos e tão diversificados os componentes desse espetáculo que os riscos de catástrofes e fiascos são semelhantes aos que se correm andando no arame ou dirigindo nas pistas de alta velocidade." Pois é justamente esse risco que atrai e seduz tanto o público em geral.

Em 1787, as lavadeiras de Praga batiam roupa nas margens do rio enquanto cantavam árias da ópera *Don Giovanni* que acabara de estrear na cidade. Isso é um sinal claríssimo de popularidade. Snowman, no entanto, diz ao *Valor* que referir-se a um passado popular da ópera pode ser muito enganoso:

Suspeito que os amantes da ópera exagerem ao exaltar sua popularidade histórica. No tempo de Monteverdi, Haydn e Mozart, não havia gravações, fotografias, nem rádio ou TV, e poucas pessoas não pertencentes às classes altas tinham a chance de conhecer alguma ópera. Em meados do século XIX, Verdi e Wagner eram mundialmente famosos – mas poucos camponeses na Sicília ou na Calábria foram alguma vez na vida à ópera. E hoje? É verdade, há mais teatros líricos, companhias de ópera, cantoras, cantores etc., do que antes. E além disso a ópera está na TV, em DVDs etc., e atrai enormes multidões aos espetáculos ao ar livre de verão [ele se refere aos festivais do tipo do PROMS londrino que em todo verão arrastam multidões aos parques da cidade para concertos e galas líricas gratuitos, ao ar livre]. Mesmo assim, ainda estamos falando de uma minoria, de uma arte feita para nichos específicos da população, sobretudo se compararmos o público de ópera com o de esportes, moda ou cinema.

"Helicóptero Histórico". O Palco Dourado não é uma história da ópera, mas uma sequência de saborosas e significativas cenas dessa história, desde o nascedouro até a atualidade. Snowman, deliciosamente "british", nos convida a dar essa volta ao mundo lírico em 480 páginas a bordo de seu "helicóptero histórico". A viagem através de lugares e eras do "mapa da ópera" vai da Renascença italiana à Paris de Luís XIV e à Berlim de Frederico, o Grande. Em seguida, uma boa parada no modo como Napoleão fez da ópera um instrumento de estabilidade política entre 1805 e 1815, incluindo a censura direta às obras (o próprio lia os libretos e canetava o que não gostava). Na Itália ainda politicamente fragmentada e sob domínio austríaco, o nacionalismo do "Risorgimento" explodiu com os revoltosos cantando o coro "Va, Pensiero" da ópera *Nabucco*, de Giuseppe Verdi.

A Censura Sempre Fez Mal. Como censura sempre é um tema atual, principalmente no Brasil, é útil saber que situação política foi historicamente mais produtiva, em termos criativos, para a ópera: ditaduras ou democracias? "Ópera é a mais dispendiosa das formas artísticas, e sempre foi obrigada a buscar dinheiro além da bilheteria", argumenta Snowman ao *Valor*.

E isso significa apelar para os ricos e poderosos – aqueles que, em última instância, aprovam as obras que subsidiam. Assim, boa parte das óperas dos séculos XVII e XVIII tendia para o elogio aos poderosos governantes, com frequências ditadores. Em séculos mais recentes, a ópera às vezes contrabandeou formas alegóricas de subversão. Mas, em geral, sempre teve de manter relações amistosas com os que a financiam. Alguns governos – ditaduras e democracias – investiram diretamente na ópera, como, por exemplo, Luís XIV da França, o imperador José II do Império austro-húngaro e a Itália e a França do pós-guerra. Outros, como os Estados Unidos no século XX, preferiram retirar impostos das doações a instituições culturais como a ópera. E outros, ainda, ditaduras e democracias, simplesmente não se interessaram em subsidiar a ópera, levando-a a hibernações periódicas. Isso, aliás, pode acontecer nos próximos anos se não conseguirmos nos livrar da recessão econômica.

A leitura desse fascinante livro nos mostra como compositores, mecenas, cantores, músicos, escritores e todos os envolvidos com a ópera encontraram alternativas para não deixar o gênero morrer de inanição em vários momentos decisivos nos quatro séculos de existência. Até o fortaleceram, como Puccini, por exemplo, que tomou o velho oeste norte-americano como tema de *La Fanciulla del West* ou então uma guerra envolvendo o Oriente em *Madama Butterfly*, em atitudes moderníssimas ao inserir o dia a dia dos norte-americanos em sua criação.

Qual o Futuro da Ópera? Hoje, justamente a citada *Madama Butterfly*, estreada pouco mais de um século atrás, em 1904, é uma das últimas óperas, em data, a frequentar os teatros de ópera. Estes parecem ter olhos só para o grande cânone das obras-primas do passado. Quais as saídas para renovação de repertório e conquista de novos públicos? Snowman lembra que as transmissões dos espetáculos da Metropolitan Opera House de Nova York para cinemas de todo o mundo, incluindo a Inglaterra e o Brasil, são uma excelente alternativa. "Outras companhias, como o Covent Garden de Londres, já começaram a fazer projetos semelhantes. Além disso, disponibilizar tais montagens em DVD é importante. O objetivo não é só ampliar as plateias da ópera, é claro, mas gerar novas fontes de renda nestes tempos economicamente bicudos que vivemos. Torço para que essas ações deem certo."

Um olhar mais a longo prazo pode colocar em dúvida a existência do gênero ao longo do século XXI, em função dessa atitude museológica dos diretores dos teatros, sobretudo em países como o Brasil. Assim, cabe a questão a Snowman: qual o futuro da ópera no século XXI?

Estou certo de que haverá pessoas em 2050 que irão assistir a montagens de *Fígaro* [*Bodas de Fígaro*, de Mozart], *Tosca* (de Puccini] etc. Novas óperas conseguirão fazer companhia ao repertório hoje popular? Poucas, é provável. Mas permita-me alargar um pouco a definição de ópera. A "ópera" começou como uma tentativa de combinar todas as artes, incluindo canto, música instrumental, dança, drama, figurinos e todas as tecnologias disponíveis. Se a pensarmos nestes termos mais amplos, não tenho dúvida de que haverá em 2050 imaginativas formas multimídia de entretenimento – muitas delas refletindo um mundo crescentemente multicultural. As pessoas as chamarão de "óperas"? Pergunte-me isso de novo em 2050!

Na Cama Com Beethoven e Brahms

Ele não sabe ler música, mas ela o acompanha como sua principal paixão, ao lado do cinema, há muitas décadas. Desde as biografias de compositores realizadas para a BBC nos anos 1960, o diretor de cinema inglês Ken Russell escandaliza plateias de todas as idades com suas "extravagâncias musicais". Quem não se lembra da *Dança dos Sete Véus* (1970), onde o compositor Richard Strauss faz amor com a mulher ao som de sua *Sinfonia Doméstica*? Ou do primeiro filme que tratou abertamente da homossexualidade de Tchaikóvski, *The Music Lovers's*? *Mahler*, de 1974, inaugura uma abordagem sexy-pop que extravasa de vez no ano seguinte com *Lisztomania*, onde o autor das rapsódias húngaras aparece como um verdadeiro popstar – uma avenida que atingiu o clímax naquele mesmo ano, com a ópera-rock *Tommy*. Isso sem falar nas montagens líricas que dirigiu, como *Madama Butterfly* e *La Bohème* de Puccini e o *Fausto* de Gounod (este disponível em DVD).

Pois o *enfant terrible* das cinebiografias musicais ataca de novo, agora em livro, às vésperas dos oitenta anos que completa no próximo dia 3 de julho. *Beethoven Confidential* e *Brahms Get Laid*, duas novelas curtas, estão sendo lançadas num só livro, de aparência propositalmente populesca. A capa de Paul Dufficey mostra os dois compositores cara a cara, encimados pelo desenho tosco de uma mulher nua.

"*Beethoven Confidential* nasceu como peça de teatro de Jo Anderson que me propôs transformá-la em roteiro de cinema." Ele gostou da trama, que conta a história de dois candidatos a biógrafos de Beethoven investigando a identidade da "Amada Imortal". Roteiro acabado, escolheram-se os atores principais: "Jodie Foster, Glenda Jackson e Anthony Hopkins, que faria o compositor surdo", diz Russell. "A única coisa que não conseguimos foi dinheiro". Por isso o filme virou livro.

Já que ele estava no reino do segundo dos três grandes "Bs" da música alemã (o primeiro é, claro, Bach), por que não escrever uma novela sobre a vida sexual de Brahms, o terceiro deles? "Reza a tradição que ele morreu solteirão e respeitado pilar da sociedade, que não ia além de fazer música com os

Publicado em *O Estado de S. Paulo*, Caderno 2, 23 jun. 2007.

amigos ou perambular com eles pela Floresta Negra nos fins de semana", diz Russell no prefácio. "E sua vida sexual, como fica? Ele trabalhou ainda púbere nos bordéis de Hamburgo tocando piano para sustentar a família. E você já ouviu os movimentos intermediários de sua terceira sinfonia, de uma sensualidade difícil de ser equiparada? Tente então a tórrida paixão da abertura da primeira sinfonia e me diga se esta música não tem culhões. E ainda há um trecho da quarta sinfonia que só pode ser um ato sexual musicado."

Uma Usina de Escândalos. Um mérito Russel tem: traz figuras incensadas como os dois citados para terra firme. Um não. Dois: também vai fundo na pesquisa musical-biográfica e faz questão de misturar tudo num cozido, no qual verdade e mentira, fatos e delírios desfrutam do mesmo *status*. Num de seus primeiros documentários sobre compositores (*Prokofiev*, de 1960), Russell usou cenas de *Outubro*, filme de Eisenstein, "que foram desde então reutilizadas em muitos documentários mundo afora como representações verdadeiras da Revolução", segundo Johnn Tibbetts em seu ótimo livro *Composers in the Movies*.

Beethoven já foi explorado à exaustão, sobretudo a questão batida da identidade da Amada Imortal. Não há grandes novidades na primeira novela, mas o livro vale por causa de *Brahms Vai Para a Cama*, ou *Gets Laid*, no original.

Russell começa anotando que Brahms tinha entre suas qualidades outros três "Bs": "beberrão, barbudo e barrigudo" ("beer, beardy and belly" no original). A discrição do compositor espicaça a curiosidade sexual de Russell, digna de Freud em seus momentos de maior tenacidade intelectual. Em muita coisa ele deve ter razão. Cá entre nós, alguém aí acredita que Brahms ficou durante quase meio século em estado de amor platônico com Clara Schumann, a pianista-mulher de Robert Schumann? Os musicólogos falam em amizade erótica jamais realizada. Russell aproveita – e bem – as brechas históricas. Quando conheceu o casal, Brahms tinha vinte aninhos incompletos; Clara, 35; e Robert, 43. Muita tinta e ficção já rolou em torno desse triângulo – mas tudo água com açúcar. Russell vai ao ponto. Enquanto Robert é internado devido ao estágio terminal de sua doença mental, Brahms o substitui como pai e marido na casa dos Schumann. Cuida das crianças enquanto Clara faz turnês pela Europa para garantir a sobrevivência.

Existem cartas nas quais Brahms declara apaixonadamente seu amor a Clara. Russell descreve os sonhos eróticos de Brahms com Clara. Joga-os direto na cama, mas faz uma ressalva: "Inicialmente, eles só faziam papai-mamãe." Na cena seguinte, o casal Brahms-Clara visita o sanatório de Endenich e vê Robert regendo um grupo de músicos ao ar livre. Brahms beija-o na bochecha e pega um trompete: "Ele toca muito bem o instrumento com o qual se iniciou musicalmente ainda menino", escreve Russell, que observa em seguida: "Se Miles Davis fosse uma mosquinha voando próxima daquele quiosque, sem dúvida ficaria com uma inveja danada do talento de Brahms." Robert estava internado depois de tentar o suicídio jogando-se no Reno. O maridão, que está doente, mas não morto, diz: "Arranco os testículos do maldito que se aproximar de minha Clara e os penduro na árvore mais alta da Floresta Negra."

Robert Schumann morreu numa noite em 1856 (ele no sanatório; o casal dividindo a mesma cama numa pousada próxima). Brahms e Clara ainda tinham pela frente quarenta anos de "amizade", mas ficaram longos períodos sem se encontrar. Numa ocasião, Brahms dava um recital quando percebeu a presença inesperada de sua amada na plateia. Ele tocava uma partita de Bach. "Jamais aquela sublime partita tinha sido executada por um artista com uma ereção tão gigantesca suingando como um carnudo metrônomo."

Em 1860, Brahms "especulou sobre a virgindade de Julie", então com quinze anos. "E passou a sonhar frequentemente com um *ménage-à-trois*". Para Russell, ele também faturou a filha... que se casou nove anos depois com um conde italiano. Em plena cerimônia, Brahms divaga: "Aquela voz, aqueles lábios, aquela boca da qual saem os sons mais sensuais o seduz a ponto de Brahms sonhar acordado com sexo oral." Naquela noite, no entanto, ele resignou-se a deitar-se com Clara. "E na manhã seguinte, sem ter lavado as mãos ainda com cheiro de sêmen, dedilhou as teclas contaminando o piano." O roteiro de Russell corta para o casal no final da vida, em 1896. Ele com 62 anos, ela com 77. "Você ainda vê esperança para nós?", pergunta. Clara, antecipando em quase um século o casamento aberto de Sartre e Simone de Beauvoir, responde: "Nós experimentamos o que poucos mortais podem aspirar – a satisfação de um casamento perfeito." "Naquela noite", escreve o cineasta, "Brahms e Clara foram para a cama juntos pela última vez. E dormiram castamente um nos braços do outro, como crianças."

Não Existe Música Sem Programa. "Semipornográficas" é a acusação mais leve que se faz às biografias musicais de Russell. Uma coisa, porém, é incontestável. Figuras como Beethoven, Brahms, Tchaikóvski, Debussy e tantas outras ficam mais humanas, mais próximas de nós. Saem de um Olimpo inalcançável que os desfigura como seres humanos, tão abstratos quanto as pessoas gostam de qualificar a música. Concordo com Russell quando ele diz que "de Beethoven para cá não existe música que não tenha um programa", isto é, uma motivação extramusical. Porque música é vida – e não refrigério espiritual.

É uma pena que os filmes de Ken Russell não estejam disponíveis em DVD. A série da BBC inclui *Debussy, the Film*, *Elgar* e *Bartok*; e uma série mais recente, dos anos 1980-1990, apresenta gemas como *Portrait of a Composer: Ralph Waughan Williams*, *The Strange Affliction of Anton Bruckner*, *The Mistery of Dr. Martinu*, *Arnold Bax* e de novo *Elgar: Fantasie of a Composer on a Bicycle*.

Sacudido em seus quase oitenta anos, Russell tem ao menos mais um roteiro pronto para filmagem, sobre o compositor russo Scriabin, que queria compor sua última obra, chamada *Mistério*, envolvendo o mundo inteiro. Demoraria sete dias, seria executada desde o Himalaia e em seu final o mundo se dissolveria em êxtase. "Milhões de casais fazendo amor no mundo inteiro e Scriabin também com a mais bela mulher do planeta, no topo de uma pilha imensa de almofadões. Os milhões de orgasmos simultâneos ao clímax da obra dariam fim ao mundo." Ao que tudo indica, o roteiro sobre Scriabin também vai virar livro, já que Russell também não deve obter grana tão cedo para transformá-lo em realidade.

Nos Cem Anos
de Witold Lutoslawski

O DNA dos compositores poloneses parece possuir um componente específico que só floresce lá. Desde Frédéric Chopin, na primeira metade do século XIX, passando por Karol Szymanowski (1882-1937) e chegando aos contemporâneos Andrzej Panufnik (1914-91), Witold Lutoslawski (1913-94), Krzystof Penderecki (1933) e Henryk Gorecki (1933-2010), um rápido olhar pela música da região mostra isso. Uma moldura comum os une: a tradição católica romana, o forte vínculo com a música folclórica e uma terrível sequência de domínios externos, sendo os mais notórios o nazista e o comunista. Neles, o pendor místico e o vínculo com a música folclórica não parecem postiços, estão colados à pele e razão. Compartilham uma "liberdade" rara na cena erudita do século XX, despregada das principais escolas e movimentos que sacudiram o século, como a tríade Schoenberg-Berg-Webern em Viena às vésperas da Primeira Guerra Mundial ou o círculo de Darmstadt de Stockhausen, Maderna e Nono no imediato pós-Segunda Guerra. É um DNA eclético, no qual cabem tanto o acaso e o improviso quanto a neotonalidade e o minimalismo.

Esses atributos diferenciam tanto esse grupo de criadores, que se cunhou até um rótulo para eles, a "Renascença Polonesa". Em 2013, comemoramos o centenário de nascimento de Witold Lutoslawski, que ocorreu em 25 de janeiro de 1913. Personagem central do grupo, sua trajetória criativa é um mapa dessa "renascença". Ao contrário de outros criadores do século XX mais radicais, ele tem sucessos de público. Duos de pianistas ilustres, como o de Martha Argerich e Nelson Freire, popularizaram as *Variações Sobre um Tema de Paganini*, peça de 1941 construída sobre o *Capricho n. 24* do diabólico virtuose genovês. O *Concerto Para Orquestra*, a *Música Fúnebre* (dedicada a Bartók), os concertos para piano e violoncelo – todas brincando com a música dodecafônica, acordes de quatro notas superpostos e refinadíssima harmonia – também estão entre suas obras mais conhecidas. Obras-primas dos anos 1960, como *Jeux Venetiens* (sua primeira obra a incluir o acaso), e os *Três Poemas Para Henri Michaux*, para coro e orquestra, de 1975, são injustamente

Publicado em *O Estado de S. Paulo*, Caderno 2, 27 jan. 2013.

mais citadas do que tocadas ou ouvidas, porque são mais radicais. Em suas décadas finais (ele morreu em 9 de fevereiro de 1994), reassumiu um lirismo escancarado e uma escrita orquestral refinadíssima.

Witold começou com violino ainda criança e aos quatorze, passou para o piano. Ser compositor sempre foi seu objetivo. Nos anos 1930, ensaiou suas primeiras obras para piano e em seguida as *Variações Sinfônicas*, coincidentes com o início da Segunda Guerra Mundial; durante o conflito, formou um duo de piano com o compositor Andrzej Panufnik, que ganhava tostões em todo tipo de cabaré. Para isso, fez mais de duzentos arranjos para dois pianos (o único hoje conhecido é do *Capricho de Paganini*). Sua primeira sinfonia, deliciosamente stravinskiana (o Stravínski de *Petruchka* misturado com o de *Rouxinol*), é de 1947. Passou, como todos os músicos sob a órbita soviética, pelas censuras públicas do formalismo (em 1949, pela sinfonia), e fez música de cinema, teatro, peças radiofônicas e canções para sobreviver.

Esse tipo de crescimento pessoal e artístico vivido pelos integrantes da "Renascença Polonesa" cria forte couraça contra opressões e influências externas. Como o alemão Hans Werner Henze, que se foi em outubro passado, Lutoslawski sempre observou estrita liberdade criativa. Em longa entrevista no final da vida, publicada em 1995 por Tadeusz Kaczynski (*Chester Music*, Londres), ele deixa clara sua postura como compositor, amadurecida num momento em que os guetos contemporâneos atuavam como milícias ferozes: "A vanguarda dos anos 1950 com certeza foi importante para o desenvolvimento da música, mas para mim, pessoalmente, a Escola de Darmstadt não trouxe nada de positivo. Eles estavam tão distantes do que eu queria produzir que, embora não intencionalmente, tudo que fiz estava diametralmente oposto a ela."

Dizendo-se basicamente influenciado pela tríade Debussy (timbre), Stravínski (ritmo) e Bartók (forma), faz sua profissão de fé sem medo: "Uma das consequências de se seguir as doutrinas de Schoenberg foi um afastamento geral da noção de tema melódico; o atematismo tornou-se um dos princípios nas obras de Shoenberg e especialmente Webern [...] Os compositores se interessaram por outras coisas, como textura, ritmo, cor, uso de efetivos vocais e instrumentais diferentes. No entanto, este fenômeno aconteceu décadas atrás. É tempo de considerar como podemos instaurar esta dimensão melódica, claro que criando de uma nova maneira. Isso não significa retornar a velhos modelos, especialmente os românticos, mas temos de buscar um novo tipo de melodia. Na técnica serial a dimensão da harmonia também foi relegada ao status de elemento secundário [...] Este tipo de proposta está muito distante de mim. Penso que a música tem muito a ganhar do elemento melódico, assim como da harmonia, sem mencionar o ritmo, porque é óbvio que este é dimensão de primeira importância."

Apesar disso, ele usou de modo bastante livre a técnica de composição com doze sons de Schoenberg.

Vale a Pena Conhecer. Este difícil equilíbrio está presente em sua obra de extraordinária qualidade de invenção. A propósito do seu centenário de nascimento, algumas gravações fundamentais foram relançadas e novas chegam ao mercado internacional – todas disponíveis para download nos sites www.classicsonline.com ou em iTunes brasil. Releia as palavras de Lutoslawski acima e depois comece sua viagem pelo seu mundo musical por uma gravação inesperada. O regente inglês Edward Gardner gravou, de 2010 para cá, três CDs com a produção do compositor polonês para o selo Chandos. O primeiro, de 2010, e o mais recente, de novembro de 2012, contêm o previsível de suas obras orquestral e concertante, em versões de referência.

O segundo CD de Gardner, com a Orquestra Sinfônica da BBC, de 2011, é o que mais surpreende e nos faz entender melhor as palavras de Lutoslawski com relação à necessidade de construção de um novo entendimento da melodia na música contemporânea: traz suas obras vocais, para solista e orquestra, num longo arco histórico que cobre praticamente toda a sua vida criativa. Desde uma comovente e curtíssima *Lacrimosa*, de 1937, parte de um *Réquiem* que ficou nisso, até o ciclo de nove canções de 1990, *Chantefleurs et Chanteflables* para soprano e orquestra, dedicado a Paul Sacher, um dos maiores mecenas da música do século XX. Percebe-se um itinerário espetacular de Lutoslawski buscando uma forma pessoal de encarar a melodia, ultrapassando camadas, primeiro de influências (*Tríptico Silésio*, de 1951), depois propondo vias notáveis, como a do ciclo *Paroles Tissées*, de 1965, sua década mais radical, para tenor e orquestra de câmara, dedicado a Peter Pears, o parceiro de Benjamin Britten: a melodia fica com o solista e os incríveis achados de timbre e construções harmônicas com os instrumentos, tudo a partir da técnica serial. Outros dois ambiciosos ciclos da maturidade completam esse formidável CD: *Les Espaces du Sommeil*, de 1975, para barítono, dedicado a Dietrich Fischer-Dieskau, assume decidido um lirismo que sempre esteve presente, embora mais tênue, em toda a sua produção. A tendência se fortalece nas deliciosas *Chantefleurs et Chantefables*, de 1990, nove canções para soprano e orquestra que o aproximam do Ravel de *L'Enfant et les sortilèges*. Gardner cercou-se de ótimos cantores: a soprano Lucy Crowe, o tenor Toby Spence e o barítono Christopher Purves, além da Orquestra da BBC, em grande forma.

Entretanto, para conhecer o essencial da produção orquestral de Lutoslawski, nada melhor do que o próprio compositor regendo a Orquestra Sinfônica da Rádio Polonesa, em preciosos registros de 1976-1977. Lá estão as *Variações Sinfônicas*, as duas primeiras sinfonias, a *Música Fúnebre*, o *Concerto Para Orquestra*, *Jeux Venetiens*, o *Livro Para Orquestra* e *Mi-Parti*. Tudo num álbum duplo da EMI em download no iTunes por US$ 8,99.

Ao contrário de Verdi e Wagner, as *superstars* efemerizadas em 2013, ele fez da música sinfônica o núcleo central de sua produção. Teria sido uma excelente chance de o público conhecer *Jeux Venitiens*, as sinfonias, sobretudo a terceira; e, principalmente, um concerto para solistas vocais e orquestra, um reino no qual o polonês fez coisas admiráveis e menos conhecidas, mesmo daqueles que têm intimidade com sua obra. Quem sabe o Teatro Municipal, que anuncia esta semana sua temporada 2013, enriqueça este até agora magro tributo a um dos grandes compositores do século XX.

O Músico da Fé,
das Cores e dos Pássaros

Uma discreta sequência de gargalhadas contidas irrompe na pequena plateia ao final da fala de um senhor de cabelos brancos, calvície acentuada e grandes óculos. "Entre os animais pré-históricos e os homens havia os pássaros, que cantaram por séculos. Eles inventaram as escalas cromática e diatônica, os quartos e sextos de tom; inventaram até a improvisação coletiva. Cada espécie tem sua estética, estilo e timbre próprios. Eles são nossos pequenos servidores de alegria imaterial." Dizia isso com conhecimento de causa. Estudou ornitologia, pesquisou o canto de pássaros na Europa, Ásia e Américas, incluindo a do Sul. Incorporou até o nosso amazônico uirapuru em uma de suas obras. Em números exatos: 321 espécies de pássaros estão presentes em suas criações musicais. Era capaz de reconhecer de imediato cinquenta espécies pelo canto, e outras quinhentas depois de algum tempo de exame. Prosseguiu: os pássaros possuem três tipos básicos de canções; as que saúdam o amanhecer e o fim de cada dia; as aleatórias, por puro prazer; e os improvisos coletivos.

O que motivou os risos é de fato surpreendente. Ele terminou a palestra contando um "causo" envolvendo o estorninho (pássaro de plumagem negra, manchada de branco com reflexos verdes e purpúreos) e o papa-figos (de plumagem amarelo vivo, com asas e cauda pretas). Para divertir seus filhotes, o estorninho imita o canto do papa-figos. Só para provocar gargalhadas e ruidoso bater de asas dos filhotes.

Se juntarmos a essa paixão pelos pássaros a profunda fé católica e um gosto especialíssimo pelos ritmos, incluindo os indianos e os orientais, teremos um retrato de corpo inteiro de Olivier Messiaen, o mais original compositor francês do século XX. Ele morreu em 27 de agosto de 1992, mas este ano o mundo comemora seu centenário de nascimento, em Avignon, em 10 de dezembro de 1908. O primeiro gesto magnífico é um precioso DVD recém-lançado no mercado internacional pela Ideale Audience, em sua excepcional série de DVDs Juxtapositions, intitulada, *La Liturgie de Cristal*. Tem tudo para ser o melhor tributo ao compositor em seu centenário.

Publicado em *O Estado de S. Paulo*, Caderno 2, 13 jan. 2008; 23 nov. 2014.

O diretor também se chama Olivier. Olivier de Mille. Com paciência de pesquisador, reuniu fragmentos de entrevistas e trechos musicais e, com notável habilidade, montou em uma hora um vasto autorretrato do compositor: sua relação com a natureza e os pássaros; o fabuloso professor; a obsessão pelo sagrado e a fé católica – até a sinestesia (identificação de sons com cores) tão pessoal de Messiaen. Pena que os trechos musicais sejam curtíssimos. Outros 57 minutos são dedicados a trechos de três séries de depoimentos de compositores e músicos, todos ex-alunos, realizados em 1997 para a televisão francesa, tematicamente divididos em: pássaros e natureza; cores, ritmos, pedagogia; fé e religião. Entre outros, Pierre Boulez, Michael Fano, Gilbert Amy, François-Bernard Mâche e Heinz Holliger tentam definir Messiaen – tarefa dificílima.

O Século da Natureza. E a razão é simples: Messiaen é a prova definitiva de que, para se construir uma obra antenada com o presente, rigorosa e de alta qualidade, não é necessário atrelar-se à corrente estética dominante. Sem meias-palavras, Boulez – aluno ilustre na famosa classe de composição do Conservatório de Paris, atividade de Messiaen, aliás, paralela ao meio século em que atuou como organista da Igreja da Trinité em Paris –, diz que sua originalidade se deveu ao isolamento que a França vivia no período entreguerras. Por isolamento, entenda-se: os franceses ignoraram a segunda escola de Viena e o dodecafonismo da primeira década do século XX até o final da Segunda Guerra. Foi só em 1945 que René Leibowitz começou a ensinar música serial em Paris. Vários alunos de Messiaen passaram-se então para o lado de Leibowitz, com Boulez à frente.

Alguém pode pensar que Messiaen se chateou com a debandada. Talvez, mas não demonstrou isso em nenhum momento. Até porque novas levas de alunos o mantiveram entretido. Os pássaros e o trabalho semanal nos rituais da missa na Trinité ocupavam sua dedicação por inteiro.

São comoventes as imagens raras do compositor captando com gravador os cantos dos pássaros. "É como um ditado musical", diz. Ele anota cada canto de um pássaro específico; depois os de seus companheiros de habitat. E enfim coloca tudo isso em obras-primas como o *Catálogo dos Pássaros* para piano, de 1956-1958. Doze espécies se distribuem em sete livros, com 2h40 de duração. Lá está o estorninho, ou Loriot, por exemplo. "Sou um ornitólogo apaixonado", confessa candidamente Messiaen a certa altura. "É uma paixão, é inexplicável. Às vezes riem disso, como se ri das madames passeando com seus cãezinhos. Eu adoro os pássaros. Mas faço isso cientificamente."

Dois Pesos, Duas Medidas. É impressionante, para quem conhece os escritos de Pierre Boulez, a discrepância entre suas participações no DVD e o que está no papel. Preto no branco, declara em 1973 que suas transcrições são "ligeiras" e suas obras "não desenvolvem nem transformam, apenas justapõem e superpõem"; diz ainda que Messiaen pratica um "ecletismo" condenável e decreta: "Quando usa cantos de pássaros, ele os transcreve em função de nossos instrumentos, ou seja, com o meio-tom temperado, o que não tem mais muito a ver com os intervalos originais, ao mesmo tempo que descarta a ambiguidade som-ruído que está na própria natureza do cantos dos pássaros. Pode-se chamar isso de 'ecletismo reformador'". Joga a pá de cal ao dizer que *Três Pequenas Liturgias da Presença Divina* são "música de bordel" e que a *Sinfonia Turangalila* lhe dá "vontade de vomitar" (em ambos os casos, escreve Dominique Jameux em seu livro sobre Boulez, por causa do uso das Ondas Martenot). No DVD, o tom é outro. "Os pássaros entram em sua obra no *Quarteto Para o Fim do Tempo*, é espantoso como Messiaen encontrou sua linguagem própria tão cedo".

Boulez também reconhece o valor das aulas recebidas: "Ele nos incluía em suas preocupações." Todavia, em 1973, afirmava que "Messiaen tem consciência de que sua invenção, em parte, está na pedagogia." Em suma, apenas um grande professor, "que não queria criar mini-Messiaens", como elogia outro aluno, George Benjamin.

Há um trecho antológico do mestre com alunos em sua acanhada sala no Conservatório de Paris, analisando um trecho de sua ópera predileta, *Pélleas et Melisande*, de Debussy, ("Quando fiquei no campo de concentração, meu passatempo favorito era fazer desfilar mentalmente a ópera inteira; eu a sabia de cor em todos os detalhes, incluindo orquestração"). Dali saíram nomes como o próprio Boulez e Stockhausen (papas de Darmstadt), o greco-francês Iannis Xenakis (criador da música estocástica, que combina a teoria dos conjuntos, a lógica simbólica e o cálculo de probabilidades), o italiano Luciano Berio e Pierre Henry (pai da música concreta ao lado de Pierre Schaeffer) – isso para citar apenas quatro entre os maiores do século XX.

Direções muito diferentes da sua, personalidades díspares às quais ele abriu universos inteiros e ensinou o exercício da liberdade criativa como direito fundamental de todo compositor. O formidável oboísta e radical compositor suíço Heinz Holliger sintetiza com rara felicidade o diferencial de Messiaen: "Ele mostrou que a música pode verdadeiramente ter uma sensualidade e um lado corporal ao mesmo tempo. Ela não é abstrata. Em sua obra, há sempre esta combinação de pensamento extremamente lógico com o lado visionário. Ele sonha e pensa ao mesmo tempo. É o equilíbrio ideal para o artista."

Perfil

OLIVIER MESSIAEN: Nascido em 10 de dezembro de 1908 em Avignon, Olivier Messiaen entrou aos onze anos no Conservatório de Paris, onde foi aluno de Paul Dukas e Marcel Dupré. Foi designado organista na Igreja da Trinité de Paris em 1931, posto que ocupou até à sua morte. Foi aprisionado na Segunda Guerra e enviado ao campo de Stalag, na Alemanha, onde escreveu uma de suas principais peças, o *Quarteto Para o Fim dos Tempos*, estreado por músicos prisioneiros. Em 1941, de volta a Paris, foi nomeado professor do Conservatório de Paris – entre seus alunos estão nomes como Pierre Boulez e Karlheinz Stockhausen. Sua música trouxe inovações harmônicas e características como a associação de sons e cores e a inspiração no colorido do canto dos pássaros.

Uma Peça Inédita de Messiaen[2]. O francês Olivier Messiaen (1908-1992) foi mais do que um dos grandes compositores do século XX – concorre à coroa de mais original. Católico fervoroso, improvisou ao órgão todo domingo na Igreja da Santa Trindade, em Paris, de 1931 até sua morte; deu aulas de composição no Conservatório de Paris dos anos 1940 aos 1980; e atuou como ornitólogo de mão cheia.

Sua marca pessoal como criador está na pesquisa de ritmos e nas canções dos pássaros. "Ele se considerava compositor e ornitólogo em igual medida", afirma o pianista inglês Peter Hill ao *Estado*. Hill dedicou os últimos 28 de seus 66 anos ao compositor. Conviveu com ele entre 1986 e 1992, escreveu três livros e prepara um quarto, sobre o *Catálogo dos Pássaros*, ciclo monumental para piano de cerca de três horas – a súmula mais original de sua criação.

O pianista acaba de lançar o CD *La Fauvette Passerinette* (selo Delphian), construído em torno de uma primeira gravação mundial, a da peça que lhe dá título, descoberta por ele em 2012 pesquisando os arquivos do compositor, em Paris. "É um brilhante acréscimo à produção pianística de Messiaen. Eu a descobri remexendo em seus papéis há dois anos. O manuscrito está praticamente completo. Uma anotação indica 'agosto de 1961 em Petichet', seu refúgio de verão nos Alpes franceses." *Fauvette passerinette* pode ser traduzida como rouxinol subalpino.

Quando veio a público o *Catálogo dos Pássaros*, em 1956-1958, houve quem considerasse ingênua a fórmula. Longe disso. Messiaen foi fundo em seu duplo trabalho de gênio. De fato, há milhares de cantos diferentes nos cerca de

---

2 Caderno 2 de *O Estado de S. Paulo*, 11/2014.

duzentos cadernos, alguns com mais de cem páginas, nas quais ele anotava as melodias em passeios primeiro pela França, e depois no mundo inteiro.

Se o *Catálogo* é incontestável obra-prima do século XX, este acréscimo é importante porque, como diz Peter Hill, "tudo indica que ela abriria um segundo ciclo do *Catálogo*". A concepção é muito diferente, diz Hill ao *Estado*. "No *Catálogo* a estrutura harmônica de cada peça é consequência de evocações de lugar: o mar, montanhas, árvores refletivas no rio, emolduradas pela escuridão, o amanhecer e o pôr do sol. A nova concepção é mais abstrata, trabalha só com a canção do pássaro. A canção cria sua própria harmonia. É o trampolim para o estilo da 'Fauvette des jardins' de 1970 e do fabuloso refinamento das canções dos pássaros, presentes na harmonia e instrumentação, em 'São Francisco de Assis'". Essa ópera monumental de 1987, uniu suas paixões: a fé católica e o amor aos pássaros.

Outra novidade é a superposição de vários cantos de pássaros. "A mais importante", conclui Hill, "é o sentido de desenvolvimento. Os solos na 'Fauvette passerinette' começam liricamente e vão se tornando mais ariscos, absorvem motivos de outros pássaros. Na virtuosística seção final, emerge uma tocata; a recapitulação funde as canções anteriores".

Numa palavra, é emocionante ouvir "La Fauvette passerinette" depois dos comentários do pianista, excelente em seu ofício e inteligente na organicidade da gravação. A partir da "Fauvette", ele toca outras peças de Messiaen com preocupações similares, como o prelúdio "La Colombe", "Pièce pour le tombeau de Dukas", "Île de feu" e "Le Traquet Stapazin".

Supremo refinamento, intercala peças de nove outros compositores, numa espécie de paisagem musical que Messiaen inspirou com sua música e sua paixão pelo ensino. Todos têm algo em comum com ele. Stockhausen, Tristan Murail, George Benjamin e Takemitsu foram seus alunos. Além deles, há um precursor famoso – o Ravel dos "Pássaros Tristes" de *Miroirs* – e seu contemporâneo Henri Dutillleux, compondo, como diz o subtítulo do CD, "uma première mundial com pássaros, paisagens e homenagens". Hill também gravou os cadernos 4-6 do *Catálogo dos Pássaros* sob supervisão de Messiaen e recebeu dele, que era raro em elogios, a frase "bela técnica, um verdadeiro poeta: sou um apaixonado admirador do toque de Peter Hill". Precisa mais?

Pierre Boulez Entre a Composição e a Regência

Publicado em *O Estado de S. Paulo*, Caderno 2, 10 maio 2009.

É incrível, mas verdadeiro. O mais combativo e um dos compositores fundamentais do século XX é muito mais importante hoje como maestro do que como criador. O declínio da vanguarda musical que guiou com mão de ferro os caminhos da arte dos sons no século passado levou seu maior ícone a se transferir aos poucos para o domínio da regência. De que outra maneira um compositor contemporâneo poderia exibir uma renda anual comprovada de € 1 milhão como divulgou a revista *L'Express* em 2005, quando ele completou oitenta anos?

Pierre Boulez, nascido em Montbrison em 26 de março de 1925, ocupa ainda hoje um lugar imenso na vida cultural contemporânea. Todavia não como compositor, e sim como maestro. Seu legado discográfico e em DVDs talvez seja visto no futuro como uma contribuição tão importante para a música quanto sua produção como autor. A afirmação pode soar abusiva. Mas, à medida que a vanguarda europeia perdia a hegemonia, num movimento contínuo de declínio do final dos anos 1970 para cá, o autor de *Le Marteau sans Maître* e *Notation* radicalizou cada vez mais como compositor. Em consequência, os círculos de vanguarda minguaram, enquanto floresciam outros movimentos musicais mais "acessíveis" e nem sempre tão interessantes.

Nossa personagem é um predador nato, afirma Philippe Olivier em recente livro sobre Boulez, *Pierre Boulez: Le Maître et son marteau*. Seguindo à risca o mote de Schoenberg, que repetiu muito a frase "minha música não é difícil, ela é apenas mal tocada", começou a reger em 1954, em Paris, numa série de concertos que chamou de Domaine Musical, por necessidade de mostrar sua música e sua ascendência estética. Estabeleceu padrões elevadíssimos de execução da música contemporânea e a indústria musical enxergou naquele inesperado "maestro" qualidades mercadológicas interessantes.

Estreou como maestro "convencional" em Bayreuth regendo *Parsifal*, em 1966. Daí para a frente atuou como um furacão na cena internacional. No ano seguinte virou regente convidado da Orquestra de Cleveland, nos Estados Unidos. Em 1971, assumiu simultaneamente a direção artística da

Orquestra da BBC em Londres (até 1975) e da Filarmônica de Nova York (até 1977). Em 1976, foi a estrela, com o encenador Patrice Chéreau, das comemorações dos cem anos do *Anel* de Wagner. No ano seguinte, retornou a Paris para fundar o Instituto de Pesquisa e Coordenação Acústica/Música, mais conhecido como IRCAM. Nesse período, também se vinculou como regente convidado à Sinfônica de Chicago. Além da Tetralogia, a integral das sinfonias de Mahler também está no estratosférico nível das leituras de Leonard Bernstein (mais antiga) e de Claudio Abbado. Quanto a Stravínski e Bartók, seus registros não têm concorrência.

Dois CDs recentemente lançados no mercado internacional comprovam seu posto indisputado como o mais qualificado intérprete da música do século XX, todavia parece que o agora octogenário e ainda incendiário Boulez chega ainda mais perto de alcançar a perfeição – se é que isso é possível. Num deles, da Deutsche Grammophon, completa a sua mais recente leitura da obra orquestral e concertante do compositor húngaro Bela Bartók (1899-1945). A gravação reúne artistas tão destacados quanto ele, cada um em sua especialidade: os pianistas Pierre-Laurent Aimard e Tamara Stefanovich, os percussionistas Nigel Thomas e Neil Percy e a Orquestra Sinfônica de Londres no "Concerto Para Dois Pianos, Percussão e Orquestra"; o notável violinista Gidon Kremer e a Filarmônica de Berlim no "Concerto Para Violino n. 1"; e o maravilhoso violista russo Yuri Bashmet no "Concerto Para Viola".

O outro, da Decca, intitula-se *13*, e é daquelas gravações que estabelecem padrões de referência: Boulez rege o Ensemble Intercontemporain. No repertório, a justaposição de duas obras-primas separadas por cerca de 140 anos: a *Serenata em Si Bemol Maior Para 13 Instrumentos*, apelidada de *Gran Partita*, de Mozart, e o *Concerto de Câmara, Para Piano, Violino e 13 Instrumentos de Sopro*, de Alban Berg. Neste, o piano fica a cargo da excepcional pianista Mitsuko Uchida; e o violino com o alemão Christian Tetzlaff.

Mas, para entender melhor as escolhas de repertório de Boulez é preciso mapear sua cabeça de maestro-compositor. Philippe Olivier escalou desta maneira sua genealogia:

"Ele construiu uma geografia sonora que repousa na Alemanha, Áustria e Hungria. Ouçam Wagner, a segunda Escola de Viena (Schoenberg, Berg e Webern) e Bela Bartók. Sem esquecer Stravínski. Ou Luciano Berio, Franco Donatoni e Luigi Nono, estes três vindos ao mundo no país de Leonardo da Vinci [...] O Boulez intérprete, analista, comentador e exegeta de Berg, Schoenberg e Webern não encontrou neles apenas pais substitutos. Enriqueceu sua genealogia imaginária com um avô ideal: Mahler. Sem seu apoio decisivo, párias como Berg, Schoenberg e Webern jamais teriam alcançado a notoriedade."

Vamos aos CDs. A tendência é focar mais no concerto para violino, declaração de amor do jovem compositor de 26 anos à violinista Stefl Geyer. Só que a amada o dispensou onze dias depois que ele lhe presenteou a partitura. É obra belíssima, porém convencional se comparada, por exemplo, ao "Concerto Para Dois Pianos, Percussão e Orquestra", transcrição da "Sonata Para Dois Pianos e Percussão", de 1937. Esta sim é uma obra-prima, que ganha bastante nesta transcrição de motivação alimentar feita por Bartók quando já estava nos Estados Unidos. Boulez a considera uma das obras-primas supremas do húngaro pelo qual tem apaixonada adoração. A transcrição é notável porque mantém praticamente intactas as partes dos pianos e da percussão. Sobretudo o primeiro movimento, que corresponde a metade da obra, é excepcional. A execução é detalhista sem perder de vista a arquitetura ampla.

Na ótima entrevista com Boulez, Uchida e Tetzlaff no folheto interno do CD, o maestro explica por que juntou Mozart e Berg: "Temos treze instrumentos de sopro em Mozart e treze instrumentos de sopro em Berg, mas também dois solistas. 13 + 2 são 15. E 15 é um número sagrado para Berg, pois é o número de instrumentistas da Sinfonia de Câmara de Schoenberg, seu modelo. Assim me pareceu que Berg teria gostado de reunir estas duas obras." A execução é deslumbrante. Poderia, dado o caráter minuciosíssimo de Boulez, descambar numa leitura burocrática, mas é uma interpretação iluminada. Quem duvidar, que ouça o comovente Adagio ou o tema e variações. Já no concerto de Berg, cheio de simbolismos e enigmas, que Boulez não considera fundamentais para o ouvinte conhecer, a construção é impressionante: o primeiro movimento é um tema com variações para piano e sopros "com muitas afinidades com o 'Tema con variazioni da Partita de Mozart'", diz Boulez; o segundo é um Adagio maravilhoso, na verdade o núcleo central da obra, para violino e sopros; no rondó final, piano e violino atuam com os sopros. Boulez revela um hilário comentário de bastidores dos músicos. "No primeiro movimento, ouve-se bem o piano, mas não os sopros; no segundo, ouvem-se maravilhosamente os sopros, mas não o violino; e no terceiro, bem, no terceiro não se sabe bem o que ouvir. Isso tem um fundo de verdade." É dificílimo dar transparência a uma escrita polifônica tão densa, completa e estes músicos, guiados pela regência de Boulez, conseguem o impossível.

Qual seria o segredo de tamanha qualidade nas interpretações de Pierre Boulez, seja de música do século XX, seja do repertório convencional? Num artigo recente sobre regência de orquestra, escrito para uma enciclopédia da música coordenada por Jean-Jacques Nattiez, Boulez explica tudo tim-tim por tim-tim. "O maestro-instrumentista tem maiores condições de entender melhor a obra, já que ele tem sobre ela um domínio físico, muscular. Schoenberg dizia "eu ouvi minha obra ao menos uma vez, quando a escrevi". Neste momento o compositor tem uma certa consciência da obra, mas de modo abstrato. Ele ainda não domina o desenrolar da obra no tempo. Eu só fico pessoalmente à vontade com uma obra que compus depois que a regi várias vezes: é somente neste momento que a domino de cabo a rabo. O trabalho do intérprete é tocar e tocar de novo frequentemente a mesma obra, descascá-la pedagogicamente para si próprio. Ao contrário, quando o compositor termina sua obra, já não o interessa refazer necessariamente sem cessar o percurso, porque ele quer passar para outra coisa."

Reconhece-se um esquizofrênico balançando entre a composição e a regência: "Eu me interpreto de uma certa maneira, mas provavelmente, no futuro, outros intérpretes terão maior intimidade com minha obra do que eu. Por outro lado, não tenho nenhum problema com as peças que regi com frequência, como a *Sagração da Primavera*, de Stravínski, ou *Jeux*, de Debussy, que estiveram na base da minha formação e do desenvolvimento de meu pensamento musical como compositor."

Quando rege, diz Boulez, deve-se pensar sobretudo no compositor: "Ele teve o trabalho de escrever atenta e minuciosamente suas intenções – até onde a escrita permite – e não posso tratá-lo superficialmente. Tento obter uma execução tão próxima quanto possível de minha leitura da partitura, examinando-a em seus detalhes, sem perder de vista sua trajetória de conjunto. Sei, afinal de contas, como é muito mais difícil compor do que reger…"

Curiosamente, dá uma bela colher de chá aos intérpretes ditos intuitivos, normalmente não muito valorizados pela crítica especializada, em geral mais interessada nos chamados intérpretes bem-pensantes, como o pianista Alfred Brendel, ou o próprio Boulez:

"Já vi intérpretes puramente intuitivos traduzirem a forma de uma peça com mais sucesso do que intérpretes mais "intelectuais". A intuição no intérprete que não é compositor é muito importante. É como a intuição do camponês e a ciência do meteorologista: pode parecer surpreendente, mas me parece justificado. O meteorologista consulta os computadores, estabelece estatísticas e probabilidades, enquanto o camponês observa as nuvens, a orientação do vento, baseia-se nos fenômenos locais. Os dois podem enganar-se igualmente, e na mesma proporção, no universo da música…".

Mas o melhor mesmo é o que ele chama de "espontaneidade adquirida": os conhecimentos, a técnica e o *métier* são absolutamente necessários, mas não bastam para explicar a qualidade de uma interpretação específica, "pois a espontaneidade do instante permanece a palavra-chave e o principal mistério". "Há um paradoxo na profissão de maestro, e do intérprete em geral: quanto mais aprendemos e conhecemos a obra, mais podemos nos aventurar no impulso imediato, ser intuitivos e espontâneos. Definitivamente, o fenômeno da espontaneidade adquirida está no núcleo, no coração do que chamamos de interpretação." Ele conclui com uma pergunta: "Tenho a reputação, verdadeira ou falsa, de ser exclusivamente racional e lógico, critérios primordiais da objetividade. Sei que racionalidade e lógica repousam na incerteza do confronto subjetivo. Sem este mistério instável e volátil, a regência de orquestra seria tão apaixonante?"

Discoteca

WAGNER: O registro da tetralogia *O Anel do Nibelungo*, de Richard Wagner, parceria com o diretor francês Patrice Chéreau em 1976, é exemplo da leitura moderna que Boulez faz do repertório tradicional. A produção marcou o centenário da composição da peça. Com o mesmo encenador, Boulez acaba de lançar deslumbrante interpretação de *From the House of the Dead*, ópera do compositor tcheco Leos Janácek.

STRAVÍNSKI: Há bons registros com as sinfônicas de Chicago e Cleveland. Opte pelo DVD com a suíte *Pássaro de Fogo*, gravada para o selo EuroArts em Chicago (o programa tem ainda peças de Alban Berg e Claude Debussy); da *Sagração da Primavera*, vale versão gravada em Cleveland, onde Boulez foi regente convidado.

MAHLER: A integral do compositor está disponível em vários discos gravados com orquestras como as de Cleveland e as filarmônicas de Viena e Berlim. A *Quinta* (Viena, CD, Deutsche Grammophon) é espetacular. O disco que faltava, com a *Oitava Sinfonia*, foi lançado no final de 2008 e traz, entre as solistas, a soprano paraense Adriane Queiroz.

DOMAINE MUSICAL: Nome da sociedade de concertos criada por Boulez nos anos 1950, dedicada à interpretação da obra de autores contemporâneos como Maurice Kagel e Henri Pousseur. Gravações desse período estão disponíveis em coleção de CDs do selo Accord.

Golijov, Reciclador de Lixo

*A Acusação de Plágio Contra Osvaldo Golijov
Diz Muito Sobre Mercado Atual*

Publicado em *O Estado de S. Paulo*, Caderno 2, 30 ago. 2012(artigo "Advento de um Novo Artista").

Alguns fatos chamam a atenção no imbróglio de plágio em que está envolvido o compositor argentino Osvaldo Golijov. O escândalo estourou na semana passada nos Estados Unidos, envolvendo sua obra sinfônica *Sidereus*, encomendada por 35 orquestras e executada pela Osesp em 2010. O plágio foi detectado em concerto no Oregon. *Sidereus* é literalmente igual, em boa parte, a *Barbeich*, obra de 2009 de Michael Ward-Bergeman, grande amigo do compositor. Ao mesmo tempo, soubemos, aqui no *Estado*, que em dezembro passado Golijov reproduziu extensivamente uma conhecida canção popular brasileira assinada por dois "notáveis" da MPB no segundo movimento de seu novo quarteto de cordas intitulado *Kohelet*.

A reação de Golijov, incensado pela mídia especializada e apontado, na última década, como arauto da chamada terceira via na música contemporânea – a que rasga a fantasia da autonomia e cai de boca na música de consumo industrializada –, foi diferente em cada caso. Em relação ao quarteto, agiu como quem é pilhado em plágio explícito e retirou rapidinho o movimento do quarteto; no de *Sidereus*, disse que só aproveitou a melodia de seu amigo Begerman. Entretanto Alex Ross, da *New Yorker*, foi obrigado a reconhecer que a "sobreposição entre ambas as obras é de fato extensa. Falando francamente, *Sidereus* é *Barbeich* com material adicional anexado". Ross também rechaça a tentativa de Golijov de se comparar a Bach, Haendel e aos compositores do período barroco, quando a prática de se tomar emprestadas obras inteiras de terceiros era comum. A ideia do compositor como gênio singular trilhando um caminho original, lembra Ross, era essencialmente estranha antes de Beethoven.

Em ambos os casos, é plágio mesmo e o jeito era vestir a carapuça, como Golijov fez. Todavia bem mais interessante é refletir sobre seu argumento para "justificar" o caso *Sidereus*. Ele invoca um tempo em que a música era utilitária e feita como os padeiros fazem fornadas. Beethoven decretou a autonomia da criação musical. Quando ameaçou mudar-se para Paris, nobres instalados em Viena fizeram uma vaquinha e lhe proporcionaram condições financeiras para compor em paz. Não se falava em obrigações de compor isto ou aquilo, mas permitir ao "gênio" criar com liberdade. Nascia a noção de "obra".

O longo reinado da música autônoma permanece vivo até hoje. Em meados do século XIX, acentuou-se o racha entre a música autônoma e a nascente música de consumo. Hoje, entretanto, as rachaduras ideológicas são mais sérias – e danosas. Talvez não tenha sido gratuita a remissão de Golijov aos felizes tempos em que ninguém era de ninguém. Razão tem Anne Midgette, crítica do *Washington Post*, ao argumentar que só se espanta quem não o conhece. Golijov sempre fez isso, pegou músicas de tudo quanto era lugar e deglutiu-as, muitas vezes sem mastigar nada. É possível que o argentino não viva só uma secura criativa e esteja recorrendo a terceiros parà honrar encomendas. É provável que já seja um legítimo representante de uma situação das artes delineada para 2020 pelo sociólogo francês Pierre-Michel Menger no artigo "Um Passo Para a Utopia", no volume *Artistes 2020 - Variations Prospectives*.

Afinal, raciocina Menger, do lado da interpretação, a ênfase será cada vez maior na competição seletiva, provocada pelo afluxo de músicos virtuoses formados nos países mais povoados do planeta. Um mundo dominado pela música do passado. O outro lado da moeda, o da composição, viverá o enfraquecimento das barreiras entre os gêneros, o que transformará a música contemporânea em um mosaico de gêneros menos esotéricos do que foram ao longo do último século.

Menger pensou isso há menos de dois anos e já parece ultrapassado pela hipervelocidade dos acontecimentos. Golijov já encarna hoje o que Menger chama de "democracia do gênio". Como tudo está à disposição na web, já começamos a conviver com uma "superpopulação de artistas". Você pode tudo, desde que conectado à web. Tem acesso e pode comunicar sua criação ao universo inteiro. Assim, todo mundo se considera artista.

"A parte mais visível da produção artística", diz Menger, "renunciará à celebração dos valores autônomos da arte e multiplicará as expressões de uma concepção funcional ou simplesmente hedonista da criação; a serviço da estética urbana, quando a imensa maioria da população mundial se aglomerará nas cidades e megalópoles; no culto do divertimento; na redução dos desafios da invenção artística, pois a velocidade de circulação e troca dos conteúdos e ideais vai acelerar a obsolescência da inovação."

A música de Golijov é essencialmente isso, desde a *Paixão Segundo São Marcos*, de uma década atrás. É descartável, pronta para ser rapidamente consumida e esquecida. Forte e redutor? É possível. Golijov pode ser só a ponta do iceberg dessa tendência detectada por Menger, de desagregação da noção de obra. O compositor é o sintoma mais vistoso de uma música contemporânea que deseja, a todo custo, alcançar públicos maiores. Ora, para "fazer sucesso" é preciso seguir as regras da indústria cultural. E a primeira delas é a cleptomania. Poucos notam, porque as obras são rapidamente consumidas e descartadas por novas. Estamos na era da obsolescência da inovação.

Ainda bem que, embora a duras penas e em circuitos fechados, quase tribais, ainda é possível a sobrevivência de músicos comprometidos tão somente com a criação, com obras que sejam uma "promessa de felicidade" (Adorno), mesmo que não consigam cumprir tal compromisso porque suas formas já estão inevitavelmente contaminadas pela sociedade administrada. Menger não é tão pessimista quanto Adorno, todavia lembra que estamos cada vez mais próximos do prognóstico de Roger Caillois, feito 37 anos atrás: "A arte autônoma pode ter sido quem sabe só um parênteses, uma espécie de moda na história da humanidade."

Jonathan Harvey, Fundindo Oriente e Ocidente

Publicado em *O Estado de S. Paulo*, Caderno 2, 27 dez. 2012 (artigo "União do Oriente e Ocidente").

Novos CDs de Harvey Confirmam Sua Habilidade Para Equilibrar Contrários

Duas obras do compositor inglês Jonathan Harvey, morto aos 73 anos no dia 4, lançadas em CDs em 2012, constituem um microcosmo perfeito para definir a sua música altamente expressiva e emocional, que, no entanto, jamais abre mão de injetar elevadas doses de inovação.

Bird Concerto, em janeiro, e *Wagner Dream*, em outubro, constituem a porta de entrada ideal para uma música que brinca no limiar entre natureza e cultura, Ocidente e Oriente, e é atualíssima.

Bird Concerto With Piano Song, tributo de 2003 de Harvey a Olivier Messiaen, o mais apaixonado dos compositores pelo canto dos pássaros, só agora surge em primeira gravação mundial. Oferece uma síntese admirável de sua cartilha criativa: começa e termina com cantos originais pinçados entre quarenta espécies de pássaros da Califórnia que dialogam com o piano e, em seguida, são eletronicamente manipulados em tempo real; e ainda incluem os instrumentos da London Sinfonietta, regidos por David Atherton.

É como se Messiaen, em vez de transcrever os cantos dos pássaros e transferi-los para instrumentos acústicos e trabalhar sobre eles como insumos melódico-harmônico-rítmicos, pilotasse refinados equipamentos de informática e eletrônica no Ircam de seu ex-aluno Pierre Boulez –, mas não deixasse de lado os instrumentos acústicos.

Bird Concerto, que na gravação do selo NMC conta com o pianista Hideki Nagano, é uma das mais admiráveis obras de eletroacústica mista da primeira década do século XXI. Agrada já na primeira audição. Da segunda em diante, torna-se memorável.

Como Harvey conseguiu esse milagre? Seu itinerário tecido com contrastes conceituais violentos tornou-o um ser inventivamente inclusivo, desde as aulas com Milton "who-cares-if-you-listen" Babbitt até a estada em Paris, no Ircam e a paixão pelo espectralismo de Gérard Grisey. Com uma pitada personalíssima – a devoção pela Índia e o budismo – fez dele um Ravi Shankar em sentido contrário, alquimista misturando opostos, como corretamente aponta Paul Griffiths: "Grande equilibrista de contrários, promove encontros entre uma Europa fascinada pelas trevas, a melancolia e a loucura e uma Índia radiante, ingênua, nostálgica da presença divina e sua profundidade misteriosa e convidativa."

Griffiths intitula "Harvey e a Deusa" o capítulo dedicado ao compositor em seu livro *Modern Music and After* (Música Moderna e Depois), acentuando a "estranha união" entre "trevas brilhantes, danças graves, de um mundo em que corpo e espírito, Oriente e Ocidente, são um só". Bela síntese.

Nada mais sintomático dessa atitude do que sua arrebatadora ópera *Wagner Dream*, com libreto de Jean-Claude Carrière, agora lançada em álbum duplo pelo selo Cypres. Encomenda e coprodução múltiplas, da Ópera Holandesa, Grande Teatro de Luxemburgo, Festival Holandês e Ircam-Centro Pompidou, estreou em 2007 em Luxemburgo. Prevê seis atores, seis cantores solistas, pequeno grupo vocal, o Ictus Ensemble e manipulação eletrônica em tempo real pelo próprio Harvey, com regência de Martin Brabbins.

Harvey apaixonou-se pela tentativa de Richard Wagner, em 1856, de compor a ópera *Die Sieger* (Os Invencíveis), inspirada na lenda budista de Prakriti e Ananda. Prakriti é uma jovem de classe baixa, que tem um amor impossível por Ananda, um dos íntimos do Buda. Tão impossível quanto a saída: ela só poderá viver com o amado se entrar para uma ordem religiosa e fizer voto de castidade. Renúncia ao mundo como redenção, a história tem afinidades com o universo wagneriano.

O compositor fez um breve rascunho de libreto, acalentou o sonho até o fim da vida, em 1883, mas ficou nisso. Harvey, na mais ambiciosa e bem-sucedida tentativa para unir culturas tão diferentes, coloca em cena o compositor e Cosima no dia de sua morte, em Veneza, atormentado pela visão da lenda budista.

Convivem dois núcleos: os seis atores que personificam seus últimos momentos, e que jamais cantam; e os seis cantores que surgem como flashes em seu leito de morte. Só ele vê a trama budista.

A parte instrumental prevê 22 músicos: nove cordas, cinco madeiras, quatro metais, dois percussionistas, harpa e teclado eletrônico. A partitura estabelece, por exemplo, quartos de tom e arcadas circulares e a espacialização é feita em oito canais. Uma sofisticada manipulação eletrônica inclui síntese granular, modulação em anel e filtragem múltipla.

Ao todo, são nove cenas, uma hora e meia de música de alta qualidade, que impacta tanto quanto, por exemplo, a maravilhosa *Cassandre*, de Jarrell, levada na Sala São Paulo este ano pelo Ensemble Inter Contemporain, do Ircam.

Escrita vocal sofisticada, com alusões a contornos melódicos e às harmonias wagnerianas, mas sem cair na clonagem jamais. A música é puro Harvey, corda bamba genial entre contrários. E as performances são extraordinárias. 2013 será o ano do bicentenário de nascimento de Wagner. Uma montagem de *Wagner Dream*, ou mesmo a encomenda de uma obra/ ópera baseada/ inspirada/ desafiada pelo universo wagneriano a um compositor brasileiro seriam sinais de que é possível também por aqui sair da mesmice e injetar inteligência nas efemérides.

Os Intérpretes

Retrato Sem Retoque, e em Dois Tempos, de uma Virtuose

1.

Publicado em *O Estado de S. Paulo*, Sabático, 10 jul. 2010 e 7 set. 2008.

A maioria das biografias "autorizadas" dos grandes músicos costuma patinar na chata e óbvia categoria chapa-branca, em que só se conta o permitido – e de preferência só se mostra o lado positivo. Parece que o músico não tem nenhum defeito. Ora, isso só contribui para reforçar o estereótipo do artista genial ungido pelos céus para espargir pelo mundo sua divina arte. E separa a música erudita num absurdo panteão da grande arte, muito acima de nosso dia a dia de cidadãos comuns e anônimos. Músicos são de carne e osso. Sofrem, amam, são traídos. Essa é uma, mas não a única qualidade da primeira biografia da pianista argentina Martha Argerich, lançada há pouco na França. Ela completará setenta anos em 5 de junho de 2011, personificando o veredicto de seu maior guru, Friedrich Gulda, em entrevista de 1960 (ele lhe dera aulas por um ano e meio em 1954, em Viena): "Ela não é só a primeira pianista do mundo, é um fenômeno inexplicável. Martha é a artista absoluta." *Martha Argerich: L'Enfant et les sortilèges* pertence aos raros exercícios biográficos que combinam: a paixão do biógrafo por seu objeto de estudo; o DNA de jornalista em busca dos fatos, mesmo os mais polêmicos; e conhecimento do metiê do biografado. O autor da façanha é o jornalista parisiense Olivier Bellamy, editor de *Le Parisien*, e crítico da revista especializada *Classica*, sucessora da *Le Monde de la Musique*. Bellamy também tem um programa na Radio Classique e um blog (http://blog.radioclassique.fr/olivierbellamy/).

O subtítulo do livro remete à ópera em um ato de Ravel com libreto de Colette, que conta a história de uma criança castigada pela mãe que escapa do dia a dia tedioso por meio da fantasia e do amor. Faz sentido. Martha nunca deu bola para dinheiro; quer mais é gente que ela goste à sua volta. Jamais quis pôr ordem em sua vida. Por isso dependeu sempre das amizades e amores, paralelos à sua supermãe Juanita. Suas paixões incluem os pianistas Stephen Kovacevich, Alexander Rabinovitch, Fou Ts'ong, Michel Béroff, o adido cultural da embaixada argentina na Suíça, Martín Tiempo (pai do pianista Sérgio Tiempo), e o maestro Charles Dutoit, entre outros. Jamais viveu só.

Em suas casas, sempre houve lugar para amigos, jovens talentos e oportunistas em geral. Rostropovich, que ela amava de paixão (Bellamy diz que eles devem ter tido um caso), dizia-lhe: "Você insiste em cobrar o mesmo cachê de um aluno de Pollini?"

Mestres. O livro tem pouco a ver com o documentário em DVD *Martha Argerich: Evening Talks* (Conversas Noturnas), no qual a Martha madura parece mostrar-se de corpo inteiro, mas não discute questões polêmicas de sua vida pessoal. Bellamy vai fundo nesse quesito. Revela fatos até agora desconhecidos. Por exemplo, ela fez um aborto entre 1969 e 1970, por insistência de seu marido Charles Dutoit. Meses depois, em outubro de 1970, engravidou de novo – mas dessa vez teve sua primeira filha, Annie. E venceu um câncer nos anos 1990. Chegaram a dar-lhe só nove meses de vida. Em todos os seus casos amorosos (com exceção de Dutoit, que a traiu com a violinista coreana Kyun-Wha Chung), sua personalidade era tão forte que esmagava o parceiro. Algo parecido com a relação da personagem Wertheimer com Glenn Gould no romance *O Náufrago*, de Thomas Bernhard.

São preciosos os capítulos dedicados aos professores de Martha. Ela estudou com o italiano Vincenzo Scaramuzza dos 5 anos e meio aos 11. Entre os outros alunos, Bruno Leonard Gelber. Scaramuzza jogava um contra o outro, desafiando-os. Ele jamais prescrevia exercícios de técnica que, dizia, podem secar a técnica e provocar a perda, em musicalidade, do que se ganha em treinamento mecânico. Receita perfeita: dosagem do peso, desenvolvimento da sensibilidade da ponta do dedo, percepção da trajetória do toque e igualdade na força dos dedos. Último detalhe: a intensidade do som depende da velocidade do ataque, pois assim se define um arco dinâmico mais ampliado. Parece simples, mas é dificílimo de se conseguir. O ano e meio em que teve duas aulas semanais com Friedrich Gulda, em Viena, foi o período-chave em sua formação. Ela já cansou de repetir isso. Mas como eram essas aulas? Bellamy conta. Gulda ensinou a Martha "que existe humor em Haydn ou no jovem Beethoven". Ela mesma disse o que aprendeu com ele: "Uma obra não se esgota jamais, somente se esgotam os intérpretes que a tocam mecanicamente." O sistema Gulda de aulas, só praticado com sua única aluna, Martha, era assim. Ele gravava as execuções da aluna, que eles escutavam em seguida comentando-as de maneira livre e democrática. Ela saía das aulas superexcitada. Hoje reconhece que devia estar apaixonada por ele. Gulda ia direto ao ponto: "Provavelmente você é hermafrodita, Argerich." "Mas o piano é um instrumento hermafrodita", respondeu ela, rindo. "Ele tem tudo: os graves, os agudos, a melodia, a harmonia, e é autossuficiente."

Diversas vezes, brasileiros cruzaram os caminhos de Martha. Jacques Klein, por exemplo, ganhou o primeiro prêmio no concurso de Genebra em 1953, quatro anos antes de Martha; Arthur Moreira Lima foi segundo lugar no Concurso Chopin de Varsóvia de 1965, em que Martha venceu espetacularmente ("ele estava nervoso demais na final", diz ela); dois pianistas brasileiros, Sérgio Monteiro e Alexandre Dossin, dividiram o primeiro prêmio do Concurso Martha Argerich de Buenos Aires de 2001. Mas ninguém é tão próximo dela como Nelson Freire. Eles se conheceram em 1959, na cantina da Academia de Viena. Nelson estudava com Bruno Seidlhofer, ela com Gulda. É de Seidlhofer esta frase que une o trio: "Conheci três fenômenos em minha vida: Gulda, Martha e Nelson. Com Gulda, tudo passa pela cabeça; com Martha pelos dedos; e com Nelson, pelo coração." Eles tocaram juntos pela primeira vez em 1968. A biografia traz frases deliciosas de um sobre o outro. Martha: "Nelson é um gato disfarçado de cachorro; tem um jeito doce e gentil, mas é fundamentalmente independente." Nelson: "Martha é um cachorro disfarçado de gato; ela parece indiferente, felina, mas é profundamente fiel e sociável, até a dependência." Um dos trechos mais emocionantes é o episódio em que Nelson leva Martha para conhecer sua mais profunda paixão musical, Guiomar Novaes. Esta pergunta a Nelson: "Do que ela gosta, como pianista?" Martha responde: "Horowitz, Rachmaninov..." Sentindo o terreno minado, Nelson repetia nervoso: "Horowitz, Rachmaninov..." Guiomar pergunta a Nelson: "Mas ela me ouviu em concerto?" Nelson, que conhecia a resposta, murmurou quase se desculpando: "Não, apenas em disco..." Guiomar o interrompeu com um gesto de desdém: "Disco não conta!" Em sua primeira gravação para a Deutsche Grammophon em Munique, em julho de 1960, ela levou Nelson a tiracolo para o estúdio. E fez o que seria o chamado ritual Martha de gravação: "Vou tocar três vezes cada peça e vocês escolhem!" Para Nelson, cochichou rindo: "Se eles quiserem mais uma vez, toque você no meu lugar, ninguém perceberá."

Com o lendário Arturo Benedetti Michelangeli, ela teve quatro aulas em um ano e meio. O refinadíssimo pianista italiano curtia um ciúme atroz da paixão de Martha por Horowitz. Muitos pianistas moravam em seu *palazzo* em Moncalieri. Alberto Neuman, um deles, conta que, quando saiu para fumar, ouviu do quarto de Martha uma gravação de Horowitz. De repente, passou Michelangeli, que exasperado falou: "Sempre com seu Horowitz." Ele quebrou a cara mesmo em outro hilário episódio: uma noite, um grupo de estudantes ouvia *Jeux d'Eau*, de Ravel, e não percebeu a porta abrir-se. Observando-os, Michelangeli saboreou antecipadamente o triunfo perguntando: "É meu disco?" Eles sacudiram a cabeça sem ao menos olhar para trás: "Não, é Martha!"

Em 1963, Martha esqueceu que era pianista. "Já era uma lenda viva", diz Nelson, "mas o que fazia não a satisfazia." Aos 21 anos, decidiu encontrar-se com seu ídolo Horowitz em Nova York. Saiu do paraíso suspenso de Michelangeli para as delícias do inferno com o diabo em pessoa, na feliz frase de Bellamy. Martha via nele sua alma gêmea: "Ele é o melhor amante que um piano pode encontrar."

Mago. De fato, escreve Bellamy, Martha "é a única pianista que se pode comparar ao mago ucraniano". E, ainda por cima, Schumann é especialidade dos dois, assim como o Scarlatti de Horowitz e o Bach de Martha. Quando topar com qualquer gravação de obras desses compositores com essa dupla, não hesite. Você está diante de suprassumos da música gravada. Mas a mulher dele, Wanda, filha de Toscanini, fazia marcação cerrada: não deixava nem homens nem mulheres se aproximarem dele, reprimindo a sexualidade onívora do marido. Em 1978, ela e Nelson assistiram de mãos dadas, no Carnegie Hall, Horowitz tocar o *Concerto n. 3* de Rachmaninov com a Filarmônica de Nova York e Eugene Ormandy. Quando esteve na frente dele, Martha ouviu o elogio que mais desejou na vida: "You are the best!"

Atualmente, a pianista mora num apartamento na rue de Chaillot, em Paris, bem ao lado do eterno amigo Nelson Freire. Parou de tingir os cabelos há quatro anos. "Quero ser uma velha senhora um pouco ridícula, mas não demais." Não há perigo. Afinal, já pertinho dos setenta anos, ela continua praticando à risca o mote de vida de um de seus amigos, o violinista Ivry Gitlis: "Tenha a coragem de ser você mesma, assuma riscos, não seja cópia de suas gravações ou das dos outros."

2.

Quando se encontram longe dos olhares dos demais mortais, os pianistas costumam trocar dicas de dedilhados e outras tecnicidades, mas acima de tudo "falam de prazer", diz o pianista norte-americano Charles Rosen. Prazer espiritual, no sentido de conseguir traduzir em sons os mapas de navegação imprecisos que são as partituras; e prazer físico de superar obstáculos técnicos, diminuir ao máximo o fosso entre o que suas mentes idealizam e o som efetivamente emitido. Bonito, muito bonito. O escritor italiano Roberto Cotroneo coloca mais uma pitada romântica nesta descrição ao escrever que "como diria Schopenhauer, a música é Vontade com 'V' maiúsculo [...]. Domina este mundo feito apenas de formas, objetos, corpos. Enquanto ela mesma, a música, é algo mais: é impalpável, não pode ser descrita, é a alma do mundo; e o músico é uma espécie de intermediário entre Deus e o mundo, o único que pode cumprir este milagre". Mais bonito ainda. Só que parcial, insuficiente.

Para a notável pianista argentina Martha Argerich, "se existisse só o prazer e a alegria de tocar seria formidável, mas não é só isso". É o que ela revela no DVD *Conversas Noturnas*, que acaba de ser lançado no mercado internacional pela Medici Arts. Os pouco mais de sessenta minutos foram rodados em 2002 e dirigidos por Georges Gachot originalmente para a TV francesa. E – aleluia, aleluia – pela primeira vez um DVD internacional tem legendagem não só em japonês, alemão, inglês, francês, italiano e espanhol, como também em português. Verdade que se traduz "quarto concerto para piano" de Beethoven como "a quarta" de Beethoven; mas querer uma tradução correta já seria demais.

A alma gêmea de Nelson Freire, que estudou em Viena com o mesmo Bruno Seidlhofer que ensinou ao brasileiro, fala muito pouco com a imprensa. Não gosta de entrevistas. Sente-se pouco à vontade. Por isso mesmo, o DVD é uma gema daquelas preciosas e inesperadas. Se não conta tudo, Martha chega perto. Talvez pela técnica de entrevista utilizada por Gachot, a mesma de Fernando Faro no programa de TV *Ensaio*. Só as respostas aparecem. Aos 67 anos, completados em 5 de julho passado, ela mantém a chama de uma alma artística revolucionária. "Procuro não fazer uma imitação de mim mesma. Isso é perigoso. Quando estamos muito satisfeitos com o que fazemos, caímos numa rotina e começamos a nos autoimitar. É terrível. Sempre me questiono, sempre pesquiso, sempre tento coisas novas. Inclusive no que já toquei." A certa altura, ela dá a receita para se manter sempre na ponta dos cascos: "Você precisa se preparar 150% para conseguir uns 60%" e rezar para "receber a inspiração no momento, a espontaneidade"; "Sempre estou me preparando para aprender alguma coisa e usar qualquer ideia repentina que tenha, ou qualquer sentimento, ou emoção. E o mais importante de tudo: doar-se."

Pianista-prodígio em Buenos Aires, Martha define como "choque elétrico" o que sentiu ao assistir Claudio Arrau tocando o quarto concerto de

Beethoven. "Tinha seis anos, e o segundo movimento, um Andante con moto, me deixou toda arrepiada. Foi a primeira grande emoção musical da minha vida." Até hoje ela não toca esse concerto. "Tenho medo. É muito importante para mim."

A pianista firmou-se instantaneamente como um dos grandes nomes do piano no século xx – ao lado de Glenn Gould, Arturo Benedetti Michelangeli e Friedrich Gulda. Esses três não foram escolhidos ao acaso. Como o canadense, que sequer é citado no documentário, ela tem uma preferência especial pelo repertório que vai de Bach a Mozart e ao Beethoven jovem, e depois pula para os russos do começo do século xx, como Prokofiev e Shostakóvitch.

Por causa de Friedrich Gulda, Martha mudou-se para Viena aos treze anos, e com ele estudou por um ano e meio. "Foi a pessoa que mais me influenciou musicalmente. Eu era loucamente fascinada por ele." Gachot pergunta-lhe baixinho: "Ele era um irmão pra você?"; "Não, de jeito nenhum. Era outra coisa. A diferença de idade era pequena, eu com treze, ele com 24 anos", responde Martha com um meio sorriso maroto, e começa a enrolar o cabelo com o dedo. "Nunca conheci outra pessoa tão talentosa na minha vida." O que a fascinou tanto em Gulda? O gosto pelo risco, os repetidos saltos no desconhecido. "Nos entendíamos por osmose. Eu sabia o que ele queria só de olhar. Eu entendia tudo. Ele me fazia ouvir muito. Sempre me gravava. E eu tinha que criticar depois. Era uma autocrítica que eu fazia na hora. Ele me conhecia. Era extraordinário."

E o incrível talento lúdico do austríaco. Gulda brincava fazendo música sem adjetivos. Martha conta a história do encontro de Gulda com o pianista de jazz Errol Garner. "Sua música me lembra Debussy", disse Gulda a Garner, que sequer sabia ler música. E o autor de "Misty" respondeu com uma pergunta: "Who's that guy?" Foi Gulda quem ensinou a Martha o senso de humor. E, numa demonstração de que jamais afastou-se de seu ídolo, ela reproduz uma conversa entre ambos sobre afinidades culturais. "É diferente quando um austríaco como ele toca Mozart ou Schubert, eu dizia." E ele a fez enterrar de vez o chamado complexo de vira-lata dizendo: "Você não tem culpa se Schumann não era argentino."

Cancelando um recital e depois cortando o dedo só para provar, Martha ficou mundialmente conhecida por seus cancelamentos de concertos e recitais. Tudo começou, diz ela, numa pensão em Florença, nos idos de 1967. Ela deveria tocar em Empoli, a cidade natal de Ferruccio Busoni, onde vencera um concurso de piano. Mas não queria ir. "Cancelei só para ver como era", diz, rindo. "Estava lendo *O Imoralista*, de Gide, e estava muito naquelas de ver o que você pode e o que não pode fazer, até onde pode ir, tipo crime e castigo, transgressão. Mandei um telegrama dizendo que machucara o dedo. E, para me garantir, cortei mesmo um dedo com uma lâmina. E por isso tive também que cancelar o concerto seguinte, uma semana depois."

Vocês se lembram de Nelson Freire andando no palco da Sala São Paulo rosnando "este piano não gosta de mim", no documentário de João Moreira Salles? Pois Martha mantém com os compositores e as obras uma relação bem parecida. "Quando tocava Liszt e Chopin no mesmo programa, a sonata de Liszt saía boa, mas os prelúdios de Chopin não. Acho que ele ficava com ciúmes." Gachot comenta baixinho: "Dá a impressão de que você conhece os compositores."; "É mais ou menos isso."; "Você os imagina?"; "Claro."

Nesta altura somos admitidos ao mundo especialíssimo de Martha e embarcamos junto com ela numa sensacional viagem pianística. O tecnicamente dificílimo terceiro concerto para piano de Prokofiev, por exemplo. "Este é fácil, para mim. Ele gosta muito de mim, nunca o toquei mal." É um de seus triunfos, em gravação com a Filarmônica de Berlim e Claudio Abbado. "E o aprendi dormindo. Em Viena, dividia o quarto com outra pianista jovem que o estudava o dia inteiro; eu dormia o dia inteiro e ficava acordada à noite. Acredite: quando o toquei pela primeira vez, cometi os mesmo erros de minha amiga. Aprendi este concerto dormindo, quem estudou foi ela." Ou o *Concerto em Sol Maior*, de Ravel, também gravado com Berlim e Abbado, é sua especialidade: "Ele gosta de mim; me sinto muito à vontade com ele." Fora Schumann, claro, tão íntimo de Martha que parece ter até nascido perto da Recoleta.

Há, no documentário, várias imagens de seu início de carreira. Ela era linda, sedutora, uma porteña de derrubar corações. Por isso, Daniel Barenboim, outro argentino excepcional, mas muito certinho na condução de sua carreira, disse-lhe em certa ocasião: "Você é um belo quadro sem moldura." E ela concorda: "Eu era meio doida mesmo. Imagine que tinha uma superstição: jamais tocava uma peça ou concerto inteiro. Só no palco. Talvez eu sentisse atração pelo inesperado, ou gostasse de brincar com fogo."

Durante muitos anos, Martha abandonou a fórmula do recital. "Talvez por causa da minha miopia. Quando não existiam lentes de contato eu tocava sem óculos. Ao chegar perto do piano, me sentia um inseto diante de dentes de crocodilo brilhando." Até hoje ela evita ao máximo a situação de recital. Prefere tocar com outros no palco. Seja música de câmara, seja concertos com orquestra. Você pode ouvir gratuitamente tudo que se fez de música nos festivais de Lugano que Martha dirige desde 2002 com músicos convidados, acessando o site http://www.rtsi.ch/trasm/argerich/welcome.cfm.

Musicalmente, o DVD oferece alguns momentos brilhantes de Martha em solo, em duo e com orquestra. Mas são trechinhos. O melhor está nos três extras de um recital em Zurique, em 2001: uma vertiginosa leitura da *Sonata em Ré Menor K. 141*, de Scarlatti; a suave e contemplativa *Mazurca em Fá Menor, Op. 63 n. 2*, de Chopin; e outra vertigem, o *Capriccio da Partita n. 2 em Dó Menor BWV 826*. de Bach. P.S.: esta partita, segundo a pianista, tem um xodó especialíssimo por ela.

Dois Tributos à Inteligência
e Sabedoria de Charles Rosen

1.

Publicado em *O Estado de S. Paulo*,
7 ago. 2010 e 7 dez. 2012.

"Gosto, mas não entendo." Esta é uma resposta recorrente quando pergunto a alguém se curte música clássica. O sujeito ergue de imediato uma muralha preconceituosa que, no entanto, não foi criada nem é cultivada por ele. O gueto da música clássica perversamente isola qualquer recém-chegado à sala de concertos, ergue uma hostil floresta de rituais esotéricos e palavras estrangeiras indigestas. Ele reforça a impressão de que "explicadores" e muita leitura/pesquisa/cursos são necessários para se "entender um pouquinho que seja" a chamada "grande música de concerto".

O pianista norte-americano Charles Rosen já estreou mundialmente obras de Igor Stravínski, Elliott Carter e Pierre Boulez a pedido dos próprios compositores. Escreveu de 1970 para cá muitos livros, mas ao menos três seminais para a compreensão da música: *O Estilo Clássico, Formas-Sonata* e *A Geração Romântica* (o último editado dez anos atrás pela Edusp num volume de 950 páginas acompanhado por um CD). E agora, do alto de seus 83 anos, tem uma opinião firme sobre a questão. A tal ponto que escreveu o recém-lançado livro *Music and Sentiment* só para enterrar essa verdadeira propaganda enganosa que cerca a música clássica. "Entender a música não é resultado da memorização de um código esotérico. Vários aspectos da música, é claro, beneficiam-se de um longo estudo, mas capturar o seu significado emocional ou dramático ou é imediato, ou requer apenas que a gente se familiarize com ela. Entender a música no sentido mais básico significa simplesmente gostar dela quando você a ouve. É verdade que a música não familiar e que parece estranha na primeira audição precisa ser ouvida algumas vezes e de fato requer certa dose de boa vontade para arriscar-se em novas sensações."

Em enxutas e densas 140 páginas, Rosen extermina o preconceito e nos convida para uma maravilhosa viagem pela música entre os séculos XVIII e XX. "É raro que seja necessário um conhecimento especializado para a fruição espontânea, que é a razão da existência da música." Junto o prefácio à conclusão, onde ele cita o poeta italiano Giacomo Leopardi, afirmando, nos anos 1820, que "o princípio da música e de seus efeitos não pertence à teoria do belo, mas é assunto de cheiros, gostos e cores, e assim por diante... por isso não surpreende que selvagens e até animais tenham tanto prazer quando ouvem música". Essa identificação da arte da música com a arte de cozinhar e a alquimia dos perfumes, diz Rosen, "implica que a música atende aos mais básicos e menos intelectuais instintos humanos". Portanto, gostamos, mas não sabemos explicar o porquê desse sentimento. Nessa altura, Rosen nos convida para o curso de sete palestras feitas em 2002 na Universidade de Indiana, agora transformado nesse livrinho sensacional: "O conhecimento especializado pode nos recompensar e permitir-nos compreender por que temos prazer em ouvir o que gostamos mais; pode também nos esclarecer sobre como a música age sobre nós para proporcionar prazer."

Numa linguagem precisa e muitas vezes técnica, o pianista recorre a exemplos musicais a praticamente cada página para identificar as radicais mudanças nos métodos de representação durante dois séculos. Faz, assim, uma história do estilo dos séculos XVIII ao XXXX. Mas não pense que a profusão de exemplos musicais ou o jargão técnico impedem a leitura. Ao contrário, mesmo quem não sabe ler música entende o que ele diz e fica com vontade de recorrer a gravações das obras – quase sempre muito conhecidas – para sacar suas tiradas argutas, rigorosas e que iluminam de modo inédito peças tão batidas como um noturno de Chopin, a *Kreisleriana* de Schumann, sonatas para piano de Beethoven, os quartetos de cordas e sinfonias de Haydn e Mozart, *Intermezzi op. 119* de Brahms, *Salomé* de Strauss, *Tosca* de Puccini ou *Wozzeck* de Alban Berg. Aliás, li o livro ouvindo os trechos por ele indicados e lendo as partituras (teria sido ótimo um CD acompanhando a edição).

Sentimento e Estilo. Examinar como o sentimento é representado é mais importante do que pôr um crachá em seu significado, diz Rosen. "Não vou colocar nomes nos sentimentos", avisa já no prólogo. "Leitores que esperam encontrar o que se supõe que devam sentir ao ouvir uma determinada peça ficarão desapontados. Mas felizmente isso é quase sempre óbvio: há músicas tristes e outras alegres." A música é muito mais precisa nesses assuntos do que a linguagem, diz citando Mendelssohn, autor da frase. Porém, não se pode pedir, em termos puramente musicais, a alguém que se encontre conosco amanhã às 16 horas em um local determinado.

O filósofo grego Pitágoras, por exemplo, quando quis acalmar um grupo de amigos exaltados demais, pediu aos músicos que tocassem algo austero – e a música os tranquilizou mesmo. "A música tem o poder de ilustrar sentimentos e despertar emoções em quem a ouve." Entretanto, vivenciar um sentimento na vida é diferente de vivenciar o mesmo sentimento representado por uma obra musical, anota Rosen: "Nossa admiração pela arte da representação provoca um efeito de distanciamento." E dá um exemplo definitivo: "Ao ouvir a 'Lacrymosa' do *Réquiem* de Verdi, gostamos de nossa dor."

O núcleo de *Music and Sentiment* explica de modo convincente por que Wagner consegue sustentar por 45 minutos a representação da paixão erótica em Tristão, por exemplo, enquanto Mozart não consegue prolongar por mais do que alguns minutos o dueto de Don Giovanni e Zerlina. Não é deficiência de Mozart: manter a alta voltagem por mais de meia hora estava além das técnicas musicais disponíveis, diz Rosen. "O erotismo de Mozart é bem diferente e menos devasso que o de Wagner." A música é essencialmente um pobre sistema de comunicação, "precisamente porque tem um vocabulário bastante fraco e mal definido, apesar de possuir uma sintaxe e gramática muito ricas. É evidente a fraqueza dos elementos individuais da música como portadores de significado, sua ambiguidade e imprecisão: os motivos, as harmonias podem ser facilmente mal interpretados quando fora de contexto". Essa é a chave mestra de Rosen para descartar as tentativas idiotas de tantos pesquisadores de associar sentimentos fixos a determinadas tonalidades ou linhas melódicas e mesmo sequências harmônicas. Ele dá vários exemplos para concluir pela importância do contexto para determinar significado. "O que percebemos ao ouvir música não é simplesmente ruído, mas são relações, regularidade do ritmo, *rubato*, simetria, repetição, dissonância, e assim por diante – nosso prazer é o mesmo do amante de poesia, que, sem dar nomes aos dispositivos, vibra com a rima e a assonância – e isso acaba nos dando acesso ao significado."

Naufragam quase sempre as investigações sobre música e sentimento porque subestimam a ambiguidade do vocabulário musical e exageram sua precisão, argumenta Rosen. Afinal, qualquer um razoavelmente familiarizado com a música sabe que uma peça é triste, grave, majestática, jocosa, apaixonada, lírica, atormentada, tranquila, ameaçadora etc. No cinema, sabemos perfeitamente, sem que ninguém nos diga, quando a música descreve situações de dor ou alegria, de amor ou de esperança.

Ele foge dos lugares-comuns como o diabo da cruz. Considera rematada tolice discutir se Beethoven foi clássico ou romântico. Ele foi clássico na medida em que se apegou à tradição ferrenhamente; e romântico ao injetar uma altíssima voltagem dramática em suas obras.

"A originalidade dos compositores dos anos 1830", aponta, "é que, ao delinear um sentimento, eles aplicam uma nova concepção de intensidade que altera a própria natureza dos sentimentos." No caso do piano, os instrumentos do século XVIII não permitiam violentos contrastes dinâmicos possíveis a partir de 1830 devido a aperfeiçoamentos construtivos.

Não basta dizer que a música de Chopin, Liszt ou Wagner é mais dramática ou mais apaixonada que a anterior. "Precisamos reconhecer uma diferença de escala." E é importante entender que não é simplesmente que a música de Wagner é mais barulhenta e mais comprida, que a de Liszt é mais barulhenta, mais brilhante, com mais notas no agudo e no grave, ou que Chopin é mais ricamente cromático. "De fato, é difícil ser mais cromático do que Mozart quando ele quer, como na abertura do desenvolvimento do concerto para piano em si bemol K. 595."

Autêntica revelação é sua caracterização de Brahms como um compositor que prenuncia o futuro no "modo pelo qual o efeito é criado, em boa parte por meio do timbre". Uma geração depois, Strauss, Scriabin e Debussy tornaram o timbre um componente tão importante, na composição, quanto altura e ritmo. "Não pensamos em Brahms como mestre do timbre, mas isso esteve com frequência no coração de suas concepções."

No século XX, o ouvinte já não sente o grau preciso de tensão harmônica, porque o referencial tonal está se desfazendo. O timbre o substitui como liga na fixação do significado musical. "As consequências para a representação do sentimento foram sérias", alerta Rosen. Desde a *Salomé* de Richard Strauss, em 1905, "a representação tradicional começa a ser substituída pela ação direta nos nervos do leitor ou ouvinte. Depois de extravagâncias de poder afetivo da música como esse, ficou difícil representar uma simples emoção como a inocente e descomplicada felicidade".

Rosen avança pelo século XX até atingir a cena contemporânea. "Olhando-se retrospectivamente, a segunda metade do século XX ainda parece caótica devido a todas as ideologias competindo entre si: classicismo neotonal, romantismo neotonal, estilo dodecafônico ortodoxo, serialismo de Darmstadt, minimalismo, neoclassicismo, e assim por diante." Não se arrisca a um juízo mais objetivo, mas aposta que "em uma ou duas décadas teremos uma ideia de quais partes desses dogmatismos permanecerão sedutoras e coerentes. A representação do sentimento não é igualmente eficiente em todas essas correntes rivais, mas está presente em todas".

A última é talvez a página mais surpreendente desse livro. Rosen adverte que "precisamos ser humildes, porém, para lembrarmos a nós mesmos que o poder da música em nossas sensibilidades depende muito menos da composição do que da execução".

Portanto, a bola hoje está com os intérpretes e não com os criadores musicais. Lembra a justeza da frase de Leopardi segundo a qual uma bela melodia mal cantada proporciona pouco prazer e uma lamentável melodia interpretada com perfeição provoca enorme prazer. "Boa parte do que a precedente análise mostra – o modo como os compositores nos comovem e criam uma variedade tão rica de sentimentos – é menos relevante do que a experiência do frequentador habitual de concertos." Trocando em miúdos: não adianta nada programar música da melhor qualidade, se ela é mal tocada. As duas frases finais de *Music and Sentiment* precisam ser levadas à risca pelos músicos atuais: "Quanto mais profunda for nossa experiência da música, mais esperaremos dos intérpretes, que devem criar mais do que apenas um som agradável. Devem comover-nos iluminando e destacando o que é mais significativo na partitura musical."

2.

Quando conversam entre si, na maior parte do tempo, os músicos falam de prazer. Mostram uns aos outros passagens em que as qualidades harmônicas ou melódicas têm um interesse particular e onde há vozes interiores imperceptíveis à audição. Quando toca uma de suas obras queridas, o músico tende a valorizar as passagens preferidas, mas acontece que essas passagens ganham mais ao serem interpretadas sem ostentação, com discrição. A música é uma maneira de instruir a alma e torná-la mais sensível, mas só é útil quando também proporciona prazer, que se manifesta em todos os que abordam a música como uma necessidade imperiosa, tanto do corpo quanto do espírito. A música sempre foi escrita antes de tudo para agradar aos executantes mais do que ao público.

Pincei essas frases escritas por Charles Rosen, que morreu no dia 9, aos 85 anos, porque elas revelam algumas das razões que fizeram da música e dos livros produzidos por essa mente brilhante um patrimônio da humanidade. Costuma-se atribuir tal *status* a obras arquitetônicas, maravilhas naturais. Mas, nesse caso, vale o exagero. Certamente o mundo dos que gostam e vivem, subjetiva e/ou profissionalmente, de música empobrecerá muito daqui para a frente. Se não acredita que isso é verdade, então leia qualquer um dos 28 ensaios de seu derradeiro livro, *Freedom and the Arts*, de 438 páginas, lançado em maio pela Harvard University Press.

Pode começar com "Western Music: A View From California", uma resenha feita em duas edições do *New York Review of Books*, em 2006, da monumental história da música de Richard Taruskin (6 volumes, 4.000 páginas, Oxford University Press).

Rosen começa macio, dizendo que todo mundo razoavelmente interessado no assunto tem uma história da música em casa. As informações estão à nossa disposição, mediante uma simples consulta. Ledo engano, as histórias da música são apenas uma ficção conveniente, construída de vários modos e com os mais diferentes enfoques, a cada geração. Em seguida, desconstrói, em quarenta páginas, a ideologia política e musicalmente conservadora de Taruskin, que envenena o seu projeto (Taruskin também escreve notavelmente bem e é polemista convicto).

O ensaio, como praticamente todos os 28 artigos, foi originalmente publicado na *New York Review of Books* (a revista *Diapason*, edição brasileira, n. 2, de maio/junho de 2006, publicou o ensaio em português). No ano passado, após tomar conhecimento de um artigo resposta de Taruskin à sua resenha, Rosen contra-atacou com "Modernism and Cold War". E desmonta o argumento de Taruskin de que o modernismo musical norte-americano foi promovido pelo governo dos Estados Unidos como propaganda da Guerra Fria. Taruskin acusa Rosen de ter se beneficiado desse programa ideológico, porque tocou patrocinado pelo governo dos Estados Unidos no início dos anos 1950 na Europa.

Se preferir ler algo de Rosen em português, então curta dois ensaios do livro *Poetas Românticos, Críticos e Outros Loucos*: "Códigos Secretos" sobre o pintor Caspar Davi Friedrich e o compositor Robert Schumann; e "O Crítico Jornalista, Um Herói", sobre a produção de George Bernard Shaw como crítico musical.

Desde 1971, quando lançou *O Estilo Clássico*, Rosen, pianista excepcional, desenvolveu uma dupla jornada: à de músico notável, tão dedicado a Bach, Mozart e Beethoven quanto à música do seu tempo (com destaque para Schoenberg e Elliott Carter, sobre os quais escreveu e gravou), acrescentou a de crítico musical e literário. Transformou-se num autêntico "maître à penser", como diriam os franceses, de todos os que desejam se aproximar da música em prévias convicções ou teses, armados só com a inteligência e um profundo conhecimento do assunto. Brincalhão, dizia que começara a escrever livros no tempo livre que o piano lhe proporcionava. A imagem que hoje se tem dele corre o risco de distorcer sua personalidade.

Rosen era antes de tudo um músico que, de repente, conseguiu o milagre de transformar em palavras tudo o que aprendera com os sons. A maioria dos ensaios do livro, como de vários anteriores, é de resenhas de livros ou efemérides. Transcende, claramente, esse *status*. O chamado artigo de ocasião transforma-se em leitura obrigatória para todo tipo de público – provoca espanto nos que acham que conhecem o tema, leva pela mão, em linguagem fácil, e contamina irremediavelmente os que pouco conhecem o assunto com uma paixão avassaladora pela música. Sedutor intelectual múltiplo, foi tão formidável na condição de crítico musical, literário e de artes plásticas quanto em sua vocação original de pianista que estudou com um discípulo direto de Franz Liszt. Dividiu nas últimas décadas cada ano em duas metades: seis meses em seu apartamento de Paris, e outros seis em Nova York, as duas cidades que ele mais amava.

Você não consegue parar de ler seus textos porque, na verdade, ele se diverte enquanto nos deixa saborear seus inteligentes e inovadores passeios pelas artes românticas do romance, poesia, conto, pintura e música. Rosen quer ultrapassar o estágio da crítica como ato de julgamento e conquistar o estágio do exercício crítico como ato de compreensão da obra de arte. E consegue isso de modo admirável. "Será que a crítica nos capacita a fruir melhor as obras? Até que ponto é capaz de nos dizer a respeito das obras algo pertinente que já não saibamos? Baseia-se ela em experiências e conhecimentos particulares ou está franqueada a todos os leitores, ouvintes ou espectadores? Se o profissional entende mais do que o amador leigo, qual é o valor desse entendimento?" Essas são as questões de fundo que se propõe a responder em seus artigos em geral.

Compreende-se a necessidade do crítico de desejar dizer alguma coisa original ou revelar um aspecto de uma obra que pareça completamente novo, diz essa mente brilhante que jamais barateia as questões, mas também jamais deixa a escrita escorregar para o hermetismo que afasta a maioria dos leitores potenciais. Ao contrário, todos podem curtir e sair culturalmente enriquecidos saboreando a graça e o profundo conhecimento com que maneja questões tão amplas como a da resenha da história da música de Taruskin, agora publicada em livro nos Estados Unidos – o ensaio ideal para você se aproximar do universo de Charles Rosen.

Gramática da Interpretação

Publicado em *O Estado de S. Paulo*, Sabático, 11 set. 2010.

Bach é o pai, nós somos seus filhos. Se você pensou em Johann Sebastian, enganou-se. O importante reconhecimento de Mozart remete a Carl Philipp Emanuel, o segundo dos vinte filhos de Johann Sebastian, e refere-se explicitamente ao seu decisivo *Ensaio Sobre a Maneira Correta de Tocar Teclado*. Haydn também era enfático ao chamá-lo de "a escola de todas as escolas". Beethoven, Clementi e Czerny, de seu lado, recomendavam seu estudo minucioso a quem quer que desejasse mergulhar na arte de tocar instrumentos de teclado. Originalmente publicado em Berlim em 1752 e 1761, surge agora sua primeira e cuidada tradução para o português, por Fernando Cazarini.

Nos seis anos entre 1750, ano da morte de Johann Sebastian, e 1756, quando nasceu Mozart, foram publicados três dos mais importantes tratados musicais do século XVIII: Joachim Quantz escreveu o tratado de flauta, Carl Philip Emanuel Bach o de teclado e Leopold Mozart, pai de Wolfgang, o de violino. Não por coincidência, os dois primeiros eram empregados na orquestra da corte do rei Frederico o Grande da Prússia. Ele mesmo excelente flautista, celebrizou-se no mundo da música por causa do tema com que desafiou o velho Bach, em visita a seu filho Carl Philipp em 1747, a compor variações. Tempos depois, Johann Sebastian enviou-lhe a genial *Oferenda Musical* construída sobre o tema real. A música parecia exigir o estabelecimento de gramáticas mais específicas para a sua prática, até então livre e quase oralmente transmitida entre as gerações de músicos. "O ensaio", escreve Cazarini no prefácio, "foi escrito num momento de transição entre estilos musicais (do barroco ao clássico), mas também do aperfeiçoamento construtivo dos instrumentos (do cravo ao fortepiano)." Bach contribuiu para a criação do *empfindsamer Stil*, ou estilo sensível, um novo estilo mais apartado do barroco de seu pai, que fugia da polifonia em favor da melodia acompanhada. "É o correspondente alemão para o estilo galante – e prenuncia não apenas o classicismo, como também o romantismo", completa o tradutor. Ele estranhamente intitula o capítulo 36 de "Notas Que Passam" (não seriam as velhas conhecidas "notas de passagem", notas estranhas ao acorde?). Em todo caso, deslize mínimo num trabalho de fôlego.

E por que seria necessário republicar hoje um tratado desses, técnico e com mais de quatrocentas páginas? Por dois motivos simples: seu pioneirismo e atualidade. Foi o primeiro manual de música de teclado a levar em conta o fortepiano, instrumento que havia sido inventado no início do século XVIII pelo italiano Bartolomeo Cristofori e ainda era visto com desconfiança na Europa. Bach apostou no novo instrumento. "Para pianistas e cravistas, a importância deste ensaio é fundamental, pois é o primeiro texto teórico que leva em conta as características do fortepiano, demonstrando que Carl Philipp estendia ao novo instrumento a ambígua palavra 'Klavier'", escreve o pesquisador italiano Luca Chiantore, em *Historia de la Técnica Pianística*.

De fato, "Klavier" àquela altura remetia a muitos instrumentos, mas sobretudo a três: 1. cravo (em que o som se obtém quando pinças "beliscam" as cordas, não havendo controle de dinâmica); 2. clavicórdio (as teclas acionam pequenas peças chamadas tangentes, que percutem as cordas, permitindo controle de timbre e volume); 3. ao recém-chegado fortepiano (marteletes de feltro percutem as cordas, o controle de dinâmica e timbre é total, há muito mais volume de som). E, embora prefira o clavicórdio, reconhece a superioridade do piano, instrumento pelo qual seu pai Johann Sebastian tinha simpatia. "O fortepiano, mais recente, quando bem construído, tem muitas vantagens, ainda que sua utilização exija estudo especial [...]. Soa bem quando tocado sozinho ou em conjuntos não muito numerosos; no entanto, creio que um bom clavicórdio, exceto por sua sonoridade mais fraca, tem as mesmas vantagens de um fortepiano, podendo ainda expressar o portanto e o vibrato, pois, depois que se toca a tecla, pode-se ainda pressioná-la. Portanto, o clavicórdio é o instrumento por meio do qual melhor se pode avaliar um tecladista." (p. 25).

Na verdade, a superioridade construtiva do fortepiano enterrou o clavicórdio e o cravo. Não foi coincidência o fato de a segunda metade do século XVIII conviver com a progressiva consolidação da orquestra, que, ao crescer de tamanho, trocou aos poucos o cravista, "guardião do compasso", na expressão de Bach, pelo maestro na função de coordenar os músicos. As orquestras chegavam, no final do século XVIII, a um número variável entre trinta e cinquenta músicos. Ora, o cravista que só marcava a harmonia de base fazendo o baixo-contínuo ficou supérfluo. O revolucionário fortepiano, de seu lado, era o instrumento ideal para se contrapor aos crescentes volumes sonoros das orquestras. "Surgia a figura do moderno solista, que converte o virtuosismo em ingrediente especial para satisfazer ao gosto de um público cada vez mais exigente", diz Chiantore. "Só um teclado capaz de novos e inéditos contrastes podia fazer frente a semelhante inquietude expressiva, e o piano foi o grande vencedor dessa época de crise." Carl Philipp abriu caminho para o esplendor clássico de duas décadas depois apenas: entre 1780-1820, o piano se transformou em ator principal da cena musical, com Haydn, Mozart e Beethoven, e assumiu o trono de rei dos instrumentos, capaz de substituir até uma orquestra.

São poucos os textos conceituais no ensaio técnico. Mas eles são saborosos. "A maneira correta de tocar teclado depende principalmente de três fatores, tão interligados que nenhum existe ou pode existir sem os outros", diz Bach. "São eles: dedilhado correto, ornamentos precisos e boa execução." Quando não se segue isso à risca, alerta, "ouve-se tecladistas que, com terrível esforço na maneira de tocar, acabam fazendo com que ouvintes esclarecidos venham a detestar o teclado". "Não se deve perder nenhuma oportunidade de ouvir bons cantores; é assim que se aprende a pensar cantando, e sempre é bom começar cantando para si uma frase, para encontrar a boa execução." Além disso, recomenda aos alunos que estudem teclado e canto ao mesmo tempo, e ouçam "bons cantores", pois essa é uma maneira eficiente de se obter uma boa execução. "Todos os outros instrumentos aprenderam a cantar, só o teclado ficou para trás […] de tal forma que já se começa a temer que não seja possível tocar no teclado algo lento ou melodioso […] que só se deve tolerar esse instrumento como um mal necessário para o acompanhamento." Felizmente, ressalva, tais acusações, sem fundamento, "são contudo indícios da maneira incorreta de tocar teclado".

Imaginem que naqueles tempos Bach já reclamava do que chamava de "visão preconceituosa" segundo a qual "o valor de um tecladista consiste apenas na sua rapidez". Eles, diz Bach, "não oferecem nada à alma sensível do ouvinte". Pode-se ser tecnicamente fabuloso, mas "apesar de tudo isso, não se ter um toque claro, agradável e comovente". Quem toca bem "sabe preencher com os sentimentos mais doces o ouvido, e não o olho, e, mais que o ouvido, o coração; sabe levar o ouvinte aonde quiser". Um último rosnado contra as pirotecnias técnicas hoje tão comuns: "Deve-se tocar com a alma, e não como um pássaro bem treinado."

Emoções. O músico não consegue provocar emoções no público se não estiver emocionado. "É indispensável que ele se coloque em todos os afetos que quer evocar nos seus ouvintes e dê a entender seus sentimentos, para poder compartilhá-los melhor. Em trechos doces e tristes, ele deve ficar doce e triste. Deve-se ver e ouvir isso […] é com as fantasias de composição própria e de improviso que o tecladista melhor domina as emoções de seus ouvintes." Na página 137 diz, bem antes do poeta italiano Giacomo Leopardi, citado por

Charles Rosen em seu recentíssimo *Music and Sentiment*, que "uma boa execução pode contribuir para realçar uma composição medíocre, valendo-lhe mesmo certa aprovação".

O recado final de Carl Philipp é uma profissão de fé no poder da música: "A natureza deu tal diversidade à música, que todos podem participar dela; portanto, todo músico deve, tanto quanto possível, satisfazer todo tipo de ouvinte." O compositor mata a cobra e mostra o pau. Quem quiser deliciar-se com uma formidável amostra de suas sonatas para teclado, verdadeira confirmação prática da correção de seus ensinamentos, pode ouvir o CD recém-lançado pela Hyperion inglesa em que o jovem e muito talentoso pianista inglês Danny Driver interpreta seis delas com surpreendente adequação.

Toscanini, Batuta de Todas as Mídias

Publicado em *O Estado de S. Paulo*, Sabático, 26 nov. 2011.

Entre uma tarde de 1926, no Teatro alla Scala de Milão, quando atirou o chapéu no microfone do rádio e expulsou a novidade tecnológica da sala, e o ano de 1954, quando em seu festejado último concerto nova-iorquino transmitido por rádio e TV, o maestro italiano Arturo Toscanini (1867-1957) promoveu uma verdadeira revolução na vida musical do século XX, no qual o intérprete virou rei e o compositor, reles criado.

O livro *Il Direttore e l'Artista Mediatico*, coletânea de ensaios lançada há pouco na Itália, convoca dezesseis musicólogos e pesquisadores para pensar as consequências e atualidade dessa revolução no início do século XXI. Tudo é monumental quando se fala de Toscanini. Desde o início épico aos dezenove anos no Rio, em 1886 – quando regeu de cor a ópera *Aida*, que Verdi estreara somente cinco anos antes no Cairo – até o derradeiro concerto aos 87 anos, já na condição de mito absoluto.

O chamado *turning point* aconteceu um ano depois de se despedir da direção da Filarmônica de Nova York prometendo não mais retornar à América, quando aceitou a proposta da RCA de criar uma orquestra radiofônica em 1937 só para ele. A princípio, era um ano de contrato, dez semanas de trabalho, dez programas de rádio com transmissão "coast to coast" e cachê de US$ 4 mil por transmissão, mas a parceria durou dezessete anos. Morreu em janeiro de 1957, a dois meses dos noventa anos, em sua casa em Riverdale, Nova York. Nesse período, regeu a Orquestra da NBC em quinhentas obras de 175 autores, o equivalente a oitenta CDs ou cem horas de música.

Em seu ensaio, Marco Capra, um dos editores do livro, coloca assim o enigma Toscanini: "Pode parecer um paradoxo, ou ao menos forçado, definir como "midiático" um músico reconhecido pela relutância nas relações com a comunicação jornalística e pela insatisfação a respeito da música difundida e reproduzida tecnologicamente, e que se aproximou do mundo do rádio e do disco só nos últimos vinte anos de uma carreira de quase setenta. Além disso – não soa desrespeitoso sustentá-lo –, o aspecto mais surpreendente de sua figura é precisamente a incomparável e duradoura notoriedade midiática que ainda hoje, a cinquenta anos de distância de sua morte, faz dele um símbolo não só da regência de orquestra, mas da música *tout court*."

É curioso que um sujeito tão hostil à mídia, ao rádio e à TV tenha sido justamente o escolhido pela indústria cultural para encarnar o mito do maestro no século XX. Por isso, vale a pergunta de Capra: "Por que um maestro, ou seja, um intérprete, mereceu, em sua morte, uma consideração a que nenhum compositor poderia aspirar; e por que essa fama extraordinária transformou-se num mito permanente e universalmente aceito?"

No fim dos anos 1930, quando dirigia a Orquestra da NBC em concertos transmitidos pelo rádio, Toscanini foi comparado a Joe Di Maggio, o Pelé do beisebol norte-americano. "Ele conseguiu encarnar o símbolo do maestro, inclusive para a classe média leitora da revista *Life*." Ou seja, gente que nem sequer conhecia ou gostava de música clássica sabia quem era ele.

O rádio, a TV e, mais ainda, o disco, diz Capra, potencializam essa imagem. Desaparece ou fica num plano bastante subalterno, quase um mal necessário, a figura do compositor. Portanto, conclui, não deve nos espantar o fato de que essa identificação da música gravada com o intérprete já existisse nas primeiras décadas do século XX. O intérprete, encarnando simbolicamente a música, foi transformado pela indústria cultural no "agente de vendas" dos produtos musicais, desde o disco de 78 rotações aos downloads, e sua transmissão, do rádio nos anos 1930 à TV e ao YouTube, com direito ao compartilhamento dos arquivos musicais hoje em dia.

É verdade que Toscanini duvidava que as novas tecnologias pudessem "garantir o respeito aos valores musicais, para ele essenciais e inegociáveis". Mas entregou-se com gosto à nascente engrenagem da indústria cultural. Posou para anúncios de novos modelos de rádios, fez até filme de propaganda, logo após a queda de Mussolini, regendo o hino da Itália, o "Star-Spangled Banner" norte-americano e a "Internacional" socialista, então hino da União Soviética (suprimido imediatamente após o fim da guerra por motivos "frios" e óbvios).

Por tudo isso, transigiu com os tais valores aos quais jurava eterna devoção. A tão propagandeada fidelidade ao texto, afirma com todo respeito Ivano Cavallini no excelente artigo "Arturo Toscanini e la Direzione d'Orchestra tra Ottocento e Novecento", é só "conto da carochinha". Afirma e prova com dezenas de exemplos. Outros ensaios do livro seguem pistas que Theodor Adorno já dava no ótimo, mas raivoso artigo "A Maestria do Maestro", de 1958: Toscanini era incensado por qualidades que não praticava, valores constantemente violados em seu dia a dia em concertos e gravações. Pode parecer forte, mas a hipótese confirma-se nos minuciosos ensaios desmontando o modo como

Toscanini interpreta Verdi, Wagner, as sinfonias de Mozart e as de Beethoven. Adorno acompanhou de metrônomo na mão um concerto radiofônico nos anos 1930 de uma sinfonia de Beethoven – nenhum dos tempos batia com as indicações do compositor. E, a propósito da música de Mendelssohn para *Sonho de Uma Noite de Verão*, diz: "É como se as cabras italianas tivessem devorado o bosque alemão."

O compositor Ildebrando Pizzetti sentiu na carne, em 1927, o poder de fogo de Toscanini. No Scala, ensaiava sua ópera *Fra Gherardo*, quando Pizzetti interrompeu: "Maestro, aqui escrevi fusa." "Verdade, Pizzetti?" "Sim, maestro." "Bravo, você tem razão, mas gosto mais de semicolcheia." Em artigo para a revista italiana *Pianoforte* em 1924, relembra Capra, "o jornalista Giuseppe Bevione acentuava o fato sem precedentes de que, com Toscanini, a autoridade máxima de seu tempo era um intérprete, e não um compositor".

Hoje, infelizmente a vida musical do planeta gira em torno dos intérpretes – e não dos compositores. Herança dele. Um dos ensaios do livro, "Toscanini musicista midiático: Ipotesi e Riflessioni", é importante porque desmonta o duplo mito: primeiro como maestro inigualável, campeão da objetividade na interpretação nos anos 1920, no Scala; e depois como pioneiro da difusão da música pelas mais avançadas tecnologias do tempo nos Estados Unidos. "É isso que torna Toscanini um fenômeno ainda atual", conclui Marco Capra. A julgar pelo espaço cada vez mais restrito reservado aos reais criadores de música, os compositores, esse reinado, que esbanja tantos súditos no palco e na plateia das salas de concerto, parece não ter data para acabar.

Uma História do Piano, Com Todas as Teclas

Não há como negar. O reinado do piano, que já dura mais de três séculos, não dá o menor sinal de declínio. Ao contrário, continua dominando a vida musical. Um rápido olhar sobre o mundo erudito comprova que, em 2012, os pianistas novamente serão maioria entre as atrações internacionais em São Paulo, incluindo raros brasileiros de circulação também internacional. Doze, em média uma *superstar* para cada mês do ano. Sociedade de Cultura Artística abre alas com os nomes mais reluzentes: o chinês Lang Lang e o russo Evgeny Kissin. O Mozarteum traz o alemão Rudolf Buchbinder. E a Osesp escalou um time inteiro de virtuoses como David Fray, Alexandre Tharaud, Andras Schiff, Maria João Pires e Nelson Freire. No domínio das músicas populares, suas várias versões digitais e o tradicional instrumento acústico também são dominantes em shows de todos os matizes.

Por isso, é ao mesmo tempo fácil e dificílimo explicar as razões de reinado tão longo. Stuart Isacoff é o mais recente pesquisador a tentar desvendar esse mistério fascinante, no recém-lançado *A Natural History of the Piano: The Instrument, the Music, the Musicians - from Mozart to Modern Jazz, and Everything in Between* (Uma História Natural do Piano: O Instrumento, a Música e os Músicos – de Mozart ao Jazz Moderno e Tudo no Meio). E o mais atrevido também, já que quer abraçá-lo inteiro, de Mozart e Liszt a Art Tatum, de Vladimir Horowitz a Bill Evans, de Sviatoslav Richter a Cecil Taylor. Deixa isso claro desde o título e, em seguida, nas primeiras linhas: "Este livro explora a história do piano: seus intérpretes, compositores e inventores, professores e alunos, mecenas, críticos e empresários. Juntos, eles moldaram a fascinante história do mais importante instrumento jamais criado." São quase quatrocentas páginas, mas, mesmo assim, na medida em que amplia demais o seu tema, Isacoff acaba sendo necessariamente superficial em vários momentos. Um exemplo acachapante. Em 45 linhas, esgota a tríade vienense Schoenberg-Berg-Webern. Mas se esparrama em várias páginas, lambuzando-se com as pesquisas sinestésicas de Scriabin, que chegou a mandar construir um piano de cores e outro de cheiros, imaginem. Por meio do acorde místico de Scriabin, construído em intervalos

Publicado em *O Estado de S. Paulo*, Sabático, 3 mar. 2012.

de quarta, pula para Bill Evans e Miles Davis no célebre *Kind of Blue*, de 1959, um verdadeiro "abre-te Sésamo", segundo Herbie Hancock, do jazz moderno. "Evans foi o porta-bandeira desta revolução refinada", escreve. "Levava músicas de Ravel e Debussy para Miles."

Felizmente, porém, são poucas as generalidades e muitas as sacadas inteligentes. O livro exibe linguagem deliciosa, combina informações corretas com fatos e detalhes inusitados. É um reflexo do autor, ex-editor da revista *Piano Today* e ele mesmo um pianista eclético. Isacoff é daqueles pesquisadores que ficam nas franjas do mundo acadêmico e, portanto, são mais informais. Sua frasqueira recheada de sacadas começa com Franz Liszt, o inventor da fórmula do recital de piano, até hoje matadora nas salas de concerto do mundo inteiro. Ele lembra do poeta alemão Heinrich Heine. Ferino, diz Isacoff, "chama Liszt de 'Átila, o flagelo de Deus'. As plateias, diz o poeta alemão que adotou Paris como sua cidade preferencial, deveriam ter piedade dos pianos, que tremem quando Liszt se aproxima deles. Eles sabem que vão se contorcer, sangrar e gritar debaixo das mãos dele. 'A sociedade protetora dos animais deveria investigar isso', conclui o poeta-crítico".

Humor não é tudo, mas que ajuda a ampliar o público interessado pelo tema, isso ajuda. Vejam como ele descreve o parto do instrumento. "O piano nasceu pela conjunção entre um quase anônimo lutiê, Bartolomeo Cristofori, e um príncipe dissoluto, Ferdinando de Médici, da Toscana. Eles se encontraram por acaso no carnaval de Veneza em 1668, quando o príncipe acabara de perder seu lutiê e afinador de seus mais de quarenta cravos, e Cristofori foi contratado para cuidar deles em Florença."

Primeiro instrumento de teclado capaz de gradações dinâmicas no toque porque as teclas são tocadas por um martelete, em vez de serem pinçadas como no cravo, o piano destronou seus antecessores (cravo, clavicórdio e outras variações) em apenas um século. Não apenas destronou, mas construiu um prestígio inimaginável. No século XVIII, anota Isacoff, "os cravistas eram tão mal pagos que eram obrigados a faturar um extra vendendo bilhetes de loteria ou pintando retratos". Cem anos depois, Liszt faturava o quanto queria com seus sempre cheios recitais, em média de mais de cem por ano.

Já no fim do século XVIII, o piano conquistara rapidamente a nobreza de modo irreversível. Mais da metade dos instrumentos confiscados dos palácios dos nobres mortos ou exilados na Revolução Francesa era de pianos, e muitos dividiam espaço com os cravos. "Um balanço dos itens confiscados dá conta de que os cravos foram construídos antes de 1780; e os pianos a partir desta data."

No século XIX, o piano afirmou-se como instrumento rei. Era o único capaz de substituir uma orquestra e trazer a música sinfônica, em reduções, para as salas das famílias de classe média. Popularíssimo, provocou uma verdadeira revolução industrial: na Londres de 1850, havia duzentos fabricantes de piano; 21 anos depois, contabilizavam-se no país quatrocentos mil pianos (números de Isacoff). Ao mesmo tempo, pululavam versões exóticas, como o piano-estante, patenteado por William Stodart em 1795 (Haydn, que estava em Londres naquele ano, tocou nele e gostou do instrumento); o piano-girafa e o piano-cama (na linha do sofá-cama, de Charles Hess, nos Estados Unidos, 1866). Isacoff registra ainda os cômicos "pianogatos", com animais de vários tamanhos que são golpeados com os marteletes, italiano, de 1892; e até o porcoforte, em que os gatos são substituídos por porcos.

Nessa altura, dá vontade de largar o livro, pela gratuidade das informações. Mas Isacoff muda rapidamente o registro, já que não faz uma linha cronológica linear. Anota que os concursos internacionais de piano explodiram nos últimos setenta anos: "Em 1945 havia só cinco internacionais; em 1990, eles eram 114. Hoje são 750." Ou seja, ganhar concurso já não alavanca a carreira de ninguém.

Um dos acertos do livro é o modo como o autor posiciona os pianistas na vida musical de hoje, a partir de episódio entre Igor Stravínski e Arthur Rubinstein. O primeiro dedicou sua *Piano Rag Music* ao segundo, mas Rubinstein recusou-se a tocá-la. "Estou orgulhoso pela dedicatória, mas sou um pianista das antigas. Sua peça é escrita para percussão e não para o meu tipo de piano." Stravínski foi direto ao ponto: "Você pensa que ainda pode cantar no piano, mas isso é ilusão. O piano é só um instrumento utilitário e soa percussivo. Vocês ficam milionários tocando a música deixada por um Mozart e Schubert sem dinheiro, pobres, pelo tuberculoso Chopin e pelo doente Beethoven." Em sua autobiografia, Rubinstein reconheceu: "Ele estava certo. Sempre me senti um vampiro sugando o sangue destes grandes gênios."

Para Isacoff, existem quatro tipos básicos de pianistas. Ele toma de empréstimo dos filósofos pré-socráticos gregos a sacada dos quatro elementos (terra, água, ar e fogo) para distinguir as características de cada tipo. "O fogo está presente no piano tal como o tocam Beethoven, Jerry Lee Lewis e Cecil Taylor. É música turbulenta. A natureza flexível da água está presente nos melodistas românticos como Schubert, Johann Christian Bach e George Shearing, capazes de construir 'ondas sinuosas de melodias'." O ar é terreno dos alquimistas do piano como Bill Evans, Claude Debussy e Thelonious Monk, "mestres da atmosfera". E a terra fica com os "ritmistas", pianistas que privilegiam o ritmo e trazem "o lado percussivo" do piano para o centro da cena, como Fats Domino, Arturo O'Farrill e Sergei Prokofiev. A mistura de pianistas/compositores clássicos com os de jazz é, claro, proposital – e bem-vinda, muito bem-vinda.

Só um caçador de tiradas como Isacoff tiraria do fundo do baú o pianista de Hitler: "Putzi", era o seu apelido, e chamava-se Ernst Hanfstaengl, nasceu em 1887 e sobreviveu ao patrão por mais trinta anos. "Ele está para Hitler assim como o harpista Davi, que tocava para o rei Saul, na *Bíblia*."

Em compensação, são excelentes as páginas dedicadas aos russos, que em 150 anos de convívio com a música clássica europeia – se tomarmos como ponto de partida a sua institucionalização no país, em 1862, por meio da fundação do Conservatório de São Petersburgo –, assumiram um lugar decisivo na música do século xx. E também aos chineses, responsáveis pelo único episódio histórico em que o piano foi banido, no caso pela Revolução Cultural de Mao Tsé-tung na década de 1970. Ironicamente, são eles hoje os responsáveis pelo maior "boom" do piano no mundo via Lang Lang.

A conclusão nos leva a Le Poisson Rouge, local famoso de Manhattan nos anos 1960, quando atendia pelo nome de Village Gate. "Foi lá", escreve Isacoff, "que Bob Dylan encontrou pela primeira vez Allen Ginsberg; os fantasmas de Jack London, Henry Miller, James Baldwin e Jack Kerouac estão sempre presentes. Lá tocaram de modo memorável Miles Davis, John Coltrane, Duke Ellington e Bill Evans. Pois em outubro de 2010, o pianista Menahem Pressler tocou Bernstein, Brahms, Debussy, Gershwin e Reich com o clarinetista Richard Stoltzman." Segundo o manifesto da "nova" casa, a intenção é "a simbiótica relação entre arte e festa". Ali rola música sem adjetivo – da vanguarda (Philip Glass comemorou lá, mês passado, seus 75 anos) ao pop e à música clássica. Para Isacoff, a casa simboliza o futuro da música clássica: "Le Poisson Rouge representa simultaneamente o 'look' muito antigo e o muito novo da música clássica: oferece celebrações informais num espaço onde cabem garçons e o burburinho das conversas, onde os ouvintes podem pedir um drinque, um salgadinho e pôr os cotovelos na mesa sem medo de pitos. Esta cena representa o futuro da música clássica", comemora Isacoff, "porque definitivamente dissolve a distância que cresceu historicamente cada vez mais entre intérprete e ouvinte." Seu livro é mais um passo na dissolução desse perverso biombo.

Ensaios de uma Obsessiva Maestria

O maestro Carlos Kleiber (1930-2004) fez tudo errado em sua vida profissional. Chegou a cancelar uma estreia na Ópera de São Francisco, em 1977, dizendo que a data coincidia com uma consulta de seu filho no dentista. Nunca deu entrevista. Ignorou a informática e a internet. Usava uma máquina de escrever Smith Corona – e respondia por fax ou em postais secos as raríssimas cartas que lhe enviaram os mais teimosos.

Em 47 anos de carreira, entre 1952 e 1999, gravou apenas doze discos; regeu, ao todo, 89 concertos, uma média anual abaixo de duas apresentações. Números ridículos quando se pensa em Herbert von Karajan (900 gravações, 91 filmes e 2.260 concertos). Reduziu tanto seu repertório e suas aparições, que na última década só trabalhava "quando abro a geladeira e a vejo vazia". E sempre com o mesmo repertório: a quinta e a sétima sinfonias de Beethoven. Cobrou um milhão de dólares por sua derradeira turnê ao Japão, no final dos anos 1990. E mergulhou num silêncio absoluto, até falecer em 13 de julho de 2004, num apartamento em Salzburgo. Conforme suas instruções, sua morte só foi anunciada seis dias depois, quando seu corpo já estava enterrado ao lado da mulher Stanka, na Eslováquia. Além dessas, gravou a quarta sinfonia de Brahms, a 33 de Mozart, além de sua obsessão, a opereta *O Morcego*, de Johann Strauss.

Seu nome só apareceu assinando algo ou se responsabilizando por alguma declaração pública cinco vezes nesse meio século. Uma para elogiar o tenor Luciano Pavarotti, com quem fez uma inesquecível *Bohème* ("quando Pavarotti canta, o sol se ergue sobre o mundo"); outra, uma obra-prima de humor, foi uma carta assinada em 1989 por "Toscanini" na revista semanal *Der Spiegel*, respondendo a uma série de ataques que o regente Sergiu Celibidache (que Kleiber detestava e qualificava como "charlatão") desferiu em conversa com jornalistas e publicada pela revista. Todo mundo próximo de sua órbita jura que é de Kleiber o texto hilário, cortante.

Pois esse Howard Hughes da batuta conseguiu, mesmo assim, ser o mais votado numa enquete realizada em 2011 pela BBC *Music Magazine*, revista

Publicado em *O Estado de S. Paulo*, Sabático, 4 ago. 2012.

especializada inglesa, junto a uma centena entre as mais ilustres batutas do mundo inteiro. Há pouco, Simon Rattle, o titular da Filarmônica de Berlim, confidenciou a um jornalista que nos anos 1980 assistiu clandestinamente (Kleiber proibia estranhos em seus ensaios), no Covent Garden londrino, junto com outro maestro famoso, Bernard Haitink, a um ensaio da ópera *Otello*, e que ouviu de Haitink a seguinte frase, cochichada ao pé do ouvido: "Não sei você, mas eu acho que meus estudos nesta arte apenas começaram agora." Vocês sabem, maestros jamais costumam elogiar colegas, quanto mais confessar-se aprendizes de um "igual".

Seria apenas uma tática de antimarketing visando os mesmos objetivos dos Karajans e Bernsteins seus contemporâneos? A dúvida se dissipa agora, graças ao primeiro livro que tenta entender o fenômeno, oito anos após sua morte. O recém-lançado *Corresponding With Carlos* (Correspondências com Carlos) é assinado pelo então estudante de regência e hoje maestro Charles Barber, titular da Ópera de Vancouver, no Canadá. Sobre ele, tenho duas notícias: uma boa, outra ruim. Primeiro a negativa: das 360 páginas do livro, dois terços são preenchidos com uma biografia que se perde nos elogios hiperbólicos, sem nenhum senso crítico – apesar do levantamento interessante de fatos e documentos relacionados com a vida do maestro. Em compensação, as pouco mais de cem páginas inéditas em que Carlos fala na primeira pessoa são ouro puro.

Pela primeira vez, é possível, catando aqui e ali, tentar explicar como ele conseguiu interpretações tão extraordinárias de um repertório tão restrito. Afinal, Karajan gravou cinco vezes a integral das sinfonias de Beethoven. Delas estão disponíveis milhares de gravações. Kleiber só gravou duas, a quinta e a sétima, com a Filarmônica de Viena, para a Deutsche Grammophon. E elas são unanimemente consideradas as melhores, em sentido absoluto. Assim como soam definitivas suas gravações de *Tristão e Isolda*, *O Cavaleiro da Rosa* e *Otello*.

O Humor Como Arma. Como esse maestro genial conseguiu, apesar das excentricidades, construir uma obra pequena, porém definitiva, do ponto de vista artístico? Na centena de cartas inéditas do maestro, entre 1989 e 2003, Barber quebrou a couraça de Kleiber com uma tática dupla. "Li e reli as cartas várias vezes. E percebi um padrão: ele ficava mais vulnerável quando eu entendia antes um teste e uma piada. Se não sacasse o primeiro ou a segunda, ele se fechava." A outra porta de entrada foram os vídeos históricos de regentes que Barber pesquisava. A correspondência, que começou sobre assuntos exclusivamente não musicais por ordem de Kleiber, descambou logo quando Barber passou a mandar-lhe fitas VHS (foram 51 vídeos em quatorze anos). A couraça caiu quando Barber comentou um DVD, no qual Bernstein ensaiava *West Side Story*, e perguntou-lhe se queria uma cópia. "Foi assim que estudei regência com ele." Kleiber logo passou a pedir avidamente "vídeos dos grandes dinossauros", principalmente de Furtwängler.

Já se sabia que o humor era constante em seus ensaios. Por exemplo: "Você tem de tocar como se estivesse um pouco bêbado, mas ainda em condições de dirigir um automóvel." Ou então: "Como soaria um Rolls-Royce, movimentando-se numa grama recém-aparada? É assim que vocês precisam soar." E: "Vocês estão tocando este trecho bonito demais. Um pouquinho de mau gosto, por favor."

Já a obsessão pelos grandes regentes com certeza é um reflexo da insegurança atávica que o pai provocou nele, a ponto de o seu exíguo repertório repetir as especialidades de Erich. Apesar disso, ele comenta com Barber que leu *O Mito do Maestro*, de Norman Lebrecht, livro de 2002, mas só achou interessante até o trecho sobre Adelina Patti. "Daí em diante fica muito chato", ignorando o desfile ácido que Lebrecht faz dos batutas-douradas.

Carlos nasceu em Berlim e, por causa da Segunda Guerra, a família mudou-se para Buenos Aires, onde chegou como Karl e, quando saiu, formado no ambiente cultural e musical argentino, já era Carlos. Erich, que impulsionou muito a vida musical não só argentina como sul-americana, regendo no Chile, Uruguai e Brasil, sempre tratou muito mal o filho; e nisso foi acompanhado pela mãe distante. Não queria que seguisse carreira musical – muito menos a de regente. Por isso, seus "estudos" foram informais: assistia aos ensaios do pai no Teatro Colón, e desde menino, Carlos lia em igual volume livros – incluindo os de Emily Dickinson, sua guru literário (ele diz nas cartas, seriamente, que sentia ter sido, em outra encarnação, Carlo, o cachorrinho de Emily) – e partituras. Desenvolveu, assim, uma escuta interna poderosa.

Aos dezenove anos, presenciou por dois meses ensaios e concertos de Furtwängler no mesmo teatro. Aquilo o marcou mais do que tudo na vida. De volta à Europa, no início dos anos 1950, estagiou nas óperas de Duisburg, Düsseldorf, Zurique e Stuttgartt – mas a partir de 1973 virou *freelancer* em definitivo, e celebridade da noite para o dia, pela qualidade de seus raros concertos e gravações.

Curso de Regência nas Cartas. A primeira regra clara, da qual Kleiber jamais abriu mão, é: ensaiar muito, o suficiente para uma performance próxima da perfeição. Para sua primeira *Wozzeck*, em Munique, fez 34 ensaios; exigiu dezessete para uma *Bohème* no Covent Garden, sendo que seis, só com a orquestra. Barber exibiu um vídeo de Kleiber ensaiando a abertura do *Morcego* para uma plateia de maestros. "Todos se maravilharam. Mas um deles alertou: 'Se eu tivesse 45 minutos para ensaiar uma abertura de cinco minutos, também poderia fazer igual.'" Pura inveja. Mas também a triste constatação de que só uma estrela como Kleiber podia desfrutar dessa condição. É o caso da Osesp, que obedece ao padrão internacional. Nesta semana, Richard Armstrong, o maestro convidado, ensaiou terça de manhã e à tarde e quarta de manhã só com a orquestra; quarta à tarde com o solista Marc-André Hamelin; quinta de manhã, já fez o ensaio aberto; em seguida, os concertos de quinta, sexta e hoje. É um ritmo vertiginoso, insuficiente para a preparação adequada de um programa de quase duas horas de música e a Osesp não é exceção. A perversidade está no DNA da engrenagem normal da vida musical. Assim é quase impossível o regente convidado imprimir marca pessoal à interpretação.

A segunda regra, Barber descobriu quando pediu uma cópia da partitura de Kleiber de *O Morcego*, esperando beneficiar-se com as marcações do maestro. Levou um puxão de orelhas para não ser preguiçoso. E um aviso: não adiantava mandar-lhe sua partitura, porque ela estava imaculada, intocada. Kleiber marcava as partes dos músicos. Escrevia bilhetinhos que ficaram famosos como "kleibergramas", e os colocava nas estantes, antes dos ensaios. Esta carta termina assim: "Você vai querer anotar a sua própria partitura de acordo com suas intenções. É como disse o pai da moça ao rapaz que a estava cortejando: quais são suas intenções? O rapaz: Quer dizer que eu posso escolher?"

A terceira regra é seguir de perto a regência de Wilhelm Furtwängler, o capo da Filarmônica de Berlim nos anos do nazismo e ídolo maior confesso de Kleiber. Barber pede-lhe que explique a diferença entre "takt" e "rhythmus", palavras que o maestro usara em correspondência anterior. Pergunta iluminada. Veja a resposta: "*Takt* é a palavra alemã que, aplicada à música, significa tempo, em geral de compasso […] estar no tempo é tocar segundo os tempos do regente (ou do metrônomo). Ritmo é o que acontece 'entre' os tempos, algo na linha gershwiniana do 'I got rhythm'". Sua conclusão é ótima: "Pode-se dizer que *takt* é uma coisa morta", no sentido de burocrática, rotineira; "e que o ritmo é uma coisa viva, o ritmo pode trazer o tempo à vida (mas nunca o contrário)". Antes que Barber tivesse tempo de responder algo, Kleiber mandou mais um bilhete, desta vez em maiúsculas: "CARO

CHARLES! OBRIGADO PELO POSTER DE FURTY! ELE SABIA TUDO SOBRE RITMO! SIM SENHOR! ELE SEMPRE DISSE: 'Es bedeutet nichts wenn es nicht rhythmus hat!'. DEPOIS UM AMURRICAN TRANSFORMOU A FRASE EM 'IT DON'T MEAN A THING IF IT AIN'T GOT THAT SWING'!"

É verdade. Ele adorava Duke Ellington. Em outra carta, diz que descobriu como interpretar corretamente a abertura Coriolano, de Beethoven, ouvindo Duke Ellington: "Eu e o Duke atacamos um tempo forte (downbeat) sem tempo fraco (upbeat) para o começo e em trechos similares, fazendo-os soar como um Rolls-Royce a 90 Km/h indo contra um muro".

O que Kleiber quer dizer é que a famosa ambivalência ou flutuação de tempos de Furtwängler e sua regência ambígua deixavam os músicos à mercê de seu... swing à la Ellington. A regência de Furty era tão hesitante que em concerto na Itália alguém da plateia, agoniado com sua figura gesticulando precariamente, gritou "Coraggio, Maestro!"

Resumindo para os candidatos a maestro, não há milagre, mas muito trabalho, autodisciplina e inteligência. Os quesitos são: audição interna muito desenvolvida; ensaios em número suficiente para uma performance de qualidade; paixão pela obra que se rege (seu repertório era tão exíguo porque ele de fato só regia as músicas que amava); marcar nas partes dos músicos as instruções de interpretação; e... "swing", muito swing. Quem diria?

Sob o Primado do Intérprete

Publicado em *O Estado de S. Paulo*, Sabático, 24 nov. 2012.

A palavra "performance" é anglicismo hoje incorporado ao vocabulário brasileiro que designa, na música, o momento em que a obra se realiza em sua plenitude; ou seja, sai do estado de partitura impressa para se transformar em sons. Na expressão do professor Flávio T. Barbeitas, da Universidade Federal de Minas Gerais, "é o momento em que a música ganha vida, torna-se efetivamente o que ela é, ou seja, o som de alguma maneira organizado [...] a performance seria aí a ocasião em que o processo sai do estado de potência [...] com forte preponderância da figura do intérprete. [...] Ao longo do tempo, a consolidação desse esquema de comunicação cada vez mais reafirmou o relevo do papel do intérprete – que acabou por adquirir o *status* de centro do espetáculo – gerando, assim, o entendimento da performance como um quase sinônimo da interpretação musical" (artigo "A Performance do Cânone Musical: Estado Atual, Possibilidades e Paralelos", disponível em: <http://www.letras.ufmg.br/atelaeotexto/pesquisaflavio.htm>). Nos países anglófonos, criou-se até a expressão "performance studies" para designar o vastíssimo campo que cobre as artes performáticas: dança, teatro, música e, de meio século para cá, também as artes visuais com suas instalações multimídia. O intérprete virou, portanto, performer.

No caso específico da música, constata-se um claro descompasso entre a vida musical centrada na performance – privilegiando o intérprete – de um lado e, de outro, o discurso acadêmico sobre a música – ainda focado na análise das obras em estado de partitura. Todavia uma avalanche de estudos sobre a performance musical nos últimos trinta anos provocou reviravolta radical nesse panorama: de patinho feio nos estudos acadêmicos, ela virou assunto preferencial. Hoje, inclui a pesquisa de práticas de interpretação desde a Idade Média até o modo como os intérpretes precisam se reinventar para captar em sua plenitude as técnicas expandidas e outras artimanhas dos compositores contemporâneos em suas partituras. Estuda-se a ansiedade de palco e a memorização e até "a questão do uso excessivo de álcool e drogas pelos músicos", afirmam Colin Lawson e Robin Stowell, editores do mais atualizado, minucioso e diversificado levantamento desse tema, no recém-lançado *The Cambridge History of Musical Performance*. Contando com cerca de três dezenas de estudiosos de vários países, com predomínio dos de língua inglesa, o livro de mais de novecentas páginas traz 32 artigos.

O movimento da música historicamente informada, a maior novidade no domínio da interpretação no último meio século, contribuiu para colocar a questão no centro das atenções. Ao reconstruir práticas de execução e a sonoridade original da música de três, quatro e mais séculos atrás, mudou o teodolito da história da música do compositor para o intérprete, derrubando teses essencialistas sobre o conceito de obra musical longamente acariciadas, afirmando a primazia exclusiva da partitura escrita.

Nicholas Kenyon, ex-diretor da BBC e do Festival Proms de Londres, editor do influente volume coletivo *Authenticity and Early Music* (1988) e autor do primeiro ensaio do livro, diz que já era o tempo em que um musicólogo afirmava – e isso aconteceu nos recentes anos 1980 – que a essência da música está inteira na partitura, "que o intérprete apenas veste com roupas diferentes". Hoje, contesta, a performance é a experiência primária, enquanto as notas, ao lado de outros elementos, explicam como o intérprete soou deste ou daquele modo. "As notas são, de fato, decisivas para determinar como a música soa, mas seguramente o som é que 'é' a música."

Hoje, pela própria proeminência dos intérpretes sobre os criadores, premissa sobre a qual se assenta a vida musical museológica que praticamos, e pelo tsunami tecnológico dos youtubes, dos iPods, iPads e outros artefatos a todo momento substituídos por outros ainda mais velozes e potentes, damos como implícito que a obra só existe quando atualizada pelo intérprete, no momento da performance. As pessoas não têm mais o primeiro contato com a música por meio da partitura – como aconteceu historicamente até o início do século XX, quando surgiu a reprodução fonográfica. Afinal, a música é a arte do tempo por excelência – e só se realiza quando soa, produzida pelo músico ou escutada por nós na sala de concertos, em casa, no carro ou correndo no parque, disponibilizando a história da música inteira a um toque na telinha.

Os editores do volume, Lawson e Stowell, reclamam que, apesar disso, "as histórias da música continuam teimosamente a basear-se em compositores" em vez de enfocar "os músicos responsáveis por trazer a música à vida", ou seja, torná-la viva. Lembram como exemplo dessa corrente o musicólogo austríaco Heinrich Schenker das primeiras décadas do século XX, que qualificou como "supérflua" a "reprodução mecânica da obra de arte", já que "a composição não precisa da performance para existir". Hoje, a conversa é:

"Durante muitas gerações, escrevemos a história da música como história das composições. Mas é seguramente um erro pensar que a música de verdade só existe nas estantes das bibliotecas. Foi a performance que configurou a evolução da música – uma história que nunca foi escrita. A história dos repertórios, das instituições, do gosto e da recepção da música ainda está só começando a ser escrita."

De fato, o imponente volume da Cambridge só não é inédito porque, em 1942, Frederick Dorian escreveu uma *History of Music in Performance*. Recorreu a uma figura carismática na vida musical norte-americana naquele momento, o maestro Eugene Ormandy, que assina o prefácio e recorre, de seu lado, ao "deus supremo da batuta", Arturo Toscanini. Tudo para legitimar um livro que deve ter assustado pela inovação. Ormandy cita a frase que Boito disse a Toscanini: "Felizes as artes que não precisam de intérpretes."

Bem, atualmente a música gira sob outro vetor, em que a frase de Boito se inverteu: os compositores quase são um mal necessário, tamanho o descompasso entre a superexposição dos intérpretes e a obscuridade dos criadores, sobretudo os vivos.

É plausível que não haja uma resposta definitiva à pergunta "onde, então, está a música: na partitura ou na performance?" Um intérprete genial, por exemplo, mesmo desrespeitando a partitura em certa medida ou se permitindo liberdades estilísticas, pode convencer nossos ouvidos de que aquela é a única interpretação possível, a melhor. Impossível não lembrar aqui de Glenn Gould e seu Bach. Ou então de Carlos Kleiber. Um músico de orquestra que tocou sob sua batuta afirma que "você pode imaginar uma interpretação diferente, mas não melhor"; e completa: "Aliás, você nem consegue imaginar uma interpretação diferente." Ao contrário, um medíocre martelador de teclas pode fazer a *Sonata ao Luar* soar chatíssima, insuportável, a ponto de duvidarmos se estamos mesmo ouvindo a peça de Beethoven. As notas estão todas lá, a música não – é nossa primeira reação. Onde, então, estaria a música de fato?

A resposta é tão espinhosa que Nicholas Cook, um dos musicólogos que mais bem têm pensado a questão, socorre-se, em seu excelente artigo "Analysing Performance, Performing the Analysis" no livro coletivo *Rethinking Music* (Repensando a Música), com o colega Lawrence Rosenwald. Este encontrou uma fórmula que acomoda contrários. Afirmou, em artigo de 1993, que "a obra musical existe na relação entre sua partitura e o campo de suas interpretações". Este é o universo em que se movem os trinta artigos de *Musical Performance*, na prática uma história da recepção das obras musicais.

Não por acaso, nos últimos anos publicaram-se livros explorando essa interseção. Na França, Nicolas Lagoumitzis, em *Cinq pianistes interprètent Beethoven* (Cinco Pianistas Interpretam Beethoven), comparou as interpretações de Claudio Arrau, Friedrich Gulda, Michael Levinas, Tatiana Nikolayeva e Arthur Schnabel das sonatas opus 2, n. 1, a Waldstein opus 53 e a monumental opus 111 de Beethoven. Uma das conclusões é que cada intérprete espelha o momento histórico em que atuou; cada geração relê à sua maneira as obras do passado. Ora, isso é óbvio, entretanto serve para reforçar a posição de Kenyon de que é um mito o papo-furado de continuidade nas linhas de interpretação: fulano estudou com o aluno do aluno do aluno de Liszt, e por isso possui a chave da interpretação definitiva de suas obras. Pura balela, argumenta Kenyon. E cita a Filarmônica de Viena, que alardeou, nas comemorações de seus 150 anos em 1992, uma "continuidade" nas gerações de seus músicos, de pais para filhos, netos etc., "desde a Viena de Beethoven", como garantia de que o seu é o som original de Beethoven. "Como se nada tivesse mudado nestes 150 anos", diz Kenyon. Basta ler o ensaio de Michael Musgraves, em *Musical Performance*, para se dar conta das imensas transformações por que passou a interpretação no século XIX. Dez anos depois, em 2002, quando Viena gravou a integral das sinfonias de Beethoven com Simon Rattle, o presidente da orquestra escreveu no folheto interno que "a Filarmônica pode ser vista como guardiã musical da 'autenticidade'". Mas, em seguida, ironiza Kenyon, o texto completa: "como todas as obras de arte imortais, as sinfonias de Beethoven precisam ser descobertas e apropriadas a cada nova geração. Simon Rattle injetou nelas as novas formas de expressão do século XXI". Essas novas formas de expressão, diz Kenyon, "são basicamente os *insights* do movimento da música historicamente informada que por tanto tempo foram ignorados pela Filarmônica de Viena". É o sentido da piada que o excepcional musicólogo norte-americano Richard Taruskin faz ao criticar a música historicamente informada, relembrando o exercício muito praticado em *workshops* para executivos, em que o mediador cochicha uma frase para o primeiro numa roda, e este a repassa ao seguinte, até o último, que, ao repetir em voz alta a frase acaba dizendo algo completamente diferente, só para atestar os ruídos na comunicação verbal. "É, mal comparando, como o último retornar ao primeiro participante e perguntar 'esta cadeira está vaga?' e sentar-se nela duzentos anos depois."

Não é outro o motivo pelo qual têm se multiplicado os livros "contando" a história das performances/interpretações não só de obras-primas do cânone da música europeia, mas também do jazz. Na era do primado do intérprete, nada mais natural do que jogar para os bastidores o compositor e trazer para o centro das atenções não a obra, mas o artista *superstar* que a "atualiza" diante de nós na sala de concertos ou shows, ou sozinhos com as dezenas de artefatos tecnológicos que nos rodeiam. Pode não ser justo – e, aliás, não é –, mas é com essa realidade que temos de conviver.

Um Exemplo Matador. Você já deve ter apertado o botão "random" da sua playlist do seu MP3 só para se surpreender, mesmo que de modo previsível. Pois, em 2010, o maestro Thomas Dausgaard, que já regeu a Osesp várias vezes, tentou reinventar o conceito de concerto no Festival Proms londrino. Ao lado do coro e da Orquestra Sinfônica Nacional Dinamarquesa, ele introduziu aleatoriamente partes de *Night, Morning*, do húngaro contemporâneo György Ligeti, no arquiconhecido concerto para violino de Tchaikóvski. Fica a sensação de que uma máquina do tempo ainda nos fará retornar aos primórdios do século XIX, quando os concertos duravam três, quatro horas e misturavam movimentos de quartetos de cordas com trechos de sinfonias, árias líricas com peças para piano etc.

A conclusão da dupla Colin Lawson e Robin Stowell no derradeiro ensaio de *Musical Performance* atesta o grau de desespero dos profissionais da música clássica para atingir públicos maiores, como se isso desse um selo de qualidade à música de invenção: "O progresso tecnológico continuará a influenciar a programação de concertos. Talvez essa concepção aleatória se mostre uma ferramenta útil para acabar efetivamente com o preconceito do público em relação à música clássica no futuro." Já Nicholas Kenyon, em seu ensaio, é mais lúcido quando afirma que "no século XXI, graças à tecnologia amplamente disponível e de baixo custo, a performance é, mais do que nunca, democrática", referindo-se ao YouTube. Os jovens músicos atuais já perceberam que pouco adianta gravar um CD; o que importa é jogar o vídeo no YouTube. O público também. Daqui para frente, solistas, grupos e orquestras dispostos a ampliar seu público não poderão prescindir da web. Os primeiros postando seus vídeos; as orquestras investindo no *streaming* e nas transmissões ao vivo. Quem viver verá.

Fórmulas Para Atingir
o Sublime

A ideia de alguém controlar com gestos músicos ou cantores remonta ao ano 709 antes de Cristo, quando Pherekydes regeu um grupo de oito músicos. Os gregos também nos legaram a ideia de "cheironomia", um sistema de movimentação das mãos para guiar os cantores na altura e contorno melódico dos sons. Possivelmente, nenhum desses gregos anônimos deve ter pensado: " Zeus, criamos um monstro." Mal sabiam que 2.700 anos depois a figura do maestro se imporia na engrenagem da vida musical como o mais poderoso, ou mais igual entre os que deveriam ser iguais. Brandindo sua batuta como quem berra silenciosamente "eu sou a força!", o maestro hoje, sobretudo porque rege na maior parte do tempo obras de compositores mortos, "assume-se com extrema facilidade como a suprema autoridade musical". Seus nomes aparecem com muito mais destaque, nas capas de CDs e DVDs, que os dos compositores. "Mas, ainda assim, eles ainda precisam dos músicos. Sem eles, são só maestros de espelho, como você e eu quando nos entusiasmamos com uma gravação e chegamos a reger delirantemente, sonhadoramente, sozinhos, sem ninguém observando."

O raciocínio e quase todas as frases, que endosso integralmente, são do jornalista inglês Tom Service, autor de *Music as Alchemy* (Música Como Alquímia), livro recente em que, na pele de um Sherlock Holmes musical, espionou os ensaios de seis grandes maestros só para descobrir as razões de tamanho poder e por que eles se arrogam a fatia do leão pelos grandes concertos e gravações em torno dos quais gira a vida clássica musical internacional. Hoje colaborador e ex-crítico musical do jornal londrino *The Guardian*, Tom também apresenta programas na Rádio BBC3. Incomodou-se porque ninguém realmente vai fundo nessa questão. "A maioria dos livros sobre regentes vivos empilha entrevistas. Dão a ilusão de que eles chegam para o ensaio com uma ideia pronta sobre a música, e as orquestras simplesmente acatam como decretos suas instruções e respeitam sua autoridade." Ora, o problema, nesse caso, é que só se ouve o maestro, portanto acabamos acreditando só no que ele diz e jogamos os músicos no limbo do anonimato. "Meu enfoque é outro:

Publicado em *O Estado de S. Paulo,* Sabático, 5 jan. 2013.

cada concerto sinfônico é um iceberg de relações humanas e musicais. Para saber de fato o que os regentes fazem, é essencial saber também o que suas orquestras fazem."

Na verdade, sua meta é ainda mais ambiciosa: descobrir os truques que cada grande maestro usa para construir, junto com seus músicos, um concerto especial, memorável, daqueles cuja lembrança nos acompanha a vida inteira. Tom quer responder a uma pergunta simples: o que os regentes fazem no pódio? Como um sujeito que não produz som atrai a atenção de mais de uma centena de músicos – que de fato produzem sons – e da plateia? Seu livro lida com uma questão maior: regência é uma questão de comunicação. Longe de ser mística ou enigmática ou intraduzível em palavras, está presente em coisas que acontecem e podem ser descritas. Algo que, a partir da confiança mútua, ponto zero das relações entre músicos e maestro, é passado deste para os primeiros, e *vice versa* – e são a qualidade e intensidade dessa comunicação as responsáveis pelo que acontece na performance sinfônica. Mais do que uma história de tratados e titãs, a da regência é a história do desenvolvimento da comunicação e da interação entre quem ocupa o pódio e os músicos. Tem a ver também com o modo como diferentes gerações de músicos reagiram a diferentes modelos de maestros. "Em outras palavras", diz Tom, "regência é sobre colaboração, política e sociedade." Ou seja, confiança. No palco, como nas estantes, não há lugar para meias-verdades ou mentiras. É um cara a cara que se inicia como duelo e pode terminar em clima de lua de mel ou de inferno. Tudo diante de nós, plateia.

Já houve ao menos um grande maestro que pensou em suprimir o público. O lendário Evgeny Mravinsky, segundo uma piada não comprovada, mas *ben trovata*, teria cancelado um concerto porque atingiu o melhor resultado musical possível no ensaio.

Democratas de Araque. Todos os maestros declaram-se democratas, "mas é muito mais fácil afirmar-se democrata do que ser na prática, no pódio". Tom pergunta: "Como ser democrático à frente de cem músicos individualistas, sem lhes dizer como tocar? E quando não há tempo suficiente para ensaios?"

Meio século atrás, nenhum batuteiro disfarçava; sentava a pua nos músicos. Sentiam-se generais de quatro estrelas comandando soldados rasos, na sintomática e preferida expressão de Eleazar de Carvalho para caracterizar sua relação com os músicos da Osesp. "A maior diferença entre a regência de hoje e a de meio século atrás é que atualmente a distância entre o que o maestro diz e o que acontece no palco é mais óbvia; as orquestras estão menos dispostas a acreditar na conversa do maestro. As plateias também." Entretanto avaliamos uma performance sinfônica por meio do gestual do maestro e dos sons que os músicos produzem. Convenhamos, é mais fácil ter um só ponto de referência para falar a respeito de uma performance. Daí as expressões "o Beethoven de Furtwängler" ou "o Mahler de Jurowski", como se os maestros fossem donos dos compositores e responsáveis exclusivos pelos sons da orquestra.

Dificilmente um maestro deixa de lustrar seu ego, embora a grande maioria, em entrevistas, faça juras de amor eterno à música e ao compositor, e não ao seu inflado ego. "Cada maestro que encontrar vai desejar que você pense que ele está servindo à música, e não ao seu ego, nas performances. Isso nem sempre é verdadeiro. Porque 'servir à música' às vezes quer dizer ir tão fundo no seu próprio ego como numa sessão de análise para chegar à verdade de uma sinfonia de Mahler, um adagio de Bruckner ou um concerto para piano de Rachmaninov." Seu raciocínio é tão interessante que vale a pena segui-lo. "Mas", pergunta-se Tom, "e se eles estiverem certos?" Cita o maestro Colin Davis, mais de sessenta anos de pódio, que lhe disse em entrevista: "Você não tem importância como maestro. E se pensa que tem, é um zé-mané. Livre-se de seu ego" (em tradução superlivre). Que coragem. "Por trás desta autodepreciação", diz Tom, "Davis diz uma verdade muito séria sobre a regência. Há algo que acontece entre a música, o maestro e os músicos que se concretiza, na performance, como maior que a soma das partes. Nestes momentos, os maestros de fato acreditam que a música está simplesmente fluindo por meio deles."

Agora, faço eu a minha observação. São os momentos mágicos, memoráveis, de concertos que a gente jamais esquece. Como, por exemplo, três concertos sinfônicos que aconteceram em São Paulo no mesmo mês – junho – mas em anos diferentes, alcançaram o mesmo patamar raro: a música fluiu por meio de Kristian Järvi na *Sagração da Primavera* com a Osesp em junho de 2010; e duas vezes, em junho deste ano, no Teatro Municipal de São Paulo, na *Missa em Si Menor* de Bach, com Helmuth Rilling, e no concerto da Sinfônica Nacional de Washington com Christoph Eschenbach. (Entre os recitais de 2012 na mesma Sala, apenas dois alcançaram este patamar: o de Andras Schiff, em agosto, com as sonatas finais de Haydn, Schubert e Beethoven; e de Keith Jarrett, sem temas, criado no instante da performance.)

Tom Service, no entanto, concentra-se nos concertos sinfônicos. Durante três anos, foi em busca desses concertos especiais, memoráveis, que surgem na vida de um maestro, já dizia Celibidache, na proporção de três para cem noites. O resultado é fascinante. Um raio-X de seis grandes maestros em ensaios, preparando uma obra para concerto: o russo Valery Gergiev com a LSO, ou Orquestra Sinfônica de Londres, nas três sinfonias de Rachmaninov; Mariss Jansons e a Orquestra do Concertgebouw, no raramente executado *Réquiem* de Dvorák; Jonathan Nott e a Sinfônica de Bamberg em Debussy (*La Mer*) e Stravínski (*Sagração da Primavera*); Simon Rattle e a Filarmônica de Berlim nas três últimas sinfonias de Sibelius; Ivan Fischer e a Budapest Festival Orchestra na *Sinfonia n. 6* de Mahler; e Claudio Abbado e a Orquestra do Festival de Lucerna nos *Noturnos* de Debussy e na *Fantástica* de Berlioz.

Vou me concentrar em quatro deles, completamente diferentes entre si. Gergiev, protótipo do "maestro absoluto", que comanda diversas orquestras, pula de uma para outra em concertos e gravações como quem almoça num restaurante e janta em outro, rege na maioria das vezes sem batuta e usa as mãos como se fosse um prestidigitador. Jansons, ex-assistente do mítico Evgeny Mravinsky, que busca obstinado fazer de cada apresentação de sua Concertgebouw o que chama de "concerto cósmico" ou memorável. Rattle, o protótipo do maestro "democrático", que atua também como diretor artístico (com uma competência extraordinária) e faz da camaradagem e da postura "friendly" uma estratégia para alcançar seus objetivos junto aos músicos. E Claudio Abbado, que, aos 79 anos e depois de ter sucedido Karajan na Filarmônica de Berlim e vencer um câncer, transformou-se numa *superstar* que pouco fala, beirando ao *status* de esfinge.

Muita Adrenalina. Nestes quatro casos, torna-se claro que, além da relação de confiança total que precisa reinar entre maestro e músicos, o segredo do sucesso está em diferentes níveis de concessão de autonomia do maestro para seus instrumentistas. Gergiev, por exemplo, só ensaia um ou dois trechos-chave da partitura, mostrando um caminho de interpretação para os músicos – e deixa o restante com eles, para que realizem suas intenções no momento do concerto. Isso dá muito mais eletricidade em cada apresentação, mas provoca oscilações muito frequentes entre grandes concertos e performances medíocres. Para Gergiev, diz Tom, pressão é parte necessária do jogo, assim como "a adrenalina, essencial em suas performances". Seus músicos, em várias falas registradas por Tom, repetem que não se sabe nunca o que vai rolar no concerto.

Os da celebrada Concertgebouw, porém, preferem mais certeza prévia do resultado final. Mariss Jansons diz que o ensaio "é tão psicológico quanto musical". Quando programou o raramente tocado *Réquiem* de Dvorák, ele primeiro "vendeu" a obra para seus músicos. Cuidadoso, jamais os critica abertamente. Quando determinada passagem não sai bem, avisa-os: "Ok, pratiquem por 24 horas!". "O segredo da Concertgebouw, segundo Tom: Os músicos desenvolvem uma espécie de sexto sentido para lidar com a imprecisão da acústica tão celebrada da sala. Essa imprecisão torna-se uma vantagem expressiva. A infinitamente sutil defasagem entre as entradas instrumentais dá à orquestra sua cor e calor sonoro. É parte do mesmo fenômeno acústico que explica por que há tantos instrumentistas de cordas numa orquestra sinfônica. O mesmo volume de som poderia ser produzido por bem menos músicos: a questão aqui não é precisão, mas a textura. Se cada um tocasse exatamente do mesmo jeito, se cada um dos 21 primeiros violinos usasse o mesmo comprimento do movimento do arco, a mesma oscilação de vibrato, e tocasse com igual dinâmica, o efeito seria musicalmente como o de uma orquestra de gaitas-de-fole escocesas. São as minúsculas diferenças entre os modos como os músicos e seus parceiros de estante interpretam as notas da partitura que dão à seção de cordas sua flexibilidade, sua identidade."

E aí revela o segredo: "A Concertgebouw simplesmente estende esse princípio à orquestra inteira." Jansons identifica uma grande performance, que chama "cósmica", quando músicos e plateia respiram juntos. "Nossa missão é atingir o nível de expressar o que está por trás das notas o tempo todo. Esse é o nível que chamo 'cósmico'. É como escapar da órbita, do magnetismo, da gravidade da Terra. Não mais questões de afinação, precisão, notas longas ou curtas demais, tudo é finito. Em vez disso, só atmosfera e imaginação. Se você consegue isso, então está no cosmo."

A prioridade da orquestra, diz outro músico, Christian van Eggelen, que também toca com a Filarmônica de Berlim, "é a verdade musical, não a perfeição técnica". O maestro, em outra entrevista, complementa: "O mais importante é entender que trabalho com músicos e colegas, não com máquinas, mas com pessoas." Assim, Jansons faz cada nova obra, nos ensaios, entrar na "corrente sanguínea" dos músicos. "Se os músicos sentem que a peça está subensaiada, a música não corre em suas veias. Eles precisam sentir-se seguros de que tecnicamente tudo está perfeito; só assim estarão livres para fazer música."

Mas a metáfora mais adequada que Jansons encontrou para definir as relações entre ensaio e concerto é esta prosaica: "Para mim, é como um bolo. Preparo parte dele no ensaio, mas à noite ponho um creme ou o decoro: afinal, continuo fazendo o bolo durante o concerto."

Depois de um ataque cardíaco anos atrás, Jansons tornou-se mais imprevisível e costuma dizer a seus músicos "cuidado comigo, sempre haverá surpresas em cada concerto". Seria só o cinismo de fazer diferente só para surpreender? "Não. Basta ouvir suas emoções naquele momento." Tom completa que "os músicos confiam nos instintos musicais de Jansons sem questionar e porque sabem que merecem o título de melhores do mundo" (a orquestra foi eleita em 2012 a melhor do mundo pela revista inglesa *Gramophone*).

Abbado e Rattle em Berlim. Quando assumiu a direção da Filarmônica de Berlim, dez anos atrás, substituindo o italiano Claudio Abbado, o inglês Simon Rattle deu uma de Felipão. Tratou de construir uma "família Rattle" para se segurar no cargo de maestro titular mais problemático do mundo. Pegou bem, porque a orquestra tinha passado meio século com o tirânico Karajan, e outros quatorze anos com Abbado, que se impunha sem contestação com um jeito muito enigmático e educado. Rattle até balançou na metade da década, muito por causa da arrogância característica dos músicos de Berlim. Leiam essa frase do trompista Fergus McWilliams: "Soa arrogante, mas é verdade que a orquestra é maior do que seus maestros. [...] Esses vão e vêm, os músicos também, mas a instituição permanece."

Tom assistiu aos ensaios das três últimas sinfonias de Sibelius, um compositor que jamais foi bem recebido pela orquestra. Karajan gravou-as, mas, segundo um crítico, soa como você contemplar uma paisagem finlandesa pela janela de uma limousine. Sibelius foi um dos maiores êxitos de Rattle com a Orquestra de Birmingham, nos anos 1990. Lá, aliás, indica Tom, Rattle implorava regendo que seus músicos elevassem a intensidade da execução musical. "Em seus anos de Berlim, foi obrigado a mudar o estilo de regência. Porque, se você pede mais intensidade em Berlim, eles de fato te dão – com prazer. É um perigo."

O regente inglês reconhece que conter-se é o mais difícil para ele. "Tive de aprender a dar-lhes espaço para que se ouçam mutuamente, e isso quer dizer ser menos preciso, claro, em meus gestos, e não buscar maior precisão e clareza gestual." Ele não é citado por Tom Service, mas vale lembrar que esta é a matriz de regência de Furtwängler, o capo de Berlim durante o nazismo, nos anos 1930-1945. Seus gestos eram tão ambíguos que não se entende, vendo vídeos dele, como os músicos de Berlim conseguiam atacar juntos a entrada com as quatro conhecidíssimas notas da *Quinta Sinfonia* de Beethoven, por exemplo. Rattle admite que em Berlim é difícil fazer um pizzicato exato. "Como efeito especial, claro que eles podem fazê-lo com precisão", diz, "mas normalmente o som é melhor quando eles respiram, quando encontram um jeito pessoal de se movimentar dentro da obra."

Para se ter uma ideia de como os músicos também vivem numa corda bamba, Tom lembra que a Filarmônica de Berlim é "a única entre as seis orquestras deste livro em que os músicos de cordas não sabem onde vão se sentar antes do primeiro ensaio da semana. Cada um procura um lugar que considera melhor naquele momento, ou porque um parceiro tocou diferente e quer aprender com ele, ou então afastando-se de outro que não foi muito bem na semana anterior". Cá entre nós, é cruel. "Por isso", acrescenta Tom, "cada músico toca como se sua vida profissional dependesse daquela performance." E isso vale para cada concerto, gravação e também no ensaio.

Mas Rattle é sempre *friendly*. Ensaiando a sétima sinfonia de Sibelius, num trecho rápido mal tocado, ele diz: "Toquem só o que está escrito. E eu ficarei feliz e surpreso." Quando as trompas entram errado, ele lhes diz: "Ficaria mais bonito se vocês entrassem um compasso mais cedo." Aline Champion, primeiro violino, resume: "Karajan era de fato autoritário; Abbado muito menos, mas ele ainda era uma estrela, havia uma aura em torno dele, você não podia se aproximar de fato dele. Eu gostava muito dele, e ficava feliz porque ele também gostava de mim. Mas ele ainda era uma grande estrela. Simon é completamente diferente." Um democrata fraternal, na expressão de Tom.

Ao presenciar o ensaio da quinta sinfonia de Sibelius, ele mostra como Rattle prepara os seis acordes finais, separados por longas pausas. Frouxamente executado, fica horroroso, mas tocado com intensidade transforma-se num momento miraculoso. "A música fica suspensa numa região entre som e silêncio", diz Tom, e isso me lembrou de uma outra sinfonia que termina de modo ainda mais complicado de se tocar: é a *Nona* de Mahler, que se vai esvaindo num longuíssimo pianíssimo nos últimos três ou quatro minutos. Tive a chance rara de presenciá-la no Teatro Municipal de São Paulo com os músicos de Berlim comandados por Claudio Abbado. Podem chamá-lo de momento cósmico, como Mariss Jansons. Muitos segundos decorreram em completo silêncio após o final pianíssimo. Olhei para os lados, todo mundo em transe. Com certeza, como diz Celibidache, foi um dos três concertos em cem que são de fato especiais, em que a música ocupa de fato o centro do universo, ainda que por poucos instantes. É quando sentimos – e não racionalizamos – que, de fato, Nietszche tinha razão: a vida sem música é um erro.

Às vezes, o raio cai duas vezes no mesmo lugar. A descrição do que ocorreu dez anos atrás no Teatro Municipal de São Paulo repetiu-se no Festival de Lucerna de 2010, com a *Nona* de Mahler e Abbado, só que agora com a sua orquestra. Após o final, três minutos de silêncio, depois de as appoggiaturas das violas mergulharem de vez no silêncio. "Este não era um espaço temporal a ser cronometrado por um relógio. Os músicos de Lucerna e Abbado transformaram esta sinfonia numa meditação sobre a mortalidade", diz Tom. E completa: "Este finale é a peça mais lenta de Mahler, e sua mais extrema viagem emocional. A partitura deste final reflete graficamente o que se ouve: os filamentos de melodias transformam-se aos poucos em restos de uma teia de aranha, e, no finalzinho, em materiais musicais diluídos e esgarçados, até o encontro inexorável com o silêncio." Na feliz expressão de Tom, "é a recusa de abandonar a música ao silêncio até o último momento possível. Mahler anotou no derradeiro compasso a palavra *ersterbend* (morrendo), como se os músicos precisassem de uma pista para entender do que trata a obra".

Para entender o poder da música quando o maestro e sua centena de músicos atingem o nirvana ou "dimensão cósmica", é obrigatório assistir à performance de Abbado em 2010 em Lucerna, disponível no YouTube. Estão lá os três minutos finais, não depois da performance, concordo com Tom, mas incorporados à sinfonia. Abbado mantém a batuta no alto; lentamente a traz para junto do peito; aperta os olhos; contempla longamente o infinito; traz a batuta ainda em prontidão à altura da cintura; abaixa o braço direito que segura a batuta; permanece ainda em silêncio; e só então dá por terminada a performance. Aí então os aplausos espoucam. Nesses momentos, a música ocupa o centro do universo.

Nirvana em Lucerna. Abbado vive o nirvana todo verão na cidade suíça de Lucerna, onde reúne, há dez anos, na sua Orquestra do Festival de Lucerna, os músicos que mais gostou de trabalhar em sua vida. E todos eles acorrem anualmente ao seu chamado. Caso raro de paixão mútua. Há, por exemplo, nove spallas entre os violoncelos, o quarteto de cordas Hagen inteiro espalhado pelas cordas, a violoncelista Natalia Gutman, e por aí afora. Não há contrato, nada escrito. Apenas Abbado e os músicos. "É um sonho que se tornou realidade", diz Abbado, que fala pouquíssimo em geral, inclusive nos ensaios. São os melhores de várias orquestras que ele criou depois de deixar Berlim: Orquestra Jovem Gustav Mahler, Orquestra de Câmara Mahler, Orquestra de Câmara Mozart, além da própria Berlim e Filarmônica de Viena. Sempre primeiras estantes. Para Abbado, diz Tom com felicidade, "a música é ao mesmo tempo destruída e redimida por sua temporalidade: ela existe e se extingue num momento, mas tem infinitas possibilidades de ser mais uma vez criada no tempo".

Eles convivem durante quatro semanas. Um músico observa que "essa orquestra só funciona porque está na Suíça, há muito dinheiro por trás dela".

O número é dois milhões de francos suíços, cerca de R$ 4,5 milhões – menos do que se gasta anualmente com o Festival de Campos do Jordão, por exemplo. Segredo, revelado por outro músico. "É uma orquestra jovem integrada por profissionais, com a mesma alegria de poderem tocar juntos." Abbado não explica o que quer; dá por superado que os músicos têm de se entender e tocar juntos. Cabe-lhe apenas fazer fluir a música como deseja. "E o que os músicos querem é apenas deixá-lo feliz", diz um terceiro músico. "Não há uma cultura musical comum", diz Alois Posch, primeiro contrabaixo de Viena por 25 anos: "Esta deficiência é compensada pela alegria de tocar. Mas é preciso reconhecer que as filarmônicas de Berlim e de Viena têm sua alma própria como orquestras. Aqui, a alma é Abbado, não a orquestra. Esta é a maior diferença. Aqui, a chance de que algo realmente especial aconteça em cada concerto é muito alta." Wolfram Christ, violinista: "Sua mão esquerda é um exemplo de liberdade, de como criar liberdade. Abbado não quer bater os tempos do compasso. Quer liderar com gestos, não só das mãos, mas do corpo inteiro. Ele não precisa falar, leio tudo em suas mãos." E conclui dizendo que a mágica mesmo só acontece nos concertos, não nos ensaios.

Os músicos sabem que só estão ali porque Abbado os escolheu e confia neles. Isso é parte do segredo do milagre musical produzido em Lucerna. O outro segredo técnico é que Abbado é fanático pelo legato, segundo Wolfram: "Ele é absolutamente fascinado pelo legato, particularmente difícil nas cordas e madeiras: não limitar a melodia ao tamanho do arco ou da respiração. Não limitar a melodia a partir do arco, tentar seguir a linha melódica da obra inteira."

Cada músico precisa entender a peça de modo tão minucioso e abrangente como Abbado, ou seja, todos precisam ter consciência do que tocam todos os seus companheiros de orquestra. "Numa palavra", completa Tom, "precisam ouvir". Abbado não critica ninguém. Se os metais tocam mais forte do que o necessário, ele só aponta para o instrumento que sola naquele instante e diz "ouçam... ouçam..."

O melhor dos mundos, entretanto, foi bem resumido pelo violinista Hans-Joachim Westphal: "Em Berlim, para os ensaios, deem-nos Nikolaus Harnoncourt, cujos *insights* musicológicos sobre todo o repertório que rege são amados por toda orquestra que comanda. Mas para os concertos, deem-nos Abbado."

"Spira Mirabilis"

Publicado em *O Estado de S. Paulo*, Caderno 2, 7 fev. 2014.

Não se deveria permitir a pessoas que se detestam fazer música juntos. No entanto, isso é muito comum. Membros do quarteto Amadeus, por exemplo, iam ao teatro em carros diferentes, não se falavam; nas orquestras, o fenômeno é ainda mais flagrante, porque envolve muitas vezes o *staff* de apoio. A frase é do maestro Charles Munch, em seu livro *A Arte da Regência*, que, a certa altura, lamenta ter de qualificar como casamento sem amor o vínculo que em geral une os músicos à orquestra. Sabe-se que, embora tenham elevados salários nas mais qualificadas orquestras europeias (Filarmônicas de Viena e Berlim, orquestras inglesas e francesas), as primeiras estantes costumam trabalhar por pura paixão à música quando se juntam, nos verões europeus, ao maestro Claudio Abbado para formar a temporária Orquestra do Festival de Lucerna.

Será que não existe salvação? Como um organismo que envolve de cinquenta músicos (uma orquestra clássica) até 120 (nas grandes formações do final do século XIX) pode reconstruir o prazer, a alegria genuína de fazer música? Um grupo de 51 músicos, com média de idade abaixo dos trinta anos, e de dezesseis nacionalidades diferentes, decidiu romper esse círculo vicioso em 2007. Eles estavam cansados da vida de músico de orquestra, na qual é impossível aprofundar a interpretação de uma obra; os ensaios são sempre superficiais e poucos em relação ao mínimo necessário; os músicos não podem participar e dar sua opinião sobre a interpretação a quem temporariamente ocupa o pódio; sentiam-se submersos numa rotina estafante que lhes esmagara o gosto pela sua profissão.

Escolheram, como quartel-general de sua utopia, a pequena cidade de Formigine, no norte da Itália, perto de Maranello, QG da Ferrari. Tão pequena que sequer possui teatro ou hotel. Ensaiam no ginásio poliesportivo e dormem numa antiga construção com um banheiro para cada trinta pessoas. Não são músicos quaisquer: ocupam as primeiras estantes de vários grupos e orquestras prestigiados na Europa.

Ensaiam em torno de dez horas diárias, em cinco ou seis semanas ao ano escolhidas nas brechas das agendas convencionais. Ninguém recebe remuneração ("o cachê aqui é o valor musical do nosso trabalho").

Deram à empreitada o nome de Spira Mirabilis, ou Espiral Maravilhosa, a espiral logarítmica do matemático suíço do século XVII Jacob Bernoulli, que contém uma curva matemática como a das conchas do mar.

Primeira providência: aboliram a figura do maestro. "Ele estuda por meses uma obra e nos impõe sua visão", diz uma das líderes informais do Spira, a spalla Lorenza Borrani. "Não dissemos 'queremos criar uma nova orquestra', não dissemos 'criamos um grupo para fazer concertos, queremos tocar juntos, portanto criamos uma estrutura'. Não. Nós quisemos criar um espaço para estudar em conjunto. Para fazer o que nos pediam, era preciso saber muito pouco sobre uma obra ou partitura. Decidimos mudar isso."

A maravilhosa história dessa utopia hoje real está no primeiro de dois DVDS (*Spira Mirabilis*, documentário e concerto). No outro, de quarenta minutos, assiste-se a uma performance memorável do Spira Mirabilis na *Sinfonia n. 1: Primavera*, de Schumann. Fecha-se assim um raro círculo virtuoso. Foi com a *Sinfonia Primavera* que eles elaboraram seus princípios. Hoje já "construíram" interpretações de outras sinfonias, como a quarta de Beethoven e a quarta de Schubert.

Puro Encantamento. No diário conjunto que mantinha com Clara, logo após o casamento, em janeiro de 1841, Robert Schumann revela que se inspirou num verso do poeta Alfred Bottger ("No vale, a primavera explode em flores") para compor em quatro dias a sinfonia. É impressionante assistir ao modo como eles ensaiam os primeiros oito compassos da sinfonia cantando suas partes com os versos em alemão. Em outro momento do documentário, compartilhamos com o grupo – que tem até um panamenho, um colombiano e um australiano, além dos europeus e dos asiáticos – o modo como constroem a interpretação do Scherzo, de novo recorrendo ao canto do verso de Bottger para fazer aflorar a continuidade e a pontuação do discurso musical. O violinista Timoti Fregni, membro do quarteto pioneiro do Spira, diz que "podemos discutir um compasso por quarenta minutos; para quem acaba de chegar, dez minutos tudo bem; aos vinte minutos, já começa a se desesperar; aos trinta quer nos matar; e aos quarenta minutos quer se suicidar. Mas todos nós temos fé que não estamos perdendo tempo, que uma nova ideia nos vem que, de outro modo, seria impossível de concretizar".

A ideia de uma orquestra sem maestro tem antecedentes. No período imediato à Revolução de 1917, a União Soviética viveu uma convulsão artística e cultural tão expressiva quanto a de outros períodos iluminados, como o "apocalipse glorioso" da Viena da passagem do século XIX para o XX, ou a Alemanha de Weimar, nos anos 1920. Lá nasceu a Orquestra Persinfans, o primeiro experimento sem maestro. Morreu juntamente com a utopia da revolução e a ascensão de Stálin.

Os Spira, entretanto, prescindem do maestro não porque odeiem a figura; queriam desligar o piloto automático da rotina na qual viviam, para instituir um novo modo de construir a interpretação, um modelo em que cada músico tem o direito de interferir. Começaram anárquicos, mas aos poucos instalou-se entre eles uma democracia meritória, ou seja, só se fala quando de fato se tem algo relevante a contribuir.

A bela Lorenza Borrani destaca que desde o início perceberam todos que a música escrita não é uma linguagem universal. "O mesmo sinal escrito pode ser interpretado de mil maneiras. Os músicos discutem muito isso, porque é muito difícil interpretar do mesmo modo o mesmo signo. Para nós, o ponto de partida fundamental foi conseguir ler a música do mesmo modo. É o único jeito de compreender a música do mesmo modo."

O impasse aconteceu em 2008 e foi superado por uma medida prática. Recorreram ao clarinetista e especialista em música historicamente informada Lorenzo Coppola. Suas intervenções no documentário são mais que preciosas, iluminam a prática musical, devolvem aos músicos a emoção e o sentido de que a "música se faz como num teatro". Ele fica em frente ao grupo, mas jamais o rege. Fala, comenta, cruza os braços, cria personagens. É deslumbrante perceber como a música se transfigura quando um músico excepcional como Coppola sabe transmitir esse "teatro da música" aos instrumentistas. "Eles são músicos que tocaram em grandes orquestras, mas perderam o sentido da emoção de fazer música. Se não têm mais essa emoção, como esperar que o público a tenha assistindo-os?"

De volta a Formigine, na Itália, mostram que aprenderam a lição de Coppola. Esse é o milagre dos Spira Mirabilis: levar beleza a quem não a pede. Passaram a fazer intervenções (os "happenings" dos anos 1960) tocando movimentos isolados de sinfonias de Beethoven, Schubert ou Schumann em praças públicas, metrôs, bares, qualquer local onde haja aglomeração. "Já nos acusaram de terrorismo. Aliás, nós chamamos isso internamente de 'ataque terrorista'", diz rindo a clarinetista Miriam Calderini. A meta é "levar música clássica a pessoas que não imaginam que ela possa entrar em suas vidas" (Lorenza). Afinal, ao longo dos séculos, as emoções humanas não mudam. Nem o poder da música, desde que seja tocada com talento, competência e, acima de tudo, com verdadeira paixão.

Magda & Guiomar:
Duas Divas do Piano do Século XX

Quando vi o álbum duplo de Guiomar Novaes ao lado de uma caixa com dois CDs e um DVD de Magda Tagliaferro – eles foram lançados no mês passado no mercado internacional pelo selo norte-americano VOX – na Laserland, em São Paulo, na semana passada, tive um sentimento de descoberta. Afinal, é raro termos a chance de voltar a conviver com a arte das duas maiores estrelas do piano brasileiro da primeira metade do século XX – em registros disponíveis apenas em LPS e que só agora chegam ao CD. No caso de Magda, então, há até o DVD de uma performance com orquestra. Eu vibrava quando alguém, ao meu lado, confidenciou-me imediatamente que "conhecedores" já o tinham alertado de que esses registros são bastante discutíveis: há muitos esbarros, notas erradas etc. etc. Não valeriam a pena, portanto. Melhor ouvir o mesmo repertório por um "astro" de hoje, um Lang Lang, por exemplo.

Note-se que Magda e Guiomar não são apenas glórias pátrias: elas destacaram-se como honrosas integrantes do seletíssimo time dos maiores pianistas dos primeiros cinquenta anos do século XX. Triunfaram em Paris e em Nova York, na Sala Pleyel e no Carnegie Hall. Embasbacaram nomes como Gabriel Fauré e Claude Debussy.

Magda conquistou o primeiro prêmio no Conservatório de Paris aos quatorze aninhos, em 1907, e aos setenta estava no júri do Concurso Chopin de Varsóvia, em 1960, ao lado de Arthur Rubinstein, Nadia Boulanger e Heinrich Neuhaus. Esse quarteto deu o primeiro prêmio daquele ano a Maurizio Pollini.

De Guiomar, sabemos bem a história. Estudou em São Paulo com Chiafarelli e, aos quatorze anos de idade, superou mais de duzentos concorrentes a uma vaga no Conservatório de Paris tocando o *Carnaval*, de Schumann, e a *Balada em Lá Bemol Maior*, de Chopin (no júri, Fauré, Debussy, Moszkowski e Isidor Philip). Aos vinte, estreou em Nova York e colocou a cidade inteira a seus pés.

Psicose das Notas Erradas. Vivemos, infelizmente, a era da psicose das notas erradas. A tecnologia da gravação evoluiu a tal ponto que hoje é inadmissível distribuir-se uma gravação comercial com algum erro (pode-se corrigir nota

Publicado em *O Estado de S. Paulo*, Caderno 2, 10 jan. 2010.

a nota e transformar um pangaré irremediável num campeão de perfeição virtual). São vitórias no mínimo cretinas, fruto de uma indústria que despeja centenas, milhares de asiáticos robotizados perfeitinhos, todavia plastificados (Lang Lang é só o exemplo mais vistoso dessa perversa síndrome); ou russos que continuam basicamente preocupados em vencer campeonatos de velocidade na execução das obras musicais.

O chileno Claudio Arrau, contemporâneo de Magda e Guiomar, dizia que deixava as corridas para os atletas. Ele preferia tocar piano mesmo. Pois é o que faziam os grandes pianistas românticos do século entre 1850 e 1950. Os críticos e pesquisadores costumam chamar a era de Franz Liszt, Ferruccio Busoni, Claudio Arrau, Vladimir Horowitz, Moriz Rosenthal – e também de Magda e Guiomar – de "pianismo romântico". Ou seja, são pianistas que privilegiam o gesto, cultivam o cantabile, ocupam-se da partitura como um mapa de navegação mais ou menos vago, que permite praticamente uma "recriação". Perseguem o brilho e a espontaneidade, em vez da execução precisa, seguindo ao pé da letra a partitura. Liszt, o inventor do recital de piano em meados do século XIX, dizia que a música escrita era a notação imperfeita de um ideal sonoro abstrato. Para ele, "só um intérprete inspirado pode realizá-la". Isto é, a partitura é importante, mas não a última palavra. Ou, como escreveu o crítico Michael Steinberg a propósito de Vladimir Horowitz: "ele concebe a interpretação como uma atividade essencialmente independente".

Notas erradas são apenas "penetras" que só se interessam em participar das grandes festas – como gostava de repetir o russo Anton Rubinstein, um dos maiores virtuoses do século XIX – e não diabos personificados, que desqualificam em definitivo uma execução. O lendário Alfred Cortot errava sem a menor cerimônia. Assumia os erros como acidentes de percurso, e não pecados fatais.

O Mundo do Prazer. Eles viveram em outro mundo, no qual música e diversão se entrelaçavam. Os concertos e os recitais não obedeciam a estruturas tão rígidas. Privilegiava-se a busca da musicalidade, acariciava-se o som. E, nesse sentido, Guiomar Novaes e Magda Tagliaferro são simplesmente sensacionais.

O que acrescentaria, portanto, listar enfadonhamente os esbarros de Magda no primeiro CD da caixa da Vox, onde ela interpreta Chopin, em registro de 1972? Melhor degustar a sensualidade que a pianista ainda injeta, embora sem a técnica apurada, no universo tão romântico de Chopin (que em seus dedos assumem um erotismo manifesto).

O roteiro ideal para se ouvir a caixa é o seguinte: comece com o segundo CD. Pule a primeira música e vá direto à belíssima interpretação de Magda do concerto para piano e orquestra de Reynaldo Hahn (1875-1947) com o próprio na regência, em registro ao vivo de 1937. Ela está tinindo. Hahn é hoje mais conhecido por seu caso amoroso com Marcel Proust. Uma maldade, já que como compositor ele demonstrou enorme talento no domínio das canções. Tem também dois quartetos e um quinteto com piano excepcionais, além desse concerto escrito em 1930, espantosamente conservador para a data. Conservador, mas muito bom, sobretudo o movimento final, uma "Rêverie, Toccata et Finale". Ele dedicou a obra a Magda. Existe só uma gravação moderna desse concerto, por Stephen Coombs e a Orquestra da BBC Escocesa (Hyperion, 1997), que tem cerca de quatro minutos a mais por causa do restauro de cortes feitos por Hahn na partitura por ocasião do primeiro registro.

Magda gravou naquele mesmo ano com Hahn o concerto *K. 537, da Coroação*, de Mozart; mas o registro que está nesse CD foi feito em 1955, também ao vivo. Magda ainda exibe boa forma, ao lado da Orquestra da Associação dos Concertos de Câmara de Paris, regida por Fernand Oubradours.

O primeiro CD, dedicado a Chopin, deve ser escutado com ouvidos estilisticamente antenados com a estética pianística de um século atrás, quando o que importava era mais a musicalidade do que a fidelidade ao texto musical; e onde, claro, as notas erradas também participavam, ativas, nas execuções.

Uma excelente leitura da dança espanhola n. 1 de *La Vida Breve*, de Manuel de Falla, e a sonata *K. 576*, de Mozart, completam o CD.

Depois disso, vá para o DVD. O vestido de decote longo e provocante nas costas faz parte do sensual figurino de Magda. O registro é de um concerto ao vivo em Paris, em 1965, e a obra não poderia ser mais difícil tecnicamente: o *Concerto N. 3*, de Prokofiev. Não é daquelas performances para lembrarmos com saudade. A Orquestra é a da ORTF, a mesma com que Villa-Lobos gravou, nos anos 1950, os seis CDs disponíveis pelo selo EMI, e a regência rotineira é de Francesco Mandez. O desleixo com a edição da caixa pela VOX aparece nos extras. Por duas vezes – no folheto interno e também no verso do estojo –, está escrito "Passion" e não "Poisson d'or", para indicar a conhecida terceira peça do Livro II das *Images*, de Debussy.

Apolo e Dionísio. Visivelmente Guiomar Novaes leva vantagem nesses dois lançamentos internacionais simultâneos, pois os quatro LPs de 1955, que agora se transformaram num álbum de dois CDs, são dedicados a Robert Schumann, uma de suas maiores especialidades. Magda, por sua vez, não teve tanta sorte: Fauré, onde ela é insuperável, não está presente nas gravações nem no DVD; ainda bem que podemos ouvi-la nessa versão preciosa do concerto de Hahn.

O compositor Almeida Prado diz que nossas maiores pianistas são como Apolo e Dioniso. Magda, afetada, sempre com ares de grande dama, é sensual e dionisíaca por excelência. Aos noventa anos, exibia cabelos cor de fogo e uma incrível vitalidade, como me espantei na única entrevista que fiz com ela, em São Paulo.

Já Guiomar, com seu jeito simples, é sempre clara, cristalina em seu toque. Faz cantar as vozes intermediárias, já acentuaram vários conhecedores de seu toque. De fato, ela "trabalhava" o som de modo avançado para o seu tempo. Daí a perplexidade com sua leitura do *Carnaval* de Schumann, aos quatorze anos de idade, em Paris. Os meios-tons, o chiaroscuro, o fraseado que jamais deixa uma nota desprender-se e ficar sem sentido, além de uma dinâmica impecável: tudo isso a técnica de gravação surpreendentemente precária para 1955 (um momento em que a chamada alta-fidelidade proporcionava registros excepcionais na Europa e Estados Unidos) não consegue nos restituir em toda a sua grandeza.

É o caso de emocionar-se com sua leitura do *Carnaval*, das *Phantasiestücke* opus 12 (confira a sétima, encantadora). É também brilhante a interpretação das *Cenas Infantis* opus 15 e dos *Estudos Sinfônicos* opus 13. Guiomar mostra suas armas também na estupenda performance do *Concerto em Lá Menor*, a joia da coroa de suas especialidades, ao lado da Orquestra Sinfônica de Viena regida por ninguém menos do que Otto Klemperer.

Guiomar é apolínea, mas mantém uma imaginação poética extraordinária nessas gravações – e é essa a qualidade que faz de Nelson Freire, por exemplo, seu súdito mais famoso hoje em dia. Magda é dionisíaca, com certeza; porém, exibe uma técnica (ao menos em seu período de ouro, entre os anos 1920 e 1950) que nos ajuda a entender por que ela é o ideal de uma de suas ex-alunas mais ilustres, Cristina Ortiz.

E sabem por que esse pianismo nos chega tão interessante aos ouvidos? Simples: porque você ouve Guiomar e a identifica já nas primeiras frases; com Magda acontece o mesmo. A padronização contemporânea matou a subjetividade de muitos talentos já no nascedouro. Personalidades fortes como as destas duas deusas do piano do século xx são raras. Daí o êxito de Nelson Freire, Maria João Pires e Martha Argerich, por exemplo. Lang-Langs e Lazar Bermans (um russo surgido nos anos 1970 de técnica privilegiada e cérebro pequenininho que Sviatoslav Richter detestava) passarão. Como Guiomar, Magda e Horowitz no passado, Freire, Argerich, Radu Lupu e Andras Schiff são alguns dos pianistas atuais que mantêm acesa a chama da individualidade na arte do teclado – qualidade cada vez mais rara e preciosa, em risco de extinção.

A Jerusalém de Jordí Savall

Diálogo é uma palavra meio gasta. Um pouco pelo seu uso hipócrita no mundo político; outro tanto porque, martelada demais, em geral soa meio oca, vazia. Pois alguns dos mais talentosos músicos e criadores artísticos multimídia do planeta decidiram recuperá-la e fazer dela uma bandeira que pode – e deveria – conduzir a humanidade a pavimentar um futuro menos sangrento, mais harmonioso. A primeira iniciativa aconteceu em 1999, quando o maestro judeu-argentino Daniel Barenboim e o intelectual palestino Edward Said constituíram a Orquestra Divã Oriental-Ocidental, formada por músicos árabes e judeus. Projeto magnífico, porém que puxava a sardinha só para o lado ocidental: libaneses, egípcios, sauditas, jordanianos e palestinos, entre outros representantes de povos do Oriente Médio, empenhando-se em tocar a música clássica europeia. Consequentemente, deixavam de tocar as músicas deles.

Agora é diferente. Nos primeiros meses de 2009, pelo menos três projetos notáveis buscam assimilar todas as músicas e deixá-las conviverem assim como povos, crenças e culturas devem fazer daqui para a frente, se não quiserem se eliminar mutuamente para valer. *Credo: A Inocência de Deus* é um sensacional DVD criado por uma equipe multimídia da Fabrica, centro de criação artística bancado pela fabricante italiana de camisetas Benetton e sediada em Milão. Envolve atores, músicos, orquestra sinfônica e conexões ao vivo entre o local da apresentação e grupos musicais de Jerusalém, Belfast e Istambul, além de depoimentos dessas etnias.

Outro DVD também recentemente lançado no mercado internacional, *Brian Eno: In the Ocean*, traz um excelente documentário de Frank Scheffer que esmiúça as relações da música norte-americana com a europeia nos últimos trinta anos e chega à conclusão de que o diálogo e a interpenetração harmoniosa de culturas, como diz John Cage num dos depoimentos, constituem a única saída para a música no século XXI.

Jerusalem, entretanto, mesmo sendo apenas um álbum duplo com dois CDs superáudio (SACD), consegue ultrapassá-los em clareza de propósitos e qualidade musical e de invenção. Depois de uma gloriosa carreira de mais de

Publicado em *O Estado de S. Paulo*, Caderno 2, 24 maio 2009.

três décadas à frente de seu grupo Hesperion XX (agora XXI) na condição de um dos campeões na prática da música historicamente informada, o gambista catalão Jordí Savall, a caminho dos 68 anos, que completará em 10 de agosto próximo, parece ter chegado ao clímax de sua trajetória.

Respeito. O projeto nasceu como encomenda da Cité de la Musique parisiense em 2007. O pedido era: construir um espetáculo musical falando das três grandes religiões monoteístas. Numa das muitas entrevistas a publicações internacionais, Savall explica que "Jerusalém é uma cidade que trazemos dentro de nós há muito tempo. Há mais de dez anos, ela esteve na origem do nascimento de Alia Vox [o selo fonográfico próprio de Savall]: a atmosfera extraordinária, a emoção da cidade, a mistura do antigo, do moderno, de conflitos, de paz – tudo isso gerou o desejo de realizar uma aventura maluca como fundar nossa própria gravadora. Sempre tivemos Jerusalém em nosso espírito."

Todavia nesse álbum duplo tudo é diferenciado. A partir das cerca de cinquenta páginas de textos, com vários artigos a cargo de historiadores, musicólogos e pesquisadores sobre os três mil anos de história da cidade, sobretudo das músicas que expressaram as condições que a tornam única. Afinal, Jerusalém já foi chamada de umbigo do mundo porque é o berço das três grandes religiões monoteístas, judaísmo, islamismo e cristianismo têm ali suas origens. Os textos são reproduzidos em oito línguas: francês, espanhol, catalão, inglês, alemão, italiano, árabe e hebraico, além das belíssimas ilustrações dos músicos, dos instrumentos e de documentos de época, o que seria o folheto do álbum duplo transformou-se num luxuoso livro capa dura de cerca de 434 páginas.

São dois os motivos básicos que levaram Savall a adotar esse formato luxuoso que, no entanto, é vendido pela internet pelo preço normal de dois CDs, ou seja, 35 dólares: em primeiro lugar, reforçar, segundo suas próprias palavras, que "a música não é apenas algo que se baixa na internet e se escuta apertando um botão. A música ainda faz parte de um ritual sagrado do homem. É um ato espiritual que nos põe em contato com geniais criadores de outras épocas. Dar a esse ato uma forma bonita, uma embalagem à altura do conteúdo, é indispensável, portanto". E, depois, tornar os textos acessíveis em oito línguas significa respeito: "Se falamos de diálogo, de respeito por outras culturas, não podemos obrigar um italiano a ler os textos em francês ou em inglês. Temos limites, mas tentamos traduzir os textos nas línguas dos países em que estamos presentes" (pena que o português ainda não tenha sido incorporado ao projeto).

Nos últimos três anos, Savall criou três projetos semelhantes, dedicados aos quatrocentos anos da publicação de *Dom Quixote*, de Cervantes;

às miscigenações musicais entre Oriente-Ocidente; e às músicas do Novo Mundo em contato com a Europa em "Cristóvão Colombo". Agora o desafio era ainda mais ambicioso e ele conseguiu sintetizar, em dois CDs, três mil anos de músicas em torno de Jerusalém.

Ao todo, reuniu quarenta músicos, entre espanhóis, franceses, ingleses, belgas e gregos já integrantes de seus grupos Hesperion XXI e Capella Reial de Catalunya, além de cantores e instrumentistas judeus e palestinos de Israel, Iraque, Turquia, Armênia, Síria e Marrocos. Meta: mostrar como as três grandes religiões monoteístas do Mediterrâneo invocaram e desejaram Jerusalém, por meio da música. Num dos ótimos textos do livro, Manuel Forcano explica que "uma das etimologias traduz a palavra Jerusalém como 'a cidade das duas pazes', indicando claramente as metáforas da 'paz celeste' e da 'paz terrestre'. A primeira foi proclamada pelos profetas que lá viveram; a segundo sempre foi perseguida pelos políticos de todas as épocas que a governaram".

Duas Pazes. As duas horas e meia de música apaixonante e extremamente diversificada – fundamentalmente baseada nos textos bíblicos – articulam-se em um curto prólogo e seis capítulos e um longo postlúdio. A abertura, de arrepiar, relembra, através do shofar e do anafir, as lendárias trombetas de Jericó, que na *Bíblia* derrubaram as muralhas com suas tonitruantes sonoridades. Savall gravou um grupo de dezenas desses instrumentos, sem tentar harmonizá-los, e sob uma tempestade real.

O primeiro capítulo trata da paz celeste e o apocalipse do juízo final (três cantos de cada uma das religiões: um oráculo sibilino do século III a.C. na incrível voz de Montserrat Figueras, mulher de Savall; um canto árabe sufi com outro cantor magnífico, Muwafak Shahin Khalil; e um canto do Evangelho cujo manuscrito está preservado no convento de Las Huelgas.

Como é impossível ir ao detalhe, limito-me a indicar que o segundo capítulo mostra a música de Jerusalém como cidade judaica, desde sua fundação, em torno do ano 1.000 a.C. até a destruição do tempo no ano 70 d.C. (três belíssimos recitativos de Lior Elmalich entremeados de música de salmos de Davi: 121, prece a Jerusalém; 122, a paz de Jerusalém; e 137, canto do exílio). O terceiro capítulo mostra Jerusalém como cidade cristã, da chegada da rainha Helena, mãe de Constantino, em 324, até a conquista da cidade por Saladino no final do século XIIe a derrota das cruzadas em 1244 (além da convocação à guerra pelo papa Urbano II em 1095, Savall inclui três canções das cruzadas, como a comovente "Pax in nomine Domini", lamentando a derrota em Jerusalém).

No quarto capítulo, Jerusalém torna-se a cidade de peregrinação, entre 383 e 1326, com três incríveis performances do Savall compositor, improvisando sobre textos do viajante árabe Ibn Battuta, do século XIV, com Begônia Olavide; o grande Lior Elmalich volta com "Sionide: bela Cidade, Joia do Universo", do rabino Judah Halévy, século XII; e "O ffondo domartan chao", uma das Cantigas de Santa Maria de Afonso X, o Sábio, do século XIII, num dueto de Lluis Vilamajo com Montserrat Figueras.

Entre 1244 e 1516, Jerusalém árabe é o tema do quinto capítulo. Após um belo prelúdio no alaúde, o conjunto sufi Al-Darwish interpreta "A Ascensão de Maomé aos Céus". Nos quatro séculos seguintes, a partir de 1517, a cidade torna-se otomana: sucedem-se o manuscrito otomano do século XII, a narrativa do sonho de Soliman o Magnífico e uma surpreendente marcha de guerra que descreve a conquista de 1517.

Música Para Não Esquecer. O sexto capítulo é o mais impactante. Mostra Jerusalém como terra de asilo e do exílio, entre os séculos XV e XX. Começa com "Palestina Hermosa y Santa", da tradição sefardi de Sarajevo, em que a voz de timbre límpido de Montserrat contracena com instrumentos exóticos como a kemancha e a ceterina; dois tocantes cantos de lamentação, um palestino, outro armênio, antecedem uma impressionante gravação de 1950 de Shlomo Katz. Judeu romeno preso em Auschwitz em 1941, ele pediu permissão para cantar "El male rahamim" ou canto aos mortos de Auschwitz, antes de ser executado na câmara de gás. Relatos dão conta de que o oficial alemão se comoveu a ponto de lhe salvar a vida e facilitar a fuga do campo. São 4'40" de música que não se consegue esquecer, seguidos de uma marcha fúnebre a cargo de quatro shofars.

O postlúdio deixa o passado hediondo para trás e olha para o futuro com esperança. Savall concebeu um módulo intitulado "A Paz Terrestre: Uma Esperança e um Dever". Sucedem-se votos de paz em árabe, hebraico, armênio e latim; em seguida, uma curta melodia de tradição oral do Mediterrâneo é ouvida dez vezes em todas as línguas reunidas para essa empreitada, ora como voz solista, ora em diversas combinações instrumentais, concluindo com um tutti. Mas a faixa derradeira faz retornarem as trombetas de Jericó. Só que agora elas nos convidam a derrubar as barreiras espirituais que nos impedem de viver em harmonia.

"Na música", Savall já repetiu inúmeras vezes em entrevistas, "é impossível mentir, não existem equívocos. Fazer música com alguém implica simpatia, respeito, escuta, concordar com o diapasão do outro. Estas são condições necessárias para o diálogo humano. Nenhuma civilização pode desenvolver-se sem o respeito e a confiança mútua. O ódio é destrutivo. É preciso que o mundo tome um dia consciência desta verdade tão evidente."

De fato, como o sociólogo, ou melhor, pensador norte-americano Richard Sennett, violoncelista de talento na juventude, colocou com enorme acerto em seu livro *Respeito* (Ed. Record, 2004), devemos "tentar tornar a sociedade mais semelhante ao concerto de música: isto é, explorando as formas de se apresentar como iguais, e demonstrar respeito mútuo [...] [isso é difícil mesmo para os músicos] muitos músicos têm o impulso cooperativo, mas poucos conseguem traduzi-lo em som. Isto é ainda mais verdadeiro na vida social: existe um enorme abismo entre esperar agir bem em relação aos outros e agir bem de fato".

Com *Jerusalém*, Jordí Savall e seus quarenta músicos e cantores de várias etnias e nacionalidades age bem de fato. E parece provar, com sua música maravilhosa, o acerto do poeta, pensador e místico Jalal al-Din Rúmî (morto em 1273), quando escreveu que "muitos caminhos levam a Deus; eu escolhi o da música e da dança".

Um detalhe interessante: Jordí assina o texto de abertura do livro-CD intitulado *O Poder da Música*. Embaixo de sua assinatura, coloca: "São Paulo, 16 de setembro de 2008", pois ele o escreveu no dia do primeiro de dois concertos que fez com Montserrat Figueras e seu grupo Hesperion XXI na temporada da Sociedade de Cultura Artística. Naquela noite, pouco depois do incêndio de agosto que consumiu o teatro da rua Nestor Pestana, eles se apresentaram no Teatro Abril.

O PODER DA MÚSICA

Este projeto foi concebido como um tributo a Jerusalém, cidade única, construída e destruída sem cessar pelo homem em sua busca do sagrado e do poder espiritual. Realizado com a apaixonada e comprometida colaboração de músicos, poetas, pesquisadores, escritores e historiadores de quatorze países, é uma fervorosa invocação à Paz, graças ao poder da música e da palavra.

Uma Paz resultado de um diálogo baseado na empatia e respeito mútuo é, apesar das enormes dificuldades que isso representa, um caminho de futuro e desejável por e para todos. Um objetivo ao mesmo tempo urgente e necessário que pode ajudar a humanidade a superar seus medos e loucuras ancestrais e evitar desse modo tantas vítimas inocentes e tanto sofrimento inútil. Jerusalém é muito mais do que uma cidade sagrada; é um símbolo para toda a humanidade, ela nos lembra a todos, neste século XXI, a grande dificuldade que ainda temos para vivermos juntos.

Sem paz não há vida humana possível.

JORDÍ SAVALL E MONTSERRAT FIGUERAS

Um Desrespeito Que Dá Gosto

Publicado em *O Estado de S. Paulo*, Caderno 2, 7 out. 2007.

Robert Schumann não considerava sacrossanta a obra de arte musical tal como hoje a cultuamos. Elogiou nesses termos o arranjo que Liszt fez da *Sinfonia Fantástica* de Berlioz: "Liszt trabalhou com tanto ardor e entusiasmo nesta redução que ela deve ser considerada uma obra original. Assim, a redução para piano se sai muito bem quando interpretada ao lado da versão original orquestral." E mais: "Não há nenhuma obra de arte que não possa ser melhorada."

A frase, escrita em 1835, custou-lhe caro. Sua obra sinfônica fez dele a "vítima" preferida dos maestros da segunda metade do século XIX. "Orquestração deficiente", "instrumentação inadequada" e "dinâmica pobre" foram os xingamentos mais suaves e frequentes que suas quatro sinfonias levaram. O processo culminou com Gustav Mahler, quando este assumiu a direção da Filarmônica de Viena em 1898. Em sua grade (partitura do maestro, na qual figura toda a instrumentação), Mahler pintou e bordou com a música do passado. Sua excessiva liberdade e muitas canetadas nas partituras das sinfonias alheias, sobretudo as de Beethoven, custaram-lhe o cargo, em 1901, debaixo de uma saraivada de críticas da imprensa e do público vienense.

Schumann passou meio batido. Dois exemplos dão conta de sua "liberdade": Mahler fez 355 mudanças – entre reinstrumentação, modificação de dinâmica e até remexidas na harmonia – na *Sinfonia n. 2*; e outras 466 na *Sinfonia n. 4*. "Só quis deixar mais claras as intenções de Schumann", dizia ele. Tudo com "profundo respeito".

O novo maestro titular da Orquestra do Gewandhaus, Riccardo Chailly, 53 anos, provou ser um mahleriano fervoroso durante seu reinado de dezesseis anos em Amsterdã, na Orquestra do Concertgebouw. Agora, já instalado em Leipzig, logo depois do álbum duplo com os dois concertos para piano de Brahms com Nelson Freire, ele apresenta em novo CD as versões de Mahler dessas duas sinfonias de Schumann (selo Decca, importado). É curioso que a Gewandhaus seja a orquestra que estreou as duas sinfonias em Leipzig – a segunda em 1846 e a quarta, que teve duas estreias: a primeira versão em 1841 e a segunda dez anos depois em Düsseldorf.

De fato, Mahler fez um "milagre" com seus retoques: as duas sinfonias parecem pós-românticas nesta excelente e meticulosa leitura de Chailly. Inteligente, conserva os achados de Schumann na *Sinfonia n. 4*, como o cello solo com oboé no Romanze ou o violino solo no trio do Scherzo, todavia mete a mão de modo mais profundo na dinâmica, trocando indicações estáticas por crescendo ou diminuendo. Na segunda sinfonia, elimina as trompas e trombone do motivo de abertura do primeiro movimento, um Sostenuto assai, e deixa só os trompetes. Acentua em geral o papel dos tímpanos. Um exemplo interessante é o finale da quarta, no qual ele acrescenta trombones com surdina junto com os fagotes, em geral inaudíveis na orquestração original.

Em vez de nos horrorizarmos com a sem-cerimônia de Mahler com Schumann, devemos é pensar que o autor do *Canto da Terra* apenas fez, na partitura, o que hoje se faz descaradamente na edição das gravações: o fagote acima citado, por exemplo, hoje nem precisaria dos trombones com surdina – um bom técnico elevaria o fagote e o destacaria. É por isso que as gravações soam tão perfeitas – e muitas vezes o concerto ao vivo decepciona.

Há quem curta uma raiva danada desse tipo de intervenção no texto musical.

Henry Louis de La Grange, autor de uma monumental biografia de Mahler, conta que Schumann não foi vítima preferencial do compositor-regente: "Para que o drama faça o espectador vibrar, Mahler não hesita em modificar detalhes da partitura. Para melhorar a sonoridade, aumenta o número de contrabaixos no prelúdio de *Tristão e Isolda*, confia algumas passagens corais a solistas colocados no meio da orquestra, ou então na coxia." O compositor Hermann Behn (1857-1927) lembra que Mahler é neste domínio o filho espiritual de Hans von Büllow, o primeiro a colocar nos bastidores o trompete na abertura *Leonora 3* de Beethoven ou então a trompa na abertura do *Freischütz* de Weber – gestos muito imitados mais tarde. Lembra também do plano de Mahler para uma execução espacializada da *Paixão São Mateus* de Bach, com vários grupos corais e orquestrais bem separados no espaço da sala de concertos. Mahler não deixava por menos: "Quando um adagio não me parece provocar no público o efeito desejado, eu ralento o tempo em vez de acelerá-lo, como se faz normalmente."

Para quem gosta de comparações, uma boa indicação é ouvir a versão de John Eliot Gardiner – campeão da música historicamente informada – e sua Orquestra Revolucionária e Romântica numa integral das sinfonias de Schumann em instrumentos de época (3 CDs Archiv, 1997) tão instigante quanto as versões mahlerianas. Ele nos leva de volta para as versões originais dessas sinfonias. Sem papas na língua, diz que gravou as sinfonias para acabar com o imbróglio envolvendo a música sinfônica de Schumann e destruir mitos injustificáveis, como o de que "ele teria sido um amador dotado, que não sabia orquestrar nem exprimir a poesia de sua música para piano e de seus lieder nas grandes formas orquestrais".

Convencido de que a execução das sinfonias de Schumann com instrumentos de época constitui uma descoberta especial, Gardiner argumenta:

"Elimino as sonoridades orquestrais pós-românticas, esta pátina estranha à estética e aos ideais de Schumann, que permanece ainda hoje quando sua música é interpretada com formações sinfônicas convencionais. Parece que Mahler e Weingartner jamais se perguntaram se o que consideravam como graves problemas de desequilíbrio na escrita sinfônica de Schumann tinha mais a ver com as dimensões maiores e com a sonoridade mais poderosa da orquestra da virada dos séculos XIX para o XX do que propriamente com deficiências do próprio Schumann."

De fato, quando se reduz o efetivo orquestral para cerca de cinquenta músicos, "à imagem e semelhança da orquestra do Gewandhaus de 1840", entendem-se muitas das razões da dinâmica e da instrumentação originais de Schumann. Gardiner é obsessivo. Além dos instrumentos de época, das arcadas, do fraseado e da articulação, chega a adotar a disposição espacial dos músicos como na Leipzig do século XIX, com os violinos e violas de pé. "Schumann não precisa ser 'aligeirado' ou 'retocado'", diz, com raiva. Raiva, aliás, é sentimento que compositores e músicos partilham há muito tempo com os pobres espectadores. Foi ela que levou em 1853 um conde chamado Tyszkiewicz a processar por perdas e danos, na justiça, "em nome do autor", a Ópera de Paris por ter permitido uma montagem toda desfigurada do *Freischütz* de Weber, cheia de cortes e modificações. Ou seja, ele invocava o direito do espectador de ouvir a obra musical em sua integridade.

"Pergunto-me onde Roqueplan (diretor da Ópera), um negociante de produções estéticas", verberou seu advogado no tribunal, "foi buscar seu direito de falsificar publicamente sua mercadoria, vendê-la assim mesmo, e insultar a mim e ao público." É um caso único, talvez, na história do direito: um ouvinte queixa-se pela dor causada a seus órgãos de audição por uma representação desrespeitosa com o autor e sua obra. As expressões deliciosas e o achado são de Peter Szendy num magnífico livrinho intitulado *Listen: A History of Our Ears* (Escuta: Uma História do Ouvido Melômano). O conde perdeu o processo e ainda foi obrigado a pagar três mil francos à Ópera de Paris sob o argumento de que aquela ilustre casa sofreu danos em sua reputação. Como se vê, ao ouvinte cabe no máximo o direito de ouvir, mas ao menos não precisamos levar em conta eruditos argumentos: basta-nos o prazer da escuta. E nesse sentido, tanto o desrespeito de Mahler quanto a fidelidade canina de Gardiner às sinfonias de Schumann soam igualmente encantadores.

A Obsessão de Karajan

Publicado em *O Estado de S. Paulo*, Caderno 2, 14 ago. 2011.

Hoje à tarde, o maestro Lorin Maazel, 81 anos, rege um concerto Beethoven com a Orquestra Sinfônica Brasileira na Sala São Paulo. A orquestra vive um 2011 tsunâmico, mas o que interessa nesse momento é a utilização de dois dos mais emblemáticos símbolos da música clássica e da vida musical como muletas para uma possível ressurreição do grupo. Beethoven ninguém discute. Quando os concertos andam mal de público, ele sempre é escalado para aumentar o moral da tropa e encher as poltronas da plateia. A outra sacada é colocar no pódio um maestro inquestionável, com prestígio inabalável. Para a polêmica tarefa, Minczuk escalou Lorin Maazel em sua condição de ícone planetário da batuta. Ele é o segundo talismã indicado para conduzir a "virada" na situação da orquestra e de Minczuk. Maazel, que coincidência, é um plano B (Kurt Masur primeiro escolhido, não pôde vir por doença), igualzinho ao técnico Mano Menezes, plano B de Muricy Ramalho na seleção brasileira de futebol, que vive nos últimos doze meses atropelada por tsunami semelhante à da OSB.

É impossível prever o êxito da dobradinha Beethoven/Maazel no caso OSB. Mas que a atitude foi correta do ponto de vista mercadológico, foi. Os maestros modernos ainda são capazes de protagonizar, aqui e no exterior, as grandes turbulências e êxitos da vida musical. De Daniel Barenboim a John Neschling, eles são, enfim, os donos do mundo – não chegam a ser ditatoriais como um Toscanini, mas alguns não resistem e exibem cacoetes de tiranetes.

Esse perverso culto à figura do maestro se consolidou, sem dúvida, graças ao maestro austríaco Herbert von Karajan (1908-1989). Membro das SS, Karajan conseguiu realizar seu sonho logo após a desnazificação: o produtor Walter Legge criou para ele a Philharmonia Orchestra, em Londres. Em 1955, após a morte de Wilhelm Furtwängler, chutou Legge, ou seja, cuspiu na mão que o reabilitou e assumiu a direção da Filarmônica de Berlim, até sua morte, em 16 de julho de 1989.

Chegou, nos anos 1960-1970, a acumular a direção da Orquestra de Paris, Filarmônica de Viena, Scala de Milão e os festivais de Bayreuth e

Salzburgo. Apostou na tecnologia como forma de sobrevivência pós-morte. Fundou a Unitel para produzir, explorar e empilhar gravações em VHS de seus concertos. Ao todo, vendeu cerca de duzentos milhões de discos, entre LPS, CDS, VHSS e agora DVDS e Blu-Rays.

Karajan julgava-se imortal. No DVD *Maestro for the Screen*, a cena final é de meter medo. Ele está sentado num sofá, muito doente, envelhecido. Encara a câmera e diz com convicção: "Estou convencido de que as pessoas têm várias vidas. Asseguro que voltarei. Goethe disse acertadamente: 'Se minha vida interior tem tanto a dar e meu corpo se recusa a servi-la, a natureza tem que me oferecer um novo corpo.' Concordo integralmente com ele." Pelo menos um corpo potencial já se apresentou: Christian Thielemann.

Amigo íntimo e parceiro comercial de Norio Ohga, capo da Sony entre 1982 e 1989, Karajan morreu em seus braços. Afinal, a Sony era sua garantia de imortalidade. Olhem em volta. Consultem a Amazon. Ele está mesmo presente na vida musical internacional do planeta. Karajan deu instruções precisas a seus comandados. Sua história seria escrita a seu jeito. Assim que sua morte foi anunciada, todo o material de trabalho das gravações de CDS e vídeos foi destruído. Assim, o que fica é só o que tem o seu selo de aprovação pessoal (ao todo, cerca de setenta DVDS). Ernst Wild, o câmera chefe de Karajan, destruiu todos os rolos de fitas com copiões e gravações brutas, "para ninguém se divertir mais tarde com este material". Stálin teria adorado.

Logo que descobriu o imenso poder de fogo do audiovisual, Karajan contratou o diretor de cinema francês Henri-Georges Clouzot. Entretanto a experiência foi frustrante, como mostra o documentário, dirigido por Georg Wübbolt. Naquele momento, o novo meio propiciou várias obras-primas no reino da música (como o excepcional *Crônica de Anna Magdalena Bach*, de Straub-Huillet, de 1967). A segunda experiência ocorreu com o cineasta Hugo Niebeling numa integral das sinfonias de Beethoven. Karajan sabia das coisas: "Para mim, é uma satisfação muito grande saber que nosso trabalho não vai se restringir a um punhado de pessoas, que podemos mostrar ao mundo inteiro a beleza da música de Beethoven." Só que Niebeling resolveu criar – fez coisas espantosas ainda hoje com a *Pastoral*, a *Eroica* e a *Sétima* (o DVD mostra detalhes extraordinários que só existem hoje porque pertencem ao arquivo pessoal de Niebeling). O maestro detestou o trato dado aos músicos; queria o foco sempre nele. Meteu a mão no trabalho de Niebeling.

Projetos audiovisuais desse tipo eram, no entanto, muito custosos. Só na *Sexta Sinfonia*, uma enorme equipe – incluindo os músicos, que tiveram até de dublar suas próprias performances para contraplanos etc. – trabalhou por seis semanas. Hoje em dia, a crise dita outros parâmetros. Lançam-se às pencas concertos filmados, com maior ou menor adequação, pouco importa. Os aluninhos da batuta de Karajan aprenderam a lição perversa: o critério é mostrar em 99% do tempo a figura do maestro.

Estou convencido, como diria Karajan, com certeza pioneiro no uso dessa expressão, de que em toda crise lança-se mão de um figurão para contê-la. Maazel na OSB, filhotes de Karajan nos DVDS... e até, daqui a pouco, Ronaldinho Gaúcho de novo na seleção.

A Morte de Claudio Abbado

O Lindo – e Essencial – Sonho de Abbado

Publicado em *O Estado de S. Paulo*, Caderno 2, 20 jan. 2014.

Quando sonhou com Bayreuth, Wagner imaginou um teatro que só existiria enquanto durassem as representações gratuitas da tetralogia *O Anel do Nibelungo*. Terminadas as performances, ele seria demolido. Assim, Wagner e suas óperas se transformariam efetivamente em mitos atemporais. A institucionalização de Bayreuth, que se tornou um Olimpo wagneriano para onde até hoje acorrem melômanos do mundo inteiro, de certo modo destruiu seu utópico sonho primal.

O maestro Claudio Abbado também teve um sonho, o de imantar os melhores músicos e também os jovens talentosos – não importa a origem, cor, nacionalidade ou raça – para juntos simplesmente transformarem a prática musical no centro do universo. Mesmo que por poucos e raros momentos. Como nos três minutos de silêncio absoluto ao final pianíssimo da *Nona Sinfonia* de Mahler, que se viu no Teatro Municipal de São Paulo em 2003, quando ele regeu a Filarmônica de Berlim, e que você pode conferir em performance muito semelhante, em 2010, no Festival de Lucerna, no YouTube.

Logo após deixar a Filarmônica de Berlim por vontade própria, e já doente, decidiu pôr em prática o utópico desejo. Realizou-o não uma, mas várias vezes, com a Orquestra Jovem Gustav Mahler, com a Orquestra de Câmara Mahler e com a Orquestra de Câmara Mozart. Com certeza, no entanto, seu sonho mais caro realizou-o como Wagner imaginara inicialmente sua Bayreuth: a efêmera Orquestra do Festival de Lucerna, que por mais de uma década só existia nos verões europeus. Reuniu os melhores entre os melhores músicos das mais badaladas sinfônicas do Velho Continente. Bastava um aceno seu para que eles fossem a Lucerna. Abriam mão das férias anuais para desfrutar da comunhão que sabiam quase utópica com a figura de um maestro que personalizava a própria música.

Nunca houve contratos no papel entre músicos e a orquestra. Juridicamente, ela jamais existiu. Talvez por isso tenha realizado as gravações em CD e os DVDs mais emocionantes da última década. Se você duvida, assista ou ouça a qualquer gravação de Mahler. De onde vem tamanha qualidade musical? Uma maneira de explicar o fenômeno é conhecer os depoimentos dos músicos de Lucerna nos últimos anos. Eles são sintomáticos. Reinhold Friedrich, trompete solo da orquestra desde 2003, por exemplo, diz que o clima na orquestra é "como o de uma orquestra jovem integrada por profissionais, com a mesma alegria de poderem tocar juntos". Alois Posch, primeiro contrabaixo da Filarmônica de Viena por 25 anos, reconhece a ausência de uma cultura musical comum entre músicos tão díspares no dia a dia longe do Festival: "Esta deficiência é compensada pela alegria de tocar. As filarmônicas de Berlim e Viena têm sua alma própria como orquestras. Aqui, a alma é Abbado, não a orquestra. Essa é a maior diferença. Aqui, a chance de que algo realmente especial aconteça em cada concerto é muito alta."

O jornalista inglês Tom Service entrevistou, em *Music and Alchemy*, não apenas o maestro, mas praticamente todos os músicos de Lucerna. São desse livro as declarações dos músicos presentes neste artigo. Em todos os naipes, constatou Service, há vários spallas. "É tão maravilhoso", disse Claudio em rara entrevista. "Somos todos amigos. São os melhores músicos de cada orquestra, de cada país, de cada cidade. Há sete ou oito spallas de violoncelos na orquestra. Nem sei quantos spallas há entre os primeiros violinos."

A comunicação com seus músicos queridos não envolvia muitas conversas. Aliás, quase nenhuma. Nunca. Abbado não explica o que quer; dá por superado que os músicos têm de se entender e tocar juntos. Cabe-lhe apenas fazer fluir a música como deseja, escreve Service, que assistiu a uma semana de ensaios.

O violinista Wolfram Christ clareia um pouco mais a técnica de regência de Claudio: "Sua mão esquerda é um exemplo de liberdade, de como criar liberdade. Abbado não quer bater os tempos do compasso. Quer liderar com gestos, não só das mãos, mas do corpo inteiro. Ele não precisa falar, leio tudo em suas mãos" e conclui dizendo que a mágica mesmo só acontece nos concertos, não nos ensaios.

Os músicos sabem que só estão ali porque Abbado os escolheu e confia neles. Isso é parte do segredo do milagre musical produzido em Lucerna. O outro segredo, técnico, é que Abbado é fanático pelo legato, segundo Wolfram: "Ele é absolutamente fascinado pelo legato, particularmente difícil nas cordas e madeiras: não limitar a melodia ao tamanho do arco ou da respiração. Não limitar a melodia a partir do arco, tentar seguir a linha melódica da obra inteira."

Cada músico precisa entender a peça de modo tão minucioso e abrangente como Abbado, ou seja, todos precisam ter consciência do que tocam todos os demais companheiros de orquestra. "Numa palavra", completa Tom, "precisam ouvir." Abbado não critica ninguém. Se os metais tocam mais forte do que o necessário, ele só aponta para o instrumento que sola naquele instante e diz "ouçam… ouçam…"

A melhor definição dessa relação ímpar, porém, foi a do violinista Hans-Joachim Westphal: "Em Berlim, para os ensaios deem-nos Nikolaus Harnoncourt, cujos *insights* musicológicos sobre todo o repertório que rege são amados por toda orquestra que comanda. Mas para os concertos, deem-nos Abbado."

É inegável que a não institucionalização da orquestra que melhor retrata a arte de Claudio Abbado realiza, quase século e meio depois, o sonho wagneriano de Bayreuth. A música não existe e se extingue no momento seguinte? E ao mesmo tempo, não oferece aos músicos novas e inauditas possibilidades de recriação no tempo? O caráter efêmero da Orquestra do Festival de Lucerna é talvez o momento mais iluminado da vida desse maestro de gênio. Claudio teve todos os postos mais invejados do planeta. No Scala, na Philharmonie de Berlim, no Musikverein de Viena, em Londres, mas jamais acomodou-se ou abdicou de uma agenda de resistência ideológica. Uma militância comunista que o instigou, ao lado dos amigos e parceiros Luigi Nono e Maurizio Pollini, a levar música contemporânea para os pátios das fábricas de Milão, e que o fez, em plena maturidade, ser o primeiro a dar o mais importante impulso que recebeu internacionalmente El Sistema venezuelano, do maestro Abreu. Jamais o preocupou a busca da institucionalização da música. Apaixonava-se pela chama do maestro Abreu e suas 350 orquestras espalhadas pela Venezuela em trinta anos de trabalho duro. Reencontrava novas forças no brilho dos olhos e mentes dos jovens que integraram suas orquestras jovens.

Há dois dias noticiou-se a suspensão temporária das atividades da Orquestra Mozart de Bolonha. Desde o último verão europeu, Claudio, com o agravamento da doença, não regera mais. Triste coincidência, a orquestra deixa de existir no momento em que o maestro morre. Péssima notícia, pois a Orquestra Mozart realizou justamente o derradeiro sonho de Claudio: juntar no mesmo grupo profissionais altamente experientes – como os citados Aloys Potsch e Reinhold Friedrich, além do viola Wolfram Christ, cujo filho Raphael era o spalla – com músicos jovens, como por exemplo o regente convidado da orquestra, o venezuelano Diego Matheuz, um dos mais recentes produtos de El Sistema.

Ainda bem que, apesar de não institucionalizadas, as fabulosas aventuras musicais de Claudio Abbado nos últimos onze anos com as orquestras jovens Mahler e Mozart e a do Festival de Lucerna estão bem documentadas em áudio e vídeo. Constituem seu maior legado, pois unem extrema competência artística a uma militância política da qual ele jamais abdicou.

TERCEIRA PARTE

Música(o)s do Brasil

Viajando Com Willy

1.

Uma das vantagens dos livros construídos por meio de aforismos ou textos curtos é que sua leitura se transforma numa quase constante surpresa: por causa da escrita mais aguda, sem gordura; e pela necessidade de capturar logo o leitor. Se esses textos se separam fisicamente, então, formando folhetinhos e panfletos, às vezes de uma página frente e verso, a brincadeira fica ainda mais interessante. Além da diversidade, o leitor assume papel ativo: ele constrói a "sua" versão do livro. Esse é um, mas não o maior, dos encantos do excepcional *Passagens*, de Willy Corrêa de Oliveira, um dos grandes compositores brasileiros contemporâneos, que reafirma seu enorme talento de escritor, quem sabe recalcado em troca de uma notável carreira em tudo e por tudo revolucionária – na música, nas atitudes políticas e até nos raros livros anteriores. No lançamento, que ocorre na Livraria Sobrado, na terça, haverá um recital às 20h30, com composições de Willy Corrêa de Oliveira interpretadas por Caroline De Comi (soprano), Maurício De Bonis (piano) e Jezreel Silva (trompete).

Mesmo preso a temáticas musicais, como no fantástico *Beethoven Proprietário de um Cérebro*, Willy sempre seduz em seu tenaz engajamento artístico e político. No Prelúdio, ele fala sobre a origem de seu *Passagens*. "Foi um livro sobre uma infância que me impressionou até a medula, *Infância em Berlim por Volta de 1900*, de Walter Benjamin." Passagens são sonhos do dia, para Willy, "como sonhos são passagens da noite. Um a gente vive de dia, o outro é vivido de noite. A diferença entre viver e vivido é que ambos são

Resenha escrita em 22 de março de 2008; publicado em *O Estado de S. Paulo*, Sabático, 23 out. 2010.

passagens, e que ambos são sonhos. Com as passagens, a gente pode lidar como quem sonha: recebendo sonhos e passagens como estratos". O livro compõe-se de 38 textos curtos centrados nos primeiros dez anos de vida do autor, impressos separadamente e acondicionados numa caixinha em tamanho de livro de bolso.

Aos setenta, Willy promove um mergulho no seu quintal de infância, na sua Recife natal, nas "passagens" secretas que só conhece quem viveu por lá naqueles idos da Segunda Guerra Mundial. É memorialística e ao mesmo tempo não é. Explico. É porque Willy relembra brigas de moleque, canções de roda, impressas em alguns dos textos e até um soneto em espanhol de Lupercio Leonardo de Angensola. Desse poema, aliás, ele escreve: "Não sabia pleno os que queriam dizer as palavras, mas adorava os versos, o sério, as cadências. Este soneto, sabia-o de cor." Willy rememora também os hinos evangélicos que foram trilhas dos primeiros amores infantis; as minimusas inspiradoras de canções que ele só veio a colocar no papel agora, poucos anos atrás. E não é memorialística porque nesses textos, aparentemente descompromissados, ele revela aquela que talvez seja sua maior característica pessoal e artística. Ele afinal conta as primeiras manifestações, ainda criança, de sua impressionante capacidade camaleônica de introjetar-se no objeto de sua paixão artística do momento, mergulhar nele de tal modo que adquire todas as suas qualidades e – claro – os defeitos também.

Num dos textos, sem título, ele conta que conviveu semanas com o *Almanaque do Pernalonga*, que reproduzia numa página o autorretrato da série dos *Caprichos*, de Goya. "Fascínio à primeira vista", escreve Willy. "À noite deleitava-me ao deitar com o chocolate Bolero antes de fechar a luz, com o almanaque, o Pedro Américo e o estojo sobre a mesinha de cabeceira, e fui Goya por semanas. Até que outra arte me possuísse por inteiro durante nova temporada."

Movido a paixões, este é o motor do itinerário de Willy. Paixões ou passagens de sua trajetória. Como, por exemplo, a mais recente, em março deste ano [2008], quando o portal do *Estado* publicou com exclusividade seu longo artigo sobre Villa-Lobos – uma guinada surpreendente, impactante, de um compositor que sempre rejeitou e ridicularizou o Villa. Na entrevista que concedeu ao caderno Cultura, Willy desfilou uma série de paixões (ou passagens?) musicais secretas ultraconvencionais que cultivou durante o período mais xiita da vanguarda dos anos 1950-1960. E leu, dramatizando, alguns desses textos ora publicados em livro: letrinha supermiúda, a lápis, linhas amontoadas quase não permitindo a leitura.

No Postlúdio, Willy conta um caso engraçadíssimo acontecido numa ida ao cinema com sua irmã mais velha. "Saímos do cinema [...] e ela sem razão manifesta intempestivamente, desata a rir, parecendo uma doida [...] numa estreitíssima garganta entre dois morros de risos, ela conseguiu balbuciar, coitada: 'Você está andando igualzinho ao Vittorio Gassmann, quá, quá, quá.' Amuei-me. Desde aquela sessão de cinema venho cuidando e muito argutamente para que quem esteja ao meu lado não perceba demasiado a minha avaria (irreparável, ao que parece). Tomara."

Entre Goya e Gassmann, Willy nos deixa entrever o nascimento de várias outras paixões, como a "da vocação para amar a arte abstrata". Tudo certo e previsível. Certo mesmo? É só isso? Não. Outra frase, também pinçada do livro, joga o saudável jogo da contradição, que esse camaleão genial tem praticado por décadas: "Mesmo nos lances das maiores abstrações, a arte realista sempre grilou, insistentemente, suficientemente, no fundo de minha consciência."

2.

Escrever música, para mim, tornou-se algo semelhante a um louco que aplacasse sua loucura escrevendo cartas; como não dispõe de destinatário, não tem para quem escrever, com quem se corresponder, escreve para si mesmo. Vai ao correio, como todo mundo que tem cartas para enviar, sela, e manda para seu próprio endereço. E aguarda. E continua a escrever outras. Mandar cartas sonoras para si mesmo é como esperar Godot, "rien à faire". "E agora, José?", não há mais por que lutar após a Queda do Muro de Berlim; não há sentido mais em fazer música nas portas de fábricas. E muito menos em reassumir o posto de compositor contemporâneo burguês. O que fazer? Escrever música, apesar de tudo. Música como "muleta, a arte como consolação, como um meio de escapar da morte. Isso! Escrever músicas tornou-se para mim, ao mesmo tempo que um lenitivo, um diálogo de vida ou morte com a criação".

Há um sentimento claro de desesperança e resignação no núcleo mais profundo do novo livro do compositor Willy Corrêa de Oliveira, *Cinco Advertências Sobre a Voragem*. Willy é um dos mais importantes criadores e pensadores musicais brasileiros do último meio século. Sua ideia-mestra nas cinco aulas no Departamento de História da USP transcritas no livro é dupla: aos historiadores, recomenda que pensem a música como sinal do mundo; e aos músicos, que escutem a História como um sinal que perpassa a música. Mas, aos 72 anos, ele as acaba transformando em mais uma entre várias recriações obsessivas de seu trajeto como compositor. As duas primeiras aulas – "Como Me Tornei um Compositor" e "O Artista Incompreendido" – já são de há muito conhecidas. Entretanto, sua leitura entusiasma, mesmo para quem sabe de cor as passagens de Hanns Eisler e Bertolt Brecht que ele não se cansa de repetir (com notável verve, reconheça-se).

Vocábulos bíblicos pululam nas páginas da surpreendente terceira advertência, intitulada "O Artista Comunista". Dúvidas atrozes rondavam seu dia a dia. Treze páginas, sobretudo, são antológicas. Qual Saulo de Tarso, o perseguidor dos cristãos na Roma antiga que ajudou a apedrejar Estevão e converteu-se no apóstolo Paulo ao ter uma visão a caminho de Damasco, Willy converteu-se assistindo a uma encenação do *Moteto dos Passos de Cristo na Sexta-Feira Santa*, de 1982, em Prados, Minas Gerais. "Foi estranhíssimo, me veio assim uma certeza assim avassaladora mesmo, alucinante: Deus existe […] uma certeza tão irredutível que, puxa vida, assustei-me a princípio […] Mas como: mas como é que é? E a dialética?… […] Falei com um grande amigo do partido que eu estava com todos estes problemas e ele perguntou: 'Você deixou de ser comunista por isso?' Respondi: 'Em nenhum momento' […] Ele disse: 'Então não levanta esse problema, deixa isso pra lá e continua a sua vida.'" Impossível não lembrar dos dilemas de Don Peppone, o folclórico prefeito comunista e católico às voltas com o pároco Don Camillo nas historietas de Giovanni Guareschi. A comicidade aumenta quando lembra uma aula sobre a série dodecafônica de Schoenberg na USP. "Eu ria tanto, dizia para os alunos 'mas isto é uma estupidez tão grande'. O mundo nesta situação e eu falando aqui que não posso repetir uma nota antes das outras doze…"

A questão fundamental era conciliar sua condição de comunista com a prática de uma "arte burguesa" como a música contemporânea. "Essa é outra das mudanças que causaram na minha vida aquele caminho de Damasco, aquele momento de dizer: como é que posso ser comunista e fazer uma música tão… tão não comunista." Passou a testar cada composição junto aos trabalhadores do ABC. Mas, em 1989, aquele mundo ruiu. Assistimos a uma dolorosa autoanálise em "O Artista Comunista Após a Queda do Muro de Berlim". "De certo modo, o meu mundo caiu, como cantava a Maísa. […] O trabalho simplesmente não teve continuação."

Necessidade. Willy é preciso. Foi dramática sua recaída na música burguesa, depois de assistir a *O Sacrifício*, de Tarkóvski. "Eu sentia aquela necessidade (de novo) de arte… e o pior de tudo, arte no velho sentido burguês da palavra; […] 'Meu Deus, que desgraça! O mundo como está, tudo isso acontecendo e eu ainda agora quero voltar a ser artista! Não acredito!' [...] Então comecei a ter uma necessidade, não nostalgia, uma necessidade exasperante de arte." A questão passou a ser que tipo de material usar para compor. Tarkóvski levou-o ao universo da cultura japonesa e ao fascínio pela *ikebana*, a arte de compor vasos de flores. "Cada *ikebana* é uma expressão, manifestação das relações do homem com a terra e com o cosmo [...] e me propus a escrever peças musicais como se estivesse compondo um vaso de *ikebana*." Sua filha Susana cantarolou uma canção infantil que ouvira em Belém, onde Willy morou, e ele completou-a ao piano. Foi sua primeira *ikebana* musical. "Foi a primeira satisfação que tive ao voltar a... trabalhar com arte... (uma maneira velha de lidar com a arte), um regozijo interior diante de algo que se concretizava assustadoramente, e amenizava algumas mazelas que eu andava sofrendo com o mundo."

Naquele momento – e esta é sua fase atual –, Willy reconhece "as coisas ruins do mundo acontecendo mais e mais", porém confessa que "cada vez eu fui... tendo vontade de fazer arte, e arte naquele velho, decrépito sentido... Arte consoladora, expressão do 'eu', lirismo cansativo. De qualquer modo, havia, agora, uma novidade [...]; eu não fazia mais uma arte nem para o homem do futuro, nem para o homem do passado, 'pra homem nenhum botar defeito'... Eu fazia porque precisava dela." Recupera até o estilo, conceito que usara anteriormente para esculhambar Stravínski, argumentando que "escrevo pra mim mesmo, e para aplacar as necessidades inquestionáveis de arte; consciente, também, de que não tem nada desse negócio de 'artista', 'personalidade', 'estilo'. Mas no fundo, o estilo, sempre ele está aí, quer dizer... mas muito mais solto, porque... não estou tão preso a todos aqueles conceitos que a gente trabalhou durante tanto tempo no passado, acriticamente".

Chegamos a 2008 – e à longa entrevista concedida ao *Estado* e ao artigo sobre as Cirandas em que reabilitou Villa-Lobos. "Foi nesse momento, em meio à catástrofe do socialismo e à mais imediata e fétida decomposição final do cadáver capitalista, que voltei a ler Joyce e ouvir Chopin. [...] Mas acho que se tudo continuar como está, os dias que me restam, haverei de vivê-los ouvindo Chopin. Chopin, Joyce, o inconfundível e súbito anseio pela arte, no fundo são parte de mim, no fundo. Sou isto também."

"E no entanto é preciso cantar/ Mais que nunca é preciso cantar." O verso de Carlos Lyra tem a ver com o estado de espírito de Willy hoje. É preciso cantar, mas cantar a memória. A partir da leitura dos escritos do português Vergílio Ferreira surgiu o Willy memorialista. "É uma literatura feita do sentimento que você tem... na memória [...] E isto foi me dando novamente essa satisfação no campo da arte: de... trabalhar a memória, de... falar de coisas que tinha vivido. Porque eu estava escrevendo sobretudo pra mim mesmo. [...] Não tenho mais uma comunidade com a qual me identifique a ponto de pôr minha arte a serviço dela."

Willy não é de desistir. A descrição de seu itinerário pode parecer um gasto videoteipe dos anos 1980. Até os autores-âncora e os textos são os mesmos. Mas é instrutivo observar um criador na sua maturidade reconhecendo que termina seu ciclo virtuoso como começou: "Hoje, no auge do capitalismo (e por causa disso, da inexistência de uma linguagem musical e erudita comum, falada por todo mundo), tudo que ouço não responde às indagações e necessidades que reclamo e necessito da arte. [...] Escrever músicas também me faz um grande bem: é aí que me entretenho (e também me angustio, outro tanto) em confeccionar respostas concretas para os anseios, para as perguntas que me ocupam. Pode ser que não satisfaçam a ninguém além de mim, mas, nesta hora do mundo, foi assim que encontrei jeito de sobreviver..."

A Música no Brasil-Colônia:
Notas Sobre uma Trilha Religiosa

Sabemos pouco sobre a música no Brasil colônia até meados do século XVIII. Poucas partituras manuscritas existem – uma das primeiras, o *Recitativo* e *Ária*, de 1759, de autor anônimo, foi descoberta por Régis Duprat há cinquenta anos. Simbólico, já que em 1759 os jesuítas foram expulsos pelo Marquês de Pombal dos territórios portugueses, onde haviam se instalado em 1549. A incúria se encarregou de apagar a documentação mais significativa sobre a música desse largo período. A sensação de penúria aumenta quando se olha para nossos vizinhos na América espanhola, onde floresceu uma música luxuriante e preservou-se uma quantidade enorme de partituras, documentação e instrumentos. Por que o contraste? Marcos Holler tenta responder a essas e outras perguntas importantes em *Os Jesuítas e a Música no Brasil Colonial*.

A maior parte da documentação está na Europa. Só no arquivo romano da Companhia de Jesus, ele recolheu e transcreveu 160 documentos, constantes na tese que deu origem ao livro. "A atuação musical dos jesuítas certamente influenciou a formação da cultura brasileira ou de identidades culturais regionais", escreve. "Porém é difícil determinar até que ponto isso ocorreu, devido à interrupção desse processo com a expulsão e à pouca atenção que o tema até agora recebeu de pesquisadores." Pela primeira vez, um livro levanta meticulosamente informações, por meio de documentos dos séculos XVI a XVII, sobre a música na atuação dos jesuítas no Brasil colonial, desde a sua chegada até a expulsão.

Embora oficialmente reconhecida pelo papa em 1540, a Companhia de Jesus idealizada por Inácio de Loyola já atuava um ano antes, com a meta de disseminar os ensinamentos de Jesus aos pagãos, quando dom João III, rei de Portugal, pediu a Roma a presença dos jesuítas em suas terras, duplamente motivado pela questão religiosa e colonização dos territórios recém-descobertos. Em 1549, o padre Manuel da Nóbrega chegou ao Brasil, junto com Tomé de Souza. Rapidamente fundaram-se colégios que deram origem aos centros urbanos no novo território, em geral na faixa litorânea. A música não era prioritária no ideário jesuítico: absorvia os padres e tirava sua atenção

Publicado em *O Estado de S. Paulo*, Sabático, 11 dez. 2010.

do trabalho, todavia o padre Francisco Estrada alertava Loyola já em 1553: "Dizem que os cantos levam o povo à devoção, que não os ter é motivo para que muitos não venham às nossas capelas." Nada como a concorrência com a música profana. Com a morte de Inácio, em 1556, delegou-se a cada padre chefe a decisão quanto ao uso da música – e ela entrou na igreja de corpo inteiro. Apesar, portanto, das restrições oficiais, padres como José de Anchieta e mesmo Antonio Vieira praticaram uma espécie de "desobediência religiosa". Afinal, a música estava sempre presente nos eventos religiosos como procissões, congregações marianas, na catequese e também na liturgia; nos hinários editados ou escritos por jesuítas; e nas produções dramáticas, festividades acadêmicas e na dança.

Ao contrário da América espanhola, em que instrumentos e compositores europeus foram "importados", por aqui os jesuítas preservaram e documentaram as línguas indígenas. Ensinavam português, mas era obrigatório para os padres aprender a "língua brasílica". Traduziram cantigas e orações para o tupi e outras línguas nativas. Chegaram a utilizar instrumentos indígenas, mas a prática foi desestimulada pelo comando central da irmandade.

Ao examinar a literatura anterior de história da música brasileira, Holler rebate erros frequentemente repetidos sobre a atuação musical dos jesuítas no Brasil. Um dos mais arraigados é o de que levavam aos selvagens "incultos" uma música "superior". Holler afirma que mesmo publicações recentes, como o livro de Bruno Kiefer, *História da Música Brasileira: Dos Primórdios ao Século* XX (1976), e o de Vasco Mariz, *História da Música no Brasil* (1981), distorcem os fatos. Ou melhor, contentam-se em requentar informações de segunda mão. Sabe quem Holler salva? José Ramos Tinhorão. Sim, Tinhorão finalmente tem reconhecido o valor de sua pesquisa em fontes primárias, característica básica de seu trabalho de historiador da música no Brasil. Para Paulo Castagna, também especialista em música colonial brasileira e orientador de Holler, citado no livro, "Tinhorão é o único pesquisador que estudou a contribuição musical jesuítica do ponto de vista sociológico." Tinhorão escreve que, com a expulsão dos jesuítas, "os naturais da terra viam desaparecer definitivamente o seu aparente intercâmbio com os brancos colonizadores"; também aponta o isolamento da Igreja como o principal motivo de a atuação dos jesuítas não ter influenciado significativamente a formação da cultura musical do Brasil.

Uma das observações mais reveladoras de Holler é de que, "pelo que indicam os documentos mais antigos, no início de sua atuação, os jesuítas utilizavam-se, além da língua dos índios, também de suas melodias. Uma das críticas do bispo Sardinha, em 1552, era que os meninos órfãos cantavam 'cantares de Nossa Senhora ao tom gentílico'. Nóbrega contra-argumentou que uma forma de atrair os índios era 'cantar cantigas de Nosso Senhor em sua língua e pelo seu tom'". Mais do que isso, os jesuítas, segundo Castagna, assimilaram o jeito de tocar dos índios, "que chamavam de tocar e cantar 'a seu modo' os 'instrumentos da terra'". Como a Coroa portuguesa recebeu mal as iniciativas, o modelo europeu se impôs e sepultou precocemente o que seria uma miscigenação saudável. A aparentemente esquálida produção musical na América portuguesa em relação ao luxuriante barroco na espanhola se deve, diz Holler, à diferença na forma dos aldeamentos: instáveis na portuguesa, próximos aos centros urbanos, onde se perdiam com frequências os índios, escravizados pelos colonizadores. Na América espanhola, os aldeamentos foram feitos em locais remotos; a população de índios era estável, e isso propiciou um desenvolvimento artístico maior.

Holler é excepcional na coleta rigorosa e interpretação técnica crítica dos documentos, mas Paulo Castagna, em uma entrevista recente, é mais afirmativo nessa questão: "O financiamento da produção musical brasileira no século XVIII e princípio do século XIX foi principalmente privado, contrastando com a música religiosa produzida ao redor das ordens e catedrais hispano-americanas, financiada, portanto, por setores da Igreja e da coroa espanhola. A retirada da América dos jesuítas e do sistema colonial representou um grande declínio da produção hispano-americana, fenômeno que não teve maior significado no Brasil em relação à música, já que não tivemos muito apoio da coroa ou de ordens. Além disso, tivemos o ciclo do ouro no século XVIII e, por essa razão, nossa produção musical cresceu a partir desse século."

Isso quer dizer o seguinte: enquanto a América espanhola teve seu apogeu nos séculos XVI e XVII e primeira metade do XVIII, o esplendor no Brasil colônia aconteceu apenas nos últimos cinquenta anos do século XVIII, com o ciclo do ouro em Minas Gerais. Mas essa é outra história, que já está bem contada e pesquisada. O grande mérito de Marcos Holler é fornecer a base documental que servirá para novos pesquisadores aprofundarem, daqui para a frente, nosso conhecimento até agora impreciso e obscuro sobre a música no Brasil colônia.

Um Buquê de Textos em Torno de Villa-Lobos

Publicado em *O Estado de S. Paulo*, Sabático, 9 abr. 2011 e 14 abr. 2012 e em *Coleção Grandes Compositores*, São Paulo: Abril Cultural, 2009.

1.

No finalzinho de sua vida, em julho de 1957, Villa-Lobos escreveu: "A minha obra musical é consequência imediata da minha predestinação. Se ela é em grande quantidade é porque ela é o fruto de uma terra extensa, generosa, quente e planificada. Quem nasceu no Brasil e formou sua consciência no âmago da terra deste país não pode, embora querendo, imitar o caráter e o destino de outros países, embora a sua cultura básica seja transportada do estrangeiro."

Em duas frases, assume-se como pai fundador da música brasileira, recusa influências e define-se como nacionalista. Àquela altura da vida, já desenvolvera uma impressionante mistura de meias verdades com meias mentiras que confunde até hoje todos os que se aproximam dele. Portanto, deve ter se divertido curtindo seu charuto e imaginando os estudiosos das Américas e da Europa quebrando a cabeça para construir um Villa coerente que jamais existiu.

Nem tudo são dúvidas. As últimas décadas o retiraram do posto de um dos representantes exóticos da música do século xx e o entronizaram como um dos criadores centrais no período. Reconhece-se, por exemplo, que foi influenciado na juventude pelos franceses Franck, Fauré, Ravel e Debussy; e a fluvialidade amazônica de uma obra de altos e baixos. Juízos emitidos do ponto de vista da música europeia erudita.

Um livro recente evita algumas armadilhas, mas repete alguns clichês, em maior ou menor escala. *Heitor Villa-Lobos*, de Rémi Jacobs, foi lançado em Paris na coleção Horizons, da editora Bleu Nuit. Ele é profissional experiente do disco clássico formado pelo Conservatório Nacional de Paris e autor de uma ótima biografia de Mendelssohn lançada em 1977, na famosa coleção Solfèges, das Édition du Seuil (a série combinava excelentes textos com muita iconografia, em formato de bolso, de até duzentas páginas). A nova biografia, em tudo semelhante às da Solfèges, é fartamente ilustrada e estuda passo a passo vida e obra, incluindo informações básicas sobre os *Choros*, as *Bachianas Brasileiras*, a música para piano, violão e camerística. E com direito a agradáveis surpresas: bons apanhados das sinfonias, dos quartetos e das óperas. No prefácio, o embaixador do Brasil na França, José Maurício Bustani, também pianista, que solou com a Orquestra da USP no ano passado em São Paulo, escreveu que esse é um retrato do "compositor, músico e pedagogo que criou uma estética original onde estão presentes todas as questões que preocuparam os artistas do Novo Mundo, impregnados da música indígena e negra e da dos colonos europeus".

Jacobs traça um paralelo inicial entre a estética e a produção musical de Villa-Lobos e a de Darius Milhaud, que viveu no Rio de Janeiro entre 1918 e 1919 como secretário do embaixador francês Paul Claudel. Em seguida, coloca Villa sempre na cola dos europeus, sobretudo de Stravínski. Talvez exagere ao alçá-los a uma quase igualdade, quando o que houve foi mesmo um impacto arrebatador que a música do russo provocou no brasileiro. Na página 36, diz que o maestro brasileiro Roberto Minczuk gosta de juntar *O Pássaro de Fogo* com *Uirapuru* no mesmo concerto para "opô-los ao mesmo tempo que assinala seu parentesco". Nove páginas depois, afirma que o "*Noneto* é peça mais importante no exterior do que no Brasil: parente próximo de *Les Noces*, de Stravínski, resulta da mistura explosiva de arquétipos melódicos e rítmicos emprestados do acervo popular indígena e de fórmulas radicais saídas da concepção estilhaçada da instrumentação tal como a pratica também Webern na mesma época." Aguda a aproximação da instrumentação do Villa com a de Webern.

Abre o jogo no sexto capítulo perguntando-se retoricamente se seria obsessão a admiração de Villa por Stravínski. "Villa não para de admirar Stravínski, que possui a fabulosa capacidade de se renovar e criar novos espaços sonoros." Raciocina que o retorno a Bach de 1923, o *Octuor* e o *Concerto Para Piano e Orquestra* do russo "impactam o compositor brasileiro, e percebe neste caminho a possibilidade de reconfigurar sua inspiração pessoal depois de dez anos de *Choros*".

Talvez seu maior pecado seja levar a sério quase tudo que o Villa disse. Atribui, por exemplo, a uma inexistente generosidade do editor Max Eschig, de Paris, a publicação de suas obras (na verdade, os irmãos Guinle financiaram a edição, não ajudaram só juridicamente na elaboração do contrato de edição, como Jacobs aponta).

Pena que ele não tenha consultado o estudo-chave para se entender de modo menos vago a personalidade mitômana do Villa, escrito por Paulo

Renato Guérios, em 2003. Jacobs sabe que o compositor não fez as propaladas viagens ao Norte-Nordeste catando melodias do folclore, por exemplo. Mas repete equívocos como os da correspondência com Stravínski ou a origem das *Bachianas*, como demonstra Guérios, e se recusa a qualificá-las como estratégia oportunista – a sua origem foi, sim, oportunista, o que não impede que o ciclo *Bachianas* seja obra-prima da música do século XX, um degrau abaixo dos *Choros*. Guérios explica isso em detalhes. Em Paris, em 1923, escreve, "extasiado" com a *Sagração da Primavera*, de Stravínski, Villa-Lobos alterou sutilmente as datas de várias composições como o *Noneto, Uirapuru* e *Amazonas*, de modo a fazer crer que havia uma afinidade entre ele e o compositor russo". "Pensando numa volta a Paris, cheira no ar o gosto neoclássico e a moda Bach [...] e trata de aproveitar a onda e embarcar nas *Bachianas*" para, diz Guérios, atender "às novas demandas dos meios musicais europeus".

Tais deslizes não desqualificam o livro, que em geral é de excelente nível e incorpora, em pequenos quadros, alguns textos que jogam luzes contemporâneas à obra do compositor (assinados por nomes com John Neschling, autor da gravação-referência dos *Choros* com a Osesp, selo BIS; Sonia Rubinsky, que gravou a integral para piano para a Naxos; a regente Débora Waldman e a pianista Cristina Ortiz.).

Uma dica para uma eventual segunda edição: uma boa revisão a cargo de um brasileiro nativo evitaria tantos erros nos títulos das obras e em nomes (Oswaldo de Andrade, Júlio Preste, choraões etc.).

2.

Com 825 itens, Heitor Villa-Lobos bate Jobim, Chico e Caetano, exibindo no mínimo o dobro de materiais como livros e gravações em áudio e vídeo na Biblioteca Nacional da França. Foi esse o modo que Danièle Pistone encontrou para afirmar que ele "é, de longe, o mais célebre compositor brasileiro [...] mais famoso talvez do que os heróis da MPB".

A frase não surpreende. Ao contrário, é um sintoma de que hoje conhecemos bem melhor o compositor. Um encontro patrocinado pelo Itamaraty, embaixada brasileira em Paris e a Universidade Paris-Sorbonne realizou-se em 2009 na capital francesa. A pretexto dos cinquenta anos de morte de Villa-Lobos, dezesseis especialistas – musicólogos internacionais e brasileiros, intérpretes como Sonia Rubinsky e o historiador Luiz Felipe de Alencastro – escreveram artigos agora publicados na França em um livro em edição de capa dura chamado *Villa-Lobos des sources de l'oeuvre aux échos contemporains.*

O livro oferece aguda análise do *Rudepoema*, por Sonia Rubinsky, que gravou a integral de sua obra pianística e anota, ao contrário do senso comum, que "as interpretações percussivas demais" da obra "não valorizam as estruturas melódicas por causa de uma leitura incorreta do papel dos acentos". O musical *Magdalena* tem pela primeira vez uma leitura atenta de Cécile Auzolle, que o coloca corretamente lado a lado de *West Side Story*.

A importante produção para violão é examinada por Pascal Terrien. E Michel Fischer, em "Converser avec Intelligence", sai do folclore que ronda a história inventada por Villa de que dormia no berço embalado por sua avó cantarolando Bach e por isso o tinha nas veias, como justificativa para a maravilhosa série das *Bachianas Brasileiras*. Fischer mostra que ele usa a fuga como conversa, tal qual no choro, mas constrói afinidades estruturais entre o texto bachiano e sua imaginação. Nos "échos contemporains", destaca-se o ótimo artigo de José Bannwart, que examina a influência determinante do Villa em Almeida Prado.

Pena que a impressão truncada do livro misture o artigo de Fischer com o do finlandês Ero Tarasti, autor da mais suculenta análise de Villa-Lobos em livro, que o interpreta à luz do que chama de "semiótica existencial". Erro imperdoável numa edição luxuosa, publicada três anos após o evento que a inspirou e que, aliás, deveria ter uma versão a preço acessível, porque envolve patrocínio do governo brasileiro.

3.

"Ando temendo que mais tarde [...] os pesquisadores históricos terão que refazer inteiramente a biografia vilalobesca e botar friamente os pontos nos is", escrevia Mário de Andrade em 1930, escandalizado com o pouco – ou nenhum – apego aos fatos cultivado pelo compositor das *Bachianas Brasileiras* ao longo de sua vida. O Villa reescreveu-se dezenas de vezes, ao sabor das circunstâncias – e a desmontagem cuidadosa dessas peças de ficção constitui a maior das qualidades desse excepcional estudo de Paulo Renato Guérios. O livro é um divisor de águas. Até aqui, uma vasta literatura anterior, incluindo o longa-metragem de Zelito Vianna, só babava de elogios e repetia invenciones em cima de invenciones. Daqui para a frente, restitui-se um mínimo de verdade à trajetória de nosso principal compositor.

As famosas viagens do Villa pelo Norte e Nordeste, quando coletou a música folclórica nas profundas da alma brasileira? Simplesmente não existiram, prova Guérios, mas cabiam bem na biografia do compositor nacionalista por excelência. Na verdade, Villa copiou música coletada por terceiros, como a expedição de Roquette Pinto à Amazônia no inicio do século xx.

Não são mentiras casuais, mas devidamente orquestradas, demonstra tim-tim por tim-tim Guérios. Em Paris, em 1923, posou de índio de casaca e forneceu farto material para a obsessão pelo exotismo dos bem-pensantes franceses, encantando Cocteau e outros menos avisados. Mas, conforme Guérios, em 1930, já no Brasil, "assumiu o papel de civilizador do povo exatamente por ter vivido no Velho Mundo". Como sempre", completa o pesquisador, "contaria a história de outra maneira, atribuindo sua opção por Bach ao que ouvia sua tia Zizinha executar ao piano em sua infância e a uma possível afinidade de Bach com a música nacional brasileira, e não ao movimento musical contemporâneo na Europa" (p. 168).

Nas páginas 135 e 136, são hilárias as versões de Segovia e do Villa para o encontro de ambos em Paris – totalmente conflitantes. Em 1933, Mário, de novo ele, em carta furibunda a Prudente de Moraes Neto, que lhe pedira uma apreciação do quarteto n. 5 de Villa-Lobos, solta os cachorros nesse oportunismo atávico: "Pouco antes da revolução de 30, o Vila Lobos, que aliás, com certa discrição, já lambera o … do Carlos de Campos, dedicava um concerto a Júlio Prestes. Nem bem a revolução venceu, esse indivíduo publicou uma entrevista de insulto aos vencidos, dizendo-se revolucionário desde 1500 e até compusera *avant-la-lettre* um hino da revolução que a polícia carioca proibira. […] de amoral inconsciente que sempre fora, e delicioso, virara canalha com sistema, e nojento".

Arrogante, dominou a opinião pública de seu tempo com mão de ferro. Ao primeiro biógrafo, Vasco Mariz, que contou sobre um cascudo dado por ele numa criança rebelde num ensaio coral, Villa reservou um silêncio total por anos; rompeu com Luiz Heitor Corrêa de Azevedo, musicólogo carioca radicado em Paris, que desdenhou de seu método de composição copiando o perfil dos arranha-céus nova-iorquinos. Mas, de olho nas benesses do poder, lambeu todo tipo de bota de autoridade que encontrasse pela frente – gesto agravado durante o Estado Novo.

Em Boa Companhia. Em todo caso, Villa está de braços dados com gente muito boa que reescreveu continuamente sua biografia. Stravínski "adaptou" os primeiros anos de sua vida na Rússia para preencher um retrato rebelde conveniente na Paris dos anos 1920; depois, nos Estados Unidos, permitiu que seu assistente e cão-de-fila Robert Craft refizesse de novo sua biografia, eliminando fatos importantes, acrescentando outros e até escrevesse por ele (como demonstram estudos de Stephen Walsh e Charles Joseph).

Mas quem sabe o mais ilustre companheiro de mitomania do Villa seja mesmo Ludwig van Beethoven. O "van" do seu nome, de origem flamenga, significava apenas "de", mas quando chegou a Viena, em 1792, os austríacos pronunciaram este "van" com som de "o". E "von" era sinal de nobreza. Beethoven "assumiu" convicto a falsa nobreza – só desmascarada vinte e seis anos depois, quando ele, em luta jurídica para ser tutor do sobrinho Karl, não conseguiu apresentar provas de nobreza e o processo deixou de ter foro especial.

Esse, no entanto, é só um detalhe de uma carreira "cuidadosamente construída", escreve Robbins Landon no prefácio a um livro bastante aparentado ao de Guérios, só que aplicado ao autor da *Nona*: *Beethoven and the Construction of Genius* (Beethoven e a Construção do Gênio) (existe tradução francesa da Fayard). Nele, a socióloga Tia DeNora mostra como Beethoven tratou Haydn muito bem enquanto lhe convinha (tocou com ele em público), e, em seguida, já com reputação firmada em Viena, afirmou que "nada aprendi com ele". E reduz a meias-verdades episódios célebres infinitas vezes repetidos, como os insultos do compositor à nobreza. Na verdade, diz DeNora, Beethoven teve as portas abertas em Viena – as mesmas que se fecharam perversamente para Mozart poucos anos antes – porque em Bonn, sua cidade natal, tinha trabalhado como músico para Max Franz, eleitor de Colônia e irmão de dois imperadores austro-húngaros, José II e Leopoldo II, e tio do imperador Francisco II. Com tamanha chancela, foi fácil obter apoios da nobreza local. Não sem cinismo, porém. Em carta, diz que considera os amigos "meramente instrumentos a serem tocados quando me sinto disposto [...] Eu os valorizo meramente pelo que podem fazer por mim". DeNora só delira quando compara as circunstâncias das carreiras de Beethoven e do seu contemporâneo Dussek – e sugere que Dussek poderia desfrutar hoje do mesmo renome de Beethoven se tivesse à disposição as mesmas condições sociais, políticas e culturais. Esse é o ponto fraco do livro, que felizmente não se repete no caso de Guérios, que reconhece plenamente o gênio de Villa-Lobos e a importância fundamental de sua criação musical. Só "botou friamente", como diz Mário, "os pingos nos is".

4.

A minha obra musical é consequência imediata da minha predestinação. Se ela é em grande quantidade é porque ela é o fruto de uma terra extensa, generosa, quente e planificada. Quem nasceu no Brasil, e formou sua consciência no âmago da terra deste país não pode, embora querendo, imitar o caráter e o destino de outros países, embora a sua cultura básica seja transportada do estrangeiro.

Gosto da liberdade em todos os sentidos.

Gosto de estudar e pesquisar.

Gosto de trabalhar e compor sistematicamente.

Desejo sempre ser útil à humanidade, mas não para agradar a ninguém.

Detesto o egocentrismo, a exclusividade, o importante intencional e a falsa modéstia.

Procuro sempre ver nos outros as qualidades e nunca os defeitos.

Considero a arte uma segunda religião.

Gosto imensamente da juventude e tenho acatamento pelo povo civilizado.

Rio de Janeiro, 30/7/57

H. Villa-Lobos

Villa-Lobos não é apenas o maior compositor brasileiro, mas um dos mais importantes e decisivos no panorama global do século XX, em pé de igualdade com nomes tão ilustres como o do húngaro Bela Bartók. Mais do que isso, como aponta Alejo Carpentier, Villa-Lobos fez do ritmo, como o russo Igor Stravínski, a porta de entrada de novos mundos sonoros – cada um a partir da riqueza folclórica de seu país.

As últimas décadas retiraram Villa-Lobos do posto de um dos representantes exóticos da música do século XX, para entronizá-lo em definitivo como criador central no período. Imagine-se sua coragem e atrevimento chegando em Paris nos anos 1920 disposto a conquistar a então capital artística do mundo com sua música. Mais do que isso. É certo que foi influenciado na juventude pelos franceses César Franck, Gabriel Fauré, Maurice Ravel e Claude Debussy; e dos anos 1920 em diante pela figura imponente de Stravínski. Mas ele se recusou a se medir pela régua europeia, como faziam desde o século XIX os compositores das Américas em geral, mas sobretudo os latino-americanos, onde se incluem naturalmente os brasileiros. A Europa os chancelava e tudo que não cabia nesse figurino era reprimido, ou desqualificado. Como no famoso mito grego de Procusto. Ele usava o mesmo leito para colocar deitadas suas vítimas, cortando ou esticando as suas pernas se fossem grandes ou pequenas demais para sua cama-padrão.

Analisar as obras de Villa-Lobos por esse prisma europeu é perda de tempo. E, como afirma a pesquisadora argentina Malena Kuss, radicada nos Estados Unidos, "são os discursos, e não a prática, que forçaram a experiência histórica e a exuberante criatividade latino-americanas a deitar-se num leito de Procusto cujas implicações ainda precisam ser exorcizadas".

Pois Villa-Lobos impôs primeiro um discurso inteiramente dissonante em relação ao europeu, que concretizou numa prática originalíssima – foi, portanto, pioneiro nesse exorcismo fundamental. Outro pesquisador, o finlandês Eero Tarasti, autor de excelente livro sobre o compositor, *Heitor Villa-Lobos: The Life and Works* (Heitor Villa-Lobos: Vida e Obra), concorda com essa miopia envolvendo os compositores das Américas: "As pessoas do Terceiro Mundo não sabem como avaliar suas próprias conquistas, líderes e 'ícones', só sabem confrontá-los com valores e modelos importados da Europa."

Por que fazer do exotismo a única e estreita porta de entrada para os compositores de países fora do eixo anglo-ítalo-austro-germânico? "O dominador sempre pode dizer: os melhores 'deles' apenas alcançaram o nível do que assumimos como norma em nossa própria e grande música", escreve Tarasti. Ao chamar de "deliciosamente exótico" um compositor como Villa-Lobos, o cânone central europeu já o exclui, de cara, de seu panteão superlotado de gênios e o coloca numa gavetinha secundária, a das excentricidades.

Apesar de estruturalmente sua música não seguir o figurino europeu, Villa sabia como lidar com ele. No livro *Musical Exoticism: Images and Reflections* (Exotismos Musicais: Imagens e Reflexos), o pesquisador norte-americano Ralph P. Locke toma Villa-Lobos como um dos grandes exemplos de exotismo bem-sucedido na música do século xx: "Villa-Lobos tinha total consciência de seu lugar especial como figura semiexótica no mundo da música ocidental. Às vezes o compositor parece ter alterado suas práticas exóticas para melhor adaptar-se às plateias às quais se dirigia. No início de sua carreira, escreveu peças como *Amazonas* e *Uirapuru*, que enfatizaram as imensas florestas de seu país, suas tribos nativas (como os Tupinambá, cujo canibalismo foi amplamente reportado pelos primeiros viajantes europeus que passaram pelo Brasil), e suas várias lendas pré-europeias – elementos que eram (como os ciganos em relação aos húngaros) ao mesmo tempo exóticos aos brasileiros dos grandes centros urbanos e também motivo de orgulho nacional. Mas, ao contrário, Villa encontrou um mundo musical mais cosmopolita durante os vários anos que passou em Paris na década de 1920. Lá descobriu que peças mostrando o lado urbano e moderno do Brasil poderiam ter grande apelo exótico para plateias internacionais – em vez das evocações das florestas ou de seus "índios". Um dos resultados notáveis dessa reação foram os *Choros*, inspirados no som dos violões da música popular do Rio de Janeiro do início do século xx."

Exotismos à parte, o fato é que foi um espanhol, o grande violonista Andrés Segovia, quem deu uma ótima descrição física do compositor, então em seus 38 anos. Ele frequentou as famosas feijoadas regadas a caipirinha todos os domingos na casa de Villa-Lobos e descreve assim o primeiro encontro entre ambos: "A despeito de sua baixa estatura, era bem proporcionado e tinha um porte viril. Sua cabeça vigorosa, coroada com uma floresta selvagem de cabelos rebeldes, era altiva [...] Seu olhar brilhava com uma centelha tropical que logo se transformou em uma chama, quando ele aderiu à conversação entretida ao redor." Villa, porém, disse sobre Segovia: "Achei-o besta, pretensioso, apesar de simpático. 'Por que é que você acha minhas obras antiviolonísticas?', perguntei-lhe. Segovia, meio surpreso, explicou que, por exemplo, o dedo mínimo direito não era usado no violão clássico. Eu perguntei: 'Ah! Então não se usa? Então corta fora, corta fora.'" Adorava o que o escritor cubano, também frequentador de suas feijoadas parisienses, disse a seu respeito num artigo de 1928: "Villa-Lobos é um dos poucos de nossos artistas que se orgulha de sua sensibilidade americana, e não trata de desnaturalizá-la. É uma palmeira que pensa como uma palmeira, sem sonhar com pinheiros nórdicos."

Outra observação deliciosa de Carpentier sobre o jeitão de Villa-Lobos de entrar em várias conversas ao mesmo tempo compara-o a um grande mestre de xadrez enfrentando vinte jogadores ao mesmo tempo. A mesma impressão teve o jovem Tom Jobim em 1956, quando conheceu o compositor em sua casa. Ele repetiu várias vezes o episódio: uma soprano cantava a plenos pulmões, o rádio estava ligado e as pessoas conversavam animadamente. Num canto, Villa escrevia em uma folha pautada. Tom perguntou-lhe se o barulho o incomodava: "Meu filho, o ouvido de fora nada tem a ver com o de dentro."

Vida. É praticamente impossível separar fantasias e invenções dos fatos reais que cercam a vida e a obra de Heitor Villa-Lobos, o maior compositor brasileiro. Ele reinventou-se diariamente durante seus 72 anos de existência. Ou melhor, refez continuamente sua biografia, ajustando-a ao perfil que desejava transmitir, a cada momento. A constatação, longe de denegrir-lhe a reputação, visa apenas "botar os pontos nos is", como escreveu Mário de Andrade em 1930, já então muito desconfiado da veracidade de tudo que rodeava o compositor, exceto a formidável e genial qualidade de sua obra musical. "Ando temendo que mais tarde", dizia Mário, "os pesquisadores históricos terão que refazer inteiramente a biografia vilalobesca".

Das cerca de sessenta biografias, 99% repetem as informações veiculadas por Vasco Mariz, autor da primeira, publicada em 1948 a partir de depoimentos do próprio Villa-Lobos. Mariz, hoje com 87 anos, vem sendo continuamente obrigado, de lá para cá, a revisá-la para incorporar correções. Passou a última década admitindo a "imaginação alucinatória" do Villa, na feliz expressão do poeta Manuel Bandeira. E reconhece que pairam muitas dúvidas sobre o que foi de fato a vida do compositor: "O Villa tinha grande imaginação, inventava fatos e acabava, com o tempo, acreditando neles."

Na verdade, afirma Paulo Renato Guérios, no fundamental livro *Villa-Lobos*, o homem Villa-Lobos escondeu-se por trás do mito flutuante Villa-Lobos. Ele construiu uma personagem que variava de história de vida conforme a ocasião e a necessidade. "Não é possível tomar os relatos de Villa-Lobos sobre sua vida na década de 1940 como fonte privilegiada acerca de sua vida na década de 1910. Esses relatos só nos dizem como Villa-Lobos via seu passado na década de 1940."

Exemplo Chocante. Reza a lenda que Heitor Villa-Lobos, nascido na rua Ipiranga, n. 7, no bairro carioca das Laranjeiras, tinha no pai, Raul, uma ascendência espanhola (foi Raul, aliás, quem colocou o hífen no sobrenome, até então grafado separadamente). Frequentou aulas no Instituto Nacional de Música, viajou pela Amazônia por volta dos 25 anos, navegou numa canoa pelo rio Amazonas, naufragou, foi feito prisioneiro pelos índios, que só o soltaram depois que ele lhes mostrou algumas gravações de suas músicas.

Apenas neste parágrafo são inúmeras as inverdades. Ele jamais frequentou o Instituto Nacional de Música, segundo pesquisa do próprio Mariz em 1999; esteve na Amazônia, sim, mas só em Manaus, e tocou apenas no Teatro Amazonas, como violoncelista da orquestra da companhia de operetas de Luís Moreira em 1911-1912. Nada de selva, índios ou gravações. Villa apenas se apropriou das aventuras de seu cunhado Romeu Bormann, irmão de sua primeira mulher, a pianista Lucília Guimarães. Romeu de fato permaneceu dois anos internado na Amazônia, como participante da expedição do marechal Rondon. O episódio das gravações que teria mostrado aos índios, ele o tomou emprestado do cunhado, que relatou como nossos índios ficaram embasbacados ao ouvirem uma gravação do grande tenor italiano Caruso. E as melodias indígenas que dizia ter coletado nessas "viagens", ele na verdade as "coletou" nos registros feitos pela expedição musical liderada por Roquette Pinto à Amazônia em 1904-1905.

Villa manteve a inesgotável capacidade de reformular sua vida com uma invejável determinação. Quando chegou a Paris, em 1923, já declarou em alto e bom som: "Não vim para aprender, mas para mostrar o que fiz." E já na primeira entrevista, ao jornal *L'Intransigeant*, dada a L. Delarue-Mardrus, carregou demais nas tintas, como relatou em 1927 o crítico francês Lucien Chevallier em *La Revue Musicale*: "A sra. L. Delarue-Mardrus nos conta, em um artigo recente, que o sr. Villa-Lobos, capturado por índios, foi amarrado ao poste de suplício e sofreu durante três dias as honras de uma cerimônia fúnebre em que a arte local tinha um papel essencial: mais morto do que vivo, ele permaneceu em um tipo de estado de receptividade inconsciente que lhe permitiu registrar os acentos sugestivos de seus... oficiantes. E a eminente escritora conclui: 'Libertado pelos brancos, ele retorna dessa assustadora aventura munido de uma bagagem de ritmos e de modulações que desde então alimentaram suas composições.' "

O artigo visava promover o primeiro concerto com suas obras em Paris. Funcionou, segundo Mariz, porque o teatro estava lotado para "ver o índio branco de casaca" vindo diretamente das selvas brasileiras. A seguinte piada correu as seletas rodas intelectuais da cidade nas semanas seguintes: "Uma senhora parisiense perguntou-lhe se ele ainda comia gente. O maestro retrucou-lhe que, no momento, só gostava de crianças, especialmente as francesas, que eram das mais tenrinhas..." (*Heitor Villa-Lobos*, Vasco Mariz, p. 53).

Mário de Andrade, com sua verve inigualável, foi hilário ao comentar o episódio: "A sra. Delarue Mardrus escreveu sobre ele um artigo tão furiosamente possuído da água possivelmente alcoólica de Castalia, que o nosso músico virou plagiário de Hans Staden. Foi pegado pelos índios e condenado a ser comido moqueado. Preparam as índias velhas a famosa festa da comilança (o artigo não diz se ofereceram primeiro ao Vila a índia mais formosa da maloca) e o coitado, com grande dança, sons de maracas e roncos de japurutus, foi introduzido no lugar do sacrifício. Embora não tivesse no momento nenhuma vontade para dançar, a praxe da tribo obrigou-o a ir maxixando até o poste de sacrifício. E a indiada apontava pra ele, dizendo: 'Lá vem a nossa comida, pulando!' ('Vila Lobos *Versus* Vila Lobos', em *Musica Doce Musica*, p. 144).

Bachiano Desde Criancinha. Em todo caso, não são mentiras casuais, nem cinicamente orquestradas como parecem. Villa-Lobos julgava-se um predestinado mesmo. Acreditava que criaria a música brasileira a partir do zero. Por isso, não admitia influência de ninguém. "Quando sinto alguma influência, me sacudo todo e pulo fora." Por isso também antecipou as datas de composição de várias obras. E, naturalmente, colocava ora uma, ora outra data para a mesma obra. Questionado, disse com simplicidade: "O que importa não é a data da partitura escrita, mas a data em que ela nasceu espiritualmente em mim."

Villa esteve duas vezes em Paris – em ambas, com generosas "mesadas" mensais, sobretudo da família Guinle. A primeira em 1923 e 1924 e a segunda entre 1927 e 1929. Em 1930, já de volta ao Brasil, embrenhou-se em concertos pelo interior do estado de São Paulo para ganhar a vida. Escreveu, em carta a seu mecenas Carlos Guinle: "Quanto a mim, vivo lutando como um leão [...] Armei-me de um violoncelo, e vivo dando concertos por todas as cidades de São Paulo até obter o necessário para partir para a Europa."

Higienizando a Alma. Embora logo percebesse que essa estratégia financeira não o levaria a lugar algum, musicalmente montou uma refinada estratégia para reconquistar Paris nos anos 1930, fazendo música neoclássica, por meio das *Bachianas Brasileiras.* Porém, a Revolução de 1930 o fez mudar rapidamente de planos. A Revolução aconteceu em outubro. Poucas semanas depois, no dia 8 de novembro, ele publicou um artigo em *O Jornal* que significava adesão imediata. Com o título "A Arte, Poderoso Fator Revolucionário", defendeu a necessidade de se apoiar a arte brasileira, principalmente os artistas que "se fizeram sozinhos", como ele, claro. "A Revolução", escreveu, "trazendo à tona tudo que necessita remodelação urgente, não deixará, estou certo, de considerar os aspectos da educação artística do brasileiro." O pesquisador Renato Guérios acentua que ele não pretendia assumir cargo algum; só queria ter condições financeiras de retornar a Paris, quem sabe com uma bolsa do novo governo. Contudo Guinle escreveu-lhe no início de 1931 acenando que "talvez você esteja na véspera de alguma compensação por seus esforços".

O fato é que em maio daquele ano Villa forneceu ao governo Vargas um exemplo de como poderia ser útil ao regime. Fez em São Paulo a "primeira grande concentração coral de sua vida", *Exortação Cívica,* com a participação de um coral de doze mil vozes. Estava dada a largada para o projeto de educação musical do povo brasileiro, sonho do compositor, que ele realizou durante o Estado Novo de Getúlio Vargas, com enormes concentrações corais em estádios de futebol, como o mais célebre deles, com um coral de quarenta mil vozes, realizado em 1940, no estádio do Vasco da Gama, no Rio de Janeiro. Em fevereiro de 1932, passou a dirigir oficialmente o Serviço Técnico e Administrativo de Música e Canto Orfeônico, braço musical do formidável aparato cultural de propaganda montado pelo Departamento de Imprensa e Propaganda, o DIP, do Estado Novo. Compôs arranjos de melodias folclóricas em vários volumes do *Guia Prático,* formou milhares de professores de canto orfeônico, com o objetivo de despertar nas crianças o gosto pela boa música. Queria, na verdade, criar público para a sua música.

Sabe-se que em regimes totalitários não existe meio-termo: ou se adere ou se combate o regime. Mário de Andrade enfureceu-se com o compositor. Logo ele que na Semana de Arte Moderna de 1922 fizera questão da participação de Villa-Lobos e o apontava como modelo da música nacionalista que considerava única opção para a música brasileira.

Em 1936, numa viagem a Praga como representante do governo brasileiro, Villa rompeu com a primeira mulher, Lucília, e oficializou a união com Arminda. Dez anos depois, no término do primeiro governo Vargas, sintetizou assim seu período como músico oficial do regime: "Se todos os artistas formados (que não são muitos) só se ocuparem de fazer arte e não pensarem em quem deve ouvi-la, acabarão as realizações artísticas por não possuírem assistentes [...] era preciso que um músico [...] iniciasse a campanha de catequese da massa popular em favor da formação de uma futura assistência especializada que não precisasse de indumentárias sociais, dos vestidos de decote afetado, de cartola e casaca, joias e fisionomias circunspectas e que encarasse com seriedade a música da arte ou da subarte, para com ela higienizar a alma e o espírito e se deliciarem."

Já se discutiu demais se Villa-Lobos foi usado ou usou o Estado Novo para concretizar seus objetivos pessoais e artísticos – ambos se usaram mutuamente. O compositor saiu arranhado da experiência. Logo após o final da Segunda Guerra, Villa era tratado como adesista e garoto-propaganda do regime de Vargas; em sua última década de vida, já com um câncer na próstata que o mataria em dezembro de 1959, voltou-se pela primeira vez para os Estados Unidos, aproveitando a onda da política de boa vizinhança dos norte-americanos, no início da chamada Guerra Fria. Compôs até música para a Broadway (*Magdalena*) e para Hollywood (*Green Mansion*). Mas não abandonou Paris. Morou de 1952 a 1959 no Hotel Bedford – e foi naqueles anos que gravou para a EMI francesa boa parte de sua obra sinfônica.

Em julho de 1958, ainda regeu a gravação de uma de suas últimas obras, *Floresta do Amazonas*. No dia 8 de novembro de 1959, já muito debilitado, assistiu no Teatro Municipal do Rio de Janeiro a uma execução do seu *Magnificat Aleluia*, com Edoardo di Guarnieri na regência. Foi ovacionado pela plateia. Morreu nove dias depois, em sua casa no Rio de Janeiro.

Violão e Identidade Nacional

Em 17 de outubro de 1904, o *Jornal do Commercio* noticiou que na tradicional festa da Penha fora preso "um indivíduo exclusivamente porque era tocador de violão". Outro foi preso pelo mesmo motivo, na mesma época e cidade, o Rio de Janeiro: a polícia detectou que ele era violonista examinando-lhe as pontas dos dedos.

Ambos foram criminalizados por tocar um instrumento que chegara um século antes ao Brasil na bagagem da corte, em 1808, ainda sob a forma de viola de arame. Em 1916, o jogo já virara: as classes abastadas aplaudiam, em salas de concerto cariocas, o violonista paraguaio Agustín Barrios.

Aqui, como no mundo, o violão circulou pelas classes sociais, viajou do inferno ao céu (e *vice versa*), entre as culturas erudita e popular. Em *Violão e Identidade Nacional*, Marcia Taborda, violonista, ultrapassa essa dicotomia tão batida e repetida. Corrige erros históricos e toma emprestados conceitos do historiador inglês Peter Burke para elaborar uma ampla e abrangente história social do instrumento no Brasil. Em princípio, seu estudo enfoca o período entre o início do século XIX, quando o violão chega ao Brasil, até 1930, quando, já tendo conquistado um lugar na cena erudita com Villa-Lobos, inicia seu reinado incontexte na música popular, graças ao surgimento do rádio (1922), da indústria fonográfica. Mas o arco histórico de seus quatro capítulos é bem maior. O primeiro discute as origens do violão; o segundo, o violão nos salões; o terceiro, o violão nas ruas; e o quarto pergunta: o violão é "um instrumento nacional"?

As violas de arame chegaram ao Brasil junto com os jesuítas, em 1549. Marcia aponta erros de tradução dos textos dos viajantes que por aqui passaram, perpetuados na bibliografia brasileira. Em ao menos dois casos – Debret e a dupla Spix & Martius –, os tradutores não sacam quando guitar ou guitare significa viola ou violão. José Ramos Tinhorão traduz "violino" por violão na frase do pintor francês sobre um barbeiro carioca capaz de "executar, no violino ou na clarineta, valsas e contradanças francesas". Ao traduzir violino por violão, Tinhorão associa os barbeiros ao surgimento dos grupos de choro,

Publicado em *O Estado de S. Paulo*, 23 jul. 2011.

quando, diz Marcia, baseada na descrição das roupas, eles seriam "precursores da animada folia carnavalesca".

Esse erro se difundiu generalizadamente. Até Sérgio Milliet, tradutor do livro de Debret, embarcou nessa. O pintor cita "guitare" ao descrever a Festa do Divino. Aí troca-se viola por violão, "pois a guitare citada e ilustrada por ele parece ser uma viola". Em *Reise in Brasilien, 1817-1820*, Spix e Martius "anotaram a melodia de modinhas, de um lundu instrumental, e preocuparam-se em descrever o instrumento com apurada correção, ao colocar a palavra viola entre parênteses, para não deixar dúvida de que a guitare europeia mencionada era a viola brasileira. Mais uma vez a tradução veio para confundir". Traduziu-se viola por violão, equívoco repetido até 1983, quando Mauro Gama, em biografia de José Maurício, cita corretamente a "viola de arame", que, de fato, "só foi substituída pelo violão, no ambiente urbano, em meados do século XIX".

Em cem anos, o violão boêmio conquistou a sala de concerto e passou a encarnar a "alma brasileira". O quarto capítulo muda o eixo dos debates intermináveis sobre cultura popular/erudita, alta/baixa. Marcia não encara os diferentes universos como compartimentos fechados e capta o dinamismo social "que os enriquece e ao longo do tempo vem articulando e produzindo os mais variados bens culturais".

Em seu clássico *Cultura Popular na Idade Moderna*, de 1978, Peter Burke diz que, sendo vagas as fronteiras entre as várias culturas do povo e as culturas das elites, nossa atenção deve concentrar-se na interação e não na divisão entre elas. Ele se baseia no modelo da grande (minoria culta) e da pequena (maioria iletrada), tradição de Robert Redfield. Mas o refina: as duas culturas não correspondiam aos dois principais grupos sociais, elite e povo comum. "A elite", escreve, "participava da pequena tradição, mas o povo comum não participava da grande tradição." Motivo, elas se transmitiam de modos diferentes: a grande, de modo formal, nos liceus e universidade; a pequena, transmitida informalmente, nas tavernas, igrejas e praças, era aberta a todos.

Esse modelo abole a concepção de "rebaixamento" social até então vigente, segundo Burke: "As ideias são modificadas ou transformadas, num processo que, de cima, parece ser distorção ou má compreensão, e, de baixo, parece adaptação a necessidades específicas." Segundo a autora, "A história da música popular é rica em trocas dessa natureza."

Num dos melhores momentos do livro, ela exemplifica com a polca, uma moda internacional que "varreu o país", adaptou-se às peculiaridades locais e desembocou coreograficamente no maxixe e musicalmente no tango brasileiro e no choro. Alfineta: "Tinhorão explica esse processo a partir da 'teoria do rebaixamento' e a chama de 'dança estrangeira'." Ora, já em 1936, o chorão Alexandre Gonçalves Pinto escrevia que "a polca é como o samba, uma tradição brasileira". Em espantosa interação, Marcia também assimila o conceito de "mediador" de Burke, figura a meio caminho entre a grande e a pequena tradição, que desempenha papel-chave na interação entre elas. No caso do violão, foram mediadores Villa-Lobos e Catulo da Paixão Cearense. A última pergunta de Marcia é: "Violão, um instrumento nacional. Desde quando?" A busca da identidade nacional balança no dilema entre a originalidade e a cópia, em "como ser diferente dentro de um universo cultural formado pela importação de cânones estrangeiros?" Essa busca, deduz Marcia, desembocou "na ideia de que só é nacional o que é popular".

Os intelectuais se investiram, então, como mediadores simbólicos. Daí o nacionalismo musical tal como pregado por Mário de Andrade, ideologia dominante na primeira metade do século xx. Culto e popular dispunham-se em lugares distintos, e só o primeiro tinha poder sobre o segundo, reduzido a mero insumo. "Essa dualidade, tensão entre o enraizamento e o cosmopolitismo, foi uma constante do movimento modernista; enquanto cosmopolita, o modernismo mostrava sua face revolucionária, vanguardista; enquanto nacionalista, resvalava para a vertente tradicionalista." Mas essa já é outra história – talvez outro tema para Marcia.

Nota Dissonante na Pauta dos Moços

Publicado em *O Estado de S. Paulo*, Sabático, 11 fev. 2012.

Caiu como uma granada nas cabecinhas da tradicional opinião pública cultural brasileira o artigo "Carlos Gomes *Versus* Villa-Lobos", de Oswald de Andrade, publicado no *Jornal do Commercio*, em 12 de fevereiro, véspera da primeira noite da Semana de Arte Moderna de 22. Sua alma de polemista passou como trator em cima da primeira glória da música brasileira.

Carlos Gomes é horrível. Todos nós o sentimos desde pequeninos. Mas como se trata de uma glória da família, engolimos a cantarolice toda do *Guarani* e do *Schiavo*, inexpressiva, nefanda. E quando nos falam no absorvente gênio de Campinas, temos um sorriso de alçapão assim como quem diz: – É verdade! Antes não tivesse escrito nada... Um talento.

Há noventa anos, esse é o texto mais citado sobre Carlos Gomes. Seu subtexto, de que o compositor era mais italiano do que brasileiro, escrevera música italiana etc. etc., vem sendo repetido como mantra. A glória imensa que teve em vida transformou-se, a partir do modernismo, num calvário que ainda não terminou. Ele não só foi vítima preferencial dos modernistas como essa óptica deformante tem historicamente impedido o pleno conhecimento de sua obra.

Sua música é subavaliada e pouco conhecida até hoje porque a visão-modernista transformou a música e os músicos brasileiros do século xix em lixo descartável, com ressalvas só em relação a compositores que representaram o pré-modernismo, ou seja, serviram de "escada" para o nacionalismo em sua escrita (caso de Alberto Nepomuceno, por exemplo). O autor do *Guarany* virou símbolo de tudo que era passado. Encarnava simbolicamente o passado cultural brasileiro, porque havia recebido demasiados elogios dos literatos e intelectuais em geral de seu tempo. Portanto, era o nome mais importante a ser desconstruído pelos participantes da Semana de Arte Moderna. Nem a atitude inicialmente negativa de Mário de Andrade, mas que aos poucos se transformou em altamente positiva em relação ao compositor conseguiu consertar o estrago de 1922.

Esse é o universo conceitual no qual se move o maestro Lutero Rodrigues em seu livro *Carlos Gomes, Um Tema em Questão: A Ótica Modernista e a Visão de Mário de Andrade*. Ele faz um minucioso estudo de imagem pública e recepção crítica de Carlos Gomes entre 1870 e 1945 (data da morte de escritor). São três longos capítulos e cerca de 150 páginas dedicadas apenas às análises dos escritos de Menotti Del Picchia, Oswald de Andrade, Renato de Almeida e de Mário sobre o compositor. Oswald logo passou a outros temas, esquecendo-se de Gomes, assim como Del Picchia (autor do demolidor artigo "Matem Pery!"), enquanto Renato de Almeida, muito ligado a Mário, alinhou-se com seu guru. O próprio Mário aos poucos conheceu melhor as óperas de Carlos Gomes ("Ouso afirmar que, à época da Semana de 22, seu conhecimento de Wagner era superior que o de Gomes", escreve Lutero). Dez anos depois, Mário já o estudara a ponto de incluir um consistente "elogio" de seis páginas na primeira edição do *Compêndio de História da Música*, que infelizmente foram extirpados das edições subsequentes, quando o livro se transformou na *Pequena História da Música*.

Simultaneamente, fatores extramusicais traziam o nome do autor da *Fosca* à tona. "Se o modernismo conseguiu atingir sua imagem entre os intelectuais, logo vieram as comemorações de seu centenário de nascimento, em 1936, encampadas pelo governo Vargas, que se aproveitou da popularidade do compositor em seu favor, fazendo-a crescer ainda mais."

Um mérito lateral do livro é o faro de Lutero para trazer a público episódios interessantes que se entremeiam com as análises e comentários rigorosos. Nesse sentido, uma das histórias mais hilárias é a que envolveu os Andrades em 1921. Deu-se que Oswald publicou, em 27 de maio, um artigo no *Jornal do Commercio*, "O Meu Poeta Futurista", revelando a nova poesia de Mário. Reproduziu alguns trechos de *Pauliceia Desvairada*, então inédita.

O escândalo foi tamanho, narra Lutero, a ponto de Mário perder alunos no Conservatório Dramático e Musical de São Paulo. Negou com veemência ser futurista no artigo-resposta "Futurista?!", que publicou no mesmo jornal no dia 6 de junho. Até aí, tudo bem. Acontece que naquela mesma primeira quinzena de junho de 1921, saiu o n. 3 do *Correio Musical Brasileiro*. "O objetivo desta publicação", esclarece Lutero, "era ser um órgão de divulgação da vida musical brasileira." Mário aproveitou para fazer média com o público mais conservador de seus alunos de música e seus pais. Publicou um soneto bem parnasiano intitulado "Mozart":

> Morrer como Mozart!… Deixando a face
> Da Terra presa a um fúnebre lamento…

Aguaceiros, trovões nesse momento
Como a si, à dor, o próprio Deus chorasse…
Sem ter quem visse, ao lampejar fugace
Do raio onde o coveiro hirto, praguento,
Nessa vala comum do esquecimento
Meu inútil cadáver atirasse…
Si, como a dele, em prantos, no outro dia
Uma mulher me fosse levar flores,
Ninguém o meu lugar lhe indicaria!…
Morrer como ele, inteiramente ao mundo!
– Mas, por ter perpetuado as minhas dores,
Surgir na glória, como um Sol fecundo!…

"É curioso", escreve Lutero, "Mário publicar esse soneto, sendo que, em 2 de agosto, começaria a publicar a série 'Mestres do Passado', criticando duramente os poetas parnasianos." Tudo bem. Em 1923, na revista *Ariel*, Mário, com o pseudônimo de Florestan, elogiaria até o crítico carioca Oscar Guanabarino, feroz algoz de Villa-Lobos e dos modernistas.

Esse livro, um divisor de águas na bibliografia sobre Carlos Gomes, nasceu de dois influxos. Primeiro, um texto do musicólogo Antonio Alexandre Bispo que conclama, nos anos 1980, os pesquisadores brasileiros a investigar a música brasileira do século XIX, afastando-se da óptica modernista: "Revalorizar significa, neste contexto, tentar neutralizar os efeitos do processo de desvalorização estética experimentado pela herança musical do passado, na primeira metade do século XX". E, em segundo lugar, por uma frase de Jorge Coli em *Música Final*, que o impulsionou definitivamente: "Carlos Gomes exerce uma poderosa atração sobre Mário de Andrade. É uma espécie de diabo tentador, pois encarna tudo aquilo que é execrável, segundo o autor de *Macunaíma*, e que, no entanto, é tão secretamente sedutor."

A pesquisa revelou-se fertilíssima: "A partir dali, pesquisei e vi que havia um volume imenso de citações na obra do Mário: a questão da genialidade de Carlos Gomes; sua ida para a Itália; e, mais tarde, o tema do retrocesso estético, a partir do fracasso da *Fosca*, que Mário vai conhecer mais tarde, quando estuda esta ópera nos anos 1930 e fica maravilhado, embora perceba que depois dela o compositor dá marcha à ré para reconquistar o público."

É exaustiva e fascinante a análise passo a passo de Lutero sobre os escritos de Mário envolvendo o compositor ao longo de sua vida, de 1922 até a sua morte. O autor de *Macunaíma* estreou virulentíssimo em relação a Gomes, no artigo "Pianolatria", de maio de 1922, no primeiro número da revista *Klaxon*: "O Brasil ainda não produziu nenhum músico mais inspirado nem mais importante que o campineiro. Mas a época de Carlos Gomes passou. Hoje sua música pouco interessa e não corresponde às exigências musicais do dia nem à sensibilidade moderna. Representá-lo ainda seria proclamar o bocejo de uma sensação estética."

Num discurso de paraninfo aos formandos do Conservatório Dramático e Musical de São Paulo, Mário diz que "Carlos Gomes deve considerar-se músico italiano [...] filia-se diretamente [...] a um dos seus períodos: a decadência da ópera napolitana, o que debalde Verdi tenta opor à barreira do gênio."

Lutero se insurge particularmente contra a perpetuação dos julgamentos distorcidos de primeira hora de Oswald e Del Picchia. "Ao contrário do que ocorre em diversos países onde a crítica de arte é realizada por especialistas, em relação a Carlos Gomes, aquilo que lhe foi mais nocivo não partiu de nenhum músico ou de crítico especializado. A pior consequência do episódio é que a maioria das pessoas não costuma questionar a credibilidade dos fatos que passaram pelo crivo da história, tomando-os como verdade [...] a visão modernista se impõe nesse caso, a visão pessoal de um dos modernistas – que é passada adiante, de forma quase irresponsável, dando à imagem do compositor forte significado pejorativo [...] os efeitos danosos tornaram-se irreparáveis."

É sintomática essa deformação modernista, placidamente constatada por um intelectual de vistas mais largas como Otto Maria Carpeaux, que se horrorizou com as críticas à italianidade de Gomes e escreveu em sua *Uma Nova História da Música*: "Não se compreende, aliás, por que o compositor, homem do seu tempo e de fortes convicções nacionais, não teria tido o direito de exprimir essas convicções na melhor linguagem que conhecia: a de Verdi."

Em 1923, Mário usou o mencionado pseudônimo Florestan na *Ariel* para afirmar que "mesmo os Estados Unidos podem, sob esse aspecto, considerar-se como inferiores a nós, pois um Mac Dowell que lá surgiu não se pode comparar ao nosso Carlos Gomes, nem na importância histórica nem no valor estritamente musical de sua criação". Um mote que Lutero recupera no fim do livro: "Tudo aquilo que dificultou a aceitação plena do compositor, tanto pelos modernistas, seus seguidores, ou por nós mesmos, expostos à sua herança, deveria ser revisto em busca de um novo tipo de conhecimento."

Em entrevista ao *Estado de S. Paulo*, Lutero avalia que Carlos Gomes "ainda é hoje um compositor praticamente desconhecido. Temos uma leve ideia do que seja o *Guarany*, menos ainda do *Schiavo* – e o restante não conhecemos. E porque não montamos as óperas e não estudamos a música, somos levados geralmente por uma apreciação superficial, muito mais sob a óptica italiana do que sob uma concepção própria de música, que não temos condições de fazer". Segundo ele, "ainda tendemos a valorizá-lo muito mais como italiano e não brasileiro. Não acho que devemos valorizá-lo porque é brasileiro, mas porque sua música tem qualidade. O fato é que, apesar da retratação do Mário, o que ficam, em pleno século XXI, ainda são as blagues e slogans empobrecedores de Oswald".

Afinando (e Afiando) os Instrumentos

Mal necessário. É assim que o compositor é visto hoje no Brasil. Compositor sem nenhum adjetivo colado em sua definição – seja erudito/contemporâneo/experimental, popular ou então de música aplicada (trilha para cinema e TV, vinculado a emissoras de rádio, diretor musical e shows de entretenimento, de teatro musical, arranjador para gravações etc.). "A partir dele toda uma cadeia se abastece gerando capital e trabalho do qual ele pouco participa", escreve Livio Tragtenberg nos "Prolegômenos… ao Menos", de *O Ofício do Compositor Hoje*, a primeira panorâmica da profissão no país no século XXI. Catorze profissionais, a maioria compositores, aceitaram o desafio de fazer uma (auto)análise reveladora sobre a condição do mais mal-amado dos integrantes da cadeia produtiva da música.

Essa marginalidade não é nova. Antigamente, os pontapés no traseiro eram dados por bispos (como o que Mozart levou do arcebispo Colloredo, de Salzburgo). Hoje, são corporativos, institucionais – mas também doem e são de igual natureza. "O mesmo olhar desconfiado com que um bispo enxergava aquele tipo pouco crédulo, mas habilitado, que compunha o material musical para o ofício da missa", evoca Tragtenberg, "se enxerga nos olhos dos produtores das grandes corporações dos meios de comunicação que gerenciam a indústria musical, ou mesmo as instituições culturais – sejam privadas ou estatais – que também se servem da matéria-prima desse mal necessário, o compositor." E alerta que isso se aplica não apenas "a um determinado campo ou gênero da composição como a música experimental ou popular, mas parece, antes de mais nada, que se trata de uma condição".

A saída? Onde estaria a saída, então? Para Tragtenberg, "o que se desenha é um criador/elaborador de conteúdos sonoros que se encaixa nos diferentes formatos e usos do áudio e da música em contextos multimídia, como internet, cinema digital, programas de TV, sonorização de vídeos, audiovisuais etc."

Metralhadora giratória, o autor trabalha fora dos circuitos convencionais. Para mostrar que o compositor é hoje um animal em extinção no zoológico das belas-artes e na sociedade contemporânea, ele montou em 2011 a jaula estúdio *O*

Publicado em *O Estado de S. Paulo*, Sabático, 7 jul. 2012.

Gabinete do Dr. Estranho, no Viaduto do Chá, centro de São Paulo. Tragtenberg investe contra as "viúvas da arte" que pensam no "ARTISTA", figura "simplesmente obsoletada pelos fatos e acontecimentos socioculturais dos últimos trinta anos"; denuncia o "hermetismo buscado", que funciona como "cortina de fumaça para um vazio, ou antes, um vácuo conceitual e de aplicabilidade prática, mais do que formulação realmente vital dos materiais envolvidos". E, ao propor o compositor como "artesão eclético que abandona as velhas roupas do imperador/compositor", fulmina os que ainda usam "aquele jaleco, fardão e *status quo* que a música erudita ocidental – em especial a europeia – construiu ao longo de mais de trezentos anos. Esse abandono não é fácil, e muito menos desejável por aqueles que se aferram a uma situação e não querem ver que a caravana passa e os cães ladram…"

Colagens. São raros os espaços de que desfrutam os compositores que se dedicam à chamada "música de invenção". E nessas ocasiões, querendo dizer tudo, acabam fazendo longos e chatos discursos autolaudatórios e autorreferentes. Querem, é justo que seja assim, vender seu peixe; mas parecem igualmente preocupados em responder a ataques do passado, demarcar território. Quando não, se refugiam na discussão de debates teóricos ancorados em molduras teóricas europeias – o que, em si, não é defeito. Não deve ter sido esse o objetivo de Tragtenberg ao conceber a coletânea. É inevitável, porém, que eles pensem a composição no Brasil hoje a partir de sua condição pessoal. Outro obstáculo é o jargão acadêmico. Quanto mais distante dele e por consequência mais próximo do leitor comum, melhor. Por isso, as intervenções mais interessantes são as de Emanuel Dimas de Melo Pimenta, em estilo cageanoconcretista – como, aliás, o texto de Tragtenberg, um tributo aos oitenta anos de Augusto de Campos, e o de Flo Menezes. Mas Pimenta, ao contrário do coordenador do livro, que dá coerência ao seu texto, adota o estilo metralhadora giratória numa sequência de colagens de frases de jornais com slogans salpicadas com posturas musicais aqui e ali. Como esta: "Depois de Charles Ives, o experimental desenhou a música erudita que não está na Europa." Ou então: "Música para um partido político ou uma ideologia? Johann Sebastian Bach: o objetivo e finalidade última de toda a música não deveria ser mais que a glória de Deus e a renovação da alma. O novo pelo povo?" E mesmo: "Alguém está interessado na música ou na poesia contemporânea?" Encantei-me com esta e até acho sabemos todos a resposta: "Onde está a corrupção?" A mais contundente e certeira, contudo, é esta: "É possível pagar a conta do supermercado com música?" É algo que Rodolfo Caesar tenta responder no honesto, agudo e inteligente ensaio "O Compositor de Hoje, Visto Ontem", em que desfila "algumas linhas de defesa de nossa preservação". Pensei nos pandas quando li a frase. Caesar, no entanto, lembra a sensação que têm os amputados de ainda movimentarem membros que já não possuem para afirmar que "o compositor é um membro fantasma da cultura de seus séculos anteriores". Clama contra as "políticas culturais burocratizadas" que "pretenderam estimular culturas de 'periferia' ao preço da retirada de apoios a artistas locais, 'concentrados na faixa litorânea carioca'. Assim desceu ralo abaixo um determinado dispositivo experimentalista, calando toda uma geração mais 'experimentada' em nome dessa descentralização que, efetivamente, não ocorreu!" Tudo isso "consolida ainda mais a universidade como último recurso para refúgio e expressão da Música Contemporânea".

Sonhando Escrever Para Orquestra. Pioneiro da música eletroacústica e acusmática no país, faz uma pergunta importante: "Quem dentre todos nós, incluindo os 'alternativos', recusaria uma generosa encomenda de peça para orquestra?" Ninguém, com certeza, se houvesse convites, é claro. As orquestras, conservadoras em seu DNA, não se arriscam a encomendar obras mais encorpadas que ultrapassem os cinco minutos regulamentares que em geral acalmam a má consciência delas. Por isso, as universidades absorveram a música eletroacústica. Caesar é duro: "Sua entrada na universidade representou ao mesmo tempo a sobrevivência da espécie e, no caso brasileiro, a mistura de sua consagração estética com o início de uma fase oficial, chapa branca, acompanhada de uma considerável perda de dinâmica." Ele a chama de "Música Eletroacústica Institucional Brasileira, ou Meib". E como na universidade os "projetos musicais disputam com a cura da Aids, criação de novos combustíveis ecossustentáveis", anota que a música se aproxima de padrões tecnocientíficos, e diz que logo, logo os compositores estarão "a serviço de uma indústria bioquímica de entretenimento", em que o "ouvinte [...] não mais ouvirá por seus orifícios auriculares – talvez adquira músicas em cartelas de doze comprimidos com sabor hortelã". No caso brasileiro, inventariam em seguida os comprimidos de carambola ou banana.

Na mesma linha de texto concretista, que começa com a letra "A" ocupando a primeira página inteira de "Senha e Contrassenha" e termina em corpo diminuto, ilegível, Flo Menezes, o equivalente paulista em música eletroacústica e acusmática do carioca Rodolfo Caesar, evoca Pound, outro guru concreto, na frase "Confusão, fonte de renovações." Eu me senti nos anos 1970 de novo. Fiz um corte e costura para tentar sintetizar o pensamento de Flo em suas próprias palavras, estranhamente gongóricas e com muitos lugares-comuns que não costumam habitar sua fina prosa. Ele diz que mescla em sua postura "as figuras do sacerdote e do militante [...] debatendo-me pelos poucos espaços que nos sobram, sediando nossas pesquisas nas universidades, celeiros do saber, apesar das vicissitudes de seus vícios... [...] o público no singular não existe [...] Organizamo-nos indistintamente em tribos distintas [...] num jogo tão pouco imprevisível como um lance de dados, aprende-se a nadar mesmo contra as correntes mais contrariantes e avistando ao longe com nossas lunetas, de quando em quando poupamos energia e as realimentamos em marés favoráveis, como quando do apogeu de nossos concertos, ritos de sacralização na primavera das ideias [...] mantendo-nos íntegros nesse percurso infausto, sem vender nossas almas a qualquer uniformização singular".

Fauna Fratricida. Na mesma linha sacerdote militante verborrágico, Jorge Antunes, que comemora seus setenta anos em 2012, intitula seu texto "Eu Componho, Logo, Sou um Pequeno Deus: Crio e Transformo". Mais uma metralhadora giratória afiada, embora meio atabalhoada, que escolhe 1979 como mote para desancar a execução ruim de uma de suas obras por Eleazar de Carvalho e a autocrítica do comunista Claudio Santoro, seu ídolo, que renegou publicamente naquele ano "todo aquele passado de engajamento político e que se arrependia de ter defendido ideias de esquerda e de tê-las embutido em algumas obras". Chamou-o de "prostituta arrependida" por ter regido um concerto em Brasília em honra ao general Golbery do Couto e Silva.

Antunes permanece mais engajado do que nunca. "Ainda hoje me vejo naquele isolamento, como um dos poucos compositores brasileiros – talvez o único – que se envolvem com ativismo político." Em seu longo texto, distribui pauladas para todo lado. Chama Willy Corrêa de Oliveira de mero clonador de Cornelius Cardew, o ex-aluno de Stockhausen que assumiu o ativismo político nos anos 1970-1980: "Ao invés [sic] de compor músicas, adaptou textos panfletários a melodias conhecidas, em forma de paráfrases e paródias, sem a menor preocupação artística." Sobra até para Gilberto Mendes: "Esperemos que todo aquele que estiver em crise fique trancado em seu quarto inventando letras novas para o Atirei o Pau no Gato, para O Tannenbaum, para o Mamãe Eu Quero Mamar." (Mendes pôs a letra Mamãe, Eu Quero Votar, nesta última, em 1984, na campanha pelas Diretas-Já, em versão para coral a quatro vozes). Resumindo: só o modo como ele usa a tonalidade é válido, mesmo misturando sua música com o bumba meu boi, porque se apoia "na ecologia e na série harmônica". É um debate amplo impossível de discutir nos limites deste artigo e que Antunes esmiúça em seu texto, ao qual remeto para melhor compreensão.

Livio Tragtenberg conclui seus "prolegômenos" dizendo que queria levantar "um painel de abordagens que contemplasse a diversidade da fauna". Conseguiu. A fauna – fratricida, como vimos – está toda lá. A tal ponto que, neste texto, falou mais alto meu DNA de jornalista. É jornalisticamente compreensível dar mais espaço às metralhadoras giratórias e menos aos que constroem discursos mais abstratos sobre os mecanismos da sua criação musical. Por isso, dois ensaios da maior importância infelizmente ficaram de fora. A eles pretendo voltar em artigo específico: "Itinerário de Orfeu: Música e Experiência", de Marco Scarassatti; e "Escutas e Reescritas", de Silvio Ferraz.

Gilberto Mendes Romancista

Publicado em *O Estado de S. Paulo*, Caderno 2, 12 mar. 2013.

Ele sempre quis ser escritor. "Com doze anos, eu era um contador de estórias. Fazia artesanalmente os livrinhos, desenhava as ilustrações; também gostava de reunir a molecada na casa de um ou outro da turma e inventava na hora a estória." Só agora, a caminho dos 91 anos, que completará em outubro próximo, a editora Algol realiza o sonho do santista Gilberto Mendes, ao lançar seu primeiro livro de ficção, *Danielle: em Surdina, Langsam,* nos próximos dias 16, na Pinacoteca Benedito Calixto, em Santos, e 19, na Casa das Rosas, em São Paulo. "É uma novela, do tamanho de *A Morte de Ivan Illitch,* de Tolstói, umas oitenta páginas", comemora. Entre os doze e os noventa anos, ele consolidou-se simplesmente como o maior compositor brasileiro erudito vivo. O de maior circulação internacional, com editor na Bélgica, dezenas de CDs e de teses sobre sua obra, decisiva e determinante nos rumos da música contemporânea brasileira do século XXI. Por isso, deixa escapar que alternava a paixão pela literatura com o amor à música: "Também brinquei, na meninice, de ser músico, tenho boa memória musical e cantava imitando trompete, mas a vontade de ser escritor era mais intensa."

O compositor brasileiro Mathias Emmanuel de Oliveira, há muitos anos radicado na Alemanha, viaja de trem para rever, numa pequena cidade próxima a Munique, um amigo da adolescência e juventude passadas em Santos. Proustianamente, rememora Danielle, o seu primeiro amor nas areias da Praia do José Menino, revisita a fascinante década de 1930 e a condição privilegiada da cidade portuária, primeira a conviver com os grandes acontecimentos políticos, tecnológicos, mas também culturais e artísticos, que desembocariam na eclosão da Segunda Guerra Mundial em 1939. Machadianamente, instaura no leitor uma dúvida ao final da história, como a do célebre enigma Capitu, que não nos deixa certos de que ela traiu mesmo Bentinho: terá Mathias reencontrado mesmo sua Danielle?

Ficção, ma non troppo. "Não é uma autobiografia", esclarece Gilberto. "Embaralhei, claro, fatos de minha vida com outros imaginados. Mas aos quatorze anos eu era um adulto", revela Gilberto. "Ali sou eu mesmo. E te digo que aos quatorze já era como sou hoje em dia – politicamente, literariamente. A personagem sou eu. Os livros de que ele gosta são os meus, o programa de rádio de Renato Macedo na Rádio Record às quatro da tarde, onde ouvi pela primeira vez dois Jimmys geniais, van Heusen e Dorsey, entre tantos outros."

Ode ao Joelho. Em certa medida, todo escritor mistura, comprime e deforma fatos de sua vida em sua ficção. O que importa é a qualidade da prosa. E nisso, Gilberto aprendeu demais com seus ídolos literários. O maior deles é Eça de Queiroz: "Eu gostava tanto dele que posso dizer que li tudo, absolutamente tudo, do Eça; demorei bastante para ler Machado de Assis porque havia uma pinimba entre eles; e eu fiquei do lado do Eça. Por isso demorei tanto a ler *Dom Casmurro*, mas quando li tomei um susto, como Machado é genial."

Vejam a fluência desta ode ao joelho feminino: "Ainda na Confeitaria do Rosário, ele faz hora para ir à aula de piano, com uma garrafa de Guaraná Itororó à sua frente, sobre a mesinha que resolvera ocupar. Completamente só. Nenhuma colegial apareceu. Nenhum joelho para ver. Estava sem sorte. Que coisa mais expressiva, o joelho de uma garota de catorze, quinze anos! Sempre um pouco sujo. É o seu charme. Cada joelho tem uma fisionomia própria, que se transforma, se alisa, quando a perna é dobrada. Mathias sentia um misto de ternura e desejo sobretudo por aquela pequena parte da coxa, logo acima do joelho, e logo coberta pela saia curta que as colegiais geralmente usam. Aquele pedacinho de carne à mostra!"

Outra delícia da prosa gilbertiana é a inclusão sutil de palavras remetendo ao universo musical, em vários níveis. A começar pelo título e pela epígrafe. A palavra alemã *langsam* do título quer dizer lento ou lentamente, e é muito usada na música do século XIX para indicar como tocar trechos, movimentos inteiros de uma obra ou mesmo uma canção. A epígrafe, versos de Verlaine, não está ali só por causa do poema, mas por duas canções escritas sobre eles quase que simultaneamente, na década de 1890, por Gabriel Fauré e Claude Debussy, "En Sourdine". Não contem para ninguém, em casa Gilberto costuma cantar seus *lieder* preferidos acompanhado ao piano por sua mulher Eliane. Canções de Schumann, Schubert e sobretudo de Richard Strauss, assim como as chamadas *mélodies* francesas, que também o fascinam. Debussy escreveu na partitura "sonhadoramente lento", uma boa qualificação para a novela de Gilberto. Já Fauré prescreve um "Andante moderato". Se fosse preciso escolher um deles, qual seria, Gilberto? "Não sei; gosto da versão de Debussy, mas me encanta mais ainda a de Fauré. Todo o encantamento que sinto com Fauré acontece sempre quando ouço, já há décadas, a versão incrível de Gérard Souzay."

Não à toa, Verlaine é um poeta que adora o som das palavras. Como Gilberto. A certa altura, ele escreve: "Gostava de nomes, de repetir nomes. O som dos nomes. [...] Por que não tinha pensado nisso antes? A música que existe numa sequência de nomes." Ele elenca nomes que viu, na meninice e adolescência, nas placas em sua Santos querida: "as agências de vapores Grieg, Mala Real Inglesa, Johnson Line, Moore Mack Line, Lloyd Brasileiro, Finland South América Line, Delta Line, Hamburg-Suedamerikanische Dampfschiffahrts-Gesellschaft, Osaka Shosen Kaisha, Italmar S/A, M.C. Cormick S.S. Company, Chargeurs Réunis-Houlder Brothers & Co.Ltda. *Blue Star Line*, parece o nome de uma canção!" Em seguida retorna à música com "nomes falados em alto e bom som. *Schnell. Langsam. Fortepiano*. O timbre das vogais, das consoantes, suas conexões, o ritmo das sílabas, as repetições. Um grande material para uma música sem melodias, sem harmonias, jamais feita". Termina o parágrafo com uma verdadeira tese sobre a arte da música: "Não quer dizer nada. Abstração pura. A música que se pode extrair de fonemas germânicos, fonemas eslavos. Os guturais fonemas escandinavos. Gostava de ouvir, nos filmes suecos. Não entendia nada. Pouco importava. Mas a emoção de ouvir aqueles sons! Era o seu significado. Poético. Emocional. Como a música, que também não quer dizer nada. Significa apenas a emoção que sentimos ao ouvi-la. Particular. Cada um sente a sua."

Há quatro meses, caiu na sala de sua cobertura em Santos e quebrou o fêmur esquerdo. Teve de reaprender a andar. Agora está no estágio da bengala. "É romântico, é chique, acho que vou continuar com ela só por charme", ri gostoso.

Planos? Bem, depois dessa estreia na ficção, ele já tem ideia clara de sua segunda aventura como escritor: "Será uma história de detetive, envolvendo crimes nos canais de Santos. Os canais têm muitos mistérios…"

Outra Estreia: No Cinema. "Não tem um papel pra mim?", perguntou Gilberto, já nonagenário, num encontro com o casal Tragtenberg – Lívio, compositor, e Rita, cineasta –, quando soube que ela estava rodando o longa *New Gaza*. Não, não havia papel, todavia Rita tratou de rapidamente arrumar-lhe uma ponta. Criou o papel do avô da personagem principal, um judeu ortodoxo falido, porém de fino faro comercial, que tira a sorte grande em pleno Bom Retiro ao abrir uma fabriqueta e contratar bolivianos clandestinos para fazer bandeiras dos Estados Unidos e exportá-las ao Oriente Médio, atendendo ao florescente mercado dos protestos árabes em que se queimam tantas bandeiras norte-americanas. O conto original, "Processo de Paz", passa-se no Oriente Médio, Rita é que o transplantou para São Paulo, e é de outro nonagenário ativíssimo, Jacó Guinsburg, 92 anos, capo da editora Perspectiva. "Gravei duas cenas, uma aqui em casa mesmo, outra no *ferryboat* do Guarujá", diz Gilberto, entusiasmado como um menino com sua estreia como ator aos 91 anos. O filme deve estrear ainda este ano na telona.

Entrementes, Gilberto já faz um "warm up" para voltar ao "set" de filmagem proximamente: "Serei um pianista de cabaré da área portuária de Santos. Vou tocar piano, imagine." O longa, que inicia filmagens em 2013, tem a direção de seu filho Odorico Mendes, e é um policial.

Eis um trecho do livro:

Por que essa coisa da Alemanha em minha vida? Teria começado naquela manhã, tinha onze anos, quando outro menino apontou para a Ponta da Praia e perguntou, assustadíssimo, o que era uma sombra enorme no céu, voando em direção deles? Verdadeiro continente aéreo, gigantesco, o Graf Zeppelin sobrevoava as praias de Santos, inesperadamente. Mathias ficou paralisado, a princípio de medo, depois empolgado com o que via, o famoso dirigível alemão bem em cima dele, voando baixo. No ano seguinte, nova visita assombrosa, dessa vez do outro famoso dirigível, o Hindenburg. Era demais, o que Santos possuía de especial para merecer tal privilégio?

Algo cresceu dentro dele! Estranhas praias de Santos! Durante a Revolução de 1932, um aeroplano da ditadura sobrevoava a cidade, e outro, paulista, partiu em sua perseguição, levantando voo do espaço entre o Hotel Internacional e a Ilha Urubuqueçaba. Os dois trocaram tiros de metralhadora bem em cima de Mathias, sentado na areia. Foi emocionantíssimo.

Redescobrindo Nazareth

Publicado em *O Estado de S. Paulo*, Caderno 2, 24 jun. 2007.

Corria o ano de 1930. De repente, no meio de um recital da pianista Guiomar Novaes no Teatro Municipal do Rio, um homem de cabelos brancos desgrenhados sai transtornado da plateia, em prantos: "Por que eu não fui estudar na Europa? Eu queria ser como Guiomar Novaes." O protagonista da dolorosa cena, relatada por sua filha Eulina, foi o compositor Ernesto Nazareth (1863-1934). Ele estava com 67 anos, quase surdo e com o juízo mental fragilizado pela sífilis. Foi o primeiro de uma série de claros sintomas de demência em seus últimos anos de vida. Internado em 1933 na Colônia Juliano Moreira, fugia e ia ao centro do Rio tocar piano compulsivamente em alguma casa de partituras. O episódio é revelado por Cacá Machado em seu magnífico *O Enigma do Homem Célebre – Ambição e Vocação de Ernesto Nazareth*, que o Instituto Moreira Salles lança no sábado, às 16 horas, em seu centro cultural paulistano (Rua Piauí, 844). O instituto, aliás, preserva o acervo Nazareth, daí o excepcional portfólio iconográfico ao final do livro, que também oferece um CD em que a pianista Sonia Rubinsky interpreta as peças analisadas pelo pesquisador.

A trajetória de vida criativa de Nazareth é parecida com a da personagem Pestana do conto "Um Homem Célebre", de Machado de Assis. Como em Machado em geral não há coincidências nem acaso, pode-se dizer que Nazareth foi o modelo do afamado compositor que tentava sem sucesso criar uma obra de grande música – mas seu gênio só se manifestava e lhe proporcionava enorme sucesso por meio das "buliçosas polcas". O tema já foi tratado por José Miguel Wisnik num artigo recente para a revista *Teresa*. Machado foi mais longe. Ele nos restitui aquela que deveria ser a imagem correta de Ernesto Nazareth, autor de 98 tangos, quarenta valsas e um tanto de polcas e peças variadas, totalizando uma produção de 212 obras. "Formulei o enigma do 'homem célebre' a partir das seguintes questões: qual a especificidade da música criada por Nazareth?; como se desenvolve a linguagem dessa obra musical?; como se resolvem, ou não, as relações entre o erudito e o popular internas à obra?; de que maneira interpretar a obra do compositor no contexto cultural brasileiro e na sua singularidade biográfica?", escreve Cacá.

Ele analisa quatro peças – "Cruz, Perigo", de 1879, "Rayon D'Or", de 1892, "Batuque", de 1913, e "Floraux", de 1909. Parte da história da "febre das polcas" na segunda metade do século XIX no Rio; engata uma análise do conto "Um Homem Célebre", de Machado de Assis, no qual o drama da ambição *versus* vocação aflora de modo genial; e disseca o que Nazareth chamava de "tango brasileiro" para mostrar a "misturada geral dos gêneros lundu, polca, tango, choro e maxixe". Cacá combina com rara felicidade a análise musical técnica propriamente dita com a preocupação fundamental de inserir a música em seu tempo e dali tentar extrair o seu significado.

"Simbolicamente, os universos da chamada música erudita e popular se cindem para Nazareth. O jovem pianista conseguirá penetrar nos salões da aristocracia imperial tocando os 'clássicos' e suas polcas; e, consagrado como compositor, o rei dos tangos será, para a elite da Primeira República, um misto de orgulho e vergonha: o sotaque sincopado da música de Nazareth encaixava-se perfeitamente na construção simbólica de uma cultura musical autônoma, moderna e genuinamente nacional, características necessárias para legitimação do novo regime como uma nação civilizada e independente na ordem mundial, mas ao mesmo tempo lembrava a negação disso tudo, o seu passado dependente, escravocrata. É que, sob a lógica dessa ideologia segregacionista, a música de Nazareth não se realizava nem como tradição da música erudita nacional, nem inteiramente como música popular-folclórica. E de certo modo Nazareth incorporou este não lugar à música", escreve Cacá.

Essa ambiguidade entre ambição e vocação, entre erudito e popular, acompanhou Nazareth por toda a vida. Ele queria se afirmar a todo custo como músico erudito, entretanto não é o caso de tentar meter Nazareth na camisa de força erudita ou na camiseta popular. Já dizia Machado de Assis que "duas coisas contrárias podem ser verdadeiras e até legítimas". Sábias e justíssimas palavras. Cacá coloca Nazareth como mediador cultural, ou seja, um indivíduo que transita e negocia sua arte entre a ambição e a vocação. Porém o próprio Nazareth queria ser respeitado como compositor – e não como músico popular.

Tinha, portanto, objetivos bem claros.

Pensamento Polifônico. Será que o livro não caminha demais no sentido de colocar Nazareth apenas como fonte primária da chamada música popular posterior? "Sim, de certo modo é isso. Mas prefiro pensar que Nazareth foi um dos compositores que contribuíram para a criação das matrizes da cultura musical urbana no século XX, assim como Pixinguinha e Villa-Lobos, por exemplo. Foram compositores que criaram uma cultura musical complexa e singular em que os chamados campos do erudito e do popular são reversíveis e se autoalimentam, permanecendo em constante tensão dialética. Daí vem a ideia de mediação cultural", diz Cacá em entrevista a *O Estado de S. Paulo*.

É quase clichê hoje colocar Nazareth como matriz genial da cultura musical urbana e popular do século XX, mas existe também um outro clichê do lado erudito, que lhe tasca o rótulo de Chopin brasileiro. Será que ele deve tanto a Chopin? "Na realidade, ele bebeu na fonte da Geração Romântica como um todo. Acontece que Chopin está muito presente em Nazareth, principalmente pela relação com o piano. Independente do efeito fetichista que a influência de Chopin sobre Nazareth possa ter, o que tentei demonstrar é que Nazareth aprendeu com Chopin aquilo que é mais radical em sua obra – o pensamento polifônico." Por pensamento polifônico leia-se a habilidade de tecer várias vozes conjuntas, vários discursos melódicos e rítmicos – a essência, afinal, de seu estilo, segundo Cacá.

A própria redescoberta de Nazareth, nos anos 1950, por Jacob do Bandolim, forçou a mão na sua imagem popular. Eudóxia de Barros e Arthur Moreira Lima, os primeiros a gravá-lo nos anos 1960, partiram de um enfoque popular: a primeira acelera os andamentos (quando o próprio Nazareth recomendava que se ralentasse os tempos, porque sua música era para ser ouvida e não dançada); e Moreira Lima improvisa sobre o texto musical. Só mais recentemente gravações promovem o retorno ao texto nazarethiano. É o caso do CD, lançado no ano passado, em que Maria José Carrasqueira combina a fidelidade à partitura com uma amostragem mais correta da produção de Nazareth: seis valsas, seis tangos, duas polcas e o improviso, estudo de concerto que ele dedicou a Villa-Lobos.

"O certo é que Nazareth trafega com muita segurança entre os compositores clássico-românticos." Certo, Cacá. Basta ouvir um CD como *Panorama da Música Romântica Brasileira*, de Cláudio de Britto, para se dar conta da continuidade entre as miniaturas assinadas por Leopoldo Miguez, Luiz Levy, Francisco Braga e Nepomuceno e a obra de Nazareth. Arriscando um pouco mais, não custa parafrasear Gilberto Freyre em *Ordem e Progresso*. Ele diz que a música foi a responsável pela construção de um ideário nacional no início do século XX, que ele chama de "expressões de ordem estética que fossem também definições de espírito nacional ou de ethos brasileiro". Citando Miguez, Braga Levy e Nepomuceno, diz que eles foram os "Joões Batistas com relação a um esperado ou desejado." O messias é Villa-Lobos, claro, mas sem dúvida foi Nazareth um dos que operaram com extrema perícia essa transição. Maria José Carrasqueira observa que "ele queria respeito". "Vejo nisso mais um problema pessoal do que artístico. Nazareth é um grande compositor de formas pequenas. Penso nele como um autor romântico que descobre a música brasileira e a coloca no papel."

Dá para imaginar que os melhores meses da vida de Nazareth foram curtidos em São Paulo, entre abril de 1926 e março de 1927. Ele foi tratado com o respeito que sempre habitou suas melhores fantasias. Deu recital no Teatro Municipal, com direito a palestra de Mário de Andrade, para quem, "de todas as músicas feitas para as necessidades coreográficas do povo, a sua é a menos tendenciosamente popular". Quatorze anos depois, Nazareth já morto, Mário saúda, em artigo no *Estado*, essa "arte entre popular e erudita [...]". Quem sabe, por isso mesmo, Nazareth não tenha sido o Pestana que efetivamente deu certo, tanto do lado popular quanto do erudito? Mesmo que conceitos como estes – erudito, popular, grande música etc. – estejam inteiramente caducos. Nisso reside, talvez, o maior mérito do livro.

O Gênio Espontâneo

Publicado em *O Estado de S. Paulo*, Caderno 2, 30 mar. 2008.

São raros, muito raros, os gênios espontâneos. Alfredo da Rocha Vianna (1897-1973), o menino bexiguento que a avó chamava de "Pizindin" e virou imortal como Pixinguinha, talvez seja o mais formidável exemplo brasileiro, quem sabe ao lado de Villa-Lobos. Aos quatorze anos, ainda de calças curtas, gravou como flautista dois choros em 1911, com o grupo liderado por seu professor, Irineu de Almeida, em 1915, seu primeiro e revolucionário choro, "Dominante", e estabeleceu reputação quase instantânea de melhor flautista do pedaço; aos 24 triunfava em Paris, liderando Os Oito Batutas; na era de ouro do rádio, nos anos 1930 e 1940, estabeleceu um vocabulário brasileiro nos arranjos e nas orquestrações; e aos 49, em quatro anos dourados, já empunhando o sax-tenor, gravou 34 obras-primas atemporais da música brasileira, em parceria com o flautista Benedito Lacerda.

Falar dele é um problema porque dá vontade de empilhar uma montanha de superlativos que soam exagerados – mas são a pura verdade. Por isso, vamos caminhar aleatoriamente pelos vários Pixinguinhas, procurando destrinchar o seu múltiplo talento.

Em primeiro lugar, seu fantástico talento como flautista. Sua trajetória de instrumentista lembra a de um seu contemporâneo exato, o trompetista Louis Armstrong (1901-1973). Quando o Satchmo gravou "West End Blues" de King Oliver em 1928 com seus Hot Five, estabeleceu-se como o primeiro grande improvisador do jazz e criador do "scat singing". Naquele momento, Pixinguinha já tinha estourado em Paris e sua flauta deixara boquiabertos os parisienses acostumados com talentos incríveis como o de James Reese Europe nos anos 1910 e Sidney Bechet nos anos 1920 (este último chegou a merecer a honra de um artigo do maestro Ernst Ansermet). Quando Duke Ellington fazia o som do Cotton Club, Pixinguinha escrevia a música para operetas e peças no Rio de Janeiro. Sua figura é tão gigantesca que se confunde, ou melhor, parece somar o talento do improvisador Satchmo com a do compositor, pianista e *bandleader* Ellington.

Pixinguinha, aliás, disse várias vezes que conhecera Armstrong em Paris em 1922, mas o Satchmo só foi conhecer Paris anos depois. Eles se encontraram décadas mais tarde, no Rio de Janeiro. E a foto é muito bonita: Pixinguinha abre seu largo sorriso olhando para a frente, e Armstrong ri para ele. Uma comunhão musical que dispensa prosaicas palavras. Alguém já disse que o choro é o jazz que não deu certo. Não dá para comparar a trajetória de um gênero nascido num país subdesenvolvido e periférico, como o Brasil, com a do jazz, que teve o suporte de uma difusão maciça por um país hegemônico durante praticamente todo o século xx.

Os Guinle, Midas Certeiros. Mesmo assim, Pixinguinha teve uma trajetória fulminante, genial mesmo. Isso todos nós brasileiros devemos aos Guinle, que investiram de modo certeiro na arte e na cultura brasileira antes da existência de qualquer incentivo oficial. Isso mesmo. Se há uma família determinante nos rumos da música brasileira como um todo na primeira metade do século xx, esta foi, sem dúvida, a dos Guinle. Não custa relembra o caso que se deu no começo dos anos 1920, na então capital federal, o Rio de Janeiro. Qualquer um que tivesse um mínimo de voz pública meteu sua colher nos ditos acalorados debates em torno da conveniência de o governo financiar viagens de músicos brasileiros à Europa. A gente fala Europa, mas o destino era um só: a fervilhante Paris, o metro quadrado cultural e artístico mais cobiçado do planeta naquela década.

Na verdade, foram dois casos determinantes para o futuro da música brasileira. Primeiro, o grupo de choro Os Oito Batutas, liderado por Pixinguinha; em seguida, o compositor Heitor Villa-Lobos. Em ambos, a milionária família Guinle foi decisiva. Arnaldo Guinle, que também presidia o Fluminense Futebol Clube naqueles anos, bancou integralmente duas turnês por vários Estados brasileiros do embrião dos Oito Batutas para que recolhessem o melhor da música popular de cada região; em seguida financiou a já citada temporada de seis meses, de fevereiro a julho de 1922, dos Batutas no Sheherazade de Paris; pouco depois, Carlos Guinle foi o maior doador entre um seleto clube de milionários cariocas e paulistas que se cotizaram para financiar a primeira temporada do Villa em Paris, em 1923. O compositor, aliás, retornaria a Paris em 1926, e já então totalmente bancado pelos Guinle, com direito a mesada e tudo o mais.

O Grande Farol. A pianista Maria José Carrasqueira, que coordenou a publicação, em 1997, de *O Melhor de Pixinguinha*, um álbum de partituras com 1970 de suas criações com melodias e cifras, gosta de chamar Pixinguinha de "o grande farol". Justíssimo. Ela é taxativa: "Ele sedimentou a forma, o choro vira um gênero a partir dele. Até então, era só uma maneira de tocar. Aliás, toda a música brasileira era um choro. Tudo que não vinha da academia era choro. Como flautista, é uma das referências mais importantes da flauta popular no Brasil; como compositor, em termos de quantidade e qualidade, é um divisor de águas, pois sistematizou esta maneira de tocar. Pixinguinha também inventou o baixo todo ornamentado. Antes dele, a coisa era mais simplista. E como arranjador abriu portas muito grandes, ele é uma luz para Radamés Gnattali. Foi o primeiro a sair do Brasil para representar o país na França. E, cá entre nós, para as camadas populares o grande evento paulista de 1922 não foi a Semana de Arte Moderna no Teatro Municipal, mas o show dos Oito Batutas. [O show dos Batutas aconteceu no Conservatório Dramático Musical, na avenida São João, em 27 de outubro de 1921, e a Semana se realizou de 11 a 18 de fevereiro de 22 no Teatro Municipal.]"

Henrique Cazes, um dos grandes chorões e estudiosos do tema, fala das "modulações inesperadas" características de Pixinguinha. E Hermínio Bello Carvalho esmiúça: "As sétimas diminutas e nonas aumentadas, por ele utilizadas então, eram estranhas ao processo da época. Mas Pixinga, tendo de escrever "quadros" para as revistas da época, era obrigado a conhecer os processos musicais de todos os países de culturas diferentes da nossa. Na música oriental, por exemplo, onde são frequentes os quartos de tom, ele aprendeu a se descontrair no campo harmônico, sendo dos primeiros a orquestrar com esta harmonização, hoje frequente em nossa música popular."

Aqui Hermínio se refere ao excepcional arranjo sinfônico de Pixinguinha para "Carinhoso", que nasceu de uma rixa com Radamés na RCA Victor. Os dois eram arranjadores da Rádio Transmissora. O gaúcho andava em alta por lá por causa do arranjo que fizera para a valsa "Lábios Que Beijei", com dois violinos e um violoncelo. Em volta de uma Pitu, no Gouveia, onde chegou a ter cadeira cativa e marcava ponto das 10 às 13 horas de segunda a sexta-feira, Pixinguinha soube do ocorrido e sentiu que precisava demarcar território. Foi para casa e escreveu o arranjo sinfônico para "Carinhoso", onde esbanja familiaridade com os instrumentos orquestrais.

Férteis Contaminações. Não foi por acaso que Pixinguinha e Villa-Lobos estiveram em Paris na mesma época – anos 1920 – e que tenham sido pais fundadores das músicas brasileiras (a dita erudita e a dita popular, rótulos caducos hoje em dia). Enquanto o Villa se assustava com a *Sagração da Primavera* de Stravínski e se embebia com o neoclassicismo do russo, Pixinguinha e seus batutas beberam muito rum Negrita (só ele bebeu 120 garrafas no primeiro mês) e fizeram autênticas jam sessions com pelo menos quatro grupos de jazz norte-americanos, "que tocavam do outro lado da rua", segundo Pixinguinha. O Villa trouxe na bagagem o embrião das *Bachianas* (sobretudo depois da segunda viagem a Paris, em 1926; a primeira foi em 1923); e Pixinguinha conheceu o saxofone e a bateria, "uma usina de pancadaria", segundo um de seus músicos. O grupo também incorporou o banjo. "Modéstia à parte, triunfamos", contou depois Pixinguinha. "Iríamos apresentar em Paris, e o fizemos com decência, graças a Deus, era apenas uma das feições da nossa música, mas daquela essencialmente popular, característica."

Como diz Maria José Carrasqueira, o choro é puro contraponto, caminha por vozes: "O choro na verdade é música de câmara, contrapontística por excelência. A originalidade está na variedade dessas linhas, do contraponto – e nisso Pixinguinha foi extremamente elaborado e inovador, sobretudo nos encadeamentos harmônicos pela baixaria – pelo desenvolvimento do baixo, que os chorões apelidaram de 'baixaria'".

Ele falava com o conhecimento de causa de quem estudou. Pouco, mas estudou. Ele sentou-se ao lado do então tubista Eleazar de Carvalho na classe de harmonia do professor Paulo Silva, no Instituto Nacional de Música e apesar de considerar Eleazar um tanto careta – não bebia, era quieto demais –, convidou-o para tocar sua tuba no famoso e premonitório arranjo para orquestra que fez da marcha "O Teu Cabelo Não Nega", em 1932. Disse com todas as letras que fez música americanizada sim, tocando para públicos que pediam esse tipo de música. Motivos nobres: garantir o leite das crianças e a cachacinha nossa de cada dia.

A tribo da música popular brasileira – e por tribo entendo mais os pesquisadores e "especialistas" do que os músicos, que não se preocupam com nada disso – tem a obtusa mania de proclamar a autenticidade, as raízes exclusivamente nacionais do choro, horrorizando-se diante de qualquer hipótese de um talento como Pixinguinha ter sido influenciado pelo jazz. É simples: pureza não existe em música. Ele não poderia, por exemplo, ter feito os arranjos orquestrais da década seguinte sem o que viu e ouviu em Paris. Claro, ele o fez com sotaque brasileiro, vocabulário próprio etc. etc.

Talvez a palavra influência não seja adequada. Aqueles sons estavam no ar, disponíveis. E você sabe: a música, quando entra nos ouvidos, modifica mesmo até nós, meros ouvintes – com os músicos, o processo é ainda mais decisivo, desemboca em deglutições e regurgitações sonoras constantes. Contaminação pode bem ser a palavra-chave e a grande característica da música no século xx. Dos gamelões que encantaram Debussy ao jazz e à diva negra Josephine Baker que seduziu "tout Paris" nos anos 1920 – tudo conspirou para o mergulho de todos num caldeirão só. A capital francesa curtia o que se cunhou como "negrophilia". Eram todos negrófilos, ou seja, adoravam tudo que era negro – sobretudo a arte. Darius Milhaud, o compositor francês que viveu no Rio entre 1917 e 1919, escreveu um artigo na volta a Paris e antes da ida dos Oito Batutas e do Villa, onde dizia mais ou menos o seguinte: por favor, Brasil, não nos mande compositores que estão apenas refazendo os caminhos que nós europeus já trilhamos no século passado; não queremos clonagens, mas sim o frescor e a liberdade criativa dos músicos populares brasileiros (que Milhaud conheceu tão bem).

Cá entre nós, não deixa de ser curioso que Villa tenha composto suas nove *Bachianas* entre 1930 e 1945 – e que Pixinguinha tenha construído no saxofone, ao lado da flauta de Benedito Lacerda, um dos mais perfeitos exemplos de contraponto bachiano ouvidos no século XX. É só coincidência? Improvável. Querem mais? A dupla Pixinguinha-Benedito Lacerda gravou entre 1946 e 1951; dois anos depois, surgia, na Califórnia, o "pianoless quartet", tido como revolucionário na cena norte-americana, onde o sax-barítono de Gerry Mulligan tecia finos contrapontos com o trompete de Chet Baker. Muito parecidos com os dos brasileiros. Com apenas uma diferença: enquanto Pixinguinha jamais assumia a voz principal, nem enunciava os temas, Mulligan o fazia com frequência. Aliás, ouvindo o antológico CD da dupla brasileira, a sensação é dupla: 1. de um lado, a espantosa capacidade de Pixinguinha de construir um contraponto estonteante à flauta de Benedito, que jamais escorrega no banal e no previsível ou é corpo estranho; 2. fica com uma vontade danada imaginando o que o tenor de Pixinguinha faria encarregando-se da melodia propriamente dita.

Dá inveja não ter presenciado o episódio narrado por Radamés Gnattali, que o conheceu tão bem: "Na Rádio Transmissora, estávamos eu no piano, Luís Americano no baixo e João da Baiana no pandeiro. Pixinguinha abriu a porta, entrou e, todo caneado, tirou o flautim e começou a fazer um outro choro em cima daquele que estávamos fazendo. De improviso!" Mas não precisa lamentar tanto. A receita é ouvir ao menos uma vez ao dia o CD que registra 24 das 34 faixas gravadas pelo duo Pixinguinha-Benedito Lacerda e comprove o que dizia Orestes Barbosa, o jornalista e poeta autor da letra "Chão de Estrelas": "Pixinguinha [só] tem contra si a falta de cabeleira do Villa-Lobos."

O Real Lugar de Nepomuceno
na Música Brasileira

A música brasileira do século XIX, a dita do período romântico, amarga há muitíssimo tempo a condição de patinho feio da história da música no país. É vista como mera imitação dos europeus e simplesmente esquecida, marginalizada. Não chega às salas de concerto, não é gravada nem estudada. Só é citada quando encaixada na visão de que serviu de escada para o nacionalismo cujo esplendor aconteceu a partir de Villa-Lobos, no início do século XX.

Essa visão distorcida, nascida sob condão do modernismo nacionalista concebido por Mário de Andrade, há pelo menos duas décadas já não vigora nos círculos acadêmicos – mas permanece forte na vida musical brasileira. A montagem da ópera *Artemis* no Teatro São Pedro, em São Paulo, e três produtos culturais fazem chegar agora ao público uma correção de enfoque fundamental para a compreensão mais adequada daquele período. Um, pelo selo inglês Hyperion, traz a primeira gravação do *Concerto Para Piano e Orquestra, Opus 10*, de Henrique Oswald, com o pianista português Artur Pizarro e a Orquestra da BBC de Gales, regida por Martyn Brabbins. Isso acontece inacreditáveis 128 anos depois de sua composição.

Os outros dois lançamentos são brasileiros. No primeiro, o CD *Delírio*, o violinista Emmanuele Baldini e a pianista Karin Fernandes interpretam uma sonata do compositor Leopoldo Miguez (1850-1902) e duas de Glauco Velásquez (1884-1914). O mais consistente e real símbolo dessa virada de concepção sobre a música brasileira do século XIX chega virtuosamente na passagem dos 150 anos do compositor cearense Alberto Nepomuceno (1864-1920), que até agora não foi motivo de praticamente nenhuma grande comemoração na vida musical brasileira, incluindo-se aí as temporadas de concertos das orquestras.

O lançamento do livro *Formação Germânica de Alberto Nepomuceno*, de João Vidal, pianista e professor da Escola da Universidade Federal do Rio de Janeiro, é um divisor de águas. Vidal vira tudo de cabeça pra baixo. Até agora as histórias da música brasileira ensinavam que Nepomuceno foi "precursor" do nacionalismo musical, que escreveu música de "caráter nacional". Destacam sua luta obstinada pelo uso da língua portuguesa nas canções. E indicam

Publicado em *O Estado de S. Paulo*, Caderno 2, 7 dez. 2014.

que a parte interessante de sua obra são as peças que compôs a partir das tradições musicais rurais ou urbanas do país. Como escreve na apresentação André Cardoso, diretor da Escola da UFRJ e presidente da Academia Brasileira de Música, "a menor parte de sua produção, aquela na qual se evidenciam mais claramente os caracteres brasileiros [...] cresceu em importância e ofuscou obras em que Nepomuceno se revela mais plenamente como compositor".

O autor do tão executado "Batuque" é visto apenas por seu viés nacionalista. Ninguém havia estudado sua formação na Alemanha *in loco*. Pois João Vidal fez isso. Em entrevista ao *Estado*, ele diz que "é hoje já bastante aceito, ao menos entre especialistas, que a crítica musical brasileira do século XX elevou o nacionalismo nas artes de direção ou tendência estilística a critério máximo de valor, um processo no qual o pensamento modernista desempenhou um papel decisivo. Colocada assim a questão, é claro que toda a produção do século anterior haveria de ser compreendida (ou incompreendida) como obra de 'epígonos', ou, na melhor das hipóteses, 'precursores'. E assim até mesmo certa parte da produção villa-lobiana, aquela da década de 1910 marcada por um estilo internacionalista, é ainda paradoxalmente tratada como 'pré-villalobiana'".

Ele refez, entre 2008 e 2010, todo o percurso de Nepomuceno na Europa. "As escassas fontes primárias relativas ao período de 1888 a 1895 que se podia localizar no Brasil nunca propiciaram aos pesquisadores a composição de um quadro completo de sua personalidade intelectual e artística, e mesmo aquelas relativas ao período imediatamente anterior, em que o compositor viveu em Recife e no Rio de Janeiro, restavam ainda desconectadas do período mais celebrado da vida do compositor".

A pesquisa preencheu esses buracos na biografia de Nepomuceno, mas também o levou a descobertas musicológicas importantes. No Recife, o contato com Tobias Barreto fez do compositor mais do que um "imitador ou divulgador da música europeia", diz Vidal. "Como os intelectuais da Escola do Recife, Nepomuceno foi um conciliador de sistemas, é assim que podemos melhor compreender o mecanismo por trás da 'síntese de influências' ou 'ecletismo' tão frequentemente apontados em sua música".

Do ponto de vista biográfico, Vidal descobriu que o compositor estudou não só com Herzogenberg, amigo de Brahms, mas também com Max Bruch. "Identifiquei um manuscrito da biblioteca da Escola da UFRJ como uma versão primitiva do primeiro movimento do quarteto de cordas n. 3." No momento em que estudou com Bruch, Nepomuceno eliminou passagens cromáticas que denunciavam a influência de Wagner. Bruch, inimigo ferrenho de Wagner, levou o aluno a fazer outros cortes. "Os esforços de Bruch para afastar o aluno da 'má influência' de Wagner foram inúteis e levaram ao afastamento de ambos." Por isso Nepomuceno nunca disse a ninguém que estudara com Bruch. Vidal também esclareceu a real natureza da ligação do compositor com a Filarmônica de Berlim. O livro exibe um fac-símile de programa de concerto da orquestra em março de 1893 no qual Nepomuceno rege sua *Suíte Para Orquestra*.

Pingue-Pongue com Vidal.

Por que a vida musical brasileira privilegia tanto a produção europeia do passado e do presente, em detrimento da criação brasileira, mesmo daquela com vínculos fundamentais com o vocabulário e a gramática europeias?
João Vidal: A avaliação negativa desse repertório por parte dos modernistas pesou, pois influenciou na formação do senso comum das plateias brasileiras, mas eu destacaria em primeiro lugar, e isso vale para toda a música do século XIX e mesmo depois, o fato de no Brasil estarmos ainda iniciando o processo de estabelecer todo o aparato necessário à apresentação da obra musical do período: departamentos e institutos de musicologia que formem profissionais capazes de pesquisar e editar criticamente obras que ainda se encontram em manuscrito em bibliotecas e acervos particulares e reeditar edições de época; editoras que publiquem esse material; músicos, conjuntos e orquestras que o toquem; e, por fim, um público que o "consuma".

Orquestras e regentes reclamam que em muitos casos não há partituras confiáveis. Como mudar isso?
É um processo vagaroso e que deveria receber do Estado um apoio mais expressivo e explícito. Não há ainda edições completas ou mesmo catálogos temáticos para muitos dos nossos mais importantes compositores, e isso não vai acontecer sem o tipo de investimento financeiro que se vê ser destinado à mesma atividade na Alemanha, por exemplo. Assim como uma orquestra não se faz só com bons músicos e salários condizentes, mas também com salas de concerto, técnicos para manutenção de equipamentos e assim por diante, o resgate e valorização do passado musical brasileiro não se fará sem toda a economia que gira em torno disso. De outro modo estaremos fadados a ignorar esse passado, e o desconhecimento da música de compositores como Alberto Nepomuceno ou Leopoldo Miguez é equivalente ao desconhecimento da literatura de Machado de Assis ou da poesia de Castro Alves: algo inaceitável.

Música e as Outras Artes

A Arte Musical de Milan Kundera

1.

A música é palavra-chave na criação literária do tcheco Milan Kundera. Acompanha-o desde a infância. Seu pai era musicólogo de destaque em Praga e Kundera estudou com Pavel Haas, um dos melhores alunos de Leos Janácek (que morreu na câmara de gás em Auschwitz, em outubro de 1944, e só nos últimos vinte anos teve sua interessante criação musical executada e gravada). É possível ouvir música tanto nos romances como nos vários livros de ensaios do escritor. Portanto, falar de musicalidade na sua ficção não é novidade. Uma de suas sacadas mais repetidas é a que diz que a musicalidade se tornou uma das marcas da arte do romance no século xx. Musicalidade erudita, entenda-se. Assim, personagens brincam com detalhes do quarteto de cordas opus 131 de Beethoven em *A Insustentável Leveza do Ser*, seu romance mais famoso – e, em dezenas de ensaios, Kundera fala com propriedade e atrevimento consistente de compositores como Stravínski, Schoenberg, Xenakis e seu ídolo máximo, Janácek.

 A Valsa dos Adeuses (1973) – romance publicado aqui pela editora Nova Fronteira em 1989 e agora relançado pela Companhia das Letras em sua coleção de bolso, com tradução revista e atualizada segundo o Acordo Ortográfico da Língua Portuguesa – tece uma variação ao instituir o trompetista de jazz Klima como personagem principal. São várias as camadas narrativas simultâneas que Kundera maneja com maestria nesse livro: Ruzena, a enfermeira do spa de uma cidade balneária checa que engravida em uma noite de amor com o protagonista, depois de uma apresentação dele no Pavilhão Karl Marx; o médico local, Dr. Skreta, baterista de jazz nas horas vagas, que

Publicado em *O Estado de S. Paulo*, Sabático, 25 set. 2010; resenha "A Arte Como um Jogo de Espelhos", 23 mar. 2013.

inocula o seu próprio sêmen em todas as mulheres em que faz tratamento de fertilidade, gerando centenas de filhos que jamais conhecerão seu verdadeiro pai; o cientista Jakub, que conseguiu visto para sair do país e decidiu devolver ao amigo médico o comprimido de veneno que este lhe dera décadas antes, para o caso de uma situação-limite, evento comum em regimes totalitários e clichê de espiões de todos os matizes; a esposa mal-amada que de repente descobre que seu mundo não acabara; o mecânico apaixonado pela enfermeira que também se considera o pai.

Como a música que lhe vai pelas entranhas, Kundera jamais é ideologicamente linear. Não faz o tipo do dissidente exilado que fugiu do regime totalitário e cospe no prato que comeu; muito menos justifica o circo de horrores de seu país durante o período em que esteve sob a guarda ideológica da União Soviética. A certa altura, uma das personagens verbaliza esta dura reflexão: "Vou lhe contar a mais triste descoberta da minha vida – os perseguidos não valem mais do que os perseguidores [...]. Chegar à conclusão de que não há diferença entre o culpado e a vítima é perder toda a esperança. E é isso que se chama inferno, querida." Particularmente interessantes são as páginas finais do romance, em que a intromissão do tom de ensaio se intensifica na trama. Kundera discute as afinidades de Jakub – que está se despedindo a conta-gotas de seu país – com Raskolnikóv, o célebre assassino dostoievskiano. Ele sabe que "vivia num mundo em que as pessoas sacrificavam a vida dos outros por ideias abstratas" e, no redemoinho, sua argumentação o leva a constatar que "todo homem deseja a morte de um outro e que só duas coisas o desviam do homicídio: o medo do castigo e a dificuldade física de levar a pessoa à morte [...]. Se todo homem tivesse a possibilidade de matar secretamente e a distância, a humanidade desapareceria em alguns minutos".

A escrita musical de Kundera é moderna até no sentido técnico: em vez de fazer uma convencional e plácida coda final que qualquer compositor do período clássico adotaria, ele introduz um novo e surpreendente ingrediente inconclusivo, deixando-nos em suspenso. Como, aliás, era costume de seu ídolo Leos Janácek, um compositor que fez da justaposição brusca, sem transições, de blocos musicais uma forma de afirmar um antilirismo bem próximo da acachapante dedução de Jakub de que, afinal, somos todos inúteis Raskolnikóvs.

2.

A epígrafe já diz tudo: "encontro de minhas reflexões e de minhas lembranças, de meus velhos temas (existenciais e estéticos) e de meus velhos amores

(Rabelais, Janácek, Fellini, Malaparte...) [...]" Como nos livros anteriores de ensaios escritos nos últimos 27 anos (*A Arte do Romance*, *Testamentos Traídos* e *A Cortina*), o escritor tcheco-francês Milan Kundera define-se diante de seus leitores a partir dos encontros e descobertas, de velhas e novas paixões literárias e artísticas. Como anota François Ricard nos textos de apresentação de sua obra na edição completa de sua ficção e ensaística em dois volumes papel-bíblia da ilustre Pleiade (2011), Kundera não faz "mélanges", ou seja, coletâneas de textos esparsos de circunstância com o objetivo de "salvar sua vida do esquecimento [...] é através dos outros que ele clareia a elaboração de seu pensamento e de sua arte".

Lidos em sequência, os quatro livros ensaísticos comprovam a tese de Ricard. Aos oitenta anos (*Um Encontro* foi originalmente publicado em 2009), Kundera provoca, conversa, repreende, cavouca desvãos sutis e até agora não percebidos nas obras mais díspares. Livre, leve e solto, enche pautas musicais manuscritas de notas e acordes com trechos de obras de seu compositor preferido, Leos Janacék; reclama de um biógrafo travestido de patologista mais preocupado com o "mau cheiro" no corpo do que com a obra de Brecht; saúda ironicamente o cinema, que lhe deu fama mundial com *A Insustentável Leveza do Ser*, num artigo a propósito dos cem anos de sua invenção, como uma nova técnica que se tornou "o agente principal de imbecilização"; e ataca o que chama de "listas negras", a "grande paixão das vanguardas já antes da Primeira Guerra Mundial".

Depois das provocações, as ressalvas. Admite que Brecht sobreviverá a um mau biógrafo; que existe também o filme de arte, de "importância muito mais limitada que a do filme como técnica". Anota que num jantar reluzente em Paris, duas décadas atrás, um jovem falou de Fellini "com um prazeroso desprezo zombador" (melhor teria sido traduzir como zombeteiro). Diz que teve naquele momento uma sensação que não vivera nem nos piores dias da Tchecoslováquia stalinista, a de que "a arte desaparece porque desapareceu a necessidade da arte, a sensibilidade, o amor por ela".

Os 26 textos, a maior parte publicada anteriormente, foram retrabalhados; adendos de 2008 foram acrescentados em alguns; todos foram organizados em nove partes. Entre os inéditos, o delicioso sobre as listas negras, explorando a mudança gratuita e muitas vezes maldosa dos malditos *rankings* das celebridades culturais "in" e "out"; e "A Pele: O Arquirromance", um dos mais extensos, onde ilumina *Kaput* e *A Pele*, e saúda Curzio Malaparte como renovador do romance ao misturar ficção, crônica e jornalismo numa alquimia original.

Um Encontro vale pelo que denuncia, mas sobretudo pela exposição de seus amores artísticos e angústias pessoais. No refinado ensaio de abertura, por exemplo, "O Gesto Brutal do Pintor: Sobre Francis Bacon" (1995), afirma que "quando um artista fala de outro, fala sempre (por projeção) de si mesmo e é este todo o interesse do seu julgamento". Refere-se a Bacon quando este fala sobre Beckett. Mas suas palavras aplicam-se, antes, a si próprio. O que o fascina nos retratos de Bacon é uma de suas preocupações básicas, ou seja, o limite de sofrimento, distorção ou repressão que o ser humano suporta sem perder sua identidade. No ensaio sobre o pintor, ele pergunta "até que grau de distorção um indivíduo continua sendo ele mesmo? Até que grau de distorção um ser amado continua um ser amado? Durante quanto tempo um rosto querido que se distancie na doença, na loucura, na raiva, na morte, continua reconhecível? Onde está a fronteira atrás da qual um 'eu' deixa de ser um 'eu'?"

O eixo de interesse desse livro rico e diversificado muda conforme o universo de identificação de cada leitor. No meu caso, a música. Mas, além de preferências pessoais, a música é nuclear em Kundera porque expõe a estrutura formal básica sobre a qual ele construiu toda a sua obra. Beethoven, Janáček, Stravínski, Schoenberg e Xenakis são objetos não só de finas observações – Kundera foi crítico de gravações de uma revista musical francesa nos anos 1990 –, mas também de suas mais caras convicções. Beethoven foi o primeiro, Schoenberg e Stravínski os derradeiros entre os compositores que assumiram o passado para dar um passo à frente, algo na linha da superação dialética de Hegel no conceito de "Aufhebung" (superação e assimilação). O greco-francês Iannis Xenakis (1922-2001) foi o primeiro, segundo Kundera, a dinamitar a ponte com o passado. Não fez música nova, mas "uma outra música", apreendendo fisicamente os ruídos do mundo moderno e da natureza. Porém, seu modelo criativo, correndo em raia própria, é Janáček. Com ele, Kundera aplaca a sua angústia de identidade: analisa suas instâncias criativas em dois ensaios, continuando, com estes encontros, outros anteriores, desde a infância, com Janáček. Mal comparando, Kundera é o "Adorno de Janáček". Comporta-se como Theodor Adorno, o maior divulgador da obra de Arnold Schoenberg, e acerta na mosca ao chamar por décadas a atenção para um dos maiores e menos conhecidos grandes compositores do século xx.

A Arte de Ennio Morricone

Ele protagonizou uma das mais tocantes cenas da entrega do último Oscar, em fevereiro passado. O compositor Ennio Morricone, 76 anos, responsável por cerca de quatrocentas trilhas sonoras, agradeceu em italiano o Oscar "pelo conjunto da obra", e teve como tradutor de luxo Clint Eastwood – uma das raras unanimidades hoje no mundo do cinema, que duelou ao som da música de Morricone nos idos de 1966, no western-spaghetti *Por um Punhado de Dólares*, dirigido por Sergio Leone. Tempos duros, quando Leone assumiu o nome de "Bob Robertson" na versão do filme distribuída no mercado norte-americano, e transformou Morricone em "Dan Savio".

É sintomático que a gente tenha na ponta da língua os filmes de Eastwood como ator e diretor, porém se surpreenda quando olha a interminável listagem das trilhas de Morricone, que vem ao Rio de Janeiro na próxima semana para reger um concerto com suítes de suas trilhas. Você está cansado de saber que ele assina a trilha dos western-spaghetti de Leone, *A Missão*, *Cinema Paradiso*, *Os Intocáveis* e *A Lenda do Pianista do Mar*. Entretanto vai se assustar ao topar com seu nome nos créditos de *Ata-me*, *Gaiola das Loucas*, *Bugsy* e *Na Linha de Fogo*.

Ele parece estar em todas as telas. Ou melhor, suas criações inconfundíveis emolduram todo tipo de filme. Já disseram que ele é o Verdi das trilhas sonoras, por causa da originalidade de seus temas e por doses sutis de ironia num lirismo derramado. Essa genial mistura do dom de criar belíssimas melodias encharcadas de romantismo, que resvalam sutilmente na ironia, é a marca registrada de Verdi, claro. Mas também de Morricone. Ambos têm o condão de criar as melodias eternas – atributo também chamado de toque de Midas. Contam-se às dezenas as árias verdianas cantaroladas há mais de um século e que continuarão por *secula seculorum*, amém. E quem não se lembra do comercial de Marlboro? O tema é de Morricone (de *Il buono, il brutto, il cattivo*, de 1966). Aliás, só pelo tema de *Cinema Paradiso* ele já teria garantido um lugar no olimpo dos maiores melodistas de todos os tempos. Só que boa parte do charme das árias líricas

Publicado em *O Estado de S. Paulo*, Caderno 2, 18 abr. 2004.

deve-se às letras – e Morricone só usa a voz sem letra, uma dificuldade a mais para a sua aceitação.

Por uma Sintaxe Própria na Criação de Música Para o Cinema. Mede-se a qualidade de um tema de trilha sonora pela seguinte equação morriconeana: quanto mais um tema é ouvido de forma independente do filme para o qual foi criado, mais seu sucesso estará assegurado. "Um conselho a quem quiser tentar escrever música para cinema", disse ele aos biógrafos Anne e Jean Lhassa: "somos prisioneiros da melodia clássica, libertem-se dela, e alcancem, por meio de invenções realmente novas, uma nova sintaxe construída especialmente para a música de cinema".

O melhor dos mundos, então, é conceber temas com vida própria, mas que ainda assim sejam complementares às imagens que os acompanham. É o que Morricone faz com perfeição. Sua música sobrevive fácil e inteirona quando ouvida em gravações – qualidade raríssima no gênero e tem um poder de sedução danado sobre músicos de todas as tribos.

O DVD *Morricone por Morricone* (Versátil), que está sendo lançado esta semana a propósito de sua vinda ao Brasil é prova dessa magia: pouco mais de uma hora e meia de música de cinema que não parece música de cinema (isso se você conseguir abstrair os temas dos filmes aos quais estão umbilicalmente ligados). Morricone rege a Orquestra da Rádio de Munique, em concerto realizado no dia 20 de outubro de 2004. Os primeiros cinquenta minutos são preenchidos por uma imensa suíte que evoca temas de catorze filmes. Ele rege com um olho na partitura, cabeça baixa – mas deixa escapar o outro olho dos óculos fundo de garrafa para este ou aquele naipe. Não é um regente expressivo, e nem precisa disso. A música se encarrega de contagiar músicos e plateia.

O piano (Gilda Buttà) brilha no contraponto cerrado de *H2S*, filme de 1968; a flauta de pan em *Era Uma Vez na América*; uma trompa destaca-se em solo em *Uno Che Grida Amore*; órgão e coro misto participam de *Maddalena*; e o belíssimo timbre da soprano Susanna Rigacci se impõe em *Quando Explode a Vingança*. Um intervalo e em seguida um consistente miniconcerto para violino (Henry Randales) e orquestra em três movimentos interligados que deixa para trás tentativas do pioneiro de trilhas Miklos Rosza. E a parte final, com mais uma penca de temas que culminam numa degustação de seu trabalho mais perfeito, a trilha de *A Missão*, de 1986.

Morricone também assinou um dos mais belos discos de sua vida em 2004: *Yo-Yo Ma Plays Ennio Morricone*. O genial violoncelista, que também vem a São Paulo este ano, recebeu do compositor um gesto especial: Morricone criou arranjos especiais. O resultado é simplesmente excepcional. Uma escrita para cordas irretocável que ressalta o caráter humano que tem o timbre do violoncelo. No tema de Gabriel, de *A Missão*, Yo-Yo Ma não substitui o insubstituível solo de oboé original, mas faz o contraponto e assim por diante. São seis suítes, dedicadas a Tornatore, Sergio Leone, Brian de Palma e uma suíte *Moses and Marco Polo*.

Melodia que merece este nome, diz Morricone, tem que subsistir sozinha, separada do filme. O clímax desse grito de afirmação da melodia acontece quando músicos de jazz se apropriam dela para seus improvisos. É o que fez o sensacional, mas pouco conhecido pianista italiano Enrico Pieranunzi. O CD, do selo italiano CamJazz (2005), é inteiro dedicado aos temas morriconeanos. Enrico é um devoto de Bill Evans. Não só transita no universo do pianista norte-americano morto em 1980, até hoje influência determinante nos mais talentosos pianistas atuais, como também escreveu um livro sobre ele, e toca com ex-parceiros de Evans, os competentes Marc Johnson (contrabaixo) e Joey Baron (bateria).

São dez faixas que certamente deixaram Morricone orgulhoso (uma foto dele ao lado do trio, no Alexanderplatz de Roma, mostra este sentimento). "Addio Fratello crudele" é o protótipo do universo lírico e misterioso da criação de Morricone. O piano sutil de Pieranunzi contracena em uníssono com o contrabaixo de Johnson no tema, e em seguida se desprende para um improviso de antologia. "Malamondo" (1964) é mais sacudida e "La Domenica Specialmente" (1991) é uma valsa que também teria feito as delícias de Evans. É comovente a escura "Ninfa Plebea", criada por Morricone para o filme de Lina Wertmuller em 1996. Pieranunzi relê "Jona Che visse nella Ballena" em piano-solo e relembra Keith Jarrett em "Le mani sporche" (1979) e "Quando le donne avevano la coda" (1970). A quem interessar possa, Pieranunzi também gravou um disco excepcional, com o mesmo trio, dedicado aos temas de outro gigante das trilhas, Nino Rota.

Huxley Crítico Musical

Publicado em *O Estado de S. Paulo*, Caderno 2, 4 maio 2013.

O mundo conhece o escritor britânico Aldous Huxley (1894-1963) como o autor da maior distopia do século xx, *Admirável Mundo Novo* (1932), e ao mesmo tempo ícone da geração beatnik com seus livros *As Portas da Percepção* (1954) e *Céu e Inferno* (1956) sobre os efeitos da mescalina. Fala-se muito de sua amizade com o compositor Igor Stravínski e também da estrutura polifônica de um de seus mais refinados romances, *Contraponto* (1928), todavia pouca atenção se dá às centenas de trechos em seus escritos nos quais a música ocupa bem mais do que espaço circunstancial. Agora, em tributo à passagem dos cinquenta anos de sua morte, uma editora inglesa, a Cambridge Scholars, recoloca em circulação as 64 finas críticas musicais, que ele publicou semanalmente, entre fevereiro de 1922 e junho de 1923, na *Weekly Westminster Gazette*, inacessíveis desde os anos 1930.

É uma autêntica revelação, porque antecipa o conceito de música que utilizará posteriormente em sua ficção. Com inteligência, conhecimento técnico e uma escrita elegante e ferina, equipara-se aos mais qualificados e contundentes críticos musicais jornalísticos, linhagem rarefeita iniciada por Berlioz, continuada por Bernard Shaw e levada ao clímax por Mencken e exibe uma vantagem extra: é cristalino, não se enrosca em tecnicidades.

A música acompanhou-o da meninice à morte. Era seu alimento diário, desde que surgiram nele, ainda bem cedo, os sinais de deficiência visual – aprendeu a ler música pelo método Braille em 1911. Desde a primeira vez que tocou a sonata de Beethoven opus 26, tomou o compositor como modelo supremo, baliza e régua estética de seus juízos musicais.

Seu critério básico é ver a árvore sem jamais perder de vista a floresta. É preciso ultrapassar o estágio das pessoas "que amam a música, não com sua sabedoria, mas, intoxicadas por suas sensações, incapazes de discernir a unidade artística da qual os sons constituem os elementos". A paixão verdadeira pela música, mais rica, engaja a pessoa humana inteira: sem dúvida o corpo, com o impacto físico dos sons sobre o sentido auditivo e o aparelho visceral; mas também os poderes emocionais e intelectuais, resume o pesquisador Jean-Louis Cupers num livro raro e seminal sobre o escritor e a música, *Aldous Huxley et la musique* (Aldous Huxley e a Música). "Pode--se amar a música voluptuosamente, como um glutão", escreve Huxley. "Eu conheci pessoas cujo apetite pelos sons agradáveis era bulímico. Mas também se pode amar a música com o coração, a alma e o espírito, tal como um ser humano completa e harmoniosamente desenvolvido."

Portanto, o desafio do crítico é saber como comunicar as múltiplas componentes de uma dupla experiência, a da obra em si e a da sua interpretação na situação de concerto – tudo isso no pequeno espaço de uma crítica jornalística. Em suas 64 críticas semanais, Huxley esbanja maestria. Jamais fala só da performance; busca pretextos para colocar questões mais amplas. Na primeira crítica, em 18 de fevereiro de 1922, parte da execução de uma sinfonia de Brahms para discutir a atitude do compositor diante da arte e da vida. Reconhece que é um compositor menor em relação a Beethoven talvez porque tenha ocupado uma posição incômoda na história da música: "A posição que ocupou foi a mesma de um pintor italiano no século XVII, com toda a Renascença atrás dele."

Jamais foge de conceitos polêmicos. Por exemplo, o de que a música popular traz em si própria os germes de sua destruição; ou de como o ritmo obsessivo pode destruir o equilíbrio vital das diversas componentes estéticas. Rechaça o barbarismo do primeiro Stravínski, de quem tornou-se amigo do peito quando o russo já havia se neoclassicamente domesticado (considerou, já nos anos 1960, *The Rake's Progress*, pastiche lírico mozartiano, como obra-prima absoluta). Duvida, em 1922, do barbarismo exposto da *Sagração*: "*Petruchka* e o *Pássaro de Fogo* podem com certeza ser ouvidos com prazer mais frequentemente do que outras obras de compositores russos. Entretanto é cedo assegurar a possível permanência da *Sagração*. Mas podemos duvidar que alguma obra de Stravínski resista à constante repetição aumentando nossa admiração por ela – qualidade que só algumas sonatas e sinfonias de Beethoven possuem."

Chama a "revolução da música russa", que invadiu a Europa nas primeiras décadas do século XX, de "apocalipse muito pobre". Não é mais do que "a revelação dos encantos do barbarismo" e arremata: "Os selvagens ritmos bárbaros que ouvidos pela primeira vez nos intoxicam, quando reouvidos tornam-se tão irritantes quanto os ritmos do fox-trot do ano passado. [...] Seres civilizados podem gostar do barbarismo num fim de semana, mas não conseguem conviver com ele diariamente. Os homens civilizados precisam ter arte civilizada."

Conservador ao julgar a música do seu tempo, distribui saraivadas de metralhadora sobre a música contemporânea: "Bartók precisa ser protegido de seus amigos e de seus inimigos. Não é um grande compositor incompreendido, nem totalmente descartável, como alguns acreditam. É um compositor menor."

Em outra crítica, afirma que "os jovens franceses da década de 1920 [principalmente Erik Satie e Darius Milhaud]" não podem ser vistos como "algo mais do que uma piada de mau gosto". Mais uma rajada em Stravínski: "*Ragtime* é uma espécie de transcendentalismo invertido. Beethoven era transcendental no sentido de heroísmo, da alma, do infinito. *Ragtime* é transcendental na direção da desumanidade. Um desses dias alguém vai escrever uma obra de transcendentalismo invertido tão prodigiosa e convincente a seu modo como é a *Nona Sinfonia* de Beethoven; então não haverá nada a fazer a não ser ir para casa e silenciosamente suicidar-se."

Desafia o leitor: "Se fosse obrigado a ouvir todos os dias de sua vida uma única obra, ficaria com *O Pássaro de Fogo* ou a *Grande Fuga*? Obviamente, você deve escolher a fuga, senão por sua complexidade, também porque nela há com que ocupar a mente além dos ritmos russos, simples demais."

Bate à vontade nos românticos. Numa entrevista à *Paris Review*, em 1960, perguntam-lhe: "Alguns psicólogos afirmam que o impulso criativo é uma espécie de neurose. Será que você concorda?" "Enfaticamente não. Não acredito nem por um momento que a criatividade seja um sintoma neurótico. Pelo contrário, o neurótico que se dá bem como artista teve que superar um enorme obstáculo. Ele cria apesar de sua neurose, e não por causa dela."

Por isso, recorre ao humor para criticar o *Prometeu* de Scriabin: "É emoção pessoal crua e tremenda. É o registro das sensações de um nervo exposto. Scriabin expressa o requintado tormento e as delícias de uma sensibilidade que sofre de hiperestesia com uma fidelidade espantosa. Mas o registro disso não é uma obra de arte. A arte não pode ser feita de sensibilidade crua e confissões pessoais. Não se deve tentar, como Scriabin, fazer arte a partir de um nervo exposto. É melhor ir ao dentista."

O diagnóstico mais direto sobre a música em 1922, Huxley o faz como manifesto em sua primeira crítica: "Os músicos importantes do nosso tempo podem ser listados nos dedos de uma mão [...] Como na pintura, na música também houve uma mudança, uma simplificação. Alguns, com afetada rusticidade, voltaram-se para a canção folclórica em busca de nova inspiração; outros, como Debussy, exploraram emoções mais rarefeitas e técnicas novas, sofisticadas. Alguns, mais recentes – os Dadaístas da música –, tentaram reduzir tudo ao absurdo. Nossa condição, no momento, é de considerável confusão. Precisamos mesmo é de um Messias musical, alguém que use as novas liberdades recém-nascidas e os novos meios técnicos para construir uma nova forma para a expressão de grandes emoções e ideias."

Crítica musical de qualidade, como as de Huxley, possuem valor e interesse permanente. Por isso, são atuais. Na conclusão de seu importante livro, Cupers remete a uma frase de Dan H. Laurence, o organizador das mais de três mil páginas de críticas musicais de Bernard Shaw, que por sua vez lembra uma frase de Leonard Bernstein. Segundo o maestro, a única maneira de se dizer verdadeiramente o que quer que seja sobre a música é escrevê-la. "Evidentemente", diz Cupers, "Laurence concluía que Bernstein não deveria ter lido Bernard Shaw. Eu não creio que ele também tenha lido Aldous Huxley." Já este humilde crítico nativo acrescenta Mencken a esse par de craques da crítica musical do século XX.

A Música Escrita de Carpentier

Publicado em *O Estado de S. Paulo*, Caderno 2, 31 ago. 2008; 5 out. 2008.

Alejo Carpentier, provavelmente o maior escritor cubano e um dos maiores da América Latina no século XX, criou também sob o signo da música. Encarnou em sua biografia as contradições do artista americano diante das formidáveis tradições europeias. Dividiu-se entre a carreira musical e a literária. Foi musicólogo e crítico musical, animou a primeira sociedade de música nova de Cuba, no começo dos anos 1920. Foi figura importante na Paris musical dos anos 1920-1930, amigo de Igor Stravínski, Villa-Lobos, Edgard Varèse, Darius Milhaud, Carlos Chávez, Amadeo Roldán e García Caturla.

Se a literatura lhe rendeu as maiores glórias, foi no entanto a música sua ferramenta preferencial de exposição dos problemas estéticos da prática artística nos países do Novo Mundo. Carpentier conhecia muito bem as entranhas da música. "Nós que convivemos com os compositores e os vemos trabalhar sabemos que se há uma arte onde as preocupações de fundo variam pouco, esta é a música. Na música, especula-se de modos diversos, segundo o temperamento de cada um, sobre este valor fundamental que é o transcurso do tempo […] Em suma, as preocupações estruturais e formais da música não variaram desde que a música do Ocidente alcançou a maioridade."

Os Passos Perdidos, romance de 1953 que a Martins Fontes lança em cuidada tradução, pode ser lido como verdadeiro manifesto estético nacionalista. Ele é bem mais do que isso. O nacionalismo de Carpentier pode ser mais bem compreendido como um "pan-americanismo" ferrenho e que ainda pode proporcionar reflexões úteis para músicos das Américas em geral. Ele o escreveu durante o largo período em que viveu em Caracas, entre 1945 e 1959.

A história de *Os Passos Perdidos* é emblemática. Um musicólogo/compositor nova-iorquino enfastiado aceita o convite do curador do Museu Organográfico para "conseguir umas peças que faltam à galeria de instrumentos aborígenes da América". Leva a tiracolo a amante intelectualoide. Deslumbrado com a natureza da região, faz uma progressiva catarse de seus preconceitos e ideias formadas recebidas do cânone europeu. Mergulha na nova realidade de cabeça. A escrita de Carpentier é rigorosa, precisa. "Meu personagem reencontra a pureza original", diz ele num livro de entrevistas com Ramón Chao. "Chega a um estado quase edênico, mas continua sendo compositor, mantém esta vocação." Ele troca a amante branca pela nativa Rosario. Vai a Nova York para resolver alguns problemas e quando retorna, não consegue mais encontrar o sinal que fizera numa árvore na encruzilhada do rio Orenoco.

Ninguém consegue viver duas vezes a mesma experiência, ainda que extraordinária. Não há diálogos, e a escrita é cerrada.

As referências musicais frequentam cada página do romance – assim como nos seus outros romances, entre eles *Concerto Barroco* e *Sagração da Primavera*.

As alusões são agudas, inteligentes e nunca chatas. As quatorze páginas de devaneios sobre a *Nona Sinfonia* de Beethoven que a personagem ouve num velhíssimo rádio são geniais. Insurge-se contra "a Europa de certa *Nona Sinfonia*" e considera que ali o compositor deve assumir a "tarefa de Adão dando nome às coisas". Ironiza os lustrados "operários europeus que passam seus ócios nas bibliotecas públicas e levam as famílias aos domingos para assistir à *Nona Sinfonia* no teatro". Define com poesia e rigor o mundo europeu que deixara para trás: "Era terrível pensar que não havia fuga possível, fora do imaginário, naquele mundo sem esconderijos, de natureza domada fazia séculos, onde a sincronização quase total das existências centrara as lutas em torno de dois ou três problemas postos em carne viva. Os discursos haviam substituído os mitos; as ordens, os dogmas." E anota surpreso que, "afastado da música pela própria música, regressava a ela pelo caminho dos grilos, esperando a sonoridade de um si bemol que já cantava em meu ouvido".

Nona Sinfonia? Uma "sinfonia em ruínas" que mostrou de modo genial os "caminhos do Apocalipse". Quanto aos grilos, outro episódio é revelador. Conversando com um grupo de jovens artistas venezuelanos, estes perguntam aos recém-chegados sobre as novidades de Paris. Estão absolutamente por dentro das fofocas intelectuais parisienses, quem brigou com quem etc. "Mas eu os interrogava sobre a história de seu país, os primeiros balbucios de sua literatura colonial, suas tradições populares" e "podia observar quão pouco gratificante era para eles o desvio da conversa." "A cultura" – afirmava o pintor negro – "não estava na selva." Segundo o músico, o artista de hoje só podia viver onde o pensamento e a criação estivessem mais ativos.

A reação é violenta: "Certas ideias me cansavam, agora, de tanto as ter defendido […] Quisera calar as vozes que falam às minhas costas para encontrar o diapasão das rãs, a tonalidade aguda do grilo, o ritmo de uma carroça cujos eixos chiavam."

O jovem músico começa a tocar algo no piano. "Por brincadeira contei doze notas, sem nenhuma repetida, até retornar ao mi bemol inicial daquele andante crispado. Teria apostado: o atonalismo chegara ao país; já se usavam suas receitas nesta terra." Sai dali quase enojado e entra numa taberna.

Ouve um harpista nativo tocando música popular e encanta-se "pelos caminhos de um primitivismo verdadeiro". É aí que devem estar "as buscas mais válidas de certos compositores da época atual" e fica com vontade de "subir até a casa e trazer o jovem compositor arrastado por uma orelha, para que se informasse com proveito do que soava aqui".

Carpentier sempre enxergou na *Sagração da Primavera* a obra-mestra a guiar os compositores latino-americanos em busca de uma identidade artística própria.

Stravínski autorizou-o a usar o título de sua obra em um de seus últimos romances e encantou-se em definitivo com a cartilha estética de Villa-Lobos – não do Villa das *Bachianas*, sobre as quais ele praticamente silenciou, mas o Villa do *Uirapuru* e do *Amazonas*, como acentua a musicóloga inglesa Caroline Rae em excelente artigo publicado no mês passado no jornal acadêmico *Music and Letters*: "Ele descreveu Villa como 'a formidável voz da América, seus ritmos selvagens, melodias primitivas e contrastes estridentes que evocam a infância da humanidade." Rae conclui: "Carpentier ignorou os traços neoclássicos de obras como as *Bachianas* porque não se adequavam a seus objetivos estéticos [...] Como empenhado defensor do primitivismo stravinskiano, que ele considerava o único modelo viável para a revitalização tanto da música latino-americana como das tradições europeias, em estado de doente terminal, Carpentier descartou o neoclassicismo como 'o mais inexplicável e estéril movimento da história da música.'"

Se há um recado em *Os Passos Perdidos*, ele inclui também o público musical, além dos instrumentistas, cantores e compositores: abandonem a postura de "geração envenenada pelo sublime". Assumam-se como pertencentes a um "Estado mestiço que sempre têm uma desordem de reserva". A compensação, segundo o Indiano falando a Filomeno em *Concerto Barroco*: "A Grande História alimenta-se de fábulas, não se esqueça disso [...] Eles perderam o sentido do fabuloso. Eles chamam fabuloso tudo que é remoto, irracional, situado no passado [...] Não compreendem que o fabuloso situa-se no futuro." É o mito contra o discurso. Carpentier fez, passo a passo, grande parte do itinerário que nos leva à descoberta de nossa própria afirmação como americanos – do norte, do centro, do sul. Ler seus romances continua a ser fundamental nesse infinito processo de autoconhecimento.

Pena, mas Alejo Carpentier não viveu o suficiente para assistir ao resgate e reestreia, em 2002, da ópera *Montezuma*, de Antonio Vivaldi, 278 anos após sua primeira execução em Veneza. Ele não conheceu a partitura, só teve acesso ao libreto de Avise Giusti – e mesmo assim produziu uma obra-prima superior à produção do compositor barroco. Afinal, o *Montezuma* de Vivaldi é uma colcha de retalhos, com trechos de outras obras suas, e ainda assim os manuscritos encontrados nos arquivos da Singakademie de Berlim dão conta de apenas 70% do libreto. Já Carpentier escreveu um livro fundamental para qualquer habitante das Américas que se dedique à música. E nem é preciso ser livreiro obsessivo para ler a obra. Músico lê pouco, mas *Concerto Barroco* é obrigatório. Basta um pequeno esforço.

A ideia de construir uma história em torno da ópera lhe veio numa conversa em Paris, em 1936, com Francisco Malipiero. Carpentier, além de musicólogo e crítico musical, era ótimo engenheiro de som, e acabara de produzir um disco com o compositor italiano. Este lhe contou que Vivaldi escrevera uma ópera sobre a conquista da América. Mais de trinta anos depois, Carpentier encontrou o libreto. A ação começa no dia do ensaio da ópera e termina nos dias de hoje, praticamente.

Carpentier simplesmente elimina a noção de tempo, matéria-prima por excelência da arte musical e destrói o que o tcheco Milan Kundera chama de a maldição da "continuidade estética". Esta nos faz, por exemplo, nos maravilharmos com uma sonata de Beethoven e ao mesmo tempo rirmos do ridículo de um compositor que hoje compõe uma sonata para piano no mesmo estilo. "A sensação de beleza", pergunta Kundera em *A Cortina*, "em vez de ser espontânea, ditada por nossa sensibilidade, é então cerebral, condicionada ao conhecimento de uma data?" E reclama, resignado: "Não há nada a fazer [...] Nossa consciência da continuidade é tão forte que interfere na percepção de cada obra de arte."

Este achatamento do tempo é vertido de modo genial por Carpentier, numa escrita a um só tempo prodigiosamente barroca e muito atual. Primeiro na voz de Vivaldi, que diz: "Na América tudo é fábula: contos de Eldorados e Potosís, cidades-fantasmas, esponjas que falam, carneiro de velocino vermelho, Amazonas com uma teta a menos e orejones (índios) que se alimentam de jesuítas..." Na América colonial, chamava-se de indiano o descendente de imigrantes espanhóis nascido na América que fez fortuna e retornou à Espanha. É ele quem diz: "De fábulas alimenta-se a Grande História, não se esqueça disso. Fábula parece o que é nosso às pessoas daqui porque estas perderam o senso do fabuloso. Chamam de fabuloso tudo o que é remoto, irracional, situado no ontem." E completa, definitivo: "Não entendem que o fabuloso está no futuro. Todo futuro é fabuloso…"

Carpentier pende para o lado dos americanos então em visita a Veneza, capitaneados pelo riquíssimo amo repleto de prata mexicana e instaura o tempo da fábula. O amo, acompanhado pelo séquito que inclui o criado negro e Filomeno, chega à Bottega de Caffé de Victoria Arduino, onde bebem Antonio Vivaldi, Domenico Scarlatti e Georg Friederich Haendel. Veneza vive seu delirante carnaval. Dali, já meio embriagados, vão para o Ospedale della Pietà, orfanato só de moças. Haendel reclama que "aqui não se leva nada a sério" e que em Londres as pessoas "ouviam música como se estivessem na missa". Vivaldi chama as meninas. Pierina del violino… Cattarina del cornetto… Bettina della viola… e por aí vai. Haendel, o saxão, ficou no órgão, Vivaldi no violino e Scarlatti no cravo. É hilário o capítulo cinco.

"Dá-lhe, saxão do caralho!", gritava Antonio. "Você já vai ver, frade sacana!", respondia o outro. Quando Haendel soltou "repentinamente os grandes registros do órgão", Antonio gritou: "O saxão está de sacanagem com a gente!" Ambiente de jam session erudita.

De manhãzinha, borrachos, eles decidem descansar num cemitério e topam com a tumba de Igor Stravínski. "Bom músico", diz Antonio, "mas às vezes muito antiquado em seus propósitos." "Inspirava-se nos temas de sempre: Apolo, Orfeu, Perséfone – até quando?" Falam do *Canticum Sacrum*. "É que esses mestres que chamam de avançados preocupam-se em saber o que foi feito pelos músicos do passado – e até tentam, às vezes, remoçar seus estilos. Nisso, nós somos mais modernos. Não me importo em saber como eram as óperas, os concertos, de cem anos atrás. Faço minhas coisas, segundo meu real saber e entendimento, e basta." Porém Stravínski disse, cochichou o saxão para Vivaldi, "que você escreveu seiscentas vezes o mesmo concerto". "Talvez", disse Antonio, "mas jamais compus uma polca circense para os elefantes de Barnum."

Entrementes, o negro, que ganhara um trompete no carnaval, vai ao teatro e topa "com o prodigioso Louis". Armstrong, naturalmente. É ele quem redime a tudo e a todos, com suas versões incendiárias de spirituals como "Go Down Moses" e "Jonah and the Whale".

A fábula está conosco, enfatiza Carpentier. Ela é o ritmo que nos diferencia e nos joga para um fabuloso futuro. À Europa de Haendel, Vivaldi, Scarlatti e qualquer contemporâneo, resta repetir o passado. O escritor cubano foi várias vezes acusado de não ser autenticamente cubano, pois seus pais eram russos e além de ter vivido longos períodos em Paris e na Venezuela.

Daí talvez o fato de sempre ter acentuado que seu lado era o dos latino-americanos. Conviveu com Stravínski, colaborou com Milhaud e Varèse, foi muito amigo do maestro Erich Kleiber e de Poulenc. Mas, "como todos os músicos", confessa, "nunca fui capaz de dançar medianamente". "Por isso gostaria mesmo é de ter sido Fred Astaire." Nada mais típico das Américas do que o "fabuloso" Astaire.

Nick Hornby: Discotecário, Escritor, Fã do Arsenal e Agora Compositor

Publicado em O Estado de S. Paulo, *Caderno 2, 18 dez. 2012.*

Não é novidade o intenso caso de amor que o escritor inglês Nick Hornby, 53 anos, mantém com a música. Paixão desmedida, a ponto de funcionar como sua porta de entrada para o modo como vê e se relaciona com o mundo exterior. É a música que lhe dá os parâmetros para criar, amar, viver. Por música, entenda-se música pop. Seu romance *Alta Fidelidade*, de 1995, que narra a história de um dono de loja de discos obcecado por LPs, foi ao cinema cinco anos mais tarde.

O futebol, sua segunda paixão, ajudou a popularizar ainda mais seu nome. Ele é boleiro dos bons, fanático pelo Arsenal e autor de um livro clássico no assunto, *Febre de Bola*. Em sua idade, só dá para jogar futebol nos fins de semana, com os amigos. Impedimento que não existe no reino da música. Daí uma certa expectativa de que mais dia menos dia Nick realizaria seu sonho e se aventuraria a escrever letras de canções pop.

Esse momento chegou. Há dois meses a gravadora norte-americana Nonesuch lançou as onze canções de *Lonely Avenue*, parceria de Nick com o norte-americano Ben Folds, em três versões: 1. Vinil, formato que ele nunca deixou de amar; 2. CD; e 3. Uma luxuosa edição que inclui, além do CD, um livreto de 152 páginas com todas as letras e quatro contos do escritor ("Nipple Jesus", "Not a Star", "Otherwise Pandemonium" e "Small Country"). Tudo em capa dura e ilustrado com fotos de Joel Meyerowitz.

Numa definição um pouco cruel, porém próxima da verdade, Ben Folds, aos 44 anos, é uma espécie de sub Elton John. Talentoso, toca piano, costuma compor música e letra em suas canções. Tornou-se conhecido nos anos 1990 com seu Ben Folds Five. Ou seja, é capaz de escrever aqueles nostálgicos rockabilly dos anos 1950, blues e também rhythm'n'blues sacudidos. Ambos trabalharam à distância: Folds em Nashville, Nick em Londres e se entenderam muito bem. O resultado vocal cheira a Beach Boys. Entretanto quem faz a diferença musical mesmo é o excelente arranjador Paul Buckmaster, não por acaso parceiro preferencial de… Elton John.

Tiozinhos Impecáveis. Um site internacional qualificou o disco como plácido produto de dois tiozinhos. Eu acrescentaria impecáveis, porque o bom gosto frequenta as onze faixas. Setenta por cento do mérito vai para Nick e seus torpedos de alta qualidade literária. Folds não compromete nos 30% restantes.

Em *31 Canções* (todos os livros de Nick são editados no Brasil pela Rocco; este é de 2005), ele afirma que é muito raro encontrar uma boa letra de música no mundo pop, mas não impossível. "Não há dúvida de que as letras são o calcanhar de aquiles do fã letrado do pop. Quanto mais tolerantes somos com a pretensão ou as impropriedades literárias do nosso artista favorito, mais fácil fica esquecer que compor canções é uma arte distinta da poesia [...] você não tem que ser um Bob Dylan [...] pode, se é corajoso, tentar ser Cole Porter e almejar textura, detalhe, sagacidade e verdade."

Pois Nick mata a cobra e mostra o pau. As letras das onze canções são notáveis, porque funcionam como microcontos. Veja a primeira canção, "A Working Day" ou "Um Dia de Trabalho", que conta a amarga história de um songwriter fracassado na primeira pessoa. Ele começa dizendo "Consigo fazer isto / Acredite / Sou bom o bastante / Sou tão bom quanto eles / Não precisa acreditar em mim / Pergunte aos meus amigos / Pergunte à minha irmã / Todos eles acham que minhas composições são de boa qualidade / No topo das paradas ao lado de qualquer um dos astros / Tudo o que eu preciso é de uma oportunidade / Sou um gênio." Mas depois cai na real: "Um sujeito na rede acha que eu sou uma droga / Ele deve saber o que diz / É dono do seu próprio blog / Sou um perdedor, sou um fingido / Acredite, já era / Estou falando sério e encerrando a carreira / Tudo que eu componho é um lixo."

Provocação. "Arte é provocação. É conseguir tirar uma reação das pessoas. E eu consegui." Lembra os urubus de Nuno Ramos, mas tal afirmação está na boca da personagem Dave, segurança de uma galeria de arte que vigia um quadro com a figura de Jesus feita com pares de seios de todos os tamanhos e feitios, no conto "Nipple Jesus", um dos quatro presentes na edição de luxo de *Lonely Avenue*. Nick faz isso numa das canções mais inesperadas do CD, "Levi Johnston's Blues". Levi é o meninão que, em 2008, em plena campanha eleitoral nos Estados Unidos, engravidou Bristol, a filha de Sarah Palin, candidata à vice-presidência pelo Partido Republicano – episódio real, mas parecido com o do filme *Gaiola das Loucas*. Nick fez uma letra corrosiva e irônica: "Acordei esta manhã, adivinhem o que vi? / Três mil câmeras apontadas para mim / Um sujeito diz 'Você é o Levi?' Respondo 'Este sou eu, excelência!' / 'Bem, você engravidou a filha da candidata à vice-presidência'

[…] / 'Por onde você andou, na delinquência? / Sua sogra está a apenas um passo da presidência'/ Eu digo, 'Sogra? Eu e Bristol não vamos nos casar' / Eles dizem, 'Vão sim, ela acaba de anunciar.'"

Talentoso, Ben Foldes É uma Espécie de "Sub Elton John". "DOC POMUS" (trecho): "Um homem na cadeira de rodas no saguão do Forrest / Ao lado de grotescos, vigaristas, milionários na bancarrota / Mafiosos, policiais, putas, cafetões e marxistas / Todas as facetas da vida humana estão ali / O homem na cadeira de rodas escuta a conversa / Ele escreve todas as besteiras loucas que ouve / Não pode se locomover, mas isto não importa de fato / No Forrest uma pessoa precisa apenas de olhos e ouvidos / E lá vêm eles, os sucessos e fracassos / Turn Me Loose, Lonely Avenue / E lá em Nashville Elvis canta Suspicion / Pomus / Shuman, 1962 / E ele jamais poderia ser um daqueles aleijados felizes / Do tipo que sorri e diz que a vida é boa / Ele era furioso, assustado e amargo / E descobriu uma maneira de ganhar dinheiro com seus sentimentos / De volta ao Forrest, no restaurante de carnes perto do saguão / Outro comensal recebe três balas na cabeça / Doc abaixa o olhar e continua a comer seu linguini…"

De Onde Veio o Guru Doc Pomus. Como em seus romances e contos, as letras das canções de Nick Hornby às vezes também precisam de uma bula pop – a menos que você seja uma enciclopédia viva do gênero nos últimos setenta anos.

"Lonely Avenue", por exemplo, que dá título ao álbum, é um dos maiores sucessos da carreira de Ray Charles nos anos 1950 e emocionado tributo a um dos mais amados gurus de Nick, embora desconhecido por aqui: Doc Pomus (1925-1991).

Um dos mais talentosos e ao mesmo tempo sombrios gênios do rhythm'n'blues, Jerome Sólon Felder adotou o pseudônimo Doc Pomus na década de 1940. Paralítico e branco, venceu num domínio que então era reserva de mercado negra. Seu cartão de visitas tinha, além do nome, a inscrição "tenho meus próprios problemas". Transitava, cantou e tocou com gente como Duke Ellington e o saxofonista Lester Young e foi uma usina de obras-primas. Teve como parceiro preferencial Mort Shuman, sobretudo nas canções que fez para Elvis Presley.

Dê uma lida na letra da canção "Doc Pomus" reproduzida acima. Nick cita várias criações de Doc que viraram megassucessos. Elvis gravou vinte canções dele, incluindo "Suspicion", "Little Sister" e "Viva Las Vegas"; B.B. King gravou "There Must Be a Better World Somewhere" e o ídolo teen dos anos 1950, Fabian, cantou os clássicos "Turn Me Loose", "Hound Dog Man" e "Tiger". E Phil Spector, que produziu *Let it Be*, o último disco dos Beatles, fez sucesso com "Young Boy Blues", "Ecstasy", "Here Comes The Night" e "What Am I to Do?".

Você não conhece Fred Neil, porém ele assina músicas que estão no seu inconsciente, como "Other Side of the Life", para Jefferson Airplane; "Candy Man", para Roy Orbison; e "Everybody's Talkin", famosa por ter sido usada na trilha de *Midnight Cowboy* (Perdidos na Noite). Jack Benny (1894-1974) foi ator e comediante, um dos grandes entertainers do século xx. Eydie Gormé, hoje com 79 anos, fez uma dupla famosa com seu marido Steve Lawrence nos anos 1950 e conquistou sucesso mundial em gravações cantando "Sabor a Mi" com o trio Los Panchos. Damon Runyon Jr. (1918-1968) era escritor formidável sobretudo no conto. Alguns deles, que figuram na antologia *Guys and Dolls*, foram condensados e misturados no célebre musical de mesmo título, de 1950, assinado por Frank Loesser, Jo Swerling e Abe Burrows, levado ao cinema cinco anos depois, com o título em português *Eles e Elas*. Como se vê, a letra de Doc Pomus é um autêntico Whos's Who cifrado do show biz pop. Nick reuniu, como diz um verso da canção, "todas as facetas da vida sobre-humana".

A Música Faz Bem

Publicado em *O Estado de S. Paulo*, Caderno 2, 14 jan. 2012 (artigo "É Somente Música, Mas Faz um Bem Danado").

"Ismael e Chopin" Acompanha a Amizade Inusitada Entre um Coelho e o Grande Compositor Polonês.

A primeira vez que o coelho Ismael – único entre 52 irmãos escolhido pelo pai Maltese para lhe passar todos os seus conhecimentos – ouviu os sons que vinham da sala, ficou "preso de encantamento". "Era um som surpreendente, que nunca antes tinha ouvido e que, entre todos os sons que eu conhecia, só me fazia lembrar um pouco o som do ribeiro correndo entre as pedras e as raízes das plantas. Mas este era um som mais harmonioso e profundo, que ora parecia alegre ora parecia triste."

Ao registrar o encontro entre o coelho e o adoentado Frédéric Chopin tocando um de seus noturnos ao piano, que renderia uma insólita amizade graças à habilidade do animalzinho de entender a linguagem dos humanos, o escritor português Miguel Sousa Tavares define de modo simples a essência da música. Pois sua maior qualidade é o fato de ser imediatamente acessível. O livro *Ismael e Chopin* visa ao público infanto-juvenil, entretanto é certeiro em suas reflexões sobre a natureza da música. Até parece que Tavares leu uma frase surpreendente do poeta italiano Giacomo Leopardi. Em plenos anos 1820, Leopardi escreveu que "o princípio da música e de seus efeitos não pertence à teoria do belo, mas é assunto de cheiros, gostos e cores, e assim por diante… por isso não surpreende que selvagens e até animais tenham prazer quando ouvem música". Entendê-la no sentido mais básico, raciocina Charles Rosen em seu livro *Music and Sentiment* (Música e Sentimento), significa "simplesmente gostar dela quando você a ouve". A identificação que faz Leopardi da arte da música com a de cozinhar e a da alquimia dos perfumes, completa Rosen, "implica que a música atende aos mais básicos e menos intelectuais instintos humanos".

Numa de suas excursões pelo mundo à sua volta em busca de conhecimento, o coelho Ismael conversa com a árvore Eternidade, que lhe pergunta: "Devem ser coisas bem diferentes, a música e o mar? É como se comparasses a lua com o vento. De qual gostas mais?" O coelho é sincero: "Mais do que tudo, gosto da música. Mas não me pergunte por quê!" O problema e a magia da música existem porque ela tem uma gramática e sintaxe riquíssimas e ao mesmo tempo vocabulário ambíguo. Por isso mesmo, diz Rosen, "quando quer chegar perto da sutileza e ressonância emocional da música, a linguagem recorre aos métodos poéticos".

Tavares diz no posfácio que o livro nasceu num fim de tarde quando, no terraço de uma casa no campo, ouvia o filho pianista. "O som chegava cá fora por uma janela aberta quando vi um coelho bravo que vinha correndo e subitamente parou ao ouvir a música e ali ficou, estático, a ouvi-la."

A segunda reflexão chave do livro é daquelas essenciais, que divide há séculos os estudiosos. Para que serve a música?, pergunta Ismael ao pai, logo depois de ouvir Chopin ao piano pela primeira vez. A resposta de Maltese é antológica. "Pois isso é que é fantástico: se pensarmos bem, a música não serve para nada. De todos os sons da natureza, é o único que não se sabe para que serve. [...] Não serve para nada: só para ouvir. E o que é extraordinário é que tenham sido os homens a inventar a música."

A música, sobretudo a instrumental, não serve para nada e ao mesmo tempo serve para tudo. Por isso Igor Stravínski afirmou que a música é apenas som em movimento, não quer dizer nada além de sons, mas provoca sentimentos, sensações.

Beethoven, sabe-se, instaurou o primado da música instrumental de modo contundente. Um episódio pouco conhecido, ressaltado pelo pesquisador Maynard Solomon, dá conta de que ele demorou semanas para visitar, em 1804, uma de suas raras alunas de piano, Dorothea von Ertmann. Ela perdera seu filho de três anos e passou um bom tempo com o choro travado. Beethoven entrou e anunciou: "Vamos nos falar agora por meio de sons." Tocou por mais de uma hora. Segundo uma testemunha, a música fez Dorothea finalmente conseguir chorar. Retirou-se em silêncio, enquanto ela soluçava. Afinal, a música é muito mais precisa neste universo do que a linguagem, porque mexe com nossos instintos.

A música nasceu antes do *homo sapiens* e sobreviverá a ele. Ao despedir--se do coelho Ismael entregando-lhe uma partitura de um de seus noturnos, Chopin lhe diz: "Quero que tu a guardes e um dia os filhos dos filhos dos teus filhos hão de entregá-la a alguém que finalmente há de ouvir e dizer ao mundo que encontraram uma nova música de Chopin [...] nesse dia, tu e eu estaremos mortos há muito tempo. Mas a música, não."

García Márquez:
Do Bordel à Sala de Concertos (e Vice Versa)

Publicado em *O Estado de S. Paulo*, Caderno 2, 14 abr. 2014.

Do bordel para a sala de concertos – este foi o caminho percorrido pelo escritor colombiano Gabriel García Márquez no domínio musical. Um longo e divertidíssimo itinerário de mais de meio século de vida que fica meio submerso em seus romances, contos, memórias e no trabalho jornalístico. Em *García Márquez Canta un Bolero*, o jornalista e pesquisador espanhol César Coca traz à tona essa faceta velada do autor de *Cem Anos de Solidão*: "Poucos autores", diz em seu delicioso livrinho, "escreveram tanto sobre música sem tê-la jamais como eixo central de suas histórias, ao menos nas obras literárias."

Jamais estudou música, mas confessou várias vezes que "passo mais tempo ouvindo música do que lendo livros". Entre sua segunda matéria jornalística, em 1948, aos 21 anos e na qual já fala de um acordeon, instrumento fundamental de sua infância, e seu último romance, *Memória de Minhas Putas Tristes*, de 2004, "verdadeira festa musical" na expressão de Coca, a música é subtexto permanente.

A maior surpresa é que a música dita clássica ocupa espaço bem maior do que o previsível em seu imaginário ficcional e pessoal. Num conto publicado no jornal *El Heraldo*, de Barranquilla, lê-se que uma marquesa dona de 32 canários os regia como uma orquestra; ganhou do maridão o presente que faltava, um elefante branco para fazer as vezes do contrabaixo.

Em 1957, em Moscou, é verdade que dormiu na ópera *Príncipe Igor* de Borodin, mas essa relação mudou radicalmente. Na cerimônia do Nobel, em 1982, os organizadores colocaram o *Concerto Para Orquestra* de Bela Bartók, sabendo de sua paixão pelo húngaro. Por falar em Bartók , pode-se até dizer que ele permaneceu prioritariamente na letra "B". Seus gênios preferidos atendem por Bach, Beethoven, Brahms... e Beatles.

Pode ser porque estaria no fim do alfabeto, na letra "V", mas a verdade é que Gabo jamais citou Villa-Lobos, nos livros e em matérias jornalísticas. Porém fez, em 1942, o trajeto longo de Barranquilla a Bogotá num barco pelo rio Magdalena, o mesmo que dá título a uma opereta do Villa que fez algum sucesso na Broadway.

Justiça seja feita, Márquez permaneceu polifônico a vida inteira. Curtia as seis suítes para violoncelo solo de Bach e o concerto n. 3 para piano e orquestra de Bartók com a mesma espontaneidade que cantava dezenas de boleros, tangos, salsas, merengues e vallenatos (variante da cumbia colombiana). Em Bogotá, lia na Sala de Música da Biblioteca Nacional ouvindo música clássica.

Foi sem escalas de Gardel (vestia-se como o autor de "El Dia Que Me Quieras") ao bolerista Armando Manzanero, do *Carnaval dos Animais* de Saint-Saëns a raridades do repertório clássico como o *Concerto Gregoriano Para Violino e Orquestra* de Respighi ("obra muito bela e rara"). Nos anos 1980, foi visto discutindo as missas de Bruckner.

Quer saber qual a trilha sonora que o embalou nos anos 1960 ao parir *Cem Anos de Solidão* no México? "Só tive dois discos que gastaram de tanto que os escutei: os *Prelúdios* de Debussy e *A Hard Day's Night* dos Beatles." Na década seguinte, *Outono do Patriarca* também foi gestado sob o signo da música: "Bartók e toda a música popular do Caribe."

Quando dinheiro não era mais problema, construiu uma discoteca fantástica, ordenada por instrumentos. "O violoncelo, meu favorito, de Vivaldi a Brahms; o violino, de Corelli a Schoenberg; o cravo e o piano, de Bach a Bartók. Até descobrir que tudo que soa é música, incluindo-se os sons dos talheres e pratos na pia."

Demorou a aprender a escrever com fundo musical adequado para o momento. Conseguiu e dá a sua receita: "*Noturnos* de Chopin para os episódios calmos, sextetos de Brahms para as tardes felizes. Mas não voltei a ouvir Mozart durante anos, desde que me assaltou a perversa ideia de que Mozart não existe, porque quando é bom é Beethoven, e quando é ruim é Haydn."

Música como prazer, música com sabor, música sensorial. É assim que García Márquez sempre a viveu. "No forte verão de Roma, tomei uma vez um sorvete que não me deixou a menor dúvida: sabia a Mozart." Mas seu mote maior em música, na literatura e na vida, foi este: "A beleza em suas expressões mais elevadas é o amuleto mais eficaz contra o mau agouro."

Frases

Cem Anos de Solidão é um vallenato de 400 páginas e *O Amor nos Tempos do Cólera* um bolero de 380.

Música na ilha deserta: as suítes para cello de Bach. "E se fosse preciso escolher, a n. 1. Conheço várias versões, e claro a de Casals, mas a que mais me comove é a de Maurice Gendron.

Beethoven seria um dos compositores mais solicitados em Hollywood, por sua criatividade inesgotável.

Brahms: um dos maiores. Merece todo o meu respeito por haver sido pianista de bordel em Hamburgo."

Meloterapia: para regular o funcionamento do aparelho digestivo, tomar em jejum uma dose apropriada de Beethoven; para desarranjos musculares, doses desproporcionais e alternadas de Bach e Wagner.

Virginia Woolf:
O Valor do Riso ou uma Vida ao Som da Música.

São 31 textos curtos. A maior parte de crítica literária. Algumas minibiografias a propósito de efemérides de figuras reais, várias femininas, protótipos de sua obra-prima *Orlando*. Crônicas irresistíveis sobre uma mariposa ou a crítica e até um hilário tratado sobre o riso. Versátil, Virginia Woolf ganhou seu pão diário escrevendo para a imprensa inglesa.

"O valor do riso" é o maravilhoso ateliê no qual experimenta as mais variadas receitas de escrita. E, o melhor para os musicomaníacos, deixa escapar que a música é um dos principais vetores de sua criação artística, ao contrário de seus parceiros de Bloomsbury, mais afeitos às artes visuais. Em 1901, aos dezenove anos, afirma que a única coisa que vale a pena neste mundo "é música – música e livros, e um ou dois quadros". Aos 58, confessa que "penso sempre em meus livros como música antes de escrevê-los".

Adorava Mozart, Beethoven e Schubert. Fez do ritmo o núcleo gerador de sua arte, na expressão do crítico de arte e pintor Roger Fry, amigo dileto e figura-chave de Bloomsbury. Ou, como aponta o tradutor Leonardo Froes em seu excelente texto introdutório, "o uso exaustivo do ponto e vírgula; a repetição ocasional de palavras ou frases; perguntas frequentes ao leitor ou à própria reflexão de quem escreve; e o meticuloso emprego de travessões enfáticos são alguns traços marcantes" de sua prosa.

Em 1921, compara-se a "um improvisador com suas mãos passeando pelo piano", o que remete ao ensaio inicial de "O Valor do Riso": "Músicos de Rua" é mais do que um flanar despretensioso pelos sons das bandinhas e músicos de rua londrinos nos idos de 1905. Mostra como a música é essencial, vital para o ser humano. Foi seu primeiro artigo na imprensa. Qualifica como divina a chama de um velho tocando violino na rua e anota o preconceito empolado do pessoal do andar de cima contra esta arte livre e perigosa. "É de fato impossível não respeitar qualquer um que tenha dentro de si um deus como esse; porque a música que se apodera da alma, e que assim torna esquecidas a nudez e a fome, deve ser divina em sua natureza."

Publicado em *O Estado de S. Paulo*, Caderno 2, 11 fev. 2015.

A jovem ousada de 23 anos termina sugerindo que se as melodias de Beethoven, Brahms e Mozart fossem doadas aos pobres pelos ricos e ouvidas nas esquinas, "é provável que todos os crimes e contendas logo se tornassem desconhecidos, podendo fluir melodiosos, em obediência às leis da música, o trabalho das mãos e os pensamentos da mente". Assim, "do nascer ao pôr do sol nossa vida poderia passar ao som de música".

Jazz & Cia.

Dá Para Conciliar Entretenimento e Criação de Qualidade na Música Popular?

É possível conciliar entretenimento e criação de qualidade na música popular? A pesquisa rigorosa, que tradicionalmente só costumava frequentar a música clássica, começa a dar algumas respostas consistentes à questão. Uma nova geração de musicólogos norte-americanos vem se debruçando sobre algumas das figuras mais emblemáticas do universo popular. Fulmina preconceitos, elimina inverdades, constrói finalmente a verdadeira persona de celebrados criadores. Os exemplos mais recentes são duas biografias que mostram como sabíamos pouco sobre gênios como Thelonious Monk (1917-1982) e Duke Ellington (1899-1974). Na primeira, lançada em outubro do ano passado, Robin D.G. Kelley, professor de História na Universidade de Southern Califórnia, prova que Monk não era o maluco que a mídia criou: era família, estudou piano clássico com um músico da Filarmônica de Nova York, adorava Bela Bartók. Seu jazz "originalíssimo" não veio do nada e não nasceu "pronto", como nos venderam durante décadas. Kelley foi o primeiro a ter acesso aos arquivos da família Monk. O segundo exemplo, ainda mais notável, é *Duke Ellington's America*, de Harvey G. Cohen, lançado mês passado nos Estados Unidos pela Editora da Universidade de Chicago. Cohen é professor no King's College de Londres e estabelece um divisor de águas nos estudos ellingtonianos, até agora restritos ao anedotário ou a ensaios musicológicos técnicos demais. Cohen autointitula-se "historiador cultural", e aí está a chave para entendermos a novidade do seu livro excepcional. Ele foi o primeiro a mergulhar nos milhares de documentos relativos a Duke Ellington do Smithsonian de Washington, instituição dedicada à preservação da história norte-americana. Como Kelley no caso de Monk, Cohen pesquisou por

Publicado em *O Estado de S. Paulo*, Sabático, 26 jun. 2010.

uma década. Mais do que o vida-e-obra ou descrições de turnês e gravações misturados com depoimentos de músicos próximos, Cohen tenta "entender as conquistas e contribuições de Ellington em mais de meio século no contexto das realidades pragmáticas que ele enfrentou e habilidosamente manipulou, enquanto tocava uma longa, variada e rara carreira no instável mundo da música popular". Ele também "documenta o *status* de Ellington como 'herói cultural' e figura pública mundialmente famosa que 'media tensões públicas', servindo como um totem para importantes e controvertidas mudanças que aconteceram na sociedade de modo mais amplo". Nessa altura, Cohen joga luzes na pergunta que abre esse artigo: "Milhares de documentos demonstram como ele mediou tensões entre a arte americana séria e popular, entre a cultura intelectual e a popular, entre criatividade e conformismo, democracia e comunismo, e especialmente entre negros e brancos. Com suas ações e sua obra, por mais de meio século ele mudou a cultura norte-americana, transformando a paisagem artística e racial da nação."

Marketing Puro. Cohen dedica mais da metade do livro esmiuçando seu último quarto de século de vida, a parte em geral menos estudada da carreira do Duke, em que ele quebrou sucessivamente vários paradigmas, chegando aos três ambiciosos e injustamente mal compreendidos concertos sacros. Nem por isso a primeira parte é descartável. Ali, ele nos mostra por que e como Ellington foi capaz de manter uma carreira tão longa, sempre apoiado no sucesso popular e sem abrir mão da experimentação. Foi marketing puro. Acompanhem a equação objetiva de Cohen – o problema: como artistas negros conseguem escrever sobre a história, caráter e problemas conectados com sua raça e criar a grande arte sem descambar para a polêmica?; e como esses artistas, vindos de minorias discriminadas, desenvolvem um público amplo o suficiente para sustentar sua arte, sem trair seus ideais? A solução: uma campanha de marketing concebida por Ellington e seu empresário Irving Mills entre 1926 e 1939, que "vendeu" para a opinião pública sua imagem como a de um compositor sério e um gênio. "O mote era compará-lo", escreve Cohen, "aos artistas líderes brancos, populares e eruditos. Mills criou uma marca que traduzia atributos que reverberavam na imaginação da América: talento, respeitabilidade, orgulho de ser negro, história negra, liberdade, a própria América, enfim." Essas noções eram valorizadas na Grande Depressão dos anos 1930 – e, nas décadas seguintes, o governo usou sua figura, como as de Louis Armstrong e Dizzy Gillespie, entre outros, como ferramentas na guerra fria cultural com a URSS nos cinco continentes. A origem de Ellington, washingtoniano de classe média, ajudou bastante. Como músico, ele elegantemente subvertia estereótipos de como os negros se vestiam, comportavam-se e criavam. Sua música serviu como forma de ativismo que refletiu suas prioridades de longo prazo de infiltração, mais do que confronto, no universo da maioria branca. Irving Mills (1894-1985), o marqueteiro dublê de empresário e editor musical, agiu como Benedito Lacerda com Pixinguinha. Ou seja, faturou muito "colocando seu nome em dúzias de composições de Ellington dos anos 1920 e 1930 que com certeza não escreveu", escreve Cohen. Clássicos geniais como "Mood Indigo", "Solitude", "Sophisticated Lady", "Black and Tan Phantasy" e a antológica "It Don't Mean A Thing (If It Ain't Got That Swing)". Lacerda, que divulgou Pixinguinha, assina com ele clássicos de cuja criação passou longe. Gemas como "Sofres Porque Queres", "Naquele Tempo", "Canhoto" e "Um a Zero". Música para todos. Na verdade, e sem cinismo nenhum, Ellington foi gênio não só por sua música, mas sobretudo pela capacidade de fazer música para todo tipo de público, de modo a manter seu custoso instrumento particular: sua preciosa *big band* de dezoito músicos notáveis, que receberam bons salários nas 52 semanas do ano por cinco décadas. Para manter tudo isso, cultivou a rara habilidade de sempre apresentar novidades e para vários públicos diferentes. Tomemos a temporada de 1956-1957, por exemplo. Ele lançou um disco com o show do Newport Jazz Festival contendo uma nova suíte; um disco ligado a um especial de TV contando a história do jazz; uma celebração refinada das peças de Shakespeare na suíte "Such Sweet Thunder", estreada num festival Shakespeare no Canadá; e o disco *Ellington Indigos*, uma seleção de *standards* bastante conhecidos, alguns como "Mood Indigo", é claro, do próprio Ellington. Havia ali uma penca de novidades: sofisticação com a suíte baseada em Shakespeare; manutenção do grande público por meio da televisão; pirotécnicos shows no mais celebrado festival de jazz, o Newport; e músicas conhecidíssimas num LP para continuar vendendo muito. Faça você mesmo o teste. Estão nas lojas brasileiras três CDs que comprovam a tese de Cohen: 1. *Black, Brown and Beige* (Sony), a suíte obra-prima de 1943, que conta a história dos negros da chegada aos Estados Unidos até a vida urbana nos anos 1940, estreada no Carnegie Hall, com atrevimentos como pôr Mahalia Jackson improvisando ao ler o Salmo 23 com Ellington e outros músicos ao fundo; 2. *Ellington Indigos* (Sony) de 1957, uma série de baladas para os casais dançarem de rosto colado; e 3. *Live in Zurich 1950* (Biscoito Fino), modelo dos shows pioneiros de Ellington em teatros (chegou a fazer cem só em 1947).

Entertainer Sem Culpa. "Ele não via nenhuma contradição nisso", escreve Cohen. Era um artista sério e um entertainer sem culpas. "Durante a Segunda Guerra, no momento de sua maior exposição pública, podia-se ouvir suas composições tanto nas jukeboxes espalhadas por todo o país como ao vivo no Carnegie Hall." Resumindo: sua música provou, durante décadas, que é possível a coexistência de grande popularidade com grande arte. Desde que haja, ao lado da competência musical, a paralela e complementar habilidade mercadológica. É doloroso que um músico tão talentoso quanto Ellington, o nosso Pixinguinha, por exemplo, seu contemporâneo exato, tenha se aposentado mais de vinte anos antes de morrer só porque não tinha um bom marqueteiro ao seu lado.

Brasilidade. A historiadora Virgínia de Almeida Bessa remexe um pouco nisso no artigo "Imagens da Escuta: Traduções Sonoras de Pixinguinha" do recém-lançado livro coletivo *História e Música no Brasil*, um bom exemplo de "história cultural" aplicada à música. A partir de 1952, "o autor de 'Carinhoso' passou a ser cultuado – não mais como um músico ativo, mas como um museu vivo, um depositário das tradições populares do país, transformando-se, assim, em um dos principais símbolos musicais da brasilidade". Ou seja, tiraram-lhe simplesmente o espaço social para continuar criando nos 21 anos de vida que ainda teria pela frente. Ele queria ser apenas um músico vivo e não um museu vivo. Ao contrário, Ellington aprendeu direito a lição de Mills e continuou ativíssimo e músico de sucesso planetário até a sua morte, em 24 de maio de 1974.

Satchmo:
Quando a Época e o Gênio se Cruzam

Já estava mais do que na hora de a literatura jazzística ultrapassar o nível do anedotário e fincar pé em ferramentas de análise histórica, cultural e tecnicamente musicais mais sólidas. Este pequeno milagre acaba de se realizar com o lançamento, nos Estados Unidos, de uma nova coleção de estudos jazzísticos: *Oxford Studies in Recorded Jazz*, que busca inserir cada registro fonográfico no seu contexto artístico e cultural e ao mesmo tempo pôr lupa em cada gravação. Temos, aleluia, o melhor de dois mundos. Isto é, texto e contexto. O primeiro estudo, disponível em papel e em formato digital, é *Louis Armstrong's Hot Five and Hot Seven Recordings*, estupenda pesquisa de Brian Harker, professor de teoria e história da música na Universidade Brigham Young. Ele se concentra em sete gravações excepcionais de Armstrong, feitas por seus dois grupos – Hot Five e Hot Seven – entre 1925 e 1928: "Cornet Chop Suey", "Big Butter and Egg Man", "Potato Head Blues", "S.O.L. Blues", "Gully Low Blues", "Savoy Blues" e "West End Blues". É consenso que elas constituem a primeira revolução na história do jazz e entronizaram Louis Armstrong como seu primeiro grande solista. Mas essa é uma visão retrospectiva, vista com quase um século de distância.Será que as coisas aconteceram assim? Harker se faz essa e outras perguntas instigantes: e se pudéssemos recuperar a perspectiva do público que assistiu aos shows e comprou os 78 rotações nos anos 1920, mas sem abandonar nossa própria perspectiva atual? Em que medida isso mudaria nossa compreensão desses discos seminais?

"Tradicionalmente", diz Harker, "os estudos sobre os inícios do jazz enfocavam os discos como obras de arte atemporais, tratando-os mais do ponto de vista crítico do autor do livro do que da perspectiva dos músicos que os fizeram. Esses estudos enfatizam o gênio universal dos músicos e a influência que tiveram em outros músicos. Mais recentemente, as abordagens ficaram mais contextualizadas. Os novos estudos querem mostrar como os participantes originais viram seu trabalho e menos o impacto sobre as gerações seguintes." Harker dá de barato que Armstrong mudou a face do jazz. Argumenta que ele não fez isso apenas seguindo sua genialidade *in abstracto*, mas "respondeu

Publicado em *O Estado de S. Paulo*, Sabático, 14 abr. 2012.

a estímulos de seu ambiente, elementos que os críticos tradicionais ignoraram qualificando-os como intromissões comerciais incompatíveis com seus extraordinários dons. Às vezes, forças sociais parecem influenciar suas decisões musicais; outras vezes, como na questão da coerência estrutural, ele foi contra a corrente, em direções opostas às de seus colegas".

A chave do livro é mostrar que os contextos do vaudevile e do *show business* foram cruciais para o nascimento do Armstrong que hoje celebramos. Em junho de 1924, a revista *Etude* publicou que "o jazz cresceu, foi para o colégio e agora está pronto para a universidade". O articulista, embasbacado com a estreia da "Rhapsody in Blue" de Gershwin com a orquestra de Paul Whiteman em fevereiro daquele ano, apostava que o futuro do jazz estaria na sua fusão com a música clássica. "A revista apostou errado", diz Brian Harker logo na introdução de seu excepcional livro. Nos três anos seguintes, quem abriu sua escola foi o "professor Louis", que logo começou a "ensinar": gravou setenta discos de 78 rotações entre 1925 e 1928 para a Okeh Records. Os Hot Five mudaram a natureza do jazz instrumental nos anos 1920. Em 1925, o jazz estava entre a polifonia New Orleans de King Oliver e a homofonia do hoje desconhecido Jean Goldkette, indica Harker. Ninguém previu a ascensão de alguém como Satchmo. Detalhe importante: os ouvintes dos anos 1920 entenderam a música dos Hot Five como música para dançar tradicional de New Orleans, feita para imigrantes do sul (os *race records*), e como nova forma de entretenimento, como as que se veem num palco de vaudevile. "Seus contemporâneos subestimaram o significado de sua música em termos puramente musicais."

Armstrong é visto como inovador, e raramente lhe dão crédito como consolidador. "Na verdade", detecta Harker, "ele queria unir diversas correntes do jazz e da pop music. Quis reconciliar as agendas contrastantes do hot e do sweet jazz (como Fletcher Henderson, Duke Ellington e Fats Waller, entre outros). Ao pegar de Whiteman só o lado sweet, soft, mas não seus elementos escancaradamente sinfônicos, e manter suas tradições hot, Armstrong mudou as regras do jogo [...] Essa conquista abriu caminho para o casamento entre arte e comércio na era do swing – em que a música em seus melhores momentos agradava tanto ao grande público quanto aos críticos."

Corretamente, o autor insiste que não devemos entender essas gravações do mesmo jeito que as modernas, como improvisos melódicos sobre a base harmônica do tema. "O problema é que esse modelo (historicamente) posterior às vezes não se ajusta aos primeiros solos de Armstrong", esclarece. Ao contrário, algumas das características marcantes podem ser mais bem explicadas remetendo-nos às verdadeiras convenções do show business que ele superou. "Armstrong conhecia do *showbiz* o vaudevile, um palco onde o artista precisa divertir o público e empilhar novidades." Harker mostra como isso é evidente em "Cornet Chop Suey", a seu ver "a primeira gravação a prognosticar um novo futuro para o jazz". Entra aí o "New Orleans clarinet style". Armstrong revelou, numa entrevista bem posterior a respeito de suas execuções dos anos 1920, que "era como um clarinetista, tocava rápido". "Foi uma tentativa consciente de tocar num estilo não idiomático, para se destacar dos demais", deduz Harker.

"Cornet Chop Suey" foi tocada em público pela primeira vez em 18 de janeiro de 1924, e ele só a gravou dois anos depois. A música é tratada como "foxtrote para dançar". Mas a cadenza da abertura é levada a sério. O próprio Armstrong disse que "poderia ser tocada como solo de trompete ou com orquestra sinfônica". Isto é, ele quis mesmo, nesses quatro compassos extraordinários, chocar o público com uma pitada típica da música de concerto. Para um Beethoven, são quatro compassos banais; mas para um negro de New Orleans, sem estudo regular, a intenção da cadenza é algo milagroso. Modesto, Harker reconhece: "Armstrong provavelmente rejeitaria o meu projeto", referindo-se às análises de seus solos com terminologia e conceitos associados à música clássica europeia. Mas aplica como antídoto uma frase hilária do próprio Satchmo: "Não se preocupe se uma vaca preta der leite branco. Apenas beba o leite." Aos detratores atuais, avisa: "Uso essa linguagem porque não conheço sistemas alternativos para examinar passagens musicais específicas com a mesma precisão." E adverte: "Em suma, presumo sempre que o contexto cultural tem pouco significado sem um texto." Isto é, texto, só no contexto. E *vice versa*.

Fred Astaire,
no Ritmo do Jazz

Publicado em *O Estado de S. Paulo*, Sabático, 24 de Setembro de 2011.

Um voo rasante sobre a produção ensaística a respeito das "performing arts", especialmente a música nos Estados Unidos na última década, deixa a impressão de que finalmente, depois da histórica emulação da arte e da cultura europeia, o universo acadêmico começa a assumir uma atitude menos dependente. É evidente que os próprios criadores já se alforriaram há muito. A reflexão quase sempre vem a reboque do ato criador.

Dois são os vetores desses gritos de libertação. Primeiro, a aceitação orgulhosa de que as músicas norte-americanas são privilegiadas na manipulação inteligente da corda bamba entre as exigências do mercado e a criação propriamente dita. Os exemplos mais notórios aconteceram nas décadas de ouro da música popular no século XX, *grosso modo*, entre 1920 e 1960: os musicais da Broadway e de Hollywood, nos quais brilharam nomes como Fred Astaire; o jazz tão popular que produzia *kings* como Benny Goodman, Duke Ellington e Count Basie; sem esquecer os compositores que encapsulavam em três ou quatro minutos gemas dignas de um *lied* de Schubert como, por exemplo, Irving Berlin, George Gershwin e Cole Porter.

As monografias dos últimos anos têm funcionado como colchões conceituais que justificam esteticamente o caráter único dessas artes que vivem de mãos dadas com o mercado e ainda assim escapam da banalidade. O livro *The Life and Times of an American Original* de Robin Kelley sobre Thelonious Monk, o sumo sacerdote do bebop, mostra, para espanto geral, que Monk estudou música clássica a sério, adorava Bela Bartók e, apesar de ser bipolar, compôs uma persona para consumo do grande público. Com uma só tacada, desfez os mitos do gênio que chegou pronto e do maluco pirado. Harvey G. Cohen, em *Duke Ellington's America*, enfoca as conquistas e contribuições do Duke em mais de meio século no contexto das realidades pragmáticas que enfrentou, enquanto tocava uma variada e rara carreira no instável mundo da música popular. Ao contrário do exotismo de Monk, Ellington usou a filosofia do uma-no-cravo-outra-na-ferradura: alternava músicas populares com suítes sofisticadas como *Such Sweet Thunder*, baseada em peças de Shakespeare.

Possivelmente o exemplo mais atrevido dessa tendência é *Music Makes Me*, de Todd Decker, professor de música na Universidade de Washington em St. Louis. O livro acaba de ser lançado nos Estados Unidos e é um primor de refinamento. Inova na consolidação da tese ampla de que é possível conciliar entretenimento e criação de qualidade nas artes massificadas porque parte de um artista "comercial" e mostra seu DNA jazzístico, que transplantou para sua arte que atingiu milhões no mundo inteiro. Seu objeto de estudo é Fred Astaire (1899-1987), o sensacional *tap dancer* (sapateado), bailarino e coreógrafo, parceiro imortal de Ginger Rogers e formidável cantor da era dos musicais de Hollywood. Reinou absoluto entre os anos 1930 e os 1960. Decker, porém, não quis escrever mais uma biografia. Mergulhou na documentação da época, nos roteiros dos filmes às anotações da produção nos *sets* de filmagem, examinou reportagens, entrevistas, críticas jornalísticas. Pesquisou em profundidade as relações de Astaire com os músicos de jazz. Enfim, "não quis contar histórias, mas encontrar evidências". Quais evidências? Direto ao ponto: "Fred Astaire pensa em termos jazzísticos." Mais: coloca-o como um dos que sobreviveram dignamente nas décadas subsequentes à avalanche do rock a partir de meados dos anos 1950, ao lado de outras grandes figuras da era do swing no jazz, como Count Basie, Lionel Hampton, Buddy Rich e Frank Sinatra. "Este estudo", esclarece Decker, "coloca Astaire na companhia desses eminentes músicos, grandes criadores jazzísticos que contribuíram para o seu trabalho criativo de dança e música nos filmes, na TV e em discos."

Aprendendo no Harlem. A ligação de Astaire com os irmãos Gershwin – Ira, o letrista, e George, o compositor – nasceu na Broadway, nos anos 1920. Eles escreveram dois musicais para Fred e sua irmã Adele (*Lady Be Good!*, de 1924, e *Funny Face*, de 1927). Em pouco mais de um ano, entre 1936-1937, data da morte de George, eles ainda forneceram doze gemas para dois filmes de Astaire. Durante mais de uma década, Fred e George iam regularmente ao Harlem para ver e ouvir as novidades dos músicos e *tap dancers* negros. As mais antigas gravações de Fred foram feitas com George ao piano.

Além de pensar jazzisticamente, o impulso rítmico do estilo, os improvisos cheios de swing do trompete, do sax ou do piano e os solos de bateria mexiam fisicamente com ele desde os tempos de Broadway. Era natural que levasse essa marca para Hollywood já em seu primeiro filme em 1933. Decker toma uma pequena cena de 1'40" (que você pode ver no YouTube) para comprovar sua tese. Não é uma cena qualquer, mas seu primeiro solo de dança de Astaire num musical de Hollywood sob os sons de uma autêntica *jam session*, no dia 7 de setembro de 1933, no filme *Flying Down to Rio* (Voando Para o Rio). Decker fez do título da canção o título de seu livro, tamanha a adequação da performance à sua tese de que o jazz está no núcleo vital da arte de Astaire como coreógrafo, *tap dancer* e bailarino: "Music Makes Me (Do The Things I Never Should Do)". A letra de Edward Eliscu e Gus Kahn afirma que "a música me leva a fazer coisas que jamais deveria fazer". A cena é antológica. Na cidade do Rio de Janeiro, Astaire ensaia um grupo de coristas para o show da noite. O roteiro descreve: "À esquerda, o *bandleader*, entediado, começa a tocar a música do número de Astaire, que, conversando com as meninas, começa a sapatear em espasmos involuntários. Pede aos músicos que parem. Volta a dar instruções às coristas, mas a orquestra recomeça. Sucumbe de novo à música, pede que parem. Numa terceira vez, cede em definitivo ao impulso físico que a música lhe proporciona e faz um número incrível de *tap dance*." Acontece que no filme, anota Decker, a música jamais para. A estrutura musical da canção integra-se à cena e provoca instintivamente Astaire a dançar. Decker chama atenção para o pianista que em ópera é chamado de repetidor, ou seja, o que ensaia com os cantores as árias – no caso, o repetidor de Fred era Hal Findlay, não creditado no filme. Ele ensaiou com Astaire os passos de dança. Os músicos em segundo plano são *fake*, dublam o verdadeiro sexteto. O que faz Astaire dançar na cena? "A música", escreve Decker, "mas não uma música qualquer: a música popular sincopada que, na maior parte de sua carreira significava um estilo jazzístico, fosse swing, boogie-woogie, blues, soul, jazz ou até, como no caso de 'Music Makes Me', o improviso coletivo típico do jazz dos anos 1920." O mantra interno dessa cena retornou a cada novo filme, gravação de disco ou programa de TV que Astaire fez na vida.

Só mais um exemplo, e magnífico, do ano seguinte, 1934. O filme era *The Gay Divorcee* (Alegre Divorciada), no qual ele dançou pela primeira vez com Ginger Rogers. Em "The Continental" (também disponível no YouTube), ele de novo sucumbe à música que o empurra para danças no meio da canção interpretada por Ginger. *Jam session* de sonho.

Em 1952, já imortalizado como um dos ícones do século XX, Astaire realizou um sonho secreto do qual ele provavelmente nem tinha consciência: participar de uma *jam session*. A ideia foi do produtor Norman Granz. Este já tinha enorme prestígio com seu J.A.T.P. (os famosos Jazz at the Philharmonic, grupos inter-raciais de grandes músicos que faziam turnês em grandes shows em formatos variados; deles participavam nomes como Ella Fitzgerald, Count Basie, Duke Ellington e Coleman Hawkins, entre muitos outros). Ideia genial, pois resultou nos quatro LPs originais (hoje dois CDs) intitulados *The Astaire Story*, um dos momentos mais preciosos da história do jazz moderno ao captar o cantor e *tap dancer* aos 53 anos e constituir o melhor registro dentre dezenas de seus clássicos. Ao todo, são 38 performances, em treze sessões de gravação em dezembro de 1952 em estúdio. A "cozinha" ficou com o então recém-formado Oscar Peterson Trio. Sem bateria, o trio incluía duas feras: Barney Kessel na guitarra e Ray Brown no contrabaixo. Completavam o sexteto o trompete de Charlie Shavers, o sax tenor de Flip Phillips e a bateria de Alvin Stoller. "A facilidade de integração num contexto em que seus talentos não estavam no centro expande a noção de Astaire como *tap dancer* e cantor tentando encontrar um lugar na música como um *jazzman* faria", comenta Decker. Lá estão todos os clássicos, com direito até a introduções faladas nas quais Fred explica a origem e as circunstâncias de sua criação. Além de sua incrível capacidade de cantar com suprema elegância e expressividade, ele surpreende com três danças: Slow, Medium e Fast Dances, em que improvisa como *tap dancer*, enquanto os músicos improvisam sobre a estrutura do blues. Fred anuncia a primeira delas com estas palavras: "Vocês sabem que este também é um disco de jazz, e jazz quer dizer blues." A caixa com 2 CDs da Verve, hoje Universal, jamais saiu de catálogo.

Foi a coroação de uma carreira maravilhosa. E dizer que ele fez tudo isso sem sequer conhecer histórica e tecnicamente a arte que o imortalizou. Será? Ou Astaire apenas "vendia" uma persona parecida com a do Monk amalucado para aumentar os prodígios de sua arte? Em uma de suas frases mais famosas, ele afirmou que "sei tanto sobre a evolução da dança, sua história e filosofia quanto sei sobre como um tubo de televisão produz a imagem – ou seja, nada. Não sei como tudo começou e nem quero saber. Não quero provar nada. Eu só danço".

Pode ser. Mas é quase impossível acreditar nessas palavras. Principalmente depois que *Music Makes Me* nos obriga a rever sua filmografia com sensores jazzísticos. Afinal, equilibrar-se por tantas décadas numa corda bambíssima, contrabandeando música e dança em filmes de enredos ruins, já seria algo espetacular. Levar o DNA do jazz para o *tap dancing* e a coreografia dos musicais coloca Fred Astaire no privilegiadíssimo patamar de criadores como Armstrong, Ellington e Monk.

Norman Granz em Dois Tempos

Publicado em *O Estado de S. Paulo*, Caderno 2, 15 mar. 2009; republicado no caderno Sabático, 7 jan. 2012.

1.

Muitas vezes só se percebe que houve um clímax de um determinado estilo musical tempos depois que ele passou. Sobretudo quando alguém funciona como antena que capta, sintetiza e preserva aqueles raros momentos para a posteridade. Foi o que aconteceu com o produtor Norman Granz (1918-2001). Ele jamais tocou uma nota em público, mas foi o grande responsável pela preservação de um mágico período do jazz, entre os anos 1940 e o final da década de 1980. Quase quatro décadas em que pareciam brilhar vários dos maiores talentos improvisadores que o jazz conheceu. Mal comparando, parecia aquela Viena *fin de siècle* da passagem do século XIX para o XX, onde muita gente, Mahler à frente, reproduzia em música aquele mundo maravilhoso à beira do abismo, só que transplantada para a música afro-americana. Coleman Hawkins, Ella Fitzgerald, Sarah Vaughan, Dizzy Gillespie, Ray Brown, Roy Eldridge, Benny Carter, Clark Terry, Harry "Sweets" Edison, Zoot Sims, Joe Pass, Oscar Peterson, Eddie "Lockjaw" Davies, Hank Jones: um timaço de notáveis capitaneados por três gênios do jazz moderno, Charlie Parker, Duke Ellington e Count Basie.

Em 1944, Granz concebeu uma maneira de levar essa trupe, com algumas mudanças e acréscimos eventuais, para todo canto do mundo, por meio da sigla JATP – Jazz at the Philharmonic (a sigla surgiu em função da primeira apresentação, que aconteceu no auditório da Filarmônica de Los Angeles). Tirou os caras dos cabarés e *night clubs* e os levou para os teatros, ganhando mais dinheiro. Transformou-os em *showmen*, os colocou para improvisar ali, na frente do público, sem preparação. Promoveu encontros inesperados, gravou seus ídolos de todas as maneiras possíveis.

Improvisation, DVD duplo que acaba de ser lançado em edição nacional pela ST2, é um belo tributo à inteligência musical de Norman Granz. O crítico Nat Hentoff faz um perfil dele, e o próprio Granz comenta cada capítulo. E que capítulos. A maior parte das imagens já estava disponível em outros

DVDs da Pablo, mas elas permanecem mágicas. Duke Ellington improvisando um "Blues for Joan Miro", com o próprio à sua frente, no museu ao ar livre da Fundação Maeght, na Suíça, em 1966. Ella Fitzgerald "scateando" como ninguém mais soube ou sabe fazer, em três aparições; Joe Pass em dois shows-solo no violão. E, sobretudo, duas performances magistrais de Count Basie e seu piano minimalista. É interessante comparar Duke e Basie em situação de trio piano-contrabaixo-bateria. Se o primeiro toca um piano suculento em harmonias e dissonâncias, o segundo faz da espontaneidade sua maior arma de sedução.

O filé, porém, são os dois curtas que Granz fez com o fotógrafo Gjon Mili, que estão no segundo DVD. O primeiro, de 1944, foi indicado ao Oscar daquele ano na categoria melhor curta; e o segundo, filmado no estúdio fotográfico de Mili, aparece agora restaurado. A abertura de *Jammin' the Blues* (1944) já impacta: a fumaça de cigarro dança, subindo à direita no vídeo, enquanto no centro dois círculos em preto sobre fundo preto só deixam perceber que se trata do chapéu "porkpie" do saxofonista Lester Young no movimento da câmera. Red Callender, Harry Edison, Sidney Catlett, Jo Jones e Illinois Jacquet são liderados pelo inconfundível genial sax de Young. São quinze minutos maravilhosos. O locutor chama o jazz de "sinfonia da meia--noite", enquanto Lester ataca a primeira balada. A câmera passeia com calma pelos músicos, para e os acaricia. A performance vocal de Marie Bryant em "On the Sunny Side of the Street" é fantástica, mas a gente fica com muita vontade de ver outra figura naquele lugar e naquele momento: Lady Day, Billie Holiday, o grande amor platônico de Lester Young. A jam termina com um tema coletivo mais rápido, ideal para os improvisos. Um casal passa dançando, as imagens dos músicos tocando são multiplicadas – vários recursos que depois tornaram-se corriqueiros, aqui eram realizados pela primeira vez. *Jammin' the Blues* fez escola na filmagem de shows de jazz.

Em 1950, Granz e Mili reuniram-se de novo para um segundo *Jammin' the Blues*. Mas usaram o estúdio fotográfico de Mili, que não tinha condições de sonorização ao vivo. "Por isso", diz Granz no DVD, "tivemos que pré-gravar a música e rezamos para que os músicos sincronizassem direitinho com as imagens". Como isso quase sempre não acontece, os próprios músicos dão risinhos, respiram na hora errada, entreolham-se meio envergonhados. Enfim, vale mais como um copião do que obra acabada. E, claro, pela primeira e única aparição em vídeo de dois gigantes do saxofone-jazz, Coleman Hawkins e Charlie Parker. Pena que só o som é verdadeiro. As imagens são de mentirinha.

2.

Contar a história do jazz desfilando biografias dos músicos é como contar a história dos Estados Unidos falando só dos presidentes: pode ser o fundamental, mas não é tudo, disse certa vez o crítico John McDonough. Houve quem jamais tenha tocado uma nota sequer e assim mesmo foi decisivo, a ponto de ter sido comparado a Franz Schubert e suas mais de seissentas canções, o rei do "lied" alemão nas primeiras décadas do século XIX, por causa da amplitude e qualidade das milhares de gravações que capturam a essência do gênero, como comparou o crítico Gene Lees. Não se trata de nenhum presidente ou compositor, mas de um produtor de shows, dono de gravadora e empresário de artistas como Ella Fitzgerald, Oscar Peterson e Duke Ellington. Estamos falando de Norman Granz, nascido em 1918 em Los Angeles, e morto dez anos atrás, na Suíça, o homem que levou o jazz ao mundo inteiro, viabilizou-o comercialmente e ao mesmo tempo gerou obras-primas da única maneira possível para o gênero: com pioneiros registros ao vivo de performances de alta adrenalina e qualidade musical.

Lees detestava o homem, e mesmo assim idolatrava sua obra. Só por causa de Granz temos hoje tesouros de valor artístico incalculável, por exemplo: as dez horas gravadas por Art Tatum, o maravilhoso gênio cego do piano-jazz dos anos 1940; os dezesseis CDs de Ella Fitzgerald contendo os "songbooks" da era de ouro da música popular norte-americana e do jazz; os dez CDs de Billie Holiday, registrando performances emocionantes de seus últimos quatorze anos de vida; retratos musicais de corpo inteiro de gênios como Count Basie e Duke Ellington. Além das dezenas de discos de Oscar Peterson, Louis Armstrong, Benny Carter, Charlie Parker, Dizzy Gillespie, Lester Young, Coleman Hawkins, Joe Pass, Ben Webster, Roy Eldridge.

Até agora não havia nenhuma biografia dele. Simples. Granz – o sobrenome original era Granzinski, mas seu pai cortou o final por considerar que seria mais fácil adaptar-se ao novo país quando chegou aos Estados Unidos, em 1906 – de fato era um sujeito de difícil trato para o mundo inteiro, com uma exceção: seus músicos, para os quais fazia o possível e o impossível. Todos os que tentaram se aproximar dele com projetos biográficos foram rechaçados. Granz temia que estivessem apenas em busca de fofocas. "Querem que eu conte coisas como o que Billie Holiday tomava no café da manhã." Tinha medo também que enfocassem apenas o seu formidável êxito financeiro e os cachês pagos a músicos mitológicos como Charlie Parker, Dizzy Gillespie, Count Basie, Duke Ellington, Ella Fitzgerald, entre tantos outros.

Já com câncer, e poucos dias antes da morte, Granz colocou os documentos "top secret" em pastas de plástico e exigiu que fossem enterradas com ele. Levou literalmente seus segredos para o túmulo. Por isso, a primeira biografia exaustiva só agora é publicada, dez anos após a sua morte.

Norman Granz: The Man Who Used Jazz for Justice (Norman Granz: O Homem Que Usou o Jazz Para Fazer Justiça) já traz no título o motivo pelo qual Tad Hershorn teve acesso aos arquivos pessoais do biografado e privou de sua intimidade em seus anos finais de vida. Ele queria ser retratado como um campeão da luta contra a discriminação racial. Foi muito difícil e vagaroso o processo de aproximação entre eles. A ideia do livro nasceu em 1975, quando Tad, filho de mãe jornalista e pai fotojornalista, começou a fotografar os shows de Joe Pass, Ella Fitzgerald e Oscar Peterson, entre outros. Nos anos seguintes, suas fotos frequentaram as capas de discos dos "pablovianos", como os chamou certa vez o crítico Gary Giddins. Na década de 1990, defendeu tese sobre Norman Granz na George Mason University e mandou-a para ele em cortesia. No dia seguinte, recebeu um telefonema alertando para alguns erros e chamando-o para conversar na Suíça. "Nos últimos cinco anos de sua vida, conversamos bastante", conta Tad.

Ele esmiúça com paciência de relojoeiro os três pilares sobre os quais Granz construiu sua reputação: apresentar jazz de qualidade; desafiar a segregação racial; e mostrar que era possível ganhar um bom dinheiro combinando as duas coisas. Sem querer, ou melhor, de tabela, ele mostra como o produtor furou o paredão erudito reinante nas salas de concerto quando levou pela primeira vez seu JATP, O "Philharmonic" referia-se ao espaço, o Philharmonic Hall da Orquestra de Los Angeles. Lotação esgotada, assobios, gritos, palmas de delírio – houve de tudo. Mas ao cogitar fazer o segundo, o diretor da sala o chamou e lhe disse que aceitaria só se tirasse o "Philharmonic" do título de seus eventos. Granz deu de ombros. Não precisava mais daquela sala – a fórmula já se revelara vencedora: reunir no mesmo palco grandes músicos de diferentes grupos ou *big bands* em situação de concerto, provocar surpresas, estimular nos palcos eruditos o clima das "jam sessions". Granz levou, enfim, para outro ambiente as famosas "after hours" dos fins de noite, quando os músicos de jazz se reuniam para tocar de graça, só pelo prazer da música. Só que com cachê. Ao público, dava a chance inédita de curtir seus ídolos improvisando sem amarras.

Repetidas vezes Granz disse em entrevistas que sua vida começou de fato aos 21 anos. "Tudo que vivi até então foi apenas um preâmbulo ao fato mais importante da minha vida: o encontro com Coleman Hawkins! E ouvir

"Body and Soul"! Isso me introduziu no jazz verdadeiro." A antológica gravação de outubro de 1939, na qual o saxofonista toca a melodia da canção apenas nos primeiros quatro compassos e em seguida "viaja" num improviso excepcional. Dez anos depois, quando conseguiu pôr seu ídolo num dos JATPs, Hawkins tocou – e, no final, quando todos os participantes deveriam retornar ao palco para uma "jam" final, ele, com o sax já guardado no estojo, queria se mandar e exigiu de Granz seu cachê. A rusga terminou com o produtor arrancando do bolso uma nota de cem dólares. Foi um eficiente lance de marketing pessoal, pois Hawkins espalhou para os demais músicos que nele se podia confiar.

No entanto, para dar *status* de grande arte ao jazz, no mesmo nível da música clássica, era preciso mais. Paralelamente aos concertos do JATP, Granz construiu um suporte comercial matador, gerando produtos discográficos diferenciados, como *The Astaire Story*, *The Jazz Scene* e os definitivos "songbooks" de Ella Fitzgerald dedicados a Cole Porter, Irving Berlin, Jerome Kern, Johnny Mercer, Rodgers & Hart, Harold Arlen, Duke Ellington e George Gershwin, a maioria com excepcionais arranjos de Nelson Riddle. Como escreveu Peter Watrous, crítico do *New York Times*, em 1994, "seu toque particular de gênio foi tornar o show business subserviente ao jazz".

Em 1994, numa declaração resgatada por Tad Hershorn, Granz reafirma que "sempre insisti que meus músicos tinham de ser tratados com o mesmo respeito devotado a Leonard Bernstein ou Jascha Heifetz, porque eles eram tão bons quanto os citados, como homens e como músicos". Talentos maravilhosos como Ella, Sarah Vaughan, Joe Pass e Oscar Peterson foram alçados ao *status* de estrelas internacionais. Ele gerenciou suas carreiras, produziu seus discos, mas jamais teve contratos assinados com eles – em 1958, chegou a empresariar a *big band* de Duke Ellington sem receber comissão de agenciamento. Durante quase meio século seu nome permaneceu chave no reino do jazz: de meados dos anos 1940 até 1960, com a Verve Records, onde concentrou arquivos de seus pequenos selos anteriores; e de 1973 a 1986 com a Pablo.

"A saga de Norman Granz é bem mais do que apenas a história de um empreendedor ou a biografia de uma figura secundária da música. Sua arrojada interação entre cultura e ideias durante décadas deu à sua vida a dimensão de uma 'great american story." Ele viveu ressentido com o parco reconhecimento seus últimos anos em Genebra. "Fez pouco para cultivar a própria fama", diz Tad. Sempre trabalhou nos bastidores e preferiu retirar-se discretamente. "Eu fazia as coisas funcionarem", disse a Tad, em entrevista em 2000. "Como Philip Randolph e Bayard Rustin, os organizadores da Marcha sobre

Washington de 1963, que outorgou a imortalidade a Martin Luther King, Granz jamais esteve no mesmo plano de notoriedade pública de seus artistas."

Guerra Pessoal. Só há um problema com essa excelente biografia. A figura que Norman Granz induziu e Tad Hershon construiu é quase a de um santo, um autêntico revolucionário de esquerda, carteirinha do PC em punho, lutando contra a discriminação racial. Granz fez Tad esmiuçar até sua ficha no FBI e os depoimentos que deu sobre sua atividade nos macarthistas anos 1940 (depoimentos que só aconteceram dez anos depois, em 1956). É uma visão maniqueísta, mas que nos ajuda a compreender melhor essa figura tão criticada por comercializar demais as grandes estrelas do "mainstream jazz" dos anos 1940-1970. Por isso é reveladora sua guerra pessoal contra a discriminação racial na música. E autêntica sua paixão pela bossa nova, que levou suas maiores estrelas, como Ella Fitzgerald e Sarah Vaughan, a colocá-la nos repertórios de seus shows e a gravar Tom Jobim e a bossa nova. É da sua Verve a gravação de "Garota de Ipanema", de João Gilberto com Stan Getz, o disco de maior vendagem da história do selo. Pois é, até na disseminação planetária da bossa nova ele foi decisivo.

Sua morte, em 22 de novembro de 2001, foi chorada em todos os cantos. No finalzinho do livro, ao comentá-la, Tad cita trecho de um artigo de Ruy Castro no *Estado de S. Paulo*, de 10 de dezembro de 2001. Ruy escreveu que "se houve um 'branco com alma negra', ele foi Norman Granz. A frase é apenas um clichê, já que houve muitos brancos como Granz que foram decisivos para a sobrevivência comercial e o avanço artístico do jazz no século XX. Mas ninguém (nem mesmo Creed Taylor, a quem a bossa nova deve muito nos Estados Unidos), tornou-se tão conhecido como Norman Granz". Até agora ele era conhecido apenas pelo conjunto da obra. Esse livro vai às entranhas dessa bizarra revolução, tanto comercial quanto artística, que mudou os rumos do jazz no mundo e nos leva a respeitar mais a sua extraordinária obra.

Galáxia Keith Jarrett ou a Reinvenção do Jazz

Publicado em *O Estado de S. Paulo*, Caderno 2, 18 out. 2012; artigo "Tesouro Revelado", 22 set. 2012; artigo "Acordes do Coração", 31 out. 2012; Sabático, 3 mar. 2013.

1.

Há certo tipo de música que sofre com o preconceito de que necessita de uma escuta atenta, comprometida. Caso contrário, dizem os especialistas, soa incompreensível, chata e confusa. Isso acontece sobretudo com as músicas instrumentais contemporâneas – e por contemporâneas entendam-se tanto a obra de György Ligeti e Philip Glass como os recitais de piano-solo de Keith Jarrett. Ora, nenhuma música deveria exigir pré-requisitos para ser, senão compreendida em sua plenitude, ao menos curtida por todo tipo de público.

Isto é, música boa deveria usufruir o melhor dos dois mundos: ser entendida por sua profundidade por públicos mais especializados, mas também deixar-se degustar sem resistências por todos os ouvidos. Essa é uma meta que raríssimos criadores alcançaram no decorrer da história da música. Mozart deixou isso claro em carta ao pai Leopold, dizendo-lhe que não se preocupasse, ele conquistaria todos os ouvidos parisienses escrevendo música compreensível tanto por jejunos como por iniciados.

O álbum triplo *Paris/London Testament*, do norte-americano Keith Jarrett, que chega agora ao mercado internacional em lançamento da ECM em comemoração de seus quarenta anos de existência, é a prova de que Mozart estava certo. Não só isso. É espantosa a qualidade da invenção musical de Jarrett nessas duas horas e meia de criação improvisada no chamado calor da hora, ali no palco, diante da plateia. Não. Não torçam seus narizes. Desafios dessa grandeza são para poucos. Jarrett consegue, aos 64 anos, improvisar com a mesma intensidade e qualidade artística que caracterizaram os mais adorados compositores do passado. Bach era genial improvisando ao órgão e em qualquer instrumento de teclado; Beethoven reclamava que via seus improvisos publicados nas semanas seguintes por ouvidos ladrões capturavam em suas janelas; e Mozart era o caso à parte, a ponto de escrever as partes de orquestra, mas deixar em branco a parte solista num concerto de piano que estrearia, improvisando diante do público.

É preciso derrubar de uma vez por todas o preconceito de que música boa tem que ser música escrita. E a trajetória de Jarrett é a mais bem-sucedida arma de que dispomos para isso. Ele introduziu o recital de piano-solo no reino do jazz em 1975 com *Köln Concert*. De lá para cá foram dezenas de registros de recitais de puro improviso sem temas conhecidos para embalar ouvidos mais acomodados. No álbum duplo *Radiance*, de 2002, parecia ter chegado ao clímax da abstração – com um resultado que bem poderia ser chamado de erudito, tamanha a sofisticação. Foi mais longe ainda no álbum duplo *The Carnegie Hall Concert* (dois CDs ECM), de 2006. De um lado, uma incrível suíte em dez partes: a Parte 9, por exemplo, é um estudo a duas vozes que até Bach assinaria. Concluído o recital, portanto a música que exige escuta mais atenta, mergulha no lúdico em quase meia hora incendiária ao alcance de todo tipo de público, com cinco extras, incluindo magníficas versões de "True Blues", as líricas "My Song" e "Time in My Hands".

O passo mais ousado, entretanto, fica com o recém-lançado *Paris/London Testament*. Não há mais refresco nem *standards* para deixar os ouvidos felizes em reconhecer melodias populares. Permanece apenas o abstrato, a pureza do improviso. O primeiro CD registra na íntegra o recital realizado em 28 de novembro do ano passado na Salle Pleyel em Paris. Possui oito partes, distribuídas por setenta minutos de música. São formas livres, algo como os "impromptus" que Schubert adorava improvisar nas noitadas regadas a vinho, mulheres e canções na Viena das primeiras décadas do século XIX. Ou seriam estudos? Rapsódias, melhor qualificá-las com esta que é a forma mais livre nos muros eruditos. A Parte 1, aliás, tem um quê schubertiano em sua calma e sobretudo no modo de acariciar mudanças harmônicas (os discretos gemidos remetem a Glenn Gould); de repente, por volta dos 7'47, um tema angulosamente arisco sugere um novo clima, pontuado com admiráveis silêncios e um contraponto cerrado; nos dois minutos finais, uma coda reinstaura o movimento inicial. É praticamente uma peça em três movimentos de mais de treze minutos, com um nervoso intermezzo central entre dois adágios que às vezes soam próximos do Shostakóvitch dos prelúdios e fugas opus 87, que Jarrett gravou em 1991.

Aprendizado. Como se vê, ninguém passa incólume por gigantes como Bach, Mozart e Shostakóvitch. Do primeiro, Jarrett gravou os dois livros do *Cravo Bem Temperado*, as *Suítes Francesas* e as *Variações Goldberg*; do segundo, vários concertos para piano, incluindo o *K. 271*, *Jeunehomme*, e os celebrados *K. 453* e *466* da plena maturidade; e do terceiro os citados prelúdios e fugas.

Um duplo aprendizado, sem dúvida, separa em duas fases bem diferenciadas sua trajetória. Na primeira fase, até meados dos anos 1980, ele se assumia quase como um clone de Schubert ou Schumann. É provável que o próprio Jarrett sentisse certo esgotamento da fórmula por volta de 1985-1986. Por isso, voltou-se para os clássicos, que gravou nos seis anos seguintes, entre 1987 e 1993. Não são, claro, gravações de referência de Bach, Mozart ou Shostakóvitch, mas representam passo decisivo para as obras-primas da última década.

Voltemos a *Paris/London*. É curioso como o recital de Paris é mais cabeça, pretensioso, no bom sentido; e o londrino é mais solto. Neste último, a Parte 1 é de um intenso lirismo, bem schumanniano. Não há climas contrastantes; são onze minutos de um adágio de arrepiar. A Parte 4 é um estudo da região aguda do piano, bem abstrato. Ao todo, são doze partes. As duas que fecham o segundo CD contrastam a abstração (n. 5) e o tom quase de hino protestante (6). O terceiro CD, que contém as seis partes finais, começa com uma figuração rítmica ostinato, sua fórmula preferida (é estranho para nós brasileiros o motivo melódico, parecido com uma musiquinha de Roberto Carlos dos anos 1960, "Negro Gato"). A Parte 9 é quase um estudo de oitavas; a décima relembra o clima do *Köln Concert* nos acordes repetidos pulsando sob a melodia; a Parte 11 poderia ser assinada por um Billy Strayhorn, o alter ego de Duke Ellington; e a Parte Final nos leva, já inteiramente seduzidos por essa maravilhosa viagem sonora, pelo universo de Schubert e Schumann.

No texto do folheto de *Paris/London*, Jarrett conta que dava recitais desde os seis anos em locais como o Allentown Women's Club, em Boston: "Os programas geralmente incluíam mestres como Mozart, Schubert, Chopin ou Debussy, mas sempre havia algo que 'eu escrevi'. Eu não colocava essas peças no papel. Rabiscava apenas motivos e melodias, em torno dos quais 'decolava' e viajava. […] Quando estudava piano em casa, com frequência eu mudava as notas das peças de algum compositor. Minha mãe sacava isso. E eu lhe dizia que não se preocupasse: eu tocaria apenas o que estava escrito no recital."

Este é, afinal, o exercício de uma liberdade que fez a grandeza de Bach, Beethoven, Mozart... e de Keith Jarrett.

Gravações Essenciais.

Solo Concerts: Bremen/Lausanne – São três LPs de 1973, lançados em dois CDs em 1999, que ganharam todos os prêmios internacionais de 1974. Amplia a ideia lançada em *Facing You*. Consolida a fórmula inédita do recital de piano-solo improvisado, mas ainda é prolixo. Há muitas repetições, fato que não ocorrerá no *Köln Concert*.

Köln Concert – Gravado em janeiro de 1975, foi originalmente lançado em dois LPS naquele ano e em CD em 1999. Terceira gravação, primeiro grande sucesso: quase dois milhões de CDs vendidos até hoje. O grande clímax da fórmula, que até hoje soa praticamente perfeita em sua mistura de linguagens eruditas e populares.

Paris/London Testament – Obra-prima absoluta. Gravado em 2008, instala o formato piano-solo abstrato no estratosférico nível dos recitais de um Andras Schiff ou de um Piotr Anderszewski. Mas Schiff e Anderszewski interpretam obras de terceiros e Jarrett cria no instante da performance.

Radiance – O álbum duplo de 2002 marca a virada definitiva de Jarrett em direção à abstração. Permanecem os tiques populares e a paixão pelo pulso. Mas crescem as abstrações puras, que o aproximam do que seriam improvisos de um intérprete clássico. É o que um Alfred Brendel faria, se não fosse tão conservador.

Sun Bear Concerts – Caixa com dez LPS foi lançada originalmente só no Japão, em 1976, reproduzindo os recitais de Jarrett em várias cidades do país em 5, 8, 12, 14 e 18 de novembro. Só em 1989 a ECM lançou no mercado europeu e americano a versão em 6 CDs. Um monumento da música improvisada.

The Carnegie Hall Concert – Álbum duplo, que foi gravado em 2005, representa a conquista perseguida durante décadas do equilíbrio entre as fontes populares e as linguagens eruditas. Ele fraciona o recital em dez partes, ou estudos para piano, à maneira de um Chopin, apesar de soar mais acessível do que *Radiance*.

La Scala – Recital de 1995 (1 CD) já reflete as gravações ditas eruditas: nos anos 1980 e na passagem dos 1990, ele gravou Bach, Haendel, Mozart e Shostakóvitch. E não só estes como os solos daí em diante elevam o grau de refinamento. 76 minutos de improviso; 70 abstratos e seis sobre "Over the Rainbow".

Facing You – A primeira gravação tipo recital de piano-solo de Jarrett, feita no início de sua parceria com a ECM, em 1971. Funciona praticamente como uma suíte instrumental, misturando vocabulários e linguagens populares (jazzísticas, blueseiras) e eruditas (basicamente Chopin, Schubert e Schumann).

2.

O catálogo da ECM contabiliza 92 gravações do pianista Keith Jarrett, entre CDs simples, duplos e caixas variando de seis a dez CDs cada uma. Manfred

Eicher, produtor e capo da ECM, registra todos os shows, solo ou com outros músicos, de Jarrett desde o primeiro, *Facing You*, em novembro de 1971. É natural, portanto, que o acervo da gravadora de Munique tenha um tesouro de música feita em todos os cantos pelo melhor pianista de música improvisada do mundo.

A afirmação pode soar atrevida, mas quem duvidar que ouça os dois lançamentos de Jarrett na ECM. Primeiro, *Rio*, o duplo que captou, como sempre sem nenhuma edição, o antológico show solo que ele fez em abril do ano passado (também foi registrado o show solo feito dias antes na Sala São Paulo).

Dois meses depois, ainda não refeitos do impacto maravilhoso do recital solo de *Rio* em CD, topamos com o inacreditável duplo *Sleeper*, gema pinçada do baú da ECM, capturado em show em Tóquio em abril de 1979 pelo dito "quarteto europeu" do pianista, que ficou inédito até agora.

Jarrett começou a tocar piano aos três anos, em 1948. Quatro anos depois deu seu primeiro recital clássico. Aos dezessete já tocava com os Jazz Messengers do baterista Art Blakey. Depois de quatro anos com o quarteto do saxofonista Charles Lloyd, participou, entre 1969 e 1971, da revolução da "fusion" no grupo do trompetista Miles Davis. Eicher foi buscá-lo assim que se desligou de Davis. Naquela década, Jarrett fazia um pós-bop vibrante e, entre 1976 e 1979, manteve dois quartetos simultâneos em atividade: o norte-americano, mais prestigiado pela crítica, com Dewey Redman, Charlie Haden e Paul Motian; e o europeu, considerado mais "light", com os noruegueses Jan Garbarek (saxofones) e Jon Christensen (bateria) e o contrabaixista sueco Palle Danielsson.

Critérios enganosos, porque o norte-americano, preso às estruturas improvisativas do pós-bop, era mais conservador que o europeu, que escancarava portas sonoras até então estranhas no mundo do jazz. O norte-americano fez dez gravações (duas para a ECM e oito para a Impulse); o europeu apenas quatro, todas para a ECM. Dois de estúdio (*Belonging*, de 1974 e *My Song*, de 78) e um ao vivo (*Nude Ants*, de 1979). Nove anos depois, surgiu o CD *Personal Mountains*, retirado da mesma turnê que agora nos dá *Sleeper* na íntegra. Das sete faixas que preenchem 1h45 de música da mais alta qualidade – todas criações de Jarrett –, seis já eram conhecidas em outras versões, mas as desse show são superiores. Ouve-se aqui a primeira versão de "So Tender" e uma leitura magistral de "Chants of the Soul". O ritmo hipnótico de balada, o piano obsessivo de Jarrett, o sax melífluo e refinadíssimo de Garbarek e a cozinha escandinava irretocável são de arrepiar.

400

Entre as conhecidas, "Personal Mountains" recebe aqui sua mais ambiciosa e espetacular performance. São vinte minutos que se iniciam com o piano solo suingante de Jarrett numa levada latina e aos poucos se incorporam os demais músicos. Acima de todas, porém, paira "Oasis", a aventura musical mais longa e fascinante de *Sleeper*. Nos primeiros minutos, o clima é xamânico: Jarrett toca percussão de mão e Garbarek esmerilha na flauta doce. Após belo solo de Garbarek no sax-soprano, Jarret improvisa como nunca, dialogando com o contrabaixo de Danielsson, com sua voz se misturando às notas (como sabem os jarrettianos, ele só grunhe e cantarola quando está tomado pela música). Foi uma enorme injustiça para nossos ouvidos *Sleeper* ficar inédito por 33 anos.

3.

Beethoven reclamava quando via impressos seus improvisos pianísticos das madrugadas insones com nomes de terceiros – eram os ladrões de notas musicais que faziam plantão, nas madrugadas vienenses, embaixo de sua janela. Keith Jarrett não reclama dos "ladrões de improvisos", como Ludwig van, mas dos ruídos que atrapalham o seu processo criativo no palco. Justa reclamação. Soa arrogante para públicos como o que compareceu anteontem à Sala São Paulo, louco para gritar bravo, assobiar e bater palmas – três mesuras comuns em shows de jazz que, para Jarrett, soam como falta de respeito por sua música criada no instante da execução.

Dividido em duas partes de cinquenta minutos, o recital do pianista que inventou modernamente esta fórmula parou, por exemplo, logo no segundo tema: uma tosse no break de um momento intenso o impediu de continuar. Até o toque de um celular, no excelente blues final da primeira parte, surgiu, mas foi abafado pelo final (de novo antecipado?) e pelos aplausos. Ele não gosta de aplausos e muito menos dos facebookmaníacos que insistem em fotografá-lo só para depois colocarem as imagens nas redes sociais – vale mais o fato de fazer os outros saberem que se esteve lá do que a chance rara de comungar com o processo de criação musical no chamado calor da hora de um artista de exceção.

E que criação musical é essa? Jarrett tem começado – e na Sala São Paulo não foi diferente – com dois improvisos iniciais bastante abstratos, sem pulso regular, obrigando o público a sair de sua zona de conforto e prestar atenção. A improvisação nasce na cabeça. Jarrett demonstra isso cada vez que sobe ao palco. É como se comprimisse todo um universo musical em acordes complexos, ritmos sobrepostos, exploração ampla das 88 notas do teclado. A racionalidade – que existe, ao menos nesse início, embora ele a negue – vai aos poucos tomando conta de seu corpo, a voz se mistura às frases da mão direita, ora gemidas, ora quase cantadas, os pés marcando o ritmo, ausência completa de pedais. Aí o fluxo de criação instantânea se instala de vez. Os temas começam a assumir pulsos regulares, ostinatos na mão esquerda e improvisos livres na poderosíssima mão direita hipnotizam o público – e ele mesmo. Musicalmente, são mais simples, o que pouco importa. É aí que uma tosse pode pôr tudo a perder.

Do Corpo Para o Coração. Começam a alternar-se baladas que se consomem na lentidão de uma emotividade que transmitem um impacto fortíssimo, apesar de um pianismo simples do ponto de vista técnico, ora em corais quase bachianos, ora hinos protestantes do inconsciente coletivo dos norte-americanos. Podem dizer que é exagero, mas, de novo como Beethoven, é "música do coração para o coração".

Depois do intervalo, todo mundo gelou quando, agradecendo os aplausos, ele percebeu um celular tirando foto e voltou para os bastidores. Retornou para um belíssimo improviso, obsessivamente construído na região mais aguda do piano. Um primor de delicadeza e refinamento que Schumann com certeza assinaria. Naquele momento, lembrei da parte IV do recital de Munique de 1981, lançado em CD, que é espantosamente igual ao improviso de anteontem (não sou nenhuma enciclopédia; o trecho, de onze minutos, foi um dos selecionados pelo próprio pianista na série Rarum da ECM, em que os artistas escolhem uma súmula "do seu melhor", como dizem os boleiros). É um raro caso de improviso recorrente – e abstrato, não daqueles pulsantes, dos quais existem exemplos às centenas. Foi notável, memorável. Até pelo brilhante improviso em torno do "Samba de Uma Nota Só", de Tom Jobim, concessão ao público seguida de um tsunami de aplausos.

4.

Tinha tudo para dar errado. Para chegar à Ópera de Colônia a tempo de fazer, no dia 24 de janeiro, o quinto recital-solo de uma turnê europeia projetada para quatorze apresentações até 20 de fevereiro de 1975, o pianista norte-americano de jazz Keith Jarrett, 29 anos, viajou num modesto fusca pilotado pelo produtor Manfred Eicher desde Lausanne. O piano Bösendorfer estava em mau estado, com várias teclas deficientes; o pedal funcionava mal e o equilíbrio tonal do instrumento era péssimo. Jarrett não dormira nos dois dias anteriores. Foi assim, insone, exausto e num piano meia-boca, que ele construiu pouco mais de uma hora de música totalmente improvisada. E fez história. O LP *The Köln Concert* (vou chamá-lo daqui para frente de KC), um dos primeiros da então recém-criada gravadora ECM, foi lançado em seguida e vendeu até hoje 3,5 milhões de cópias, número típico de música pop.

Nos últimos 54 anos, apenas quatro discos de jazz alcançaram essa vendagem: dois clássicos de 1959 (*Kind of Blue*, do quinteto liderado pelo trompetista Miles Davis, e *Time Out*, do quarteto liderado pelo pianista Dave Brubeck) e *Headhunters* (1973), de Herbie Hancock. Nessa lista, KC é o mais surpreendente, pois se trata de um disco de piano-solo, e ainda por cima constituído de longos fluxos de improvisos sem temas previamente conhecidos pelo público.

Por que tantas pessoas compraram o disco? A pergunta está na origem de *Keith Jarrett's The Köln Concert* (Keith Jarrett: O Concerto de Colônia), do pesquisador britânico Peter Elsdon, da Universidade de Hull, o mais recente lançamento da original série da Editora Oxford dedicada a gravações notáveis do jazz. A resposta, inesperada, só se encontra no capítulo final: KC vendeu tudo isso porque virou item indispensável na frasqueira de todo tipo de ouvinte, dos eruditos e dos jazzíticos, dos refinados e da moçada pop e até dos curtidores da música "new age" do início dos anos 1980 em diante.

Antes de enfileirar argumentos em favor dessa tese, que desagrada profundamente ao próprio Jarrett, pois banaliza uma música que ele pretende sagrada e transformou num verdadeiro ritual, Peter Elsdon faz dos seis primeiros capítulos uma espécie de suculento dois-em-um. Quatro deles contam os antecedentes, as condições e a carreira de Jarrett até o recital de Colônia. Os dois seguintes constituem a mais minuciosa análise musical já feita daqueles 66 minutos e 8 segundos especialíssimos. Eles fizeram não só a glória do pianista como instituíram um novo formato exclusivo de Jarrett, que ele aperfeiçoa e aprimora até hoje, em dezenas de recitais lançados pela ECM, a gravadora de Munique tocada por Manfred Eicher, o produtor que naquele início de anos 70 convidou três pianistas para espetáculos solo improvisados (Chick Corea e Paul Bley, além de Jarrett).

KC é um fenômeno por causa do modo como os ouvintes reagiram a ele, diz Elsdon. "O disco representa não só uma ideia da música ou da arte, mas também do indivíduo e seu lugar na cultura." A ideia do autor é estabelecer uma relação dialógica entre KC e outras performances de Jarrett e de outros pianistas nos anos 1970.

Tradicionalmente, os discos de jazz funcionam como a matéria-prima da história do gênero, uma noção que vem sendo contestada mais recentemente. "O que uma gravação revela é limitado, pois o próprio processo é ilusório", anota Elsdon. E cita uma frase do delicioso livro do colecionador obsessivo de discos Evan Eisenberg, *The Recording Angel: Music, Records and Culture From Aristotle to Zappa* (O Anjo das Gravações: Música, Gravações e Cultura de Aristóteles a Zappa), de 1987: "A palavra disco é enganosa. Só os discos gravados ao vivo registram um evento; os de estúdio, a esmagadora maioria, não gravam nada." Isto é, apenas dão a ilusão ao ouvinte de que ele tem acesso imediato à performance.

Mesmo assim, há ressalvas importantes nos registros ao vivo. A gravação pode sofrer muitas alterações no estúdio. "Sabemos", diz Peter Elsdon, "que KC foi manipulado no estúdio antes de ser lançado; o som do piano, originalmente ruim, foi 'melhorado'. A consequência é clara: o que ouvimos nada tem a ver com o que a plateia ouviu naquele janeiro de 1975, muito menos com a experiência de Jarrett." Em suma, os discos ao vivo passam pelas mesmas mediações tecnológicas de estúdio. "No caso de KC, gravaram-se outras apresentações-solo de Keith Jarrett, que foram descartadas em favor da performance de Colônia."

Na última década, especialistas no novo campo dos "performance studies", como Philip Auslander, anotaram que, ao contrário do que consideramos à primeira vista, não existe a oposição binária entre o CD ao vivo, tido como autêntico, e o de estúdio, artificial. As distinções não são claras nesse campo. Uma coisa é certa, deduz Elsdon ao especular sobre a ideia de que o "ao vivo" afeta o discurso em torno de um disco: "É aqui que começa o livro: mais do que pensá-lo como uma gravação ao vivo, interessa saber como a recepção e a subsequente compreensão do disco lhe atribuíram qualidades do ao vivo." O modo como o disco é "vendido" aos ouvintes os leva a vivenciá-lo como performance ao vivo e ignorar os processos de mediatização envolvidos. Nesse caso, o disco funciona como um "artifício", camuflando sua própria natureza como contingente num conjunto de processos culturais e tecnológicos, em vez de mostrá-lo como veículo de uma performance pessoal e expressiva, produzida num contexto singular impossível de se repetir.

A Construção do Mito. Isso pode significar uma adesão à mitologização do disco. "Quero", acrescenta Elsdon, "pesquisar o modo altamente pessoal pelo qual muitos ouvintes se envolveram com o disco; e ao mesmo tempo, quero contextualizar a performance." Ou seja, ele trabalha ao mesmo tempo texto e contexto.

É esclarecedor o capítulo inicial, em que Elsdon esmiúça o envolvimento entre um artista norte-americano e uma plateia europeia. Aqui fica claro que Jarrett usou o público europeu como chancela legitimadora de um formato radical para conquistar na sequência o público jazzístico de seu próprio país.

No início dos anos 1970, a Europa se tornou não só importante para Jarrett, mas decisiva, no sentido de que suas apresentações, primeiro com o quarteto do saxofonista Charles Lloyd e em seguida com o grupo de Miles Davis, o tornaram conhecido do público europeu ao mesmo tempo que o firmavam como bom jazzista nos Estados Unidos. A ideia do recital de piano solo certamente não foi do pianista, mas de Manfred Eicher, que no início dos anos 1970 convidou vários pianistas de seu gosto para testar sua ideia: nomes como Chick Corea, Paul Bley, Steve Kuhn e Richie Beirach.

O sucesso da fórmula junto a públicos mais afeitos a recitais de piano solo, como o europeu, legitimou-o e chancelou seu prestígio na terra natal. Até os anos 1960, a Europa era apenas mercado para turnês dos grandes jazzmen, desde Sidney Bechet nos anos 1930. Três décadas depois, já era "um lugar não só para tocar, mas para viver", segundo Elsdon. Músicos como Johnny Griffin, Ben Webster, Bud Powell, Kenny Clarke e Dexter Gordon mudaram-se de mala e cuia para lá. Nos anos 1970, a infra de shows, revistas, festivais de verão, gravadoras e público consistente e mais receptivo à música experimental transformaram a Europa na meca dos músicos mais radicais. Cecil Taylor, por exemplo, tocava para públicos diminutos em seu país, mas na Europa era muito bem pago e tinha públicos bem maiores. "Aqui tenho condições inimagináveis", disse Taylor em entrevista da época. "Pagam bem, dão todo conforto, pagam até, imagine, aulas e encontros com jovens músicos."

Numa cena norte-americana em que o jazz era cada vez mais música de nicho, marginal, essa diferença de tratamento e, claro, um mercado consumidor significativo fizeram toda a diferença. Com Jarrett não foi diferente. Jovem "sideman" em grupos ilustres como o de Lloyd e Davis, ele se transformou, depois do *Köln Concert*, em estrela de luz própria em itinerário inverso – ou seja, foi o sucesso europeu que o chancelou nos Estados Unidos.

Numa entrevista para a revista *Melody Maker* de 1975, quando curtia já o sucesso de KC, ele comentava o fato de ter duas gravadoras: "Na Impulse, levo conscientemente em conta o ambiente nos Estados Unidos, que atinge públicos mais amplos; a música que gravo para a ECM é ligeiramente mais universal, porque a Europa não é tão isolada como os Estados Unidos." Ao crítico do *The New York Times*, John Wilson, ele complementou que "na Europa músicos classificados como de jazz são mais aceitos como de mesmo nível que os clássicos do que nos Estados Unidos". Na verdade, Jarrett era uma espécie de Janus: uma cabeça de jazzista ortodoxo no país, outra como criador solo na Europa. Ele demorou muitos anos para misturar uma e outra na cena norte-americana. Santo de casa não faz milagre? A síndrome não é tão rara quanto parece.

O Êxito Comercial. Mais interessante ainda é o segundo capítulo, que trata da recepção crítica do disco nos primeiros anos, associado a uma "estética da liberação/libertação" bem a gosto da contracultura então vigente no mundo pop. Não por acaso, *Rolling Stone*, a bíblia pop, alargou consideravelmente a recepção a KC, acentuando sua acessibilidade e estética liberadora. "Ele se transformou num símbolo cultural, articulando valores caros à juventude dos anos 1970", diz Elsdon. Na década anterior, os músicos de jazz não faziam distinção alguma entre Miles Davis e Bob Dylan. Nos anos 1970, muitos críticos viram o movimento da "fusion" com o rock e o pop como concessão comercial; mas o sentimento não era vivido pelos músicos dessa maneira. Eles continuavam a gostar desses crossovers, digamos assim. E Jarrett beneficiou-se desse sentimento. Mesmo tendo tocado piano elétrico com Miles Davis, em 1973 já renegava os instrumentos elétricos, preferindo os acústicos. Surpreendentemente, foi escolhido músico de jazz do ano pela *Rolling Stone*, que preteriu escolhas previsíveis de estrelas da fusion como Chick Corea. Isso lhe deu prestígio extra além dos muros do jazz.

Às vezes contestado pelos cultores de nichos musicais, Jarrett conseguiu o milagre de emocionar igualmente "fãs de rock, pop, folk, jazz e clássicos", na expressão de outro especialista, James Lincoln Collier. "Estas etiquetas", escreve Elsdon, "funcionam mais para a imprensa e a indústria musical do que para os músicos." Ele centra a recepção crítica da música de KC na revista *Rolling Stone*, mostrando que a bíblia do rock foi a chave do seu sucesso comercial. "A revista o identificava como um artista conquistando sucesso comercial, e não um músico de jazz lutando em busca de público."

Não sem razão, já que os críticos encontraram de tudo no KC: inflexões do pianismo romântico do século XIX, maneirismos folk, celtas, melodias folclóricas escocesas, corais etc. Chamaram-no de "romântico enrustido", como se isso fosse pecado. Mas o pianismo romântico do século XIX, na linhagem de Chopin, Schubert, Liszt e Brahms, foi um dos pilares do sucesso de Jarrett. Combinados, é certo, com a pulsação folk na mão esquerda, que os eruditos chamam de "ostinato". Um dos mais respeitados, o já citado John Wilson, do *New York Times*, usou uma ótima metáfora para qualificar o estilo pianístico de Jarrett no KC: "Chopin e Art Tatum navegando rio abaixo numa canoa."

Os motivos dessa recepção podem ser encontrados no modo como Jarrett organizou seus improvisos longos. Que forma deu a eles?, Elsdon pergunta-se. E recorre a uma tese de 1998 de Gernot Blume (Universidade de Michigan) para afirmar que "ele se distancia dos demais músicos de jazz free porque não quer se distanciar da linguagem do jazz. Em vez disso, trabalha dentro dessa linguagem, estendendo-a a outras áreas estilísticas, criando assim um sentido de familiaridade com o ouvinte". Blume, de seu lado, finalmente explica de modo convincente a estratégia de Jarrett: "Ele cria um conjunto de procedimentos repetitivos e fórmulas que restauram efeitos de delineação automática. Forja um estilo a partir de uma mistura de estilos para se comunicar com suas plateias, numa moldura conceitual identificável. Essa linguagem parece original porque intertextualiza, ou seja, mistura convenções de um bom número de sistemas e tradições musicais."

Para analisar a primeira e mais longa parte do *Köln Concert*, Blume fatia aqueles 24 minutos usando palavras como Intro, Groove 1, Rubato 1, Rubato lento, para nomear os trechos. Seu critério fundamental é o ritmo. Muitos críticos detectam variadas referências estilísticas de Jarrett, mas na verdade elas devem ser entendidas como estilos que emprega durante os improvisos, estilos que integram uma linguagem musical comum.

Quando ouvimos música improvisada, alerta Elsdon, "ouvimos não apenas a música, mas o improvisador na música". Ele está falando dos visíveis impasses e becos sem saída que de vez em quando acontecem nos improvisos de Jarrett, e ele suspende de repente a música; o silêncio de alguns segundos interrompe um novo começo, inteiramente contrastante com o que se acabou de ouvir.

O improvisador usa um conjunto de práticas e procedimentos que foram aprendidos e internalizados, mas o diferencial dos talentosos é que ao mesmo tempo criam um espaço para o não conformismo, realizando, portanto, o potencial da música improvisada para escapar dos limites e consequências lógicas desses padrões.

Você pode, como já fez Thomas Owen, elencar uma série de motivos que Charlie Parker usou repetidamente em seus improvisos. John Corbett, em seu livro *Extended Play*, diz que o improviso é um "embate permanente entre o limiar do permitido e a transgressão". Mal comparando, funciona como na forma-sonata, um conceito estrutural que era respeitado pelos compositores, *ma non troppo*. Isto é, um sujeito que obedecesse estritamente a suas regras faria música chata; o gostoso, claro, é o proibido.

Em ensaio de 2004, o excepcional pianista e teórico Vijay Iyer diz que ouvir música envolve um sentido de tempo compartilhado que a leitura de um livro não proporciona. Essa empatia temporal fica ainda mais importante, diz Iyer, quando a música é improvisada: "A experiência de ouvir música que se sabe improvisada difere significativamente da de ouvir música composta. A principal fonte de drama na música improvisada é o simples fato de compartilhamento de tempo: a sensação de que o improvisador está trabalhando, criando, gerando material musical, no mesmo tempo em que estamos coatuando como ouvintes."

Nas gravações ao vivo de Jarrett, "não só a música é improvisada, mas ela *soa* improvisada", conforme Elsdon.

Uma Nova Estética da Beleza? "É tentador examinar a recepção a KC em dois diferentes panos de fundo estéticos, o norte-americano e o europeu", raciocina Elsdon. Na verdade, houve um movimento marqueteiro de "venda" do jazz como produto para a juventude, desde as embalagens pop envolvendo mestres como Miles Davis até a fusion. De certo modo, Jarrett também soava como novo – um novo mais complicado, é verdade, mas que ampliou o universo do jazz numa dupla direção, atraindo o público pop que já gostava de Zappa e outros roqueiros mais criativos, e o público erudito, que de repente descobriu naqueles "recitais esdrúxulos" uma espécie de "revival" das grandes noitadas do músico que inventou a fórmula do recital de piano em 1839, Franz Liszt. Em meados do século XIX, ele improvisava sobre temas que a plateia e os sucessos líricos do momento lhe sugeriam.

O outro fator é educacional mesmo: as plateias europeias eram capturadas pelo lado clássico das performances; os norte-americanos eram capturados principalmente nas universidades, onde alunos de todos os cursos já participavam, na maioria das instituições, da orquestra sinfônica. Oitenta por cento das universidades, contabiliza Elsdon, já ofereciam extracurricularmente a possibilidade de participação em grupos de jazz ou *big bands*, uma iniciativa que o trompetista Wynton Marsalis revolucionariamente institucionalizou no país nas últimas três décadas. Entre outubro de 1974 e outubro de 1975, Jarrett fez nove apresentações-solo em universidades norte-americanas. Trecho de uma matéria de um jornal local anunciando um desses recitais mostra como a música de Jarrett era "vendida": "Esta música não é vanguarda, é sobretudo melódica, e isso torna o *Köln Concert* um excelente disco para novos ouvintes de jazz e também para os antigos."

De fato, na metade da década de 1970, o jazz estava longe de declinar. Em vez disso, fortalecia-se com o circuito universitário, que beneficiou todos os gêneros. Dave Brubeck dizia que "80%, 90% do nosso público é de estudantes universitários".

Dançando Com o Piano. As descrições de Jarrett tocando também ajudaram a criar o mito. "Quando toca, ele parece dançar com o piano", escreveu um crítico. Outras descrições na imprensa associavam isso a uma espécie de misticismo iogui como num transe. Outros "associaram os movimentos ao ato sexual, e os gemidos seriam reminiscência do orgasmo". A audição da gravação nos traz o som desencarnado; assistir Jarrett, em vídeo ou ao vivo, nos devolve a impressão de que ele encarna a essência do som – e isso ajuda na mitologização.

A pá de cal no mito foi dada por um texto de Jarrett no encarte de *Solo Concerts* gravados em Brêmen e Lausanne em 1973, portanto quase dois anos antes do KC. Olhem o que ele diz: "Não acredito que possa criar, mas que posso ser um veículo para o Criador. Acredito no Criador, assim na realidade este é Seu álbum através de mim para você [as maiúsculas são de Jarrett]." Ou seja, ele se autoqualifica como gênio ungido por Deus, numa "romantização" excessiva. Quem assistiu aos seus dois recitais-solo recentes em São Paulo viu que estava diante de um ritual.

Elsdon acrescenta que "as performances são tão ritualizadas como cerimônias religiosas […] Nesse sentido, as gravações de piano solo que fez não são simplesmente documentos de performances, mas manifestos artísticos, articulações e música da estética que Jarrett professa". Jarrett não está sozinho nisso, diz Peter Elsdon. Há no jazz sinais semelhantes, como John Coltrane em *My Favorite Things*, Chick Corea, que namorou com a cientologia, além de Sun Ra e Yusef Lateef. Elsdon tenta associar o formato do recital-solo de Jarrett, incluindo a gestualidade e o ritual, com a contracultura norte-americana. Soa forçado quando diz que o KC "é um símbolo do impulso para escapar da sociedade tecnocrática". Toma como objeto de análise a capa do LP, hoje CD: "A imagem de Jarrett ao piano, com sua cabeça encostada ao peito e os olhos fechados […] é uma atitude tipicamente associada com a prece e a devoção religiosa." Ele também associa a ideia de uma música sem mediação tecnológica, puramente acústica, do músico como veículo privilegiado do Criador, a uma espécie de alucinógeno sonoro capaz de proporcionar "transcendência, libertação e experiência espiritual para seus ouvintes". E pergunta: "É possível entender KC neste pano de fundo?"

Daí para a assimilação da música de Jarrett pelo massificante universo da "new age" é um mero pulinho. Queira ou não o pianista, *The Köln Concert* permanecerá sempre como obra-prima de música improvisada que captura todo tipo de ouvido. Não é essa mesma uma das qualidades essenciais de uma obra-prima?

Um Novo Thelonious Monk

Publicado em *O Estado de S. Paulo*, Caderno 2, 24 set. 2011.

Ter medo do novo é próprio do ser humano. Nas artes, essa síndrome manifesta-se de modo ainda mais claro do que em outros departamentos da vida. A história da música clássica está cheia de episódios em que nomes tão geniais como Bach, Beethoven ou Mahler foram chamados de charlatães e picaretas. No jazz, o fenômeno é praticamente inexistente, talvez porque, como gostava de dizer Dizzy Gillespie, no jazz cada músico passa o bastão para o seguinte, como numa corrida de revezamento 4 x 4. Alguns músicos geniais, entretanto, enfrentaram problemas parecidos com os de Beethoven ou Mahler. Os nomes de Charlie Parker e Miles Davis logo vêm à cabeça. Mas a vítima preferencial dos conservadores sem dúvida foi o pianista Thelonious Sphere Monk (1917-1982).

Quando surgiu na cena jazzística, na virada dos anos 1930-1940 em Nova York, com seu piano dissonante, feito de silêncios e melodias angulosas, fugindo do virtuosismo como o diabo da cruz, provocou um verdadeiro deus-nos-acuda. Ainda mais que a sua figura era no mínimo bizarra: gorros dos mais variados tipos, introvertido, roupas extravagantes; costumava até dançar no palco desajeitadamente enquanto parceiros improvisavam.

Incompetente. Não sabe sequer tocar piano. Jamais estudou. Vai estudar, vagabundo. Essas foram as desqualificações mais frequentes. Nas entrevistas, ele dava corda às calúnias, dizendo meio sério quando por acaso alguém gostava do que tocara: "Puxa, hoje não consegui encontrar os acordes errados no piano." Comportava-se em público como um louco ensandecido. Praticamente não respondia nada que fizesse algum sentido. O calvário durou cerca de quinze anos, algumas prisões por porte de drogas, alcoolismo *brabo* e cassação inclusive de sua habilitação profissional para trabalhar como músico em Nova York.

Mas a maré mudou a partir da segunda metade dos anos 1950, sobretudo com o reconhecimento europeu. Aí as acusações domésticas transformaram-se em elogios ao "excêntrico gênio" (na verdade, ele sempre teve transtorno bipolar, hoje se sabe). Foi eleito o "sumo-sacerdote" do bebop (movimento liderado por Charlie Parker e Dizzy Gillespie nos anos 1940, que tirou o jazz dos salões de baile e o levou para inferninhos como o Minton's e o Five Spot, dois dos locais mais frequentados por Monk). Até capa da *Time* foi em 28 de fevereiro de 1964. Foi uma década abençoada para ele – o clímax de sua vida e carreira. Foi reverenciado em turnês pela Europa até o silêncio provocado pela doença em 1975; dali em diante, viveu emudecido no apartamento da baronesa de Koenigswater, de frente para o rio Hudson, até a morte, em 1982.

Robin D.G. Kelley dedicou os últimos dez anos de sua vida à pesquisa minuciosa da vida e obra de Monk. Foi o primeiro a ter acesso aos arquivos da família Monk. O resultado está condensado nas seiscentas reveladoras páginas de *Thelonious Monk: The Life and Times of an American Original* (Thelonious Monk: A Vida e a Época de um Americano Original), livro lançado no finalzinho de novembro passado nos Estados Unidos pela Free Press.

A verdadeira história é no mínimo diferente. Professor de História e Estudos Americanos da Universidade de Southern Califórnia, Kelley rebate praticamente a estorinha contada acima sobre a vida do pianista mais influente do jazz moderno.

Para começar, ele estudou piano sim. E piano clássico, durante 24 meses, entre os onze e os treze anos de idade, com um judeu austríaco emigrado chamado Simon Wolf. Este vendia caro suas lições de piano porque assegurava ter estudado com Alfred Megerlin, um dos spallas da Filarmônica de Nova York. Na verdade, Thelonious estudou com Wolf desde os quatro anos, por cima dos ombros da irmã Marion, que desde criancinha fora escolhida pela família para ter uma instrução musical sistemática (não havia dinheiro para pagar aulas para os dois). Ainda mais: Simon era músico clássico e fez Thelonious estudar peças de compositores como Chopin, Beethoven, Bach, Rachmaninov, Liszt e Mozart. "Ele desenvolveu afinidades especiais com Chopin e Rachmaninov", escreve Kelley em seu livro recheado de informações inéditas sobre o músico.

Curiosamente, um dos compositores contemporâneos de Monk, que não é citado e morava em Nova York nos anos 1930-1940, é o húngaro emigrado Bela Bartók. A música de Thelonious apresenta afinidades com a de Bartók. Entretanto ele jamais perdeu a chance de fazer piada ou chocar quem o rodeava. Numa entrevista para a revista *Metronome* em 1961, quando já era amplamente reconhecido como gênio excêntrico do jazz moderno, respondeu que o maestro e pianista espanhol José Iturbi, conhecido por suas aparições em filmes de Hollywood, era sua escolha no quesito "compositor ou músico clássico preferido". Era piada – mas todo mundo levou a sério.

Outro mito desfeito por Kelley: ao contrário do que se pensava até agora, Monk foi um marido devotado, homem de família. Aqui o biógrafo força um pouco a barra. Afinal, Thelonious pouco viveu com a mulher Nellie (que lhe rendeu a maravilhosa "Crepuscule With Nellie"). Nos últimos trinta anos de vida, passou muito mais tempo no apartamento da baronesa Pannonica Koenigswarter (motivo de outro tema memorável, "Pannonica") do que em casa.

O livro de Kelley fascina não só pela riquíssima história de vida de Thelonious Monk pois, além de desfazer mentiras e meias-verdades sobre sua vida, mergulha em detalhes no universo único de sua música genial. Conta em detalhes cada turnê, gravação e circunstâncias de criações memoráveis como "Round Midnight", "Straight, No Chaser", "Well, You Needn't" e "Ruby My Dear" – quatro composições pinçadas em algumas dezenas de obras-primas que compõem seu songbook. Um álbum de composições que é *standard*. Ou seja, são temas que nenhum músico de respeito pode alegar desconhecer hoje em dia.

Esse conjunto de temas, que não chega a oitenta, foi incessantemente retrabalhado e recriado por Monk ao longo de sua carreira. Nisso, ele tem certa semelhança com João Gilberto e sua obsessão pela reinterpretação permanente de um punhado de clássicos da música popular brasileira. E, claro, também foi motivo de crítica de incautos.

No ano passado, a Sony lançou uma caixa com cinco CDs essenciais de Monk intitulada *Original Álbum Classics*. Uma verdadeira pechincha, que sai por cerca de R$ 72,00 e traz cinco das mais celebradas performances do pianista, realizadas entre 1962, ano de seu primeiro disco com uma grande gravadora, a Columbia, e 1968. São diamantes de 18 quilates, como *Monk's Dream* (a estreia na Columbia, em 1962), *Criss-Cross* (segundo disco na Columbia), *Solo Monk* (um recital de piano solo de arrepiar), o célebre *Underground* (onde ele aparece de guerrilheiro bem anos 1960) e *Straight, No Chaser* (de 1967, um dos mais serenos e clássicos entre seus discos).

Em geral, são temas dissonantes, que não entram redondo nos ouvidos; acordes rascantes como ossos quebrados, ritmos completos, acentos deslocados, mudanças bruscas de dinâmica, hesitações, silêncios inesperados. Enfim, uma deliciosa e moderníssima estranheza que até hoje fascina e seduz quem se aproxima dessa música genial. O celebrado Whitney Balliett (1926-2007), um dos mais agudos e elegantes críticos que o jazz já possuiu, titular do gênero na revista *The New Yorker* por quase meio século, entre 1954 e 2001, definiu de modo iluminado e em pouquíssimas palavras a música de Thelonious Monk: suas composições são "improvisações congeladas" e suas improvisações são "composições... derretidas".

Viva a Impulse!

Um dos melhores subprodutos das bem orquestradas comemorações dos 45 anos do selo de jazz Impulse! (assim mesmo, com ponto de exclamação) chega ao Brasil seis meses atrasado em relação ao lançamento original, porém mantém felizmente os dez CDs contendo uma súmula refinada da obra gravada de grandes músicos como John Coltrane, Charlie Mingus, Sonny Rollins, Keith Jarrett, McCoy Tyner, Albert Ayler, Pharoah Sanders, Archie Shepp, Alice Coltrane e Gato Barbieri. O selo vive até hoje, mas só foi hegemônico no melhor jazz produzido entre 1961 e 1976, período dessas gravações.

Nos Estados Unidos, os CDs são só a ponta do iceberg das comemorações. Por lá a data foi 6 de junho de 2007. Naquele dia, além dos CDs, chegou às livrarias o livro do jornalista Ashley Kahn, intitulado *The House That Trane Built: the History of Impulse Records* (A Casa Que Trane Construiu: a História da Impulse Records). O título refere-se ao fato de que Coltrane foi o primeiro contratado do selo e fez sua glória crítica e comercial. Na mesma data distribuiu-se um programa de rádio; e um septeto liderado por McCoy Tyner está excursionando durante a temporada 2006-2007.

Não há, entretanto, exagero de marketing nesse caso. Pois a Impulse! foi de fato e de direito o selo que melhor captou a extrema diversidade do jazz dos anos 1960-1970. Seu período áureo ocorreu durante os seis anos em que Coltrane, primeiro contratado, foi sua estrela exclusiva, de 1961 até a morte em 1967; uma segunda fase prolongou-se até 1976. De lá para cá, só espasmos. Por exemplo, em 1996 saíram ao mesmo tempo os primeiros CDs do pianista panamenho Danilo Pérez e da cantora-pianista Diana Krall.

Três CDs constituem provas irrefutáveis e eternas da importância dessa bela aventura jazzística. *A Love Supreme*, de 1964, traz o quarteto sagrado de Coltrane em estado de graça (com o piano de McCoy Tyner, o contrabaixo de Jimmy Garrison e a bateria de Elvin Jones). O explosivo e revolucionário *Ascension*, do ano seguinte, que leva muito mais longe o quarteto duplo de Ornette Coleman em *Free Jazz*, de 1961. E, fechando esta santíssima trindade do melhor jazz dos anos 1960, *The Black Saint and the Sinner Lady*, de Mingus, o disco que ele realizou após internação prolongada, em 1962. Seu psiquiatra

Publicado em *O Estado de S. Paulo*, Caderno 2, 17 nov. 2007.

assina o surpreendente texto interno. Onze músicos o acompanham em sua "Charlie Mingus New Folk Band" (ele exigiu que se mudasse, no seu LP, o slogan original da Impulse!, "the new wave in jazz is on Impulse!", para "the new wave in folk is on Impulse!"). São três obras-primas que, sozinhas, justificariam toda a aventura do selo que nasceu em 1961 como um selo da ABC-Paramount pelas mãos do produtor Creed Taylor.

Música Incendiária Muito Bem Embalada. Seu toque de gênio foi ter contratado de cara John Coltrane, o músico-farol daquele momento. Pois ele praticamente levou nas costas o novo selo: indicou nomes para gravar, deu oportunidades para seus parceiros de grupo, deu o tom, a estética do selo, que foi muitíssimo bem embalado por Taylor. Os LPs traziam capas duplas e vinham nas cores laranja e preto.

Para escrever a biografia da Impulse!, Ashley Kahn utilizou rescaldos de informações coletadas para um livro anterior, por sinal muito bom, sobre *A Love Supreme*, de Coltrane. Kahn, aliás, também escreveu um livro sobre os bastidores de *Kind of Blue*, de Miles Davis (ambos devem ser lançados no Brasil pela editora Barracuda). "Havia grande quantidade de lendas do jazz tocando e enorme variedade de estilos, do swing ao bebop, do hard bop à vanguarda", diz Kahn. "E tudo isso acontecia nos mesmos palcos, ao mesmo tempo. Só a Impulse! tentou captar essa riqueza e variedade."

De fato, o selo refletiu jazzisticamente as nuances da turbulência norte-americana nos anos 1960, da discriminação racial às palavras de ordem revolucionárias dos grupos negros e ao espírito de resistência que a música de invenção teve de praticar com o máximo empenho, no momento em que a música pop invadia corações e mentes, sobretudo dos adolescentes. "Impulse! quis levar o novo jazz a essas plateias jovens", esclarece Kahn.

No entanto, Creed deu apenas a largada genial com Coltrane. O verdadeiro herói da história é Bob Thiele, produtor que tocou o selo de 1961 a 1969. O slogan "new wave in jazz" acomodou com adequação não apenas as inovações de Coltrane e seus protegidos da vanguarda como Shepp, Ayler e Sanders, como também os velhinhos que traziam no sangue o gosto pelo novo, como Pee Wee Russell e Earl Hines ou os mestres Ellington e Benny Carter. Nos anos 1970, tocada em Los Angeles por Ed Michel, a Impulse! ainda gravou Gato Barbieri e Keith Jarrett, até ser vendida para a MCA em 1977. Passou em seguida para a GRP de Dave Gruisin e continua ativa até hoje, como selo da Verve.

Ninguém É Perfeito. Nem tudo são flores, porém. Em outro livro recentíssimo e original, *Blowin' Hot and Cool: Jazz and Its Critics*, o pesquisador norte-americano John Gennari conta que Bob Thiele aliou-se ao front da guerra fria cultural tocada pelo governo norte-americano. Não só colocou o selo à disposição das ações oficiais de exportação da cultura norte-americana para a Europa como bancou uma revista intitulada *Jazz*. Ele assinou o expediente como *publisher* por oito anos, de 1963 em diante. Contratou Dan Morgenstern como editor e colocou sua namoradinha Pauline Rivelli como assistente.

A intenção era clara, escreve Gennari. "Dar suporte na mídia para a Impulse! *Jazz* aliou-se à guerra fria cultural posicionando o jazz como elemento crucial na campanha de John Kennedy por uma nova fronteira anticomunista. Em seu segundo número, o editorial anunciava a decisão de enviar exemplares da revista gratuitamente para os países do leste da Europa. 'Será', dizia o editorial, 'nossa pequena contribuição para a causa da paz e da liberdade.' Duke Ellington e John Coltrane simbolizavam a continuidade e boa vontade entre diferentes gerações de músicos. Como o jazz era "a primeira arte universal" e um símbolo da "união criativa de todas as raças e credos", segundo a expressão da revista, constituía "uma das melhores e mais limpas armas na batalha por um mundo melhor". Porém, anota Gennari, é curioso que Morgensten não recebesse salário como editor da revista *Jazz*: "Ele se remunerava assinando textos extraordinariamente bem pagos para os discos da gravadora." Com a história da Impulse! aprendem-se duas lições básicas: 1. Você pode ter uma criação artística sensacional, mas dança se não a tratar como produto; 2. Os métodos para vencer incluem, além das armas convencionais de marketing, métodos dúbios de cooptação que infelizmente costumam repetir-se através dos anos, e em todas as latitudes.

The Impulse Story: Um Guia de Escuta. Ashley Kahn fez uma meticulosa seleção das faixas. Trabalho de ourives jazzístico. Fique de olho nas pepitas:.

John Coltrane (1926-1967): uma degustação de *A Love Supreme*, uma incendiária versão ao vivo no Village Vanguard de "Chasin' the Trane", de dezesseis minutos e a revolucionária "The Father and the Son and the Holy Ghost".

Charlie Mingus (1922-1979): onze gemas. Faixas de *The Black Saint and the Sinner Lady* ("The Solo Dancer" e "The Group Dancers"), do raro *Mingus Plays Piano* e de *Mingus, Mingus, Mingus, Mingus, Mingus* (seu tributo a Lester Young "Goodbye Porkpie Hat" e a frenética "Better Get Hit in Your Soul").

McCoy Tyner (1938): o notável pianista de Coltrane em performances iluminadas. Quem só conhece gravações mais recentes se assusta com o lirismo, leveza e sofisticação deste CD. Ele assina sete temas, entre eles a delicada "Oriental Flower".

Sonny Rollins (1930): ele só gravou três LPs para a Impulse!, mas basta ouvir os explosivos vinte minutos de "East Broadway Run Down" num quarteto com Freddie Hubbard no trompete e a cozinha rítmica de Coltrane para sacar que sozinha ela vale muito mais que um CD inteiro.

Albert Ayler (1936-1970): Ayler tocava saxes soprano, alto e tenor. O mais radical dos parceiros de Coltrane. Experimente "Holy Ghost", "Truth Is Marching In" e "Music Is the Healing Force of the Universe".

Archie Shepp (1937): parceiro do Coltrane da última fase, Shepp combina sonoridades inesperadas e pitadas de lirismo. Confira em "Naima", clássico de Coltrane, e na mais original leitura que conheço de "Garota de Ipanema": contrapontos que se liquefazem, frases que escorregam gostosamente para as dissonâncias etc.

Pharoah Sanders (1940): Discípulo de última fase de Coltrane, radicalizou a experimentação. Belos anos 1960, quando "The Creator Has a Master Plan" podia estender-se por 32 minutos; ou "Upper Egypt and Lower Egypt", na qual nove dos dezesseis minutos são levados num improviso coletivo sem nenhum padrão regular de pulsação. Pura música de invenção.

Alice Coltrane (1937): A viúva de Coltrane tem sólida formação clássica, toca piano e harpa. Enveredou por uma síntese religiosa misturando Egito, Índia e orientalismo. Não me comove. Nem o arranjo da *Sagração da Primavera*, de Stravínski. Dispensável.

Keith Jarrett (1945): Gravou em 1975-1976 para a Impulse!. Onze faixas, quase todas essenciais. Fico com duas encantatórias ("De Drums" e "The Rich (and the Poor)") e a premonição do trio Standards em "Bop Be". O percussionista brasileiro Guilherme Franco participa de várias faixas.

Gato Barbieri (1934): o sax do hermano argentino Barbieri fica vários degraus abaixo dos saxofonistas acima mencionados. Músicos brasileiros são responsáveis pela qualidade de boa parte do CD (confira "Encontros". "Latino América" e "To Be Continued"). O lado porteño fica por conta de "Nunca Mas"; e a surpresa com a versão deliciosa da guarânia paraguaia "Índia".

O Perfume da Canção Barata

"Eu sou a canção." A afirmação de Ignácio Villar – ou melhor, Bola de Nieve – está surpreendentemente próxima de outra muito nossa conhecida, de Villa-Lobos ("o folclore sou eu"). Mas, ao contrário de nosso maior compositor, para quem o mote serviu como ferramenta de marketing na França dos anos 1920, no caso do cubano, que viveu entre 1911 e 1971, a frase soa quase como sincera expressão resignada de quem não conseguiu escapar de seu destino. Ainda bem. Bola de Nieve é um dos mais perfeitos exemplos do que se convencionou chamar na França de chansonnier, nos Estados Unidos de cantor de saloon e na Itália de cantautore. Ele corre na mesma raia de nomes tão ilustres como Maurice Chevalier e Jacques Brel; de Noel Coward e Bobby Short; e de Luigi Tenco e Sergio Endrigo. E, acredite, só um refinadíssimo olho eletrônico conseguiria detectar quem chegaria em primeiro num ranking com participantes desse quilate.

Esse tipo raro de artista popular não costuma colecionar seguidores, nem mesmo imitadores. É impossível chegar perto deles. Noventa e nove por cento das tentativas soa caricatas. Por isso é imperdível o CD *Con el Permiso de Bola*, um tributo igualmente emocionado e competente ao Bola, pelo cantor cubano Francisco Céspedes, acompanhado por um trio piano-baixo-bateria liderado pelo grande Gonzalo Rubalcaba. É fato que Céspedes puxa Bola para uma atmosfera jazzística meio rala, aparentada à sonoridade de Bobby Short (embora as canções nada tenham a ver com o universo do saloon singer norte-americano). Talvez, por outro lado, aí esteja a chave da qualidade musical da empreitada: Céspedes jamais tenta imitar seu (e nosso) ídolo. O disco foi gravado de modo virtual: o trio de Rubalcaba nos Estados Unidos e a voz e os solistas convidados em Havana. Isso decepciona um pouco, dá a sensação de que é artificial a emotividade que escorre das interpretações. A distância geográfica não transparece, porém, nas interpretações antológicas de Céspedes.

A genial sombra de Bola domina a cena. Até Rubalcaba, normalmente extrovertido, aqui é econômico até o essencial (confira o duo voz-piano comovente de "Alma Mia"). São treze clássicos – entre eles gemas como "Adiós

Publicado em O Estado de S. Paulo, Caderno 2, 14 jul. 2007.

Felicidad", "Ay, Amor!", "Vete de Mi", "La Flor de Canela", "No Dejes Que te Olvide", "No Puedo Ser Feliz", "Ausencia", "Si me Pudieras Querer", entre outras. Cito quase todas, porque só pelos títulos já se vê que elas pertencem a um gênero específico, as "torch songs" imortalizadas nos Estados Unidos por Billie Holiday, na França por Edith Piaf e, no Brasil, por Maysa como intérprete e Lupicínio Rodrigues como compositor. Sim, estamos falando dos bolerões dor de cotovelo. A expressão "torch song", nascida em 1921 na edição daquele ano da revista da *Broadway Zigfeld Follies*, foi aplicada pela primeira vez a "My Man", versão de Channing Pollack para a canção francesa de Maurice Yvain (o amorzão descrito pela cantora em cena, no caso Fanny Brice, era originalmente um cafetão, amaciado por Pollack). Chegou ao cinema em 1953, com *Se Eu Soubesse Amar*, estrelado por Joan Crawford.

É um tipo de canção que não necessita apenas de um(a) cantor(a), mas de um autêntico recriador para funcionar. É o que acontecia com Maysa e sua lupiciana versão de "Ne me Quitte pas", e com praticamente todo o repertório de Billie Holiday. Todavia esse pessoal veio depois de Bola de Nieve. Ele é contemporâneo de Edith Piaf e Maurice Chevalier. La Piaf, aliás, ficou tão impressionada com o modo como Bola recriou "La Vie en Rose" que quase se recusou a cantá-la quando se apresentou em Havana, nos anos 1930.

O selo Velas, de Ivan Lins, lançou, em 1995 no Brasil, dois CDs de Bola de Nieve que são duas obras-primas atemporais e hoje só encontráveis em sebos (no site www.causasonora.com.br ainda há algumas cópias disponíveis). No primeiro, *El Inigualable Bola de Nieve*, ele passeia por 26 canções do mundo inteiro. Confira a magistral leitura de "La Vie en Rose" em apenas um minuto e meio: é quase um recitativo dramático, mesma técnica que aplica a "Babalu", que fica a anos-luz da interpretação de Angela Maria, e a extraordinária leitura de "Be Careful, It's My Heart", de Irving Berlin. No segundo, Bola interpreta canções de seu alter ego Ignácio Villa. São dezesseis pérolas da dor de corno, incluindo "Yambambo", "Pero Tu Nunca Comprenderas", "Pobrecitos Mis Recuerdos", "Ni Quiero Que me Odies" e "Aunque Llegues a Odiarme".

Mi Manera Homossexual, surpreendentemente não teve problemas com o regime de Fidel Castro. Ao contrário, sempre desfrutou de boa vida em sua condição de porta-voz máximo da canção. Talvez por isso jamais tenha escondido uma paixão meio ingênua pela Revolução: "Sou cubano, sou fidelista. Minha mãe foi comunista, mas nunca li um livro sobre marxismo. A Revolução é o que sempre sonhei."

Não por acaso, Bola de Nieve, impecável em seu fraque e a bordo de um piano de cauda, costumava abrir seus shows falando baixo ao microfone enquanto dedilhava acordes e escalas ao piano: "Vou interpretar para vocês algumas canções a mi manera." O segredo está neste "a mi manera". Como defini-la? O célebre violonista espanhol Andrés Segovia chegou perto ao afirmar que "quando ouvimos Bola parece que estamos assistindo ao nascimento simultâneo da palavra e da música". Ele mesmo, no fim da vida, disse que "tudo é bom na vida quando a gente acredita ou se engana acreditando estar fazendo arte" e que "não tenho fanáticos, mas devotos. Por quê? Porque eu sou a canção; eu não canto canções nem as interpreto. Eu sou".

Voz de Vendedor de Pêssegos. Bola de Nieve compartilhou o palco do lendário Cassino Tropicana nos anos 1940 e 1950 com Josephine Baker, Xavier Cugat, Célia Cruz e Nat King Cole entre tantos outros – ou seja, com praticamente todas as estrelas da música popular internacional da primeira metade do século xx, incluindo Carmen Miranda. No Brasil, chegou a cantar alguns dos clássicos de Ary Barroso e Dorival Caymmi. A voz aguda e meio rouca, "de vendedor de pêssegos", dizia, era capaz de inflexões surpreendentes. "Arte para mim é fazer as coisas como sinto, colocando a serviço do compositor a própria sensibilidade e estabelecer essa corrente que faz com que o público ria ou chore ou fique em silêncio."

Entretanto – injustiça – ele se desprezava como compositor: "Não me considero compositor nem me respeito como tal, só fiz cançonetas baratas das quais alguns gostaram. Acho que a palavra compositor é séria e respeitável demais." Um de seus devotos, Noel Coward, também criador de gênio nesse terreno e notável frasista, cunhou esta frase que se aplica com perfeição ao Bola: "Como é poderoso o perfume da música barata."

Da turma ilustre de chansonniers, saloon singers e cantautori lá de cima, só ele nasceu baixinho, pobre, feio, sempre foi gordo e, além de tudo isso, dividiu a chamada afrodescendência apenas com Short. Ainda por cima, era o único a falar espanhol. Em compensação, desfrutou daquela que é a maior das vantagens: nasceu em Cuba, uma ilha absolutamente abençoada quando o assunto é música popular. Nascido em 1911, acompanhou a cantora Rita Montaner por palcos internacionais até 1933, quando subiu sozinho ao palco no Politeama na Cidade do México e simplesmente arrasou fazendo sob os holofotes o que costumava fazer nos bastidores para divertir a todos. Outro gênio cubano, Ernesto Lecuona, agregou-o a sua trupe e o levou de volta a Havana. Mostrou uma química só sua, que une o canto, o acompanhamento pianístico e uma habilidade extraordinária na interpretação das letras. Como os cantautori italianos ou Bobby Short, por exemplo, todas as canções que Bola de Nieve interpreta parecem ter sido compostas por ele – tamanho o grau de apropriação que ele faz delas. Essa característica é tão diferencial que ele se dividiu em dois: o magnífico performer adotou o apelido Bola de Nieve que lhe deram por causa de sua cabeçorra redonda sobre um corpo obeso e a baixa estatura; e com o nome de batismo, Ignácio Villa, assumiu suas composições. "¡Viva su alegría terrestre! ¡Salud a su corazón sonoro!", escreveu Pablo Neruda a Bola de Nieve. A melhor explicação racional que encontrei para essas maravilhosas saudações foi colocada no papel pelo musicólogo suíço Jean Molino no artigo "O Puro e o Impuro", no qual analisa as relações entre a música clássica europeia e as músicas populares. Ele prega que a história das músicas clássicas é uma narrativa de sublimação que chega a seu clímax em nossa época. "O processo de sublimação da matéria sonora alcança seu limite quando é inteiramente penetrada pela razão e se transforma em pura inteligibilidade. A grande música repousa hoje numa metafísica dualista e neoplatônica: a arte deve nos elevar acima da beleza sensível, que produz um prazer carnal demais, e nos elevar ao mundo inteligível das formas puras."

A verdadeira ciência da música, então, diz Molino, deve ser antropológica. A graça está em que "a música é uma mistura que só vive nestas tensões que a despedaçam e a transformam o tempo todo". Tensões entre a grande música, ou clássica, que é ponto de chegada, e as músicas urbanas, a das canções, que são o ponto de partida de uma longa e perturbada história.

É isso. A alegria terrestre e o coração sonoro de que fala Neruda a propósito de Bola de Nieve têm tudo a ver com a frase final de Molino: "A música das origens tem todas as impurezas da matéria: é uma música coletiva de cerimônias e de festas, funcional, que se inscreve primeiro nos ritmos, nos movimentos e gestos do corpo, e provoca os afetos mais profundos da psique humana, a começar pela sexualidade." Segovia tem razão: ouvir Bola de Nieve em ação é ser espectador privilegiado da música das origens. É assistir ao nascimento da palavra e da música.

Um Raio-X Sobre
a Obra-Prima de John Coltrane

"Escute cinco vezes. Escute-a instrumento por instrumento. Bote para tocar e ouça só o contrabaixo. Ouça de novo, só o saxofone. Não ouça uma vez só e tente dar uma opinião." A dica que John Coltrane deu a Cecília, prima de seu baterista Elvin Jones, estabelece um novo padrão de escuta, que se aplica ao jazz dos anos 1960 – nova e revolucionária forma de arte que solicita algo mais do ouvinte além da resposta muscular automática ao swing de pulsação regular. Sua música pede envolvimento emocional, solidariedade hipnótica, entrega de corpo e alma e, ao mesmo tempo, escuta ativa. Esta é a melhor maneira de se ouvir a gravação-chave do jazz dos anos 1960, *A Love Supreme*, nascida em quatro horas de sessão noturna em estúdio no dia 9 de dezembro de 1964.

Publicado em O Estado de S. Paulo, Caderno 2, 2 set. 2007.

Pois essa citação abre o capítulo mais suculento e interessante do livro *A Love Supreme*, que o jornalista norte-americano Ashley Kahn dedica à lendária suíte que um crítico chamou de "devocional". Uma igreja foi aberta em São Francisco, em 1971, por causa dela. Intitula-se "Saint John Coltrane Church" e faz dele sua estrela-guia.

Junkies e doidões em geral viajam desde os anos 1960 com *A Love Supreme*. Alguns talentosos, como o guitarrista Carlos Santana, que ouviu o disco envolto em baforadas de maconha ("Percebi um paradoxo musical – tão violento e pacífico. Olhei para a capa do álbum e vi que seu rosto era muito intenso. Parecia que… seus pensamentos gritavam").

Logo após a morte de Coltrane, em 1967, com apenas quarenta anos, os movimentos negros de esquerda se apoderaram de sua imagem e a distorceram, acrescentando-lhe pitadas políticas (que, no entanto, eram apenas espirituais). Fizeram dele um herói nacional. O crítico Frank Kofsky chegou a entronizá-lo no que chamou de santa trindade musical marxista afro-americana: Coltrane seria Lênin; Ornette Coleman, Trótski; e Cecil Taylor posaria de Rosa Luxemburgo.

Em 1990, Spike Lee pediu *A Love Supreme* emprestado a Alice Coltrane, sua viúva, para intitular seu novo filme (que virou *Mo' Better Blues*, no Brasil, *Mais e Melhores Blues*). Ela se recusou, explica Kahn: "Na visão dela, a história de Lee sobre um genioso trompetista de jazz iria desvalorizar a integridade espiritual da frase 'a love supreme'; ele poderia usar a música, até pendurar o álbum no apartamento de Denzel Washington, mas não poderia dar esse título ao filme."

Recém-lançado pela editora Barracuda, o livro é o complemento perfeito para quem já leu *Kind of Blue: A Obra-Prima de Miles Davis* (também da Barracuda), e pode levar os mais curiosos a ler em inglês *The House That Trane Built: The Story of Impulse Records*, selo independente construído sobre as vendas dos discos do saxofonista. Seu autor é o ex-editor da Rolling Stone, Ashley Kahn. Ele abriu um novo enfoque para contar a história do jazz. Um jeito agradável, acessível e excelente que substitui com vantagens as histórias lineares.

Como *A Love Supreme* retrata o clímax do mais famoso quarteto de jazz moderno– em que o piano de McCoy Tyner, o contrabaixo de Jimmy Garrison e a bateria de Elvin Jones contracenavam com Coltrane –, Kahn acaba fazendo uma biografia completa do saxofonista e o faz de modo inteligente e rigoroso.

Tanto nos introduz numa escuta atenta da gravação-título como ilumina detalhes de sua vida e carreira até agora pouco estudados. Sua disciplina precoce, por exemplo. Trane é o saxofonista moderno mais imitado no mundo. Sobretudo nos guinchos, estridências e nos longuíssimos solos, sua marca registrada. O que os imitadores esquecem é sua incrível disciplina. Ele aproveitava cada minuto para se exercitar – até nos intervalos dos shows. Treinava tocando arpejos por até 25 minutos; trocava o bocal, as palhetas, e tocava outros 25. E assim por diante. "Ele era sério", escreve Kahn, "comportava-se como se fosse dar um recital de música clássica."

Tão importante quanto sua participação em *Kind of Blue*, em 1959, foi a parceria, no ano anterior, com Thelonious Monk. Durante vários meses, acostumou-se à rotina de passar tardes inteiras no apartamento do lendário pianista, que lhe mostrava um tema, dava-lhe tempo para improvisar à vontade; depois se sentava ao piano e eles viajavam sem limites. Pensem bem: um tema por tarde.

Kahn anota que ele "repetia frases como se espremesse cada possibilidade das combinações de notas. Estava determinado a evitar linhas melódicas previsíveis… rachava a estrutura da música". Porém os críticos não queriam ouvir ensaios, tentativas; queriam o produto pronto. Trane deu-lhes mais: o processo de criação. Ele mesmo explicava assim a extensão de seus solos: "Sempre tento desenvolver as coisas até o ponto (meio do solo) em que a inspiração volta a acontecer, em que as coisas são espontâneas e não planejadas… se não acontece, paro, saio de cena."

Mantra Irresistível. Depois de conviver com drogas pesadas como a heroína nos anos 1950, Coltrane abandonou o vício num estalo – um "despertar", diria mais tarde. Daí em diante, até sua morte, em 1967, só quis "conquistar o privilégio de fazer os outros felizes por meio da música". Foi um dos primeiros a olhar para a estética da música indiana e das músicas orientais. A prática da música modal – o improviso sobre escalas, e não mais sobre sequências de acordes, que aprendeu na gravação de *Kind of Blue* com a dupla Miles Davis-Bill Evans – fez o resto. Não por acaso, já foi citado como um dos "pais" da chamada world music.

Alie-se a tudo isso a sempre forte espiritualidade das comunidades negras, e teremos a receita pronta que se concretiza em sua obra-prima. "Seus solos em *A Love Supreme*", revela o veterano pianista Tommy Flanagan, "são como sermões para mim."

A suíte inteira não chega a 35 minutos. O título inverte poeticamente a ordem natural do inglês, e "está enraizado em nossa fraseologia coletiva", escreve Kahn. "Representa uma paixão perfeita." A sessão no primoroso estúdio de Rudy Van Gelder foi rápida. Os músicos entraram em estúdio sem saber direito o que gravariam. Coltrane lhes deu coordenadas mínimas. Das quatro partes – "Acknowledgement", "Resolution", "Pursuance" e "Psalm" –, a mais famosa é a primeira. São 7 minutos e 42 segundos de arrepiar. Se puder, siga a minutagem da gravação pelo CD, que já foi lançado várias vezes em edição nacional. Jones bate o gongo chinês e Garrison começa a entoar o mantra formado por quatro notas, em intervalos de terça menor e quarta maior. O número quatro continua chave ao entrar o piano de Tyner, que estrutura os acordes em intervalos de quarta, e não de terça, como seria o normal (daí o efeito de estranhamento). Após um belo solo, Coltrane começa um impressionante voo: visita praticamente todas as tonalidades repetindo o mantra de quatro notas durante 27 vezes (entre 4'54" e 6'03"). Em seguida, a surpresa: ninguém tinha sido avisado que ele usaria a voz além do sax. Mas aos 6'05" sua voz abaritonada começa a entoar o mantra *a love supreme* (o técnico Bob Thiele perde o primeiro mantra ajustando o microfone). Ele é repetido vinte vezes, até 6'42". O contrabaixo de Garrison retoma o mantra ao final (acho que 22 vezes). Terminada a gravação, Trane foi até o técnico e regravou sua voz – assim, o que se ouve no disco é sua voz multiplicada, em overdub. São 7'42" que mudaram definitivamente não só o jazz, daquele momento em diante, mas a música como um todo.

Perfis

ALFRED MCCOY TYNER (1938): formou, com Garrison, a dupla da Filadélfia que acompanhou Coltrane, também nascido na região. Ele sempre se considerou "o pianista de John", como se referia a Coltrane. O saxofonista enxergou nele o piano perfeito, com um poderoso ataque percussivo, para compor dupla de apoio rítmico-harmônico para seus voos ao saxofone.

ELVIN RAY JONES (1926-2004): foi o primeiro baterista a atentar para a herança polirrítmica africana e aplicá-la com genialidade ao jazz. No quarteto de Coltrane, ele se impôs como o alter ego fundamental do saxofonista. Não fornece o ritmo básico, ele cria melodias percussivas em camadas múltiplas, mais ou menos como Coltrane construía camadas múltiplas de notas nos improvisos.

JOHN WILLIAM COLTRANE: Considerado o maior sax tenor e um dos maiores compositores de jazz da história, Coltrane (1926-1967) atuou com Dizzy Gillespie e Miles Davis, entre outros. É autor dos antológicos álbuns *My Favorite Things* e *Giant Steps*. Sua herança é verificável em outros gêneros.

JIMMY GARRISON (1934-1976): tocou com Bill Evans e Ornette Coleman até integrar-se ao quarteto de Coltrane em 1961. Seu credo era "também faço parte da melodia que estamos tocando", o que emancipa o contrabaixo da função de mero acompanhante. Ele foi o contrabaixista ideal para se contrapor à bateria esfuziante de Elvin Jones.

Mancini, Gênio na Corda Bamba

O sucesso comercial muitas vezes obscurece a real dimensão de um músico. É como se sucesso não pudesse rimar com qualidade artística. Até pode, embora raramente isso aconteça. Quase sempre as inevitáveis concessões acabam por levar talentos promissores à riqueza material e ao naufrágio artístico. Os iluminados, no entanto, conseguem se equilibrar na corda bamba das exigências da indústria cultural e ainda assim construir obras dignas de estudo não apenas pelo lado dos chamados "cultural studies", mas por seus atributos musicais.

É possível que o caso mais emblemático dessa situação ambígua seja o do compositor e arranjador Enrico Nicola Mancini (1924-1994). Henry Mancini é mais conhecido como autor de temas que todo mundo conhece, como "Moon River", "Two For the Road", "Passo do Elefantinho" e "Days of Wine and Roses", entretanto seu perfil criador vai bem mais longe do que isso. É o que demonstra, num magnífico CD recém-lançado no mercado internacional, o saxofonista Ted Nash, 48 anos, ex-integrante da orquestra do Lincoln Center liderada por Wynton Marsalis.

The Mancini Project (Palmetto Records) já nasce clássico. Seu pai, Dick, trombonista, e o tio Ted, saxofonista, trabalharam intensivamente nas orquestras de Mancini e participam da maioria das gravações de suas trilhas sonoras. Por isso o tributo é particularmente comovente. Ted, ainda menino, foi ao estúdio levar um sax-barítono para o tio e trombou com o próprio Mancini. Viveu de perto, portanto, aqueles gloriosos tempos. Numa dessas coincidências bem-vindas, a RCA alemã recoloca em circulação uma caixinha com cinco CDs que explicam musicalmente as razões que fizeram de Henry Mancini (1924-1994) um dos mais populares compositores de trilhas sonoras para o cinema, um mestre na composição de belíssimas canções e um jazzman consumado. Ela contém as trilhas de *Bonequinha de Luxo*, *Arabesque*, *Pantera Cor-de-Rosa*, das séries de TV *Peter Gunn* e *Mr. Lucky* e de sua única gravação de jazz autônoma, *Combo*.

Assim, pelas lentes – ou sopros, melhor dizendo – da família Nash, é possível penetrar nos segredos e avaliar corretamente a obra desse músico de

Publicado em *O Estado de S. Paulo*, Caderno 2, 14 fev. 2008.

fabuloso talento, rebaixado pela crítica internacional ao nível de um grande compositor de temas, todavia medíocre compositor de trilhas sonoras.

Em quarteto, Ted Nash faz das canções mais conhecidas meras vinhetas para surpreendentes voos improvisatórios sobre temas obscuros porém de grande qualidade: na balada "Dreamsville", de *Peter Gunn*, Nash combina uma introdução lenta com o trio e segue improvisando maravilhosamente apenas com contrabaixo e bateria a secundá-lo; Nash, no sax-alto, passeia por "Lujon", que os conhecedores consideram a composição mais perfeita de Mancini; em "Something For Nash", incluída em *Blind Date*, de 1987, e composta para seu pai, Ted sopra a flauta emocionado, numa belíssima versão desse tema suave e quase bossanovístico. "Cheryl's Theme", feita para *Sunset* em 1988, é um duo de sax-alto com piano. As minhas preferidas, no entanto, são "Two For the Road", numa calma e intensa leitura; e "Experiment in Terror", tema modal do filme homônimo de 1959, pouquíssimo falado e cuja trilha é da maior qualidade.

Injustiçado, Porém Bem Pago. Pouca gente escreveu sobre Mancini após sua morte em 1994 e não houve praticamente nenhuma crítica mais séria e profunda. Porém ele ganhou quatro Oscars, vinte Grammy Awards e compôs a trilha de cerca de ointenta filmes. "Esta relativa indiferença não é surpreendente quando se considera a sua recepção crítica entre os estudiosos da música de filme", escreve Jeff Smith, num artigo fundamental, incluído no volume coletivo *Music and Cinema*. "Mancini é encarado quase sempre como talentoso songwriter, porém compositor de trilhas limitado."

Um erro que mesmo seus defensores, como Donald Fagen, cometem: "Sua influência deriva de seu papel como popularizador do 'fake jazz'. Sua música ainda está presente na paisagem sonora da cultura popular contemporânea, mas não na forma respeitável da música de cinema, e sim nos comerciais de tv, muzak etc." Numa frase: os críticos de música de filme o viram como compositor-símbolo do declínio das trilhas sonoras que despencaram num comercialismo barato. Mancini é ironicamente festejado como "king of the trade".

Um monstruoso erro histórico de avaliação, pois julga Mancini a partir de premissas falsas. De um lado, a partir do padrão de trilhas sonoras estabelecidas pela primeira geração dos compositores de Hollywood, constituída de europeus emigrados nos anos 1930-1940. Nomes como Dmitri Tiomkin, Max Steiner e Bernard Herrmann eram com certeza geniais, mas bebiam no vocabulário da música clássica sinfônica do século XIX (o primeiro, por exemplo, agradeceu a Tchaikóvski e Rachmaninov o Oscar que ganhou, numa fina ironia). De outro, o do jazz, como bem lembra Gene Lees, parceiro de Mancini e crítico de jazz, não se deve perguntar, como os puristas dos anos 1950-1960 repetiram incansavelmente, o que Mancini fez com o jazz, mas sim o que ele fez pelo jazz, mantendo-o vivo e conquistando novos círculos de audiência por meio de novos canais como a TV e o cinema, numa fase em que Elvis e os Beatles pareciam ocupar todos os espaços.

Os fatos são cristalinos. Mancini inaugura a dinastia dos compositores de trilhas sonoras que olharam para a riqueza da música norte-americana. E o que havia de mais consistente, do ponto de vista musical, naquele momento, na segunda metade dos anos 1950? O jazz das *big bands*, já decadente, mas ainda atuante; e o das orquestras de estúdio, como a do injustiçado Billy May. Ora, Mancini estudou com Max Adkins, o mesmo professor de Billy Strayhorn, compositor-arranjador alma gêmea de Duke Ellington. Conheceu o major Glenn Miller quando serviu ao exército na Segunda Guerra (e depois foi o diretor musical de *The Glenn Miller Story*, um de seus primeiros trabalhos). O jazz dos anos 1935-1945 foi seu berço sonoro, e nele o músico embalou-se até o fim da vida.

O homem certo.
No lugar certo.
Na hora certa.

Mancini tinha o talento específico para preencher as expectativas do momento artístico e econômico da indústria do cinema vivia na virada dos anos 1950-1960. Os grandes estúdios puseram olho gordo no mundo da música gravada: as vendas tinham triplicado entre 1955 e 1959, e o negócio já representava meio bilhão de dólares anuais (dólares dos anos 1950, bem entendido, o que significaria muito mais hoje). As coincidências são impressionantes, ou melhor, mais do que meras coincidências: no início de 1957 a Paramout comprou a Dot Records; em seguida, Twentieth Century-Fox, Warner Bros., Columbia e United Artists montaram gravadoras próprias. A ordem era transformar os discos de trilhas em novas fontes de arrecadação paralelas à bilheteria propriamente dita. A pressão por trilhas sonoras comercialmente exploráveis começou aqui – e resultou numa série de mudanças nas práticas dos compositores em Hollywood.

Foi nesse clima que Mancini estreou. E não no cinema, mas um degrau abaixo, no das séries de TV. Despedido do estúdio onde pertencia ao *staff* de arranjadores, ele cortava o cabelo quando o cidadão ao lado, Blake Edwards, convidou-o para compor a trilha de uma nova série de TV, *Peter Gunn*. Corria o ano de 1959. Captando no ar as novas exigências da música de cinema e TV, Mancini levou para a empreitada toda a sua paixão pelo jazz e pelas *big bands*. Não clonou nenhumas delas, porém usou seu vocabulário. Grande melodista, adotou ali o padrão que faria imenso sucesso nas décadas seguintes: compunha entre oito e dez temas dignos de qualquer um dos grandes songwriters da era de Tin Pan Alley; escolhia um instrumento solista como destaque timbrístico que dava o toque de originalidade. O restante ficava por conta dos dotes de improvisadores dos músicos.

Ficou famosa, por exemplo, sua insistência em levar verdadeiros músicos de jazz para os estúdios, substituindo os burocráticos come-dorme da geração anterior. Foi assim que músicos como o baterista Shelly Mane, o saxofonista Plas Johnson, o pai e o tio de Ted Nash, entre tantos outros, passaram a frequentar Hollywood. Mancini chegou a desenvolver conceitos para suas trilhas para músicos específicos. Em *Days of Wine and Roses*, de 1962, por exemplo, ele mesmo revela, "eu não ouvi uma trompa, mas um sujeito determinado – Vince De Rosa – tocando o instrumento". Do mesmo jeito, ao trabalhar na música da *Pantera*, concebeu o tema com o sax-tenor Plas Johnson na cabeça.

O CD com a trilha de *Peter Gunn* não é de trilha. Pode ser ouvido como uma excelente gravação, em termos absolutos. E essa é a maior qualidade de Mancini. Ele pegava os temas escritos para a trilha, originalmente ouvidos apenas em fragmentos, e os desenvolvia inteiramente na gravação. Até então os discos de trilhas apenas as transplantavam para o disco e, obviamente, filme e disco são objetos de natureza completamente diferente, o que só Mancini parecia enxergar. O caso de *Peter Gunn* foi emblemático. Mandaram-no procurar o saxofonista *west coast* Shorty Rodgers, que então vendia em média oitenta mil cópias de suas gravações. Este recusou-se a gravar o disco com as músicas da trilha. "É sua cria; grave você mesmo". O LP estourou imediatamente. A partir dali, Mancini viveu dupla condição: festejado compositor de trilhas de cinema e também – ou mais – festejado vendedor de discos. *Peter Gunn* vendeu mais de dois milhões de cópias. As trilhas posteriores não ficaram longe disso. A longa parceria de 26 filmes com Blake Edwards culminaria num ótimo musical que junta as pontas de Hollywood com a Broadway: *Victor Victoria*. Depois de estourar como filme, ele teve excelente carreira na Broadway, logo depois da morte de Mancini.

É curioso que o único CD da caixinha da RCA que não é de trilha soe exatamente igual aos das trilhas. *Combo*, gravado em 1960, no início da fase gloriosa de Mancini, traz um grupo de onze notáveis jazzmen. Participam, além dos já citados parentes de Ted, o trompetista Pete Condoli, um dos mais íntimos amigos de Mancini; o imenso saxofonista Art Pepper, numa de suas escapadas de San Quentin, aqui tocando clarineta; Larry Bunker, na marimba e vibrafone; e o baterista Shelly Mane. No repertório, grandes temas de Mancini, além do maravilhoso "Moanin", um funk do pianista Bobby Timmons. Aqui Mancini aplica seu esquema como nas trilhas e escolhe como instrumento-rei o cravo turbinado tocado por Johnny Williams.

Mas foi em *Bonequinha de Luxo*, cuja vedete instrumental é a gaita de boca, que Mancini foi obrigado a colocar todo o seu talento e capacidade de criar mesmo nas maiores adversidades: tinha que compor uma canção com apenas dois ou três acordes, fácil de ser cantada por Audrey Hepburn, que não era nem cantora e tinha precário domínio do violão. Pior: concorria ali com ninguém menos do que Richard Rodgers, o preferido do chefão do estúdio, que a contragosto lhe deu a chance de tentar compor algo. Ele escreveu uma valsinha, levou-a a Johnny Mercer, que cometeu um dos maiores erros da história da canção dizendo-lhe: "O tema é bom, mas não tem futuro fora do filme. Quem vai querer gravar uma valsa?" Todo mundo detestou "Moon River", até o chefão da Paramount, Martin Rackin. Só ficou no filme por insistência de Hepburn, que escreveu o seguinte: "Um filme sem música é um pouco como um avião sem combustível. Sua música nos fez a todos decolar e voar a grandes alturas."

Inesperadas e sábias palavras. Naquele ano, Mancini teve, em dois Oscars – de melhor trilha e de melhor canção com "Moon River" –, a constatação de que era o único a combinar com eficiência e gênio as exigências industriais dos estúdios de cinema com a criação de música de qualidade, pois ele derrubou, numa penada só, ao menos dois dos sagrados dogmas até então vigentes no reino da música para cinema. Pela ordem: a melhor música de cinema é aquela que não é notada; a música dos filmes só funciona nos filmes.

Quincy Jones

Publicado em *O Estado de S. Paulo*, Caderno 2, 2 ago. 2009.

Quincy Jones completou 75 anos em 14 de março do ano passado, porém os sinais mais visíveis das comemorações só saíram nos últimos seis meses. Primeiro, entre dezembro e janeiro, *The Complete Quincy Jones: My Journey and Passions* (Insight Editions, NY), sofisticadíssimo livro de arte que combina fotos, cartas, memórias e fac-símiles de tudo o que o rodeou: da agenda de gravações nos anos 1960 até seu boletim escolar, da letra de "We Are the World" até a partitura com muitos autógrafos das 46 *superstars* que conseguiu botar no estúdio aquele dia.

Este mês chega ao mercado internacional o DVD duplo *Quincy Jones – The 75th Celebration*, registro do show realizado em 14 de julho no Auditório Stravínski pelo Festival de Montreux, Suíça. A apresentação traz trinta das estrelas da música popular refazendo o inacreditável trajeto criativo de Q., como o pianista Herbie Hancock, o saxofonista James Moody, o guitarrista Lee Ritenour e o lendário gaitista Toots Thielemans; entre os cantores, Al Jarreau e Curtis Stigers, Petula Clark e até Mick Hucknall (do Simply Red).

Pode citar qualquer músico, cantor ou compositor, mas Quincy é quem representa de modo mais abrangente a genialidade da música afro-americana tal como ela nasceu, cresceu e explodiu nos Estados Unidos no último século e meio.

No jazz, os deuses chamam-se Louis Armstrong, Duke Ellington, Charlie Parker, Thelonious Monk, Dizzy Gillespie, Charlie Mingus e Miles Davis. No blues, Robert Johnson, Bessie Smith, B.B. King, entre outros. Entre as cantoras, Ella Fitzgerald, Sarah Vaughan e Shirley Horn. Pode-se multiplicar a listagem citando Ray Charles, Stevie Wonder, a trupe toda da Motown, Michael Jackson, Eminem e Public Enemy. E deuses isolados como Frank Sinatra, por exemplo.

Todos os nomes citados, porém, transitam num só gênero. Apenas um nome, nas últimas seis décadas, passeou pelas músicas populares sem dar bola para rótulos ou gêneros e saiu-se bem em todas elas. Consegue ser igualmente genial compondo e arranjando para *big bands*; fazendo trilhas sonoras, empunhando o trompete (até os anos 1970), atuando como diretor artístico de gravadora, produzindo gravações.

Clint Eastwood, velho amigo que assina o prefácio do livro, diz que "Quincy está sempre interessado no que está fazendo, mas também no que os outros estão fazendo, e sua grandeza está aí." Bono, que assina a introdução do mesmo livro, afirma: "O público não vai distinguir bem a sequência da música no século XX. Mas lembrará das gravações que Quincy Jones produziu, arranjou, compôs e/ou tocou. Clonagem? Ele será conhecido como um Shakespeare musical: será que um ser humano de carne e osso seria capaz de fazer tudo aquilo?".

Uma pessoa destaca-se no documentário do segundo DVD: o filósofo Cornell West, formado em Harvard, professor em Princeton e um dos maiores ativistas da causa negra nas últimas décadas. Compreensível, já que West entende como poucos a verdadeira natureza da música afro-americana. "Como Ralph Ellison disse", escreve ele em artigo de 1982, "os afro-americanos tiveram liberdade rítmica, em vez de liberdade social, bem-estar linguístico em vez de bem-estar econômico." e diz ainda: "O impulso do espírito do blues afro-americano, com seus efeitos rítmicos e polifônicos e técnicas vocais antifonais, oralidade cinética e afetividade física, é a principal fonte da música popular no Ocidente."

No livro, revelações surpreendentes de Quincy: "Viajar com os músicos da banda de Lionel Hampton era como frequentar uma 'traveling music university'". Na primeira turnê europeia, também nos anos 1950, Q. percebe chocado: "Eles tratavam o jazz como forma de arte pura." Isso jamais entrou na cabeça de músico afro-americano algum. Tanto faz gravar com Miles Davis, Count Basie ou produzir o disco de Michael Jackson. Importa mais é estar antenado.

Quando, por exemplo, lançou o disco *Back on the Block*, em 1989, poucos perceberam que ele conseguiu o milagre de refazer todo o trajeto das músicas afro-americanas em sessenta minutos. Torceram o nariz para o rap que ele incorporava naquele momento, no drum'n'bass – sons hoje corriqueiros. Esse raro talento de se reinventar, chocando até mesmo os que o rodeiam, só dois músicos demonstraram: Miles Davis, com suas quatro revoluções estilísticas de dez em dez anos; e Quincy Jones.

Além de Hampton, sua "universidade musical sobre quatro rodas", Quincy Jones encontrou tempo, no verão de 1957, para estudar com Nadia Boulanger, a mestra de dez entre dez compositores contemporâneos eruditos das gerações formadas entre as décadas de 1920 e 1970. Com ela, aprendeu uma lição definitiva e superobjetiva: "Há doze notas, é tudo. Aprenda o que todo mundo fez com estas doze notas, porque elas são as mesmas notas. Até que descubram uma 13a, aprenda o que todo mundo fez com as doze."

Resenhas

Nelson, Sublime em Debussy e Liszt

Um novo CD de Nelson Freire chega às lojas – e sites de downloads – do Brasil e do mundo na segunda-feira. Contratado exclusivo da Decca, o pianista brasileiro obedece, nesse caso com imenso entusiasmo, ao marketing das efemérides. No ano Liszt – comemoram-se em 2011 os duzentos anos de seu nascimento –, pululam gravações das obras mais conhecidas, como as *Rapsódias Húngaras* 2, 4, 6, 12 e 15, o *Sonho de Amor* etc. etc.

Como há décadas Nelson curte enorme intimidade com Liszt, foi rara sua inteligência na escolha do repertório. Seu oitavo CD para a Decca foi gravado entre 26 e 31 de janeiro em Hamburgo, na Alemanha, com cinco peças curtas, duas mais alentadas e o ciclo *Consolations*. Nelson está mais afiado do que nunca. Personalíssimo, imprime rubatos que encantam, uma fluência já lendária e a incrível capacidade de estabelecer refinadas gradações de dinâmica e expressividade no toque.

O recital começa com Waldesrauschen, um dos dois estudos de concerto de 1862. É o melhor Liszt, em que a mão esquerda constrói em semicolcheias uma ondulação sobre a qual um tema brinca de perpétua modulação. A seguir, duas peças dos dois primeiros cadernos dos *Années de Pélerinage*, compostos sob a paixão por Marie d'Agoult. Do primeiro caderno, *Suíça*, Nelson toca "Au Lac de Wallenstadt", plácida barcarola, e do segundo, *Itália*, Nelson escolhe a terceira das peças sobre sonetos do poeta Petrarca, do século XIV. Elas nasceram como "lieder" e depois Liszt as transcreveu para piano. Grande momento de Nelson, entregue à música atormentada pelo amor. Na "Valse Oubliée n. 1", do fim de sua vida, Nelson capta a inesperada economia de meios de um compositor transbordante.

Publicado em *O Estado de S. Paulo*, Caderno 2, 26 mar. 2009; 9 abr. 2011.

As duas peças mais ambiciosas são o 110 dos *Estudos Transcendentais* e a "Balada n. 2 Harmonies du soir", que dá título ao CD. Em plena maturidade, Nelson acaricia as notas e transmite o impossível. Isto é, uma certa sensação de imobilidade no instante, como disse um pesquisador. "Harmonies" começa no crepúsculo, eleva-se num canto de ação de graças sereno – com uma sucessão de acordes perfeitos sob um colchão de arpejos – explode em pura paixão no molto animato, trionfante, e retorna à paz da imersão na natureza. Os mesmos acordes perfeitos sob arpejos retornam na "Balada n. 2", de 1853, tão bela quanto as muito mais conhecidas baladas de Chopin. Talvez esteja aqui o clímax dessa excepcional gravação. Ambiciosa em seus quase quatorze minutos, ela faz atribulada viagem tonal, que sai de si menor, viaja por tonalidades distantes até retornar em si bemol maior.

O arsenal virtuosístico da escrita lisztiana exige o máximo do intérprete. Qualquer ouvido sente a mudança do tom menor para o maior, transfiguração magistralmente conduzida por Nelson.

Comunhão é a palavra para qualificar como Nelson interpreta o ciclo *Consolations* (1849-1850), seis peças atípicas na produção de Liszt. Fogem do virtuosismo e qualquer pianista amador consegue martelá-las ao piano. Raros são os que conseguem extrair a essência fugidia dessas peças, quem sabe escritas sob o impacto da morte de seu amigo Chopin. Nelson consegue isso, mesmo dentro de pequenos arcos de dinâmica, como na primeira delas, um contrito "Andante con moto". No fim triunfa a música, num gesto bem lisztiano, ou "a vida continua", conclui filosoficamente a sexta vinheta do ciclo, intitulada "Allegretto sempre cantabile".

Bem, ano Liszt oblige. Era preciso fazer uma rapsódia húngara. Nelson escolheu uma das menos conhecidas, a terceira, e o resultado é impactante.

Nelson Recria o gênio de Debussy. Os pianistas costumam chatear-se quando se diz isso, mas há certas obras que deveriam ser proibidas para menores de cinquenta anos. O *Cravo Bem Temperado*, talvez Mozart e as últimas sonatas de Beethoven estão entre elas e, com certeza, a produção pianística de Claude Debussy (1862-1918). A razão é simples: não basta martelar as notas corretamente. A partitura, nesse caso, é mero guia de navegação para águas profundas da criação artística. É esta a razão que faz do mais recente CD do pianista Nelson Freire um registro de exceção. Aos 64 anos, ocupa lugar especialíssimo entre os grandes do mundo em seu instrumento e vive um momento mágico em sua longa carreira. E, sobretudo, desfruta da plena forma física e uma total maturidade artística. Não é de hoje a intimidade de Freire com Debussy, porém nessa gravação essa afinidade sobressai de modo mais notável. O compositor, que abominava o caráter percussivo do piano ("é preciso esquecer que o piano tem martelos"), não só equalizou melodia e harmonia como entronizou esta última como núcleo preferencial de sua escrita para o instrumento, e de modo libertário. Sua música recusa o melodismo fácil e explora padrões de ressonância. Não à toa, tinha um piano Blüthner com uma corda extra acima das convencionais, permitindo sonoridade mais rica. Nelson, em estado de graça, recria a impressão que o próprio Claude Debussy provocou em Alfredo Casella, que tocou com ele e o viu interpretando estes prelúdios do *Livro I* que o pianista brasileiro acaba de gravar. Casella dizia que parecia que Debussy tocava diretamente nas cordas do instrumento, sem nenhum mecanismo intermediário. "O efeito era um milagre de poesia." É o que deslumbra, por exemplo, no modo como Nelson toca Voiles, o prelúdio n. 2.

Já se repetiu à exaustão que o piano de Debussy é feito de meias-tintas, com refinadas gradações entre o pianíssimo e o forte com dois ff, no máximo. O próprio compositor preferia os pianos de armário, por sua potência sonora menor, e, quando tocava num de cauda, não abria a tampa. "É necessário afogar os sons", recomendava. Este é outro mérito de Nelson: o balanço relativo das dinâmicas, a ênfase às vezes numa nota só dentro do acorde, o uso exato dos pedais. Ele praticamente realiza, para espanto de nossos ouvidos, a utopia da superação do mecanismo do piano, como queria Debussy. E isso, convenhamos, não é pouco. Ao realizar tal façanha, Nelson Freire posta-se na linha direta de sucessão de debussystas ilustres como Walter Gieseking e Arturo Benedetti Michelangeli. Alfred Cortot, o célebre pianista francês, tocou alguns desses prelúdios para Chou-Chou, a filha querida de Debussy, um ano após a morte deste, em 1919. Perguntou-lhe em seguida se era assim que seu pai os tocava. "Sim, mas papa ouvia mais…" Numa palavra, como Nelson sabe ouvir bem essa música de perfume tão específico e a recria com o seu recatado esplendor sonoro. O *Livro I dos Prelúdios*, de 1909, sucedeu a composição da deliciosa e bem-humorada suíte *Children's Corner*, dedicada no ano anterior a Chou-Chou. Debussy desenhou a capa da primeira edição e pediu à filha "ternas desculpas pelo que vai se seguir". Não precisava. Esse homem irônico, ríspido e mal-humorado, mostra aqui que também sabia rir. Como, aliás, um amigo parisiense disse de seu contemporâneo Erik Satie, "desconfie das pessoas que jamais riem – elas não são sérias".

Essas seis peças interessantíssimas estão entre as criações mais conhecidas do compositor. A impecável execução de Nelson jamais resvala para a banalidade. Desde o Doctor Gradus ad Parnassum, ironizando Clementi, até a célebre Golliwogg's Cake-Walk, em que ele encaixou uma caricatura dos primeiros compassos de *Tristão e Isolda*, de Wagner, seu desafeto maior. É incrível como o emprego hipnótico do intervalo dissonante de segunda não machuca os ouvidos, só induz ao torpor. Porém, o mais interessante talvez sejam os paralelos entre ao menos dois prelúdios e duas peças de *Children's Corner*. Debussy usa appogiaturas e staccatos típicos de violão tanto na La Sérénade Interrompue dos Prelúdios quando na Serenade for the Doll. Por outro lado, a sensação de imobilidade de Des Pas Sur la Neige reaparece em The Snow Is Dancing, apesar das semicolcheias nas mãos alternadas. Duas peças isoladas completam o CD, solitário lançamento clássico nacional de 2009: D'Un Cahier d'Esquisses, de 1903, feita de acordes livremente enca-deados, e o hit Clair de Lune, da *Suíte Bergamasque*, de 1890, uma vinheta que condensa suas melhores qualidades. São pouco mais de sessenta minu-tos de uma gravação excepcional, em que Nelson Freire recria o segredo do gênio de Debussy.

Gismonti
e o Mito Contra o Discurso

Em coprodução com a Carmo de Egberto Gismonti, a ECM de Munique acaba de lançar, por enquanto apenas no mercado europeu, um ambicioso álbum duplo, o primeiro com material inédito, em quatorze anos, para a gravadora alemã. Num deles está a suíte em sete movimentos *Sertões Veredas: Tributo à Miscigenação*, para orquestra de cordas, com cerca de setenta minutos, gravada em agosto de 2006 no Teatro Amadeo Roldán, em Havana, pela Camerata Romeu, integrada por dezesseis instrumentistas mulheres, regidas por Zenaida Romeu. No segundo CD, gravado em abril e maio de 2007 no Rio, Egberto compõe um duo ao lado do filho Alexandre; eles improvisam sobre dez criações gismontianas já bastante conhecidas, como "Palhaço", "Dança dos Escravos" e "Saudações". Embora seja elevada a qualidade musical do duo, é natural que as atenções se voltem para a inédita suíte orquestral. Pela primeira vez, creio, ouvimos apenas o Gismonti compositor (o fabuloso violonista e pianista descansa). E numa obra de fôlego, que dá espaço ao fabuloso compositor. Não foi acidental a repetição do mesmo adjetivo. Remete ao escritor cubano Alejo Carpentier, amigo de Villa-Lobos e autor de obras-primas como *Os Passos Perdidos*, de 1953, romance fundador do nacionalismo musical latino-americano e também de *Concerto Barroco*, de 25 anos depois, no qual se lê o seguinte: "A Grande História alimenta-se de fábulas, não se esqueça disso [...] Eles perderam o sentido do fabuloso. Eles chamam fabuloso tudo que é remoto, irracional, situado no passado [...] Não compreendem que o fabuloso situa-se no futuro."

É o mito contra o discurso. Esse é o maravilhoso universo de Egberto Gismonti hoje, a caminho dos 62 anos, que completará em 5 de dezembro. É a plena maturidade de um dos mais fabulosos criadores musicais brasileiros contemporâneos. Isso fica claro na leitura do texto escrito por Lilian Dias a partir de bate-papos com ele. Comentando o quinto movimento da suíte, Egberto diz: "Inicia-se com uma alusão ao som da roda da carroça (o atrito do eixo de aço enferrujado contra a madeira da roda) que se escuta no filme de Nelson Pereira dos Santos, *Vidas Secas*." Pois o narrador de Carpentier

Publicado em *O Estado de S. Paulo*, Caderno 2, 19 set. 2009.

em *Os Passos Perdidos*, um compositor nova-iorquino que se embrenha na Amazônia com a amante, diz querer justamente isso: "Encontrar o diapasão das rãs, a tonalidade aguda do grilo, o ritmo de uma carroça cujos eixos chiam"; ele se encanta com "os caminhos de um primitivismo verdadeiro" e capta que aí devem estar "as buscas mais válidas de certos compositores de época atual". Ali, acrescenta, o compositor deve assumir a "tarefa de Adão dando nome às coisas". Afinal, valem para Gismonti as palavras que Carpentier usou para descrever o Villa: "A formidável voz da América, seus ritmos selvagens, melodias primitivas e contrastes estridentes que evocam a infância da humanidade."

A primeira audição de *Sertões Veredas* provoca a estranha sensação de estarmos diante de uma obra do Villa-Lobos inédita e recém-descoberta. Se vivo, Villa escreveria assim. Porém *Sertões Veredas* não é saudosista nem nacionalista como eram os seguidores do Villa, na primeira metade do século XX. Gismonti, afinal, complementa, nessa obra-prima, um notável itinerário criador da vida inteira. Ele partiu da pequena Carmo, passou e firmou-se no Rio de Janeiro, estudou com Nadia Boulanger e Jean Barraqué em Paris e parece ter ouvido o conselho que mademoiselle Boulanger deu ao argentino Astor Piazzolla, para voltar-se às raízes musicais de seu país. Impôs-se mundialmente em 1977, desde seu primeiro disco para a ECM, *Dança das Cabeças*, com Naná Vasconcelos. Viajou por todas as latitudes, gravou em todos os lugares, tocou com todo mundo.

Agora, com essa suíte, desembarca, como um Ulisses do século XXI, no porto seguro do Brasil (que, aliás, ele jamais deixou de lado; ao contrário, Villa e as marcas brasileiras sempre foram decisivos em sua vasta produção instrumental). Ele a construiu em sete partes, entretanto a audição sugere que a suíte mesmo, organicamente, tece um universo fechado nos seis primeiros números. Até porque a coda final da sexta Vereda retoma o primeiro tema da primeira. A sétima é apenas uma colagem de duas músicas conhecidas. É uma "viagem musical pelo Brasil", como ele mesmo diz, porém não uma viagem convencional ou linear. Cruzando tempo e espaço, somando Villa-Lobos (ouça o terceiro movimento a partir dos 5': é puro Villa) a Bach (uma fuga, que começa em 5'17, evoca Bach; Gismonti diz que ele representa "o limite máximo de reverência à fé, a algo invisível, mas que se torna um guia para toda vida"). Mas, inevitável, uma escola de samba em versão refinada para orquestra de cordas soa aos 6'25 da terceira Vereda. A quinta Vereda abre com uma pitada de minimalismo à brasileira. Gismonti adota o procedimento típico do minimalista norte-americano Steve Reich, que consiste em retardar as execuções de dois ou mais instrumentos, ou grupo de instrumento, de uma mesma melodia, todavia sobrepondo-as. Além disso, há muito uníssono das cordas, como adorava fazer o Villa, assim como uso e abuso da sincopa característica do choro, de novo bebendo nele. Entretanto não se trata de mera imitação, e sim da busca mitológica do fabuloso, como dizia Carpentier, "o fabuloso que remete ao futuro".

Os comentários de Gismonti são precisos e remetem a exemplos musicais cujas partituras são reproduzidas no folheto do disco. Uma das Veredas mais comoventes é a terceira, que reproduz sua primeira viagem ao Xingu. O primeiro movimento mostra "a intimidade da consonância e da dissonância ou as coisas mais banais e mais complexas convivendo cotidianamente", diz Egberto. Em seguida, ele tenta retratar o "desespero de se saber no Brasil, em sua própria casa, sem compreender o que está se passando". Mas o terceiro movimento – parece, porque não vi as partituras, que cada Vereda é construída sobre três movimentos distintos – mostra que "surge a compreensão de que basta ter olhos e ouvidos para aceitar o outro como ele é, e não como queremos que ele seja".

Nesse caso, dá até para evocar os conhecidíssimos versos "O Brazil não conhece o Brasil/ o Brasil nunca foi ao Brazil" de Aldir Blanc para a música "Querelas do Brasil", composta nos anos 1980 por Maurício Tapajós. Pois Egberto Gismonti finalmente apresenta esses dois Bras(z)is, com uma música de elevadíssima qualidade, interpretada de modo excepcional pelas mulheres integrantes da Camerata Romeu de Havana. Por isso ele é fabuloso. E fabuloso, no reino mítico, como dizia Carpentier, é adjetivo que sempre "remete ao futuro".

Pedra na Vidraça

Publicado em *O Estado de S. Paulo*, Caderno 2, 16 jul. 2011.

Os críticos musicais sempre foram execrados por seus erros de avaliação e receberam o silêncio quando acertaram. Raros foram os grandes compositores que responderam. A exceção é Wagner, que ridicularizou o crítico vienense Eduard Hanslick em sua ópera *Os Mestres Cantores*.

O contrabaixista norte-americano de jazz, Chris Dahlgren, cinquenta anos, atribui aos críticos a culpa pela não aceitação das músicas contemporâneas. É essa ideia que inspira seu CD imaginativo *Mystic Maze* (Labirinto Místico). Vale a pena escutá-lo, sua música é excelente.

Dahlgren estudou violoncelo clássico em Denver, contrabaixo com Dave Holland e tocou jazz com gente boa como Charles Tolliver, Joe Lovano e Fred Hersch. Nos últimos vinte anos, radicalizou em Manhattan, estudando composição com nomes brilhantes da vanguarda como La Monte Young, Anthony Braxton e Alvin Lucier. Hoje, pratica as músicas improvisadas experimentais, segmento que mistura linguagens eruditas e jazzísticas.

"Há dois tipos de público", diz Dahlgren. "A maioria silenciosa, que se manda (do teatro); e os furiosos, como num show que fiz com Anthony Braxton na Noruega há alguns anos: espectadores que berraram 'fuck you'. Gosto mais dessas plateias furiosas, pena que hoje estão diminutas." Para fazer *Mystic Maze*, ele selecionou críticas ofensivas ao compositor húngaro Bela Bartók (1881-1945). "Quis denegrir os críticos que julgaram essa música incrível de modo tão ácido mirando contra eles as próprias palavras." Ao todo, são seis críticas arrasadoras, dos anos 1920, década mais radical de Bartók. Dahlgren recita trechos à maneira dos poetas beat dos anos 1950 e 1960 enquanto improvisa com seu quinteto Lexicon.

"Um Cão à Meia-noite". Seis das doze faixas entremeiam falas com música. O quinteto compõe-se de Antonis Anissegos no piano; Wurlitzer, sampler e voz; Eric Schaefer na bateria, percussão e voz; Gebhard Ullmann no sax-tenor, soprano e clarineta-baixo; e Christian Weidner no sax-alto. Os textos

são do *Lexicon of Musical Invective*, de Nicholas Slonimsky, dos anos 1940, que coleciona pauladas da crítica ao longo da história.

Na faixa-título, Dahlgren recita a crítica do *Cincinnati Enquirer* de 1928 sobre o concerto para piano. "Ele toca a parte de piano de cor. Como faz isso? Faria diferença se outras notas substituíssem as da partitura?" Em "Great Desires of the Modernists", clona a sacada de silabar a música que Steve Reich usou no DVD *Three Tales*, de 2003. O texto é hilário: "Ele... correu atrás da beleza com martelos e pedaços de pau."

Uma das mais interessantes e atrevidas do ponto de vista musical é "Reminiscências Sobre o Quarteto de Cordas n. 4 de Bartók", em que Alan Dent relembra todos os ruídos possíveis da infância para qualificar os movimentos: "O terceiro começou com um cão uivando à meia-noite." Há duas sessões de "Odontologia Sem Dor", com texto do conhecido crítico inglês Percy Scholes comentando o modo de Bartók tocar piano em 1928, no *Observer*: "Ele toca como um paralelepípedo [...] com seus dois martelos manejados por suas ferraduras em brasa."

Em "O Compositor Passeando Pelo Teclado Com Suas Botas", Corder, do *Musical Quarterly* de Nova York, em 1915, perde a postura: suas composições consistem de "cachos de notas sem significado, aparentemente representando o compositor passeando pelo teclado com suas botas. Algumas podem ser mais bem tocadas com os cotovelos, outras com a palma da mão. Nenhuma requer os dedos para ser tocada nem os ouvidos para ser escutada [...] as produções de Bartók são apenas merda". Em "Bitter Champagne", Noble, no musical *America*, de 1928, escreve que ouvir o concerto para piano de Bartók é "como tomar trinta litros de champanhe amarga".

Papo radical, música convencional. Curiosamente, e apesar de excelente nível, a música do quinteto Lexicon soa quase o tempo todo agradável, *friendly* – meio distante do radicalismo das propostas verbais. Abundam motivos musicais swingantes, contrapontos cristalinos e ritmos palatáveis. É quase um pós-bop bem-comportado, em que o agressivo e o experimental estão nas palavras, não na música. Melhor do que prantear um compositor hoje devidamente entronizado entre os grandes seria radicalizar tanto quanto ele em seu tempo. A música de *Mystical Maze* é compreensível, por isso não dá para desancá-la. No máximo, devemos aplaudi-la.

Aos Mestres, Sem Frescura

Publicado em *O Estado de S. Paulo*, Caderno 2, 12 nov. 2011.

O jeitão de James Rhodes ao piano pode ser algo letal aos eruditos. O pianista inglês James Rhodes tem 35 anos. Em 2010, gravou seu derradeiro disco de música clássica convencional: um álbum duplo do selo inglês Signum, interpretando Bach, Beethoven e Chopin. A foto de capa já choca: camiseta listrada, lábios pintados de vermelho, calças com uma perna vermelha e outra azul, além de galochas amarelas. Quando você abre o CD duplo, leva na cara o título *Now Would All Freudians Please Stand Aside*, algo como "Freudianos, Por Favor, Tirem o Seu Bloco do Meu Caminho", em tradução superlivre.

Essa irreverência, aliada à sua qualidade evidente como pianista, trouxe-lhe algum sucesso de vendas na Inglaterra e, no início de 2011, foi contratado pelo selo pop da Warner. Você leu certo: Rhodes é contratado do departamento pop da Warner. Só que a gravadora trabalhou seu marketing apenas na Grã-Bretanha. Meses depois é que se ouve, aqui e ali, alguma referência à primeira gravação pela Warner, o álbum duplo *Bullets & Lullabies*. Algo como balas e canções de ninar. Um arraso.

James é uma figuraça. Já foi casado, teve filho, despirocou e a mulher mandou-se para os Estados Unidos. Trata a música clássica como se ela não fosse clássica. Isto é, tira o ranço habitual que gira em torno dela e a transforma em algo apetitoso, acessível. Cada CD cabe em um estado de espírito específico. No texto do folheto interno, James diz que "bullets" é para você colocar de manhã, enquanto guia seu carro indo ao trabalho; já "lullabies" pode ser ouvido no final do dia, quando você, exausto por causa das encheções de saco corporativas, quer apenas relaxar. "Ao menos para mim funciona assim", escreve. "É como se você entrasse 24 horas na minha cabeça." Diz que chamou de *Bullets and Lullabies*, mas poderia chamá-lo de *Cocaine and Benzos*.

A vertiginosa "Toccata", um dos movimentos de *Le Tombeau de Couperin*, de Ravel, abre o CD *Bulletts*. James diz que a peça o faz lembrar de Ravel com Gershwin sentadinho num inferninho do Harlem nos *crazy* anos 1920 (fato que aconteceu mesmo). "Ele era filho de um relojoeiro suíço com uma basca", mistura explosiva que lhe deu a "precisão de um patek-philippe combinada com a carga emocional da mãe espanhola".

Ele escreve bem e toca ainda melhor. Não dá para resistir. Beethoven, por exemplo. James diz que fazer um disco de piano e não colocar algo de Beethoven é como "tirar Shakespeare do currículo escolar inglês". Escolheu para seus *Bulletts*, o Scherzo da *Sonata opus 31, n. 3*. Outro compositor obrigatório é Chopin. James escolhe o Presto da *Sonata n. 3 opus 58* "em si menor para quem se interessa por estes detalhes" e diz que "esta música é ótima para quando você chuta o pau da barraca, manda seu chefe sifu. Para mim funciona assim".

As interpretações são entusiasmantes e a língua ferina. Grieg para ele é um "Einstein em miniatura" (procure no Google uma foto do Grieg; ele tem razão). E Charles Ferdinand Alkan, o fantástico, mas pouquíssimo conhecido compositor-pianista contemporâneo e amigo de Chopin em Paris, "era um pianista fenomenal. Até Liszt tinha medo de tocar na frente dele". A sequência é perfeita para quem não conhece Alkan nem Liszt: "Imagine Lewis Hamilton dirigindo algumas voltas num circuito de Fórmula 1 com Ayrton Senna no banco do carona." Que saia justa!

O segundo CD, *Canções de Ninar*, foi concebido para o chamado "descanso do guerreiro" após um dia de trabalho. James começa com Rachmaninov, seu compositor preferido. Gosta tanto do russo que tatuou em cirílico seu nome no antebraço direito. "Ele fazia o que amava – entregava-se ao charme romântico luxuriante." Os outros compositores são Debussy e Brahms, além dos já citados Chopin, Grieg e Ravel.

É difícil, mas garimpando bem ainda é possível encontrar pianistas imaginativos, de fino humor, conectados com o século XXI e ainda excelentes músicos. Daí meu entusiasmo. O tempo dirá se Rhodes vai triunfar. Até porque tem a cabecinha tão conturbada que pode bem naufragar no meio do caminho. Vamos torcer para que continue nos oferecendo muitas mais dessas bulletts & lullabies nas próximas décadas.

A Excelência de András Schiff em Dois Tempos

Publicado em *O Estado de S. Paulo*, Caderno 2, 22 dez. 2012; 30 ago. 2012.

András Schiff Registra em Disco um Itinerário Menos Conhecido de Schumann

Robert Schumann tinha consciência de que, em seu caso, vida e obra eram um fluxo contínuo. Respondeu assim a um amigo que reclamou por não escrever-lhe durante muito tempo: "Mas você pode ficar sabendo de tudo que me aconteceu se ouvir minhas composições." O autodenominado "poeta dos sons" desnudou-se diante de um mundo que não o compreendia. Afirmou sua diferença e finalmente destruiu-se por não suportar as dores deste mundo. "O que os homens não podem me dar", escreveu em seu diário, "a música me dá; todos os elevados sentimentos que eu não consigo traduzir, o piano os diz para mim."

O raro pianista húngaro András Schiff captura tudo isso no segundo álbum duplo dedicado à produção pianística de Schumann. O primeiro, de 2001, fugia das obviedades: tinha a monumental e pouco tocada *Humoresk*, op. 20, de quase trinta minutos, as *Noveletten*, op. 21 e a *Sonata em Fá Menor*, op. 14, apelidada "concerto sem orquestra". Sua segunda incursão schumanniana consegue ser tão ou mais decisiva quanto a primeira, (os dois álbuns são da ECM, o primeiro gravado ao vivo e este segundo, em estúdio, lançado em outubro). De novo, Schiff mostra um itinerário menos conhecido do compositor, como as raramente tocadas *Sonata em Fá Sustenido Menor*, op. 11, a *Fantasia em Dó Maior*, op. 17 e o *Tema Com Variações*, o célebre "tema dos espíritos", derradeira obra, concluída no dia da internação de Schumann no sanatório psiquiátrico de Endernich, em fevereiro de 1854. Entremeadas, gemas conhecidíssimas, como *Papillons*, *Cenas Infantis*, op. 15 e *Cenas da Floresta*, op. 82.

Aos 58 anos, Schiff é das mais aguardadas atrações da temporada 2012 da Osesp (em agosto, tocará com a orquestra e fará recital na Sala São Paulo). Independente, publicamente atrevido e corajoso além de excepcional pianista, só poderia mesmo ter a ECM como sua gravadora, única a lhe dar total liberdade. Pois ele reclama, quando o assunto é Schumann, que os pianistas em geral só conhecem e tocam suas obras mais conhecidas. "Schumann ainda precisa de quem o defenda e divulgue", diz, "especialmente as obras mais obscuras."

O Schumann de Schiff é diferente, mais nuançado e ao mesmo tempo menos meloso. Passa longe dos maneirismos. Enfatiza o que Liszt chamou de "coerência romântica", tecida com fragmentos (no dizer de Charles Rosen) costurados com imensa delicadeza, como se fossem "improvisos planejados" (Linda Correl Roesner). Trata-se de um Schumann mais próximo de nós. Concepção que, confessa, aprendeu com Annie Fischer, outra pianista húngara preciosa. Não foi por acaso que, em 1994, Schiff ganhou o Prêmio Robert Schumann em Düsseldorf.

São tantas as novidades nas pouco mais de duas horas de música que vou me concentrar só nas duas peças menos conhecidas (é claro que são magníficas suas leituras das *Papillons*, *Cenas Infantis* e *Cenas da Floresta*. Rivalizam com as mais incensadas entre as várias centenas disponíveis em gravações). Para entender o significado de sua maravilhosa interpretação da *Fantasia em Dó Maior*, op. 17, é preciso ouvir antes com atenção a leitura notável de Schiff da *Sonata em Fá Sustenido Menor*, op. 11. Como o repertório é construído de modo consistentemente lógico, a audição deve percorrê-lo na ordem proposta pelo pianista, senão se perde o sentido da arquitetura ampla de sua proposta. Ambas são do mesmo ano, 1836. Schumann enviou a Liszt o manuscrito da sonata, dedicada à sua amada Clara Wieck, de quem estava separado. A anotação de Liszt nos ensina muito sobre a música de Schumann: "Ele me enviou sua sonata acompanhada pela observação de que eu seria o único em condições de falar seriamente sobre ela [...] as ideias são conduzidas com uma lógica tão inexorável quanto concisa [...] o aspecto romântico de sua obra é algo tão novo, seu gênio tão grande, que, para avaliar com rigor suas qualidades, preciso ir mais fundo no estudo de suas obras." Liszt levou dezesseis anos para dar uma resposta musical a Schumann – e ela foi, imaginem, sua monumental *Sonata em Si Menor*.

Todos os pianistas tocam a segunda versão da *Fantasia*, feita depois por Schumann, e única publicada. Alan Walker, maior especialista moderno em Liszt, encontrou uma cópia da peça em Budapeste, em 1979. Em 31'17" de música, há pequenos retoques, exceto na página final, correspondente a 1'30" de música. "Que final!", escreve Schiff no folheto do álbum. Após grande accelerando, Schumann finca pé num suspenso acorde de sétima diminuída; e após longa pausa, cita a melodia da sexta canção do ciclo À Amada Distante, de Beethoven. "Homenagem a Beethoven ou mensagem de amor a Clara?", pergunta-se Schiff. "Aqui temos um grande problema: Schumann riscou esses compassos e os substituiu por um final diferente. Bonito, nobre, simples. Mas soa menos inspirado que a versão de Budapeste. Schumann tinha muita autocrítica e constantemente corrigia suas obras […] Neste caso fico com a versão Budapeste. E lhes ofereço uma faixa alternativa do último movimento, com o segundo final."

Além de musicalmente muito mais interessante, faz sentido optar pela cópia de Budapeste. Como indica Brigitte François-Sappey em seu estudo sobre o compositor, nessa *Fantasia* o tributo é triplo: a Clara, paixão de sua vida, pela escolha do tom (dó maior) e a quinta descendente inicial reproduzindo na notação alemã as letras de seu nome; a Liszt, porque o húngaro liderava a campanha de arrecadação de fundos para a construção de um monumento a Beethoven; daí à citação da melodia beethoveniana no final foi um passo. Vale comparar os dois finais – e encantar-se pelo brilho e ousadia (com direito a sétima diminuta) do primeiro finale.

Schiff colocou como título geral do álbum *Geistervariationen* ou *Variações Fantasma*. Trata-se da última composição de Schumann antes de sua internação em Endernich. No meio da noite de 17 para 18 de fevereiro de 1854, acordou excitado com um "tema dos espíritos" que lhe teria sido ditado pelos anjos. Nos dias seguintes, colocou-o no papel, com as três primeiras variações. Tentou suicidar-se em 27 de fevereiro, jogando-se no geladíssimo rio Reno. Resgatado, pediu para ser internado no sanatório psiquiátrico de Endernich, onde escreveu as duas últimas variações. Em setembro seguinte, em sua primeira carta a Clara, contou que o tema dos espíritos lhe vinha à cabeça todas as noites, incluindo as variações. Ele morreria dois anos e meio depois, em 29 de julho de 1856, em Endernich.

"Quando estive em Düsseldorf a primeira vez", diz Schiff, "fiquei um bom tempo parado no portão da casa que um dia foi de Schumann e de onde ele saiu para se atirar no Reno." Ali nasceu a vontade de estudar essas variações, que Clara quase destruiu por considerá-las mera autópsia musical do marido. "Quando toco a quinta variação", diz Schiff, "sinto um zumbido de colmeia em torno de minha cabeça. Quando estudava a peça, não conseguia ficar longe dela. Gostaria de fazer um documentário para a bbc sobre isso."

É impossível imaginar a carga emocional que o pianista coloca nessas variações. A interpretação é aparentemente sóbria, todavia aqueles que percorreem com ele o itinerário das peças do álbum, desde o início, atentando para as alusões literárias, poéticas e extramusicais, não conseguem ficar indiferentes a esses pouco mais de dez minutos de música, em que os primeiros seis minutos separam-se, pela escrita e clima, dos 4'27" finais. É de arrepiar. "Se o público tem dificuldades com Schumann, é mais pelo medo de não entender as alusões literárias, a constante mudança de climas e atmosferas e sua incrível imaginação." No caso de Schumann, vida e criação constituem mesmo um só fluxo contínuo.

András Schiff Deixa a Plateia Eletrizada
Com as Sonatas Finais de Haydn, Beethoven e Schubert

Em seu livro *Estilo Tardio*, Edward Said pergunta: "Ficamos mais sábios com o passar do tempo? Haverá uma sensibilidade e forma peculiares à última fase da carreira de artistas que chegam a uma idade avançada?"

A noção de que as obras finais constituem testamentos dos que estão prestes a morrer só se sedimentou no romântico século XIX. Até então, diz a musicóloga Karen Painter, "a admiração mirava nos artistas de vida curta ou que mantiveram nas obras da maturidade as características das obras-primas da juventude". Em 1860, o teodolito mudara. Painter cita Jacob, um dos irmãos Grimm célebres pelas histórias infantis. Aos 75 anos, ele dizia que "quanto mais perto do túmulo, mais distantes ficam a timidez e a hesitação... corajosamente admitimos a verdade reconhecida".

A verdade reconhecida é a capacidade de, no estilo tardio, conviver com as contradições sem tentar inutilmente resolvê-las. No fabuloso recital do pianista András Schiff, anteontem na Sala São Paulo, o público testemunhou três respostas à pergunta de Said. Ele interpretou as sonatas finais de Haydn, Beethoven e Schubert, escritas entre 1794 e 1828. Haydn "responde" com harmonia, serenidade e humor em sua sonata n. 62. Os silêncios reveladores, as pausas propositalmente excessivas, as bruscas mudanças de dinâmica – tudo estava lá, no toque preciso e sanguíneo, vivíssimo, de Schiff. O detalhe mais refinado de sua interpretação foi o modo como recriou o humor de Haydn, "que toma conta da gente e nos domina", na expressão de Alfred Brendel. É humor criptografado, brinca com as regras não escritas da prática musical do tempo.

As duas sonatas restantes respondem a outra pergunta de Said: "O que dizer de obras tardias que não são feitas de harmonia e resolução, mas de intransigência, dificuldade e contradição em aberto?" Ele mesmo responde: o tardio é "uma forma de exílio". Ou seja, "o estilo tardio está no presente – ao mesmo tempo que estranhamente apartado deste". É por isso que a sonata opus 111 de Beethoven traduz a ideia trágica de que nenhuma síntese é possível.

Schiff superou-se na 111. Desde os três acordes iniciais de sétima diminuída. "Juntos", diz num DVD em que analisa e toca a sonata, "estes acordes são os três pilares colossais de uma catedral representando as três possibilidades de acordes de sétima diminuída e nos dão os doze sons possíveis em nossa música ocidental. Assim, temos aqui um precursor da música dodecafônica". Diz e prova tocando. Outro espanto é o andamento do início. Não é adagio, nem largo ou grave. "É maestoso", diz no DVD, e assim ele o toca e cutuca colegas incensados: "Por que tantos tocam esta introdução tão lentamente? É uma boa pergunta, que não sei responder."

Schiff não acelera os trêmolos na mão esquerda imediatamente antes do Allegro con brio appassionato. Perfeitas as oitavas contrastando com o contraponto, sem de novo acelerar demais. Na imensa "Arietta", Schiff injeta uma carga emocional poderosa. E num tema simples demais – dois intervalos, de quarta e quinta descendentes. Na masterclasse, ele o identifica com o tema da valsinha de Diabelli e com a melodia de ação de graças da "Missa Solemnis", ambas compostas enquanto ele escrevia a 111 e a toca sem ralentar demais, o que faria o tema resvalar para o simplório. As variações encurtam os intervalos, abandonando o clima apolíneo e tornando-se dionisíaco, "chegando ao êxtase na terceira", diz na masterclasse (e como ele constrói bem essas transições). O obsessivo trilo não soa decorativo, mas expressivo, como deve ser. Eletrizada, a plateia, cheia de pianistas, acompanhou sem respirar o final da 111 – que, na verdade, como Schiff diz e mostra ao piano, "é um movimento que não termina, mas se evapora no ar". Felizmente, um silêncio de vários segundos separou o fim da performance e o início dos aplausos. Todos em silêncio. Raro momento de comunhão.

Como Beethoven, também Schubert teve consciência de que não dá para resolver as contradições, é preciso conviver com elas. A leitura de Schiff da sonata D. 960 esteve a milhões de anos-luz do canhestro Lang Lang meses atrás no mesmo local. Schiff não ralentou excessivamente o monumental Molto moderato inicial e muito menos acelerou o Scherzo. Iluminadamente nos levou a compartilhar com Schubert um turbilhão de melodias e modulações que se sucedem em impulsos aparentemente descontrolados – uma fascinante, contraditória e por isso mesmo riquíssima odisseia de quarenta minutos.

No extra, a ária das *Variações Goldberg*. Desconfio que teremos de esperar vários anos até assistirmos a outra noite pianística tão excepcional.

As Canções Inéditas
de Almeida Prado

Canções Inéditas Revivem o Compositor Que Morreu em 2010. Já se vão quase dois anos após a morte do compositor Almeida Prado, ocorrida em 21 de novembro de 2010. Na última sexta-feira, porém, a magia da criação artística o trouxe de volta, por meio de uma de suas derradeiras obras: o ciclo de seis canções sobre versos da poeta Lupe Cotrim, mundialmente estreados em concerto-palestra ao meio-dia e meia no auditório da Biblioteca Mário de Andrade pelo barítono Pedro Ometto, acompanhado ao piano por Maximiliano de Brito.

Presentes, várias pessoas ligadas profissional e/ou afetivamente a Lupe, uma grande poeta paulistana dos anos 1960, morta prematuramente aos 36 anos, ou a Almeida Prado. O pequeno e belo auditório da Mário de Andrade não estava cheio – mas a eletricidade de um grande momento artístico estava no ar.

A música de Almeida Prado sempre foi marcada pela alquimia das ressonâncias, por uma riqueza harmônica incomparável, tecida a partir das linguagens de Debussy e Messiaen, que ele tanto amava. A elas se juntou, em suas últimas décadas, um gosto abrasileirado acentuado pelo ritmo. Tudo isso está bem presente nesse admirável ciclo de canções. Mas, nesse caso, junte-se também o dom melódico. Sua escrita nunca foi fácil. Nesse ciclo, é particularmente desafiadora para o cantor no registro agudo: Ometto não escondeu os esforços visíveis e soltou o vozeirão num universo em que a sutileza e a intimidade entre palco e plateia costumam ser lei. Numa avaliação mais rigorosa, pode-se dizer que a leitura de Maximiliano e Ometto foi correta – porém faltou maior refinamento na interpretação.

O ciclo nasceu em 2009 por meio de um inteligente convite/provocação ao compositor, feito por Leila Gouveia, autora de uma biografia literária da poeta. Ele musicou seis dos poemas que compõem o bestiário de Lupe, publicado em 1963: a gaivota, o pavão, a aranha, a formiga, a borboleta e o cavalo. Para isso, Almeida levou só dezoito dias, entre 28 de dezembro de 2009 e 15 de janeiro de 2010. A plena maturidade fez dele um criador sem

Publicado em *O Estado de S. Paulo*, Caderno 2, 30 jul. 2012 (artigo "Magia da Criação em Almeida Prado").

amarras. Ele era capaz de reproduzir o galope do cavalo ou o zumbido em moto-perpétuo das formigas no piano sem nenhum pudor. Se soa bem, costumava sabiamente dizer, por que não fazer?

No Pavão, constrói os acordes em intervalos de quartas e quintas, que soam deliciosas sobre a melodia em semitons conjuntos. Na Gaivota, brinca o tempo todo com acordes de duas notas, das quintas em diante. O desenho da partitura, na Aranha, quase reproduz visualmente o trabalho do animal na teia, com direito a um intermezzo-valsinha sob os versos "Frágil, teia transparente / inventando um céu / em qualquer lugar." São "fios prateados / que o olhar desenha / sem poder caminhar".

Antes da Formiga, Almeida faz um "interlúdio" instrumental das formigas, instaurando o zumbido que dominará o piano na sequência. Há momentos, em pelo menos duas das canções – e uma delas é em Formiga –, que o barítono abandona o canto e declama. Divertido, em Borboleta, Almeida anota "multicolorido" como indicação ao pianista e ao cantor. Se olharmos a partitura de novo, o desenho das notas no piano forma repetidamente a figura de uma borboleta.

Essas impressões, necessariamente superficiais porque escritas após uma audição apenas do ciclo, só foram possíveis porque – num gesto raro, mas que deveria ser obrigatório em primeiras audições mundiais – Leila Gouveia franqueou uma cópia do manuscrito, o que me permitiu acompanhar a performance com a partitura na mão.

Como se Reinventa
a Música do Passado

Reinvenção ou máquina do tempo? O cravista e fortepianista alemão Andreas Staier, de 56 anos, opera esse duplo milagre ao interpretar as célebres, porém pouco tocadas *Variações Diabelli*, opus 120, de Beethoven, em CD recém-lançado no mercado internacional pela Harmonia Mundi. É uma das obras de sua plena maturidade, completada em 1823, ao mesmo tempo que a *Missa Solemnis* e as últimas três grandes sonatas para piano.

Staier nos mostra como é possível renovar a leitura de uma peça que pensávamos conhecer. Sobretudo por ouvirmos as *Diabelli* em pianos modernos. Em algumas variações, ele utiliza recursos como pedais que hoje não existem mais, proporcionando timbres inéditos. É incrível, mas verdadeiro. A paleta timbrística do piano se enriquece.

Pilotando um pianoforte em tudo semelhante àquele feito por Conrad Graf especialmente para Beethoven em 1824, Staier nos mostra uma riqueza e diversidade insuspeitadas para nossos modernos ouvidos.

É difícil de acreditar, mas Beethoven, então já totalmente surdo, fez uma exaustiva pesquisa de timbres nessa obra que nasceu como um convite feito pelo editor Anton Diabelli a cinquenta músicos e amadores ilustres de Viena, em 1819. Ele mandou, numa folha única, uma valsinha, pedindo que lhe devolvessem uma variação nas costas daquela página. Ou seja, queria quase uma vinheta, de não mais de quarenta ou cinquenta segundos, tempo de duração do tema.

Entre os convidados, nomes ilustres como o de Franz Schubert e o então pré-adolescente Franz Liszt, além do arquiduque Rodolfo, mecenas e aluno de Beethoven. Isto é, amadores e profissionais juntos numa banal jogada de marketing.

Pois Beethoven aproveitou o gancho para compor uma obra monumental, ao todo 33 variações. Eu não sabia, mas é quase um crime ouvi-las num piano moderno. Só tive consciência disso ao ouvir esse CD. Na ótima entrevista no encarte, Staier diz que as *Diabelli* são "música endereçada mais aos conhecedores que aos amadores, no fundo estamos diante de música para

Publicado em *O Estado de S. Paulo*, Caderno 2, 27 ago. 2012 (artigo "Beethoven em Leitura Renovada").

músicos". Ele costuma, aliás, ir fundo em cada projeto artístico. Nesse caso, resgatou o manuscrito autógrafo, que inexplicavelmente permanecia inacessível aos pesquisadores – e levou a Beethoven-Haus, o museu-memorial-centro cultural dedicado ao compositor de Viena, a disponibilizá-lo. Disponível em: <www.beethoven-haus-bonn.de>.

Até para marcar a imensa diferença entre as 33 *Variações* de Beethoven e as descompromissadas variações dos demais convocados pelo editor Diabelli, Staier toca dez deste último grupo. O cravista alemão separa os dois blocos de natureza e qualidade tão diferente – num gesto atrevidíssimo para os padrões atuais, todavia absolutamente adequado para a prática e estética musical vigente na Viena das primeiras décadas do século XIX – com um improviso seu a partir de fragmentos de Beethoven, que intitulou Introdução.

Ele explica assim seu gesto: "Com a introdução, quis criar um espaço sonoro que separa claramente os doze prelúdios de Czerny a Schubert do grande ciclo de Beethoven. É uma espécie de respiro, numa música de escrita extremamente rigorosa. Acho que a dimensão do improviso tem um lugar perfeito aqui. Permite, por outro lado, numa segunda audição, devolver à valsa de Diabelli todo o seu frescor. Prendo-me à essência do que se reconhece no esboço de Beethoven de 1819. Permaneço próximo do tema."

O fortepianista argumenta que Beethoven constrói suas variações por meio de "ondas dinâmicas", que se distribuem numa "arquitetura minuciosamente concebida". Por isso, ficam incompreensíveis se tocadas isoladamente.

Timbres. O pianoforte Graf de 1824 produz timbres diferentes, que normalmente não ouvimos num piano moderno. Dotado de pedais que Staier chama de "exóticos", permite inesperadas mudanças de timbre. Não é algo que Beethoven tenha tornado explícito na partitura. Sem dúvida, é uma das geniais sacadas do pianista, que explora todos os recursos que os pianofortes daquela época possuíam.

Staier explica, de novo: "Os pedais exóticos, sobretudo o pedal janízaro e o fagote, eram na época muito usados pelos amadores em Viena. Eles têm um potencial interessante. E podem ser seriamente utilizados." Já na terceira variação, Staier usa o pedal que chama de moderador. Na variação 20, combina o moderador com outro pedal, o "una corda", recurso repetido na variação 20, que caminha por acordes e arpejos de colorido místico. Obtém uma sonoridade mais longínqua e misteriosa.

No piano moderno de concerto, o pedal una corda é aquele que fica do lado esquerdo: desloca o teclado alguns milímetros para a direita, fazendo com que os marteletes que percutem feixes de cordas passem a percutir uma só corda do feixe. À direita fica o pedal de reverberação, ressonância ou sustentação, que libera os abafadores deixando as cordas vibrarem livremente. Ao centro, fica o pedal tonal: ele afasta o abafador apenas das cordas que estão sendo percutidas – assim, liberam-se só as reverberações tonais.

Nos pianofortes Graf, havia outros tipos de pedais que usavam até papéis entre as cordas para provocar efeito percussivo. O janízaro reproduz a percussão típica da música turca, então muito em voga.

Outro pedal exótico usado nessa gravação é o "basson", ou fagote. De novo, papel ou seda são colocados sobre as cordas mais graves, para criar um ruído semelhante ao do fagote. Staier o utiliza na variação 22, apelidada de "Don Giovanni" em alusão à personagem da ópera de Mozart.

Monumento. Estes são apenas alguns entre os vários atributos que tornam definitivamente essa leitura das *Variações Diabelli* um verdadeiro acontecimento. Andreas Staier consegue o que parece impossível: mostra como os contemporâneos, incluindo os ilustres e os amadores, tratavam as variações; dá ao ouvinte toda a imensa dimensão da formidável empreitada de Beethoven, ao transformar o que seria uma brincadeira num monumento pianístico. E, ainda por cima, transporta-nos concretamente para o momento sonoro exato em que Beethoven as compôs, em 1823-1824.

Sua intimidade com o pianoforte Graf é tamanha que dá a impressão de ele ter tocado nele a vida inteira. A técnica superlativa e uma imaginação musical prodigiosa nos fazem esquecer todo o aparato técnico acima descrito e nos concentrar apenas no encanto que essas 33 variações provocam. É Beethoven de corpo inteiro, por um músico de exceção. Precisa mais?

Em CD, Andreas Staier, pilotando um pianoforte, leva o ouvinte de volta ao século XIX.

A Saga da Camerata Aberta
(2010-2012 e 2015)

Os próximos quinze textos constituem um diário de bordo crítico da Camerata Aberta, único grupo permanente dedicado às músicas contemporâneas que, infelizmente, por miopia absoluta dos então dirigentes culturais do Estado, teve curta existência.

O Sentido da Perfeição

Publicado em *O Estado de S. Paulo*, Caderno 2, 2 abr. 2010.

Vivemos num tempo em que não é mais necessário instalar um fosso entre as criações musicais vanguardistas, revolucionárias, de um lado; e as reacionárias, tonais, de outro. É uma das conquistas da primeira década do século XXI. Outra inutilidade é invalidar o passado para privilegiar o presente. Pois, cada uma a seu modo, valem as músicas atuais que desafiam nossos ouvidos e mentes. Mostrar essa realidade foi a maior virtude do concerto de estreia, anteontem, no Sesc Vila Mariana, da Camerata Aberta, o primeiro grupo brasileiro estável dedicado à música contemporânea. Com quinze músicos, sua existência já é uma vitória. Na estreia, fez uma saudável e despreconceituosa declaração de princípios. É maravilhoso assistir a músicos talentosos concentrados, tocando com prazer, sentindo-se desafiados a se superar num repertório que é no mínimo dificílimo. Adorno já dizia que a música nova não era inacessível; só era mal tocada. Schoenberg percebeu isso antes – e montou a Sociedade de Execuções Musicais Privadas entre 1918 e 1921 em Viena, para mostrar ao público a música nova tocada com o mesmo rigor que se aplica a Bach, Beethoven e Brahms. Obrigava os músicos a fazerem até quarenta ensaios – e ele assistia ao ensaio final e vetava a obra se considerasse a execução menos que perfeita. Esse sentido de perfeição é meta que os músicos só buscam se verdadeiramente têm paixão pela criação contemporânea. Foi emocionante ver estampada essa paixão nas expressões dos integrantes da Camerata. O violoncelista Dimos Goudaroulis é quase um ator tocando; o clarinetista Luis Afonso Montanha, o violinista Martin Tuksa, o fagotista Fábio Cury, os pianistas Horácio Gouveia e Lidia Bazarian, a flautista Cássia

Carrascoza. Não dá para citar todos – mas o grupo inteiro estreou mostrando armas poderosíssimas para se transformar, a curto prazo, no grupo referência da música contemporânea no país.

Agenda. Outra qualidade da direção artística de Silvio Ferraz, idealizador do grupo, e que o aproxima da agenda iluminista de Schoenberg: o vienense fez questão de mostrar o novo embutido na música que pretendia ter ultrapassado (lá se tocava Bach além de Ravel, Mahler e Debussy, entre outros). A agenda da Camerata também é inclusiva.

O primeiro concerto foi prova dessa atitude. O repertório trafegou do alfa ao ômega. Na primeira ponta, a *Arte da Fuga*, de Bach, visionária obra do século XVIII que não prevê sequer instrumentação em sua hipermodernidade, executada em formação de quarteto de cordas. O ômega, ou os dias atuais, mostrou um verdadeiro caleidoscópio, como gosta de qualificar Almeida Prado: obras chaves de dois importantes criadores contemporâneos, "Talea" (ou a máquina e o matagal), do francês Gérard Grisey; e a formidável "Thallein", do grego Iannis Xenakis, da qual participaram todos os integrantes do grupo. Mas a Camerata não esqueceu que é brasileira, com a adocicada villa-lobiana e belíssima "Cismas", de Marisa Rezende; e a densa e antenada "Araés", de Roberto Victorio. O regente convidado para os três primeiros programas, o ótimo francês Guillaume Bourgogne, com certeza fará desabrochar uma sonoridade característica desse grupo de músicos, a um só tempo talentosíssimos e perdidamente apaixonados pela música do nosso tempo.

Concerto Pedagógico

O segundo concerto da Camerata Aberta, grupo de música contemporânea, foi no domingo, no auditório do Masp. Como todo projeto de música nova, possui tinturas iluministas. Por isso promoveu, na tarde de sexta-feira, um concerto didático no local, com o mesmo repertório. O conceito que orienta esse tipo de ação pedagógica é o de que nossos ouvidos não estão preparados para as músicas do nosso tempo. Raciocínio correto, já que a vida musical convencional de concertos gira sempre em torno do passado. A estratégia é correta, pois, afinal, cada obra programada estabelece universos inteiramente próprios e diferenciados. Ou seja, cria mundos novos, com regras, sintaxe e vocabulários também novos. Como estimular a plateia a se interessar por músicas que não consegue sequer acompanhar a evolução? Tarefa dificílima, que Sérgio Kafejian tentou realizar. Contou, é verdade, com um público cativo, composto por

Publicado em *O Estado de S. Paulo*, Caderno 2, 29 abr. 2010.

mais de uma centena de estudantes de música da própria Santa Marcelina/ULM, levados de ônibus. Falava, portanto, com uma plateia de músicos. Isso facilitou, de um lado, seu trabalho; todavia, de outro, ele falava com sua tribo, e não com um público heterogêneo como acontece nas salas de concerto em geral. Talvez por isso mesmo, o *chantilly* ou refresco convencional do programa – o arranjo para grupo de câmara do célebre *Prélude à l'après-midi d'um Faune*, de Debussy – tenha ficado de fora do concerto didático. *Entre Extremos* – título do concerto – trouxe de um lado o citado Debussy e pioneiros da música do século xx, como Charles Ives (belíssima leitura da instigante "The Unanswered Question" [A Pergunta Sem Resposta], com boa distribuição dos músicos pelo espaço) e Edgar Varèse (outra interpretação excelente, dessa vez de um ícone da vanguarda, "Octandres"). As três são peças já assimiladas e integradas, compostas respectivamente em 1894, 1906 e 1923.

A parte mais importante do concerto ficou com três peças escritas nos últimos cinco anos: o italiano Salvatore Sciarrino, de 63 anos, compôs "Archeologia del Telefono", em 2005; "Dona Letícia", de Silvio Ferraz, diretor artístico da Camerata, é de 2008; e "Sobre Paranambucae", de Sérgio Kafejian, coordenador do grupo, é uma peça deste ano que retrabalha cameristicamente uma obra já apresentada anteriormente no Festival de Música nova com a Orquestra de Santos. O novíssimo, explicado de menos. Todas as peças foram precedidas de comentários. O ideal, claro, seria comentar todas as obras dando exemplos musicais. Não sei por que, Ives e Varèse, cujas obras estão gravadas e são conhecidas há praticamente um século, mereceram comentários extensos. Mesmo a notável "Archeologia del Telefono" teve explicação farta (neste caso, procedimento adequadíssimo). Justamente as duas peças que precisavam de explicações mais detalhadas – porque são as mais recentes e desconhecidas – receberam pinceladas insuficientes. Apesar desses deslizes, musicalmente a tarde foi suculenta. A peça de Sciarrino é antológica, obra-prima que deveria receber novas interpretações públicas da Camerata. Quase à beira do silêncio, que sabe explorar como raríssimos, Sciarrino desconstrói o celular como elemento desagregador, que trava a comunicação entre as pessoas ao banalizá-la. Porque estamos 24 horas por dia disponíveis no celular, perdemos nossa identidade. Nem sempre, diz Sciarrino (que, claro, não usa celular), a tecnologia é bem-vinda. As explicações, que envolveram o regente francês Guillaume Bourgogne, Kafejian e fartos exemplos musicais, foram suficientes para entender a obra. A lamentar as econômicas "dicas de audição" sobre as peças brasileiras. Ambas se aplicam em amplificar como sob um microscópio sons do dia a dia (do violino barroco da mineira dona

Letícia, no caso de Ferraz, dos sons da natureza dos Lençóis Maranhenses, da Lagoa de Marechal Deodoro e das igrejas de Olinda, no caso de Kafejian). A ideia, excelente, é retirar dos sons seu significado convencional e transformá-los em matéria-prima sonora abstrata para a criação musical. Ferraz já se firmou como um dos mais instigantes criadores brasileiros contemporâneos; e Kafejian surpreende pela qualidade e densidade ao retrabalhar a sua peça.

Genial e Refinada

Depois de romper estrepitosamente com a música convencional que utiliza instrumentos logo após a Segunda Guerra Mundial, a neue musik colocou o som numa mesa de cirurgia, buscando apreender-lhe a essência. Música concreta, eletroacústica – vários outros adjetivos justificavam a guinada. As dissecações levadas a um radicalismo cada vez mais hermético abriram brechas pelas quais, aos poucos, sem grande alarde, os instrumentos convencionais voltaram a frequentar as obras dos grandes nomes da vanguarda a partir dos anos 1960. O quarto concerto da Camerata Aberta, realizado na quarta-feira, no Sesc Vila Mariana, foi, em sua curta trajetória, o mais bem engendrado. Contou, em obras compostas nas três décadas entre 1966 e 1996, essa curiosa e sintomática história do retorno dos instrumentos convencionais à cena contemporânea.

Publicado em O Estado de S. Paulo, Caderno 2, 29 jun. 2010.

É como se os compositores redescobrissem os instrumentos, agora segundo uma óptica inovadora: em vez de dissecá-los, colocaram um a um em situação de performance-solo. Não por acaso, as dezesseis *Sequenzas* do italiano Luciano Berio cobrem quase meio século de sua trajetória, de 1958 a 2004; outro italiano, Giacinto Scelsi, optou pelas obras para instrumentos-solo depois de um silêncio de quatro anos, na década de 1950. O coreano Isan Yun brincou em 1971 com o binômio Oriente Ocidente... também numa peça para oboé-solo. Peça difícil, que teve interpretação empenhada de Alexandre Ficarelli. *Nuits*, de Scelsi, cansa, em suas duas partes, apesar do talento de Pedro Gadelha no contrabaixo. Mesmo o contraponto de Franco Donatoni, no fim da vida, em 1996, entre o fagote de Fábio Cury e a trompa de Nikolay Genov, soou datado.

O trombonista Carlos Freitas teve melhor sorte. A "Sequenza V" de Berio explora os recursos do instrumento com humor e genialidade. Tanto quanto Philippe Manoury, ex-aluno de Michel Philippot (em Paris e em São Paulo), hoje com 58 anos, que faz de seu *Le Livre des Claviers* um genial exercício de exploração do fascinante universo do vibrafone. Ouvimos apenas um trecho – e este foi um dos pontos altos do concerto, também pela virtuosidade do percussionista francês Florent Jodelet.

Três Peças Com Regente. Como ensina Pierre Boulez num DVD recente a propósito de seu trabalho no Festival de Lucerna, é preciso formar regentes com experiência efetiva em música contemporânea para elevar-se o padrão dos concertos. Para isso, aconselha aos bolsistas de Lucerna que pratiquem regendo mesmo pequenos grupos camerísticos.

Eduardo Leandro, mineiro de Belo Horizonte, segundo regente convidado da Camerata, acumula ao mesmo tempo as funções de professor de percussão no Conservatório de Genebra, na Suíça, e as aulas e regência do grupo de música contemporânea na Universidade de Stony Brook em Nova York. Abriu com a estreia mundial de dois arranjos/orquestrações refinadíssimos de Eduardo Guimarães Álvares para dois madrigais de Carlo Gesualdo, compositor da passagem dos séculos XVI para o XVII.

É interessante como Luciano Berio fica ainda mais interessante quando posto ao lado da música de Pierre Boulez. Claro, *Dérive I*, de 1984-1986, para sexteto instrumental, é peça rigorosamente construída que, no entanto, jamais nos deixa indiferentes etc. etc. Isso não é suficiente para se contrapor à vivacidade da veia criativa de Berio, cativante com sua *Ricorrenze*, de 1985-1987. Foi um presente de aniversário do italiano para o francês em seus sessenta anos, que brinca com alguns elementos de *Dérive I*, embora não abdique de finíssimos jogos de timbres e contrapontos ariscos que deixam nossos ouvidos em suspenso o tempo todo.

O saldo deste quarto concerto da Camerata Aberta é altamente positivo – tanto nas performances individuais quanto nas coletivas. O grande teste para o grupo, no entanto, será em 5 de julho, no Festival de Inverno de Campos do Jordão, quando, sob comando de Edu Leandro, interpretará a *Sinfonia de Câmara*, de Arnold Schoenberg.

E o Novo Surge em Todo o Seu Esplendor

Publicado em *O Estado de S. Paulo*, Caderno 2, 7 jul. 2010.

Como uma obra pode olhar ao mesmo tempo para o passado e para o futuro? Ou melhor, será que todas as obras, mesmo as mais radicais, têm sempre um pé no ontem e outro no amanhã?

A julgar pelo quinto concerto da Camerata Aberta, realizado na segunda-feira, no Auditório Cláudio Santoro, em Campos do Jordão, dentro da 41a edição do Festival de Inverno, a resposta é sim. A *Sinfonia de Câmara n. 1*, opus 9, de Arnold Schoenberg (1874-1951), escrita em 1906, portanto antes de ele romper com a tonalidade, nutre-se do passado e aponta o futuro, mesmo que o seu criador repudie um ou outro.

Limites da Tonalidade. Ainda tonal (gira em torno de mi maior, porém se funda no intervalo de quarta), a obra para quinze instrumentos força os limites da tonalidade, "empilha notas que anulam a polarização" previsível, diz Guillaume Bourgogne no folheto do programa. Foi por isso que Webern ficou alucinado quando a ouviu. "Senti que precisava compor algo como aquilo! No dia seguinte escrevi um movimento de sonata em que atingi os mais longínquos limites da tonalidade."

Este é o seu lado "futurista". O ontem fica por conta da retórica ainda romântica, calcada no extremo virtuosismo, nas dinâmicas sutis que cada instrumento tece independentemente do parceiro.

Ora, por tudo isso, a *Sinfonia de Câmara* exige um regente não só habituado à música nova, mas banhado na tradição interpretativa romântica. É preciso, por mais paradoxal que soe, imprimir-lhe expressividade romântica para que o novo surja em todo o seu esplendor.

Eduardo Leandro, correto na regência, passou longe desse "tropo" romântico e com isso, "secou" o paradoxo que aloja a genialidade da obra. O nível de execução foi elevado. Por isso, é permitido sonhar com filigranas como as descritas.

O grupo repetiu obras já executadas anteriormente: as ótimas orquestrações de Eduardo Guimarães Álvares para três madrigais de Gesualdo e "Dona Letícia", de Silvio Ferraz, diretor artístico-pedagógico do festival que substitui Stefano Gervasoni como professor de composição nesta primeira semana (em seguida, Roberto Vitório assumirá as aulas).

Caleidoscópio. O concerto para viola de Gervasoni, com Christophe Desjardins (viola), é só um caleidoscópio que se esgota nas técnicas expandidas tão comuns nas músicas de hoje. Ele deveria lembrar-se da frase de Jean Molino: "Os compositores dispõem hoje de um extraordinário leque de possibilidades e saberes técnicos e científicos, mas talvez não saibam ainda se servir direito deles para fazer música boa."

Privilégio pessoal mesmo foi assistir ao concerto uma fileira atrás do Arditti Quartet, que na tarde de segunda mostrou em master class para embasbacados estudantes do festival como encarar e preparar obras contemporâneas. Aleluia! Os bolsistas finalmente adentram o gramado do século XXI!.

O Brilho da Camerata Aberta

Só Criação Brasileira. Esta foi a proposta do sexto concerto da Camerata Aberta, único grupo estável dedicado à música contemporânea no país.

Publicado em *O Estado de S. Paulo*, Caderno 2, 4 set. 2010.

Houve duas versões: na primeira, didática, realizada no auditório do Departamento de Música da USP no dia 26, ficou de fora o *Réquiem Para o Sol*, de Lindembergue Cardoso, que foi executado no dia 29, no Masp.

Na verdade, o ótimo *Choros n. 7 - Settimino*, de Villa-Lobos, entrou meio de contrabando, quase como o *Réquiem*, pois a intenção era se concentrar nos dois movimentos de vanguarda brasileiros do século XX: o Música Viva, dos anos 1940; e o Música Nova, dos anos 1960.

O maestro Lutero Rodrigues, sistemático e talentoso pesquisador da música brasileira, comandou a Camerata nesse concerto que foi praticamente seu autorretrato musical. A começar do *Choros n. 7*, pequena obra-prima do melhor Villa dos anos 1920, que inclui até um tam-tam invisível, pela primeira vez com andamento mais rápido, de acordo com as indicações de tempo do Villa. O Música Viva, primeira real janela contemporânea num país submerso pelo nacionalismo musical, foi comandado, na década de 1940 do século XX, por Hans-Joachim Koellreutter.

Namoro. Naquele momento, todos namoravam apaixonadamente a música serial. Ainda assim, nem Claudio Santoro nem Guerra-Peixe, dois alunos mais destacados de Koellreutter, eram serialistas estritos – ambos jogavam pitadas tropicais aqui e ali, abrasileirando Schoenberg. O *Noneto* de Guerra-Peixe (para flauta, clarineta, fagote, trompete, trombone, piano, violino, viola e violoncelo) é de 1945 – e agora recebeu sua primeira audição brasileira, 65 anos depois de composta. Foi a obra brasileira mais tocada internacionalmente, no pós-guerra, acentua Lutero no texto do programa. Depois de ouvi-lo, é impossível não pensar no interessantíssimo serialismo à brasileira que essa dupla genial praticou – e depois abandonou.

Olivier Toni assina a peça mais recente, o *Recitativo II* para violino solo, de 1988, dedicado a Cláudio Cruz. Construído com apenas três notas – dó, lá e ré –, é uma bela fantasia, que recebeu vibrante interpretação de Elissa Cassini. O parceiro de Gilberto na USP e no Música Nova, Willy Corrêa de Oliveira, assina outra peça neue musik, de 1972, para a inusitada formação de trompa, trombone e viola. Aliás, o repertório foi tão interessante que a gente quase esquece de dizer que as execuções foram de excelência.

Camerata Hoje em Nova York: Aberta Para o Contemporâneo

Publicado em *O Estado de S. Paulo*, Caderno 2, 12 nov. 2010.

A Camerata Aberta fecha sua primeira temporada – fato auspicioso, para ser muito festejado – com um concerto hoje à noite em Nova York, na Americas

Society. A entidade tem sede na Park Avenue, foi criada em 1965 por David Rockfeller e promove eventos culturais tendo como temática a integração entre as culturas das Américas.

Serão, ao todo, oito peças – seis de compositores brasileiros e duas de europeus. Em muitos anos, é a primeira vez que se faz um repertório por lá que espelha a produção recente de música contemporânea no Brasil. O fato de basicamente serem obras de compositores ligados à Camerata, neste caso, é quase mera coincidência, já que se trata de criadores expressivos da atual realidade musical do país: Silvio Ferraz e Sérgio Kafejian são ambos dirigentes da Camerata; e o carioca Roberto Victorio, radicado em Mato Grosso, e o paulista Flo Menezes integram o conselho artístico da Camerata. A violinista Elissa Cassini interpreta *Gestures*, de outro brasileiro, Arthur Kampela, radicado há tempos em Nova York. Abrindo o programa, um Villa-Lobos curto (o choro para violino e violoncelo).

São dois, entretanto, os detalhes inesperados neste concerto. Primeiro, a inclusão de peças do italiano Giacinto Scelsi e do francês Pierre Boulez. Não faria mais sentido propor obras de criadores latinos, ou mesmo norte-americanos? O segundo detalhe só é explicável por questões financeiras. Dos dezesseis músicos efetivos da Camerata, apenas seis participam. Se a razão for financeira, tudo bem. Entretanto perdeu-se a oportunidade de mostrar nesse privilegiado espaço internacional peças para formações maiores.

Camerata Aberta Encerra Temporada em Alta

Em seu último e muito bem-sucedido concerto do ano, sexta-feira no auditório do Masp, a Camerata Aberta encerrou sua primeira temporada com uma autêntica declaração de amor ao movimento espectralista francês.

Publicado em *O Estado de S. Paulo*, Caderno 2, 13 dez. 2010.

Dessa vez, após uma dezena de concertos ao longo do ano construídos em torno do chamado eixo espectral, programaram-se obras de dois dos fundadores do movimento, nos anos 1970, em Paris: Tristan Murail e Hugues Dufourt. Vieram também três excelentes músicos do L'Itinéraire, grupo parisiense porta-bandeira do movimento nascido na época. Desse modo, abraçou-se de vez o credo espectral como plataforma estética da Camerata.

Claro que é importante conhecê-lo e saber que a partir da análise do som via computador pode-se estabelecer novos modos de se criar música em função tão somente do som, sem nenhum outro parâmetro.

L'Afrique d'après Tiepolo, de Dufourt, emprega acordes sustentados a cada compasso, que são decompostos ao longo de cada tempo, formando novos aglomerados sonoros.

Mémoire/Érosion, de Murail, vai mais longe: faz superposições, com loopings, de sons, que aos poucos vão se deformando, tendo como eixo a trompa-solo voltada para os próprios músicos.

Diastema, de 2001, é assinada pelo alemão Oliver Schneller, ex-aluno de Murail, representante da segunda geração espectralista. O trio de músicos franceses interpretou um clássico do século xx, o húngaro György Ligeti, com seu trio para trompa, piano e violino.

É importante ter um grupo estável dedicado à música contemporânea? Sim, sem dúvida. Entretanto seria fundamental colocar um plural no conceito de música contemporânea. Afinal, faz um bom tempo que a hegemonia das elites radicais francesas e alemãs sofreu irreversível erosão. Espectralismo é apenas uma entre muitas outras propostas contemporâneas.

Se desejar mesmo espelhar em seu trabalho as múltiplas faces das músicas contemporâneas, a Camerata precisará abrir-se esteticamente. ok, já mapeamos exaustivamente Paris e demos umas escapadelas pela Alemanha. Que tal agora mostrar o que se faz hoje em *nuestras* Américas? Há vida inteligente em nosso continente também. E não estou falando só de Brasil.

Militância pelas músicas novas, vivas, sim; proselitismo por uma corrente apenas, definitivamente não.

Camerata Aberta Inicia Temporada

Publicado em *O Estado de S. Paulo*, Caderno 2, 12 abr. 2011.

A Camerata Aberta abre hoje, no Sesc Consolação, sua temporada 2011 com um concerto até certo ponto inesperado, do ponto de vista estético. Depois de um 2010 europeizado, o concerto de hoje, regido por Ricardo Bologna, volta-se para a música contemporânea das Américas.

A escolha do repertório, feita por Bologna e o coordenador artístico da Camerata, Sergio Kafejian, contempla dois importantes compositores norte-americanos contemporâneos, George Crumb e John Adams. O primeiro, hoje com 81 anos, assina "Eleven Echoes of Autumn (Echoe I)", peça que explora, segundo Bologna, "efeitos especiais produzidos com os instrumentos tocados de maneira inusual, em combinações inusitadas". De Adams, de 64 anos, o mais bem-sucedido compositor da atualidade, a Camerata interpreta "Son of Chamber Symphony", peça que se pauta por um pulso rítmico nuclear. O argentino Alegando Viñao, 59 anos, radicado na Inglaterra, assina "Colisión y Momento", que mostra afinidades com o pós-minimalismo de Adams. Dois brasileiros completam o programa. "Tutti", de Felipe Lara, 31 anos, pesquisa o timbre na linhagem de Crumb; e os "Cadernos de Berlim 3", de Marcos Mesquita, 51 anos, brincam com o popular e o erudito, homenageando, na instrumentação, a célebre *História do Soldado*, de Igor Stravínski.

Mesmo ganhando em 2010 todos os prêmios, recebendo aprovação unânime e uma média de público bastante boa em sua primeira temporada, a Camerata Aberta já convive neste ano com uma redução de 30% em seu orçamento. "Optamos por reduzir em 30% também o número de concertos e manter a qualidade", diz Kafejian. Assim, os dez concertos de 2010 viraram sete. Guillaume Bourgogne, o regente francês que fez um trabalho impecável com os quinze músicos da Camerata ano passado, retorna em maio, junho e dezembro; Feliz Krüger, em setembro, e Joel Sachs (este da Juilliard School de Nova York), em agosto, também vão comandar o grupo ao longo de 2011.

Tomara que a redução de verba não signifique o esvaziamento gradativo da Camerata. Efeito cruel: encomendas de novas obras a jovens compositores brasileiros, por exemplo, foram adiadas. Seria uma miopia cínica e perversa pisar no freio de um projeto tão vitorioso como este e condenar os músicos jovens (e o público) a ter acesso apenas à música de museu, do passado.

Camerata Aberta em Noite Exemplar

Uma hora e meia de música, um arco sonoro iniciado com o bizarro ragtime de Charles Ives e concluído com o mambo (?) do porto-riquenho Roberto Sierra, com direito a pitadas de música chinesa politicamente engajada e um microrrecital de piano. Depois da inexplicável ausência no Festival de Inverno, em julho, a Camerata Aberta reapareceu em grande forma anteontem, no Sesc Vila Mariana, em concerto exemplar nesta temporada difícil para o grupo, que ainda vive sob ameaça de extinção em 2012.

Ficou evidente a impressionante vitalidade da música norte-americana. Esse tipo de oxigenação constante proporcionado pelos concertos da Camerata impulsiona a criação musical brasileira. Aliás, mais justo seria dizer que ela já modificou nossa cena. Os compositores se sentem mais estimulados a criar e o público tem chance de acompanhar a música de seu tempo.

Joel Sachs, o veterano regente e pianista norte-americano convidado para *Contos*, concerto-panorama das músicas de seu país, brilhou tanto no pódio quanto no seu instrumento. Fez até um microrrecital com peças de John Cage (In a Landscape), Milton Babbitt (Playing For Time) e Henry Cowell (Tiger), que foi da cageana postura zen aos *clusters* desbragados, com *pit stop* na música serial.

Ficou claro que a criação não europeia não pode prescindir das músicas populares, mesmo na criação experimental (mas jamais deve deixar-se subjugar

Publicado em *O Estado de S. Paulo*, Caderno 2, 11 ago. 2011.

por elas). Ives, o pioneiro, e Sierra, o porto-riquenho de 58 anos, provam, como Gilberto Mendes já cansou de mostrar em suas obras, que é possível criar música nova com fragmentos e células estruturais populares sem ser banal. Em "Four Ragtime Dances", Ives faz o ragtime ajoelhar-se e rezar com hinos evangélicos, enquanto Sierra, em Cuentos, injeta harmonias moderníssimas num mambo bizarro que tem até música criada com contornos das nuvens no céu. Ambos muito bem-sucedidos, assim como, aliás, a chinesa Du Yun, de 34 anos, com a politicamente engajada "Vicissitudes III", citando poemas escritos na prisão por dois prêmios Nobel detidos por motivos políticos: o da Paz chinês Wang Dan, pivô das manifestações da Praça da Paz Celestial de 1989; e o de Literatura nigeriano Wole Soyinka. Impossível não se impactar com o poema recitado em mandarim emoldurado pelas modernas sonoridades de Yun.

Entre as duas peças brasileiras, surpreendeu a excelente "Zonder Titel", de Martin Herraiz, mas "Canzone per Suonare a Tre", de Rogério Costa, quase se afogou na música popular (ao contrário de Ives e Sierra, que "domaram" os furacões ragtime e mambo).

Talento Novo no Palco
Alexandre Lunsqui se Destaca em Concerto da Camerata Aberta

Publicado em *O Estado de S. Paulo*, Caderno 2, 11 abr. 2012.

Primeira surpresa: aconteceu, com excelente público, o primeiro concerto de 2012 da Camerata Aberta, realizado no dia 4, no Sesc Vila Mariana. O espanto tem razão de ser. Ela perdeu, este ano, sua condição institucional e temia-se pura e simplesmente por sua extinção. No papel, ela de fato foi extinta. Agora, é apenas apresentada como "grupo estável de professores da Escola de Música do Estado de São Paulo - Tom Jobim". Espera-se que Marcelo Araújo, o próximo secretário de Cultura, devolva ao grupo uma condição institucional mínima e lhe conceda orçamento próprio. Pois, para viabilizar os magros seis concertos desta temporada, a Santa Marcelina buscou patrocínio do Banco Safra e manteve a sempre forte parceria com o Sesc.

Segunda surpresa: num programa de três peças em que dois nomes lustrosíssimos da música contemporânea pontificavam – os do italiano Salvatore Sciarrino, de 64 anos, e do argentino-alemão Mauricio Kagel (1931- 2008) –, o melhor momento ficou por conta de um brasileiro, Alexandre Lunsqui. Depois de dez anos em Nova York, e com estudos nas universidades de Iowa e Columbia, nos Estados Unidos, e Ircam em Paris, além da Unicamp no Brasil, Lunsqui, de 42 anos, mostrou todas as suas armas em "Areia II", para nove instrumentistas. O hoje professor de composição da Unesp, ao lado de Flo Menezes, faz música de primeira qualidade; brinca com materiais de uma obra inacabada de Schoenberg, os *Três Estudos Para Orquestra de Câmera*, de 1910. Mas esqueçam Schoenberg ou qualquer ranço passadista. A música de Lunsqui pulsa, cheia de vida e densidade. Já é um dos grandes nomes da música brasileira.

O título geral do concerto – *Farsa Para Orquestra* – remete ao teatro instrumental tal como Maurício Kagel concebeu e realizou em dezenas de obras memoráveis, ao longo de meio século de vivência europeia em Colônia, entre 1957 e sua morte. Sua música trabalha processando e reprocessando as músicas do passado, num diálogo incendiário e sempre provocativo que jamais deixa de pôr os olhos no futuro. Kagel sempre rimou humor com rigor – e este talvez seja o seu diferencial. Também o aproxima demais do brasileiro Gilberto Mendes.

Divertimento?, a peça de meia hora que ocupou a segunda parte, é uma versão de *insider* do *Ensaio de Orquestra*, de Fellini. Por momentos, senti a peça datada, apesar de ela ter sido escrita em 2006. Um pouco, quem sabe, pela pouca, quase nula intimidade dos músicos com a representação teatral. Lembrou-me uma conversa com o pianista Paulo Guimarães Álvares, que trabalhou com Kagel em Colônia por muitos anos. Dizia-me Paulo "Bartók" que Kagel era perfeccionista, era preciso ensaiar dezenas de vezes a parte teatral, porque ela era tão ou mais importante que os sons. Nesse caso, muito mais importante era atuar do que tocar.

Num contexto tão extrovertido e musicalmente atraente (Lunsqui) e galhofeiro (Kagel), a peça de Sciarrino praticamente desapareceu.

"Arqueologia do Telefone", de 2005, usa com extrema parcimônia os sons. Não por acaso, Sciarrino já foi chamado de minimalista dos sons, por causa de sua meticulosidade com as dinâmicas, escrita e exploração de timbres. O tema dos males da tecnologia é bom. Entretanto uma música tão sutil como a de Sciarrino sucumbiu aos apelos muito mais fortes de Lunsqui e Kagel.

Concerto de Celebração

Dupla vitória. É assim que devem se sentir os profissionais da música envolvidos na criação e dia a dia da Camerata Aberta. O concerto de amanhã, no Sesc Bom Retiro, marca os dois anos de existência do grupo e o lançamento de seu primeiro CD, *Espelho d'Água*, com cinco das sete obras nele incluídas compostas nos últimos dez anos. É música nova, música viva mesmo.

Durante este período, o grupo realizou 23 concertos, a maioria em SP, mas também em Nova York e Amsterdã e sempre com público excelente. A qualidade artística é resultado de um nascimento correto: no início de

Publicado em *O Estado de S. Paulo*, Caderno 2, 14 maio 2012.

2010, um concurso selecionou quase duas dezenas entre os mais talentosos músicos em atividade.

A iniciativa da Organização Social Santa Marcelina contou com Silvio Ferraz, Paulo Zuben e Sérgio Kafejian no comando direto. Ao trio juntam-se, no conselho artístico, Flo Menezes, Marisa Rezende e o regente francês Guillaume Bourgogne, que regeu boa parte dos concertos e também no CD, atitude correta porque permitiu a construção de uma sonoridade própria.

Em texto no encarte do CD, o compositor Flo Menezes estabelece afinidades e relação de ascendência entre a Camerata e a pioneira e radical Sociedade de Execuções Musicais Privadas de Viena, concebida e tocada por Arnold Schoenberg entre 1918 e 1921. Cita outros projetos brasileiros anteriores, como o Madrigal Klaus Dieter-Wolf, Grupo Nexos, Percussão Agora e Novo Horizonte. Todos de curta duração.

"Nenhuma teve o apoio institucional devido", escreve Flo, "dependiam, em essência, da iniciativa quase pessoal de seus idealizadores." E alerta que "para existir institucionalmente, um grupo como este deve/deveria/deverá contar com apoio irrestrito por parte das pessoas que respondam às posições de comando das instituições culturais, sem que se precise debater a cada semana para que continue a existir!"

É compreensível a atitude militante de Flo diante do bombardeio oficial dos últimos doze meses, visando a eliminá-la da vida musical da cidade. Nesta "guerra", que toca com o fundamentalismo e fervor de um Adorno, ele tem solidariedade do meio musical. A óptica é que, talvez, devesse ser modificada. Não se trata de uma guerra, como um século atrás, na Viena de Schoenberg, mas da conquista do direito à cidadania. Schoenberg e Adorno tinham um projeto iluminista, que descartava as demais músicas e pregava a hegemonia.

Hoje, todas as músicas têm direito à existência – mas só as comerciais e as grandes instituições sinfônicas têm esse direito. Se na política econômica o governo age corrigindo distorções neste ou naquele segmento produtivo, o mesmo precisa acontecer na música. Não só a música nova, mas a música erudita em geral não são nem nunca serão viáveis economicamente falando. Ora, se se despeja corretamente muito dinheiro público nas orquestras, o mesmo deveria ser feito com relação à música de hoje. Ela necessita de apoio institucional oficial para nos mostrar a música de nosso tempo. Mesmo que ela nos perturbe e – pecado maior – nos obrigue a pensar em nossa conturbada realidade.

A Camerata comemora uma dupla vitória importante, porém ainda precisa, absurdamente, lutar pela terceira: o direito de existir institucionalmente.

Comprometimento e Talento no Maduro Trabalho de Estreia

A Camerata Aberta só continua existindo por causa do apoio do Sesc, seja viabilizando concertos nas unidades de Vila Mariana, Belenzinho, Pinheiros e Bom Retiro, seja produzindo este CD em condições técnicas e artísticas profissionais. Pois profissionalismo e dignidade é o que em geral faltam às produções de música nova, que se concretizam só por causa da entrega dos próprios compositores e músicos.

Publicado em *O Estado de S. Paulo*, Caderno 2, 14 maio 2012.

É essa distorção que nos faz conhecer melhor, por exemplo, os jovens compositores europeus e norte-americanos do que os brasileiros. Nomes como John Adams, Osvaldo Golijov e Thomas Adès circulam bem por aqui, entretanto compositores brasileiros mais jovens, como Sérgio Kafejian e Rodrigo Lima, jamais teriam uma chance dessas de chegar ao disco com qualidade.

Sobre "Paranambucae", do primeiro, e "Quando se Muda a Paisagem", do segundo, foram testadas e amadurecidas em concertos e surgem agora em leituras maduras, de referência.

Mesmo nomes importantes como Silvio Ferraz ou Roberto Victorio, de geração anterior, tinham até dois anos atrás pouca ou nenhuma exposição entre a opinião pública. Do primeiro, "Window Into the Pond", e "Araés", do segundo, provam que possuímos criadores tão bons quanto os badalados nomes citados acima. Pena que não têm chance de escrever para orquestra sinfônica, uma crueldade com talentos como Ferraz e Victorio.

Há três peças de confronto para botar respeito nos círculos internacionais: "Spiri", do italiano Franco Donatoni; "Distema", do alemão Oliver Schneller; e "Águas Marinhas", do português Miguel Azguime. Completando o círculo virtuoso, é excepcional e meticulosa a regência de Bourgogne e estão impecáveis, tanto no quesito comprometimento quanto no de talento, os integrantes da Camerata.

Pierrot Lunaire Cem Anos

Muitos identificam o parto da música do século XX na noite de 29 de maio de 1913 em Paris, com a explosiva *Sagração da Primavera* que Igor Stravínski compôs para Nijínski e os Ballets Russes. Outros recuam o fato gerador da modernidade para 22 de dezembro de 1894, quando estreou, na mesma cidade, o *Prélude à l'Après-midi d'Un Faune*, de Claude Debussy. Entre os músicos, o nascimento da modernidade aconteceu mesmo em 16 de outubro de 1912, quando estreou na pequena sala Choralion, em Berlim, o melodrama

Publicado em *O Estado de S. Paulo*, Caderno 2, 16 set. 2012.

Pierrot Lunaire, de Arnold Schoenberg, que regeu a cantora Albertine Zehme e um grupo de cinco instrumentistas.

Estava tudo lá: o meio caminho entre a superação da tonalidade a adoção transitória do atonalismo, a melodia de timbres, o canto falado/fala cantada, o que levou Schoenberg, dez anos depois, à técnica de composição com os doze semitons da escala, a chamada música dodecafônica ou serial.

Pierrot influenciou a música vocal e instrumental de todo o século xx. Ainda hoje, funciona como rica usina de novas possibilidades que os músicos encontram ao estudá-la. Mesmo para o ouvinte/espectador, nada é o que parece nessa obra. O Pierrot está longe da figura da *Commedia dell'Arte* tradicional. A Lua não é a deusa preferencial dos amantes. Aqui ela adoece, é escrachada, a valsa de Chopin vira "lúgubre" e a Madonna é ridicularizada.

Por tudo isso, o evento organizado pela professora Yara Caznok, do Departamento de Música do Instituto de Artes da Unesp em São Paulo, em torno dos cem anos da estreia de *Pierrot Lunaire*, tem especial significado. Vem cobrindo todos os aspectos dessa criação chave para a música contemporânea: na semana passada, Yara analisou o melodrama em cinco noites; anteontem, no auditório do ia-Unesp na Barra Funda, dois músicos franceses, a cantora Sylvie Robert e o regente Guillaume Bourgogne, e cinco integrantes da Camerata Aberta fizeram um concerto didático. Na primeira parte, Yara comentou nove das 21 microcanções, intercaladas com performances. Foi igualmente memorável, na segunda parte, a execução do *Pierrot* com os mesmos intérpretes. Lidia Bazarian (piano), Martin Tuksa (violino e viola), Alberto Kanji (violoncelo), Luis Afonso Montanha (clarineta e clarone) e Cássia Carrascoza (flauta e piccolo) formaram o pelotão de instrumentistas que acompanharam Sylvie.

O projeto Pierrot de Yara, entre 16 e 18 de outubro, com a realização de Schoenberg, o Expressionismo e a Subjetividade Contemporânea, três debates multidisciplinares, no mesmo espaço, com participação, entre outros, de convidados de outras universidades (Rubens Fernandes Júnior, da Fotografia-Faap, Helena Katz, Dança-puc-sp, o pianista Amilcar Zani, da usp, Feres Khoury, da fau-usp, e Pero De Santi, da espm). Da Unesp, debaterão Yara Caznok, Lia Tomás, Alexandre Mate e Flo Menezes.

Em janeiro de 1912, Albertine ofereceu a Schoenberg polpudos mil marcos por um melodrama típico de cabaré a partir da tradução alemã de Otto Erich Hartleben de cinquenta escritos em francês pelo belga simbolista Albert Giraud. O compositor vivia a angustiada transição entre a tonalidade e a atonalidade, que ele estava abraçando.

Imagino como deve ter esfregado as mãos ao ler versos como "Pelos mares mortos da memória, / Vai soar, além, num céu longínquo, / Um suspiro de cristal partido" (Nostalgia) e "Mil grotescas dissonâncias / Faz Pierrô numa viola" (Serenata), em magnífica tradução livre de Augusto de Campos. Ali estava o mote de uma "viagem" decisiva de transição criativa. São lanças terçadas entre passado, presente e futuro, com direito a recaídas e súplicas ao primeiro, decepções com o segundo e flertes atrevidos com o terceiro.

"Não se canta *Pierrot Lunaire*", alerta o compositor. De fato, nela o entendimento dos versos é essencial. Assim, como bem informou Yara Caznok na primeira parte do concerto de anteontem, as duas palavras alemãs que ficaram famosas na música vocal do restante do século XX – *sprechgesang* e *sprechstimme* – de fato significam que a interpretação vocal deve ficar entre o canto e a fala. Não é um ou outra, mas a tênue interface entre ambos. "Uma escolha que cada intérprete tem de fazer." Nesse sentido, a escolha de Sylvie Robert foi soberba. Ela ora pendia para um canto indistinto, ora assumia a recitação, com muita adequação.

Na estreia em 16 de outubro de 1912, em Berlim, Albertine, caracterizada como Colombina, atuou sozinha no palco, com os cinco atrás de uma cortina. Mosca branca na carreira de Schoenberg, foi sucesso instantâneo e representada em quatorze cidades europeias. Um êxito raro porque retrata o delicado momento de revisão do passado de olho no futuro. Ele se assume como o personagem-título. Sabe que um mundo está se abrindo, mas ainda não encontrou nele o seu lugar – o que só aconteceu dez anos depois, quando sintetizaria a composição com os doze sons, o dodecafonismo. Pierre Boulez já disse que o melhor da criação musical está nestes iluminados – e raros – momentos de transição criativa.

Pierrot Lunaire ocupa lugar de honra nesse gênero.

Mago do Sax, Delangle Faz Impossível Acontecer
Francês Encerra a Temporada 2012 da Camerata Aberta

O impossível pode acontecer quando se juntam um solista excepcional, fora de série, e um grupo de músicos competentes e dedicados. Mesmo que o repertório seja contemporâneo, aparentemente hermético. O solista convidado, saxofonista francês Claude Delangle, voltou duas vezes ao palco sob intensos aplausos. Deu dois extras: o segundo, "convencional", um Debussy; o primeiro, um complexo Boulez aplaudidíssimo.

Publicado em *O Estado de S. Paulo*, Caderno 2, 16 nov. 2012.

Foi o que aconteceu anteontem, no Teatro Anchieta, do Sesc Consolação, no concerto de encerramento da temporada 2012 da Camerata Aberta. Delangle é um músico de exceção: dono de uma técnica mais do que superlativa, miraculosa, que lhe permitiu operar o milagre de, por meio da técnica da multifonia, tocar "acordes" no saxofone, que tocado por mortais é um instrumento melódico, capaz de emitir só uma nota de cada vez. Ele domina a complexa técnica de emissão simultânea de mais de uma nota da série harmônica, que exige digitações diferenciadas ou então acertando a embocadura e tensão na garganta para reforçar os harmônicos.

Seu instrumento tem história recente. Feito de liga de metal, apesar de pertencer à família das madeiras, foi inventado 172 anos atrás pelo belga Adolphe Sax, imediatamente adotado pelos compositores mais antenados do século XIX e adotado como símbolo do jazz. Tamanho fascínio tem o sax por causa da grande sacada de Adolphe: juntou as virtudes das madeiras e dos metais num só instrumento. Ele possui palheta simples fixada numa boquilha e o corpo de metal – curvo se for um alto, tenor ou barítono, e retilíneo se for um soprano. Esse corpo é acionado por chaves. Tem a sonoridade anasalada do oboé e a suavidade aveludada da clarineta, associadas a uma potência na emissão do som que o aproxima dos metais.

Professor desde 1998 no Conservatório de Paris, Delangle ganhou a cátedra por ser músico completo. Faz música popular, o repertório "tradicional" do século XIX e início do XX (Bizet, Glazunov, Debussy, Ravel) e é especialista em música contemporânea. Por isso, tocou com autoridade ímpar o "Concertino", de Jacques Ibert, de 1935, que flerta descaradamente com o jazz e não abre mão da complexidade de escrita. Execução duplamente vitoriosa, do solista e da Camerata. Em seguida, embasbacou o público com "Résurgences", peça dificílima de 1996 do compositor suíço Michael Jarrell.

Naquele momento, os aplausos a uma obra sutilíssima, que privilegiou os harmônicos e leves texturas, levaram o mago do sax aos citados extras inimagináveis: o final dos *Dialogues*, de Pierre Boulez, em que ele alterna o sax alto e o soprano. Aplausos ainda mais intensos; Delangle pediu desculpas a Cássia Carrascoza para tocar no sax soprano a peça "Syrinx", de Debussy, original para flauta solo.

O concerto teve na segunda parte outras duas obras importantes do repertório francês contemporâneo: "Derives I", de Boulez e "Le Lac", de Tristan Murail, um dos iniciadores da música espectral. Execuções irretocáveis com regência de Guillaume Bourgogne. Mas seria injustiça não descrever a fabulosa e memorável performance de Claude Delangle.

Camerata, Um Improvável, Mas Luminoso Futuro

"Um futuro bastante incerto". O diagnóstico da flautista Cássia Carrascoza no final do concerto de anteontem da Camerata Aberta na Sala São Paulo dá bem a ideia da situação do grupo. A Camerata foi formada em 2010 por quatorze músicos também contratados como professores da Escola de Música do Estado de São Paulo (Emesp). Sua condição de corpo estável permitiu-lhe um salto de qualidade no repertório e nas performances até então não visto e ouvido no país, porém dois meses atrás todos foram demitidos e o grupo extinto.

A Camerata Aberta quebrou um paradigma medíocre na vida brasileira: a música nova é rechaçada pelo público porque é em geral mal tocada (a tese de Adorno cai como uma luva em nossa realidade). Pela primeira vez, em mais de cinquenta concertos ao longo dos últimos anos, tivemos performances de alto nível, com entrosamento inédito por aqui.

O concerto no Festival de Inverno de Campos do Jordão, marcado antes da extinção, promoveu uma ressurreição da Camerata. Infelizmente, por problemas de orçamento, reduzida a um quinteto: piano, flauta, violino, clarinete e violoncelo. Por tudo isso, o público de cerca de 150 pessoas promoveu um abraço carinhoso em Lídia Bazarian, Cássia Carrascoza, Martin Tuksa, Luís Afonso Montanha e Alberto Kanji.

No programa, seis peças deram o retrato de corpo inteiro da proposta da Camerata: um recorte da criação mais recente, com predomínio brasileiro (cinco) e uma peça do português João Pedro Oliveira, radicado em Belo Horizonte. Nesse curto arco histórico, a peça mais antiga foi "Movimentos", escrita em 1969 por Aylton Escobar.

As demais situam-se todas entre 2009 e 2014. Deu para perceber o modo como a criação musical vem se desvencilhando de penduricalhos vanguardeiros e se concentrando mais em propor alternativas efetivas de estrutura ao discurso sonoro. Os copos esfregados nas cordas internas do piano em Escobar transformaram-se em propostas diversificadas, mas interessantes, ampliando as técnicas estendidas e mantendo-se mais palatáveis. Como a melodiosa "Acquarela" do mineiro de Diamantina, Sérgio Rodrigo; ou então a excelente "Kairós", de Silvio Ferraz, inspirada no deus grego filho de Kronos, mas igualmente um lembrete de que podemos estar num "kairós" (a palavra grega significa momento oportuno… para um renascimento da Camerata?). A peça é de 2012, mas soa premonitória, com sonoridades eólicas e delicados trêmolos nos sopros sustentando um clima até lírico – confiança num improvável, mas ansiado futuro luminoso para o grupo.

Publicado em *O Estado de S. Paulo*, Caderno 2, 24 jul. 2015.

Entre as peças mais novas, "Toy", de 2013, de Alexandre Lunsqui, impressiona pelo uso intensivo do pulso regular e do ritmo como motor de uma música impactante. Que a Camerata Aberta ressurja das cinzas. É praticamente impossível, mas não custa sonhar.

Contra a Perfeição Robótica

"Eu vi a perfeição", revela a vitoriosa bailarina vivida por Natalie Portman na cena final de *Cisne Negro*, filme de 2010, depois da dilacerante construção do papel principal no balé *Lago dos Cisnes*. A mesma palavra pula para o subtítulo de um dos candidatos ao Oscar deste ano, *Whiplash*: "em busca da perfeição". Em ambos os casos, a sensação é de perda. Foi-se o sentido lúdico da prática artística. Hoje, vale mais a perfeição robótica. Hoje, o candidato a artista – seja músico ou bailarino – tem como meta perseguir freneticamente a performance definitiva.

No universo da música clássica, o primado da performance é algo resignadamente admitido. Um pouco por causa do tsunami de músicos asiáticos delirantemente disciplinados para praticar a perfeição estudando 28 horas por dias. Hoje, são de origem asiática cerca de 40% dos integrantes das grandes orquestras europeias e norte-americanas; hoje, eles também são maioria entre os jovens virtuoses.

Entretanto outro tanto se deve ao caráter museológico da vida musical "clássica" no século XXI. Esgotamos nossa cota de repetição bombeando para nossos ouvidos os sons do reservatório de obras-primas do passado. Nada mais natural, portanto, que os músicos deem suas vidas, num pacto diabólico, para nos proporcionar performances absolutamente... perfeitas.

Tudo isso até se entende de modo lógico. Mas quando a obsessão pelo perfeccionismo performático invade o jazz, um domínio no qual o prazer sempre foi o norte fundamental da prática artística, aí acende-se um alerta vermelho. O jovem candidato a baterista titular da *big band* do conservatório Shaffer em *Whiplash* arranca sangue das mãos (como, aliás, a bailarina Natalie Portman, que se mutila em *Cisne Negro*) para ser como Buddy Rich, o notável baterista da era das *big bands* que pode ser visto no YouTube tocando por puro prazer. A personagem de Simmons põe a cereja final nesse bolo dilacerado contando o episódio famoso de Jo Jones atirando um prato na direção do saxofonista Charlie Parker por causa de uma performance medíocre. Simmons, aliás, está maravilhoso encarnando o comandante tirano líder

Publicado em *O Estado de S. Paulo*, Caderno 2, jan. 2015.

de big band, igualzinho aos grandes maestros clássicos contemporâneos de Charlie Parker, como Toscanini e Karajan, retratados por Elias Canetti em *Massa e Poder*. Porém infinitamente distante do modo descontraído, informal e amigo de lendas como Duke Ellington e Count Basie à frente de suas *big bandsbig bands*.

É doença de nossos estranhos tempos atuais que um gênero feito no instante, na criação instantânea da música por meio do improviso, deixe-se engessar pela reprodução de performances de obras do passado. "Whiplash", tema de Hank Levy composto para a *big band* de Don Ellis nos anos 1970, agora soa datado. Mas não quando Ellis a gravou. Ele perseguia o novo, não a perfeição: a sua foi uma das mais luminosas e injustamente pouco conhecidas *big bands* modernas, experimentando métricas e harmonias inovadoras. Nos idos de 1956, o francês André Hodeir definiu o gênero como "uma inseparável, mas extremamente variada mistura de relaxamento e tensão". Ora, podem argumentar, mas este é o princípio da música dita clássica: as obras partem de portos seguros, fazem atribuladas viagens sonoras e retornam para casa. Acontece, diz Hodeir, que no jazz relaxamento e tensão convivem no mesmo tempo e espaço – daí a permanente sensação de fricção que ele proporciona. Um misto de prazer e difícil parto da criação instantânea.

Correr atrás de uma perfeição retrô é deixar de lado uma das lições mais preciosas do jazz, o prazer lúdico de tocar. Algo que até os tempos de Liszt estava no corpo e alma dos músicos clássicos. Nos anos 1810, Beethoven reclamava dos ladrões de música que ficavam nas madrugadas embaixo de sua janela anotando seus improvisos; Liszt inventou em 1839 o recital de piano solo a fim de acomodar seu talento para o improviso e as transcrições.

Perseguir a perfeição é perder-se como artista. Às vezes é melhor desprezá-la, como ensina Gilberto Gil em "Meio de Campo": "Eu continuo aqui mesmo / Aperfeiçoando o imperfeito, / Dando um tempo, dando um jeito. / Desprezando a perfeição."

Bibliografia

ABBADO, Claudio et al. *L'altra voce della musica: In viaggio com Claudio Abbado tra Caracas e L'Avana*. Milano: Il Saggiatore, 2006.

ADORNO, Theodor W. *Berg: O Mestre da Transição Mínima*. São Paulo: Editora Unesp, 2010.

_____. *Filosofia da Nova Música*. Trad. Magda França. 3. ed. São Paulo: Perspectiva, 2009.

_____. *Teoria Estética*. São Paulo: Martins Fontes, 1988.

_____. *Versuch über Wagner*. Frankfurt: Suhrkamp, 1952.

ADORNO, Theodor W.; HORKHEIMER, Max. *Dialética do Esclarecimento: Fragmentos Filosóficos*. Rio de Janeiro: Zahar, 2006.

ALENCASTRO, Luiz Felipe; FLÉCHET, Anaïs; PIMENTEL, Juliana; PISTONE, Danièle (eds.). *Villa--Lobos des sources de l'oeuvre aux échos contemporains*. Paris: Champion Honoré, 2012.

AMERONGEN, Martin van. *Wagner, a Case History*. New York: G. Braziller, 1984.

ANDRADE, Mário de. *Sejamos Todos Musicais: As Crônicas na 3a Fase da Revista do Brasil*. São Paulo: Alameda, 2013.

_____. *Musica Doce Musica*. São Paulo: Martins, 1963.

APPLEGATE, Celia. *Bach in Berlin: Nation and Culture in Mendelssohn's Revival of the St. Matthew Passion*. Ithaca: Cornell University Press, 2005.

_____. *ARTISTES 2020: Variations Prospectives*. Paris: IRMA, 2009.

BACH, Carl Philipp Emanuel. *Ensaio Sobre a Maneira Correta de Tocar Teclado*. Trad. Fernando Cazarini. Campinas: Unicamp, 2009.

BAKER, Geoffrey. *El Sistema: Orchestrating Venezuela's Youth*. Oxford/New York: Oxford University Press, 2014.

_____. *Buena Vista in the Club: Rap, Reggaetón, and Revolution in Havana*. Durham: Duke University Press, 2011.

_____. *Imposing Harmony: Music and Society in Colonial Cuzco*. Durham: Duke University Press, 2008.

BAKER, Geoffrey; KNIGHTON, Tess (Orgs.). *Music and Urban Society in Colonial Latin America*. Cambridge/New York: Cambridge University Press, 2011.

BARBER, Charles. *Corresponding With Carlos: A Biography of Carlos Kleiber*. Lanham: Scarecrow Press, 2011.

BEAL, Amy C. *New Music, New Allies: American Experimental Music in West Germany From the Zero Hour to Reunification*. Berkeley: University of California Press, 2006.

BELLAMY, Olivier. *Martha Argerich: L'Enfant et les sortilèges*. Paris: Buchet/Chastel, 2010.

BERNARD, Jonathan (Ed.). *Elliott Carter: The Collected Essays and Lectures 1937-1995*. Rochester: University of Rochester Press, 1997.

BLANNIG, Tim. *The Romantic Revolution*. London: Weidenfeld & Nicolson, 2010.

_____. *The Triumph of Music: The Rise of Composers, Musicians and Their Art*. Cambridge: Harvard University Press, 2008.

_____. *The Culture of Power and the Power of Culture: Old Regime Europe, 1660-1789*. Oxford/New York: Oxford University Press, 2002.

BLOCH, Ernst. *L'Esprit de l'utopie*. Paris: Gallimard, 1977.

BROW, Matthew. *Debussy Redux: The Impact of His Music on Popular Culture*. Bloomington/Indianapolis: Indiana University Press, 2012.

BUCH, Esteban. *Música e Política: A Nona de Beethoven*. Bauru: Edusc, 2001.

_____. *Le Cas Schönberg: Naissance de l'avant-garde musicale*. Paris: Gallimard, 2006.

BUHLER, James; FLINN, Caryl et al (Eds.). *Music and Cinema*. Middletown: Wesleyan University Press, 2000.

BURKE, Peter. *Cultura Popular na Idade Moderna: Europa 1500-1800*. São Paulo: Companhia das Letras, 1995.

CAGE, John. *De Segunda a um Ano: Novas Conferências e Escritos*. São Paulo, Hucitec, 1985.

CANETTI, Elias. *Massa e Poder*. São Paulo: Companhia das Letras, 2008.

CAPRA, Marco; CAVALLINI, Ivano (Orgs.). *Il Direttore e l'Artista Mediatico*. Lucca: Libreria Musicale Italiana, 2011.

CARPEAUX, Otto Maria. *Uma Nova História da Música*. Ruo de Janeiro: José Olympio, 1967.

CARPENTIER, Alejo. *Os Passos Perdidos*. São Paulo: Martins Fontes, 2009.

_____. *Concerto Barroco*. Trad.: Josely Vianna Baptista. São Paulo: Companhia das Letras, 2008.

CARROL, Mark. *Music and Ideology in Cold War Europe*. Cambridge: Cambridge University Press, 2006.

CHIANTORE, Luca. *Historia de la Técnica Pianística*. Madri: Alianza, 2001.

COCA, César. *García Márquez Canta un Bolero: Una Relectura em Clave Musical de la Obra del Nobel Colombiano*. Madrid: Biblioteca Nueva, 2006.

COELHO, João Marcos. Grandes Compositores, São Paulo: Editora Abril, 2009.

COELHO, Lauro Machado. *Vida e Obra. Caixa com Cinco Volumes: O Cigano Visionário: Vida e Obra de Franz Liszt; O Menestrel de Deus: Vida e Obra de Anton Bruckner; Sinfonia Fantástica: Vida e Obra de Hector Berlioz; O Cantor da Finlândia: Vida e Obra de Jean Sibelius; Nela Vive a Alma de Seu Povo: Vida e Obra de Béla Bartók*. São Paulo: Algol, 2010.

_____. *Shostakóvich: Vida, Música, Tempo*. São Paulo: Perspectiva, 2006.

COHEN, Harvey G. *Duke Ellington's America*. Chicago: University of Chicago Press, 2010.

COLI, Jorge. *Música Final: Mario de Andrade e Sua Coluna Jornalística Mundo Musica*. Campinas: Unicamp, 1998.

COODER, Ry. *Los Angeles Stories*. San Francisco: City Lights, 2011.

COOK, Nicholas; EVERIST, Mark (Eds.). *Rethinking Music*. Oxford/New York: Oxford University Press, 1999.

CORBETT, John. *Extended Play: Souding off From John Cage at Dr. Funkenstein*. Durham: Duke University Press, 1994.

COTRONEO, Roberto. *Chiedimi chi erano i Beatles: Lettera a mio figlio sull'amore per la musica.* Milano: Mondadori, 2003.

CRAFT, Robert. *Stravinsky: Discoveries and Memories.* Naxos Books, 2013.

CUPERS, Jean-Louis. *Aldous Huxley et la musique: à la manière de Jean-Sébastien.* Bruxelles: Facultés universitaires Saint-Louis, 1985.

DAVIS, Mary E. *Classic Chic: Music, Fashion and Modernism.* Berkeley, University of California Press, 2006.

DECKER, Todd R. *Music Makes Me: Fred Astaire and Jazz.* Berkeley: University of California Press, 2011.

DELIÈGE, Celestin. *Cinquante ans de modernité musicale, de Darmstadt à l'IRCAM: Contribution historiographique à une musicologie critique.* Liège: Mardaga, 2003.

DENAVE, Laurent. *Un Siècle de création musicale aux Etats-Unis: Histoire sociale des productions les plus originales du monde musical américain, de Charles Ives au minimalistes (1890-1990).* Genève: Contrechamps, 2011.

DENORA, Tia. *After Adorno: Rethinking Music Sociology.* Cambridge/New York: Cambridge University Press, 2003.

_____. *Beethoven and the Construction of Genius: Musical Politcs in Vienna, 1792-1803.* Berkeley: University of California Press, 1995.

DIAGON-JACQUIN, Laurence le. *La Musique de Liszt et Les Arts Visuels.* Paris: Hermann, 2009.

DORIAN, Frederick. *History of Music in Performance: The Art of Music Interpretation From the Renaissance to Our Day.* New York: W.W. Norton & Co., 1942.

DREYFUS, Laurence. *Bach and the Patterns of Invention.* Cambridge: Harvard University Press, 1996.

EISENBERG, Evan. *The Recording Angel: Music, Records and Culture From Aristotle to Zappa.* New Haven/London: Yale University Press, 2005.

EKSTEINS, Modris. *Rites of Spring: the Great War and the Birth of the Modern Age.* Boston: Houghton Mifflin, 1989.

ELIE, Paul. *Reinventing Bach.* Nova York: Farrar, Straus and Giroux, 2012.

ELSDON, Peter. *Keith Jarrett's The Köln Concert.* New York: Oxford University Press, 2013.

ESCAL, Françoise. *La Musique et le romantisme.* Paris: Harmattan, 2005.

FEISST, Sabine. *Schoenberg's New World: The American Years.* New York: Oxford University Press, 2011.

FELDMAN, Morton. *Pensamientos Verticales.* Buenos Aires: Caja Negra, 2013.

_____. *Ecrits et paroles.* Paris: L'Harmattan, 1998.

FRANÇOIS-SAPPEY, Brigitte. *Robert Schumann.* Paris: Fayard, 2000.

GALLIARI, Alan. *Liszt et L'Espérance du Bon Larron.* Paris: Fayard, 2011.

GANN, Kyle. *No Such Thing as Silence: John Cage's 4'33''.* New Haven: Yale University Press, 2010.

_____. *Music Downtown: Writings From The Village Voice.* Berkeley: University of California Press, 2006.

GENNARI, John. *Blowin' Hot and Cool: Jazz and Its Critics.* Chicago: University of Chicago Press, 2006.

GÖLLERICH, August; JERGER, Wilhelm; ZINDARS, Richard Louis. *The Piano Master Classes of Franz Liszt, 1884-1886: Diary Notes of August Göllerich.* Blommington: Indiana University Press, 1996.

GRIFFITHS, Paul. *Modern Music and After.* New York: Oxford University Press, 2011.

GUÉRIOS, Paulo Renato. *Heitor Villa-Lobos: O Caminho Sinuoso da Predestinação*. Rio de Janeiro: Editora FGV, 2003.

HARKER, Brian. *Louis Armstrong's Hot Five and Hot Seven Recordings*. New York City: Oxford University Press, 2011.

HENZE, Hans Werner; LABANIY, Peter. *Music and Politics: Collected Writings, 1953-1981*. Ithaca: Cornell University Press, 1982.

HERSHORN, Tad. *Norman Granz: The Man Who Used Jazz for Justice*. Berkeley: University of California Press, 2011.

HESS, Carol A. *Representing the Good Neighbor: Music, Difference, and the Pan American Dream*. New York: Oxford University Press, 2013.

HOLLER, Marcos. *Os Jesuítas e a Música no Brasil Colonial*. Campinas: Unicamp, 2010.

HORNBY, Nick. *31 Canções*. Rio de Janeiro: Rocco, 2005.

_____. *Febre de Bola (A Vida de um Torcedor)*. Rio de Janeiro: Rocco, 2000.

_____. *Alta Fidelidade*. Rio de Janeiro: Rocco, 1998.

ISACOFF, Stuart. *A Natural History of the Piano: The Instrument, the Music, the Musicians - from Mozart to Modern Jazz, and Everything in Between*. New York: Alfred A. Knopf, 2011.

JACOBS, Rémi. *Heitor Villa-Lobos*. Paris: Bleu nuit, 2010.

_____. *Mendelssohn*. Paris: Seuil, 1977.

JOE, Jeongwon; GILMAN, Sander L. (Eds.). *Wagner and Cinema*. Bloomington: Indiana University Press, 2010.

JONES, Quincy. *The Complete Quincy Jones: My Journey and Passions*. San Rafael: Insigth, 2008.

KAGEL, Mauricio. *Palimpsestos*. Buenos Aires: Caja Negra, 2011.

KAHN, Ashley. *A Love Supreme: A Criação do Álbum Clássico de John Coltrane*. São Paulo: Barracuda, 2007.

_____. *Kind of Blue: A Obra-Prima de Miles Davis*. São Paulo: Barracuda, 2007.

_____. *The House That Trane Built: The History of Impulse Records*. New York: W.W. Norton, 2006.

KELLEY, Robin D.G. *Thelonious Monk: The Life and Times of an American Original*. New York: Free Press, 2009.

KENNEDY, Michael. *Mahler*. Rio de Janeiro: Zahar, 1988.

KENYON, Nicholas (Ed.). *Authencity and Early Music: A Symposium*. Oxford/New York: Oxford University Press, 2008.

KIEFER, Bruno. *História da Música Brasileira: Dos Primórdios ao Século XX*. Porto Alegre: Movimento, 1976.

KUNDERA, Milan. *Une Rencontre*. Paris: Gallimard, 2009.

_____. *A Cortina*. São Paulo: Companhia das Letras, 2006.

_____. *A Insustentável Leveza do Ser*. São Paulo: Companhia das Letras, 1999.

_____. *A Valsa dos Adeuses*. Rio de Janeiro: Nova Fronteira, 1989.

LAGOUMITZIS, Nicolas. *Cinq Pianistes Interprètent Beethoven*. Paris: Harmattan, 2010.

LAWSON, Colin; STOWELL, Robin (Eds.). *The Cambridge History of Musical Performance*. Cambridge/New York: Cambridge University Press, 2012.

LEBRECHT, Norman. *Why Mahler? How One Man and Ten Symphonies Changed the World*. London: Faber and Faber, 2010.

LESSER, Wendy. *Music for Silenced Voices: Shostakovich and His Fifteen Quartets*. New Haven: Yale University Press, 2011.

LIBERMAN, Arnoldo. *Gustav Mahler: Um Coração Angustiado*. Belo Horizonte: Autêntica, 2010.

LISZT, Franz. *Chopin*. Paris: Archipoche, 2010.

_____. *Artiste et Societé*. Paris: Flammarion, 1993.

LOCKE, Ralph P. *Musical Exoticism: Images and Reflections*. Cambridge/New York: Cambridge University Press, 2009.

LONG, Michael. *Beautiful Monsters: Imagining the Classic in Musical Media*. Berkeley: University of California Press, 2008.

MACHADO, Cacá. *O Enigma do Homem Célebre: Ambição e Vocação de Ernesto Nazareth*. São Paulo: Instituto Moreira Salles, 2007.

MACONIE, Robin. *The Concept of Music*. Oxford: Clarendon, 1990.

MARÍN, Miguel Ángel; BOMBI, Andrea; LOPEZ, Juan José Carreras (Orgs.). *Música y Cultura Urbana en la Edad Moderna*. Valência: Universitat de Valência, 2005.

MARIZ, Vasco. *História da Música no Brasil*. Rio de Janeiro: Nova Fronteira, 1981.

_____. *Heitor Villa-Lobos*. Rio de Janeiro: Serviço de Publicações, 1949.

MENDES, Gilberto. *Danielle: em Surdina, Langsam*. São Paulo: Algol, 2013.

MOLINO, Jean. "Pour une autre histoire de la musique: les réécritures de l'histoire dans la musique européennes". In: NATTIEZ Jean-Hacques; BENT, Margaret et al (eds.). *Musiques: Une encyclopédie pour le XXI siècle, v. 4. Histoires des musiques européennes*. Arles/Paris: Actes Sudes/Cité de la musique, 2006.

MONOD, David. *Settling Scores: German Music, Desnazification and the Americans, 1945-1953*. Chapel Hill: University of North Carolina Press, 2005.

MORAES, José Geraldo Vinci de; SALIBA, Elias Thomé (orgs.). *História e Música no Brasil: O Percurso da Música Para Além dos Tempos*. São Paulo: Alameda, 2010.

MOYSAN, Bruno. *Liszt: Virtuose Subversif*. Lyon: Symétrie, 2009.

MÜLLER-DOOHM, Stefan. *Adorno: a Biography*. Cambridge/Malden: Polity Press, 2009.

NYMAN, Michael. *Experimental Music: Cage and Beyond*. New York: Schirmer Books, 1974.

OLIVE, Jean-Paul. *Un Son désenchanté: Musique et théorie critique*. Paris: Klincksieck, 2008.

OLIVEIRA, Willy Corrêa de. *Cinco Advertências Sobre a Voragem*. São Paulo: Luzes no Asfalto, 2010.

_____. *Passagens*. São Paulo: Luzes no Asfalto, 2008.

_____. *Beethoven Proprietário de um Cérebro*. São Paulo: Perspectiva, 1979.

OLIVIER, Philippe. *Pierre Boulez: Le Maître et son marteau*. Paris: Hermann, 2005.

ORDINE, Nuccio. *A Utilidade do Inútil: Um Manifesto*. Rio de Janeiro: Zahar, 2016.

PARAKILA, James et al. *The Piano Roles: A New History of Piano*. New Haven: Yale University Press, 2002.

PEKACZ, Jolanta T. *Musical Biographies: Towards New Paradigms*. Aldershot/Burlington: Ashgate, 2006.

RETALLACK, Joan. *Musicage: Cage Museson Words, Art, Music*. Hanover: Wesleyan University Press, 1996. (Trad. Brasileira: *Musicage Palavras: John Cage em Conversações com Joan Retallack*. Rio de Janeiro: Numa, 2016.)

REVILL, David. *The Roaring Silence: John Cage, a Life*. New York: Arcade, 1992.

RODRIGUES, Lutero. *Carlos Gomes: Um Tema em Questão. A Ótica Modernista e a Visão de Mário de Andrade*. São Paulo: Editora da Unesp, 2011.

ROSEN, Charles. *Freedom and the Arts: Essays on Music and Literature*. Cambridge: Harvard University Press, 2012.

_____. *Music and Sentiment*. New Haven: Yale University Press, 2010.

____. *Poetas Românticos, Críticos e Outros Loucos.* Cotia/Campinas: Ateliê/ Unicamp, 2004.

____. *Piano Notes: The World of the Pianist.* New York: Free Press, 2004.

____. *A Geração Romântica.* São Paulo: Edusp, 2000.

____. *The Musical Languages of Elliott Carter.* Washington [D.C.]: Music Division, Research Services, Library of Congress, 1984.

ROSS, Alex. *Listen to This.* New York: Farrar, Straus and Giroux, 2010.

____. *The Rest Is Noise: Listening to the Twentieth Century.* New York: Farrar, Straus and Giroux, 2007.

____. *O Resto É Ruído: Escutando o Século XX.* Trad. Claudio Carina; Ivan Weiz Kuck. São Paulo: Companhia das Letras, 2009.

RUSSELL, Ken. *Beethoven Confidential & Brahms Get Laid.* London/Chester Springs: Peter Owen, 2007.

SACHS, Harvey. *The Ninth: Beethoven and the World in 1824.* New York: Random House, 2010.

SAID, Edward W. *Estilo Tardio.* São Paulo: Companhia das Letras, 2009.

____. *Elaborações Musicais.* Rio de Janeiro, Imago, 1992.

SAUNDERS, Franceds Stonor. *Quem Pagou a Conta? A Cia na Guerra Fria da Cultura.* Rio de Janeiro: Record, 2008.

SCHAEFFER, Pierre. *Tratado dos Objetos Musicais: Ensaio Interdisciplinar.* Brasília: Editora da UnB, 1993.

SCHAEFFER, Pierre; PALOMBINI, Carlos et al. *Ensaio Sobre o Rádio e o Cinema: Estética e Técnica das Artes-Relé, 1941-1942.* Belo Horizonte: Edeitora da UFMG, 2010.

SCHOENBERG, Arnold. *Harmonia.* Trad. Marden Maluf. São Paulo: Editora da Unesp, 2001.

SELDES, Barry. *Leonard Bernstein: The Political Life of an American Musician.* Berkeley/London: University of California Press, 2009.

SENNETT, Richard. *Respeito.* Rio de Janeiro: Record, 2004.

SERVICE, Tom. *Music as Alchemy: Journeys With Great Conductors and Their Orchestras.* London: Faber, 2012.

SIMON, Yannick. *Composer Sous Vichy.* Lyon: Symetrie, 2009.

SLONIMSKY, Nicolas. *Lexicon of Musical Invective: Critical Assaults on Composers Since Beethoven's Time.* New York: Coleman-Ross, 1965.

SMALL, Christopher. *Musicking: The Meanings of Performing and Listening.* Middletown: Wesleyan Univ. Press, 1998.

SNOWMAN, Daniel. *The Gilded Stage: a Social History of Opera.* London: Atlantic Books, 2009.

SZENDY, Peter. *Listen: A History of Our Ears.* New York: Fordham University Press, 2008.

TABORDA, Marcia. *Violão e Identidade Nacional: Rio de Janeiro, 1830-1930.* Rio de Janeiro: Civilização Brasileira, 2011.

TARASTI, Eero. *Heitor Villa-Lobos: The Life and Works, 1887-1959.* Jefferson: McFarlando, 1995.

TARUSKIN, Richard. *On Russian Music.* Berkeley: University of California Press, 2008.

____. *The Oxford History of Western Music.* 6 v. Oxford/New York: Oxford University Press, 2005.

TAVARES, Miguel Sousa. *Ismael e Chopin.* Alfragide: Oficina do Livro, 2010.

THACKER, Toby. *Music After Hitler, 1945-1955.* Aldershot/Burlington: Ashgate, 2007.

TIBBETTS, John C. *Composers in the Movies: Studies in Musical Biography.* New Haven: Yale University Press, 2005.

TRAGTENBERG, Livio (Org.). *O Ofício do Compositor Hoje.* São Paulo: Perspectiva, 2012.

VAZSONYI, Nicholas. *Richard Wagner: Self-Promotion and the Making of a Brand*. Cambridge/ New York: Cambridge University Press, 2010.

VIDAL, João. *Formação Germânica de Alberto Nepomuceno: Estudos Sobre Recepção e Intertextualidade*. Rio de Janeiro: Escola de Música da Universidade Federal do Rio de Janeiro, 2014.

WAGNER, Richard. *Beethoven*. Trad. e notas Anna Hartmann Cavalcanti. Rio de Janeiro: Zahar, 2010.

WALKER, Alan. *Reflections of Liszt*. Ithaca: Cornell University Press, 2005.

WEBER, William (ed.). *The Musician as Entrepreneur, 1700-1914: Managers, Charlatans, and Idealists*. Blommington: Indiana University Press, 2004.

WEBER, William. *The Great Transformation of Musical Taste: Concert Programming From Haydn to Brahms*. Cambridge: Cambridge University Press, 2009.

WEBER, William. *Music and Middle Class: The Social Structure of Concert Life in London, Paris and Vienna Between 1830 and 1848*. Aldershot: Ashgate, 2004.

WITKIN, Robert W. *Adorno on Music*. London: Routledge, 1998.

Discografia e Filmografia

ALLISON, Mose. *The Way of the World.* CD. Anti, 2010.
____. *Back Country Suite.* LP. Prestige Records, 1957.
ASTAIRE, Fred. *The Astaire Story.* LP. Verve Records, 1953.
BALDINI, Emmanuele; KARIN, Fernandes. *Delírio: Sonatas de Leopoldo Miguez e Glauco Velásquez.* CD. Independente, 2014.
BOLA DE NIEVE. *El Inigualable Bola de Nieve.* CD. Velas, 1995.
____. *Bola de Nieve Interpreta Ignácio Villa.* CD. Velas, 1995.
BOULEZ, Pierre. *Pierre Boulez conducts Bartók.* CD. Deutsche Grammophon, 2009.
____. *13.* CD. Decca, 2008.
____. *Leoš Janácek: From the House of the Dead.* DVD. Deutsche Grammophon, 2008.
____. *Pierre Boulez Live at the Louvre: Pierre Boulez Introduces Stranvinsky's "Firebird".* DVD, EuroArts, 2008.
____. *Symphonie n. 8.* CD. Deutsche Grammophon, 2007.
____. *Le Sacre du printemps: Symphonies d'instruments a vent.* DVD. Image Entertainment, 2001.
____. *Symphonie n. 5.* CD. Deutsche Grammophon, 1996.
BRITTO, Cláudio. *Panorama da Música Romântica Brasileira.* CD. Selo Independente, 2006.
CAINE, Uri. *Primal Light.* CD. Winter & Winter, 1997.
CAMERATA Aberta. *Espelho d'Água.* CD. Sesc, 2012.
CARTER, Elliott. *100th Annyversary Release: Mosaic, Dialogue, Solo Pieces.* CD-DVD. Naxos, 2008.
CELIBIDACHE, Sergiu. *Sergiu Celibidache: The Berlin Recordings 1945-1957.* Box de CDs. Audite, 2013.
CÉSPEDES, Francisco; RUBALCABA, Gonzalo. *Con el Permiso de Bola.* CD. Warner Music Latina, 2006.
COLEMAN, Ornette; DOUBLE Quartet. *Free Jazz: A Collective Improvisation.* LP. Atlantic, 1961.
COLTRANE, John. *Ascension.* LP. Impulse!, 1965.
____. *A Love Supreme.* LP. Impulse!, 1964.
COODER, Ry. *Pull Up Some Dust and Sit Down.* CD. Perro Verde/Nonesuch, 2011.
CREDO: *A Inocência de Deus.* DVD. Naïve, 2009.

DAHLGRE, Chris. *Mystic Maze*. CD. Jazzwerkstatt, 2010.

ELLINGTON, Duke. *Black, Brown and Beige*. CD. Sony Music, 2010.

_____. *Ellington Indigos*. CD. Sony Music, 2010.

_____. *Live in Zurich 1950*. CD. Biscoito Fino, 2010.

EÖTVÖS, Peter. *Whats Next?* CD. ECM, 2003.

GACHOT, Georges. *Martha Argerich: Evening Talks*. DVD. Ideale Audience, 2003.

GERGIEV, Valery. *Stravinsky and the Ballets Russes: The Firebird/Le Sacre du Printemps*. CD. BelAir Classiques, 2009.

GISMONTI, Egberto. *Saudações*. CD. Carmo/EMC, 2009.

GRANZ, Norman. *Improvisation*. DVD. ST2, 2008.

HARVEY, Jonathan. *Bird Concerto With Piano Song*. CD. NMC, 2012.

_____. *Wagner Dream*. CD. Cypres, 2012.

HEARNE, Ted. *Katrina Ballads*. CD. New Amsterdam Records, 2010. (New Music Collective.).

HILL, Peter; MESSIAEN, Olivier. *La Fauvette Passerinette*. CD. Delphian, 2014.

HORNBY, Nick; FOLDS, Ben. *Lonely Avenue*. LP; CD e box com livreto e CD. Nonesuch Records, 2010.

JARRETT, Keith. *Sleeper*. CD. ECM, 2012.

_____. *Rio*. CD. ECM, 2011.

_____. *Paris/London Testament*. CD. ECM, 2009.

_____. *The Carnegie Hall Concert*. CD. ECM, 2006.

_____. *Radiance*. CD. ECM, 2005.

_____. *Select Recordings*. CD. ECM, 2002. (Série Rarum - I).

_____. *La Scala*. CD. ECM, 1997.

_____. *Sun Bear Concerts*. CD. ECM, 1978.

_____. *Köln Concert*. CD. ECM, 1975.

_____. *Solo Concerts: BREMEN/LAUSANNE*. CD. ECM, 1973.

_____. *Facing You*. CD. ECM, 1972.

JARRETT, Keith; GARBAREK, Jan; DANIELSSON, Palle; CHRISTENSEN, Jon. *Personal Mountains*. LP. ECM, 1989.

_____. *Nude Ants*. LP. ECM, 1979.

_____. *My Song*. LP. ECM, 1978.

_____. *Belonging*. LP. ECM, 1974.

JONES, Quincy; Phillinganes, Greg. *Quincy Jones: The 75th Celebration, Live Montreux 2008*. DVD. Eagle Eye Media, 2009.

JONES, Quincy et al. *Back on the Block*. CD. Qwest, 1989.

LISZT, Franz; FREIRE, Nelson. *Harmonies du soir*. CD. Decca Music Group, 2011.

MANCINI, Henry; NASH, Ted et al. *The Mancini Project*. CD. Palmetto Records, 2008.

MANCINI, Henry. *Henry Mancini: Original Album Classics*. CD. RCA, 2008.

MESSIAEN, Olivier; MILLE, Olivier. *La Liturgie de Cristal*. DVD. Ideale Audience, 2008.

MINGUS, Charles. *Mingus Plays Piano*. LP. Impulse!, 1964.

_____. *Mingus, Mingus, Mingus, Mingus, Mingus*. LP. Impulse!, 1963.

_____. *The Black Saint and the Sinner Lady*. LP. Impulse!, 1963.

MONK, Thelonious. *Original Álbum Classics*. CD. Sony, 2008.

_____. *Underground*. Columbia, LP. 1968.

_____. *Straight, No Chaser*. LP. Columbia, 1967.

_____. *Solo Monk*. LP. Columbia, 1964.

_____. *Criss-Cross*. LP. Columbia, 1963.

_____. *Monk's Dream*. LP. Columbia, 1962.

MONTERO, Gabriela. *Solatino*. CD. EMI, 2010.

MORRICONE, Ennio; Yo-Yo Ma. *Yo-Yo Ma Plays Ennio Morricone*. CD. Sony, 2004.

MORRICONE por Morricone. DVD. Versátil, 2004.

OPPENS, Ursula. *Arte Nova*. CD. Sony, 2005.

OSWALD, Henrique. *Concerto Para Piano e Orquestra, Opus 10*. CD. Hyperion, 2014.

QUARTET, The Julliard String. *Elliott Carter: The Five String Quartets. CD. Sony, 1991.*

REICH, *Steve; KOROT, Beryl*. Three Tales. DVD. *Nonosuch, 2003.*

RHODES, *James*. Now Would All Freudians Please Stand Aside. CD. *Signum Records, 2010.*

_____. Bullets & Lullabies. CD. *Warner, 2010.*

SAVALL, *Jordí*. Jerusalem. DVD. *Alia Vox, 2009.*

SCHEFFER, Frank. *Brian Eno: In the Ocean*. DVD. Allegri Films, 2008.

_____. *Elliott Carter: A Labyrinth of Time*. DVD. Ideale Audience, 2006.

SCHIFF, András. *Robert Schumann: Geistervariationen*. CD. ECM, 2011.

_____. *András Schiff in Concert Robert Schumann*. CD. ECM, 2002.

SPIRA Mirabilis. *Robert Schumann, Symphony n. 1 "Spring".* DVD. Ducale SNC Di Marco Matalon EC., 2013.

_____. *Spira Mirabilis*. DVD duplo. Idéale Audience, 2013.

STAIER, Andreas. *Beethoven: Diabelli Variations*. CD. Harmonia Mundi, 2012.

VILLA-LOBOS, Heitor. *Choros n. 2, 3, 10 e 12, Introdução aos Choros e Choros (Bis)*. Regência de John Neschling, execução Osesp. CD. Gravadora Bis, 2008.

_____. *Piano Music. Guia Prático Ns. 1 to 9*. Piano, Sonia Rubinsky. CD. Gravadora Naxos, 2006.

WÜBBOLT, Georg; FLEISCHER, Bernhard et al. *Herbert von Karajan: Maestro For the Screen*. DVD. BFMI/RBB/BR/ARTE, 2008.

MÚSICA NA PERSPECTIVA

Balanço da Bossa e Outras Bossas
Augusto de Campos (D003)

A Música Hoje
Pierre Boulez (D055)

Conversas Com Igor Stravinski
Igor Stravinski e Robert Craft (D176)

A Música Hoje 2
Pierre Boulez (D217)

Jazz ao Vivo
Carlos Calado (D227)

O Jazz Como Espetáculo
Carlos Calado (D236)

Artigos Musicais
Livio Tragtenberg (D239)

Caymmi: Uma Utopia de Lugar
Antonio Risério (D253)

Indústria Cultural: A Agonia de um Conceito
Paulo Puterman (D264)

Darius Milhaud: Em Pauta
Claude Rostand (D268)

A Paixão Segundo a Ópera
Jorge Coli (D289)

Óperas e Outros Cantares
Sergio Casoy (D305)

Filosofia da Nova Música
Theodor W. Adorno (E026)

O Canto dos Afetos: Um Dizer Humanista
Ibaney Chasin (E206)

Sinfonia Titã: Semântica e Retórica
Henrique Lian (E223)

Música Serva d'Alma: Claudio Monteverdi
Ibaney Chasin (E266)

A Orquestra do Reich
Misha Aster (E310)

A Mais Alemã das Artes
Pamela M. Potter (E327)

Música Errante
Rogério Costa (E345)

Para Compreender as Músicas de Hoje
H. Barraud (SM01)

Beethoven: Proprietário de um Cérebro
Willy Corrêa de Oliveira (SM02)

Schoenberg
René Leibowitz (SM03)

Apontamentos de Aprendiz
Pierre Boulez (SM04)

Música de Invenção
Augusto de Campos (SM05)

Música de Cena
Livio Tragtenberg (SM06)

A Música Clássica da Índia
Alberto Marsicano (SM07)

Shostakóvitch: Vida, Música, Tempo
Lauro Machado Coelho (SM08)

O Pensamento Musical de Nietzsche
Fernando de Moraes Barros (SM09)

Walter Smetak: O Alquimista dos Sons
  Marco Scarassatti (sm10)

Música e Mediação Tecnológica
  Fernando Iazzetta (sm11)

A Música Grega
  Théodore Reinach (sm12)

Estética da Sonoridade
  Didier Guigue (sm13)

O Ofício do Compositor Hoje
  Livio Tragtenberg (org.) (sm14)

Música: Cinema do Som
  Gilberto Mendes (sm15)

Música de Invenção 2
  Augusto de Campos (sm16)

Pensando as Músicas no Século XXI
  João Marcos Coelho (sm17)

A Ópera Barroca Italiana
  Lauro Machado Coelho (ho)

A Ópera Romântica Italiana
  Lauro Machado Coelho (ho)

A Ópera Italiana Após 1870
  Lauro Machado Coelho (ho)

A Ópera Alemã
  Lauro Machado Coelho (ho)

A Ópera na França
  Lauro Machado Coelho (ho)

A Ópera na Rússia
  Lauro Machado Coelho (ho)

A Ópera Tcheca
  Lauro Machado Coelho (ho)

A Ópera Clássica Italiana
  Lauro Machado Coelho (ho)

A Ópera nos Estados Unidos
  Lauro Machado Coelho (ho)

A Ópera Inglesa
  Lauro Machado Coelho (ho)

As Óperas de Richard Strauss
  Lauro Machado Coelho (ho)

O Livro do Jazz: De Nova Orleans ao Século XXI
  Joachim E. Berendt e Günther
  Huesmann (lsc)

Rítmica
  José Eduardo Gramani (lsc)

Este livro foi impresso
na cidade de São Paulo, nas
oficinas da Orgrafic Gráfica e
Editora, em outubro de 2017,
para a Editora Perspectiva